JN422173

행정법연구 4

헌법재판과 행정소송

鄭 南 哲 著

法 文 社

머 리 말

본서는 '헌법재판'과 '행정소송'에 관한 논문을 수록한 연구서이다. 헌법재판과 행정소송은 각각 고유한 기능을 수행하면서도 상호보완적으로 발전하고 있다. 그러나 헌법재판과 행정소송은 종종 서로 긴장관계를 이루면서 조우(遭遇)할 때도 있다. 헌법소원과 항고소송, 권한쟁의심판과 기관소송, 집행권의 법제정(법률하위규범)에 대한 규범통제 등에서 헌법재판소와 법원의 관할권은 경합할 수 있다. 이러한 경합은 권리구제의 확대라는 긍정적 측면도 있지만, 이론적으로 해결해야 할 어려운 과제를 남겨 놓기도 한다. 지나친 관할권 경합은 무리(無理)한 법리의 적용을 초래하고, 또 이를 위해 도입된 외국의 이론과 판례는 '트로이의 목마'처럼 뜻밖의 결과를 가져올 수도 있다. 저자는 대학에서 강의하면서도 헌법재판소와 대법원에서 헌법연구위원과 재판연구관으로 겸직하는 소중한 기회를 얻어 공법소송의 현실을 체험할 수 있었다. 헌법재판과 행정소송이 교차하는 길목에서 난제(難題)를 만나기도 하였고, 이를 해결하기 위한 고민과 경험은 연구에 중요한 자산이 되었다. 본서에는 이러한 경험을 바탕으로 작성한 20편의 논문이 수록되어 있으며, 그 내용은 대체로 공법소송의 현안과 실무상 중요한 쟁점과 관련이 있다. 본서가 공법소송에 관심이 있는 법학전문대학원과 법과대학의 학생들뿐만 아니라 공법소송을 담당하는 실무자들께도 조금이라도 도움이 되길 기대한다.

본서를 출간하면서 일찍이 소송실무의 중요성을 가르쳐주신 은사(恩師) 이상규(李尙圭) 선생님(법무법인 케이원챔버 고문변호사)께 깊이 감사드리며, 더욱더 강녕(康寧)하시길 기원한다. 한결같이 든든한 버팀목이 되어 준 가족들에게도 고마운 마음을 전한다. 코로나의 장기화와 출판사정의 어려움에도 불구하고 본서의 출간을 흔쾌히 수락해 주신 법문사 관계자분들, 그리고 편집과 기획에 항상 최선의 노력을 다해 주시는 편집부의 노윤정 차장님과 기획영업부의 유진걸 대리께도 진심으로 감사드린다.

2022년 2월
저자 씀

차 례

제 1 편 헌법소원과 행정소송

제1장 항고소송과 헌법소원의 대상

제2장 단순고권작용에 의한 기본권침해와 헌법소원의 위헌심사기준

제 4 장 항고소송의 대상과 재결주의

제 5 장 공법상 당사자소송의 발전과 과제

제 2 편 규범통제와 권한분쟁

제 1 장 위헌·위법인 조례에 대한 규범통제와 행정소송에 의한 권리구제

제 2 장 명령·규칙 등의 부진정행정입법부작위에 대한 법원의 규범통제

제 4 편 민주주의와 기본권보장

제 1 장 국가배상법의 현안과 과제

제 2 장 행정과 사법의 민주적 정당성 확보를 위한 공법적 과제

憲法裁判과 行政訴訟

[行政法研究 4]

제1편 헌법소원과 행정소송

제1장 抗告訴訟과 憲法訴願의 對象: 公法訴訟 對象의 再構成을 위한 時論을 중심으로 [법조협회(편), 『법조』 통권 제734호(2019. 5), 7~34면 所載]

제2장 단순고권작용에 의한 기본권침해와 헌법소원의 위헌심사기준 [헌법재판소(편), 『헌법논총』 제31집(2020. 11), 219~256면 所載]

제3장 抗告訴訟에 있어서 國家機關의 原告適格: 특히 대법원 2013. 7. 25. 선고 2011두1214 판결의 평석을 겸하여 [한국법학원(편), 『저스티스』 통권 제140호(2014. 2), 334~364면 所載]

제4장 行政訴訟의 對象과 裁決主義 [한국행정법학회(편), 『행정법학』 제12호(2017. 3), 145~184면 所載]

제5장 公法상 當事者訴訟의 發展과 課題: 行政訴訟法 改正論義와 判例의 動向에 대한 批判的 考察을 중심으로 [한국행정판례연구회(편), 『행정판례연구』 통권 제19집 제1호(2014. 6), 277~312면 所載]

제2편 규범통제와 권한분쟁

제1장 違憲·違法인 條例에 대한 規範統制 및 行政訴訟에 의한 權利救濟 [한국공법학회(편), 『공법연구』 제47집 제1호(2018. 10), 135~162면 所載]

제2장 命令·規則 등의 不眞正行政立法不作爲에 대한 法院의 規範統制 [한국행정판례연구회(편), 『행정판례연구』 제22집 제2호(2017. 12), 111~167면 所載]

제3편 재산권보장과 손실보상

제4편 민주주의와 기본권보장

제 1 편

헌법소원과 행정소송

제1장

항고소송과 헌법소원의 대상

– 공법소송 대상의 재구성을 위한 시론(試論)을 중심으로 –

Ⅰ. 서 론

집행부의 권력작용에 대해서는 대체로 항고소송(취소소송)과 헌법소원을 통해 권리구제를 하고 있다. 1988. 9. 1.에 설립된 헌법재판소와 1998. 3. 1.에 출범한 서울행정법원은 국가의 공권력 행사에 대한 국민의 권리구제기관으로서의 기능을 충실히 수행해 왔다. 행정법원과 헌법재판소의 설치는 동아시아에서 보기 드문 사법제도의 설계로서 국민의 기본권 보장과 권익 신장뿐만 아니라 공법이론의 발전에도 크게 기여하고 있다. 이러한 제도는 대륙법계 체계의 영향을 크게 받은 것이다. 특히 독일 연방헌법재판소를 모델로 설치된 헌법재판소는 30여년의 풍상(風霜)을 거치면서 국민의 인권신장을 위한 보루와 헌법수호기관으로서의 역할을 충실히 수행하였고, 대한민국 헌정사에 있어서 법치주의와 민주주의의 초석을 세우는 데에 크게 이바지하였다. 또한 전문법원으로서 서울행정법원은 위법한 행정작용에 대한 통제와 국민의 권익보호를 위해 큰 역할을 수행하였음은 부인할 수 없다. 헌법재판소와 행정법원은 공법소송의 견인차 역할을 하고 있으며, 공법학의 발전에도 큰 동인을 제공하고 있다. 법원행정처가 발간한 2018년 사법연감에 의하면, 2017년 1월부터 12월까지 제1심에 접수된 사건은 21,743건이며, 항소심 및 상고심은 각 8,506건과 4,731건에 이르고 있다.[1] 제1심 서울행정법원의 행정소송사건은 10,884건으로 2008년 출범 당시의 6,976건에서 대폭 증가되었음을 알 수 있다.[2] 그러나 헌법소원과 행정소송 사이에는 그 대상을 둘러싸고 경합과 충돌의 가능성이 상존(尙存)하고 있다. 헌법소원에는 보충성 원칙이 적용되고 있지만, 헌법재판소는 권력적·권리제한적 성격의 행정작용에 대해서도 적극적으로 심사하고 있다. 행정소송법은 1984년 전면개정 후 1994년에 일부 개정을 하였으나, 제한된 소송형식으로 인해 위법한 행정작용에 대한 완결된 권리구제를 도모하기 어려운 점이 있다. 처분이 아닌 행정작용(사실행위, 행정입법 등)에 대해서는 적합한 소송형식이 흠결되어 있어, 무리하게 항고소송의 대상으로 포함시키는 경향이 있다. 독일에서는 취소소송이나 의무이행소송 외에 확인소송이나 일반이행소송, 계속확인소송 등 다양한 소송형식을 통해 포괄적인 권리구제를 실현하고 있다. 예컨대 규범제정요구소송, 기관간 소송 등 명문의 규정이 없는 소송도 적극적으로 행정소송에 포함시키고 있다. 이에 반해 우리나라에서는 소송형식의 한계로 인해 항고소송의 대상을 확대하고 있지만, 이는 법리적으로 모순된 판례를 형성하는 결과를 초래하고 있다.

한편, 1988년 헌법재판소가 설립된 후 2018. 11. 30. 현재까지 접수된 총 35,473건의 사건 중 헌법소원 사건은 헌법재판소법 제68조 제2항의 위헌심사형 헌법소원 사건 포함하여 총 34,409건으로 압도적으로 많다.[3] 위헌법률심판사건은 956건, 권한쟁의사건은 104건, 탄핵 및 정

---

1) 법원행정처, 2018 사법연감, 670면 참조.

2) 한편, 대전지방법원의 행정소송사건 수는 2017년에 1,224건으로 2008년 648건에 비해 약 2배에 이르고 있다(법원행정처, 2018 사법연감, 671면 참조). 이는 정부부처가 행정중심복합도시인 세종특별자치시로 대폭 이전함에 따라 꾸준히 증가하고 있는 것으로 보인다. 그러나 같은 해 수원지방법원의 제1심 행정소송사건 2,094건에는 미치지 못하고, 서울행정법원 행정소송사건 수의 1/10 수준이므로 독립된 행정법원을 설치하기는 시기상조이다.

3) 헌법재판소 공보 제266호(2018. 12. 20.), 1625면.

당해산 사건은 각 2건이다. 헌법소원과 항고소송이 서로 충돌할 수 있는 행정작용으로는 사실행위, 법률하위규범(법규명령, 조례) 및 법령보충적 행정규칙, 행정입법의 부작위 등이 있다. 행정소송법상 처분 개념에는 학문적 의미의 '행정행위' 외에 그 밖의 행정작용도 포함될 수 있다. 이 점은 행정행위를 취소소송의 대상으로 하는 독일의 행정법원법과 차이가 있다. 우리나라의 행정소송법상 처분 개념은 일본 행정소송법으로부터 크게 영향을 받았다. 위법한 행정처분에 대해 항고소송을 제기할 수 있는 경우에는 보충성의 원칙에 의해 원칙적으로 헌법소원을 제기할 수 없지만, 행정처분으로 보기 어려운 행정작용에 대해서는 헌법소원을 제기할 수 있다. 대법원은 불문경고[4]나 권고[5] 등과 같이 종래 비권력적 사실행위에 보던 행정작용도 권력적 성질을 인정하여 행정처분으로 보고 있다. 이와 같이 항고소송의 대상이 되기 어려운 행정작용으로 인하여 국민의 기본권이 침해된 경우에는 헌법소원을 제기할 수 있다. 예컨대 행정지도는 비권력적 행정작용(사실행위)에 속하므로 항고소송의 대상이 되지 않지만, 헌법재판소는 이에 대해 공권력의 행사에 해당한다고 보아 헌법소원의 대상을 인정하고 있다.[6]

그러나 행정소송의 처분 개념을 확대하면, 헌법소원의 대상과 경합될 수 있다. 지목변경 신청거부의 경우 헌법재판소가 이를 헌법소원의 대상으로 인정하였으나, 법원은 이를 부인하던 종전의 입장을 변경하여 그 처분성을 인정한 사례도 있다.[7] 헌법소원의 대상에는 이론적으로 행정작용 외에 입법작용과 사법작용도 포함될 수 있어 행정소송의 범위보다는 넓다.[8] 그러나 원칙적으로 대외적 구속력이 없는 행정규칙에 대해

---

4) 대법원 2002. 7. 26. 선고 2001두3532 판결.

5) 대법원 2005. 7. 8. 선고 2005두487 판결.

6) 헌재 2003. 6. 26. 2002헌마337 등, 판례집 15-1, 772, 783.

7) 헌재 2002. 1. 31. 99헌마563, 판례집 14-1, 62; 대법원 2004. 4. 22. 선고 2003두9015 판결.

8) 한편, 헌법재판소는 재판소원이 제외되는 것에 대해 합헌으로 보고 있다(헌재 1997. 12. 24. 96헌마172 등, 판례집 9-2, 842).

서도 예외적으로 헌법소원의 대상을 인정하고 있다. 법원은 행정규칙에 대해 '위임'의 법리를 통해 법규적 효력을 인정하고 있지만, 행정규칙은 본래 위임의 법리가 적용되지 않는다. 이른바 법령보충적 행정규칙은 법리적으로 적지 않은 문제점을 가질 뿐만 아니라, 법령입안을 담당하는 행정부서에서 고시 등 행정규칙에 법규적 사항을 규정하는 잘못된 관행을 형성하고 있다(이에 대해서는 Ⅲ. 3.에서 상론함).

그 밖에 행정작용에 대한 권리구제에 있어서 흠결된 영역이 존재할 수 있고, 행정작용의 본질에 부합하지 않는 권리구제를 인정하는 경우도 있다. 예컨대 법률하위규범에 대한 권리구제, 행정행위 외의 권력적 행정작용 및 비권력적 행정작용에 대한 항고소송, 그리고 행정입법의 부작위에 대한 권리구제 등이 그러하다. 나아가 지방자치단체의 자치권 보장을 위한 공법상 권리구제도 매우 미흡하다. 특히 법규범에 의한 지방자치단체의 자치권 침해에 대해서는 권한쟁의심판에 의한 부분적 해결을 제외하고, 이에 대해 근원적인 문제해결 내지 권리구제는 기대하기 어렵다. 항고소송과 헌법소원의 관계에서 학계 일각에서 제기되는 항고소송 중심론 내지 항고소송 확대론은 신중할 필요가 있다. 이에 대해 비판적 관점에서 살펴보고, 헌법소송과 행정소송의 조화로운 해결방안을 모색하도록 한다. 이하에서는 항고소송과 헌법소원의 각 대상과 관련된 법적 문제와 이에 대한 개선방안을 검토하기로 한다.

Ⅱ. 항고소송의 대상

1. 행정소송법상 처분 개념의 확대와 해석

법원은 항고소송의 대상인 처분 개념을 계속해서 확대하여 왔다. 권력적 사실행위뿐만 아니라 비권력적 사실행위를 포함하여, 법규범에 대해서까지 예외적으로 처분성을 인정하고 있다.[9] 경기도 두밀분교폐지에 관한 조례와 관련하여 이른바 '처분적 조례'를 인정한 것을 비롯하여,[10] 행정주체 내부의 기관간의 작용으로 보면서도 행정처분으로 판단한 경우도 있다.[11] 처분적 조례의 경우에는 조례제정의 주체인 지방의회가 아닌 지방자치단체의 장을 피고로 하여 취소소송을 제기하고 있다. 그러나 조례에 근거한 개별적·구체적 처분을 기다려 항고소송을 제기하도록 하는 것이 타당하지만, 법규범의 성격을 가지는 조례에 대해 취소소송을 인정한 것은 성급할 뿐만 아니라 지방자치단체의 장을 피고로 하는 것도 법리적으로 문제가 있다.[12] 학설 중에는 처분적 법규명령과 집행적 법규명령으로 구분하는 견해도 있다. 이 견해는 집행적 법규명령을 상위법령의 집행을 위한 것으로 보고 모든 법규명령이 여기에 속하고 처분적 법규명령은 행정행위의 성질을 가지는 법규명령을 의미하는 것으로 이해하고 있다.[13] 법규명령의 유형은 다양하게 분류될 수 있다. 개별적·구체적 행위를 매개하는지 여부를 기준으로 이를 매개하는 집행이 가능한 규범(vollziehbare Normen)으로서 법규명령과 이를 매개하지 않고 직접 주관적 권리를 창설하거나 폐지시키는 집행규범(Vollzugsnormen)의 성격을 가지는 법규명령으로 구별할 수 있다. 통상의 법규명령은 대부분 집행이 가능한 규범에 해당한다. 위에서 언급한 이른바 '처분적

9) 이러한 문제점과 관련하여 쟁송법상의 처분개념이나 형식적 행정행위 등을 통해 무리하게 처분성을 확대하는 것을 지양해야 한다는 견해가 유력하다(김중권, 행정법, 제2판, 675면).

10) 대법원 1996. 9. 20. 선고 95누8003 판결. 다만, 대법원은 조례가 항고소송의 대상이 되는 행정처분이라고 보면서도, 그 조례무효확인소송의 피고를 지방자치단체의 장으로 보고 있다. 조례제정행위를 항고소송의 대상으로 보면서 지방자치단체의 장을 피고로 보는 것은 조례를 항고소송의 대상으로 보는 것이 그 자체 모순임을 보여준다.

11) 대법원 2018. 8. 1. 선고 2014두35379 판결.

12) 이러한 조례를 "공물의 공용폐지결정"으로 보아 처분으로 보아야 한다는 견해도 있다(이상덕, "항고소송과 헌법소원의 관계 재정립: 실무의 상황과 나아갈 방향", 공법연구 제44집 제1호(2015. 10), 254면). 그러나 공용폐지의 법형식도 공용지정(공용개시)와 마찬가지로 다양하며, 법률·법규명령·조례·관습법·행정행위에 의한 공용폐지가 가능하다. 행정행위의 형식은 행정행위에 제한되는 것은 아니다. 위 사례에서도 공용폐지의 법형식도 개별적으로 판단해야 하는 것이다.

13) 홍정선, 행정법원론(상), 제27판, 236면.

법규명령'은 '집행규범'에 해당한다고 볼 수 있다. 그러나 집행규범의 성격을 가지는 법규명령은 처분성을 가지지 아니하며, '처분적 법규명령'이라는 유형은 권력분립원칙이나 법률유보의 원칙 등에 비추어 허용되기 어렵다. 특히 독일에서는 이러한 '집행규범'에 대해 '확인소송'을 제기하고 있을 뿐, 항고소송을 허용하고 있지 않다.[14] 나아가 집행명령과 위임명령은 구분되어야 하며, 집행적 법규명령은 집행명령과 혼동의 여지가 있다. 따라서 처분적 법규명령을 항고소송의 대상으로 삼는 것은 재고되어야 한다.

명령·규칙을 항고소송의 대상으로 인정한 것은 일본 행정법 학계의 영향이 크다. 일본 행정법학계의 태두(泰斗)인 다나카 지로(田中二郎)는 입법(政令·府省令·條例·規則 등)의 형식으로 행해지는 것도 집행행위로서 "직접 인민에 대해 구체적 효과를 발생시키는 것은 처분의 성질을 가진다"고 보았다.[15] 이러한 견해는 이후 일본의 학계에 큰 영향을 미친 바 있다. 특히 일본에서는 조례가 실질적으로 구체적인 처분에 해당할 때에는 처분성을 인정할 수 있다고 보고 있다.[16] 종래 하급심 판례 중에도 조례의 처분성을 인정한 사례가 있었다.[17] 일본 최고재판소는 수도요금을 개정하는 지방공공단체의 조례사건에서 그 처분성을 부정하였다.[18] 그 논거로 "개정조례의 제정행위에 대해 행정청이 법집행을 행하는 처분과 실질적으로 동일하게 볼 수 없다"는 것을 제시하고 있다. 그러나 일본 최고재판소는 이후 '보육원폐지조례'에 대해 처분성을 긍정

14) 이에 대해서는 졸고, "위헌·위법인 조례에 대한 규범통제와 행정소송에 의한 권리구제", 공법연구 제47집 제1호(2018. 10), 146면 참조.

15) 田中二郎, 新版行政法上卷, 全訂第二版, 有斐閣, 1974, 326면.

16) 塩野 宏, 行政法 II, 第五版補訂版, 有斐閣, 2013, 107면.

17) 사원의 참관료에 과세하는 현(縣)조례에 대한 무효확인소송에서 처분성을 부정하였으나, 일반론으로나마 조례의 처분성을 인정하고 있는 사례가 있다(大阪高決昭和 四一·八·五). 또한 하급심으로 요금변경을 내용으로 하는 급수조례에 대한 처분성을 인정하였다(東京高判平成 一四·一〇·二二 등 참조).

18) 最判平成十八·七·一四.

하고 있다.[19] 특정한 보육원을 폐지하는 것을 내용으로 하고 있으며, 의회도 행정청에 상응한다는 것 등을 논거로 하고 있다. 이러한 일본 최고재판소의 판례는 경기도 두밀분교 폐지조례 사건의 대법원 판결과 유사하다. 그러나 일본의 학설 중에는 위 보육원 폐지조례의 처분성을 인정한 일본 최고재판소에 대해 처분성을 부정하면서 공법상 당사자소송을 통한 권리구제를 주장하거나, '실효적' 권리구제라는 입장만으로 처분성을 긍정하는 논거로 사용하는 것에 대해 비판적 견해도 있다.[20] 그 밖에 일본에서는 告示의 처분성 여부가 다투어지고 있다. 예컨대 건강보험료의 인상에 관한 고시, 미곡의 정부 구매가격에 관한 고시 등이 그러하다.[21] 이러한 상황은 종래 한국의 학계에서의 전개된 것과 유사하다. 일본에서는 규범통제를 비롯한 헌법소송에 관한 논의가 취약하고, 권리구제의 편의성을 위해 항고소송 중심의 사고가 지배적이다. 우리는 이러한 논의를 그대로 답습할 이유는 없으며, 이를 극복하는 것이 한국 행정법학의 당면 과제이다.

이러한 문제의 중심에는 항고소송의 대상적격과 관련된 처분성 개념이 있다. 아직 대법원은 처분 개념에 관한 확고한 개념적 징표를 제시하고 있지 않다. 특히 행정소송법 제2조 제1호에는 "행정청이 행하는 구체적 사실에 관한 법집행으로서의 공권력의 행사 또는 그 거부와 그 밖에 이에 준하는 행정작용 및 행정심판에 대한 재결"이라고 규정하고 있다. 여기에서 주목할 점은 헌법소원의 대상과 마찬가지로 '공권력의 행사'라는 표현을 사용하고 있다는 사실이다. 독일 행정법원법 제42조에서는 항고소송의 대상을 '행정행위'라고 규정하고 있으며, 행정행위의 개념을 규정한 행정절차법 제35조 제1항에도 공권력 행사의 개념을 사용하고 있지 않다. 독일 행정절차법 제35조 제1항에서는 행정행위의 개

19) 最判平成二十一・十一・二六.

20) 상론은 高橋 滋, 條解行政事件訴訟法(南 博方 (編)), 第4版, 弘文堂, 2014, 68-69면.

21) 芝池義一, 行政救濟法講義, 第3版, 33면.

념을 "행정청이 공법 분야의 개별 사례에 적용되고 외부에 직접적 법효과를 목적으로 하는 모든 처분, 결정 그 밖의 고권적 조치"라고 규정하고 있을 뿐이다. 이에 반해 독일 기본법 제93조 제1항 제4a호 및 연방헌법재판소법 제90조 제1항에는 헌법소원의 대상으로 공권력(öffentliche Gewalt)을 규정하고 있다. 이러한 '공권력 행사'의 개념이 규정된 것은 일본의 입법례로부터 영향을 받은 것이다. 일본에서는 애초에 헌법재판소가 설치되어 있지 않을 뿐만 아니라 헌법소원제도 자체가 없기 때문에 이러한 문제가 발생하지 않는다. 그러나 우리나라에서는 1984년 행정소송법이 전부개정되면서 '공권력의 행사'라는 개념이 도입되었고, 이후 헌법재판소가 출범하면서 1988년에 제정된 헌법재판소법에도 헌법소원의 대상으로 '공권력 행사'라는 핵심적 개념을 규정하게 되었다. 이에 따라 '공권력'의 개념해석이 문제되고 있는 것이다. 이와 같이 쟁송법상 처분 개념은 매우 포괄적인 공권력 개념을 포함하고 있어 태생적으로 해석상 난점을 가지고 있다.[22] 그러나 행정소송법상 취소소송의 대상이 되는 처분에는 원칙적으로 집행부의 구체적 규율을 대상으로 하므로 일반처분은 포함되지만, 입법작용이나 사법작용은 제외된다. 향후 행정소송법의 개정에 있어서 처분 개념의 재정립이 필요한 대목이다.

2. 권력적 사실행위에 대한 항고소송의 법적 문제점

권력적 사실행위도 처분 개념에 적극적으로 포함시켜야 한다고 보는 견해가 있다.[23] 이러한 실무자의 주장과 같이 대법원 판례도 실제 쟁송

22) 이러한 공권력 행사의 개념에 행정행위뿐만 아니라 (권력적) 사실행위도 포함된다고 보는 유력한 견해도 있다(이상규, 행정쟁송법, 제5편, 314면). 항고소송의 처분 개념 중 '공권력 행사'에 권력적 사실행위도 포함될 경우에는 헌법소원의 대상과 경합 내지 충돌할 수 있다. 이와 같이 행정소송법에 규정된 공권력 개념의 포괄성은 항고소송 확대의 중요한 교두보이기도 하지만, 처분의 효력을 비롯한 헌법소원과의 중첩 등 여러 가지 측면에서 어려운 문제를 야기하고 있다. 그러나 행정소송법 제2조 제1호의 "행정청이 행하는 구체적 사실에 관한 법집행"이라는 부분에 의해 항고소송의 대상은 직접적인 외부적 효력을 가진 공권력 행사이어야 한다.

법상 행정처분에 학문적 의미의 행정행위 개념뿐만 아니라 권력적 사실행위를 포함시키고 있으며, 나아가 종전의 비권력적 사실행위까지 처분개념으로 확대하고 있다.[24] 그러나 사실행위가 모두 처분 개념에 포함되는 것은 아니다. 또한 이러한 판례의 입장이 개인의 권리구제를 위해 바람직하나, 이론적으로는 몇 가지 문제점이 있다. 사실행위의 권력적 성질을 판단하는 기준이 명확하지 않다.[25] 권력적 사실행위라고 하더라도 행정행위와는 구별된다. 행정행위에는 공정력 외에 좁은 의미의 구속효, 구성요건적 효력, 존속력(불가쟁력, 불가변력) 등 특수한 효력이 인정된다. 이러한 행정행위의 특수한 효력이 사실행위(권력적 사실행위)에도 미칠 수 있는지가 문제된다. 공정력 개념은 매우 포괄적일 뿐만 아니라 관료주의적 사고에 기초하고 있다. 이러한 개념을 오늘날 민주적 법치

---

23) 이상덕, 전게논문, 253면; 정호경, "항고소송과 헌법소원의 관계: 보충성원칙과 명령·규칙에 대한 심사권을 중심으로", 사법 제36호(2016년 여름호), 305-336면 참조.

24) 예컨대 전술한 불문경고나 시정조치권고 등이 그러하다. 또한 지적공부의 지목변경에 대해서는 처분성을 부인하였으나, 헌법재판소가 이를 헌법소원의 대상으로 인정한 후에는 다시 처분성을 인정하고 있다(대법원 2004. 4. 22. 선고 2003두9015 판결). 한편, 헌법재판소는 권력적 사실행위에 대해서는 헌법소원을 인정하고 있으나, 비권력적 사실행위에 대해서는 이를 부인하고 있다(헌재 1994. 5. 6. 89헌마35; 헌재 2012. 8. 23. 2010헌마439; 헌재 2017. 11. 30. 2016헌마503 등 다수). 다만, 헌법재판소는 교육부장관의 '학칙시정요구'와 같이 비권력적 사실행위의 성격을 가지는 행정지도에 대해서도 규제적·구속적 성격을 가지는 경우에는 헌법소원의 대상이 되는 공권력의 행사에 해당한다고 결정한 바 있다(헌재 2003. 6. 26. 2002헌마337 등). 그러나 비권력적 사실행위는 공권력 행사의 개념에서 배제되므로 원칙적으로 헌법소원의 대상을 인정하여서는 아니 된다. 이와 같이 사실행위의 영역에서는 헌법재판소와 대법원의 관할권 경합이 발생할 여지가 남아 있다.

25) 다만, 헌법재판소는 사실행위가 권력적인지 여부의 판단과 관련하여, 당해 행정주체와 상대방과의 관계, 그 사실행위에 대한 상대방의 의사·관여정도·태도, 그 사실행위의 목적·경위, 법령에 의한 명령·강제수단의 발동 가부 등 그 행위가 행하여질 당시의 구체적 사정을 종합적으로 고려하여 개별적으로 판단하여야 한다는 입장을 취하고 있다(헌재 2017. 11. 30. 2016헌마503; 헌재 1994. 5. 6. 89헌마35; 헌재 2012. 10. 25. 2011헌마429 등). 그러나 개별사안에서 구체적으로 판단해야 한다는 점에서 이러한 기준도 역시 상대적이라고 볼 수 있다. 헌법재판소는 2016헌마503 사건에서 법정의견은 피의자신문에 참여하는 변호인에 대한 후방착석요구행위가 권력적 사실행위라고 보고 있지만, 반대의견(재판관 김창종)은 비권력적 사실행위에 불과하여 공권력의 행사에 해당하지 않는다고 보고 있다.

국가에서도 그대로 유지할 가치가 있는지는 고민할 필요가 있다.

공정력은 법적 근거가 없을 뿐만 아니라, 법적 안정성을 위해서 인정될 뿐이다. 그러나 오늘날에는 법적 안정성이나 행정의 독자적 판단과 관련하여, 존속력이나 구성요건적 효력 등 행정행위의 특수한 효력이 인정되고 있다. 선결문제는 구성요건적 효력과 밀접한 관련을 가진다. 국가배상소송의 선결문제에서 민사법원이 행정처분의 위법 여부를 판단할 수 있는지가 문제될 경우에 민사법원이 적어도 행정처분의 위법을 판단할 수 있다는 견해가 지배적이다. 이러한 논의는 특정한 행정청의 성립요건에 대한 판단이 주어진 것으로 보아 제3의 국가기관이 그 행정청의 결정에 구속된다는 의미를 가진다. 이는 행정행위의 특수한 효력을 전제로 하는 것이므로 대외적 구속력이 없는 사실행위에 대해서도 확대할 수 있는지는 의문이다. 예컨대 행정행위가 아닌 권고·경고 등 사실행위에 대해서도 이러한 구성요건적 효력을 인정할 수는 없다. 또한 하자승계론에서도 이러한 문제는 발생한다. 우리나라의 하자승계론에 의하면, 선행처분에 취소사유가 있으나 불가쟁력이 발생한 때에 후행처분에 대한 취소소송에서 선행처분의 하자를 승계하여 다툴 수 있는지가 문제된다고 본다. 그러나 취소나 불가쟁력은 원칙적으로 행정행위의 하자와 관련된 것이다. 일본에서는 이러한 하자승계를 행정행위의 효력이 아니라 행정소송에 있어서 위법성의 승계로 파악하고 있다.[26) 행정의 작용형식론과 무관하게 전개된 행정소송 판례의 구조적 문제가 아닐 수 없다. 향후 항고소송의 판례에서 이러한 행정처분 개념의 재해석이 절실히 요구되는 점이다. 행정처분의 확대는 무리한 이론구성을 초래하고 있어 행정작용의 본질과 유리된 판례가 암묵적으로 형성되고

26) 한편, 행정의 내부적·중간적 행위에 대해서도 적극적으로 처분성을 인정하고, 하자승계론의 확대를 주장하는 견해도 있다(이상덕, 전게논문, 253면). 그러나 하자승계에 관한 판례의 입장은 법적 안정성의 측면에서 적지 않은 문제점이 있다(상세는 졸저, 현대행정의 작용형식, 256-258면 참조).

있다. 이에 대해 공법상 당사자소송을 고려할 수 있지만, 사실행위에 대한 권리구제수단으로서 새로운 소송유형을 도입하는 것이 올바른 방안이다. 입법정책론으로는 독일의 '일반이행소송'을 참고하여 새로운 소송유형을 도입하는 것이 바람직하다.

3. 법률하위규범에 대한 항고소송의 허용 여부

학설 중에는 명령·규칙 등에 대해 취소소송을 제기할 수 있다는 견해도 있지만, 이를 부정하는 견해가 지배적이다. 대법원은 처분적 조례를 인정하고, 이를 취소소송의 대상으로 삼고 있다.[27] 전술한 바와 같이 행정소송법상 처분 개념에는 입법작용이 배제되는 것이 원칙이다. 법률이 여기에 속하지 않음은 물론이다. 문제가 되는 것은 법규명령이나 조례 등과 같은 법률하위규범이다. 현행 헌법에서는 구체적 규범통제만 허용된다. 따라서 명령이나 규칙 등을 직접 대상으로 한 규범통제는 불가능하며, 이에 근거한 행정처분에 대한 취소쟁송을 제기하면서 그 수권근거의 위법성을 다툴 수 있을 뿐이다. 설사 해당 명령·규칙 등이 위헌 내지 위법이라고 하더라도 그 규범을 일반적으로 당연무효라고 판시할 수 없다. 법률하위규범에 대해 헌법재판소가 규범통제를 할 수 있는지에 대해서도 견해가 대립할 수 있다. 이에 대해 명문의 규정이 없기 때문에 논란이 되고 있다. 해석을 통한 시도가 있지만, 보다 바람직한 것은 개헌을 통해 추상적 또는 주위적 규범통제제도를 도입하는 것이다. 다만, 이에 대해서는 후술하는 바와 같이 일정한 요건을 충족하는 경우에 헌법소원의 가능성이 열려 있다.

한편, 행정규칙이 선결문제가 될 수 있는지가 문제된다. 행정규칙은 원칙적으로 대외적 구속력이 없어 선결문제가 되지 않지만, 예외적으로

---

27) 대법원 1996. 9. 20. 선고 95누8003 판결. 이에 대한 문제점에 대해서는 졸고, 전게논문(각주 14), 146면 참조.

법령의 위임에 기인하여 위임명령의 성질을 갖는 경우에는 선결문제의 심리가 허용될 수 있다고 보고 있다.[28] 또한 재량준칙이나 법령해석규칙을 근거로 하는 처분은 행정규칙뿐만 아니라 법령을 근거로 하여 행해지며, 이는 결국 법령에 근거한 행정처분이므로 행정규칙의 위법성도 심사할 수 있다고 보는 견해도 있다.[29] 이른바 '법령보충적 행정규칙'에 해당하는 경우에는 법규적 효력이 인정되므로 법규명령의 경우와 마찬가지로 선결문제의 대상이 될 수 있다고 판단된다. 그러나 일반적인 행정규칙에 대하여 위법심사를 배제하는 것은 타당하지 않다. 일반적인 행정규칙의 경우에 법규적 사항을 규정하는 것 자체가 법률유보의 원칙에 비추어 타당하지 않다고 하겠다. 이에 관해 설명하는 문헌이 많지 않다. 다만, 유력설은 "법령의 위임도 없이 원고의 권리의무에 직접 영향을 미치는 사항을 정한 행정규칙은 법률유보의 원칙에 위반되어 무효"라고 주장하고 있다.[30] 이러한 견해에 전적으로 찬동한다. 그러나 법원이 이러한 행정규칙의 무효를 처음부터 당연무효로 판단할 수 있는지, 또는 이에 대해 당해 사건이 아니라 일반적으로 무효를 선언하여 폐지할 수 있는지에 대해서는 후술하는 바와 같이 논란의 여지가 있다. 나아가 행정규칙 그 자체가 직접 국민의 권리와 의무에 관계되는 경우에는 이를 처분으로 보아 취소소송이나 무효확인소송을 제기할 수 있다는 견해도 있다.[31] 그러나 행정규칙은 처분의 성질을 가질 수 없다. 예컨대 고시는 다양한 법적 성질을 가질 뿐,[32] 이를 두고 행정규칙을 처분이라고 일반화할 수는 없다. 고시는 그 자체로 처분의 성격을 가질 수 있다(일반처분). 이와 같이 고시는 여러 가지 법적 문제를 야기하고 있는 바, 이에 대해서는 뒤에서 상론하기로 한다.

---

28) 김동희, 행정법 I, 제21판, 184면, 2016.
29) 박윤흔, 최신행정법강의(상), 개정29판, 269-270면.
30) 박윤흔, 전게서, 270면.
31) 김도창, 일반행정법론(상), 제4전정판, 335면.
32) 김남진/김연태, 행정법 I, 제22판, 852면.

4. 행정입법의 부작위에 대한 행정소송의 실현가능성

헌법재판소는 행정입법부작위를 입법부작위와 함께 헌법소원의 대상으로 보고 있다. 그러나 행정입법(법규명령)의 부작위와 입법(법률)의 부작위는 서로 구별하여야 한다. 행정입법부작위의 문제는 진정행정입법부작위와 부진정행정입법부작위로 구분될 수 있다. 그러나 진정행정입법부작위는 법률에서 위임을 하고 있음에도 불구하고, 전혀 행정입법을 제정하지 않는 경우이다. 이에 반해 부진정행정입법부작위는 행정입법을 제정하기는 하였으나 불충분하거나 불완전한 경우이다. 그러나 양자의 구별은 현실적으로 쉽지 않다. 대부분의 사례에서 행정입법부작위가 문제되는 것은 부진정행정입법부작위의 문제이다. 그러나 입법의 불충분성 내지 불완전성만으로 부진정행정입법부작위로 속단하는 것은 바람직하지 않다. 어떠한 기준을 설정하느냐에 따라 달라질 수 있기 때문이다. 상대적으로 큰 기준을 설정할 경우에는 진정행정입법부작위가 될 수 있지만, 입법이 되지 않은 세부적인 사항을 기준으로 할 경우 부진정행정입법부작위가 될 수 있기 때문이다. 부진정행정입법부작위의 문제는 수혜를 입지 못한 인적 범주의 이해관계인에게 주로 발생한다. 이러한 수혜를 받지 못하는 인적 범위에 속하는 이해관계인들이 그 수혜를 받는 사람과 비교하여 평등원칙을 위반하였다고 주장하는 것이 보통이다.

행정입법부작위에 대해 행정소송으로 다툴 것인지, 아니면 헌법소송을 제기할 것인지가 문제된다. 독일의 통설 및 판례는 법률을 제외한 법률하위규범의 부작위 문제는 헌법소송이 아니라 행정소송의 문제로 다루고 있다.[33] 독일에서는 이러한 행정입법부작위를 특히 규범제정요구소송(Normerlassklage)이라고 부르고 있다. 독일의 학설도 이에 대한 적합한 소송형식을 두고 견해가 대립하고 있다. 그러나 규범제정요구소

33) 이에 대한 상세한 내용은 졸고, “명령·규칙 등의 부진정행정입법부작위에 대한 법원의 규범통제”, 123-129면.

송에 적합한 소송형식을 '확인소송'으로 보는 견해가 유력하다.[34] 부진정규범제정요구소송에 해당하는 '규범보충소송'의 경우도 그러하다. 이와 관련하여 국내 학설 중에는 행정입법부작위에 대해 행정소송을 제기할 수 있다고 보는 견해가 늘고 있다. 다만, 이를 어떠한 행정소송의 형식으로 다투어야 하는지에 대해서는 항고소송설[35]과 당사자소송설[36]이 대립하고 있다. 이와 관련하여 대법원은 추상적인 법령의 제정 여부가 항고소송의 하나인 부작위위법확인소송의 대상이 될 수 없다고 보고 있다.[37] 행정입법의 부작위는 규범제정의 부작위와 관련된 것이고 처분 또는 처분의 부작위가 될 수 없으므로 항고소송의 대상이 될 수 없다. 한국 행정소송법에는 확인소송에 관한 명문의 규정이 없지만, 이행소송과 확인소송의 성질을 모두 가지는 공법상 당사자소송이 이와 유사한 기능을 수행할 수 있다. 특히 행정입법부작위의 본질은 '공법상 법률관계'와 관련된 것이므로 공법상 당사자소송을 활용하는 것이 바람직하다.

Ⅲ. 헌법소원의 대상

1. 공권력행사의 개념 해석

헌법재판소는 헌법소원의 대상인 '공권력의 행사 또는 불행사'에 관

34) 졸고, 전게논문(각주 33), 126-127면 참조.
35) 한편, 처분성 있는 행정입법의 부작위가 부작위법확인소송의 대상이 된다고 보는 견해도 있다(박균성, 행정법론(상), 제15판, 226-227면). 그 논거로 처분적 명령이 항고소송의 대상이 된다는 점을 제시하고 있다. 그러나 처분적 명령은 매우 예외적인 경우에 인정될 뿐만 아니라 법리적으로도 문제가 있다. 또한 "처분성이 있는 행정입법(소위 처분적 명령)의 부작위"가 인정되는 사례는 매우 드물며 異例的이다. 이러한 내용은 규범의 성격을 가지는 행정입법의 부작위 문제와는 내용상 차이가 있다.
36) 졸고, "행정입법부작위에 대한 사법적 통제: 당사자소송에 의한 규범제정요구소송의 실현가능성을 중심으로", 저스티스 통권 제110호(2009. 4), 194-217면; 졸저, 행정구제의 기본원리, 제1전정판, 법문사, 2015, 468면 이하; 김현준, "행정입법에 대한 행정소송", 공법연구 제46집 제2호(2017. 12), 260-263면.
37) 대법원 1992. 5. 8. 선고 91누11261 판결.

한 해석과 관련하여, 공권력작용을 "국가기관·공공단체 등의 고권적 작용"이라고 보고 있다.[38] 이러한 공권력의 개념은 국민의 권리·의무에 영향을 미치는 것을 전제하고 있다. 독일에서도 헌법소원의 대상인 '공권력(öffentliche Gewalt)'은 직·간접적인 독일 국가권력의 모든 조치를 의미하지만, 국가 내부의 효력만 있는 것은 배제되고 있다.[39] 그러한 점에서 대외적 구속력은 이러한 공권력 판단에 있어서 중요한 기준이 되고 있다. 이러한 대외적 구속력은 직접적인 구속력을 의미하며, 행정규칙과 같은 사실적·간접적 효력은 원칙적으로 제외된다. 다만, 독일에서는 독일 기본법 제19조 제4항의 공권력에는 '규범구체화행정규칙'이 포함될 수 있다고 보고 있다.[40] 그러나 후술하는 바와 같이 이러한 유형의 행정규칙은 매우 제한적이고, 헌법소원의 대상으로 인정된 사례를 찾기가 어렵다.

2. 위헌인 법규범에 대한 헌법소원

헌법소원의 대상인 공권력작용에는 '입법작용'도 포함된다. 헌법소원의 대상에는 법률이 포함되나, 공포된 대한민국의 법률이어야 한다. 공포된 법률이더라도 반드시 효력을 발생하여야 하는 것은 아니다. 효력을 발생하기 전에 청구인의 불이익이 충분히 예견될 수 있는 경우에는 헌법소원의 대상이 될 수 있다.[41] 여기에서 주의할 것은 헌법소원의 대상이 되는 것은 법규범 그 자체이지 이를 제정하는 행위가 아니다. 헌법재판소법 제68조 제1항에는 "공권력의 행사 또는 불행사"로 규정하고 있으나, 입법행위(법률의 제정행위)나 법률의 개폐는 헌법소원의 대상이 될 수 없다. 권한 침해의 문제는 별론으로 하고, 규범은 원칙적으로

---

38) 헌법재판소, 헌법재판실무제요, 제2개정판, 231면.
39) Schlaich/Korioth, Das Bundesverfassungsgericht, 11. Aufl., Rn. 213.
40) Jarass/Pieroth, GG, 10. Aufl., Art. 19 Rn. 43.
41) 헌재 1994. 12. 29. 94헌마201.

효력이 발생한 후에 기본권 침해의 문제가 발생한다. 헌법재판소도 법률의 개폐는 입법기관의 소관사항이므로 법률의 개정안 발의를 요구하는 심판청구가 헌법소원의 대상이 될 수 없다고 결정하였다.[42] 하지만 국회가 제정한 형식적 의미의 법률을 직접 대상으로 하는 것은 매우 제한적이다. 헌법재판소는 초기에 형사소송법 개정 등에 관한 헌법소원에서 청구인이 스스로 당해 규정에 관련되어야 할 뿐만 아니라, 당해 규정에 의해 직접, 그리고 현재 권리침해를 받아야 한다고 결정한 바 있다.[43] 즉 자기관련성과 현재성 및 직접성의 요건을 모두 충족하여야 한다. 입법부작위에 대해서도 헌법소원을 인정하고 있다.[44] 원칙적으로 위법한 법률에 대해서는 위헌법률심판제도가 보장되어 있고, 헌법재판소법 제68조 제2항에는 법률의 위헌여부심판의 제청신청이 기각된 때에는 헌법재판소에 위헌심사형 헌법소원제도를 보장하고 있다.

한편, 법률 외에도 명령·규칙 등 집행권의 법규범에 대해 헌법소원을 제기할 수 있는지가 문제된다. 집행부의 법제정의 소산인 법규명령에 대한 헌법소원의 가능성은 인정된다. 그러나 시행령이나 시행규칙과 같은 집행부의 법규범이 별도의 집행행위를 기다리지 않고 직접 기본권을 침해하여야 한다.[45] 헌법 제107조 제2항에 위헌이나 위법인 명령·규칙에 대한 최종적 심사권은 대법원에 규정되었다고 하더라도, 부수적 규범통제와는 별개로 헌법소원이 가능하다. 헌법소원과 규범통제는 원칙적으로 구별되기 때문이다. 법무사법시행규칙 제3조 제1항에 대한 헌법소원의 대상이 문제되었으나, 헌법재판소는 이를 인정하였다.[46] 해당

42) 헌재 2001. 7. 19. 2000헌마703; 헌재 1992. 6. 26. 89헌마132, 판례집 4, 387, 405-406.

43) 헌재 1989. 7. 21. 89헌마12, 판례집 1, 128.

44) 헌재 1989. 9. 29. 89헌마13, 판례집 1, 294.

45) 독립유공자예우에 관한 법률 시행령 제7조 위헌확인사건에서 해당 시행령 제7조 [별표 1]에 대해 헌법소원의 대상을 인정한 바 있다(헌재 1997. 6. 26. 94헌마52, 판례집 9-1, 659).

46) 헌재 1990. 10. 15. 89헌마178.

법무사법시행규칙은 구 법무사법 제4조 제2항에 따라 대법원규칙으로 제정된 것이다. 이 사건에서 헌법재판소는 대법원규칙을 "하위법인 시행규칙"으로 파악하고 있을 뿐, 그 법적 성질을 명확히 밝히고 있지 않다.

헌법 제107조 제2항에서 규정하고 헌법소원의 대상이 되는 '규칙'은 헌법 제64조 제1항의 '국회규칙', 헌법 제108조의 '대법원규칙', 헌법 제113조 제2항의 '헌법재판소규칙' 및 헌법 제114조 제6항의 '중앙선거관리위원회규칙' 등을 말한다. 그러나 이러한 규칙들은 지방자치단체의 장이 제정하는 '규칙'과는 구별해야 한다(헌법 제117조 제1항 참조). 이러한 지방자치단체의 규칙은 자치법규의 일종이다. 헌법재판소규칙이나 중앙선거관리위원회의 규칙의 법적 성질에 대해 법규명령으로 파악하는 것이 일반적이지만, 헌법기관의 독자적인 자율적 법규범으로 해석하는 것이 타당하다. 한편, 독일에서는 연방의회나 연방참사원 등 헌법기관이 사무규칙(Geschäftsordnung)을 정하도록 하고 있다(독일 기본법 제40조 제1항 제2문 및 제52조 제3항 제2문 등). 이러한 사무규칙을 법규명령으로 보는 견해, 자치법규로 보는 견해, 조직상의 행정규칙 및 헌법상 자치법규(Verfassungssatzung)로 보는 견해 등이 있지만, 독일의 다수설 및 판례는 연방의회의 사무규칙을 자율적 자치법규(autonome Satzung)로 이해하고 있다.[47] 이러한 연방의회의 사무규칙을 위반하는 것은 헌법위반이 아니지만, 대체로 위법하다고 보고 있다.[48] 따라서 조직상의 행정규칙으로 보는 견해는 타당하다고 보기 어렵다. 헌법상의 자치법규라는 견해도 헌법기관의 자율적 법규범으로 볼 수 있다는 점에서 독창적이다. 그러나 이러한 사무규칙을 헌법 차원의 법규범으로 파악하기는 어렵고, 지방자치단체의 자치법규와 혼동의 여지도 있다. 특히 지방의회

---

47) Stern, Das Staatsrecht der Bundesrepublik Deutschland, Bd. II, § 26 III 6; Schneider, in: Benda/Maihofer/Vogel(Hg.), Handbuch des Verfassungsrechts (I), 2. Aufl., § 13 Rn. 71; BVerfGE 1, 144 (148); BayVerfGHE 8, 91(95 ff.).

48) Klein, in: Maunz/Dürig, GG, Art. 40 Rn. 57 참조.

(Gemeinderat)의 사무규칙은 자치법규(조례)로 이해되고 있다.[49] 현행 헌법상의 대법원규칙, 국회규칙, 헌법재판소규칙 및 중앙선거관리위원회규칙은 헌법기관 내부의 자율적 법규범 정도로 파악하는 것이 타당하다. 이러한 규칙들이 법규범의 성질을 가지는 한 헌법소원의 대상이 될 수 있다.

3. 행정규칙에 대한 헌법소원의 재검토

(1) 고시(告示)의 법적 성질

헌법재판소는 일반적인 행정규칙에 대해서는 헌법소원의 대상성을 부인하고 있지만, 예외적으로 법령보충적 행정규칙에 대해서는 그 대상성을 인정하고 있다. 특히 고시가 문제된다. 고시는 다양한 법형식을 가지고 있으며, 일반적·추상적 규율의 성격을 가지는 경우에는 법규명령 또는 행정규칙으로 보지만, 구체적 규율일 경우에는 행정처분으로 보고 있다.[50] 여기에서 "다른 집행행위의 매개 없이 그 자체로서"라는 표현은 고시가 일반적·추상적 규율을 전제로 하고 있다는 점에서 오해의 소지가 있다. 그러나 고시는 그 자체 구체적 규율의 성격을 가지는 경우에 행정처분 내지 일반처분의 성격을 가질 수 있고, 위 대법원 2005두2506 사건에서 해당 고시는 그 자체 행정처분에 해당한다. 그러나 고시가 법규명령인지 여부에 대해서는 논란의 여지가 있다. 헌법에서는 고시라는 법규명령을 예정하고 있지 않다. 고시가 일반적·추상적 규정일 경우에는 원칙적으로 행정규칙이지만, 예외적으로 일정한 요건을 충족하는 경우에는 소위 '법령보충적 행정규칙'으로 인정되고 있다.

---

49) Burgi, Kommunalrecht, 5. Aufl., § 12 Rn. 3 참조.

50) "어떠한 고시가 일반적·추상적 성격을 가질 때에는 법규명령 또는 행정규칙에 해당할 것이지만, 다른 집행행위의 매개 없이 그 자체로서 직접 국민의 구체적인 권리의무나 법률관계를 규율하는 성격을 가질 때에는 행정처분에 해당한다."(대법원 2006. 9. 22. 선고 2005두2506 판결)

법령보충적 행정규칙의 법적 성질에 대해서는 법규명령설, 행정규칙설, 규범구체화 행정규칙설, 위헌무효설 및 수권여부기준설이 대립하고 있다.[51] 이와 같이 해당 고시의 법규적 효력이 인정된다고 하여 고시를 법규명령으로 단정하는 것은 타당하지 않다. 고시의 법적 성질은 행정규칙이지만 법규적 효력을 가지는 것으로 이해해야 한다.

고시의 헌법소원 대상과 관련된 판례의 내용에는 몇 가지 문제점이 있다. 고시가 헌법소원의 대상이 되기 위해서는 '공권력의 행사'에 해당하여야 한다. 행정규칙은 원칙적으로 행정조직 내부에서만 효력을 가질 뿐 외부에 대해서는 사실적·간접적 효력을 가진다는 점에서 원칙적으로 헌법소원의 대상이 되지 아니 한다.[52] 그러나 헌법재판소는 오래전부터 행정규칙에 대해 예외적으로 헌법소원의 대상성을 인정하고 있다. 헌법소원의 대상이 되는 것은 두 가지의 경우이다. 즉 ① 법령에서 행정관청에 구체적 내용을 보충할 권한을 부여한 경우에 상위법령과 결합하여 대외적인 구속력을 갖는 법규명령으로서 기능하는 경우,[53] ② 재량권 행사의 준칙이 행정규칙이 정한 바에 따라 되풀이 시행되어 행정관행이 생기면 행정기관은 그 상대방에 대한 관계에서 그 규칙에 따라야 할 자기구속을 당하게 되는 경우[54]가 그러하다. 그러나 위의 두 가지 경우 중에서 후자(②)는 행정의 자기구속에 관한 것이고, 전자(①)는 소위 '법령보충적 행정규칙'에 관한 것이다. 이 중에서 행정의 자기구속의 법리는 행정규칙의 대외적 구속력이 부인된다는 것을 전제로 하여 평등원칙(또는 판례에 의하면 신뢰보호원칙을 포함하고 있음)을 매개로 처분의 위법성을 인정하는 이론이다. 따라서 이를 근거로 행정규칙의 헌법소원 대상성을 인정하는 것은 이론적으로 타당하지 않다.[55] 첫 번째 경우(①)

51) 졸저, 현대행정의 작용형식, 141면 이하.

52) 헌법재판소, 헌법재판실무제요, 제2개정판, 240면.

53) 헌재 2002. 7. 18. 2001헌마605.

54) 헌재 2005. 5. 26. 2004헌마49, 판례집 17-1, 754, 761.

55) 학설 중에는 행정의 자기구속의 원칙을 무리하게 사용하는 것에 대해 비판적이면서도,

는 소위 '법령보충적 행정규칙'에 관한 것인데, 행정규칙은 원칙적으로 '위임'을 할 수 없다. 그러나 행정규제기본법 제4조 제2항 단서를 근거로 하여, 고시·훈령 등에 위임을 할 수 있다고 규정하고 있다. 이 조항은 법률유보원칙과 포괄위임금지원칙 등의 관점에서 문제가 있다. 행정규칙은 본질적으로 내부법의 영역에 적용되고, 행정의 탄력성과 효율성을 도모하는 행정작용이다. 이를 입법행위의 도구로 사용하는 것은 신중해야 한다.[56]

고시의 형식으로 중요한 기본권의 제한을 허용하는 것은 법률유보원칙이나 권력분립원칙의 관점에서 지양해야 한다. 법규적 사항은 법률이나 법규명령 및 조례에 규정하는 것이 타당하다. 고시에 대한 사법적 통제를 위해 법규적 효력을 인정하기 위한 법리로 창안된 것이 소위 '법령보충적 행정규칙'이지만, 판례에서 매우 광범위하고 포괄적으로 인정되고 있다. 이는 보기 드문 입법례이며, 이러한 이론을 인정한 것은 사법적 통제를 위한 것이었다. 그러나 역설적으로 행정실무에서는 이를 남용하여 법률이나 법규명령 등이 아닌 '고시'의 형식으로 본질적인 사항을 규정하는 경우가 늘고 있다. 법규적 사항을 하위법령에 계속 위임하여, 궁극적으로 본질적인 사항을 '고시'에서 정하는 것은 법치국가원리(본질사항유보설)에 위배될 수 있다. 근원적으로 입법자가 정하여야 할 본질적이고 중요한 사항을 고시에 위임하는 것은 권력분립의 관점에서도 비판이 제기되고 있다. 향후 법원의 판결에서도 고시·훈령 등에 대

이를 대외적 구속력을 긍정하는 논리로 파악하는 견해도 있다. 이 견해는 기본권 침해의 가능성이 있는 공권력 행사인지 여부에 대해서만 판단하면 충분하다는 보고 있으며, 대외적 구속력과 공권력 행사의 개념을 분리해서 이해하고 있다(최진수, "행정규칙에 대한 헌법소원", 공법연구 제41집 제3호(2013. 2), 497면 이하). 앞에서 언급한 바와 같이 '공권력 행사'의 개념에서도 대외적 구속력은 여전히 핵심적 개념이다.

56) 한편, 헌법 제75조 및 제95조의 위임입법의 형식을 예시적으로 보아 고시·훈령 등 행정규칙에 위임하는 것을 허용하는 견해가 있다(한수웅, 헌법학, 제7판 1245면). 다만, 이 견해도 법규명령과 행정규칙의 차이를 인정하면서, 법규범의 형식과 내용이 가능한 한 일치해야 한다고 보고 있다.

해 법령보충적 행정규칙은 환경법이나 기술·안전법과 같이 매우 제한된 영역에서 인정하는 것이 바람직하다. 이 경우 위임의 법리는 배제하는 것이 타당하다.

(2) 구체적 사례의 검토

헌법재판소는 전북대학교 총장임용후보자 선정에 관한 규정 제15조 제1항 제9호 등 위헌확인 사건[57]에서 헌법소원의 대상이 어떠한 법적 성질을 가지는지에 대해 명확히 밝히고 있지 않다. 다만, 헌법소원의 심판대상은 구 '전북대학교 총장임용후보자 선정에 관한 규정'(2013. 12. 31. 훈령 제1724호로 제정되고, 204. 6. 13. 훈령 제1753호로 개정되기 전의 것) 제15조 제1항 제9호 및 제16조 제3호에 규정된 소위 '발전기금조항', 구 '전북대학교 총장임용후보자 선정에 관한 규정'(2014. 6. 13. 훈령 제1753호로 개정된 것) 제15조 제1항 제9호와 구 '전북대학교 총장임용후보자 선정에 관한 규정'(2014. 8. 22. 훈령 제1768호로 개정된 것) 제15조 제3항의 소위 '기탁금' 조항에 관한 것이다. 이러한 심판대상조항은 모두 '훈령'에 해당하며, 이에 관한 위임규정은 언급되어 있지 않다. 그럼에도 불구하고 법령보충적 행정규칙이 아닌, 일반적인 행정규칙에 대해 헌법소원을 인정하고 있다. 이 사건은 종전의 사례와 달리 매우 이례적 결정이라고 볼 수 있다. 특히 이 결정의 보충의견(재판관 안창호)에서 총장후보자 선정규정은 전북대학교 '학칙'이라고 언급하고 있으며, 이를 행정규칙으로 보더라도 헌법소원의 대상인 공권력의 행사에 해당한다고 보고 있다. 그러나 이러한 해석은 학계의 지배적 견해와 상치되는 것이다.

행정규칙은 예외적으로 법규적 효력이 인정되는 경우가 있지만, 행정규칙 그 자체는 법규범(Rechtsnormen)이 아니라고 보는 것이 통설적 견해이다. 일반적 행정규칙을 헌법소원의 대상으로 보는 접근방식은 타

57) 헌재 2018. 4. 26. 2014헌마274.

당하지 않다. 독일에서도 예외적으로 행정규칙에 대해 법규적 효력을 인정하는 경우가 있다. 이른바 '규범구체화 행정규칙(normkonkretisierende Verwaltungsvorschriften)'이 대표적 사례이다. 그러나 이러한 형식의 행정규칙은 기술 · 안전법(원자력법, 환경법 등)과 관련된 매우 제한된 영역에서만 인정하고 있으며, 위임의 법리를 사용하지 않다는 점에서 법령보충적 행정규칙과 구별된다. 주목할 점은 독일의 다수설이 행정규칙에 대해 헌법소원의 대상성을 인정하고 있지 않다는 것이다.[58] 특히 연방헌법재판소는 대외적 구속력이 없는 행정규칙은 헌법소원의 대상이 아니라는 점을 명확히 하고 있다.[59]

헌법재판소의 선행판례가 확고하여 이를 변경하는 것은 쉽지 않다고 판단되지만, 장기적으로는 행정규칙의 헌법소원 대상성에 대해 재검토가 요청된다. 그러나 적어도 행정의 자기구속의 법리에 근거하여 행정규칙의 법규적 효력을 인정하고, 이에 대해 헌법소원을 인정하는 판례는 수정해야 한다. 또한 독일의 사례에 비추어 헌법재판소는 제한된 경우에 한하여 법령보충적 행정규칙을 인정하고, 헌법소원의 대상이 되는 사례를 단계적으로 축소할 필요가 있다. 장기적으로는 법률유보원칙의 위반 여부를 심사하여 기본권 실현과 관련된 본질적 사항은 법률에서 규정하도록 유도하고, 이를 부득이 위임하는 경우에도 '구체성'과 '명확성'의 요건을 갖추어 법규명령에서 규정하도록 해야 한다. 법원은 행정규칙에 근거한 처분에 대한 취소소송이 제기된 경우에 그 근거가 되는 행정규칙의 위법을 심사할 수 있다. 그러나 해당 행정규칙은 위법 · 무효가 인정되더라도 당해 사건에 대해서만 적용될 뿐이다.

58) Lechner/Zuck, BVerfGG, 7. Aufl., § 90 Rn. 125; Schlaich/Korioth, a.a.O. Rn. 213; Ruppert, in: Umbach/Clemens/Dollinger(Hg.), Bundesverfassungsgerichtsgesetz, 2. Aufl., 2005, § 90 Rn. 54 참조. 그러나 이에 대한 반대견해도 있지만, 이 견해는 행정규칙 그 자체의 법규범성을 주장하는 소수설에 입각하고 있다(Sauerland, Die Verwaltungsvorschrift im System der Rechtsquellen, 2005, S. 439 f.).

59) BVerfGE 1, 82; 2, 238/242; 12, 370; 41, 88/105.

위에서 설시한 전북대학교 총장임용후보자 선정에 관한 규정 제15조 제1항 제9호 등 위헌확인 사건(2014헌마274)에서도 해당 훈령 규정을 헌법소원의 대상으로 삼는 것은 이론적으로 타당하지 않다. 물론 행정소송을 통한 권리구제의 가능성이 낮은 경우에 헌법소원의 방식으로 권리구제를 하는 것이 보다 효과적일 수 있다. 그러나 이러한 문제는 행정소송으로도 해결될 수 있다. 특정한 총장후보자 지원자가 발전기금 및 기탁금을 납부하지 않아 총장후보에 지원하는 것이 거부되는 때에는 이에 대해 행정소송을 제기할 수 있다.[60] 이 경우 법원은 거부처분에 대한 취소소송이 제기된 경우 그 근거가 되는 해당 규정(훈령)이 법률유보의 원칙과 권력분립원칙을 위반하여 원고의 권리를 침해하고 있음을 이유로 위법・무효를 판시할 수 있다.

(3) 선결문제로서 위법한 '고시'에 대한 법원의 심사방식

대법원은 육군3사관학교 사관생도인 甲이 4회에 걸쳐 학교 밖에서 음주를 하여 '사관생도 행정예규' 제12조에서 정한 품위유지의무를 위반하였다는 이유로 퇴학처분을 받은 사건에서, 행정규칙의 기본권 침해 여부를 적극적으로 심사하고 있다. 즉 대법원은 위 행정예규에 근거한 해당 금주조항은 사관생도의 일반적 행동자유권, 사생활의 비밀과 자유 등 기본권을 과도하게 제한하는 것으로서 무효인데도 불구하고 위 금주조항을 적용하여 내린 퇴학처분이 적법하다고 본 원심판결에 법리를 오해한 잘못이 있다고 하여 이를 파기환송을 한 바 있다.[61] 이 사건에서

60) 대법원은 학교법인이 자신이 설치・운영하는 사립대학교의 학칙을 개정하여 학과를 폐지한 후 그 소속 부교수를 직권면직한 사안에서, 교수회의의 심의를 거치지 않아 효력이 없는 개정 학칙에 의하여 부교수를 직권면직한 것은 위법하다고 판시한 사례가 있다(대법원 2010. 6. 24. 선고 2010두5103 판결). 한편, 대법원은 총장 후보자 선출을 위한 기존의 직선제 학칙을 간선제로 바꾸는 학칙개정처분의 무효를 다투는 사건에서 교육의 본질이나 대학의 자율성을 침해하거나 교육 관계 법령을 위반하는 것은 아니라고 판시한 바 있다(대법원 2015. 6. 24. 선고 2013두26408 판결). 다만, 이 사건은 학칙 그 자체가 아니라 그 개정(처분)을 다투는 것이다.

주목되는 점은 법원이 공무원의 기본권 침해 문제를 적극적으로 판단하여 과잉금지의 원칙을 적용하고 있고, 음주를 금지하고 있는 해당 사관생도 행정예규를 육군3사관학교 학칙의 하위문서로 보아 무효로 판단하고 있다는 것이다. 그러나 이러한 심사방식은 '헌법소원'의 심사방식과 동일하다. 대법원은 이 사건에서 해당 금지조항이 기본권 제한과 관련된 것이므로 법률유보원칙(본질사항유보설)에 비추어 법률에서 규정해야 하며, 이를 위반한 행정예규(학칙)가 무효라고 선언하는 것으로 충분하다. 이에 따라 무효인 행정예규에 의한 퇴학처분도 무효라는 결론을 도출하면 된다. 그럼에도 불구하고 일반적 행정규칙에 해당하는 해당 행정예규가 과잉금지의 원칙을 위반하여 기본권을 침해하고 있음을 이유로 무효라고 판단한 것은 이론적으로 타당하지 않다. 행정규칙의 위법은 과잉금지의 원칙을 위반한 기본권 침해가 아니라 상위법령의 근거 없이 행정규칙으로 기본권 침해에 관한 규정을 두는 것에서 도출해야 한다.

4. 재판소원의 허용 여부

재판작용은 그 자체 항고소송의 대상이 될 수 없지만, 헌법소원의 대상은 될 수 있다. 그러나 헌법재판소법 제68조 제1항에서는 "법원의 재판"을 헌법소원의 대상에서 제외하고 있다. 최근 헌법재판소는 대통령의 긴급조치 발령행위 등에 대하여 국가배상책임을 인정하지 않은 대법원 판결들에 대한 헌법소원 심판청구에서 부적법각하 결정을 내리면서 위 조항의 해당 부분이 합헌이라는 종전의 입장을 그대로 유지하고 있다.[62] 즉 '법원의 재판'에 헌법재판소가 위헌으로 결정한 법령을 적용하여 국민의 기본권을 침해한 재판이 포함되는 것으로 해석하는 한 헌

61) 대법원 2018. 8. 30. 선고 2016두60591 판결.
62) 헌재 2018. 8. 30. 2015헌마861 등, 공보 제263호, 1.

법에 위반된다는 한정위헌결정을 이미 선고하였고, 또한 그 위헌 부분을 제거하였으므로 그 나머지 부분은 합헌이라고 결정하고 있다. 헌법재판소는 이미 헌법재판소법 제68조 제1항에서 "법률이 정하는 헌법소원에 관한 심판"이라고 규정한 것이 입법자의 형성적 자유를 통해 구현될 수 있는 것이며, '법원의 재판에 대한 소원'을 그 심판의 대상에 포함하여야만 비로소 헌법소원제도의 본질에 부합한다고 단정할 수 없다고 보고 있다.[63] 그러나 재판에 대한 헌법소원의 예외적 가능성이 검토되고 있다. 헌법재판소는 법률조항의 위헌을 구하는 헌법소원심판이라고 하더라도 법원의 사실관계 판단이나 법률의 해석·적용을 주장하는 것은 법원의 재판을 심판대상으로 삼는 것으로 보아 부적법각하를 하고 있다.[64] 또한 헌법재판소는 위 96헌마172 사건에서 "법원이 헌법재판소가 위헌으로 결정하여 그 효력이 전부 또는 일부 상실되거나 위헌으로 확인된 법률을 적용하여 기본권을 침해하는 경우에도 법원의 재판에 대한 헌법소원이 허용되지 않는 것으로 해당 법률조항은 그러한 한도 내에서 헌법에 위반된다"고 보아 한정위헌결정을 내리고 있다. 한편, 이 사건의 반대의견(재판관 김이수, 재판관 안창호)은 이 사건 대법원 판결들이 헌법재판소의 위헌결정의 기속력에 반하여 청구인들의 기본권을 침해하는 것이므로 취소되어야 한다고 주장한다. 여기에서 "헌법재판소의 위헌이라는 결론을 뒷받침하는 핵심적인 이유의 논리를 부인하는 법원의 재판도 포함되어야 한다"는 주장을 하고 있다. 나아가 반대의견은 대통령의 긴급조치가 통치행위이라고 할지라도 "국가배상책임의 성립여부에 관한 사법적 판단의 대상이 되지 않는다는 의미라면 이는 국민의 기본권침해와 관련된 국가작용은 사법적 심사에서 면제될 수 없다는 헌재 2010헌바132등 결정의 기속력에 위배된다"고 보고 있다. 종래 재판소원의 대상인 법원의 재판은 소송법상으로 "법원이 행하는 공권적 법률

63) 헌재 1997. 12. 24. 96헌마172 등, 판례집 9-2, 842.
64) 헌재 2010. 4. 6. 2010헌마116.

판단 또는 의사의 표현"으로서 종국판결 외에도 본안전 종국판결 및 중간판결 기타 소송절차의 파생적·부수적 사항에 대한 공권적 판단을 망라하는 것으로 이해된다.[65] 해석론으로도 예외적이기는 하나, 헌법재판소의 기속력을 근거로 법원의 재판이 헌법소원의 대상이 되는 길은 열려 있다.

헌법재판소법의 개정을 통해 재판소원이 도입된다고 하더라도 위헌의 문제는 아니며,[66] 입법정책적 판단의 문제일 뿐이다.[67] 헌법재판소도 위 헌법재판소법 제68조 제1항 위헌확인 등 사건(96헌마172)에서 "법률이 정하는 헌법소원"의 의미를 "우리의 사법체계, 헌법재판의 역사, 법률문화와 정치적·사회적 현황 등을 고려하여 헌법의 이념과 현실에 맞게 구체적인 입법을 통하여 구현하게끔 위임한 것"으로 보고 있다. 따라서 우리의 법현실과 제도적 상황 및 사법체계 등을 종합적으로 고려하여 재판소원제도의 도입 여부를 결정해야 한다. 독일 연방헌법재판소의 홈페이지(www.bundesverfassungsgericht.de)에 게시된 통계자료에 의하면 1951. 9. 7.부터 2017. 12. 31.까지 접수된 사건은 232,089건이며 종결된 사건은 228,581건이다. 이 중에서 헌법소원은 220,816건으로 96,6%으로 압도적으로 많고, 그 중에서 인용된 사건은 5,088건(2.8%)이다. 또한 전체 법원의 판결에 대한 헌법소원은 1991년부터 2017년까지 총 134,996건에 이르고, 이 중에서 민사법원의 판결에 대한 헌법소원이 54,123건, 행정법원의 판결에 대한 헌법소원은 17,720건이다. 행정법원의 판결 중 난민소송에 관한 것은 급증하여 9,410건이다. 1991년부터 2017년까지 연방법원의 판결에 대한 헌법소원은 총 26,599건이다. 이

65) 헌법재판소, 헌법재판실무제요, 제2개정판, 266면.

66) 이와 관련하여 재판소원을 제외한 규정에 대해 위헌론 내지 폐지론을 제기하는 견해도 유력하다(김철수, "헌법재판소와 대법원의 관계", 헌법논총 제19집(2008. 12), 88면).

67) 헌법재판소도 96헌마172 등 사건에서 이러한 점을 명확히 밝히고 있다. 즉 "법원의 재판을 헌법소원심판의 대상에 포함시켜야 한다는 견해는 기본권보호의 측면에서는 보다 이상적이지만, 이는 헌법재판소의 위헌결정을 통하여 이루어질 문제라기보다 입법자가 해결해야 할 과제이다"라고 결정하고 있다.

중에서 연방통상법원(BGH)의 판결에 대한 헌법소원은 11,337건으로 가장 많다. 이어 연방사회법원의 판결에 대한 헌법소원이 5,314건, 연방행정법원의 판결에 대한 헌법소원이 3,908건에 이른다. 연간 2% 대의 낮은 헌법소원 인용률로 인해 권리구제제도로서 재판소원 제도가 제대로 기능하는지에 대해 비판적인 견해도 유력하다. 이 견해는 민·형사법원은 실제 기본권과 관련된 업무가 적고, 기본권 보호를 우선적 과제로 하는 것이 정당화되지 않는다는 점도 강조하고 있다.[68] 또한 데펜호이어(Otto Depenheuer) 교수는 재판소원제도의 문제점으로 헌법재판과 전문재판의 구분, 헌법재판의 독단가능성, 법원의 신뢰나 체면손상 등에 대한 우려 등을 지적하고 있다.[69] 무엇보다 현실적인 문제점은 아래에서 설명하는 독일 사례에서 보는 바와 같이 재판소원제도가 폭증할 가능성이 높은데, 헌법재판소가 현재의 조직과 인력으로 이러한 재판소원심판을 감당할 수 있는지 여부가 관건이다. 재판소원을 도입하는 것이 사법정책적인 관점에서 국민들의 기본권 보호를 위해 바람직한 것인지에 대해서는 다각적인 논의가 필요할 것이다.

5. 지방자치단체 헌법소원제도의 도입 필요성

법규범에 의해 지방자치단체의 자치권이 침해된 경우에 지방자치단체는 헌법소원을 제기할 수 있는지, 아니면 행정소송을 제기해야 하는지가 문제된다. 헌법재판소는 지방자치단체는 기본권 주체가 아니므로 헌법소원을 제기할 수 없다고 보고 있다. 즉 공권력의 행사자인 국가, 지방자치단체나 그 기관 또는 국가조직의 일부나 공법인은 국민의 기본권을 보호 내지 실현해야 할 '책임'과 '의무'를 지는 주체로서 헌법소원을 청구할 수 없다는 것이다.[70] 그러나 오늘날 지방자치단체의 주관적

68) 이에 대해서는 Zuck, Das Recht der Verfassungsbeschwerde, 5. Aufl., Rn. 325 f.
69) 이에 대한 상세는 Otto Depenheuer/공진성(역), "재판소원의 저주와 축복", 헌법논총 제19집(창립 20주년 기념 특집호), 2008, 819-857면 이하.

지위가 인정되는 추세이며,[71] 자치권이 침해된 경우에 권리구제의 필요성이 강조되고 있다. 그러나 이러한 지방자치단체의 자치권은 기본권이나 기본권 유사적 권리와는 구별된다.[72] 이와 관련하여 독일에서는 지방자치단체 헌법소원제도(Kommunalverfassungsbeschwerde)를 별도로 규정하고 있다.[73] 법규범에 의해 지방자치단체의 자치권이 침해되면 게마인데(Gemeinde) 또는 게마인데단체(Gemeindeverband)는 이에 대해 헌법소원을 제기할 수 있다. 이러한 지방자치단체 헌법소원의 대상이 되는 것은 연방 또는 주(란트)의 법규범이다. 여기에는 연방과 주(란트)의 법률 외에 법규명령이나 자치법규(조례)도 포함하고 있다.[74] 이러한 지방자치단체 헌법소원의 법적 성격에 대해서도 견해 대립이 있다. 즉 일반적 헌법소원과 동등한 유형이라고 보는 견해, 연방과 주(란트)의 쟁송으로 보는 견해, 소송상 특별한 규범 내지 독자적 유형으로 보는 견해 및 주위적 규범통제의 특수한 유형으로 보는 견해 등이 있다. 다수설은 주위적 규범통제의 특수한 경우로 보고 있다.[75] 그러나 이러한 소송은 법규범에 의한 자치권(특히 조례제정권) 침해라는 점에서 규범통제의 성격을 부인하기는 어렵지만, 원칙적으로 객관소송의 성격을 가지는 본래적 의미의 규범통제와도 다소 차이가 있다. 근래에 지방자치단체의 주관적 권리가 강조되고 있으며, 지방자치단체와 국가기관, 지방자치단체 상호간의 분쟁이 증가하고 있다. 그러한 이유에서 새로운 유형의 권리구제수단을 도입할 필요가 있다. 헌법 제111조 제1항 제5호에는 '법률

70) 헌재 1998. 3. 26. 96헌마345.

71) Pieroth, in: Jarass/Pieroth, GG, 14. Aufl., Art. 28 Rn. 20.

72) Sachs, GG, Art. 28 Rn. 34.

73) 이에 대한 소개는 석종현, "독일에 있어서의 지방자치단체의 헌법소원", 헌법재판연구 제3권, 헌법재판소, 1991, 329-458면; 신봉기, "권한쟁의심판제도에 관한 비교법적 고찰", 헌법논총 제2집(1991. 12), 583-638면 등 참조.

74) Bethge, in: Maunz/Schmidt-Bleibtreu/Klein/Bethge(Hg.), BVerfGG, § 13 Rn. 54; Burgi, a.a.O., § 9 Rn. 3.

75) 상세는 Zuck, a.a.O., Rn. 121.

이 정하는 헌법소원에 관한 심판'을 규정하고 있다. 따라서 개헌을 하지 않더라도 헌법재판소법의 개정을 통해 지방자치단체 헌법소원제도를 도입하는 것은 큰 문제가 없다.

Ⅳ. 결 어

헌법재판소와 행정법원은 공권력 행사에 대한 통제와 국민의 권리구제에 크게 기여하고 있다. 헌법재판소와 행정법원은 서로 경쟁하면서 공법소송의 견인차 역할을 하고 있으며, 한국 공법학의 발전에도 역동성을 부여하고 있다. 그러나 헌법소원과 항고소송의 대상은 중첩되거나 경합될 수 있다. 행정소송법의 처분 개념에 '공권력' 개념이 포함되어 있는 것도 이러한 경합의 원인을 제공하고 있다. 또한 대법원은 권력적 사실행위뿐만 단순고권작용에 대해서도 항고소송의 대상을 확대하고 있다. 그러나 존속력, 구성요건적 효력 등 행정행위의 특수한 효력이 사실행위에도 적용될 수 있는지는 의문이다. 법규명령이나 조례 등에 대해서도 예외적으로 항고소송의 대상을 인정한 사례가 있다. 주위적 규범통제가 도입되지 않은 상황에서 부수적 규범통제를 통해 간접적으로 법률하위규범의 위법성을 심사할 수밖에 없다. 이러한 항고소송 확대론 내지 항고소송 중심주의는 일본의 학설 및 판례의 영향이 적지 않다. 그러나 규범통제를 비롯한 헌법소송이 익숙하지 않고 헌법재판소가 없는 일본의 사례를 우리나라 공법소송의 구조에 그대로 접목하는 것은 신중해야 한다. 일본에서도 이러한 항고소송 확대론에 대해 비판적 견해가 대두하고 있음을 간과해서는 아니 된다. 행정입법의 부작위는 헌법소송이 아니라 행정소송의 관할로 보는 것이 타당하다. 이에 적합한 소송형식에 대해서는 논란이 있지만, 법원의 전향적(轉向的)인 접근이 요구된다. 위법한 법규범에 대한 헌법소원은 허용되고 있지만, 이는 규범통제와 구별되어야 한다. 그리고 행정규칙의 위법성 판단이 선결문제가 되는지도 다투어지고 있다. 행정규칙의 법규적 효력이 예외적으로 인정되는 이른바 '법령보충적 행정규칙'은 선결문제로 파악하여 그 위법 여부가 심사될 수 있다. 그러나 일반적인 행정규칙의 경우에는 법규적 효력이 없으므로 법률유보원칙의 관점에서 이를 심사하는 것이 바람직하다. 위법한 행정규칙이라고 하더라도 일반적으로 무효선언을 하여 이를 폐지하는 것이 아니라, 당해 사건에 대해서만 적용이 배제된다. 이러한 무효인 행정규칙에 근거한 처분도 무효라고 판단할 수 있다. 행정규칙에 대한 헌법소원의 요건 중 행정의 자기구속에 근거한 헌법재판소의 논증은 타당하지 않다. 일반적인 행정규칙에 대해서도 헌법소원의 대상을 인정하는 판례가 있지만, 이는 공권력 개념에 대한 오해이다. 대외적 구속력은 공권력 개념의 핵심적 요소이다. 따라서 대외적 구속력이 없는 행정규칙에 대해서는 원칙적으로 헌법소원을 제기할 수 없다. 독일의 학설 및 판례도 그러한 입장이다. 앞으로 법령보충적 행정규칙은 제한적으로 파악하여야 하고, 법률유보의 원칙의 관점에서 본질적인 사항은 법률이나 적어도 법규명령의 차원에서 규정하도록 유도해야 한다. 또한 법규적 사항을 법규명령에 위임하는 경우에도 명확성원칙이나 포괄위임금지원칙의 위반 여부를 엄격히 심사해야 한다. 법규범이 지방자치단체의 자치권을 침해하는 경우에 공법상 권리구제수단이 흠결되어 있는데, 독일의 지방자치단체 헌법소원제도를 입법적으로 참고할 만하다.

제2장

단순고권작용에 의한 기본권침해와 헌법소원의 위헌심사기준

Ⅰ. 서 론

헌법재판소는 살수차를 이용한 직사살수가 청구인의 기본권(생명권 및 집회의 자유)을 침해하여 헌법에 위반된다고 결정하였다.[1] 근래에는 이러한 사실행위에 의해 기본권이 침해되는지, 또는 이러한 사실행위에 대해 헌법소원을 제기할 수 있는지가 문제된다.[2] 국내 문헌에서는 일종의 상위개념으로서 '사실행위'라는 용어가 일반적으로 많이 사용되고 있다. 그러나 독일 문헌에서는 이러한 '사실행위' 외에 단순고권적 행정작용(Schlicht-hoheitliches Verwaltungshandeln),[3] 단순행정작용(Schlichtes Verwaltungshandeln),[4] 단순고권작용(Schlicht-hoheitliches Handeln)[5] 등의 개념도 사용되고 있다. 이러한 개념들이 사실행위와 동일한 개념으로 사용되기도 하지만,[6] 양 개념이 반드시 일치하는 것은 아니다. 독일의 문헌에서도 비권력적 성격에 비중을 두고 '단순행정작용'이라는 표현을 사용하는 경우가 적지 않다. 그러나 오늘날에는 이러한 작용에 의한

1) 헌재 2020. 4. 23. 2015헌마1149.
2) 국내 학설 중에는 명예훼손적 발언, 전화의 도청, 강제예방접종 등 사실행위에 의해서도 자유권의 제한이 인정된다는 견해가 있다(한수웅, 헌법학, 제7판, 464면).
3) Battis, Allgemeines Verwaltungsrecht, 3. Aufl., S. 247.
4) Maurer/Waldhoff, Allgemeines Verwaltungsrecht, 19. Aufl., § 15 Rn. 1 ff.; Kopp/Ramsauer, VwVfG, 13. Aufl., § 35 Rn. 38 ff.; M. Schulte, Schlichtes Verwaltungshandeln, Tübingen 1995, S. 22.
5) Schmitz, in: Sachs(Hg.), VwVfG, Kommentar, 9. Aufl., § 1 Rn. 98.
6) Erichsen, in: Erichsen/Ehlers(Hg.), Allgemeines Verwaltungsrecht, 12. Aufl., § 30 Rn. 1.

기본권의 사실상 침해가능성, 그리고 이에 대해 행정소송이나 헌법소원 등 공법상의 권리구제수단을 적극적으로 고려하기 위해 '단순고권작용' 또는 '단순고권적 행정작용'이라는 용어를 사용하기로 한다. 이러한 단순고권작용은 사실행위나 비공식적 행정작용, 경고 · 권고 기타 정보작용 등을 망라한다.

단순고권작용은 전통적인 독일 행정법의 도그마틱(Dogmatik)에서 서자(庶子) 취급을 당한 것이 사실이다.[7] 이러한 단순고권작용은 원칙적으로 대외적 구속력을 가지지 않는다고 보는 것이 일반적이다. 단순행정작용에는 사실행위 외에 비공식적 행정작용, 경고 등 있다. 이러한 점은 외부적 효과를 가지는 행정작용인 행정행위와 구별된다. 그러나 독일에서는 오래전부터 사실행위에 의해 기본권이 사실상 침해될 수 있다는 주장이 제기되었다.[8] 이러한 기본권의 제약을 어떻게 이해해야 하는지가 문제된다. 사실행위는 원칙적으로 국민의 권리 · 의무에 영향을 미치지 아니한다는 점에서 비권력적 성질을 가진다. 그러나 우리나라에서는 일본 입법례의 영향으로 '권력적' 사실행위가 인정되고 있으며, 권력적 사실행위의 일부는 행정소송법상 처분 개념에 포함되고 있다. 세무조사결정에 대해 원심은 사실행위에 해당한다고 보아 처분성을 부정하였으나,[9] 대법원은 납세의무자의 권리의무에 직접 영향을 미치는 공권력의 행사에 따른 행정작용으로 보아 항고소송의 대상이 된다고 판단하였다.[10] 그러나 행정사건에서 처분성 여부만 판단할 뿐, 해당 행정작용의 성질을 권력적 사실행위라고 명확히 인정한 사례는 많지 않다. 대법원은 경남도지사의 진료의료원의 폐업결정을 처분으로 판단하였으나, 원심은 해당 폐업명령을 강학상 하명 또는 권력적 사실행위로서 보았

7) Robbers, Schlichtes Verwaltungshandeln, DÖV 1987, S. 272.

8) 대표적으로 Hans-Ullrich Gallwas, Faktische Beeinträchtigung im Bereich der Grundrechte, Berlin 1970, S. 12 ff. 참조.

9) 대전고등법원 2009. 11. 26. 선고 2009누124 판결.

10) 대법원 1998. 9. 4. 선고 97누19588 판결.

다.[11]

헌법재판소는 권력적 사실행위를 판단하는 일정한 기준을 제시하고 있지만,[12] 권력적 사실행위와 비권력적 사실행위의 구별은 현실적으로 쉽지 않다. 이러한 권력적 사실행위의 등장으로 사실행위에도 법률유보의 원칙이 적용되는지가 문제된다. 사실상의 기본권 침해를 인정하는 입장에서는 법률유보의 원칙을 엄격히 적용해야 한다고 본다. 전통적으로 일반적인 법률유보의 적용영역은 '침해행정'이다. 이러한 침해행정은 고권적 법률행위로서 직접성, 목적성 및 명령성을 가져야 한다고 보았으나, 근래에는 사실상 실체적인 침해를 가져 오는 행정작용도 포함한다고 보고 있다.[13] 예컨대 행정청이 특정한 생필품에 대해 화학적으로 유해한 식품이라고 발표하거나 경고하는 경우를 상정해 볼 수 있다. 오늘날 불확실성을 특징으로 하는 리스크사회(Risikogesellschaft)에서는 이러한 문제가 자주 발생할 수 있다. 경고나 발표는 국민의 생명이나 안전과 관련하여 중요한 정보를 제공하는 것이고, 해당 업체에 대해서는 '경고'의 성격도 가질 수 있다.

독일에서는 이러한 사실행위에 대하여 행정소송법상의 권리구제가 가능하다. 이러한 사실행위에 대해 일반이행의 소 또는 금지의 소(Klage auf Unterlassung)를 제기할 수 있을 뿐만 아니라, 결과제거청구권도 주장할 수도 있다.[14] 우리나라에서는 이러한 형식의 소송이 인정되지 않고, 공법상 당사자소송을 제기할 수 있는지 여부가 검토되고 있을 뿐이다.[15] 그 밖에 이러한 사실행위에 대해 예방적 금지소송과 가처분이 효

11) 부산고등법원 2015. 12. 2. 선고 (창원)2014누11529 판결.

12) "당해 행정주체와 상대방의 관계, 그 사실행위에 대한 상대방의 의사·관여정도·태도, 그 사실행위의 목적·경위, 법령에 의한 명령·강제수단의 발동 가부 등 그 행위가 행하여 질 당시의 구체적 사정을 종합적으로 고려하여 개별적으로 판단하여야 한다."(헌재 1994. 5. 6. 89헌마35, 판례집 6-1, 462)

13) Maurer/Waldhoff, Allgemeines Verwaltungsrecht, 19. Aufl., § 6 Rn. 16.

14) Maurer/Waldhoff, a.a.O., § 15 Rn. 7.

15) 이와 관련하여 결과제거청구권을 주장하고, 이를 실현하기 위해 당사자소송 차원에서

과적인 구제방법이라고 보는 견해도 있다.[16] 단순고권작용에 의해 식품을 판매하는 업체들이 재산상 피해를 입거나 재산권이나 영업의 자유 등 기본권이 침해될 수 있는지도 논란이 되고 있다. 그러한 점에서 사실행위를 포함한 단순고권작용의 특성을 정확히 파악하여 법률유보의 원칙이 적용되는지 여부를 검토할 필요가 있다(Ⅱ). 또한 이러한 단순고권작용에 대해 헌법소원을 제기할 수 있는지에 대해 유형별로 살펴보도록 한다(Ⅲ). 나아가 이러한 단순고권작용에 대해 어떠한 위헌심사기준을 적용해야 하는지를 고찰하도록 한다(Ⅳ).

Ⅱ. 단순고권작용과 법률유보원칙

1. 단순고권작용의 연혁과 개념

단순고권작용에도 법률유보의 원칙이 적용되는지가 문제된다. 이러한 문제를 논하기 이전에 유사한 개념과의 구분이 필요하다. 단순고권작용은 우리나라에서 '사실행위'로 표현되는 것이 보통이지만, 이론적으로 양자는 구별된다. 단순고권작용이라는 작용형식을 최초로 발견한 사람은 발터 옐리네크(Walter Jellinek)이다. 그는 먼저 공행정을 고권적(高權的) 행정으로 보면서 사법(私法)의 영역에 해당하는 국고행정(fiskalische Verwaltung)과 구별하였고, 또한 고권적 행정을 다시 당국에 의한 '관헌(官憲)행정(Obrigkeitliche Verwaltung)'과 '단순고권행정(Schlichte Hoheitsverwaltung)'으로 구분하였다.[17] 특히 발터 옐리네크는 후자를 비(非)관헌적 공행정으

이행소송을 제기해야 한다는 견해도 있다(김중권, 행정법, 제3판, 462-463면). 일본에서도 이미 사실행위에 대해 공법상 당사자소송을 활용해야 한다는 주장이 유력하게 제기된 바 있다(高木 光, 行政訴訟論, 2006, 132면 이하 참조).

16) 박균성, 행정법론(상), 제19판, 548면. 다만, 독일에서는 원칙적으로 행정행위에 대해 예방적 금지소송(vorbeugende Unterlassungsklage)을 제기할 수 있다고 보는 것이 지배적 견해이지만, 사실행위나 법률하위규범(법규명령, 조례)에 대해서도 이를 허용할 수 있는지에 대해서는 견해대립이 있다(이에 대한 상세한 소개는 졸저, 행정구제의 기본원리, 제1전정판, 520-521면 참조).

로서 '사회의 행정(gesellschaftliche Verwaltung)' 내지 '사회적 행정(soziale Verwaltung)'으로 파악하였다. 그러나 발터 옐리네크가 사용한 단순고권 행정의 개념은 명확하지 않은 점이 있고, 이러한 개념이 오늘날의 단순 고권작용과 일치하는지도 의문이다.

일반적으로 사실행위는 '고권적' 의사표시를 내용으로 하는 행정행위나 공법계약상의 청약 등과 구별된다. 독일에서는 사실행위를 단순행정작용과 동일하게 이해하는 견해도 있지만, 이를 상위개념으로 파악하면서 '단순고권적 행정작용'과 '단순행정작용'을 구분하는 견해도 있다.[18)] 그러나 근년에는 사실행위의 개념과 유사개념을 구분하는 견해가 등장하고 있다. 사실행위라는 용어는 사실적 효과만을 목적으로 하고 있다는 인상을 주지만, 실제 기본권 침해의 문제가 적지 않게 발생하고 있다. 이러한 용어상의 혼란을 피하기 위해 사실행위라는 용어 대신에 '단순고권적 행정작용(Schlicht-hoheitliches Verwaltungshandeln)'이라는 용어를 사용하면서 사실행위와 단순고권적 의사표시, 그리고 비공식적 행정작용으로 구분하는 견해도 유력하다.[19)] 또한 이 견해는 사실행위가 사실적 효과만을 가져오며, 사실행위의 일부 중에는 "의사표시"로 볼 수 있는 경우도 있다고 보고 있다. 예컨대 정보제공, 전문감정서 작성, 권고 또는 화학안전사고의 언론발표 등이 그러하다. 이러한 작용들은 법적 효과를 가지지 아니하고 규율(Regelung)도 포함하고 있지 않지만, 헌법상의 척도에 따라 기본권 침해의 적법성 심사가 배제되지는 않는다고 보고 있다.[20)] 또한 이 견해는 청구의 포기나 계약해지의 통보 등과 같은 단순고권적 의사표시(Schlicht-hoheitliche Willenserklärung)가 행정법관계의 내부에서 이루어진다는 점에서 이를 행정행위나 공법상 계약

---

17) W. Jellinek, Verwaltungsrecht, 3. Aufl., 1931, Nachtrag von 1950 und ein Vorwort zum Neudruck von Prof. Dr. Otto Bachof (Nachdruck 1966), S. 20 ff.

18) Wolff/Bachof/Stober, Verwaltungsrecht I, 10. Aufl., § 57 Rn. 1 ff.

19) Battis, Allgemeines Verwaltungsrecht, 3. Aufl., S. 247 f.

20) Battis, a.a.O., S. 248

으로 볼 수 없다고 주장한다.[21] 이러한 행위에 의해 기본권 침해가 문제되고 있다는 점에서 그 모든 유형을 '사실행위'로 분류하는 것이 타당한지에 대해 고민할 필요가 있다. 이러한 유형의 행정작용에 의한 기본권 침해를 이유로 헌법소원을 제기하는 경우에 이를 공권력작용으로 파악할 수 있는지가 문제된다.

2. 기본권의 사실상 침해와 법률유보

법률유보에 관한 이론 중 전부유보설을 따르지 않는 한 사실행위에 반드시 법률상 수권이 필요한 것은 아니라는 것이 일반적이다. 사실행위는 상대방에게 법적 효과를 발생시키지 아니하므로 법률유보원칙을 엄격히 적용하지 않아도 되었다. 그러나 독일에서는 이러한 사실행위에 의해서도 사실상 기본권이 침해될 수 있다는 주장이 설득력을 가지고 있다. 헌법소원에 있어서 '권리침해(Rechtsverletzung)'의 개념에 이러한 사실상의 침해(faktische Beeinträchtigungen)도 포함되는지가 문제된다. 유력설은 이러한 사실상의 침해도 필요한 침해의 성질을 가질 수 있고, 국가의 독점권한(Monopol)이 사실상 기본권제한에 영향을 미칠 수 있다고 보고 있다.[22] 그 구체적 사례로 국가의 '정보활동'을 들고 있고, 사인(私人)에 의해서도 사실상 기본권이 침해될 수 있다고 보고 있다.[23] 실제 이러한 사실행위에 의해 사실상 기본권이 침해되는 사례는 매우 다양하기 때문에 이러한 침해과정을 종합적으로 판단해서 침해행위로 고려할 수 있다.[24]

국가가 시장과 관련된 정보를 알리는 것이 개인의 직업의 자유를 사실상 침해할 수 있는지가 문제된다. 이러한 국가의 정보활동이 그 목표

---

21) Battis, a.a.O., S. 249.
22) 이에 대해서는 Schlaich/Korioth, Das Bundesverfassungsrecht, 10. Aufl., Rn. 228.
23) Schlaich/Korioth, a.a.O.
24) Lechner/Zuck, BVerfGG, 7. Aufl., § 90 Rn. 139.

설정이나 효력에 있어서 전통적인 기본권 침해를 대신하는 경우에는 기본권 침해가 인정될 수 있다.[25] 독일 연방헌법재판소는 사실상의 효과에 의해 기본권이 침해될 수 있음을 인정하고 있다.[26] 그러나 이러한 사실상의 침해는 재산권의 보호범위에 대한 제약이 아니며, 공용수용에 해당하지 아니한다. 종래에는 이러한 사실행위에 의한 재산권 침해를 수용유사적 침해이론이나 수용적 침해이론을 매개로 하여 손실보상을 인정하였다.[27] 그러나 근래에는 이를 부정적으로 보는 견해가 압도적이다.[28] 예컨대 소방기본법 제25조에는 인명구조나 화재진압 등에 관한 강제처분을 규정하고 있으며, 이로 인해 발생한 재산상 피해에 대해 손실보상을 규정하고 있다. 이를 적법한 사실행위로 인해 특별한 희생이 발생한 경우로 보아 손실보상이 인정된다고 보는 견해가 있다.[29] 즉 소방본부장, 소방서장 또는 소방대장은 인명구조나 화재진압 등을 위해 필요한 경우 화재가 발생하거나 불이 번질 우려가 있는 소방대상물 및 토지를 일시적으로 사용하거나 그 사용의 제한 또는 소방활동에 필요한 처분을 할 수 있다(소방기본법 제25조 제1항). 또한 소방본부장, 소방서장 또는 소방대장은 사람을 구출하거나 불이 번지는 것을 막기 위하여 긴급하다고 인정할 때에는 제1항에 따른 소방대상물 또는 토지 외의 인근 소방대상물과 토지에 대해서도 제1항에 따른 처분을 할 수 있고, 소방활동을 위하여 긴급하게 출동할 때에는 소방자동차의 통행과 소방활동에 방해가 되는 주차 또는 정차된 차량 및 물건 등을 제거하거나 이동시킬 수 있다(동법 제25조 제2항 및 제3항). 이는 제3자(비위해발생자, 경찰비책임자)에 대한 위험방지활동이라고 볼 수 있다. 이러한 처분으로 인

25) Jarass, in: Jarass/Pieroth, 10. Aufl., GG, Art. 12 Rn. 14a; BVerfGE 105, 252/273.
26) BVerfGE 46, 120/137.
27) 이에 대해서는 김남진 · 김연태, 행정법 II, 제24판, 375-376면. 그러나 이 견해는 입법을 통한 문제해결이 올바른 해결책이라고 주장한다.
28) Zippelius/Würtenberger, Deutsches Staatsrecht, 32. Aufl., § 19 Rn. 26.
29) 박윤흔 · 정형근, 최신행정법강의(상), 개정30판, 491면.

해 재산상 손실을 입은 경우에는 보상을 청구할 수 있다(동법 제49조의2 제1항 제3호). 그러나 이러한 손실보상은 사실행위가 아니라 '처분'에 의해 발생한 재산상 피해를 전보하기 위한 것이다. 이러한 손실보상을 헌법 제23조 제3항에 의한 '공용제한'으로 보아야 하는지, 아니면 조정적 보상부 내용한계로 보아야 하는지가 문제된다. 특별한 희생으로 보는 경계이론의 입장에서는 전자로 이해하는 것이 보통이지만, 분리이론에 의할 경우 사실행위에 대한 재산권 침해는 재산권의 내용한계로 이해될 뿐이다. 그러나 분리이론의 입장에서도 소위 '조정적 보상부 내용한계'로 볼 수 있다.

국내에서는 아직 수용보상과 조정보상의 구분이 명확하지 않다. 양자는 그 헌법적 근거나 범위 등에서 차이가 있다. 법치국가원리에 비추어 사실행위도 법률에 적합하여야 할 뿐만 아니라 법률을 위반하여서는 아니 된다(법률우위원칙). 다만, 사실행위가 사실상 기본권을 침해하는 경우에 법적 근거가 있어야 하는지가 문제된다. 즉 이러한 사실행위에도 법률유보의 원칙이 적용되는지, 또한 어느 정도의 범위에서 이러한 원칙이 적용되는지 등이 문제된다. 소위 법류유보의 강도 내지 밀도의 문제이다. 물론 개별법에 사실행위에 대한 근거를 둔 경우도 적지 않다. 이러한 문제는 대체로 경찰행정법의 영역에서 발생한다. 위험방지를 위한 경찰상의 조치에는 경찰상 법규명령(경찰명령)이나 경찰상 행정행위(경찰허가, 경찰하명 등) 외에 경찰상의 사실행위가 적지 않다.[30] 예컨대 경찰상 강제집행이나 즉시강제 등에는 사실행위에 해당하는 경우가 적지 않다. 또한 데이터의 조사·수집과 같은 행정조사도 이러한 사실행위에 속한다. 그리고 개인의 자유나 권리를 중대하게 제한하거나 침해할 수 있는 경찰작용은 법적 근거를 두어야 한다.[31] 예컨대 경찰관의 무기사용은 생명과 신체 등에 직접적 영향을 미칠 수 있다는 점에서

30) 이에 대해서는 Götz, Allgemeines Polizeirecht, 15. Aufl., § 12 Rn. 1.
31) 대법원 2018. 12. 13. 선고 2016도19417 판결 참조.

법률의 수권이 필요하다. 경찰관직무집행법 제10조의4 제1항에는 "경찰관은 범인의 체포, 범인의 도주 방지, 자신이나 다른 사람의 생명·신체의 방어 및 보호, 공무집행에 대한 항거의 제지를 위하여 필요한 한도에서 무기를 사용할 수 있다"고 규정하고 있다.

사실행위에 대하여 어느 정도의 범위에서 법률유보원칙이 적용될 것인지는 침해의 성질이나 정도 등에 달려 있다.[32] 이러한 무기사용에는 개괄적 수권조항(개괄조항, 일반조항)이 아니라 개별적 수권조항이 필요하다. 그러한 이유에서 경찰관직무집행법 제10조의4에는 무기사용의 요건을 구체적으로 규정하고 있다. 그러나 이러한 국가의 정보작용에 대해서도 기본권제약(Grundrechtseingriff)이 인정되며, 이러한 정보작용에 대해 법률유보가 더 이상 문제되지 않는다는 견해도 있다. 즉 최근 독일 연방헌법재판소의 판례에서는 직업의 자유나 신앙·양심의 자유 등 기본권의 보호범위를 좁게 이해하여 경고나 정보제공 등이 관련되는 경우가 적고, 정보작용은 이러한 기본권의 보호범위 밖에 있다는 것이다.[33] 다만, 이러한 국가의 정보작용이 위법한 경우에는 기본권 침해의 문제가 발생한다.

한편, 국내에서는 단순한 지식표시에 대항하는 정보제공을 제외하고, 경고나 권고 등에 대해에서도 법률유보의 원칙이 적용될 수 있다는 견해가 늘고 있다.[34] 헌법재판소도 후술하는 바와 같이 방송사업자에게 방송표현 내용에 대한 방송위원회의 '경고'에 대해 헌법소원을 인정한 바 있다(Ⅲ. 2). 헌법재판소는 원칙적으로 행정기관 내부의 의사표시를 비롯한 비권력적 사실행위에 대해 헌법소원의 대상을 부정하고 있다. 예컨대 부실기업의 정리와 관련하여 주거래은행의 정상화방안을 실현시키기 위한 정부의 '지시'를 비권력적 사실행위에 해당한다고 보아 헌법

32) Hermes, in: Hoffmann-Riem/Schmidt-Aßmann/Voßkuhle(Hg.), Grundlagen des Verwaltungsrechts, Bd. II, § 39 Rn. 81 ff.

33) Zippelius/Würtenberger, a.a.O., § 19 Rn. 31.

34) 김중권, 전게서, 469면.

소원의 대상을 부인하였다.[35] 그러나 헌법재판소는 교육부장관의 '학칙시정요구'가 일종의 '행정지도'로서 비권력적 사실행위에 해당한다고 보면서도, 규제적 · 구속적 성격을 가지는 경우에는 헌법소원의 대상이 된다고 보고 있다.[36] 또한 전술한 바와 같이 우리나라에서는 독일과 달리 권력적 사실행위가 인정되고 있으므로 이러한 다소 상반된 판례의 입장에 대해서는 이론적으로 면밀한 검토가 필요하다. 이하에서는 실무상 주로 문제되는 권력적 사실행위, 경고, 행정지도, 비공식적 행정작용, 공표 · 공고 등을 중심으로 헌법소원 대상성을 검토하기로 한다.

Ⅲ. 단순고권작용의 헌법소원 대상성

1. 문제의 소재

단순고권작용은 항고소송의 대상이 될 수 있다. 대법원은 권력적 사실행위뿐만 아니라, 경고나 권고 등 단순고권작용에 대해서도 처분성을 인정하고 있다. 예컨대 불문경고,[37] 국가인권위원회의 성희롱결정 및 시정조치권고[38] 등에 대해 처분성을 인정한 바 있다. 이와 같이 처분성이 인정되는 권력적 사실행위나 기타 단순고권작용은 보충성의 원칙에 따라 헌법소원의 대상에서 제외된다. 그러한 이유에서 단순고권작용이 헌법소원의 심판대상이 되는지는 유동적인 측면이 있다. 이와 달리 독일에서는 행정청의 조언, 권고, 경고 등 단순고권작용에 대한 방어 내지 권리구제를 위해서 일반이행소송(allgemeine Leistungsklage)을 제기할 수 있다. 독일에서는 권력적 사실행위를 별도로 논하지 아니한다. 이러한 개념은 일본 입법례로부터 영향을 받은 것이다. 일본에서는 '공권력

35) 헌재 1994. 5. 6. 89헌마35, 판례집 6-1, 462.
36) 헌재 2003. 6. 26. 2002헌마337 등.
37) 대법원 2002. 7. 26. 선고 2001두3532 판결.
38) 대법원 2005. 7. 8. 선고 2005두487 판결.

적' 사실행위가 처분성에 포함되는지가 문제되고 있다.[39] 그 구체적 사례로는 사람의 수용, 물건의 유치 기타 계속적 성질을 가지는 것을 말한다.

일본에서도 취소소송의 대상을 판단하는 기준으로 '처분성'을 인정하고 있는데, 여기에서 말하는 처분성이란 "처분 기타 공권력 행사"라는 개념해석과 관련된 것이다(일본 행정사건소송법 제3조 제2항 참조). 이러한 '공권력 행사'의 개념은 매우 포괄적이다. 우리나라에서는 공권력행사가 처분개념의 핵심적 요소이지만, 일본에서 처분은 이러한 공권력행사의 일종 내지 구체적 예시라는 점에서 차이가 있다. 일본에서는 전통적으로 행정에 의한 권력적 행위(권력성)를 처분성의 핵심적 요소로 파악하였으나, 취소소송제도의 결과로서의 권력성(공정력·불가쟁력)과 처분성을 구별하는 견해가 유력하다.[40] 나아가 사실행위도 공권력행사에 포함되어 있는데, 여기에는 대집행이나 직접강제, 즉시강제 등이 거론되고 있다.[41] 우리나라에서는 이러한 권력적 사실행위가 처분 개념에 포함된다고 보는 것이 일반적이므로 행정소송과 헌법소송의 경합이 발생할 수 있다. 전술한 바와 같이 대법원은 경고나 세무조사결정 등에 대해서는 처분성을 인정하였으나, 그 밖의 사실행위에 대해서는 여전히 관할권 경합의 문제가 남아 있다. 이하에서는 주로 문제가 되는 단순고권작용을 중심으로 헌법소원의 대상성 문제를 검토하기로 한다.

2. 구체적 사례의 검토

(1) 권력적 사실행위

헌법재판소는 일부 행정지도를 제외하고 비권력적 사실행위에 대해서는 원칙적으로 헌법소원의 대상을 부인하고 있다.[42] 전술한 대한선주

---

39) 南 博方(原編著), 條解行政事件訴訟法, 第4版, 41면 이하.
40) 塩野 宏, 行政法 II, 제6판, 106면.
41) 塩野 宏, 前掲書(II), 107면.

정리사건에서 부실기업의 주거래은행 정상화 방안을 위한 정부의 지시 등의 행위는 비권력적 사실행위로서 헌법소원의 대상이 아니라고 판단하였다. 이에 반해 권력적 사실행위에 대해서는 헌법소원의 대상이 되는 공권력의 행사에 해당한다고 보고 있다.[43] 이러한 '권력성'이나 '고권적' 성격은 헌법소원의 대상을 판단함에 있어서 핵심적 요소이다.[44] 헌법재판소는 행정주체와 상대방의 관계에 있어서 그 사실행위에 대한 상대방의 의사·관여 정도나 태도, 그 사실행위의 목적이나 경위, 법령에 의한 명령·강제수단의 발동 여부 등을 기준으로 권력적 사실행위를 판단하고 있다.[45] 그러나 이러한 기준도 여전히 상대적이고 모호한 측면이 있다.[46] 특히 법령에 의한 명령·강제수단의 발동이 가능한지 여부는 결정적 기준이라고 볼 수 있지만, 이러한 기준은 또한 행정처분의 판단기준이 되기도 한다. 결국 명령·강제 등과 같은 고권적 성격을 가지는 경우에 행정처분에 해당하는지 여부를 판단하고, 이에 해당하지 않는 경우에 기본권의 사실상 침해가능성 여부를 검토하여 권력적 사실행위를 인정할 수밖에 없다. 일본에서도 사실행위에 대한 취소소송에 대해 많은 논의가 있었고, 이와 관련하여 권력적 사실행위와 비권력적 사실행위의 구분대신에 '강제적' 사실행위와 '임의적' 사실행위로 분류하

---

42) 학설도 대체로 그러한 입장이다(김하열, 헌법소송법, 제3판, 477면).

43) 헌법재판소, 헌법재판실무제요, 2개정판, 252면. 수형자의 인권보호와 관련하여 권력적 사실행위로 판단한 사례가 적지 않다. 예컨대 신체과잉수색행위(헌재 2002. 7. 18. 2000헌마327, 판례집 14-2, 54), 차폐시설이 불충분한 유치장내 화장실의 강제적 사용행위(헌재 2001. 7. 19. 2000헌마546, 판례집 13-2, 103) 등이 그러하다.

44) 정태호, 주석 헌법재판소법(헌법재판소 헌법재판연구원), 제68조 제1항, 1030면.

45) 헌재 2012. 7. 26. 2011헌마332, 판례집 24-2상, 324.

46) 국내학설 중에는 구별기준의 모호성을 비판하는 견해가 있다(예컨대 성중탁, "사실행위에 대한 사법적 통제 경향 및 그 개선방안", 행정판례연구 제19권 1호(2014), 318-319면 참조). 그러나 행정소송법의 개정을 통해 '처분' 개념 대신에 사실행위를 포함하는 '행정행위' 개념으로 대체하여 공법상 권리구제의 문제를 해결하자는 주장에는 찬동하기 어렵다(동인, 전게논문, 340면). 이를 허용하는 입법례도 없을 뿐만 아니라 행정행위의 본질에 반한다. 사실행위에 대해서는 무리한 해석을 시도하기 보다는, 이에 적합한 소송형식을 발굴하는 것이 올바른 해결방안이다.

자는 견해도 유력하다.[47]

헌법재판소는 소위 '국제그룹 해체사건'에서 제일은행장에 대한 재무부장관의 국제그룹 해체준비 착수지시와 언론발표지시를 권력적 사실행위로 파악하고 헌법소원의 대상을 인정한 바 있다.[48] 또한 미결수용자의 서신검열 등,[49] 마약류사범에 대한 구치소장의 정밀신체검사[50] 등 수형자의 인권과 관련된 사실행위에 대해서도 헌법소원의 대상을 인정하고 있다. 그러나 이러한 권력적 사실행위는 행정처분에 해당하여 항고소송의 대상이 될 수 있다. 따라서 보충성의 원칙에 의해 법원이 처분성을 인정하지 않는 권력적 사실행위에 대해서만 헌법소원의 대상을 인정할 수 있다.

모두(冒頭)에서 언급한 바와 같이 헌법재판소는 2015헌마1149 사건에서 직사살수가 청구인(A)의 생명권 및 집회의 자유를 침해하여 헌법에 위반된다고 확인하였다.[51] 이러한 직사살수는 경찰관 직무집행법 제10조 제4항에 의한 경찰장비의 사용에 해당한다. '살수차'의 사용 근거는 같은 조 제6항의 위임에 의해 제정된 대통령령 구 '위해성 경찰장비의 사용기준 등에 관한 규정(1999. 11. 27. 대통령령 제16601호로 제정되고, 2020. 1. 7. 대통령령 제30328호로 개정되기 전의 것)' 제13조에서 비로소 발견할 수 있다. 그러나 살수차의 관리·운용에 관한 보다 상세한 근거규정은 법령이 아니라, 경찰청훈령으로 제정된 '경찰장비관리규칙'에서 찾을 수 있다. 또한 직사살수의 요령에 대해서는 내부지침에 해당하는 '살수차 운용지침'에 규정되어 있다.

여기에서 국민의 생명·신체 등을 직접적으로 그리고 중대하게 침해

47) 高木 光, 前揭書, 120면 이하.

48) 헌재 1993. 7. 29. 89헌마31, 판례집 5-2, 87, 105. 다만, 이에 대해 권력적 사실행위가 아닌'하명(처분)'으로 보아야 한다는 견해도 있다(김중권, 전게서, 434면).

49) 헌재 1995. 7. 21. 92헌마144, 판례집 7-2, 94, 102.

50) 헌재 2006. 6. 29. 2004헌마826.

51) 헌재 2020. 4. 23. 2015헌마1149.

할 수 있는 살수차의 직사살수에 관한 규정을 '훈령'에서 규정하는 것이 타당한 것인지에 대해 의문을 가지지 않을 수 없다. 물론 위에서 언급한 살수차의 사용에 관한 근거에는 과잉금지원칙(특히 침해의 최소성)이 규정되어 있다. 헌법재판소는 이러한 직사살수행위가 과잉금지원칙을 위반하여 청구인(A)의 생명권 및 집회의 자유를 침해하였다고 판단하였다. 이 사건에서는 직사살수행위로 인한 기본권 침해가 법률유보의 원칙을 위반하였는지 여부는 심사되지 않았다. 다만, 헌법재판소는 이 결정에서 밝히고 있는 바와 같이 이미 2018. 5. 31. 2015헌마476 결정에서 최루액을 물에 혼합한 용액을 살수차를 이용하여 살수한 행위(혼합살수행위)가 법률유보의 원칙을 위반하여 청구인들의 신체의 자유 및 집회의 자유를 침해하였다고 판단한 바 있다.

(2) 경고

공법상의 경고(警告)는 그 대상이나 사안의 긴급성, 생산품의 위험성 수위 등에 따라 다양하다. 독일에서는 전술한 바와 같이 국가의 공적 경고(Warnungen)가 직업의 자유의 보호범위를 제약할 수 있다는 것이 인정되고 있다.[52] 예컨대 국가나 국가의 지원을 받는 사적 단체가 유해하거나 유해하다고 여겨지는 특정한 상품이나 일부 단체에 대해 경고함으로써 영업의 자유(직업의 자유)를 제한하는 것이 그러하다. 국내 학설 중에도 기본권 제한 개념을 확대하고 간접적·사실적 불이익을 주는 공적 경고에 대해 공권력 행사를 인정하자는 견해가 있다.[53] 또한 대법원은 이러한 경고에 대해 종전에는 처분성을 부인하였으나, 근래에는 처분성을 인정하는 판례가 등장하고 있다. 그러나 대법원은 공무원에 대한 소속 장관의 서면 경고가 국가공무원법상의 징계처분이나 행정소

52) BVerfGE 148, 40/50 f.; Kingreen/Poscher, Grundrechte: Staatsrecht II, 35. Aufl., § 6 Rn. 300.

53) 이세정, "경찰상의 행위수단으로서 '사실행위'의 기본권 제한 여부에 관한 고찰", 부산대학교 법학연구 제50권 제2호(2009. 10), 17면.

송의 대상이 되는 행정처분이라고 할 수 없다고 본 바 있다.[54] 이 사건은 공무원이 소속 장관으로부터 받은 "직상급자와 다투고 폭언하는 행위 등에 대하여 엄중 경고하니 차후 이러한 사례가 없도록 각별히 유념하기 바람"이라는 내용의 서면경고가 문제되었다. 대법원은 이러한 경고를 근무충실에 관한 권고행위 내지 지도행위로서 그 때문에 공무원으로서의 신분에 불이익을 초래하는 법률상의 효과가 발생하는 것이 아니라고 판단하였다. 또한 대법원은 교육규칙에 해당하는 서울특별시교육·학예에관한감사규칙 제11조 '서울특별시 교육청 감사결과 지적사항 및 법률위반공무원 처분기준'에 정해진 경고가 항고소송의 대상이 되는 행정처분에 해당하지 않는다고 보았다.[55]

그러나 대법원은 금융기관(여신전문금융회사)의 임원에 대한 금융감독원장의 '문책경고'가 상대방에 대한 직업선택의 자유를 직접 제한하는 효과를 발생하게 하는 등 상대방의 권리·의무에 직접 영향을 미치는 행위로서 항고소송의 대상이 되는 행정처분에 해당한다고 판단하였다. 또한 이러한 문책경고가 아무런 법률상의 근거 없이 행하여진 것으로서 위법하다고 판단한 바 있다.[56] 문책경고에 대해 사실상의 기본권 제한이 발생할 수 있으며, 법률유보원칙을 적용하여 위법을 판단하고 있다. 그러나 처분성이 인정되는 경고에 대한 헌법소원은 각하될 수 있다. 헌법재판소는 처분성이 인정되는 공정거래위원회의 경고에 대해 보충성원칙을 이유로 해당 헌법소원심판청구가 부적법하다고 결정한 바 있다.[57] 독일에서는 항고소송의 대상을 강학상 '행정행위'로 규정하고 있다. 따라서 이러한 경고가 행정행위(하명)로 인정되지 않는 한 항고소송의 대상이 되기 어렵다. 그러나 우리나라에서는 항고소송의 대상으로 강학상 행정행위보다 넓은 쟁송법상의 처분개념을 채택하고 있기 때문에 이러

54) 대법원 1991. 11. 12. 선고 91누2700 판결.
55) 대법원 2004. 4. 23. 선고 2003두13687 판결.
56) 대법원 2005. 2. 17. 선고 2003두14765 판결.
57) 헌재 2012. 6. 27. 2010헌마508, 공보 제189호, 1224.

한 경고는 처분으로 인정될 수 있다.

한편, 헌법재판소는 이후에 경고에 대해 헌법소원의 대상을 인정한 적도 있다. 즉 피청구인인 방송위원회가 방송사업자에게 방송표현 내용에 대한 '경고'를 하는 것이 방송의 자유를 제한하는 것으로서 기본권 제한에서 요구되는 '법률유보원칙'에 위배된다고 결정하였다.[58] 이러한 제한은 헌법 제37조 제2항에 따라 법률적 근거가 있어야 하지만, 법률이 아닌 구 '선거방송심의위원회의 구성과 운영에 관한 규칙'(이하 '이 사건 규칙'이라 한다) 제11조 제2항에 근거하고 있었다. 이 결정에서 헌법재판소는 경고에 대한 헌법소원의 대상성을 인정하였을 뿐만 아니라, 이러한 경고가 방송의 자유를 제한하는 것으로 보았다. 이 사건의 별개의견(재판관 민형기, 재판관 목영준)은 이 사건 경고 자체를 공권력의 행사라고 볼 수는 없으나 피청구인이 제정한 방송평가에 관한 '규칙'이 기본권을 제한하므로 소송경제상 이들을 일련의 행위로 파악하여 그 전부를 기본권침해의 가능성 있는 공권력의 행사라고 보아 본안판단으로 나아가야 한다고 보고 있다. 또한 재판관 조대현의 반대의견 및 별개의견에서는 이 사건 경고가 공직선거법 제8조의2에 따라 방송 내용을 사후에 심사하여 위법하다고 판단한 것이므로 청구인들의 언론의 자유를 직접 제한하는 것이라고 보아 적법하다고 보고 있다. 또한 이 사건 규칙 제11조 제2항에서 위반정도가 경미한 경우에 "주의 또는 경고"를 정할 수 있도록 규정한 것은 언론의 자유에 대한 제한 정도를 선거방송의 공정의무를 위반한 정도에 맞추어 필요한 최소한도로 제한하기 위한 것이지만, 이 사건 방송이 불공정한 선거방송이라고 판단하고 경고한 조치는 공직선거법 제8조나 제8조의2의 본래 취지를 벗어나 선거방송 심사·제재권한을 남용한 것이라고 보고 있다. 그 밖에 이 사건의 또 다른 반대의견(재판관 이동흡)은 이 사건 경고가 공직선거법 제8조의2 제7

58) 헌재 2007. 11. 29. 2004헌마290, 판례집 19-2, 611.

항의 위임에 따라 같은 조 제5항의 규정 내용을 구체화한 이 사건 규칙 제11조에 따른 것이므로 법률적 근거를 지니고 있어 법률유보원칙에 위배되지 않으며, 청구인 주식회사 ○○방송에 대한 이 사건 경고는 선거방송의 공정성을 확보하기 위하여 행해진 것으로서 피청구인의 판단재량의 범위를 벗어난 것이라 볼 수 없고, 방송의 자유에 대한 제약이 과도한 것이 아니므로 비례의 원칙에 위반된 것이 아니라고 보고 있다. 이러한 헌법재판소의 결정은 '경고'의 법적 성질, 그리고 후술하는 위헌심사기준과 관련하여 매우 수준 높은 이론적 논의를 반영하고 있다고 평가하지 않을 수 없다.

(3) 행정지도

행정지도는 "행정주체가 일정한 행정질서를 형성하기 위하여 행정객체를 일정한 방향에로 유도할 의도 아래 하는 비권력적 사실행위"로 이해되고 있다.[59] 이와 같이 행정지도를 임의적 협력을 전제로 하는 '비권력적' 사실행위로 보는 것이 통설적 입장이지만,[60] 오늘날 규제적 성격의 행정지도가 늘고 있는 것이 사실이다. 실정법에서 행정지도라는 명칭을 사용하는 경우도 있지만, 권고도 일종의 행정지도에 해당하는 경우가 있다. 전자의 경우에는 저탄소 녹색성장기본법 제42조 제4항에 규정된 온실가스감축목표를 위한 행정지도가 해당한다. 후자의 경우에는 대·중소기업 상생협력 촉진에 관한 법률 제33조 제2항에 따른 중소벤처기업부장관의 사업조정에 관한 권고가 속한다. 대법원은 행정지도의 처분성을 부인하고 있다.[61] 예컨대 세무당국이 소외 회사에 대하여 원고와의 주류거래를 일정기간 중지하여 줄 것을 요청한 행위는 권고 내지 협조를 요청하는 권고적 성격의 행위로서 항고소송의 대상이

59) 이상규, 신행정법론(상), 신판, 479면.
60) 김도창, 일반행정법론(상), 제4전정판, 523면.
61) 대법원 1993. 10. 26. 선고 93누6331 판결.

될 수 없다고 보고 있다.[62] 또한 학교법인이 사립학교법상 부동산 매각과 관련된 관할청의 시정요구사항을 이행하지 아니하여 관할청이 임원취임의 취소와 동시에 임시이사를 선임하고 당초의 시정요구사항을 변경하는 통보를 한 경우, 그 시정요구 변경통보가 학교법인에 대한 행정지도의 성격을 가진다고 판단한 사례도 있다.[63] 이와 같이 행정지도는 다양한 형태로 나타나고 있다. 한편, 일본에서는 종래 행정지도에 대해서는 처분성을 부정하였으나, 근래에는 이러한 행정지도에 불복종하여 침해적 처분의 성격을 가지는 경우에는 일종의 단계적 행위로서 처분성의 개념에 포함시키고 있다.[64]

헌법재판소는 전술한 바와 같이 행정지도를 비권력적 사실행위로 이해하면서도, 규제적·구속적 성격을 가지는 경우에는 헌법소원의 대상을 인정한 바 있다(2002헌마337등). 이러한 이해는 상호모순된 측면이 있다. 특히 대학총장들에 대한 교육인적자원부장관(교육부장관)의 학칙시정요구는 행정지도가 아니라 권력적 사실행위로 파악하는 것이 보다 타당하다. 이러한 학칙시정요구는 불응할 경우 사실상 일정한 불이익조치를 줄 수 있다는 점에서 (권력적) 사실행위 내지 단순고권작용으로 파악하는 것이 타당하다. 사실상 불이익을 예정하는 학칙시정요구는 임의적 협력을 전제로 하는 행정지도의 특성에 부합하지 아니한다. 최근에 들어와서 헌법재판소는 장학금 신청 등과 관련하여 한국장학재단의 자료제출요구에 대해 각하결정을 하면서, 단순한 행정지도와 같이 대외적 구속력이 없는 '비권력적 사실행위'는 공권력 행사에 해당하지 아니한다고 결정한 경우도 있다.[65] 향후 비권력적 사실행위에 속하는 행정지도에 대해서는 헌법소원을 부인하는 입장을 견지하고, 사실상 기본권을 침해하는 이러한 작용을 '단순고권작용' 내지 '권력적 사실행위'의 하나로 분

62) 대법원 1980. 10. 27. 선고 80누395 판결.
63) 대법원 2002. 2. 5. 선고 2001두7138 판결.
64) 塩野 宏, 前掲書(II), 107면.
65) 헌재 2019. 2. 12. 2019헌마82.

류하여 공권력 행사에 해당하는지 여부를 검토하는 것이 바람직하다.

(4) 비공식적 행정작용

단순고권작용에는 사실행위나 정보활동 외에 비공식적 행정작용도 포함된다. 비공식적 행정작용은 '비공식적 고권작용'으로 불리기도 한다. 여기에 협상·협약 등이 속하지만, 경고나 권고 등을 포함시키는 경우도 있다. 비공식적 행정작용은 1980년대 초부터 독일의 학계에서 논의되기 시작하였데, 환경법분야에서 많이 활용되고 있다.[66] 이러한 작용은 행정의 효율성이나 탄력성 등의 측면에서는 매우 유용하지만, 법치국가적 관점에서는 불명확성을 초래한다는 점에서 비판되고 있다. 이러한 비공식적 행정작용은 행정계약과 달리 구속력을 가진 것이 아니며, 행정청과 사인 사이의 합의에 기초하기 때문에 공권력행사에 포함시키기 어렵다. 그러나 이러한 비공식적 행정작용은 무제한적인 것이 아니며, 법률상의 규정이나 법원칙 등에 기속되는 한계를 가진다.[67] 다만, 비공식적 행정작용에는 특별한 법률상 수권이 필요하지 않으며, 그 본질상 법률유보의 원칙이 적용되지 아니한다.[68] 협상이나 협약과 같은 비공식적 행정작용이 헌법소원의 대상으로 인정된 경우도 없다. 헌법재판소는 공용수용의 절차에 있어서 사업시행자가 토지소유자로부터 공익사업에 필요한 토지 등을 협의취득하고 이에 대해 대금을 지급하는 행위를 '사법상 행위'로 보고 있다.[69] 대법원도 이러한 협의취득을 사법상 계약으로 보고 있다.[70] 그러나 이론적으로 사업시행자에게 수용권이 부여되는 사업인정 이후에는 '공법적' 성질을 가지며, 이러한 협의취득은

66) Maurer/Waldhoff, a.a.O., § 15 Rn. 14 ff.

67) Maurer/Waldhoff, a.a.O., § 15 Rn. 21.

68) Schmidt-Aßmann, Verwaltungsrechtliche Dogmatik, 2013, S. 80.

69) 헌재 1992. 11. 12. 90헌마160, 판례집 4, 787, 793; 헌재 1994. 2. 24. 93헌마213 등, 판례집 6-1, 183, 189 등.

70) 대법원 2012. 2. 23. 선고 2010다91206 판결.

공법상 계약으로 이해하는 것이 타당하다. 따라서 이에 대한 쟁송으로 공법상 당사자소송을 제기하여야 한다.

(5) 공표 · 공고 등

공표는 대체로 특정한 사람이나 단체 등이 행정법상의 의무위반을 한 사항에 대해 일반 공중에게 알리는 것을 말한다. 예컨대 고액체납자의 명단공표가 그러하다. 이러한 공표행위는 행정목적의 달성과 국민의 알권리를 위해 기여한다. 이러한 위반사항이 국민의 생명이나 건강 등과 관련된 경우는 더욱 그러하다. 식품의 위생 · 안전 등과 관련하여 행정법상의 의무위반사항이 아니더라도 국민의 생명이나 건강 등에 위해하거나 위해할 수 있는 사항 등을 알리는 경우도 포함될 수 있다. 이러한 공표행위는 사실상 위반한 사람이나 법인 등의 재산권이나 영업의 자유 등을 중대하게 침해할 수 있다. 낙지에 유해한 카드뮴이 검출되었다는 국가나 지방자치단체 소속 연구기관의 발표는 어민들의 생계에 큰 타격을 줄 수 있다. 이러한 발표는 과학적 연구결과의 소산이지만, 사실상 기본권을 중대하게 제한할 수 있다는 점에서 신중한 판단이 필요하다. 종래 이러한 공표행위에는 법적 근거가 반드시 필요한 것은 아니라고 보는 것이 일반적이었지만, 근래에는 영업의 자유나 프라이버시권 등을 침해할 수 있는 경우에는 법적 근거가 필요하다고 보는 견해가 늘고 있다.[71]

이러한 공표행위는 비권력적 사실행위에 속하고 공표를 통해 행정목적을 달성하는 것이 대부분이므로 원칙적으로 처분성이 부인된다. 그러나 최근에 상당한 기간 동안 지속되는 명단공표에 대해 처분성을 인정하자는 견해도 있다. 특히 하급심 중에는 상습고액체납자의 명단공표에 대해 권력적 사실행위로 파악하여 항고소송을 인정한 사례도 있다.[72]

71) 졸저, 한국행정법론, 343면.
72) 서울행정법원 2011. 10. 21. 선고 2011구합16933 판결.

대법원은 업무정지등처분취소·요양기관명단공표대상자확정통보처분 취소를 다투는 소송에서 명확한 논거를 제시하지 않고 원심의 판결과 같이 '공표'의 처분성을 인정하는 것과 같은 인상을 주는 판결을 내리고 있다.[73] 업무정지 등 처분의 취소에 대해서는 논란의 여지가 없으나, 공표처분이라고 판단한 부분은 논증이 충분하지 않다. 이러한 공표행위보다는 그 이전의 '공표결정' 그 자체를 취소소송의 대상으로 삼는 것이 보다 설득력이 있다.

한편, 공고도 공표와 더불어 특정한 사실을 불특정다수인에게 고지하는 행위이다. 이러한 공고는 공표와 달리 행정의 제재적 수단으로 사용되지는 않는다. 또한 단순히 법령에 정한 사항을 알리거나 확인하는 공고는 공권력의 행사라고 판단하기 어렵다.[74] 그러나 이러한 공고 중에는 응시자의 자격요건을 정하거나 응시자격을 제한하는 내용을 포함하는 경우가 적지 않다. 헌법재판소는 1999년도 공무원채용시험시행계획 공고에 의해 해당 시험의 모집인원, 응시자격의 상한연령 및 하한연령의 세부적인 범위 등이 확정되므로 공권력의 행사에 해당한다고 결정한 바 있다.[75] 이 사건은 공무원채용시험의 응시연령의 기준일을 그 시험의 최종시행일로 하고 당해 시험의 최종시험일을 예년과 달리 연도말로 정함으로써 전년도 공무원채용시험의 제1차 시험에 합격한 청구인이 응시상한연령을 5일 초과하게 하여 당해 시험의 제2차 시험에 응시할 수 있는 자격이 박탈된 경우이다. 나아가 헌법재판소는 이러한 조치가 해당 응시자의 공무담임권을 침해하고 있다고 판단하였다. 이후에도 이러한 시험공고에 대해 공권력 행사로 인정한 사례는 적지 않다.[76] 그러나 이미 법령에 구체적으로 정해져 있어 공고가 이와 실질적으로 동

73) 대법원 2019. 8. 30. 선고 2019두38342, 38366 판결.
74) 헌법재판소, 헌법재판실무제요, 2개정판, 251-252면.
75) 헌재 2000. 1. 27. 99헌마123, 판례집 12-1, 75.
76) 헌재 2001. 9. 27. 2000헌마159; 헌재 2004. 3. 25. 2001헌마882; 헌재 2008. 6. 26. 2007헌마917 등.

일한 내용을 확인하는 정도의 의미에 불과한 경우는 새로운 권리제한이 발생하지 않으며, 이러한 경우에 해당 공고를 헌법소원의 대상이 되는 공권력의 행사라 볼 수 없다고 보고 있다.[77] 이러한 시험공고의 내용이 공권력 행사에 해당된다고 보더라도 자기관련성이나 권리보호이익 등의 흠결을 이유로 기각되는 경우도 적지 않다.[78] 공고의 형식으로 세부요건을 통해 응시자격을 정하거나 이를 제한하는 것은 원칙적으로 법률유보원칙에 위배되며, 명확성이나 예측가능성 등의 측면에서도 법령에서 정하는 것이 바람직하다.

3. 소 결

단순고권작용 중에서 경고·권고 등 일부 정보활동이나 권력적 사실행위에 대해서는 공권력 행사를 인정할 수 있다. 물론 이러한 단순고권작용 중에서 처분성이 인정되는 작용은 항고소송의 대상이 된다. 그러나 처분성이 부인되는 권력적 사실행위에 대해서는 헌법소원을 제기할 수 있다. 단순고권작용 중에서 '권력성'이나 '고권적 성격'을 갖춘 사실행위에 대해서는 기본권의 침해 가능성을 인정하는 것이 타당하다. 그러나 비권력적 사실행위를 인정하면서 공권력 행사를 인정하고, 헌법소원의 대상으로 삼는 것은 신중할 필요가 있다. 대표적으로 행정지도의 경우가 그러하다. 다만, 일본의 사례에서 보는 바와 같이 이러한 행정지도에 불복종하는 경우에 불이익이 수반될 수 있다는 점을 고려하여 침익적 행정처분의 법리를 고려할 수는 있다. 그러나 행정지도는 여전히 비권력적 사실행위로 보는 것이 국내학설의 지배적 견해이고, 대법원은 그 처분성을 부인하고 있다. 행정지도는 그 불명확성과 다의성으로 인해 법치국가적 관점에서 비판을 받고 있다. 따라서 개별법에 명문

77) 헌재 1997. 12. 19. 97헌마317, 판례집 9-2, 751, 760-761; 헌재 2001. 9. 27. 2000헌마173 등; 헌재 2007. 4. 26. 2003헌마947 등.
78) 헌재 2019. 5. 30. 2018헌마1208 등, 판례집 31-1, 640.

으로 행정지도라고 명시하지 않은 사실행위를 무리하게 행정지도의 카테고리에 편입시킬 필요는 없다. 오히려 사실상 기본권 침해를 가져오는 경고·권고 등에 대해서는 권력적 사실행위로 분류하여 공권력 행사의 가능성을 인정하는 것이 바람직하다. 전술한 소위 '국제그룹 해체사건'에서, 헌법재판소는 제일은행장에 대한 재무부장관의 지시(국제그룹의 해체준비착수지시와 언론발표 지시)가 단순한 행정지도로서의 한계를 넘어 일종의 권력적 사실행위에 해당한다고 판단한 바 있다. 이를 행정행위로 파악해야 한다는 견해도 있지만, 행정행위의 형식적·실질적 요건을 구비하고 있다고 보기 어렵다. 또한 이를 행정처분으로 보는 경우에도 행정쟁송을 통해 다투는 것을 기대할 수 없다. 이와 같이 사실상 기본권 침해를 하는 사실행위에 대해서는 '권력성'을 기준으로 공권력 행사의 존부를 판단할 필요가 있다.

Ⅳ. 단순고권작용에 대한 위헌심사기준

1. 법률유보원칙의 위반 여부

독일에서는 전통적인 기본권 침해의 심사를 3단계로 구분하여 접근하고 있다. 즉 기본권의 보호영역에 해당하는지를 심사하고, 국가작용에 의한 제약이 있는지, 그리고 마지막으로 이러한 제약이 헌법적으로 정당화되는지를 심사한다.[79] 여기에서 난제(難題)는 '제약(Eingriff)'의 개념이다. 이러한 기본권의 제약은 종래 목적성, 직접성, 명령성, 법형식성을 누적적으로 갖추어야 한다고 보는 것이 지배적 견해이었다. 이러한 법형식성에 의하면 단순한 사실상의 효과를 가져 오는 국가작용은 기본권 제약에 해당하지 아니한다.[80] 그러나 현대적 의미의 제약 개념

79) Kingreen/Poscher, a.a.O., § 6 Rn. 293 ff.
80) Kingreen/Poscher, a.a.O., § 6 Rn. 292.

은 귀속의 문제이며, 이러한 요건들이 '선택적'이고 인과관계(Kausalität)의 등가성이 요구된다고 이해된다.81) 따라서 국가작용은 기본권 침해의 원인이어야 하며, 적어도 전통적인 기본권 제약의 요건 중의 하나를 충족하여야 한다.

단순고권작용에 의한 기본권 제한의 한계로서 고려되는 것은 다음과 같다. 기본권을 제한하는 법률의 형식적 요건과 관련하여 '법률유보원칙'에 위배되는지 여부를 심사할 수 있다. 이러한 단순고권작용은 기본권의 본질적 내용을 침해할 수는 없고, 과잉금지원칙을 위반하여서도 아니 된다(헌법 제37조 제2항).82) 헌법재판소는 전라남도 교육청 공고 제2010-67호 위헌확인 등 사건에서 고졸검정고시 또는 '고등학교 입학자격 검정고시'에 합격했던 자는 해당 검정고시에 다시 응시할 수 없도록 응시자격을 제한한 전라남도 교육청 공고 제2010-67호(2010. 2. 1.) 및 제2010-155호(2010. 6. 2.) 중 해당 검정고시 합격자 응시자격 제한 부분(이하 '이 사건 응시제한'이라 한다)이 법률유보원칙을 위반하여 청구인들의 교육을 받을 권리를 침해한다고 결정하였다.83) 또한 이 사건 응시제한은 과잉금지원칙을 위반하여 청구인들의 교육을 받을 권리를 침해한다고 보았다. 이러한 사실행위에 의한 기본권 침해 사례는 법률유보원칙과 과잉금지원칙을 위반하는지를 다투는 것이 대부분이다. 기왕에 사실행위에 대해 공권력 행사를 인정하고 기본권 침해의 가능성을 인정한다면, 이에 대해서는 법률유보원칙을 적용하는 것이 바람직하다.

한편, 헌법재판소는 청구인은 피청구인 검사에게 접견신청을 하고 검사실에서 머무르다가 이 사건 검사의 접견불허행위로 인하여 결국 피의자 A를 접견하지 못하고 검사실에서 퇴실한 사건에서, 변호인 선임을 위하여 피의자나 피고인이 가지는 '변호인이 되려는 자'와의 접견교통권

81) Hobusch, Der moderne Eingriffsbegriff in der Fallbearteitung, JA 2019, 278 ff.; Kingreen/Poscher, a.a.O., § 6 Rn. 294.

82) 헌재 2001. 7. 19. 2000헌마546, 판례집 13-2, 103 참조.

83) 헌재 2012. 5. 31. 2010헌마139 등, 판례집 24-1하, 595.

은 헌법상 기본권으로 보호되며, 이 사건 검사의 접견불허행위는 헌법이나 법률의 근거 없이 이를 제한한 것이므로 청구인의 접견교통권을 침해하였다고 결정하였다.[84] 이에 대해 반대의견(재판관 조용호, 재판관 이은애, 재판관 이종석)은 '변호인이 되려는 자'의 접견교통권 역시 피체포자 등의 '변호인의 조력을 받을 권리'를 기본권으로 인정한 결과 발생하는 간접적이고 부수적인 효과로서 형사소송법 등 개별 법률을 통하여 구체적으로 형성된 법률상의 권리에 불과할 뿐, '헌법상 보장된 독자적인 기본권'으로 볼 수는 없다고 보고 있다. 후자의 입장이 타당하다. 이러한 권리는 독자적인 헌법상의 기본권이 아니라 변호인의 조력을 받을 권리라는 기본권에서 파생된 권리로 보는 것이 타당하다.

2. 과잉금지원칙의 위반 여부

수형자의 인권보호와 관련된 사건에서도 과잉금지원칙은 중요한 위헌심사기준이다. 헌법재판소는 계구(戒具)사용행위가 과잉금지원칙을 위반하여 신체의 자유나 인간의 존엄을 침해한다고 보고 있다.[85] 또한 헌법재판소는 무작위 음주운전단속이 과잉단속인지가 문제된 사안에서, 음주운전단속행위의 법적 성질에 대해서는 명확히 밝히지 않았으나 경찰작용으로서 법률유보원칙이 준수되어야 한다고 판단하였다.[86] 도로교

---

84) 헌재 2019. 2. 28. 2015헌마1204, 판례집 31-1, 141.

85) "계구사용행위는 기본권 제한을 최소화하면서도 도주, 자살 또는 자해의 방지 등과 같은 목적을 달성할 수 있음에도 불구하고 헌법 제37조 제2항에 정해진 기본권제한의 한계를 넘어 필요 이상으로 장기간, 그리고 과도하게 청구인의 신체거동의 자유를 제한하고 최소한의 인간적인 생활을 불가능하도록 하여 청구인의 신체의 자유를 침해하고, 나아가 인간의 존엄성을 침해한 것으로 판단된다."(헌재 2003. 12. 18. 2001헌마163, 판례집 15-2하, 562)

86) "경찰작용은 가장 대표적인 침해적 공권력작용의 하나이기 때문에 법률유보원칙이 원칙적으로 엄격히 지켜져야 한다. 즉, 통상의 경우에는 개별적·구체적 위험발생이 현실화한 경우에 비로소 경찰권이 발동되어야 하겠지만, 자동차 운전의 경우 정지시키지 않고서는 운전자의 상태를 파악하기 어려운데다, 위험과 결과의 발생이 거의 동시적으로 순간에 이루어지는 특성을 지니고 있으므로, 비록 자동차 운전으로 인한 개별적·구체적인 위험이 표출되지 않았다 하더라도 사전에 미리 차단하는 것이 반드시 필요하

통법 제41조 제2항은 “경찰공무원은 교통안전과 위험방지를 위하여 필요하다고 인정하거나 제1항의 규정에 위반하여 술에 취한 상태에서 자동차등을 운전하였다고 인정할 만한 상당한 이유가 있는 때에는 운전자가 술에 취하였는지의 여부를 측정할 수 있으며, 운전자는 이러한 경찰공무원의 측정에 응하여야 한다”고 규정하고 있다. 또한 후단에 의한 음주측정은 “제1항의 규정에 위반하여 술에 취한 상태에서 자동차등을 운전하였다고 인정할 만한 상당한 이유가 있는 때”에 한하여 요구할 수 있다고 규정하고 있다. 이러한 무작위 음주운전단속행위는 권력적 사실행위에 해당되며, 법률에 근거하여 이루어진 것이다. 이에 대해 헌법재판소는 ‘적법한’ 경찰작용으로 판단하였다. 이 사건에서도 과잉금지원칙의 위반 여부가 문제된다. 헌법재판소는 음주단속의 필요성이 큰 시간과 장소를 선정하여야 하고, 불편이 극심한 단속을 자제하여야 하고, 그리고 단시간 내에 신속한 실시를 할 것 등 방법의 한계도 준수해야 한다고 보고 있다. 다만, 이 사건에서는 청구인이 도로를 차단하고서 불특정 다수인을 상대로 무차별적으로 음주단속을 하는 것이 그 자체로 위헌이라고 주장하고 있을 뿐, 이 사건 심판대상 행위와 관련하여 구체적 단속방법이나 과정에 과잉조치가 있었음을 전혀 다투고 있지 않아 청구인의 기본권 침해가 부정되었다.

한편, 헌법재판소는 변호인에 대한 후방착석요구행위가 피청구인이 자신의 우월한 지위를 이용하여 청구인에게 일방적으로 강제한 것으로서 ‘권력적’ 사실행위에 해당한다고 보면서도, 청구인에게 변호인 참여신청서의 작성을 요구한 행위(참여신청서요구행위)는 비권력적 사실행위로서 헌법소원의 대상이 되지 아니한다고 판단하였다.[87] 여기에서 헌법재판소는 후방착석요구행위가 변호인인 청구인의 피의자 신문참여권을 과

므로 그러한 사전 차단행위 또한 위험방지 활동에 해당하는 것으로 보아야 한다.”(헌재 2004. 1. 29. 2002헌마293, 판례집 16-1, 146)

87) 헌재 2017. 11. 30. 2016헌마503, 판례집 29-2하, 224.

도하게 제한한다고 보았다. 즉 이 사건 후방착석요구행위는 침해의 최소성 요건을 충족하지 못할 뿐만 아니라, 이 사건 후방착석요구행위로 얻어질 공익보다는 변호인의 피의자신문참여권 제한에 따른 불이익의 정도가 크므로, 법익의 균형성 요건도 충족하지 못한다. 다만, 이 사건에서는 침해되는 '기본권'을 두고 견해가 첨예하게 대립하고 있다. 법정의견은 '변호인 참여권'이 피의자의 변호인조력권을 실현하는 수단이므로 헌법상 기본권인 변호인의 변호권으로서 보호되어야 한다는 것이다. 이에 대해 별개의견(재판관 강일원, 재판관 조용호)은 후방착석요구행위에 대하여 위헌확인을 하여야 한다는 점에 있어서는 법정의견과 견해를 같이 하면서도, 변호인의 변호권을 기본권이 아니라 '법률상'의 권리로 파악하고 후방착석요구행위에 의해 침해되는 기본권을 직업수행의 자유로 보아야 한다고 주장한다. 이 사건 후방착석요구행위 법정의견에 대한 보충의견(재판관 안창호)은 피의자 및 피고인에 대하여 변호인이 조력할 권리가 헌법 제15조에 따른 변호사의 직업수행의 자유 및 헌법 제12조 제4항 등에 의해 보장되는 '피의자 및 피고인이 가지는 변호인의 조력을 받을 권리'에서 도출되는 별도의 헌법상 기본권으로 보고 있다. 그러나 이 사건의 반대의견(재판관 김창종)은 이 사건 후방착석요구행위를 비권력적 사실행위에 불과하여 헌법소원의 대상이 되는 공권력의 행사에 해당하지 않는다고 보고 있다. 또한 변호인으로서 조력할 권리도 법률상의 권리에 불과하다고 보고 있다. 생각건대 변호인의 참여권과 피의자가 가지는 변호인의 조력을 받을 권리은 서로 구별되어야 한다. 이 사건에서 침해되는 것은 변호인의 참여권이며, 이러한 권리를 헌법상 기본권으로 보기는 어렵다. 여기에서 침해되는 기본권은 별개의견(재판관 강일원, 재판관 조용호)이 적절히 지적한 바와 같이 변호사의 직업수행의 자유이다. 이 사건에서는 피청구인의 후방착석요구행위라는 권력적 사실행위가 과잉금지원칙을 위배하여 변호사의 직업수행의 자유를 침해한 것이다.

3. 평등원칙의 위반 여부

사실행위에 의해 평등원칙을 위반하였다고 주장하는 경우도 있다. 예컨대 헌법재판소는 2019년도 제56회 변리사 국가자격시험 시행계획 공고 중 2. 실무형 문제 출제 위헌확인 사건에서 피청구인의 "2019년도 제56회 변리사 국가자격시험 시행계획 공고(공고 제2018-151호)" 가운데 '2019년 제2차 시험과목 중 특허법과 상표법 과목에 실무형 문제를 각 1개씩 출제' 부분(이하 '이 사건 공고'라 한다)이 헌법소원의 대상이 되는 공권력의 행사에 해당한다고 판단하였다.[88] 그러나 이 사건 공고가 평등권을 침해하고 있다는 청구인의 주장 부분에 대하여 기각결정을 하였다. 즉 "이 사건 공고는 달성하고자 하는 목적에 따라 모든 응시자에 대하여 똑같이 변리사로서 일정 수준 이상의 기술적·전문적 지식 및 실무적 소양을 요구하고 있는 것이므로, 합리적인 이유가 있다"고 판단하였다.

헌법재판소는 전문직업인인 변리사로서 일정 수준 이상의 기술적·전문적 지식 및 실무적 소양을 갖춰야 한다는 점에 있어 일반응시자와 특허청 경력 응시자가 본질적으로 다른 집단이라고 볼 수 없고, 가사 위 두 집단이 본질적으로 다른 집단이라고 하더라도 일정 수준 이상의 전문지식과 경험 등을 구비하여야 한다고 보고 있다. 이와 같이 사실행위에 의한 기본권 침해의 위헌 심사에서도 일반적인 헌법소원에서 사용하는 기준이 대체로 사용되고 있다. 이와 같이 사실행위에 대한 위험심사에서 기본권 조항을 비롯해서 법률유보원칙이나 과잉금지원칙, 평등원칙 등이 중요한 기준이 되고 있다.

88) 헌재 2019. 5. 30. 2018헌마1208 등, 판례집 31-1, 640.

V. 맺음말

사실행위에 대해 사실상 기본권 침해를 인정하고 헌법소원의 대상으로 삼기 위해서는 이에 대한 명확한 기준이 제시되어야 한다. 특히 침해되는 기본권을 확정하는 것이 중요하다. 전술한 바와 같이 변호인의 참여권이나 변호인의 변호권을 기본권의 하나로 파악할 수 있는지에 대해 첨예한 견해대립이 있었는데, 사실행위에 의한 기본권 침해의 논증이 쉽지 않다는 것을 보여주고 있다. 비권력적 사실행위에 대해 공권력 행사를 인정하는 것은 설득력이 약하다. 사실행위가 '공권력 행사'에 해당되기 위해서는 이러한 '권력성'이나 '고권적 성질'의 요건을 가지는지 여부를 검토하는 것이 바람직하다. 독일과 같이 사실상의 기본권 침해 이론을 검토하는 것도 하나의 방안이지만, 우리나라에서는 기왕에 권력적 사실행위를 인정하고 있으므로 이를 적극적으로 활용할 수 있다. 이러한 권력적 사실행위가 항고소송의 대상이 되지 않는 경우에는 이를 헌법소원의 대상으로 인정할 수 있다.

행정지도는 비권력적 사실행위로 분류되는 것이 일반적이므로 이에 대해 헌법소원의 대상을 인정하기는 어렵다. 단순고권작용에 해당하는 행정작용을 행정지도로 분류하는 경우에는 이러한 제약이 수반된다. 따라서 권고나 경고 등과 같이 행정지도의 성격을 가진 단순고권작용에 의해 사실상 기본권 침해 가능성이 인정될 때에는 가능한 한 '권력적' 사실행위로 검토하는 것이 타당하다. 근래에는 앞에서 언급한 바와 같이 경고나 권고 등 정보활동에 대해서는 처분성을 인정하여 항고소송의 대상으로 인정하고 있는데, 단순고권작용의 '권력적' 성격을 반영한 것으로 보인다. 그러나 이러한 권력적 사실행위는 항고소송의 대상이 될 수 있지만, 보충성의 원칙에 따라 이를 헌법소원의 대상으로는 삼기 어렵다. 명단공표의 처분성에 대해서는 대법원 판례의 입장이 아직 명확하지 않지만, 그 처분성을 전제로 본안에 들어간 사례가 있다. 명단공표의 처분성에는 동의하기 어렵다. 하지만 명단공표에 의한 기본권 침해의 가능성은 인정될 수 있으므로 이론상으로는 적어도 '공권력 행사'로 보아 헌법소원의 대상이 될 수는 있다.

문제가 되는 것은 시험과 관련된 '공고'이다. 이러한 공고는 원칙적으로 특정한 사실을 알려주는 고지행위로서 비권력적 사실행위에 해당한다. 그러나 이러한 공고는 응시자격이나 응시기회를 제한하여 기본권을 사실상 침해할 수 있다는 점에서 법률에 근거를 두어야 한다. 법률의 근거 없이 공고를 통해 응시자격이나 응시기회를 제한하는 것은 법률유보원칙에 위배된다. 이러한 공고에 대해서는 행정심판이나 행정소송을 제기할 수도 없다. 현재로서는 이러한 공고에 대해서는 헌법소원을 제외하고, 공법상 권리구제를 받을 기회가 사실상 봉쇄되어 있다. 따라서 응시자격이나 응시기회 등을 중대하게 제한하는 공고에 대해서는 권력적 사실행위로 분류하고, 다수의 선례에 따라 이에 대해 헌법소원의 대상을 인정하는 것이 바람직하다. 헌법재판소는 이러한 공고에 대하여 법률유보원칙의 적용을 강조하고, 기본권을 본질적으로 제한하는 중요한 사항에 관해서는 법령에서 직접 규정하도록 유도할 필요가 있다.

제3장

항고소송에 있어서 국가기관의 당사자능력 및 원고적격

- 특이 대법원 2013. 7. 25. 선고 2011두1214 판결의 평석을 겸하여 -

Ⅰ. 서 설

대법원은 경기도 선거관리위원회 위원장이 국민권익위원회의 조치요구의 취소를 구하는 소를 제기한 사안에서, 경기도 선거관리위원회 위원장을 국가기관으로 전제하고 그 당사자능력 및 원고적격을 인정하였다. 이 사건에서 국민권익위원회(피고)는 「부패방지 및 국민권익위원회의 설치와 운영에 관한 법률」(이하 '국민권익위원회법'이라 한다)에 따른 甲의 신고와 신분보장조치 요구와 관련하여 원고인 경기도 선거관리위원회 위원장 乙에게 "甲에 대한 징계요구를 취소하고 향후 신고로 인한 신분상 불이익처분 및 근무조건상의 차별을 하지 말 것"을 내용으로 하는 조치요구를 하였고, 원고 乙은 위 조치요구를 취소하는 소를 제기하였다. 여기에서 문제가 된 것은 항고소송에서 국가기관도 당사자적격 및 원고적격을 가지는지 여부였다. 종래 국가기관이나 행정기관은 권리·의무가 귀속될 수 있는 행정주체가 아니라는 점에서 당사자능력을 갖추지 못하며, 일반국민에 대해 일방적인 규율을 한다는 점에서 원고적격도 없다는 것이 일반적이었다. 국가나 공공단체는 행정청이 없게 되어 그 처분 등에 관한 사무가 귀속되는 국가 또는 공공단체에 귀속되는 경우에 예외적으로 피고적격을 가질 수 있다(행정소송법 제13조 제2항). 또한 국가나 공공단체는 스스로 권리능력을 가지고 있어 당사자소송에서 당사자능력을 구비하고 있다고 볼 수 있다.

행정소송법 제39조에는 항고소송과 달리 "국가·공공단체 그 밖의 권리주체"에 대해 피고적격을 인정하고 있다. 비록 피고적격에 대해 규정하고 있으나, 이는 항고소송의 피고와 차이를 두기 위한 것이며 국가와 공공단체 등도 당사자소송의 원고가 될 수 있다고 해석할 수 있다. 다만, 항고소송에서도 국가·지방자치단체 그 밖의 공공단체도 원고적격을 갖는지가 문제된다. 종래 대법원은 국가의 원고적격을 부인하여 왔다.[1] 즉 국가가 국토이용계획과 관련한 기관위임사무의 처리에 관하여 의견이 대립할 경우에 지방자치단체의 장을 상대로 취소소송을 제기할 수 없다고 판시하였다. 또한 하급심도 계속해서 국가기관의 원고적격을 부인해 왔다.[2] 그러나 학계 일각에서는 행정주체(특히 국가 또는 지방자치단체)나 국가기관(국립대 포함)의 당사자능력 및 원고적격을 인정해야 한다는 견해가 부각되어 주목된다.[3]

통상적으로 항고소송에서 국가기관의 당사자능력 및 원고적격이 문제가 되는 것은 국가기관이나 행정기관이 국민을 상대로 소를 제기하는

1) "건설교통부장관은 지방자치단체의 장이 기관위임사무인 국토이용계획 사무를 처리함에 있어 자신과 의견이 다를 경우 행정협의조정위원회에 협의·조정 신청을 하여 그 협의·조정 결정에 따라 의견불일치를 해소할 수 있고, 법원에 의한 판결을 받지 않고서도 행정권한의 위임 및 위탁에 관한 규정이나 구 지방자치법에서 정하고 있는 지도·감독을 통하여 직접 지방자치단체의 장의 사무처리에 대하여 시정명령을 발하고 그 사무처리를 취소 또는 정지할 수 있으며, 지방자치단체의 장에게 기간을 정하여 직무이행명령을 하고 지방자치단체의 장이 이를 이행하지 아니할 때에는 직접 필요한 조치를 할 수도 있으므로, 국가가 국토이용계획과 관련한 지방자치단체의 장의 기관위임사무의 처리에 관하여 지방자치단체의 장을 상대로 취소소송을 제기하는 것은 허용되지 않는다."(대법원 2007. 9. 20. 선고 2005두6935 판결)

2) 서울행정법원 2009. 6. 5. 선고 2009구합6391 판결; 서울행정법원 2012. 5. 17. 선고 2011구합32485 판결; 서울행정법원 2009. 11. 6. 선고 2008구합50506 판결 등. 특히 서울행정법원은 국립대학교는 "국가가 설립·경영하는 학교로서 법인도 아니고 법인격 없는 사단 또는 재단도 아닌 교육시설의 명칭에 불과하여 당사자능력이 인정되지 아니하며, 그 대표기관인 총장 역시 법인격을 가진 존재가 아니어서 당사자능력이 인정되지 아니한다"라고 판시하여, 종전의 판례입장을 다시 확인하고 있다.

3) 박정훈, 행정소송의 구조와 기능, 352면 이하; 김중권, "행정소송에서 대학의 당사자능력에 관한 소고", 2012. 6. 25.자 법률신문(제4042호).

경우가 아니라, 국가기관과 국가기관 사이, 국가기관과 지방자치단체(또는 기관) 사이, 또는 국가기관이나 상급자치단체의 (감독)처분에 대해 지방자치단체(또는 소속 행정청)가 다투는 경우 등이다. 이러한 유형들은 헌법소송의 권한쟁의심판이나 행정소송의 기관소송에서 다투어질 수 있는 사안이나, 앞에서 언급한 바와 같이 최근 대법원은 2011두1214판결의 이유에서 권한쟁의심판이나 기관소송이 불가하다는 점을 전제로 국가기관도 당사자능력 및 원고적격을 가질 수 있다고 판시하고 있다. 즉 행정소송법은 기관소송 법정주의를 채택하고 있으나, 이러한 조치요구에 관하여는 '국민권익위원회법' 등 법률에서 기관소송을 허용하는 규정이 없으며, 피고 국민권익위원회는 헌법에 의하여 설치된 국가기관이 아니므로 헌법 제111조 및 헌법재판소법 제62조 제1항에서 정한 권한쟁의심판을 할 수 없다는 것이다.

이하에서는 항고소송에서 국가기관이나 행정기관도 당사자능력 및 원고적격을 가질 수 있는지, 그리고 국가기관 사이의 분쟁을 '항고소송'으로 처리하는 것이 적정한지 여부를 살펴보기로 한다(Ⅱ). 이와 관련하여 대법원 2013. 7. 25. 선고 2011두1214 판결의 문제점을 살펴보고(Ⅲ), 항고소송에서 국가나 지방자치단체 등 행정주체의 원고적격을 인정할 수 있는지도 검토하도록 한다(Ⅳ). 특히 이러한 논의와 관련하여 독일의 입법례를 소개하는 경우도 적지 않아, 이에 대해서도 비교법적 고찰을 하도록 한다. 또한 행정소송법상 기관소송의 문제점을 고찰하고, 이를 개선할 수 있는 방안도 강구하도록 한다(Ⅴ).

Ⅱ. 국가기관의 당사자능력과 원고적격

1. 문제의 소재

대법원은 2011두1214 판결에서 '국가기관'에 대해서도 항고소송의 당사자능력 및 원고적격을 명시적으로 인정하고 있다. 즉 대법원은 "국가기관이더라도 당사자능력 및 원고적격을 가진다"라고 판시하고 있는데, 이 판결은 원고인 경기도 선거관리위원회 위원장의 법적 지위에 관한 문제는 별론으로 하더라도, 대법원이 국가기관의 원고적격을 명시적으로 인정하고 있다는 점이 특징이다. 이는 원심판결의 내용을 그대로 수긍한 것인데, 제1심인 서울행정법원은 종전 입장대로 이 사건 처분이 항고소송의 대상인 처분성이 없다고 하여 각하판결을 내렸다.

우선 국가기관이나 행정기관과 같이 국가나 지방자치단체 등 행정주체의 '기관(Organ)'도 당사자능력을 갖고 있는지를 검토할 필요가 있다. 행정소송에는 당사자능력에 관한 명문규정은 없으므로, 민사소송법의 규정이 준용될 수 있다(행정소송법 제8조 제2항). 민사소송법 제51조에는 당사자능력에 관하여 민법 그 밖의 법률에 따른다고 규정하고 있는데, 민법상 권리능력을 가진 자는 민사소송에 있어서 당사자능력을 갖는 것으로 보고 있다.[4] 민법상 권리능력자에는 자연인과 법인이 해당하고, 민사소송법 제52조에 의하면 법인이 아닌 사단이나 재단도 대표자 또는 관리인이 있는 경우에는 그 사단이나 재단의 이름으로 당사자가 될 수 있다. 공법인인 국가나 공공단체(지방자치단체, 공공조합 및 영조물법인 등)도 권리의무의 귀속주체가 될 수 있어 소송상 당사자능력을 가지나, 그 기관은 당사자능력이 없는 것으로 보는 것이 일반적이었다. 그러나 대상판결은 이 사건 처분의 위법을 주장하는 원고인 경기도 선거관리위원회 위원장에 대하여 '국가기관'으로 보면서도 항고소송의 당사자능력을 인정하였다.

항고소송에 있어서 당사자능력이 문제가 되는 것은 '행정기관'이나 '대학'의 경우이다. 독일의 입법례에서는 예외적으로 행정기관의 당사자능력을 인정하고 있으나, 우리 행정소송법 제13조에는 행정청을 피고로

4) 이시윤, 新民事訴訟法, 제5판, 박영사, 2009, 126면.

하고 있을 뿐이다. 행정기관의 당사자능력을 인정하는 명문의 규정이 없는 경우에도 과연 행정기관의 당사자능력을 인정하는 것이 타당한지 여부를 살펴볼 필요가 있다. 또한 원고인 경기도 선거관리위원회 '위원장'의 법적 지위를 '국가기관'으로 보는 것이 적정한지에 대해서도 의문이 있다.

또한 항고소송에 있어서 '당사자능력'과 '원고적격'은 서로 구별되어야 한다. 민사소송에서는 이를 '당사자적격'이라고 부르는데, 행정소송에서는 주로 행정청의 일방적 규율에 의해 법률관계가 형성된다는 점에서 '원고적격'이라는 표현이 사용되고 있다.[5] 예컨대 행정주체는 민법상 권리능력이 있어 행정소송에서도 당사자능력이 인정될 수 있으나, 항고소송에 있어서 당연히 원고적격이 인정된다고 볼 수 없다. 종래 행정주체의 원고적격이 부정되었으나, 근래 국가나 지방자치단체의 원고적격을 긍정하는 견해가 등장하고 있다. 이하에서는 행정주체 또는 행정기관의 당사자능력 및 원고적격의 허용 여부에 관하여 학설 및 판례의 입장을 살펴보도록 한다.

2. 학설 및 판례의 검토

(1) 학설의 현황

행정주체 또는 행정기관의 당사자능력 및 원고적격에 대한 논의가 풍부하지 않지만, 근래에 행정기관이나 행정주체의 당사자능력이나 원고적격을 적극적으로 해석하는 견해가 늘고 있다. 항고소송에 있어서 국가나 공공단체(특히 지방자치단체)의 원고적격을 인정하는 견해가 유력하다.[6] 즉 지방자치단체가 국립대학교에 수도세를 부과하는 경우, 또는

5) 한편, 서울고등법원 2010. 12. 9. 선고 2009누38963 사건에서는 '당사자적격'이라는 용어를 사용하고 있다.

6) 예컨대 朴正勳, 註釋 行政訴訟法(편집대표: 김철용 · 최광률), 390-391면; 同人, "행정소송법 개정의 주요쟁점", 공법연구 제31집 제3호, 2003, 89면; 同人, 행정소송의 구조

국립대학교 총장이 인근의 건축허가처분을 다투는 경우 등에는 국가(국가기관)도 항고소송에서 원고적격을 가질 수 있다는 견해가 그러하다.[7] 특히 이 견해는 대학(국립대학교)의 원고적격이 문제된 사건에서, 대학이 소속하고 있는 국가의 당사자능력 및 원고적격을 적극적으로 인정하고 있다. 나아가 독일의 입법례를 참고하여 지방자치단체도 상급자치단체에 의해 자치권(특히 계획고권)을 침해당한 경우에는 행정소송을 제기할 수 있다는 것이다.[8] 그러나 '국가'와 국가에 소속된 '교육시설'은 구별되어야 하며, 우리나라의 국립대학교는 이론적으로 영조물(Anstalt)에 가깝지만 법인격을 갖지 않는 경우가 대부분이다. 다만, 최근 법인화가 된 서울대학교는 영조물'법인'으로 볼 수 있다(국립대학법인 서울대학교 설립·운영에 관한 법률 제3조 제1항 참조).[9] 한편, 독일의 대학기본법(Hochschulrahmengesetz) 제58조 제1항에서는 대학을 공법상 사단법인(Körperschaften des öffentlichen Rechts)임과 동시에 국가시설로 규정하고 있다. 그러나 대학은 공법상 재단(공재단)이나 영조물법인 등과 같이 다른 형식으로 설립될 수도 있다.

또 다른 견해는 국립대를 "부분적 권리능력을 갖는 영조물"로 파악하고, 대학의 자율성과 관련하여 권리능력(독자성)을 갖는다고 보고 있다.[10] 이 견해가 적절히 소개하고 있는 바와 같이, 독일에서는 '단과대학'이 부분적 권리능력을 가지며 대학은 완전한 권리능력을 가진 공법

와 기능, 352면 이하. 다만, 이 견해는 항고소송의 객관소송으로서의 성격을 강조하고 있다.

7) 실제 국가가 상수도정액공사비부과처분을 한 서울특별시 남부수도사업소장을 상대로 취소소송을 제기한 사건이 있었다(서울고등법원 1997. 2. 21. 선고 95구20173 판결 참조).

8) 박정훈, "행정소송법 개정의 주요쟁점", 89면. 다만, 우리 헌법재판소는 헌법 또는 법률상 지방자치단체에 '영토고권'이라는 자치권이 부여되어 있지 않다고 결정한 바 있다(헌재 2006. 3. 30. 2003헌라2).

9) 박정훈, "국립대학 법인화의 공법적 문제: 헌법상 실질적 법인격과 법률상 형식적 법인화의 갈등", 서울대학교 법학 제47권 제3호(2006. 9), 432-433면 참조.

10) 김중권, 앞의 평석.

상 사단법인이라는 점에서 서로 차이가 있다.[11] 즉 단과대학은 대학과 같이 비록 공법상의 법인으로서 완전한 권리능력을 갖지는 못하지만, 특정한 행정과제를 자신의 책임으로 수행하는 한 부분적으로 권리능력을 가진다고 보고 있다.[12] 다만, 독일의 단과대학은 부분적으로 독립성과 자율성을 가지고 있는 경우가 대부분이다. 따라서 국립대학법인인 서울대학교의 경우에도 단과대학에 부분적인 권리능력을 부여할 수 있을지 여부는 그 자율성과 독립성에 달려 있다고 볼 수 있다.

그러나 서울대학교 보건의료시설의 직권폐업처분 사건[13]에서 서울대학교 총장이 원고가 되어야 하며, 국가는 피고가 될 수는 있어도 원고가 될 수 없다고 주장하는 견해도 있다.[14] 이 견해는 항고소송에 있어서 서울대학교 총장도 자신에 대한 위법한 행정처분에 대해서는 처분의 취소를 구할 법률상 이익이 있다는 점에서 원고적격이 인정될 수 있다는 것이다. 다만, 이 견해는 국가의 원고적격을 부인하면서도 당사자능력이 없는 국가기관의 원고적격을 인정하고 있는 이유를 충분히 설명하고 있지 않다. 명문의 규정이 없는 경우에도 국가기관의 당사자능력을 인정할 수 있는지에 대해 납득할 수 있는 논거가 제시될 필요가 있다.

(2) 판례의 입장

종래 대법원은 '헌법상' 국가기관에 해당하는 국회의원은 물론이고, 행정기관에 속하는 농지위원회의 당사자능력을 부인하였다. 즉 헌법상 국가기관에 해당하는 국회의 '민의원'은 대한민국의 입법기관으로서 국가의 한 기관에 불과하다고 보아 당사자적격을 부인하고 있다.[15] 또한

---

11) Würtenberger, Verwaltungsprozessrecht, 2. Aufl., § 14 Rn. 213.

12) BVerwGE 15, 256, 261 f.; Maurer, Allgemeines Verwaltungsrecht, 16. Aufl., § 21 Rn. 10 참조.

13) 서울행정법원 2009. 6. 5. 선고 2009구합6391 판결.

14) 강해룡, "항고소송에서의 원고적격: 대법원 2013. 7. 25. 선고 2011두1214 판결을 중심으로", 2013. 9. 23.자 법률신문(제4160호), 13면; 同人, "항고소송에서의 원고적격", 2010. 5. 6.자 법률신문(제3838호).

분배농지확인판결에서 행정기관의 하나로 볼 수 있는 '농지위원회'은 법인 또는 법인 아닌 사단이나 재단이 아니며, 농지개혁법 실시에 관한 소송이라 할지라도 당사자능력을 인정할 수 없다고 판시하였다.[16)]

한편, 국가기관의 당사자능력은 특히 '대학'의 경우에 문제가 되고 있다. 대법원은 대학(서울대학교)의 당사자능력이 문제된 사건에서 국립대인 서울대학교의 당사자능력을 부인한 바 있다. 특히, 국립대학교 또는 국립대학교의 총장이 국가나 지방자치단체를 상대로 행정소송을 제기하는 사례에서, 국가의 원고적격이 문제되고 있다. 우선 국가가 국토이용계획과 관련한 기관위임사무의 처리에 관하여 지방자치단체의 장을 상대로 취소소송을 제기한 사건에서, 대법원은 원고인 국가(대한민국)뿐만 아니라 예비적 원고인 충북대학교 총장에 대해서 원고적격을 부인하였다. 이 사건은 충북대학교 총장이 피고인 지방자치단체의 장(충청남도 연기군수)에게 용도지역 변경을 위한 국토이용계획 변경을 요구하였으나, 피고가 이를 거부하자 취소소송을 제기한 것이다.[17)] 이 사건에서 대법원은 "충북대학교의 총장은 대한민국이 설치한 충북대학교의 대표자일 뿐 항고소송의 원고가 될 수 있는 당사자능력이 없어 부적법하다"고 판시하였는데, 여기에서 국가는 항고소송의 원고적격이 없고, 그 소속 기관인 국립대학교의 총장은 당사자능력이 없다는 점이 인정되었다.

또한 국가(서울대학교 총장)가 보건진료소에 대한 관악구 보건소장의

15) 대법원 1961. 10. 5. 선고 4292행상63 판결.

16) 대법원 1962. 4. 18. 선고 4294민상1397 판결.

17) 즉 대법원은 "건설교통부장관은 지방자치단체의 장이 기관위임사무인 국토이용계획 사무를 처리함에 있어 자신과 의견이 다를 경우 행정협의조정위원회에 협의·조정 신청을 하여 그 협의·조정 결정에 따라 의견불일치를 해소할 수 있고, 법원에 의한 판결을 받지 않고서도 행정권한의 위임 및 위탁에 관한 규정이나 구 지방자치법에서 정하고 있는 지도·감독을 통하여 직접 지방자치단체의 장의 사무처리에 대하여 시정명령을 발하고 그 사무처리를 취소 또는 정지할 수 있으며, 지방자치단체의 장에게 기간을 정하여 직무이행명령을 하고 지방자치단체의 장이 이를 이행하지 아니할 때에는 직접 필요한 조치를 할 수도 있으므로, 국가가 국토이용계획과 관련한 지방자치단체의 장의 기관위임사무의 처리에 관하여 지방자치단체의 장을 상대로 취소소송을 제기하는 것은 허용되지 않는다"고 판시하였다(대법원 2007. 9. 20. 선고 2005두6935 판결).

직권폐업처분에 대해 무효확인을 구하는 소를 제기한 사건에서, 1심(서울행정법원 2009. 6. 5. 선고 2009구합6391 판결)은 원고승소판결을 내렸다. 이에 피고가 항소하였으나 서울고등법원은 항소기각을 하였고(서울고등법원 2009. 11. 25. 선고 2009누19672 판결), 대법원은 2010. 3. 11. 심리불속행으로 상고를 기각한 바 있다. 다만, 제1심 행정법원은 국가의 당사자능력을 인정하면서, 법인이나 대표자 있는 법인격 없는 사단 또는 재단에 해당하지 않는 교육시설의 명칭에 불과한 서울대학교의 당사자능력을 부인하고 있다.[18] 이 판결에서 '국가'의 원고적격을 인정하였는지가 다소 명확하지 않은 부분도 있는데, 학설은 대체로 국가의 원고적격이 인정되었다고 보고 있다. 즉 "국가는 서울대학교를 설립·경영하는 주체이므로, 당연히 서울대학교를 상대로 행하여진 이 사건 처분을 다툴 법률상 이익이 있다"고 보는 견해,[19] "국가의 당사자능력을 분명히 인정하면서 원고적격까지 인정하였다"고 보는 견해[20]가 그러하다. 반면, 이에 대해 "행정처분은 국가의 권력이 행사된 것이기 때문에 그 취소를 구하는 항고소송에서 국가는 원고적격이 없다"는 반론(反論)도 있다.[21] 이 사건에서 대법원이 심리불속행으로 기각판결을 내렸기 때문에 대법원의 입장을 명확히 알기 어렵다. 다만, 1심 및 원심에서 국가의 당사자능력을 긍정하고 있는 점은 수긍이 되나, 그 원고적격을 인정함에 있어서는 명확한 논거를 제시하고 있지 않다. 특히 기존의 대법원판결(대법원 2001. 6. 29. 선고 2001다21991 판결)의 입장에 정면으로 배치되는 판

---

18) 대법원은 비록 민사소송이기는 하나, 서울행정법원 2009구합6391 판결 이전에도 서울대학교의 당사자능력을 부인한 바 있다(대법원 2001. 6. 29. 선고 2001다21991 판결). 즉 "서울대학교는 국가가 설립·경영하는 학교임은 공지의 사실이고, 학교는 법인도 아니고 대표자 있는 법인격 없는 사단이나 재단도 아닌 교육시설의 명칭에 불과하여 민사소송에 있어 당사자능력을 인정할 없다"고 판시하였다.

19) 박시준, "국가가 행정소송에서 원고로서의 당사자능력과 당사자적격을 가지는 여부", 2010. 4. 19.자 법률신문(제3834호).

20) 김중권, 앞의 평석.

21) 강해룡, "행정소송에서의 원고적격", 2010. 5. 6.자 법률신문(제3838호).

결을 내리면서, 하급심의 판결문 어디에도 이에 관한 사실을 적시하고 있지 않다. 또한 서울행정법원은 2009구합6391 판결에서 서울대학교의 권리능력과 당사자능력을 부인하면서 그 설립 및 경영의 주체인 국가의 당사자능력을 인정하고, 원고적격을 가진 자는 서울대학교(총장)이며 국가가 아니라는 피고의 주장을 배척하면서 국가가 당사자가 되어 다툴 수밖에 없다고 판시하고 있다. 이 부분은 국가의 당사자능력을 설명한 것인지, 아니면 국가의 원고적격을 인정한 것인지 매우 불명확한데, 서울행정법원은 이와 같이 다소 모호한 표현을 사용한 후 곧바로 본안에 들어가 처분(직권폐업통보)의 위법성을 심사하고 있다. 요컨대 서울행정법원의 2009구합6391 판결은 국가의 원고적격을 최초로 인정한 하급심 판결이나, 국가의 원고적격을 왜 인정해야 하는지에 대한 수긍할 수 있는 논거를 제시하지 않았다.

그리고 법학전문대학원의 인가 조건인 장학금 지급비율을 준수하지 않아 법학전문대학원의 정원 축소와 시정명령을 받은 강원대총장이 교육과학기술부를 상대로 낸 학생모집정지처분과 시정명령 취소소송에서, 서울행정법원은 "국립대는 당사자능력이 인정되지 않으며, 대표기관인 총장 역시 별도의 법인격을 가진 존재가 아니어서 당사자능력이 인정되지 않는다"며 각하판결을 내렸다.[22] 이와 같이 대법원은 종전까지 국가기관의 원고적격을 부인하여 왔으나, 2011두1214판결에서 경기도 선거관리위원회 위원장을 국가기관으로 보고 그 원고적격을 인정한 바 있다.[23]

(3) 소결

이와 같이 종래 우리 판례는 대학이나 기관의 당사자능력 및 원고적격을 부인해 왔으나, 최근 학설 및 판례가 이를 긍정하려는 경향에 있

22) 서울행정법원 2012. 5. 17. 선고 2011구합32485 판결.
23) 대법원 2013. 7. 25. 선고 2011두1214 판결.

음을 알 수 있다. 나아가 항고소송에 있어서 국가나 지방자치단체의 원고적격을 인정하자는 견해도 점차 부각되고 있다. 따라서 명문의 규정이 없는 행정소송법의 경우에도 '국가기관'의 당사자능력 및 원고적격을 인정하는 것이 타당한지, 아니면 '국가'도 과연 항고소송에서 원고적격을 가질 수 있는지를 검토할 필요가 있다. 이와 관련하여 법인격이 없는 '기관(Organ)'의 당사자능력을 인정하고 지방자치단체에 대하여도 항고소송의 원고적격을 인정하는 독일의 입법례가 소개되고 있다. 이하에서는 이에 대해 상세히 살펴보고, 비교법적 고찰을 하도록 한다.

3. 비교법적 검토: 독일의 입법례

(1) 항고소송의 당사자능력

독일에서 행정소송의 당사자는 원·피고 및 참가인이다(독일 행정법원법 제63조). 그러나 이러한 당사자가 되기 위해서는 우선 소송상의 권리능력, 즉 당사자능력(Beteiligtenfähigkeit)을 갖추어야 한다. 독일 행정법원법 제61조에는 당사자능력에 대해 명문의 규정을 두고 있다. 이에 의하면 자연인과 법인, 권리가 귀속될 수 있는 단체, 그리고 주(란트) 법이 정하는 경우에 '행정청'을 당사자능력을 가진 자로 규정하고 있다. 이를 순차적으로 상세히 살펴보면 아래와 같다.

첫째, '자연인'은 권리능력을 갖추고 있어 소송상 당사자능력을 갖추고 있음은 물론이다. 여기에는 태아도 포함된다. 다만, 문제가 되는 것은 기관의 관리자 내지 책임자(Organwalter)도 자연인으로서 당사자능력을 갖는지 여부이다. 예컨대 시장이나 지방의회 의장 등이 여기에 해당한다. 학설은 예외적으로 자연인으로서 개인의 권리와 관련된 경우에 독일 행정법원법 제63조 제1호에 의해 당사자능력을 가지는 것으로 보고 있다.[24] 예컨대 지방의회 의원이 회의 중 금연조치의 발동을 요구하

24) Schmitt Glaeser/Horn, a.a.O. Rn. 91.

는 경우가 그러하다. 그러나 기관소송의 경우에는 독일 행정법원법 제63조 제1호가 적용되지 않는다. 또한 독일 행정법원법 제63조 제1호의 '법인'에는 연방, 주(란트) 및 게마인데(Gemeinde)는 물론이고, 대학이나 직업단체(변호사회, 의사회) 등과 같은 공법상 사단법인, 권리능력 있는 영조물이나 재단도 포함된다.[25)]

둘째, 독일 행정법원법 제63조 제2호에서는 비록 법인격이 없는 경우에도 '권리(Recht)'가 귀속될 수 있는 모든 '단체(Vereinigungen)'에 당사자능력을 인정하고 있다. 여기에서 말하는 권리는 '주관적 공권'을 말한다.[26)] 이러한 단체에는 권리능력 없는 인적 단체도 속한다. 또한 단과대학과 같은 대학의 기관도 법규의 귀속주체가 되는 한 당사자능력을 갖는다.[27)] 나아가 기관쟁송의 경우에 개별적인 합의제기관이나 지방의회 등도 이러한 단체에 속한다.

셋째, 독일의 일부 주(란트)에서는 권한(Kompetenzen)을 보유한 행정청에 대해서도 당사자능력을 인정하고 있다(독일 행정법원법 제61조 제3호 참조). 다만, 주법(州法)이 정하는 경우에 한하여 주(州) 행정청의 당사자능력을 인정하고 있을 뿐이다.[28)] 그러나 연방 법률을 통해 연방행정청에 당사자능력을 인정하는 것을 배제하고 있지는 않다.[29)]

요컨대 독일 행정법원법에 의하면, 행정주체의 기관(Organ)도 권리가 귀속될 수 있는 한 당사자능력을 가질 수 있으며, 권한을 보유한 행정

---

25) Hufen, Verwaltungsprozessrecht, 7. Aufl., § 12 Rn. 20. 비록 완전한 권리능력은 갖지 못하지만 전통적으로 또는 법률에 의해 자신의 이름으로 권리를 주장할 수 있는 능력이 인정되는 기관이나 단체에도 법인과 동등한 지위가 부여된다는 점이 인정되고 있다. 예컨대 정당이나 노조의 경우가 그러하다. 특히 노조는 임금협약의 일반구속선언(Allgemeinverbindlicherklärung)을 다투는 소에 있어서 당사자능력이 인정되고 있다(Schenke, Verwaltungsprozessrecht, Rn. 461).

26) Schmitt Glaeser/Horn, Verwaltungsprozeßrecht,15. Aufl., Rn. 93.

27) Kopp/Schenke, VwGO, § 61 Rn. 9.

28) 예컨대 Niedersachsen, Nordrhein-Westfahlen, Rheinland-Pfalz, Sachsen-Anhalt, Saarland, Mecklenburg-Vorpommern, Schleswig-Holstein, Brandenburg 등이 그러하다.

29) Schmitt Glaeser/Horn, Verwaltungsprozeßrecht,15. Aufl., Rn. 98.

청도 주법이 규정하는 경우에 한하여 예외적으로 당사자능력을 인정하고 있다.

(2) 국가 또는 지방자치단체의 원고적격

행정주체가 당사자능력을 갖는다고 하여, 당연히 항고소송의 원고적격을 갖는 것은 아니다. 독일 행정소송법에서 원고는 소권(訴權, Klagebefugnis)을 가지고 있어야 하는데, 원고는 다투어지는 행정행위에 의해 자신의 권리가 침해되었음을 주장하여야 한다(독일 행정법원법 제42조 제2항). 이러한 권리는 주관적 공권만 해당하며, 사권이나 반사적·경제적 이익은 제외된다. 독일은 이와 같이 '권리침해'를 요건으로 한다는 점에서 일반적으로 주관소송의 구조로 구성되어 있다고 평가받고 있다. 그러나 원고가 주장하는 권리침해가 실제 존재하는지 여부는 대체로 본안에서 심사된다.[30)]

독일에서는 원고는 시민이 되고, 피고는 국가나 공법상 사단법인이 되는 경우가 대부분이다. 그러나 국가나 지방자치단체도 일정한 경우에 행정소송의 원고적격을 가질 수 있다는 점이 인정되고 있다. 일반국민에 대한 국가의 고권적(高權的) 권한도 '주관적 공권'으로서 인정될 수 있다는 견해가 그러하다.[31)] 즉 행정청은 행정행위의 발급을 통해 私人에 대한 청구권을 주장할 수 있고, 이를 실현하기 위해 '일반이행의 소'를 제기할 수 있다.[32)] 또는 국가가 일반국민에 대해 소를 제기하는 것은 공법상 계약을 체결한 후, 그 이행을 위해 소(즉 일반이행의 소)를 제기하는 경우이다.[33)] 이러한 경우는 우리나라의 당사자소송에 상응하는

---

30) Kopp/Schenke, VwGO, § 42 Rn. 59.

31) Wahl/Schütz, in: Schoch/Schmidt-Aßmann/Pietzner(Hg.), VwGO, § 42 Abs. 2 Rn. 103.

32) Pietzcker, in: Schoch/Schmidt-Aßmann/Pietzner(Hg.), VwGO, § 42 Abs. 1 Rn. 171.

33) 이에 대해서는 Hufen, Verwaltungsprozessrecht, 7. Aufl., § 12 Rn. 2.

것으로 볼 수 있는데, 국가나 공공단체의 당사자능력 및 당사자적격이 인정될 수 있음은 물론이다. 그러나 이론적으로 행정청 또는 국가가 일반국민에 대해 항고소송(취소소송)을 제기하는 것은 상정하기 어렵고, 독일의 경우에도 주로 일반이행의 소와 관련하여 논의될 뿐이다.

한편, 지방자치단체는 자신의 자치권(인사고권, 재정고권 등)을 침해하는 감독처분에 대해 취소소송을 제기할 수 있다는 점이 인정되고 있다. 국가의 합법성감독(Rechtsaufsicht)에 대해서는 큰 문제가 없으나, 합목적성감독(Fachaufsicht)의 경우에도 권리침해가 있는지 여부에 대해서는 다툼이 있다. 그러나 학설은 대체로 취소소송은 물론, 소권(원고적격)이 있는 한 일반이행의 소를 제기할 수 있다고 보고 있다.[34] 이러한 경우에 지방자치단체의 소권이 인정되고 있다. 특히 지방자치단체의 계획고권(Planungshoheit)을 침해하는 경우도 주관적 권리가 도출될 수 있는 것으로 보고 있다.[35] 무엇보다 독일에서는 항고소송이 철저한 주관소송의 구조로 되어 있어 주관적 권리(subjektives Recht)의 침해를 요건으로 하고 있는데, 지방자치단체의 경우에도 자신의 권리가 침해될 것을 요구하고 있다. 이와 같이 지방자치단체의 권리는 주로 프로젝트의 수행과 관련된 전문계획(專門計劃)법(Fachplanungsrecht)의 영역에 있어서 권리구제를 위해 인정된다. 그러나 이러한 경우에도 기관위임사무와 관련된 국가에 소속된 행정청의 조치에 대해서는 소권이 인정되지 않는다.[36]

(3) 내부기관소송과 소송형식

독일에서는 전통적으로 국가와 사회를 분리해서 이해함에 따라 국가와 시민 사이의 법적 분쟁만을 행정소송의 대상으로 삼았고, 사단이나

---

34) Wahl/Schütz, in: Schoch/Schmidt-Aßmann/Pietzner(Hg.), VwGO, § 42 Abs. 2 Rn. 106.

35) Wahl/Schütz, in: Schoch/Schmidt-Aßmann/Pietzner(Hg.), VwGO, § 42 Abs. 2 Rn. 105; Schenke, Verwaltungsprozessrecht, Rn. 498a.

36) Kopp/Schenke, VwGO, § 42 Rn. 139.

법인 내부의 분쟁은 법률관계가 없는 것으로 보았다. 그러나 최근에는 행정주체 내부의 기관 사이의 소송(Organklage)이 문제가 되고 있다. 이 가운데에서 동일한 행정주체 내부의 행정기관 사이의 쟁송은 독일에서 내부기관소송(Insichprozess)의 문제로 다루어지고 있다. 특히 19세기 Paul Laband나 Otto Mayer 등 독일의 立憲主義的 國法學者에 의해 정립된 '法(Recht)' 내지 '法規(Rechtssatz)'의 관념에 의하면, 내부법의 영역은 법률관계가 형성될 수 없어 쟁송의 대상이 될 수 없었다. 따라서 동일한 공공단체 내지 공법상 사단법인 내의 기관 사이의 분쟁, 즉 내부기관소송은 행정의 통일성을 저해할 수 있다는 이유로 오랫동안 禁域이었다. 내부기관소송은 법인격을 기준으로 본다면 법인격 내부의 소송으로서 결국 자기 자신에 대한 소송이므로, 그 자체가 모순으로 여겨졌던 것이다.[37] 그러나 이러한 내부기관소송의 문제도 점차 늘어나고 있는데, 특히 학교나 합의제기관의 경우에 많이 발생하고 있다. 행정소송상의 기관쟁송은 헌법소송상의 기관쟁송과 비교될 수 있다. 비록 행정법원법에는 독자적인 소송유형으로 기관소송을 규정하고 있지 않지만, 헌법상 연방최고기관 사이의 쟁송은 연방헌법재판소에 의해 기관쟁의(Organstreit)로 다루어지고 있다(헌법 제93조 제1항 제1호, 헌법재판소법 제13조 제5호 참조). 이러한 연방최고기관(oberste Bundesorgane)에는 연방의회, 연방참의원(Bundesrat), 연방대통령선출회의(Bundesversammlung), 연방대통령, 연방정부 등이 속한다.[38]

내부기관소송의 문제는 동일한 법인 내부의 기관들뿐만 아니라 동일한 기관 내의 개별 권리주체들도 당사자가 될 수 있다는 점에서 내부법쟁송(Innenrechtsstreit)이라고 부르는 것은 오해의 소지가 있다는 지적도 있다.[39] 이 견해에 의하면 지방의회 의원은 '자연인'이라는 점을 인식할

37) 이에 대해서는 Hufen, a.a.O., § 21 Rn. 1.
38) Jarass/Pieroth, GG, Art. 93 Rn. 5.
39) Hufen, a.a.O.

필요가 있으며, 이러한 자연인은 당사자능력을 구비하고 있다는 것이다. 일부견해는 독일 행정법원법 제61조 제2호에 의하여 기관이나 합의제기관의 구성원도 조직법상 권리가 귀속될 수 있는 한 당사자능력을 가질 수 있다고 본다.[40] 다만, 독일 행정법원법에는 내부기관소송에 대하여 규정하고 있지 않다.

독일에서 행정소송상 '기관소송'은 독자적인 소송유형이 아니다. 따라서 어떠한 소송형식으로 기관소송을 다툴 수 있는지에 대해서 학설상 견해대립이 있다. 일부견해는 취소소송과 의무이행소송, 그리고 일반이행의 소 등이 가능하다고 보는 견해[41]와 취소소송이나 의무이행소송으로 다툴 수 없고 일반이행의 소와 보충성이 충족되는 경우에 한하여 일반 확인의 소가 가능하다는 견해[42]가 대립하고 있다. 후설이 다수설이다. 지방자치법상 기관소송에 있어서 취소소송이나 의무이행소송이 인정되지 않는 이유는 기관 사이에 '행정행위'가 존재하지 않기 때문이다. 취소소송이나 의무이행소송이 가능하다고 보는 견해(前說)는 시장이 관련 자치법규에 따라 물의를 일으킨 지방의회의원에게 퇴장명령을 내린 경우를 상정하면서, 이러한 경우에도 법인격 사이의 관계에 동등한 외부효가 인정된다고 보고 있다.[43] 그러나 다수설은 기관쟁송은 내부적 법률관계에 관한 것이므로 행정행위가 없어 취소소송이나 의무이행소송이 부적합하다고 보고 있다. 그 밖에 독자적 소송(Klage sui generis)으로 제기할 수 있다는 견해도 있었다. 예컨대 시장이나 지방의회의 위법한 결정의 취소나 폐지를 구하는 소와 같이 일반적 형성의 소의 형식으로 가능하다는 것이다. 그러나 기관에 대한 급부소송(給付訴訟)의 경

40) Würtenberger, a.a.O., § 38 Rn. 662, 672 ff.

41) Kopp/Schenke, Vorb § 40 Rn. 7.

42) Schmitt Glaeser/Horn, a.a.O., Rn. 169; Würtenberger, a.a.O., § 38 Rn. 672; Burkhard Presche, Zu den Klagenarten für kommunalverfassungsrechtliche Organstreitigkeiten, NVwZ 1987, S. 856; Markus Ogorek, Der kommunalverfassungsstreit im Verwaltungsprozess, JuS 2009, S. 512.

43) Schenke, a.a.O., Rn. 228.

우에는 이러한 일반적 형성의 소로 구제할 수 없다는 점에서 이러한 독자적 소송설도 대체로 부인되고 있다.[44]

요컨대 독일의 다수설은 적어도 일반 이행의 소가 허용된다는 점에 대해서는 이견이 없으며, 보충적으로 확인의 소도 가능하다고 보고 있다. 예컨대 지방의회의 의결을 구하는 이행소송, 지방의회의 금연조치를 구하는 소송 등의 경우에는 일반이행의 소로 다툴 수 있다는 점이 인정된다.

4. 중간검토

문제가 되는 것은 특정한 국가기관이 다른 국가기관의 조치에 대해 항고소송(취소소송)을 제기할 수 있는지, 또는 국가기관이 지방자치단체 기타 공공단체 또는 그 기관의 처분에 대해 취소소송을 제기할 수 있는지 여부이다. 그 밖에 국가 또는 지방자치단체의 기관의 구성원 내지 관리자가 소속된 기관 또는 다른 기관의 조치 등에 대해 쟁송을 제기하는 경우도 있다.

행정주체인 국가는 공법인으로서 공법상 권리의무의 주체가 될 수 있어 당사자능력을 가질 수 있다. 행정소송법상 국가는 당사자소송에 있어서는 피고적격을 가진다(행정소송법 제39조 참조). 행정소송법에서 "국가·공공단체 그 밖의 권리주체"를 당사자소송의 피고적격으로 특별히 규정하고 있는 것은 항고소송의 피고적격과 구별하기 위한 것이다. 그러나 이론적으로는 공법상 계약과 관련하여 국가나 공공단체 등도 당사자소송의 원고가 될 수 있으나, 권리능력을 가지지 않는 국가기관은 당사자능력이 없다.

국가기관의 당사자능력은 '대학'의 경우에 특히 문제가 되고 있다. 특히 국립대학교 또는 국립대학교의 총장이 국가나 지방자치단체를 상

44) Würtenberger, a.a.O., § 38 Rn. 675; Hufen, a.a.O., § 21 Rn. 14.

대로 행정소송을 제기하는 경우가 가능한지가 문제된다. 현재 법인화가 된 서울대학교를 제외하고, 국립대학교는 대체로 권리능력이 없는 영조물(nichtrechtsfähige Anstalt)[45]로 보는 것이 판례의 입장이다. 국립대학교의 총장은 국가기관에 해당한다. 국가기관은 당사자능력이 없다. 따라서 법률에 특별한 규정이 없는 한, 당사자능력이 없는 국가기관은 행정소송에 있어서 원고적격도 갖지 못한다.

그럼에도 불구하고 위에서 살펴본 바와 같이 '기관'의 당사자능력이 필요하다는 견해가 늘고, 이를 명문으로 인정하는 입법례도 있음을 알 수 있다. 그러나 명문의 규정이 없음에도 기관의 당사자능력을 인정할 수 있는지는 의문이다. 국가기관의 당사자능력 및 원고적격이 문제가 되는 것은 특정한 국가기관이 다른 국가기관의 조치에 대해 취소소송을 제기할 수 있는지, 또는 국가가 지방자치단체 또는 기관의 처분에 대해 항고소송을 제기할 수 있는지 여부이다. 그러나 독일에서는 이러한 경우에도 '권리'가 귀속될 수 있는 경우를 요건으로 하고 있다. 이러한 쟁송은 기관과 국민 사이의 쟁송이 아니라, 주로 기관과 기관 사이의 쟁송이다. 생각건대 국가가 특정한 국가기관의 원고로서 국가에 소속된 다른 국가기관을 상대로 취소소송을 제기하는 것은 자기 자신에 대한 소송으로서 그 자체로 모순이다.

또한 독일 행정법원법 제61조 제2호 및 제3호의 경우와 같이 명문의 규정이 없는 한, 해석상 당연히 국가기관의 당사자능력을 인정하기는 어렵다. 이러한 쟁송은 독일에서 '내부기관소송'으로 다루어지고 있다. 한국 행정소송법은 독일과 달리 기관소송 법정주의를 취하고 있고(행정

45) 대법원은 서울특별시가 설립·경영하는 서울농업고등학교에 대하여 "지방자치단체가 설립·경영하는 학교는 영조물로서 법인이 아님은 물론이고 민사소송법 제46조 규정의 사단 또는 재단에도 해당하지 않으므로 당사자능력이 없다"고 판시한 바 있다(대법원 1955.8.4. 선고 4288민상64 판결). 한편, 독일에서는 주로 학교, 병원, 묘지, 박물관 등이 여기에 해당한다. Maurer, a.a.O., § 23 Rn. 48. 다만, 대학은 우리와 달리 '영조물법인'으로서 권리능력을 가지고 있다.

소송법 제45조 제1항), 기관소송은 지방자치법의 영역에서 매우 제한적으로 허용되고 있을 뿐이다. 독일의 다수설도 이러한 내부기관소송과 관련하여 취소소송이나 의무이행소송을 제기하는 것은 허용되기 어렵다고 보고 있다. 대법원은 2011두1214 판결에서 기관소송 법정주의가 인정되고 있어 기관소송을 통한 권리구제가 불가능하다는 점을 분명히 밝히고 있다. 요컨대 기관의 당사자능력을 명문으로 인정하고 있는 독일의 입법례에서도 내부기관소송은 일반이행의 소나 보충적으로 확인의 소를 통해 해결하고 있는데, 우리의 경우에도 기관간 쟁송을 항고소송의 형식으로 해결하기는 쉽지 않다고 판단된다.

Ⅲ. 대법원 2013. 7. 25. 선고 2011두1214 판결의 문제점

1. 사건의 개요

부패행위 신고자인 X시 선거관리위원회 직원 甲은 2003. 2. 1.부터 위 선거관리위원회 관리계장으로 근무하던 중, 2007. 7. 23. 소외 A 등이 X시장 등을 상대로 주민소환투표의 실시를 청구하자, X시 선관위는 2007. 8. 6. 이를 수리하였다. 당시 甲은 위 주민소환투표에 대한 관리총괄팀의 팀장이었다. 주민소환 대상인 X시장 외 3인은 X시 선관위를 상대로 수원지방법원에 주민소환투표청구 수리처분 등 무효확인의 소를 제기하였고, 위 법원은 2007. 9. 13. 청구사유가 기재되지 아니한 주민소환투표 청구인 서명부에 한 서명은 「주민소환에 관한 법률」 제27조 제1항, 주민투표법 제12조 제2항 제7호에 따라 무효라는 이유를 들어 X시 선관위원장의 주민소환 투표청구 수리처분을 취소하고 동 투표안 공고의 효력을 정지하였고, 이에 따라 진행 중이던 주민소환투표절차는 모두 중단되었다. 이에 경기도 선거관리위원회는 이와 같은 상태를 초래한 X시 선거관리위원회의 분위기를 쇄신하고 주민소환투표 재청구에 대비하기 위해 2007. 9. 21. 위 주민소환투표 관련 직원에 대한 문책성 전보인사를 단행하였고, 이에 따라 甲은 이러한 전보인사로 인해 Y시 선거관리위원회로 전보되었다(이하 '전보명령'이라 한다).

甲은 X시 선관위가 주민투표법을 위반하여 서명부를 제대로 심사하지 아니한 결과 주민소환투표의 관리경비를 부담한 X시에 2억여 원의 재산상 손해가 발생하였다며 2008. 3. 31. 국무총리산하 행정기관인 피고(국민권익위원회)에 「부패방지 및 국민권익위원회의 설치와 운영에 관한 법률」(이하 '국민권익위원회법'이라 한다)에 따라 부패행위 신고(이하 "이 사건 신고"라 한다)를 하였다. 또한 甲은 이 사건 전보명령은 자신이 중앙선거관리위원회 사무총장에게 X시의 주민소환투표 과정에서 허위 대리행위 등으로 서명부가 조작되었다는 의혹을 제기하고 경기도 선거관리위원회 소속 직원들이 서명부 심사과정에서 행한 위법행위를 제보한 데 따른 보복차원에서 이루어진 것이라고 주장하면서, 2008. 6. 13. 피고에게 이 사건 전보명령의 취소와 관련자 처벌을 구하는 신분보장조치를 요구하였다.

그 후 중앙선거관리위원회는 甲이 X시 주민소환투표와 관련하여 2008. 4. 9. SBS 방송의 인터뷰에 응하여 선관위의 입장에 반하여 허위로 진술하고 그 인터뷰 내용이 2008. 4. 20.부터 21.까지 SBS 뉴스에 보도되었음을 이유로 甲에 대하여 감사를 실시하려고 하였다. 그러나 중앙선거관리위원회는 甲이 3회에 걸쳐 감사의 연기를 요청하자 감사를 거부한 것으로 간주하여 감사를 종결하고, 甲에 대한 중징계의결을 자체징계위원회에 요구하였다. 이에 甲은 2008. 7. 8. 피고에게 이 사건 징계요구의 취소 및 향후 예상되는 신분상 불이익의 예방을 구하는 신분보장조치를 요구하였다. 이에 국민권익위원회 제1분과위원회는 이 사건 신고가 국민권익위원회법 제2조 제4호 (나)목에 규정된 부패행위에 해당된다고 전제하고, 국민권익위원회법 제63조에 따라 甲이 이 사건 신고와 관련하여 불이익을 당한 것으로 추정된다고 판단하여, 2008. 9.

26. 원고에 대하여 국민권익위원회법 제62조 제7항에 기하여 이 사건 징계요구를 취소하고 향후 신고로 인한 신분상 불이익처분 및 근무조건상의 차별을 하지 말 것을 의결하였다. 이에 따라 피고의 위원장은 국민권익위원회를 대표하여 2008. 9. 30. 원고(경기도 선거관리위원회 위원장)에게 위 의결 내용을 통지하였다(이하 "이 사건 처분"이라 한다).

한편, 경기도 선거관리위원회는 2009. 3. 6. 국가공무원법 제78조 제1항 제1호 내지 제3호의 규정에 따라 甲을 파면에 처하고, 이를 甲에게 통지하였다. 이에 甲은 피고에게 파면처분을 취소하는 신분보장조치를 요구하였고, 피고는 2009. 6. 22. 원고에게 국민권익위원회 제62조 제7항 및 제63조에 따라 甲에 대한 파면처분을 취소할 것을 요구함과 동시에 甲의 신분보장조치 요구와 관련한 국민권익위원회의 조사에 불응한 원고 및 경기도 선관위 관리과 직원 丙에 대하여 과태료를 부과하는 절차를 진행하기로 의결하였다. 또한 피고는 Y시 선관위 사무국장이 甲을 무단결근으로 처리한 것과 관련한 甲의 신분보장조치 요구에 대해서도 2009 5. 22. Y시 선거관리위원회가 신고자보호규정을 위반하였음을 이유로 과태료를 부과하는 절차를 진행하기로 의결하였다. 그러나 피고는 그 이후의 절차는 진행하지 않고 있다. 제1심인 서울행정법원은 이 사건 처분이 항고소송의 대상인 처분성이 없다고 하여 각하판결을 내렸으나, 원심은 국민권익위원회가 원고에게 신분상의 불이익한 처분을 하지 못하도록 한 것이 항고소송의 대상에 해당한다고 보고 원고의 당사자능력을 인정하고 제1심 판결을 취소하였다.[46]

2. 판결의 요지

"甲이 국민권익위원회에 부패방지 및 국민권익위원회의 설치와 운영

46) 한편, 서울행정법원에 국민권익위원회법 제62조 제7항 및 제63조의 위헌여부심판제청이 신청되었으나, 본안사건의 기각으로 재판의 전제성이 흠결되어 부적법각하되었다(서울행정법원 2009. 11. 6. 자 2009아3344 결정).

에 관한 법률(이하 '국민권익위원회법'이라 한다)에 따른 신고와 신분보장조치를 요구하였고, 국민권익위원회가 甲의 소속기관 장인 乙 시·도선거관리위원회 위원장에게 '甲에 대한 중징계요구를 취소하고 향후 신고로 인한 신분상 불이익처분 및 근무조건상의 차별을 하지 말 것을 요구'하는 내용의 조치요구를 한 사안에서, 국가기관 일방의 조치요구에 불응한 상대방 국가기관에 국민권익위원회법상의 제재규정과 같은 중대한 불이익을 직접적으로 규정한 다른 법령의 사례를 찾아보기 어려운 점, 그럼에도 乙이 국민권익위원회의 조치요구를 다툴 별다른 방법이 없는 점 등에 비추어 보면, 처분성이 인정되는 위 조치요구에 불복하고자 하는 乙로서는 조치요구의 취소를 구하는 항고소송을 제기하는 것이 유효·적절한 수단이므로 비록 乙이 국가기관이더라도 당사자능력 및 원고적격을 가진다고 보는 것이 타당하고, 乙이 위 조치요구 후 甲을 파면하였다고 하더라도 조치요구가 곧바로 실효된다고 할 수 없고 乙은 여전히 조치요구를 따라야 할 의무를 부담하므로 乙에게는 위 조치요구의 취소를 구할 법률상 이익도 있다고 본 원심판단은 정당하다."

3. 검 토

(1) 원고의 법적 지위

우선 해당 사건에서 대법원은 원고인 경기도 선거관리위원회 위원장을 '국가기관'으로 보고 당사자능력 및 원고적격을 인정하고 있다. 그러나 법률에 명문의 규정을 두고 있지 않은 상황에서 무엇을 근거로 국가기관의 원고적격을 인정할 수 있는지가 의문이다. 또한 해당 판결에서는 항고소송의 '보충성'을 논거로 제시하고 있다. 즉 "乙이 국민권익위원회의 조치요구를 다툴 별다른 방법이 없는 점 등에 비추어보면, 처분성이 인정되는 위 조치요구에 불복하고자 하는 乙로서는 조치요구의 취소를 구하는 항고소송을 제기하는 것이 유효·적절한 수단"이라고 설명하고 있다. 여기에서 주목할 점은 원고인 경기도 선거관리위원회 위원장을 국가기관으로만 설시한 것이 적절한지 여부이다. 독일에서는 시장의 해임, 지방의회 의원의 제명 등의 경우에 국가 또는 지방자치단체의 기관의 구성원 내지 관리자가 기관에 대해 쟁송을 제기하는 경우가 있는데, 이러한 기관의 관리자 내지 책임자(Organwalter)는 개인의 권리와 관련된 경우에 예외적으로 독일 행정법원법 제61조 제1호의 '자연인'에 해당한다고 보고 있다.[47)]

해당 사건에서 원고는 소속기관의 장으로서 국가기관에 속한다고 볼 수도 있지만, 자연인으로서 법률상 이익이 침해될 수 있음을 주장할 수도 있다. 즉 원고는 관계 법령에 따라 국민권익위원회의 신분보장조치와 그 밖에 필요한 조치 등의 요구받고도 그 조치요구를 정당한 사유 없이 따르지 않은 경우에 과태료나 행정형벌 등의 제재를 받을 수 있다. 그러나 이러한 제재는 '자연인'의 지위에서 자신의 법률상 이익을 침해할 수 있고 원고로서는 이러한 조치요구의 취소를 구할 법률상 이익이 있다고 볼 수 있다. 즉 국민권익위원법 제62조 제7항에 따른 신분보장조치 기타 필요한 조치 등의 조치요구를 이행하지 않은 경우에 행정벌은 자연인인 소속 기관 등의 장 개인의 법률상 이익과 관련된 것으로 볼 수 있다.

이 경우 원고는 자연인으로서 항고소송에서 당사자능력이 있음은 물론이다. 따라서 당해 사건에서 법원은 원고를 국가기관으로 전제하고 판단하는 것보다, 원고가 소속 기관의 관리자 내지 책임자로서 '자연인'의 지위에 서 있음을 인식하였어야 한다. 이러한 점은 독일의 입법례가 좋은 참고가 될 수 있다.

47) Schmitt Glaeser/Horn, a.a.O. Rn. 91.

(2) 통지의 처분성

원심은 甲에 대한 신분상 불이익한 처분을 하지 못하도록 조치를 요구하는 피고(국민권익위원회)의 통지가 처분에 해당한다고 판단하였다. 즉 서울고등법원 2010. 12. 9. 선고 2009누38963판결에서 "부패행위 신고자인 하남시 선거관리위원회 직원 甲이 경기도 선거관리위원회 위원장으로부터 징계를 받게 되자 국민권익위원회에 자신의 신분보장을 위한 조치를 요구하였고, 국민권익위원회가 이를 받아들여 갑의 소속기관의 장인 경기도 선거관리위원회 위원장에게 신분상의 불이익한 처분을 하지 못하도록 통지한 것은, 국민권익위원회가 경기도 선거관리위원회 위원장과 대등한 국가기관의 지위에서가 아니라 공권력의 주체로서 그 권한을 행사하여 경기도 선거관리위원회 위원장의 권리의무에 직접적이고도 구체적인 영향을 미치는 행위를 한 것으로서, 항고소송의 대상인 행정처분에 해당한다"고 판시하고 있다. 그러나 대법원은 이러한 원심의 입장을 그대로 따르면서도, 국민권익위원회의 '조치요구'에 대해서만 처분성을 인정하고 있다.

여기에서 원심은 경기도 선거관리위원회 위원장을 국가기관으로 파악했으므로, '통지'를 '국가기관'의 권리 · 의무에 직접적이고 구체적인 영향을 미치는 행위라고 판단하고 있다. 이러한 원고에 대한 피고의 '조치요구' 내지 '통지'는 하나 또는 동일한 행정주체인 국가 내부의 기관 사이의 행위로서 처분성을 인정할 수 없고, 이를 처분으로 판단한 것은 항고소송의 본질을 간과한 것이다. 지방자치법의 영역에는 내부기관 사이의 행위에 대하여 행정처분을 인정한 사례가 있다. 즉 판례는 지방의회 의장에 대한 '불신임의결'이 의장으로서의 권한을 박탈하는 행정처분의 일종으로 보았고,[48] 지방의회 내부의 규율과 관련된 지방의회의 의장선임의결[49]이나 지방의회의 소속 의원에 대한 제명[50]도 행정처

48) 대법원 1994. 10. 11.자 94두23 결정.

분으로 판단하였다.

우리 대법원은 행정처분을 "행정청의 공법상 행위로서 특정사항에 대하여 법규에 의한 권리의 설정 또는 의무의 부담을 명하며 기타 법률상 효과를 발생케 하는 등 국민의 구체적 권리의무에 직접적 변동을 초래하는 행위"라고 이해하고 있다.[51] 이에 따라 행정조직내부의 통지, 알선 및 권유 등은 항고소송의 대상이 될 수 없다고 판시하고 있다.[52] 우리 행정소송법의 '처분'개념은 규율의 '구체성'을 기준으로 입안되었으며, 법집행으로서 공권력의 행사에 해당하거나 그 밖에 이에 준하는 행정작용이어야 한다. 점차 항고소송의 대상이 확대되는 추세이기는 하나, 행정처분이 되기 위해서는 공법적 행위로서 직접 외부적 효력을 가져야 한다. 동일한 행정주체인 국가 내의 기관 사이에 이루어진 조치요구나 통지는 여기에 해당한다고 보기 어렵다. 이러한 조치요구나 통지가 처분성을 갖기 위해서는 원고를 '자연인'으로서 파악하는 것을 전제로 할 경우에 성립할 수 있다. 독일의 입법례에서 보는 바와 같이 내부기관소송에서 시장이나 지방의회 의원은 지방자치단체의 (부분)기관임과 동시에 '자연인'이라는 점이 강조되고 있다.

생각건대 '자연인'으로서의 乙(경기도 선거관리위원회 위원장)에 대한 조치요구는 처분의 요건을 충족할 수 있으나, '국가기관'으로서의 乙에 대한 조치요구와 통지는 처분으로 보기 어렵다. 위에서 언급한 지방의회 의장이나 의원 등에 대한 처분은 실제 기관의 구성원이나 책임자, 즉 '자연인'에 대한 것이다. 이 경우 국민권익위원회법 제62조 제7항에 의한 조치요구는 '소속기관 등의 장'에게 신분보장조치와 그 밖에 필요한 조치 등을 해야 할 의무를 부과하는 것이라는 점에서 '이행명령', 즉 일

49) 대법원 1995. 1. 12. 선고 94누2602 판결.
50) 대법원 1993. 11. 26. 선고 93누7341 판결.
51) 대법원 1993. 10. 26. 선고 93누6331 판결.
52) 이에 대해서는 졸고, "쟁송법상 처분개념의 확정에 관한 판단", 고시계(통권 610호), 2007. 12, 38면.

종의 '하명'에 해당한다고 볼 수 있다.

(3) 기관소송과 권한쟁의심판의 가능성

대법원은 '국민권익위원회법'에 조치요구에 대한 기관소송의 규정을 두고 있지 않아 행정소송법 제45조의 기관소송 법정주의에 의해 원고로서는 기관소송으로 이 사건 조치요구를 다툴 수 없다고 판시하였다. 또한 국민권익위원회는 헌법 제111조 제1항 제4호 소정의 '헌법에 의하여 설치된 국가기관'이라고 볼 수 없어 권한쟁의심판이 허용되지 않는다고 보았고, 그 근거로 국가인권위원회와 대통령 간의 권한쟁의사건(헌재 2010. 10. 28. 2009헌라5)을 들고 있다.

위에서 언급한 바와 같이 국가기관은 명문의 규정이 없는 한 당사자능력을 갖기 어렵고, 항고소송에서 국가가 일반국민이나 다른 국가기관을 상대로 소송을 하는 것은 그 자체로 모순이다. 왜냐하면 일반국민은 국가(행정청)에 대해 고권적 조치나 일방적 규율을 할 수 없고, 국가가 자신에 소속된 국가기관을 피고로 소송을 하는 것은 자기 자신에 대한 소송을 하는 것과 같기 때문이다. 그러나 대상판례와 같이 원고를 국가기관으로 전제하는 경우에, 권한쟁의심판이나 기관소송의 가능성은 없는지를 검토할 필요가 있다. 우선 행정소송법상 기관소송은 국가 또는 공공단체의 기관 상호간에 있어서 권한의 존부 또는 그 행사에 관한 다툼이 있을 경우에 제기하는 소송이어서(제3조 제4호), 국가기관과 국가기관 사이의 쟁송도 기관소송으로 가능하다. 그러나 행정소송법 제3조의 단서규정에 의하면 "헌법재판소법 제2조의 규정에 의하여 헌법재판소의 관장사항으로 되는 소송은 제외한다"라고 규정하고 있어, 권한쟁의심판이 되는 경우에는 행정소송법상 기관소송으로 다툴 수 없다.

다만, 국가기관 상호간의 권한쟁의와 관련하여, 헌법재판소법에는 국회, 정부, 법원 및 중앙선거관리위원회 상호간의 권한쟁의심판만을 규정하고 있다(동법 제62조 제1호). 이 규정을 열거적인 것으로 보아야 할지, 아니면 예시적으로 것으로 볼 수 있는지가 다투어지고 있다. 헌법재판소는 초창기에 "열거되지 아니한 기관이나 또는 열거된 국가기관 내의 각급기관"에 대해 당사자능력을 부인하였다.[53] 그러나 국회의원과 국회의장간의 권한 쟁의사건에서 이를 예시적인 조항으로 이해하고, 종전의 견해를 변경하여 '국회의원'도 독립한 헌법기관으로서 권한쟁의심판의 당사자가 될 수 있다고 결정하였다.[54] 그러나 대상판결이 예시한 바와 같이 국가인권위원회와 대통령 간의 권한쟁의사건에서, 헌법재판소는 국가인권위원회는 "헌법에 의하여 설치되고 헌법과 법률에 의하여 독자적인 권한을 부여받은 국가기관"으로 볼 수 없다고 하여 권한쟁의심판의 당사자능력을 부인하였다.[55] 국가기관을 헌법에 의하여 설치된 기관으로 한정하는 입장은 권한쟁의심판의 당사자능력을 지나치게 엄격하게 제한하는 것이라고 하지 않을 수 없다. 헌법 제111조 제1항 제4호에는 헌법상 국가기관으로 제한한 바 없고, 헌법상 국가기관이 아닌 경우에는 기관소송 법정주의에 의해 법률에 규정된 경우가 아닌 한 기관소송으로도 다툴 수 없다. 2009헌라6 결정의 반대의견(재판관 조대현, 재판관 김종대, 재판관 송두환)은 국가인권위원회에 권한쟁의심판의 당사자능력을 인정하여야 한다고 주장한다. 그 이유로서 우리 헌법 제111조 제1항 제4호는 '국가기관'이라는 용어를 사용할 뿐 헌법기관이라고 표현하지 않고 법률상 부여된 권한의 침해도 권한쟁의심판의 청구사유가 될 수 있는 점, 국가기관 상호간의 기관소송은 별도로 법률이 정한 바가 없는 점, 권한쟁의심판에 법률에 의해 설치된 국가기관을 포함시키는 것이 법원의 관할권을 침해하는 것도 아닌 점 등을 제시하고 있다.

한편, 독일기본법 제93조 제1항 제1호 및 헌법재판소법 제63조 이하에는 기관쟁송(Organstreit)을 규정하고 있다. 독일기본법 제93조 제1항

53) 헌재 1995. 2. 23. 90헌라1, 판례집 7-1, 140, 149.
54) 헌재 1997. 7. 16. 96헌라2, 판례집 9-2, 154, 163.
55) 헌재 2010. 10. 28. 2009헌라6, 판례집 22-2, 1.

제1호에는 기관쟁송의 당사자로서 '연방최고기관', 기본법이나 연방최고기관의 사무규정에 의해 자신의 권리가 부여되는 '다른 당사자(andere Beteiligte)'를 규정하고 있다. 반면, 헌법재판소법 제63조에서는 기관쟁송의 청구인(신청인)으로 연방대통령, 연방의회(Bundestag), 연방참의원(Bundesrat), 연방정부, 그리고 기본법이나 연방의회 또는 연방참의원의 사무규정으로 자신의 권리가 부여되는 '부분기관'을 규정하고 있다. 그러나 학설 및 판례는 연방최고기관에는 헌법재판소법 제63조에서 열거한 헌법기관 이외에도 연방은행, 연방최고법원, 법관선발위원회 등도 포함되는 것으로 보고 있다.[56] 또한 연방최고기관의 '부분기관'에는 연방의회 또는 연방참의원 의장, 연방정부의 구성원(각부 장관), 위원회, 원내교섭단체나 국회의원이 속한다.[57] 그리고 기본법 제93조 제1항 제1호에 규정된 '다른 당사자'는 위 연방최고기관의 '부분기관'과 구별되며, 여기에는 '정당'이 속하는 것으로 보는 것이 다수설이다.

요컨대 당해 사안의 경우에 기관소송 법정주의에 의해 법률에 명문의 규정이 없는 한 행정소송법상 기관소송으로 다투기는 어렵다. 또한 한국 헌법재판소는 권한쟁의심판의 당사자로서 '국가기관'을 다소 엄격하게 보고 있어, 당해 사안의 경우에 권한쟁의심판으로 다툴 수가 없다. 즉 헌법상 국가기관이 아닌 국가기관 사이의 분쟁은 권한쟁의심판이나 기관소송의 대상이 되기 어려워 사실상 행정구제의 공백이 존재한다. 따라서 기관소송 법정주의를 대폭 개선하여, 이러한 경우에도 기관소송이 가능하도록 해야 한다(이에 대해서는 후술하기로 한다). 또한 2009헌라6 결정의 반대의견에서 적절히 지적한 바와 같이, '법률'에 의해 설치된 기관이라고 하더라도 헌법기관에 준하는 독립성을 갖고 기본권보장 등 헌법상 부여된 임무를 수행하는 경우에는 권한쟁의심판의 당사자능력을 적극적으로 인정할 필요가 있다.

---

56) Schlaich/Korioth, Das Bundesverfassungsgericht, 9. Aufl., Rn. 87.

57) Schlaich/Korioth, a.a.O., Rn. 88.

(4) 소결

결론적으로 이러한 조치요구나 통지가 처분성을 갖기 위해서는 앞에서 언급한 바와 같이 원고가 '자연인'의 지위에 서 있다는 전제로 판단할 필요가 있다. 즉 "경기도 선거관리위원회 위원장의 권리의무에 직접적이고 구체적인 영향을 미치는 행위"는 바로 '자연인'인 원고의 권리의무에 영향을 미치는 것으로 해석되어야 한다.

Ⅳ. 행정주체의 원고적격

행정주체, 특히 국가나 지방자치단체는 공법인으로서 권리능력을 갖고 있어, 소송상 당사자능력이 인정될 수 있음은 물론이다. 그러나 국가나 지방자치단체도 항고소송의 원고가 될 수 있는지는 별도의 문제이다. 실무상 '국가기관'이 다른 지방자치단체 또는 그 기관의 처분을 다투는 경우가 있는데, '국가'가 원고가 되어 처분의 취소나 무효를 구하는 소를 제기할 수 있는지 여부가 문제된다. 앞에서 언급한 바와 같이 국가기관은 당사자능력이 없고, 명문의 규정이 없는 한 원고적격이 없다. 다만, 국가도 항고소송의 원고적격을 가진다는 견해가 있다. 이 견해는 항고소송의 주된 기능이 행정의 적법성 통제에 있다고 전제하고, 국가도 처분의 취소를 구할 정당한 이익이 있으면 명문의 규정이 없더라도 국가의 원고적격이 인정될 수 있다고 주장한다.[58] 이와 관련하여 독일에서는 국가기관이 지방자치단체나 그 기관에 대해 항고소송을 제기하는 경우는 없다. 다만, 예외적으로 지방자치단체가 감독청 내지 상급자치단체의 조치에 대해 다툴 수 있음을 인정하고 있을 뿐 국가기관에 대해 소를 제기할 수는 없다. 국가는 공법상 계약과 관련하여 일반이행의 소를 제기하는 경우에 소권을 가질 뿐이다.

58) 朴正勳, "행정소송법 개정의 주요쟁점", 89면.

또한 지방자치단체는 당사자능력을 구비하고 있음은 물론이나, 독일에서는 지방자치단체의 권한(자치권)이 침해되는 경우에 항고소송에 있어서 원고적격을 가질 수 있다고 보고 있다.[59] 우리 행정소송법에는 원고적격의 요건으로 "권리침해"를 명시적으로 규정하지 않고 있으며, 이보다 넓은 개념인 "법률상 이익"을 요건으로 하고 있다. 따라서 해석상 주관적 공권 외에 지방자치단체의 '자치권'과 같은 '권한'의 침해로 인한 불이익도 포함될 수 있다. 이 경우 행정소송법 제1조의 목적조항의 "'국민'의 권리 또는 이익의 침해"라는 부분이 문제가 될 수 있다. 즉 행정소송법 제1조에는 "행정청의 위법한 처분 그 밖에 공권력의 행사 · 불행사 등으로 인한 국민의 권리 또는 이익의 침해를 구제하고, 공법상의 권리관계 또는 법적용에 관한 다툼을 적정하게 해결함을" 목적으로 하고 있다. 전단부는 '국민'의 권리 또는 이익의 침해를 구제하는 것을 내용으로 하고 있는데, 행정소송의 주된 기능이 개인의 권익구제에 있다는 것을 알 수 있다. 반면 후단부는 "공법상의 권리관계에 관한 다툼을 적정하게 해결"하는 것을 목적으로 하고 있는데, 이는 행정소송이 행정의 통제기능도 가지고 있다는 점을 밝히고 있다. 이 조항의 해석과 관련하여 학설은 대체로 행정소송이 행정구제의 기능과 행정통제의 기능을 모두 가지고 있다고 보고 있다.[60]

한편, 행정소송법 제1조의 목적조항을 행정소송의 종류와 연결해서 이해할 수도 있다. 예컨대 "행정청의 위법한 처분 그 밖에 공권력의 행사 · 불행사등으로 인한 국민의 권리 또는 이익의 침해를 구제하는 소송"은 항고소송에, "공법상의 권리관계에 관한 소송"은 당사자소송에, 그리고 "법적용의 적정성에 관한 소송"은 민중소송이나 기관소송에 상

---

59) 한편, 프랑스의 월권소송의 경우에도 지방자치단체가 소송을 제기할 수 있는 능력이 있다(박균성, "프랑스 행정소송제도", 행정소송의 현안과 과제, 서울대학교 BK21 법학연구단 법제도비교연구센터 주최 2003년 제1회 학술대회 발표문), 9면 참조.

60) 이상규, 행정쟁송법, 법문사, 제5판, 28-29면.

응하는 것으로 해석하는 것이다. 그러나 1983년 행정소송법의 개정 논의에 있어서 제1조에서는 행정소송의 유형을 명확히 밝히지 않으면서 다양한 소송유형의 가능성을 열어 놓은 것이라고 보고 있다.[61] 이 경우 항고소송은 "국민의 권리 또는 이익의 침해를 구제하는 소송"으로서 주관소송이라는 점이 강조될 수 있다. 그러나 이러한 해석에 의할 경우 항고소송은 '국민'의 권익구제에 관한 소송이므로 '지방자치단체'의 원고적격은 설 자리가 없게 된다. 이와 관련하여 항고소송을 객관소송으로 이해 입장은 지방자치단체가 제기하는 항고소송은 '법적용에 관한 다툼'에 해당한다고 보고 있다.[62]

생각건대 행정소송법 제2조에서 행정소송의 종류를 규정하고 있으므로, 행정소송법 제1조의 목적조항을 반드시 행정소송의 종류와 연계시킬 필요는 없다. 행정소송법 제1조는 행정소송의 목적을 담고 있다고 해석할 경우 행정소송법 제3조의 제한된 소송유형을 어느 정도 극복할 수도 있다. 또한 행정의 적법성 통제도 항고소송의 주요한 목적 내지 기능으로 볼 수 있기 때문에 지방자치단체에 항고소송의 원고적격을 인정할 필요성이 있다.[63] 이와 같이 행정소송법 제1조 및 제12조를 유기적으로 해석하는 한, 당사자능력을 가진 지방자치단체도 자신의 '자치권' 침해를 이유로 국가기관(감독청)의 처분에 대해 항고소송을 제기할 수 있다. 후술하는 지방자치법 제169조 제2항의 규정이 실질적으로 '항고소송'의 성질을 가지는 것은 그러한 이유에서 연유한다.

---

61) 최송화, 주석 행정소송법(편집대표 김철용·최광률), 46-48면.

62) 이 견해는 지방자치단체의 원고적격이 인정되기 위해서 행정소송법 제1조의 "국민의 권리 또는 이익이 침해를 구제하고"라고 규정한 부분이 문제될 수 있지만, '국민'을 "국가내의 모든 법인격 주체로 확대 해석할 수 있는 여지가 충분하다"고 보고 있다(박정훈, 행정소송의 구조와 기능, 352면).

63) 2003년 행정소송법의 개정 논의에서도 원고적격의 확대와 관련하여, 행정의 적법성 통제가 강조된 바 있다. 이에 대해서는 최송화, "한국의 행정소송법 개정과 향후방향", 한일 행정소송법제의 개정과 향후방향(한국법제연구원·한국행정판례연구회 공동주최 국제학술회의), 102면; 박균성, 대법원『2004 행정소송법 개정안』공청회, 지정토론문 91면.

최근 독일에서도 국가 또는 국가기관의 주관적 공권, 나아가 원고적격이 인정되고 있으나, 행정행위를 발급하는 경우에도 개인이나 지방자치단체 등을 상대로 취소소송이나 의무이행소송을 제기하지 않고 일반이행의 소를 통해 다투고 있다. 이러한 경우에 우리도 국가가 지방자치단체나 그 기관의 처분에 대해 항고소송을 제기하기보다 이행소송의 성격을 가지는 '당사자소송'의 허용여부를 검토할 필요가 있다. 그 동안 행정소송에서 서자(庶子) 취급을 받아 온 당사자소송은 학설상 '이행'소송과 '확인'소송의 성격을 모두 가진다는 점이 인정되고 있다.[64] 특히 지방자치단체와 국가 사이의 분쟁을 항고소송의 방식이 아니라 "공법상의 법률관계에 관한 소송"으로 보아 당사자소송을 제기할 수도 있다. 예컨대 지방자치단체가 국가기관에 대하여 수도요금이나 부담금 등을 부과하는 경우에도 항고소송 위주의 사고에서 벗어나 당사자소송의 가능성을 고려할 수 있다. 즉 유력설이 적절히 지적하고 있는 바와 같이 조세부과처분의 무효를 다투는 경우에 무효확인소송이 아니라 조세채무부존재확인소송으로 다투는 경우를 들 수 있다.[65] 당사자소송으로 다투는 경우에 국가의 당사자능력 및 당사자적격은 큰 문제가 없다. 수돗물을 공급받는 국립대가 수도요금이나 부담금을 납부하지 않으면, 수도사업자인 지방자치단체는 지방세의 체납처분에 따라 강제징수를 할 수도 있다(수도법 제68조 제1항). 이 경우에 항고소송을 통해서 다툴 수도 있으나, 대법원이 반드시 항고소송을 통해 다툴 것을 판시하고 있는 것은 아니다. 판례는 단지 수도료의 납부관계가 '공법상의 권리의무관계'라고 보고 있을 뿐이다.[66] 항고소송의 원고적격성, 기관소송 법정주의의 엄격함 등으로 인한 권리구제의 협소성의 문제는 당사자소송을 통해 그

64) 졸고, "행정입법부작위에 대한 사법적 통제", 저스티스 통권 제110호, 208면 참조.

65) 한편 유력설은 "항고소송사건도 당사자적 법률관계로 환원될 수 있는 것이므로 두 소송형태간의 선택도 인정될 수 있다"고 정당하게 지적하고 있다(박윤흔, 최신행정법강의(상), 1039면 참조).

66) 대법원 1977. 2. 22. 선고 76다2517 판결.

해법을 찾을 필요가 있다.

V. 기관소송의 문제점 및 개선방안

1. 국가기관(감독청)과 지방자치단체 기관 간의 문제

위에서 언급한 바와 같이 대법원은 합의제 행정기관에 속하는 '농지위원회'의 당사자능력을 부인한 바 있는데, 독일의 행정법원법과 같은 명문의 규정이 없는 한 지방자치단체에 소속된 기관의 당사자능력 및 원고적격을 인정하기는 어렵다. 한편, 독일에서는 지방자치단체의 '기관'도 비록 권리능력은 없지만 행정법원법 제63조 제2호에 의해 '권리'가 귀속될 수 있는 한 행정소송에 있어서 당사자능력을 가질 수 있다고 규정하고 있다. 이러한 명문의 규정이 없는 한, 지방자치단체의 기관에 대해 당사자능력을 인정할 수 없다.

다만, 지방자치법 제169조 제2항 및 제170조 제3항에는 지방자치단체의 장에 대한 감독청인 국가기관(주무장관) 또는 상급자치단체의 장의 명령·처분 또는 직무이행명령에 대하여 이의가 있으면 대법원에 제소할 수 있도록 규정하고 있다. 즉 지방자치단체의 '자치사무'에 관한 지방자치단체의 장의 명령이나 처분이 법령에 위반되는 경우에 시·도에 대하여는 주무부장관이, 시·군 및 자치구에 대하여는 시·도지사가 기간을 정하여 시정명령을 발하고, 그 기간 내에 이행하지 않는 경우에는 이를 취소하거나 정지할 수 있다. 그러나 지방자치단체의 장은 감독청의 취소 또는 정지에 대하여 이의가 있으면 취소 또는 정지처분을 받은 날로부터 15일 이내에 대법원에 제소할 수 있다. 예컨대 안선행정부장관과 서울특별시장, 도지사와 시장 사이의 쟁송이 여기에 속한다. 그러나 이러한 소송의 성질에 대하여 기관소송의 일종으로 보는 견해, 특수한 행정소송으로 보는 견해, 헌법재판소법상의 권한쟁의사항으로 보는 견해 등이 대립하고 있다. 그 밖에 제소기간이나 단심제의 특성에 비추어 통상의 행정소송으로 보기는 어렵고 지방자치법이 별도로 특별히 인정한 소송으로 보는 견해[67]도 있다.

생각건대 동일한 행정주체가 아닌 국가와 지방자치단체의 기관 사이, 또는 상급자치단체와 하급자치단체의 기관 사이의 쟁송이므로 엄밀한 의미에서 행정소송법상 기관소송으로 보기도 어렵다. 행정소송법상의 기관소송은 "국가 또는 공공단체의 기관 상호간에 있어서의 권한의 존부 또는 그 행사에 관한 다툼"에 관한 것으로서, 동일한 행정주체 내의 기관 사이의 쟁송을 전제하기 때문이다. 또한 형식적으로 지방자치단체의 長이 소를 제기하지만, 그 실질적 내용은 감독청의 조치(명령·처분 등)를 다투는 것이다. 국가기관과 지방자치단체의 기관은 서로 별개의 법인격이므로 이러한 감독청의 조치를 처분으로 볼 수 있고, 이 경우 위법한 감독처분을 다툰다는 점에서 '항고소송'의 의미를 가진다. 이미 언급한 바와 같이 독일에서도 지방자치단체가 자치권 침해를 이유로 감독청의 조치에 대해 취소소송을 제기할 수 있다고 보고 있다. 그러나 지방자치단체의 기관은 법률의 규정이 없는 한 당사자능력이나 원고적격을 인정할 수 없다. 그 밖에 헌법재판소의 권한쟁의에 의해 해결될 가능성도 있다(행정소송법 제3조 제4호의 단서). 예컨대 국토교통부장관과 도지사 사이의 권한쟁의심판도 가능할 것으로 보인다(헌법재판소법 제62조 제1항 제2호).[68] 특히 경부고속철도의 '천안아산역(온양온천)' 역명(驛名) 결정이 권한쟁의심판의 대상이 되는지가 문제된 사건에서, 헌법재판소는 내부적인 행위(역명 결정)도 권한쟁의심판의 대상이 되는 처분에 해당한다고 결정하였다.[69]

---

67) 류지태·신봉기, "국가기관과 지방자치단체 간의 권한쟁의", 헌법재판연구 제9권, 273면.

68) 헌법재판소는 행정각부의 장이 독립한 헌법기관으로서 당사자능력을 가진다고 보고 있다. 예컨대 행정자치부장관(헌재 2002. 10. 31. 2001헌라1)이나 건설교통부장관(헌재 2006. 3. 30. 2003헌라2)을 정부의 부분기관으로서 당사자로 보고 있다.

69) 헌재 2006. 3. 30. 2003헌라2 전원재판부, 공보114호 523~525.

2. 기관소송 법정주의의 일부폐지와 기관소송의 적용확대

앞에서 살펴본 바와 같이 헌법상 국가기관이 아닌 통상의 국가기관 사이의 분쟁은 권한쟁의심판이나 기관소송으로 다툴 수 있는 가능성이 적다. 행정소송은 개인의 권익구제 외에도 행정의 적법성 통제를 그 목적으로 하고 있기 때문에, 이러한 분쟁에 대한 권리구제의 길을 마련해야 한다. 특히 지방자치단체의 장과 지방의회, 지방의회 의장과 지방의회 의원, 또는 공공단체 내부의 기관 상호간의 분쟁과 같이 동일한 행정주체 내의 기관 사이의 분쟁이 점증하고 있어, 이에 대한 권리구제제도를 강구할 필요가 있다.[70] 이를 위해 기관소송의 적용범위를 보다 확대하고 기관소송 법정주의를 개선해야 한다.

이와 관련하여 2004년 대법원의 행정소송법 개정 의견과 2012년 법무부의 행정소송법 개정위원회의 개정시안에서 기관소송 법정주의의 '일부폐지'가 주장된 바 있다.[71] 즉 동일한 공공단체의 기관 상호간의 권한분쟁에 대하여 기관소송 법정주의를 폐지하고, 그 제1심 관할 법원을 고등법원으로 하자는 의견이다.[72] 기관소송은 모두 단심제이고 관할 법원이 대법원이다. 실무상 이러한 사건은 상고심인 대법원의 업무를 가중시키는 측면도 있는데, 고등법원을 1심 법원으로 하는 방안은 매우 타당하다고 생각한다. 특히 2006년 9월 국회에 송부한 대법원의 최종 행정소송법 개정의견에는 "동일한 공공단체의 기관 상호간에 있어서의

70) 정하중, "행정소송법 개정 논의경과", 행정소송법 개정 공청회 자료(2012. 5. 24), 8면.

71) 다만, 법무부의 행정소송법 개정위원회에서도 기관소송법정주의의 폐지에 대해 아래와 같은 이유로 반대의견이 있었던 것 같다. 즉 기관소송의 폐지를 통해 적용될 수 있는 분쟁의 유형을 찾기 쉽지 않고, 정치적 성격의 다양한 기관소송의 제기가 오히려 법원의 부담이 될 수 있다는 점이 지적되었다고 한다(정하중, 앞의 자료, 8면).

72) 이에 대해서는 류지태, "당사자소송 및 기관소송", 대법원 2004 『행정소송법 개정안』 공청회 자료, 131면; 정하중, 전게논문, 8면 참조. 여기에서 류지태 교수는 개별법의 규정에 상관없이 행정소송법 제45조의 규정을 삭제하자고 주장한다(同人, 앞의 발표문, 144면).

권한의 존부 또는 그 행사에 관한 다툼"뿐만 아니라, "그 밖에 법률이 정하는 경우"에도 기관소송이 허용되었다. 다만, 그 남용을 방지하기 위하여 동일한 공공단체 내부의 기관 사이의 쟁송은 "다른 법률에 특별한 규정이 없는 한, 어느 기관의 처분 등 또는 부작위가 다른 기관의 법령상의 독자적 권한을 침해하였거나 침해할 현저한 위험이 있는 때"에 한하여 허용하고 있다. 이러한 내용은 2012년 법무부 행정소송법 개정위원회의 개정시안에도 그대로 반영되었다. 그러나 2013년에 입법예고가 된 행정소송법 개정안[73]에는 "공익소송 및 기관소송은 법률에서 정한 경우에 법률에서 정한 자에 한정하여 제기할 수 있다"라고 규정하여, 현행 행정소송법의 입장을 그대로 유지하고 있다. 기관쟁송과 관련한 포괄적이고 완결된 권리구제의 방안을 위해 권한쟁의심판과 기관소송을 통합하거나 다시 조정하는 방안을 마련하는 것이 필요하다. 다만, 잠정적으로 동일한 행정주체 내부의 기관 사이의 분쟁에 대해서는 기관소송의 문호를 개방할 필요가 있다. 그러한 이유에서 법학계의 연구 성과가 반영된, 2006년 9월의 대법원 행정소송법 개정의견과 2012년 법무부 행정소송법 개정시안에 제안한 바와 같이, 기관소송 법정주의의 일부폐지안을 수용하는 것이 필요하다.

Ⅵ. 맺음말

최근 대법원은 항고소송에 있어서 '국가'의 원고적격뿐만 아니라 '국가기관'의 당사자능력 및 원고적격을 인정하고 있다. 이와 관련하여 학설 가운데에도 국가(국가기관)와 지방자치단체의 원고적격을 인정해야 한다는 주장이 부각되고 있다. 특히 대법원은 2011두1214 판결에서 처

73) 2013. 3. 20. 입법예고된 행정소송법 개정안의 내용 및 문제점에 대해서는 졸고, "행정소송법 개정안의 내용 및 문제점: 특히 행정소송의 개혁과 발전을 위한 비판적 고찰을 중심으로, 법제연구 통권 제44호(2013. 6), 283면 이하.

음으로 국가기관의 원고적격을 인정하고 있으나, 원고인 경기도 선거관리위원회 위원장은 기관의 관리자 내지 책임자로서 국가기관임과 동시에 '자연인'으로서의 지위를 가진다는 점을 간과하고 있다. 독일에서도 지방의회 의장이나 시장 등에 대해 자연인으로서 당사자능력을 인정하고 있음은 상술한 바와 같다. 원고를 자연인으로 전제하는 경우에 국민권익위원회의 조치요구나 통지의 '처분성' 문제도 쉽게 해결될 수 있다. 특히 국가기관의 당사자능력에 관한 명문의 규정이 없음에도 불구하고, 대법원이 권리구제의 보충성만을 논거로 국가기관의 원고적격을 인정하고 있는 것은 무리한 해석이다. 다만, 오늘날 국가기관과 국가기관 사이, 국가기관과 지방자치단체 사이, 지방자치단체의 기관들 사이의 분쟁이 증강하는 경향에 비추어, 행정소송법에도 '기관'의 당사자능력에 관하여 별도의 규정을 둘 필요가 있다. 행정소송은 단지 권리구제만을 목적으로 하는 것이 아니라 행정의 적법성 통제에도 기여해야 하므로 민사소송과는 구분되는 특별한 규정이 요구된다.

또한 판례 중에는 지방자치단체의 처분에 대한 국가기관의 항고소송에서 그 권리의무의 귀속주체인 '국가'의 원고적격을 인정하는 경우도 있다. 그러나 하급심 판례는 그 논증에 있어서 설득력이 매우 약하고 항고소송의 본질에도 부합하지 않는다. '국가'는 다른 국가기관을 상대로 취소소송을 제기할 수 없다. 이는 국가가 자기 자신에 대한 소송을 제기하는 것이기 때문에 그 자체가 모순이기 때문이다. 독일에서도 국가나 지방자치단체의 주관적 공권이 강조되고 있으나, 항고소송이 아니라 일반이행의 소를 통해 다툴 수 있는지가 논의되고 있을 뿐이다. 이러한 문제의 기저(基底)에는 '항고소송' 중심의 사고가 잠재되어 있다. 독일기본법 제19조 제4항과 같은 포괄적 사법구제에 관한 조항이 없더라도, 대한민국헌법의 기본권 규정(제10조, 제37조 제2항 및 제11조 등)과 법치국가원리 등을 근거로 완결된 사법적 권리구제제도를 마련해야 한다. 항고소송의 방식이 아니라 공법상 법률관계의 문제로 전환할 수 있는 사안에서 이행소송과 확인소송의 원형인 당사자소송을 적극적으로 고려할 수 있다. 독일의 행정법원법의 경우에도 다양한 소송유형이 인정되고 있으나, 새로운 소송유형의 허용 여부에 대해서 많은 논의가 있음은 참고가 될 만하다. 우리 행정소송법에 규정된 소송유형은 매우 한정적이어서 국민의 권리구제에 불충분하고 미흡하다. 이와 관련하여 법원도 국민의 권익구제를 위해 소송유형의 판단에 있어서는 보다 전향적이고 유연한 태도를 가질 필요가 있다. 더불어 독일에서 동일한 행정주체 내부의 기관 사이 또는 합의제기관의 구성원 사이의 쟁송은 '내부기관소송(Insichprozess)'의 문제로서 논의되고 있는데, 우리 행정소송법의 경우에 기관소송 법정주의로 인해 이러한 유형의 소송은 매우 제한된 경우에 허용될 뿐이다. 행정소송법의 개정논의에서 제시된 바와 같이 기관소송 법정주의의 일부폐지안을 수용하여, 적어도 동일한 행정주체 내부의 기관 사이의 쟁송에 대해서는 권리구제의 길을 마련해야 한다.

그 밖에 지방자치단체 또는 그 기관이 감독청(국가기관 내지 상급자치단체)의 감독처분에 대해 다툴 수 있는지가 문제된다. 지방자치단체는 공법인이므로 당사자능력을 가지고 있고, 또한 권리보다 넓은 개념인 '법률상 이익'에 '권한'침해도 포함시킬 수 있다. 다만, 지방자치단체 '기관'의 경우에는 당사자능력을 인정하는 명문의 규정을 둘 필요가 있다. 동일한 지방자치단체 내부의 기관소송은 기관소송 법정주의의 일부 폐지를 통해 해결하거나, 지방자치단체의 기관(시장이나 지방의회 의원 등)의 개인 법익이 침해되는 경우에는 자연인으로서의 지위가 고려될 필요가 있다.

제4장

항고소송의 대상과 재결주의

Ⅰ. 서 론

재결주의는 항고소송의 대상과 관련하여 행정소송에 있어서 중요한 쟁점 중의 하나이다.[1] 항고소송의 대상과 관련하여 원처분주의와 재결주의가 대립하고 있다. 항고소송의 대상을 무엇으로 할 것인지는 각국의 입법정책적 판단에 맡겨져 있다. 우리 행정소송법 제19조에는 취소소송의 대상과 관련하여 원처분주의를 원칙으로 하면서, 예외적으로 재결 그 자체에 고유한 위법이 있는 경우에는 이를 대상으로 할 수 있다고 규정하고 있다. 이와 관련하여 독일의 행정법원법에서도 원칙적으로 원행정행위를 취소소송의 대상으로 삼고 있다. 독일 행정법원법 제79조 제1항 제1호에서는 재결의 형식에 나타난 원행정행위를 취소소송의 대상으로 규정하고 있다. 재결의 형식에 나타난 행정행위란 재결을 통해 그 내용과 이유부기가 있는 원행정행위를 취소소송의 대상으로 보고 있다.[2] 독일의 행정법원법에서는 최초의 행정행위(원행정행위)의 절차와 재결의 절차를 원칙적으로 하나의 통일된 절차로 이해한다는 점이 특징이다.[3] 또한 독일 행정법원법 제79조 제1항 제2호에는 재결을 항고소송의 대상으로 삼을 수 있는 경우를 규정하고 있다. 즉 최초로 불이익을 입은 구제결정이나 재결에 대해 항고소송을 제기할 수 있다.[4] 그리고

1) 재결주의에 대한 문제점과 그 비판에 대해서는 류지태, “행정소송에서의 이른바 재결주의의 인정가능성”, 법학논집 제33집(1997. 8), 고려대학교 법학연구소, 33-50면.

2) Kopp/Schenke, VwGO, 18. Aufl., 2012, § 79 Rn. 1.

3) Happ, in: Eyermann, VwGO, 14. Aufl., 2014, § 79 Rn. 5.

원행정행위에 대해 추가적으로 불이익을 주는 경우에 재결만을 대상으로 취소소송을 제기할 수 있다고 규정하고 있다(독일 행정법원법 제79조 제2항). 추가적인 불이익이란 중요한 절차 규정의 위반을 의미한다. 이와 같이 독일에서는 원처분과 재결을 원칙적으로 통일적으로 파악하여, 재결에 대한 취소소송을 제기할 수 있는 경우도 규정하고 있다.

한편, 일본 행정사건소송법에서도 원처분주의를 원칙으로 하면서, 예외적으로 원처분에 대한 불복심사의 기각재결이나 결정에 대한 취소를 구하는 소를 제기할 수 있다.[5] 다만, 일본 행정사건소송법 제10조 제2항에서는 심사청구에 의한 재결의 취소를 구하는 소에 처분의 위법을 이유로 취소를 구하는 것은 아니 된다고 재결취소의 이유를 제한하고 있다. 다만, 행정심판이라고 하는 '신중한' 절차를 거친 결정의 경우 재결을 대상으로 소송을 제기할 수 있는 재결주의를 예외적으로 인정하고 있다(예컨대 독점금지법 제77조 제3항). 이와 같이 재결을 어떠한 경우에 항고소송의 대상으로 삼을 수 있는지, 그리고 이러한 경우에 취소판결에 의해 원처분의 효력에도 영향을 줄 수 있는지가 다투어지고 있다.

나아가 원처분주의를 채택하는 경우에도 항고소송의 대상을 강학상 '행정행위'로 제한하는 입법례(독일 행정절차법 제35조 참조)와 행정행위의 개념보다 넓은 행정작용을 대상으로 하는 입법례(프랑스, 미국)로 구분된다. 우리나라에서는 '처분'을 항고소송의 대상으로 삼고 있다. 이와 관련하여 행정소송의 대상과 관련하여 쟁송법상 처분개념을 강학상 행정행위와 동일하게 볼 것인지에 대해 학설상 견해 대립이 있었다.[6] 동일

---

4) 예컨대 건축주가 건축허가를 신청하여 거부되자 행정심판기관(또는 재결청)에 건축허가의 발급을 구하는 이의신청을 하여 재결을 통해 건축허가를 발급받은 경우, 이웃주민 甲은 건축허가가 제3자 보호규정에 위반되어 위법하다고 다툴 수 있다. 이 경우 甲은 불이익을 준 재결에 대해 곧바로 취소소송을 제기할 수 있다(Würtenberger, Verwaltungsprozessrecht, 3. Aufl., § 21 Rn. 310).

5) 塩野 宏, 行政法 II, 第五版補訂版, 48면.

6) 특히 행정소송법상 처분개념을 비판하는 견해는 이 개념이 "실정법상의 행정작용의 구분, 행정작용의 분류(행정의 행위형식)에 관한 학문적 노력을 무위로 만들 염려가 있

하게 보는 일원설과 쟁송법상 처분(또는 형식적 행정처분[7]) 개념을 넓게 이해하는 이원설의 대립이 그러하다. 그러나 오늘날에는 항고소송의 대상인 처분을 학문적 의미의 행정행위 개념보다는 넓다고 보는 견해가 지배적이다.[8] 최근 판례의 흐름을 보면, 이러한 처분에 강학상 행정행위 외에 '사실행위'에 속하는 행정작용을 포함하고 있다. 이러한 사실행위가 권력적 사실행위에 속하는 경우도 있으나, 반드시 여기에 속한다고 보기 어려운 경우도 있다. 예컨대 대법원은 종전에 사실행위로 파악하여 처분성을 부인하던 불문경고,[9] 지적공부의 지목변경,[10] 세무조사결정[11] 등에 대해 판례를 변경하여 처분성을 인정하였다. 이러한 처분 개념의 외연확대는 국민의 권리구제에 기여하는 바가 적지 않지만, 행정법 도그마틱(Dogmatik)의 관점에서는 처분 개념의 혼란을 가져다주고 행정작용의 체계를 위협하는 것이다. 행정작용은 행정법 도그마틱의 지주이다. 행정소송의 편의를 위해 이러한 행정작용의 체계를 무너뜨리는 것은 행정법 도그마틱의 근간을 흔들 수도 있다. 따라서 항고소송 대상의 외연을 확대하는 것은 보다 신중할 필요가 있다. 소위 항고소송 중심주의는 항고소송의 대상을 확대하는 것을 강조하고 있다. 이러한 견

다"고 지적한 바 있다(김남진, 행정법의 기본문제, 제4판, 법문사, 581면 참조).

7) 한편, 일본학설의 영향으로 당해 행정작용이 실체법상의 행정행위는 아니지만 국민의 권익확대를 위해 쟁송법상으로만 처분으로 인정하려는 소위 "형식적 행정행위(形式的行政行爲)"가 주장된 바 있다(김도창, 일반행정법론(상), 제4전정판, 청운사, 1992, 359면 이하). 그러나 형식적 행정행위는 그 개념이 모호할 뿐만 아니라, "구체적 사실에 관한 법집행의 행사로서의 공권력의 행사에 해당하는 실체를 갖지도 않으므로 행정소송법상의 처분에 해당하지 아니한다"는 비판적 견해도 유력하다(김남진/김연태, 행정법 I, 제21판, 830면). 근래에 일본에서는 취소소송 이외에는 다른 구제방법이 없는 경우에 처분성을 인정하기 위해 비정형적 행정에 처분성을 인정하는 것을 형식적 행정행위로 이해하면서도, 이러한 용어 사용이 통일적이지 않다는 점을 지직하고, 행정행위의 공정력이나 불가쟁력을 부정하는 것은 입법자의 의사를 무시하는 것이라고 보는 견해도 있다(이에 대해서는 塩野 宏, 前揭書(II), 121-122면).

8) 이에 대해서는 박균성, 행정법론(상), 제15판, 2016, 1116면 이하.

9) 대법원 2002. 7. 26. 선고 2001두3532 판결.

10) 대법원 2004. 4. 22. 선고 2003두9015 전원합의체 판결.

11) 대법원 2011. 03. 10. 선고 2009두23617 판결.

해에 의할 경우 행정행위와 사실행위·공법계약 등 다른 행정작용과의 구별을 어렵게 한다.

한편, 우리 행정소송법 제19조에는 재결 그 자체에 하자가 있는 경우에는 재결을 항고소송의 대상으로 삼을 수 있다고 규정하고 있다. 또한 개별 법률에서 재결전치주의를 규정한 경우도 있다. 예컨대 소청심사위원회의 결정, 중앙토지수용위원회의 재결, 감사원의 재심의판결 등이 그러하다. 원칙적으로 원처분을 항고소송의 대상으로 할 것인지, 아니면 행정심판위원회의 재결을 대상으로 소를 제기할 것인지는 전적으로 입법자의 형성적 자유에 있다. 그러나 무엇을 항고소송의 대상으로 삼아야 하는지에 대해서는 해석상 여전히 다툼이 있다.

최근 대법원은 지방자치단체의 공무원에 대한 감사원의 징계요구와 재심의 결정이 항고소송의 대상이 아니라는 판결을 내린 바 있다.[12] 감사원법 제40조 제2항에 의하면 감사원의 재심의 판결에 대하여 감사원을 당사자로 하여 행정소송을 제기할 수 있다고 규정하고 있다. 이 경우 재심의 판결이라는 용어는 실무상 사용되는 것과 상당히 차이가 있으며, 일본의 입법례를 오래 전에 참고한 것으로서 적절한 용어라고 보기 어렵다. 또한 여기에서 말하는 '행정소송'이 무엇을 의미하는지도 명확하지 않다. 그리고 해석상 '재결'을 항고소송의 예외로 판단해야 하는지에 대해서도 여전히 다툼이 있는 경우가 있다. 국세기본법상의 재조사결정이 행정심판법상 '재결'에 해당하는지가 논란이 된 바 있다. 대법원은 전원합의체 판결에서 재조사결정을 '재결'의 하나로 보아 재조사결정의 후속 처분의 통지를 받은 날로부터 심사청구기간이나 심판청구기간 또는 제소기간이 기산하는 것으로 판시하였다.[13] 그러나 이 판결의 소수의견은 재조사결정을 단지 효율적인 사건의 심리를 위하여 처분청에 재조사를 지시하는 사실상의 내부적 명령에 불과하다고 보았다. 이

12) 대법원 2016. 12. 27. 선고 2014두5637 판결.
13) 대법원 2010. 6. 25. 선고 2007두12514 전원합의체 판결.

와 같이 항고소송의 대상과 재결주의에 대하여는 법리적으로 검토해야 할 점이 적지 않다. 이하에서는 항고소송의 대상으로서 처분의 개념과 판단기준, 그리고 재결주의에 관하여 상론하기로 한다.

Ⅱ. 항고소송의 대상으로서 처분

1. 쟁송법상 처분개념의 해석과 혼란

판례는 항고소송의 대상으로서 처분의 개념적 징표를 확정하지 못하고 있다. 판례는 행정소송법에 규정된 처분 개념을 바탕으로 국민의 권리·의무에 직접적으로 영향을 미치는 행위이어야 한다고 보고 있다. 따라서 행정권 내부에서의 행위나 알선·권유·사실상의 통지 등과 같이 상대방 또는 기타 관계자들의 법률상 지위에 직접적인 법률적 변동을 일으키지 아니하는 행위는 항고소송의 대상이 될 수 없다고 판시하였다.[14] 그러나 근래에는 성희롱결정이나 세무조사결정 등 내부적 행위에 속하는 행위도 처분성을 인정하고 있다. 판례가 언급한 "국민의 권리·의무에 직접적으로 영향을 미치는 행위"라는 기준은 외부효와 관련된 것이지만, 이 기준은 구체적 사건에서 매우 유동적으로 사용되고 있어 혼선을 주는 것이 사실이다. 대법원은 청소년유해매체물의 결정에 관한 사건에서 종전의 기준 외에서 "관련 법령의 내용 및 취지와 그 행위가 주체·내용·형식·절차 등에 있어서 어느 정도로 행정처분으로서의 성립 내지 효력요건을 충족하고 있는지 여부, 그 행위와 상대방 등 이해관계인이 입는 불이익과의 실질적 견련성, 그리고 법치행정의 원리와 당해 행위에 관련한 행정청 및 이해관계인의 태도 등을 참작하여 개별적으로 결정"한다고 밝히고 있다.[15]

---

14) 대법원 1993. 10. 26. 선고 93누6331 판결 참조.
15) 대법원 2007. 6. 14. 선고 2005두4397 판결.

근래에 대법원은 구 건축법 제29조 제1항에 규정된 지방지차단체와 지방자치단체의 장 사이의 건축협의 취소에 대해 "상대방이 다른 지방자치단체 등 행정주체라 하더라도 '행정청이 행하는 구체적 사실에 관한 법집행으로서의 공권력 행사'(행정소송법 제2조 제1항 제1호)로서 처분에 해당한다고 볼 수 있다"고 판시하고 있다.[16] 나아가 판례는 이 사건에서 지방자치단체인 원고가 이를 다툴 실효적 해결 수단이 없는 이상, 원고는 건축물 소재지 관할 허가권자인 지방자치단체의 장을 상대로 항고소송을 통해 건축협의 취소의 취소를 구할 수 있다고 판시하고 있다.[17] 이 사건에서도 대법원은 처분의 개념징표나 판단기준에 대해 특별히 제시하고 있지 않다. 또한 판례가 건축협의 취소에 대해 다른 구제수단이 없음을 이유로 처분을 인정하는 것은 수긍하기 어렵다. 따라서 판례에서 항고소송의 대상인 처분의 개념적 징표와 판단기준을 확정하는 것은 매우 중요한 일이다.

항고소송의 대상인 처분을 판단하는 것은 소송형식과 관련하여 중요한 의미를 가진다. 이러한 문제는 사회보장수급권과 관련하여 문제가 되고 있다. 각종 공무원의 급여는 그 급여를 받을 권리를 가진 자가 해당 공무원이 소속하였던 기관장의 확인을 거쳐 인사혁신처장의 결정을 받아야 한다. 인사혁신처장은 이를 공무원연금관리공단(현 공무원연금공단)에 위탁할 수 있다(구 공무원연금법 제26조 제3항). 급여에 관한 결정, 기여금의 징수 등에 이의가 있는 자는 공무원연금급여 재심위원회에 결정 등이 있는 날로부터 180일, 그 사실을 안 날로부터 90일 이내에 인사혁신처 소속 공무원연금급여 재심위원회에 심사를 청구할 수 있다. 다만 그 기간 내에 정당한 사유가 있어 심사의 청구를 할 수 없었던 것을 증명하는 때에는 예외로 한다(구 공무원연금법 제80조 제1항 및 제2항). 이 법에 따른 급여를 받을 권리는 그 급여의 사유가 발생한 날부터 단

16) 대법원 2014. 2. 27. 선고 2012두22980 판결.
17) 이에 대한 비판으로는 졸저, 현대행정의 작용형식, 법문사, 2016, 31면 참조.

기급여는 3년간, 장기급여는 5년간 행사하지 아니하면 시효로 인하여 소멸한다(동법 제81조). 공무원연금법령상 급여를 받으려고 하는 자는 우선 관계 법령에 따라 공무원연금관리공단에 급여지급을 신청하여 공무원연금관리공단이 이를 거부하거나 일부 금액만 인정하는 급여지급결정을 하는 경우 그 결정을 대상으로 항고소송을 제기할 수 있는지가 문제가 되었다. 이에 대해 대법원은 "그 결정을 대상으로 항고소송을 제기하는 등으로 구체적 권리를 인정받아야 하고, 구체적인 권리가 발생하지 않은 상태에서 곧바로 공무원연금공단을 상대로 한 당사자소송으로 권리의 확인이나 급여의 지급을 소구하는 것은 허용되지 아니한다"고 판시하고 있다.[18] 나아가 이러한 법리는 구체적인 급여를 받을 권리의 확인을 구하기 위하여 소를 제기하는 경우뿐만 아니라, 구체적인 급여수급권의 전제가 되는 지위의 확인을 구하는 경우에도 마찬가지로 적용된다고 한다. 그러나 대법원은 명예퇴직한 법관이 미지급 명예퇴직수당액의 차액 지급을 신청한 것에 대하여 법원행정처장이 거부하는 의사를 표시한 경우, 위 의사표시를 행정처분으로 볼 수 있는지가 문제된 사건에서, 이러한 종래의 입장과 다소 다른 판결을 하고 있다. 이 사건에서 대법원은 퇴직법관이 명예퇴직수당액에 대하여 가지는 권리는 명예퇴직수당 지급대상자 결정 절차를 거쳐 명예퇴직수당규칙에 의하여 확정된 공법상 법률관계에 관한 권리로서, 그 지급을 구하는 소송은 행정소송법의 당사자소송에 해당하며, 그 법률관계의 당사자인 국가를 상대로 제기하여야 한다고 판시하고 있다.[19]

한편, 사회보장수급권의 지급 거부에 대해 처분성을 인정한 사례도 적지 않다. 위 명예퇴직수당의 경우에도 '확정된' 공법상 법률관계에 관한 권리의 지급을 구하는 경우에는 당사자소송이지만, 그렇지 않은 경우에는 항고소송을 제기해야 한다고 보고 있다. 어떠한 경우에는 처분

18) 대법원 2017. 2. 9. 선고 2014두43264 판결.
19) 대법원 2016. 5. 24. 선고 2013두14863 판결.

성을 인정하고, 어떠한 경우에는 이를 부인하는지에 대해 명확한 기준이 없다. 군인연금법, 공무원연금법 등에 규정된 보상금지급청구나 연금지급청구권 등의 결정에서 이러한 문제가 발생되고 있다. 이 경우 행정청의 심의·결정이 있고, 법령 등이 정한 바에 따라 보상금이나 퇴직급여 등이 지급된다. 대법원은 군인의 퇴역연금 등 급여청구권은 국방부장관의 결정(처분)이 있고 이를 대상으로 항고소송을 제기하는 경우에 구체적 권리를 인정받기 때문에 곧바로 국가를 상대로 당사자소송을 제기할 수 없다고 보고 있다.[20] 이러한 혼란을 피하기 위해서는 처분 개념의 확정도 중요하지만, 소송형식에 있어서 법원의 유연한 판단이 요구된다. 또한 소송형식이 매우 제한된 우리 행정소송법의 체계와 구조에 있어서 항고소송이나 당사자소송의 허용을 좀 더 관대하게 판단할 필요가 있다. 나아가 소위 형식적 당사자소송의 확대적용도 고려되어야 한다. 다양한 소송형식을 인정하고 있는 독일에서도 명확한 규정이 없더라도 일반이행소송(allgemeine Leistungsklage), 계속확인소송, 기관간소송(Organklage) 등을 인정하고 있는 점은 참고할 만하다.

2. 처분의 구체적 사례에 관한 고찰

판례는 강학상의 행정행위(하위유형인 일반처분을 포함)와 권력적 사실행위 외에 행정계획, 법규명령이나 조례 등 행정입법, 고시 등의 처분성을 인정하고 있다. 그 밖에 항고소송의 대상인 처분개념을 확대하고 있다. 따라서 이하에서는 처분성을 인정한 구체적 사례를 고찰하도록 한다.

(1) 행정계획

행정계획은 독자적인 행위형식이기는 하나, 법률·조례·행정행위·내부행위 등 다양한 법형식을 가진다. 판례는 구 도시계획법 제12조에

20) 대법원 2003. 9. 5. 선고 2002두3522 판결.

의한 도시계획결정(현 도시·군관리계획)의 처분성을 인정한 바 있다. 즉 "도시계획법 제12조 소정의 도시계획결정이 고시되면 도시계획구역안의 토지나 건물 소유자의 토지형질변경, 건축물의 신축, 개축 또는 증축 등 권리행사가 일정한 제한을 받게 되는바 이런 점에서 볼 때 고시된 도시계획결정은 특정 개인의 권리 내지 법률상의 이익을 개별적이고 구체적으로 규제하는 효과를 가져오게 하는 행정청의 처분이라 할 것이고, 이는 행정소송의 대상이 되는 것이라 할 것이다."라고 판시한 바 있다.[21]

그러나 도시기본계획은 도시의 장기적 개발방향과 미래상을 제시하는 도시계획 입안의 지침이 되는 장기적·종합적인 개발계획으로서 행정청에 대한 직접적인 구속력이 없다.[22] 우리나라의 도시계획은 실시계획이나 시행계획 등 대부분 '처분'의 성격을 가지는데 반하여, 주요선진국에서는 주로 '조례'의 형식으로 실현되고 있다. 정부가 2009. 6. 8. 발표한 '4대강 살리기 마스터플랜'에 대해서는 처분성을 부인하였으나,[23] '4대강 살리기 사업' 중 한강 부분에 관한 각 하천공사시행계획 및 각 실시계획승인에 대해서는 처분성을 인정하고 있다.[24]

(2) (비권력적) 사실행위 및 내부적 행위

판례는 종래 행정지도, 지도, 권고 등 사실행위에 대해 처분성을 부인하였으나, 근래에 새로운 변화가 생기고 있다. 대법원은 구 남녀차별

---

21) 대법원 1982. 3. 9. 선고 80누105 판결.

22) 대법원 2007. 4. 12. 선고 2005두1893 판결.

23) 즉 "국토해양부, 환경부, 문화체육관광부, 농림수산부, 식품부가 합동으로 2009. 6. 8. 발표한 '4대강 살리기 마스터플랜' 등은 4대강 정비사업과 주변 지역의 관련 사업을 체계적으로 추진하기 위하여 수립한 종합계획이자 '4대강 살리기 사업'의 기본방향을 제시하는 계획으로서, 행정기관 내부에서 사업의 기본방향을 제시하는 것일 뿐, 국민의 권리·의무에 직접 영향을 미치는 것이 아니어서 행정처분에 해당하지 않는다."(대법원 2011. 4. 21. 자 2010무111 전원합의체 결정)

24) 대법원 2015. 12. 10. 선고 2011두32515 판결.

금지 및 구제에 관한 법률에 따른 국가인권위원회의 성희롱결정 및 시정조치권고가 행정소송의 대상이 되는 행정처분에 해당한다고 판시하였다.[25] 또한 판례는 '단전조치'에 대해 처분성을 부인하였으나,[26] 지적공부의 지목변경(대법원 2004. 4. 22. 선고 2003두9015 전원합의체 판결), 불문경고(대법원 2002. 7. 26. 선고 2001두3532 판결) 등에 대해서는 처분성을 인정하였다.

한편, 내부적 행위는 원칙적으로 처분성이 부인된다. 대법원 판례도 병역법상 군의관의 신체등위판정(대법원 1993. 8. 27. 선고 93누3356 판결), 한국자산공사의 공매통지(대법원 2007. 7. 27. 선고 2006두8464 판결) 등에 대해서는 처분성을 부인하였다. 그러나 최근 대법원은 세무조사결정에 대해 처분성을 인정하였다.[27] 다만, 원심은 과세자료를 수집함에 있어서 행사되는 질문검사권은 일종의 사실행위에 해당한다고 보면서 처분성을 부인하였다. 즉 "세무조사 결정 자체에는 구체적인 수인 의무를 부과하는 내용이 전혀 포함되지 않는 점 등의 여러 사정에 비추어 보면, 현행법의 해석상 세무조사 결정 자체는 상대방 또는 관계자들의 법률상 지위에 직접적으로 법률적 변동을 일으키지 아니하는 행위로서 항고소송의 대상이 되는 행정처분에 해당하지 않는 것으로 보아야 한다"

25) 대법원 2005. 7. 8. 선고 2005두487 판결.

26) 대법원 1996. 3. 22. 선고 96누433 판결. 이에 대한 비판적 견해로는 박균성(상), 전게서, 1124면.

27) "부과처분을 위한 과세관청의 질문조사권이 행해지는 세무조사결정이 있는 경우 납세의무자는 세무공무원의 과세자료 수집을 위한 질문에 대답하고 검사를 수인하여야 할 법적 의무를 부담하게 되는 점, 세무조사는 기본적으로 적정하고 공평한 과세의 실현을 위하여 필요한 최소한의 범위 안에서 행하여져야 하고, 더욱이 동일한 세목 및 과세기간에 대한 재조사는 납세자의 영업의 자유 등 권익을 심각하게 침해할 뿐만 아니라 과세관청에 의한 자의적인 세무조사의 위험마저 있으므로 조세공평의 원칙에 현저히 반하는 예외적인 경우를 제외하고는 금지될 필요가 있는 점, 납세의무자로 하여금 개개의 과태료 처분에 대하여 불복하거나 조사 종료 후의 과세처분에 대하여만 다툴 수 있도록 하는 것보다는 그에 앞서 세무조사결정에 대하여 다툼으로써 분쟁을 조기에 근본적으로 해결할 수 있는 점 등을 종합하면, 세무조사결정은 납세의무자의 권리·의무에 직접 영향을 미치는 공권력의 행사에 따른 행정작용으로서 항고소송의 대상이 된다."(대법원 2011. 03. 10. 선고 2009두23617 판결)

라고 판시하고 있다.[28)]

그 밖에 판례는 건축물대상 기재사항 중 건축물 용도변경기재신청의 반려행위(대법원 2009. 1. 30. 선고 2007두7277 판결), 신축건물에 대한 건축물대장 작성신청반려행위(대법원 2009. 2. 12. 선고 2007두17359 판결), 건축물대장상 구분 소유 건물을 하나의 건축물로 합병 기재한 행위(대법원 2009. 5. 28. 선고 2007두19775 판결), 건축물대장을 직권으로 말소한 행위(대법원 2010. 5. 27. 선고 2008두22655 판결) 등에 대해 처분성을 인정하였다.

(3) 중간행위

사전결정, 가행정행위, 부분허가 등에 대해 처분성을 인정할 것인지도 논란이 되고 있다. 부분허가는 일부이기는 하나 그 자체가 종국적 결정이므로 행정처분이다. 판례는 원자력법상의 원자로시설부지 사전승인을 '사전적 부분허가'로 보았다(대법원 1998. 9. 4. 선고 97누19588 판결). 판례는 사전결정에 대해 처분성을 인정하고 있다(대법원 1996. 3. 12. 선고 95누658 판결). 하급심 판례는 법학전문대학원 설치 예비인가(豫備認可)의 처분성을 인정하고 있다.[29)] 다만, 예비인가의 법적 성질을 사전결정으로 볼 것인지, 아니면 가행정행위로 보아야 할 것인지에 대해서는 해석의 여지가 있다. 학설은 본행정행위가 있을 때까지 잠정적으로 법적 효력을 발생시키는 假行政行爲(잠정적 행정행위)에 대해서도 처분성을 인정하고 있다.[30)]

(4) 공시지가결정

판례는 개별공시지가[31)]는 물론, 표준지공시지가결정에 대해서도 처분

28) 대전고등법원 2009. 11. 26. 선고 2009누124 판결.
29) 서울행정법원 2008. 8. 20. 선고 2008구합5889 판결.
30) 김남진/김연태, 행정법 I, 제21판, 237-238면.
31) 대법원 1993. 6. 11. 선고 92누16706 판결.

을 인정하고 있다.[32] 표준지공시지가의 법적 성질에 대해서는 초창기 학설상 견해 대립이 있었다. 개별공시지가를 '행정계획'으로 보는 견해가 있다. 즉 공시지가가 지가체계의 일원화를 목적으로 일반적인 토지거래의 기준이 되고, 국가 등 행정주체가 그 업무와 관련하여 지가를 산정하거나 감정평가자가 개별적으로 토지를 감정 · 평가하는 경우에 그 기준이 된다는 점에서 내부적 효력만을 갖는, 구속력 없는 행정계획으로 본다.[33] 이에 대해 표준지공시지가를 '행정규칙'으로 보는 견해도 있다. 공시지가가 개별공시지가 산정을 통하여 토지초과이득세 · 개발부담금 등의 부과에 있어 그 산정기준이 되는 일반적 · 추상적 규율(법규)이고, 처분의 요소인 개별성과 구체성이 결여되어 있다고 본다.[34] 또한 공시지가를 현실적으로 존재하는 정상지가를 조사하여 공시함으로써 지가정보를 제공하는 의사작용을 요소로 하는 사실행위로 보고, 그 자체로서는 어떠한 법적 효과도 발생하지 아니한다고 보는 견해도 있다.[35] 그리고 공시지가는 지가공시법 제10의2조 제1항 단서에 근거하여 개별공시지가의 성질을 가진다고 보고 그러한 한도 내에서는 처분성이 인정되며, 그 성질상 물적 행정행위에 해당한다고 본다.[36] 공시지가가 개별공시지가의 기준이 되는 경우에도 그 처분성을 인정할 수 있다는 견해도 여기에 가깝다.[37]

한편, 대법원은 일관되게 표준지공시지가가 처분성을 가진다고 보아 항고소송의 대상이 되는 것으로 판시하고 있다.[38] 아래 각주 38)에 설

32) 대법원 1995. 3. 28. 선고 94누12920 판결.

33) 류지태/박종수, 행정법신론, 제14판, 박영사, 1129면.

34) 한편, 표준공시지가가 개별공시지가의 성질을 가지는 경우에는 행정처분으로 볼 수 있지만, 표준공시지가 개별공시지가의 산정기준이 되는 경우에는 행정규칙에 유사하다고 보는 견해도 있다(김남진/김연태, 행정법 II, 제21판, 548-549면).

35) 이춘섭, "공시지가, 개별지가는 행정소송의 대상인가?", 사법행정 제33집 12호(1992/12), 62면.

36) 박윤흔, 최신행정법강의(하), 개정27판, 723면.

37) 조용호, "개별공시지가의 제문제", 사법논집 제25집, 1994, 660면 이하.

38) ① "표준지가로 선정된 공시지가에 대하여 불복하기 위하여는 지가공시및토지등의평가에관한법률(이하 '지가공시법' 이라 한다) 제8조 제1항 소정의 이의절차를 거쳐 처분청을 상대로 그 공시지가결정의 취소를 구하는 행정소송을 제기하여야 하는 것이지,

시된 대법원판례를 분석하면, ①번 판례의 입장은 명확하지 않으나 원칙적으로 처분성을 인정한 것으로 보인다. ②번 판례는 표준지로 선정되어 공시지가가 공시된 자신의 토지에 해당 공시지가를 기초로 토지초과이득세가 부과되자, 그 취소를 구한 사건이다. ③번 판례는 자신의 토지에 대한 개별공시지가결정이 위법하다고 하여 그 취소를 구한 사건에서 원고가 그 위법사유로서 그 기준이 된 표준지의 공시지가 결정이 위법하다고 주장한 사건이다. 이 사건에서 표준지공시지가를 다투는 소송을 제기한 경우에 이의절차를 먼저 거쳐 행정소송을 제기하도록 판시하고 있으며, 공시지가의 처분성 여부를 명확히 확정한 것으로 보기는 어렵다. 대법원은 어떠한 경우에도 그 구체적인 이유를 제시함이 없이 관련 공시지가가 행정소송의 대상인 처분에 해당한다고 보고 있다. 대법원은 국민의 권익구제의 확대를 위해 가능한 넓게 처분성을 인정하려고 하나, 개별 행정작용의 법적 성질은 이론적으로 명확히 확정되어야 한다. 이후 대법원은 전술한 바와 같이 표준지공시지가와 개별공시지가에 대해 처분성을 인정하고 있다. 예컨대 대법원은 (비교)표준지공시지가결정과 수용재결(처분)은 서로 별개의 독립된 처분으로 보고, 수인가능성을 이유로 하자승계를 인정한 바 있다.[39]

그러한 절차를 밟지 아니한 채 개별토지가격결정을 다투는 소송에서 그 개별토지가격 산정의 기초가 된 표준공시지가의 위법성을 다툴 수는 없다."(대법원 1996. 12. 6. 선고 96누1832 판결)

② "표준지로 선정된 토지의 공시지가에 불복하기 위하여 舊지가공시및토지등의평가에관한법률 제8조 제1항 소정의 이의절차를 거쳐 처분청인 건설부장관을 상대로 그 공시지가결정의 취소를 구하는 행정소송을 제기하여야 하는 것이지 그러한 절차를 밟지 아니한 채 그 표준지에 대한 조세부과처분의 취소를 구하는 소송에서 그 위법성을 다툴 수는 없다."(대법원 1997. 2. 28. 선고 96누10225 판결)

③ "표준지로 선정된 토지의 공시지기에 불복하기 위하어 구 시가공시및토지등의평가에관한법률 제8조 제1항 소정의 이의절차를 거쳐 처분청을 상대로 그 공시지가결정의 취소를 구하는 행정소송을 제기하여야 하는 것이고, 그러한 절차를 밟지 아니한 채 개별토지 가격결정의 효력을 다투는 소송에서 그 개별토지 가격산정의 기초가 된 공시지가의 위법성을 다툴 수는 없다."(대법원 1998. 3. 24. 선고 96누6851 판결)

39) "표준지공시지가결정은 이를 기초로 한 수용재결 등과는 별개의 독립된 처분으로서 서로 독립하여 별개의 법률효과를 목적으로 하지만, 표준지공시지가는 이를 인근 토지의

(5) 거부처분

거부처분이 항고소송의 대상이 되기 위해서는 그 거부행위가 신청인의 법률관계에 어떤 변동을 일으키는 것이어야 한다고 보고 있다. 여기에서 '신청인의 법률관계에 어떤 변동을 일으키는 것'이라는 의미는 "신청인의 실체상의 권리관계에 직접적인 변동을 일으키는 것은 물론, 그렇지 않다 하더라도 신청인이 실체상의 권리자로서 권리를 행사함에 중대한 지장을 초래하는" 것도 포함한다고 보고 있다.40) 그러나 이러한 점은 결국 개별 사건에서 법원의 판단에 달려 있다고 밖에 할 수 없다.

한편, 반려 내지 회신 등의 처분성이 문제가 되는 가장 대표적인 사례는 신고의 수리거부이다. 수리를 요하는 신고의 경우에 수리거부는 처분성이 인정된다.41) 최근 대법원은 전원합의체 판결에서 건축신고반려행위를 처분으로 판시하였으나, 수리를 요하는 신고를 판단하였는지는 불분명하다.42) 인허가의제의 효과를 가지는 건축신고는 수리를 요하는 신고로 판단하였다.43)

최근 계획변경신청을 거부하는 것이 처분성이 되는지 여부가 논란이 되고 있다. 대법원은 원칙적으로 국민에게 행정계획의 변경신청권은 인정되지 아니하므로, 행정계획변경신청에 대한 거부행위는 행정처분이 아니라고 보고 있다. 즉 "도시계획과 같이 장기성·종합성이 요구되는 행정계획에 있어서 그 계획이 일단 확정된 후에 어떤 사정의 변동이

소유자나 기타 이해관계인에게 개별적으로 고지하도록 되어 있는 것이 아니어서 인근 토지의 소유자 등이 표준지공시지가결정 내용을 알고 있었다고 전제하기가 곤란할 뿐만 아니라, 결정된 표준지공시지가가 공시될 당시 보상금 산정의 기준이 되는 표준지의 인근 토지를 함께 공시하는 것이 아니어서 인근 토지 소유자는 보상금 산정의 기준이 되는 표준지가 어느 토지인지를 알 수 없으므로, 인근 토지 소유자가 표준지의 공시지가가 확정되기 전에 이를 다투는 것은 불가능하다."(대법원 2008. 8. 21. 선고 2007두13845 판결)

40) 대법원 2007. 10. 11. 선고 2007두1316 판결.
41) 대법원 1992. 3. 31. 선고 91누4911 판결.
42) 대법원 2010. 11. 8. 선고 2008두167 전원합의체 판결.
43) 대법원 2011. 1. 20. 선고 2010두14954 판결.

있다고 하여 지역주민에게 일일이 그 계획의 변경 또는 폐지를 청구할 권리를 인정해 줄 수도 없다"고 보고 있다.[44] 그러나 판례는 이에 대해 폭넓은 예외를 허용하고 있다. 즉 변경신청거부가 사실상 수익처분의 거부에 해당하는 경우,[45] 도시계획입안제안권에 근거한 경우 도시관리계획변경에 대한 입안의 거부행위,[46] 도시계획결정의 지정해제 신청에 대한 거부회신[47]에 대해 처분성을 인정하고 있다. 나아가 구체적 사건이 없음에도 불구하고 장기미집행의 도시계획시설에 대해서도 도시계획시설의 변경신청에 대한 반려에 대해서도 처분성을 인정할 수 있다고 판시하고 있다.[48]

이 문제와 관련하여 도시계획변경의 '신청권'과 도시계획변경'청구권'을 구별하는 것이 선행되어야 한다. 그러나 거부행위에 대한 신청권의 존부를 가지고 접근하는 것은 행정계획의 본질과 특성을 간과한 형식논리이며, 설사 신청권이 인정되어 본안에 들어가더라도 청구권을 인정하기 어려운 것이 사실이다. 예컨대 골프연습장을 설치하는 내용의 공원조성계획 변경입안 제안신청을 거부한 사건에서 반려의 처분성을 인정하였지만, 본안에서 소의 이익을 부정한 사례도 있다.[49] 더구나 위에서 보는 바와 같이 완충녹지지정의 해제신청에 대한 거부회신에 대해서도 본안에서 형량명령의 법리를 잘못 적용하여 위법성을 인정한 사례도 있다. 행정계획의 입안·결정에 있어서 적용되어야 할 형량명령의 법리를

44) 대법원 2002. 11. 26. 선고 2001두1192 판결.
45) 대법원 2003. 9. 23. 선고 2001두10936 판결.
46) 대법원 2004. 4. 28. 선고 2003두1806 판결. 한편, 대법원은 도시관리계획 구역 내 토지 등을 소유하고 있는 주민의 납골시설에 대한 도시관리계획의 입안제안을 반려한 군수의 처분은 항고소송의 대상이 대는 행정처분에 해당한다고 판단하였다(대법원 2010. 7. 22. 선고 2010두5745 판결).
47) 대법원 2004. 4. 27. 선고 2003두8821 판결. 한편, 대법원은 완충녹지 지정의 해제신청 거부처분의 취소소송에서도, 거부회신의 처분성을 인정하면서 그 위법 대하여 형량명령의 법리를 적용하여 통제할 수 있음을 밝히고 있다(대법원 2012. 1. 12. 선고 2010두5806 판결).
48) 대법원 2012. 1. 12. 선고 2010두5806 판결.
49) 대법원 2015. 12. 10. 선고 2013두14221 판결.

오해한 것이다. 무려 4가지 유형의 예외를 인정하는 것은 이 법리의 모순을 여실히 보여주고 있다.[50] 거부처분의 처분성은 우리 행정소송법상 난제(難題)이지만, 너무 엄격히 해석하는 것도 문제이다. 향후 행정소송법 개정을 통해 의무이행소송이 도입될 경우, 이에 대한 유연한 판단을 기대해 본다. 법규상 또는 조리상의 신청권이라는 모호한 기준은 결국 임의적이고 자의적 결정을 초래할 수 있다.

(6) 고시

고시(告示)는 다양한 법적 성질을 갖는다(예컨대 행정규칙, 통지행위, 일반처분 등). 특히 판례는 약가고시의 처분성을 인정한 바 있다. 약가고시는 그 자체 처분의 성질을 가지며, 이를 '처분적 명령'의 법리를 매개해서 처분을 인정하는 논리구성은 타당하지 않다. 대법원판례는 대부분 "지정 · 고시", "결정 · 고시" 모두를 처분으로 보고 있다.[51] 이는 쟁송법상의 처분개념을 정확히 파악하지 못하고 이 모두를 포괄적으로 쟁송법상의 처분개념에 포함시키고 있다는 인상을 주고 있다. 사견으로는 '고시'를 바로 처분으로 보는 것은 적절하지 않다. 물론 고시는 다양한 법적 성질을 가질 수 있기 때문에, 일반처분의 성질을 가지는 고시도 있다. 고시는 다양한 법적 성질을 가진 탓에 실무 및 학계로부터 많은 관심을 받았다.

한편, 대법원은 청소년유해매체물의 결정에 관한 사건(대법원 2007. 6. 14. 선고 2005두4397 판결)에서 법원이 원고(심의기관)의 '결정'과 청소년보호위원회의 '고시'를 구분하여, 원고의 결정에 대해서만 처분성을 인정하고 있다. 우리 대법원은 동일한 날에 선고된 또 다른 사건(청소년유해매체물 결정 및 고시처분무효확인 사건)에서는 청소년유해매체물에 관한 정보통신윤리위원회의 '결정'뿐만 아니라, 이에 따라 청소년보호위원회가 한 '고시'도

---

50) 이에 대한 비판으로는 졸저, 현대행정의 작용형식, 337면 이하 참조.
51) 대법원 2006. 5. 25. 선고 2003두11988 판결.

당연히 처분으로 판시하고 있다(대법원 2007. 6. 14. 선고 2004두619 판결).

(7) 부관(부담)

하자 있는 부관으로 인해 권익을 침해당한 당사자는 부관(附款)만을 대상으로 하여 행정쟁송을 제기할 수 있는가가 문제된다. 이 문제도 행정소송의 허용성 내지 적법성 요건과 관련된 것으로 항고소송의 대상(처분성)이 되는지 여부가 주된 쟁점이다. 이와 관련하여 학설은 가운데에는 부담(負擔)의 경우 형식적으로는 본체인 행정행위에 부가되어 있으나, 그 자체 독자적 규율성·처분성이 인정되므로 행정쟁송의 대상이 될 수 있다고 보는 견해가 종전의 통설이다.[52] 근래에는 적극적으로 소의 이익이 인정되는 한 모든 부관에 대한 독립쟁송가능성을 인정하는 견해,[53] 또는 모든 부관에 위법성이 존재하는 한 그 종류를 불문하고 모두 인정된다는 견해가 있다.[54] 또한 독일학설의 영향으로 부관의 독립쟁송가능성을 법원에 의한 부관의 독자적인 취소가능성의 전제조건으로서의 성격을 갖는다고 보고, 부관만의 독립취소가 법원에 의하여 인정될 정도의 독자성(본체인 행정행위와의 분리가능성)을 갖고 있는가에 따라 판단해야 한다는 견해가 있다.[55]

대법원은 "부담의 경우에는 다른 부관과는 달리 행정행위의 불가분적인 요소가 아니고 그 존속이 본체인 행정행위의 존재를 전제로 하는 것일 뿐이므로 부담 그 자체로서 행정쟁송의 대상이 될 수 있다"라고 하여, 부담 그 자체만으로 독립적인 쟁송가능성을 인정하는 입장을 취하고 있다.[56] 부담(Auflage)은 조건이나 기한과 달리 독자적 규율을 특

---

52) 김도창, 일반행정법론(上), 427면; 박윤흔, 최신행정법강의(상), 396면.
53) 김남진, 행정법의 기본문제, 255면.
54) 이일세, "행정행위의 부관과 행정쟁송", 공법학의 행정적 지평(계희열교수화갑기념논문집), 1995, 655면.
55) 류지태/박종수, 행정법신론, 270-273면.
56) 대법원 1992.1.21. 선고 91누1264 판결.

징으로 한다. 즉 행정행위를 통해 수익자(受益者)에게 일정한 작위, 수인 또는 부작위의 의무를 부과하는 데, 주로 허가·특허 등 수익적 행정행위에 붙여진다(독일 연방행정절차법 제36조 제2항 제4호 참조). 그 때문에 부담은 행정행위의 구성요소가 아니라, 추가적(부가적) 의무이며 동시에 그 자체가 행정행위라고 이해되고 있다. 모든 부관에 대한 독립쟁송가능성을 주장하는 견해나 분리가능성에 의해 독립쟁송가능성을 주장하는 견해는 위법한 부관에 대한 행정소송을 소의 적법성이 아니라 본안판단의 문제로 이해하고 있는 것이다.[57] 독일 연방행정법원은 종래 부담에 대해서만 독립된 취소소송을 허용하고, 조건이나 기한에 대해서는 의무이행소송을 허용하였다. 그 후 연방행정법원은 부담뿐만 아니라 조건이나 기한에 대해서도 독립된 취소소송을 허용하고 있다.[58] 실제에 있어서 취소소송을 제기하는 원고는 부담에 해당하는지 여부에 대해 명확한 판단을 하지 못할 경우, 각하될 수 있는 리스크(risk)를 안게 된다. 따라서 부담에 해당하는 경우가 명확하지 않는 한 부관부 행정행위 전체를 대상으로 소를 제기하면서 일부취소를 주장할 가능성이 높다. 이러한 경우에도 법원은 대체로 일부취소가 아니라 전부취소의 형식을 선택하는 것이 일반적이다.

3. 행정처분의 판단기준

행정소송에 있어서 처분 개념의 확정은 매우 중요하다. 항고소송의 대상에 해당하는지 여부를 판단하는 기준이기도 하지만, 소송형식을 선택하는 준거가 되기도 한다. 실무상 항고소송의 대상인 "처분"을 확정하는 것은 대단히 중요하지만, 구체적 사안에 있어서 그 확정은 쉽지 않다. 그 이유는 일본에서 도입된 쟁송법상의 "처분"개념이 학문적 의미의 '행정행위' 개념과 괴리되어 있기 때문이다. 강학상 행정행위의 개

57) 이에 대해서는 Maurer, Allgemeines Verwaltungsrecht, 18. Aufl., § 12 Rn. 26.
58) BVerwGE 112, 221 (224).

념은 처분 개념의 핵심적 요소이다. 행정행위 개념의 광협은 각국의 입법례에 따라 다르다. 프랑스에서는 광의의 행정행위에 협의의 행정행위에 속하는 '일방적 행정행위' 뿐만 아니라 계약과 같은 '쌍방적 행정행위'를 포함하고 있으며, 명령을 집행적 결정(집행작용)으로 보고 있다.[59] 또한 영국에서는 연혁적으로 사법(司法)작용과 행정작용이 구분되어 있지 않고, 오늘날에도 행정행위의 개념이 실정법상 정의되어 있지 않다. 미국에서도 행정처분의 개념이 확립되어 있지 않다. 미국 행정절차법 제551조 제13항에는 행정처분(agency action)을 명령(order)이나 허가(license), 제재(sanction) 등뿐만 아니라 행정입법에 속하는 규칙(rule)도 포함하고 있다.[60] 미국의 행정처분(agency action) 개념은 강학상 '행정행위'가 아니라 '행정작용'에 가깝다. 미국의 경우에는 행정작용론이 발달하지 않았지만, 행정작용 중 행정처분에 가까운 '재결(adjudication)'과 행정입법에 해당하는 규칙(rule)을 중심으로 논의하고 있다. 독일 행정법학의 태두인 오토 마이어(Otto Mayer), 옐리네크(W. Jellinek) 등은 이미 행정행위의 개념과 (법규)명령을 명확히 구별하였고, 명령을 행정작용이 아니라 법원론에서 논하고 있었다.[61] 행정법학의 발달은 행정행위를 법규범에 해당하는 법규명령과 서로 구별하고 있는 추세이다.[62] 일본의 경우에도 대체로 그러한 입장을 취하고 있다. 이러한 행정행위의 개념은 책임의 소재를 명확히 하고, 법적 명확성에 기여하고 있음을 간

59) 또한 항고소송의 대상을 일방적 법률행위로 보고, 여기에 명령과 행정행위, 법규적 행정규칙 등을 포함한다고 한다. 명령을 행정행위의 하나로 파악하고 있는 점도 특징이다. 이에 대한 상론은 이광윤, 행정법이론: 비교적 고찰, 성균관대학교 출판부, 2000, 76-90면.

60) 영미의 행정처분 개념에 관한 논의에 대해서는 이상규, 영미행정법, 185-188면 참조.

61) Otto Mayer, Deutsches Verwaltungsrecht, Bd. I, 3. Aufl., 1923, S. 33; Walter Jellinek, Verwaltungsrecht, 1966, S. 116.

62) 종래 독일의 일부문헌에서는 경찰질서법의 영역에서 경찰상 법규명령에 해당하는 警察命令(Polizeiverordnung)과 명령과 금지를 포함하는 警察處分(Polizeiverfügung)을 모두 포함하여 警察下命(Polizeibefehl)으로 부르는 경우도 있었다(Thoma, Der Polizeibefehl im badischen Recht, 1906). 이에 대한 상세한 설명은 Drews/Wacke/Vogel/Martens, Gefahrenabwehr, 9., völlig neub. Aufl., S. 358 참조.

과하여서는 아니 된다.[63] 또한 행정행위의 개념은 여러 가지 기능을 가진다. 즉 실체법적 규율기능, 행정절차적 기능, 집행기능 및 소송법적 기능이 있다. 그 중에서 소송법적 기능과 관련하여, 행정행위의 취소 및 발급 등에는 특정한 소송유형이 미리 규정되어 있다.[64]

우선 쟁송법상의 처분개념과 관련하여, 행정심판법 제2조 제1호는 "행정청이 행하는 구체적 사실에 관한 법집행으로서의 공권력의 행사 또는 그 거부와 그 밖에 이에 준하는 행정작용"으로 정의하고 있다. 또한 행정소송법 제2조 제1항 제1호는 "처분등"이라고 하여, 행정심판법상의 "처분"개념 이외에 행정심판에 대한 '재결'을 포함하고 있다. 따라서 쟁송법상의 처분개념은 거부처분을 별론으로 하고, "행정청이 행하는 구체적 사실에 관한 법집행으로서의 공권력행사"라는 전단부와, "그 밖에 이에 준하는 행정작용"이라는 후단부로 구분해서 이해하는 것이 보통이다. 그러나 쟁송법상의 처분개념을 채택하더라도, 강학상의 행정행위에 대한 개념파악을 포기해서는 안 된다. 왜냐하면 "구체적 사실에 관한 법집행으로서의 공권력의 행사"는 강학상의 "행정행위"개념과 대체로 일치한다고 보아야 한다.[65] 따라서 쟁송법상의 처분개념의 전단부는 강학상의 행정행위개념을 중심으로 파악하고, 후단부인 "그 밖에 이에 준하는 행정작용"은 쟁송법상 처분에 포함시킬 수 있는 기타 행정작용의 유형을 검토하도록 한다.

(1) 행정청의 공권력행사

우선 처분이 인정되기 위해서는 행정소송법 제2조 제1항 제1호의 전단부에 있는 "행정청이 행하는 구체적 사실에 관한 법집행으로서의 공권력의 행사"에 해당하여야 한다. 여기에는 행정청의 공권력 행사가 핵

---

63) Schmidt-Aßmann, Verwaltungsrechtliche Dogmatik, S. 69.

64) Battis, Allgemeines Verwaltungsrecht, 3. Aufl., S. 105.

65) 한편, 행정청의 공권력행사에 강학상 행정행위 외에 사실행위도 포함된다는 견해도 있다(이상규, 행정쟁송법, 제5판, 314면).

심적 개념이다. 행정소송법 제2조 제2항은 행정청(Behörde)을 "법령에 의하여 행정권한의 위임 또는 위탁을 받은 행정기관, 공공단체 및 그 기관 또는 사인"이라고 정의하고 있다. 따라서 위임·위탁을 받은 하급관청, 보조기관, 공공단체나 그 기관은 물론이고, 공무수탁사인도 포함된다. 여기에서 공권력의 행사란 독일 행정절차법 제35조의 "고권적(高權的) 조치(hoheitliche Maßnahme)"에 상응한다. 따라서 처분은 사법행위(私法行爲)와 구분된다. 권리구제에 있어서도 소송형식은 민사소송이 아니라, 항고소송이나 공법상의 당사자소송이 고려된다.

한편, 일본 행정사건소송법에는 항고소송을 "행정청의 공권력의 행사에 관하여 불복소송"이라고 규정하고 있다. 항고소송에는 처분취소소송, 재결취소소송, 무효등확인소송, 부작위법확인소송, 의무화소송, 금지소송 등이 포함된다. 또한 일본 행정사건소송법 제3조 제2항에는 '처분의 취소를 구하는 소송'을 정의하면서, 그 대상인 처분을 "행정청의 처분 기타 공권력의 행사에 해당하는 행위"라고 규정하고 있다. 일본의 행정사건소송법에는 '처분'과 '공권력의 행사'가 별개로 규정되어 있어, 처분 개념이 공권력행사의 예시에 해당하는지, 아니면 처분에 준하는 기타 공권력 행사를 의미하는지가 해석상 의문이 생길 수 있다. 일본에서는 행정사건소송법에 포괄적인 공권력 행사의 개념이 사용된 것에 대해 논란이 있는 것이 사실이다.[66] 이와 관련하여 입법·조례제정행위가 항고소송의 대상이 되는지에 대해 견해대립이 있다. 최근 일본 최고재판소는 처분성을 확장하여 보육원폐지조례안에 대해서도 처분성을 긍정하였으나,[67] 해당 조례안이 특정한 보육원의 폐지를 내용으로 하고 있어 이를 일반화하는 것은 신중할 필요가 있다. 다만, "행정청의 처분 기타 공권력의 행사에 해당하는 행위"란 정형적 행정처분과 정형적 실력행사

66) 이와 관련하여 立法·條例制定行爲가 항고소송의 대상이 되는지에 대해 견해대립이 있다. 이하 상론은 南 博方, 條解行政事件訴訟法, 第4版, 36면 이하 참조.

67) 最判平21·11·26民集63·9·2124.

를 핵심으로 하고 있다고 기술하고 있다.[68]

(2) 구체적 사실에 관한 법집행

현행 행정소송법상 "구체적 사실에 관한 법집행"은 "개별사안에 대한 규율"에 상응하는 것으로 보고, "직접효과성"이라는 도구를 사용하여 헌법소원의 침해의 직접성·현재성과 관련된 것으로 이해하는 견해도 있다.[69] '직접효과성'은 주로 직접적인 대외적 구속력과 관련된 것으로서 소위 외부효(Außenwirkung)의 문제이며, 내부적 효력만을 가지는 행정작용은 처분개념의 범주에 포섭될 수 없다. 그러나 행정소송의 대상과 헌법소원의 대상은 구별되어야 한다. 행정행위의 판단기준으로 사안의 '개별성'을 기준으로 하는 독일과 달리, 우리 행정소송법에서는 사안의 '구체성'을 기준으로 한다는 점에서 구별되어야 한다.

처분개념에는 "구체적 사실에 관한 법집행"이라는 부분이 첨언되면서, 그 개념의 범위가 매우 좁은 것이 사실이다. 그러나 여기에서 말하는 구체적 사실에 관한 법집행은 적어도 일반적·추상적 규율로서의 법규범(Rechtsnorm)과는 구별된다. 따라서 처분적 명령이나 처분적 조례를 여기에 포함시키는 것은 타당하지 않다. 설사 "그 밖에 이에 준하는 행정작용"으로 볼 여지도 있으나, 개념 해석상 전단부에 준하는 행정작용으로 볼 여지도 없다. 독일의 "행정행위(Verwaltungsakt)" 개념이 탄생하는 것에 기여한 사람은 독일행정법의 국부(國父)인 오토 마이어(Otto Mayer)이다.[70] 1977. 1. 1. 효력일 발생된 독일 행정절차법은 제35조

68) 塩野 宏, 前揭書(II), 120면.

69) 金裕煥, "取消訴訟의 對象", 金鐵容/崔光律(編輯代表), 註釋 行政訴訟法, 博英社, 2004, 526-527면.

70) 오토 마이어는 행정행위를 "개별 사례에 있어서 臣民에 대하여 타당한 것을 결정하는 행정당국의 의사표현(ein der Verwaltungs zugehöriger obrigkeitlicher Ausspruch, der dem Unterthanen gegenüber im Einzelfall bestimmt, was für ihn Rechtens sein soll)라고 정의를 하고 있다(Otto Mayer, Deutsches Verwaltungsrecht, Bd. I, 1923, S. 93).

제1항에는 그의 견해를 반영한 것이다. 즉 "행정청이 공법의 영역에서 개별사례의 규율을 위해 대외적으로 직접적 법효과를 가지는 모든 처분, 결정이나 기타 고권적 조치"라고 정의하고 있다. 이러한 정의는 개념적으로 매우 협소하게 이해되지만, 여기에는 처분이나 결정 기타 고권적 조치 등이 포함된다는 점에서 반드시 협소하다고만 평가할 수는 없다. 그러나 독일의 행정행위 개념은 '사실행위'와 구별되며,[71] 사실행위에 대해서는 일반이행의 소를 통해 구제를 받을 수 있다.[72]

오히려 독일 행정절차법상의 행정행위 개념에 있어서 개별사안에 대한 '규율(Regelung)'의 의미가 보다 중요하다. 여기에서 말하는 규율은 법구속적인 명령을 의미하며, 사실행위와 구별된다.[73] 이와 관련하여 처분의 개념 표지에 '규율성'과 '직접적 외부효'를 갖는다는 견해도 있다.[74] 사실행위와의 구별을 위해 "행정청의 공권력행사"와 "구체적 사실에 관한 법집행"라는 부분을 통해 이러한 요소를 도출해야 한다고 생각한다.

(3) 그 밖에 이에 준하는 행정작용

쟁송법상 처분개념에 있어서 "그 밖에 이에 준하는 행정작용"의 개념은 대단히 모호하다. 그러나 적어도 단순사실행위나 내부지시(지침) 등은 배제된다는 것이 일반적 견해이다. 여기에 해당하는 것에는 권력적 사실행위가 대표적이다. 예컨대 강제격리, 유치 등이 여기에 해당한다. 전술한 바와 같이 종래 대법원은 단수조치(대법원 1979. 12. 28. 선고 79누218 판결), 동장(洞長)의 주민등록직권말소(대법원 1992. 8. 7. 자 92두30 결정) 등과 같이, 매우 제한적으로 권력적 사실행위에 대하여 처분성을 인정하고 있었다. 그러나 근래에는 세무조사결정, 불문경고, 시정권

71) Maurer, a.a.O., § 9 Rn. 8.
72) Würtenberger, a.a.O., § 24 Rn. 377; Happ, in: Eyermann, VwGO, § 42 Rn. 62.
73) Maurer, a.a.O., § 9 Rn. 6.
74) 김남진/김연태, 행정법 I, 812면.

고 등에까지 처분 개념에 포함시키고 있다. 권력적 사실행위에 속하는 유형이 처분의 개념에 포함되는 경향은 더욱 확대될 것으로 보인다. 그러나 이러한 경향은 행정행위와 사실행위의 구별을 더욱 어렵게 할 것이다. 이러한 현상은 행정소송의 유형이 매우 제한적이라는 것에서 이유를 찾을 수 있다. 독일에서는 사실행위에 대한 권리구제수단으로 결과제거청구권의 법리나 일반이행(給付)의 소(allgemeines Leistungsklage) 등이 고려된다(독일 행정법원법 제43조 제2항 참조). 그러나 현행 행정소송법은 일반이행의 소를 인정하고 있지 않다. 또한 당해 행정작용이 실체법상의 행정행위는 아니지만 국민의 권익확대를 위해 쟁송법상으로만 처분으로 인정하려는 소위 "形式的 行政行爲"가 주장되고 있다. 이러한 형식적 행정행위는 일본의 입법례에서 연유한 것이며, 대체로 계속적 성질을 가지는 공권력적 사실행위 의미하는 것으로 이해되고 있다.[75] 그러나 형식적 행정행위는 그 개념이 모호할 뿐만 아니라, "구체적 사실에 관한 법집행의 행사로서의 공권력의 행사"에 해당하는 실체를 갖지도 않으므로 처분성을 인정하기 어렵다.

Ⅲ. 재결주의

1. 재결주의의 근거 및 필요성

재결주의는 재결을 행정소송의 대상으로 인정하는 원칙을 의미한다. 이러한 재결주의를 채택하기 위해서는 그 이론적 근거 및 필요성이 있어야 한다. 왜냐하면 형성소송의 성질을 가지는 항고소송의 본질에 비추어보면, 당사자의 권리구제를 위해서는 근원적으로 최초 처분청의 처분을 제거하는 것이 바람직하다. 그러나 재결을 소송의 대상으로 하는 이유는 재결이 행정심판이라는 신중한 판단에 의한 결정이라는 점이 고

75) 芝池義一, 行政救濟法講義, 第3版, 29면.

려되고 있다.[76] 재결의 취소를 하더라도 원처분은 그대로 남게 되어 권리구제의 실효성은 저감할 수밖에 없다. 재결주의와 관련하여 행정심판기관이 처분청 자신 또는 처분청의 상급관청인 경우, 또는 행정심판기관이 처분청보다 전문성과 권위에 있어서 더 높은 경우에 재결이 처분을 대체하여 행정내부의 최종 결정으로 볼 수 있는 경우에는 재결을 항고소송의 대상으로 삼아야 한다고 보는 견해도 있다.[77] 그러나 행정심판기관과 처분청이 다르거나 행정심판기관이 독립된 경우에는 그 재결을 최종 결정으로 볼 수 없고, 처분청의 결정을 대체하였다고 보기 어렵다. 이 경우에는 재결에 취소판결을 내리더라도 해당 행정심판위원회가 다시 처분청에 대해 취소판결의 기속력에 따라 직접 특정한 처분을 하거나 이행명령을 내릴 수밖에 없다. 따라서 독립된 제3자 기관인 행정심판위원회가 내린 재결이 원처분을 대체하였다고 보기 어렵고, 법치행정원칙의 실효성 확보와 행정통제적 기능을 고려하여 원처분주의가 타당하다고 보는 견해도 있다.[78]

한편, 구 토지수용법 제75조의2 제1항 본문 위헌소원 사건에서, 헌법재판소는 재결주의의 필요성에 대해 언급하고 있다. 헌법재판소는 재결주의의 장점으로 권리구제의 효율성을 고려하고 있다. 이의재결은 행정심판에 대한 재결의 성격과 함께 관할토지수용위원회가 1차적으로 행한 수용재결을 다시 심의하여 토지수용에 관한 법률관계를 확정하는 재처분적인 성격도 가지며, 토지수용에 관한 법률관계를 최종적으로 확정하는 이의재결을 다투어 그 효력을 배제하는 것이 당사자의 권리구제를 위한 효율적인 방법이라고 보고 있다. 즉 중앙토지수용위원회가 행한 수용대상토지에 대한 구체적인 실사결과 및 보상금액의 산정기준 등을 모두 고려하여 판단할 수 있다는 점에서 분쟁의 일회적 해결과 판

76) 塩野 宏, 前揭書(II), 48면.
77) 박균성, 행정법론(상), 제14판, 2015, 1093면.
78) 박균성, 전게서, 1093면.

결의 적정성을 보장할 수 있다고 보고 있다.[79] 그러나 중앙토지수용위원회가 수용재결과 이의재결을 모두 한 경우가 아닌 경우, 즉 시 · 도토지수용위원회가 수용재결을 하고, 이에 대해 이의신청을 하여 중앙토지수용위원회가 이의재결을 한 경우, 이의재결에 대한 취소소송을 하여 취소판결을 얻더라도 시 · 도토지수용위원회에 대해 취소판결의 기속력이 곧바로 발생한다고 보기 어렵다. 중앙토지수용위원회의 보상금액의 변경이나 수용재결의 취소 등 변경재결이 아니라 수용재결 그 자체의 취소를 다투어야 하는 경우도 있다.

원처분주의와 재결주의의 선택은 입법자가 명확히 확정한 경우가 아닌 경우 결국 해석의 문제로 귀착된다. 특히 개별법의 규정에서 재결을 항고소송의 대상으로 삼기 위해서는 재결주의의 필요성이 고려되어야 한다. 권리구제의 실효성의 측면에서 근원적으로 원처분을 다투는 것이 타당하다. 그러나 재결이 원처분보다 유리한 경우에도 재결을 대상으로 소송을 하는 것이 바람직할 수 있다. 후술하는 바와 같이 유리하게 변경된 수정재결의 경우에도 원처분주의를 채택하는 경우도 있다. 원처분을 완전히 대체하는 재결이 성립하는 경우는 행정심판기관이 상급청이거나 행정심판기관이 처분청과 동일한 경우이다. 원처분과 다른 재결인 경우에 이를 다툴 실익이 있어야 한다. 실무상으로는 재결주의를 채택해야 할 필요성은 원처분보다 재결을 다투는 것이 보다 유리한 경우를 생각해 볼 수 있다. 현실적으로는 재결을 다투어야 할 실익은 '제소기간'과 관련하여 발생한다.

국세기본법은 조세사건의 특수성을 고려하여 행정심판법의 적용을 배제하는 특별규정을 두고 있다(국세기본법 제56조). 일반국세의 부과 · 징수에 대한 행정심판은 '심사청구'와 '심판청구'로 구성되어 있으며, 동일한 처분에 대하여 심사청구와 심판청구를 중복하여 제기할 수 없다(국

79) 헌재 2001. 6. 28. 2000헌바77, 판례집 13-1, 1358 (1376).

세기본법 제55조 제9항). 즉 국세기본법 또는 세법에 의한 처분으로서 위법 또는 부당한 처분을 받거나 필요한 처분을 받지 못함으로써 권리 또는 이익의 침해를 당한 자는 심사청구 또는 심판청구를 하여 그 처분의 취소·변경이나 필요한 처분을 청구할 수 있다(국세기본법 제55조). 심사청구는 국세심사위원회의 심의를 거쳐 국세청장이 이를 결정하되 심사청구기간이 경과된 후에 제기된 심사청구 등 대통령령이 정하는 사유에 해당하는 경우에는 국세심사위원회의 심의절차를 생략할 수 있다(국세기본법 제64조 제1항). 심사청구의 결정은 각하, 기각 및 인용으로 구분된다. 다만, 국세기본법에 의하면, 심사청구를 인용하는 때에는 취소·경정 또는 '필요한 처분'의 결정을 하여야 한다(국세기본법 제65조 제1항). 심사청구에 대한 결정은 청구를 받은 날부터 90일 이내에 하여야 한다(국세기본법 제65조 제2항). 실무에서는 이의신청 등에 대한 결정의 한 유형으로 '재조사결정'이 이루어지고 있다. 이 경우 재조사결정에 관한 명시적인 근거는 없으나, 국세기본법 제65조 제1항의 "필요한 처분"에 해당한다고 보는 것이 일반적이었다. 이 경우 재조사결정 그 자체를 행정처분으로 볼 수 있는지, 그리고 재결청의 재조사결정에 따른 심사청구기간이나 심판청구기간 또는 행정소송의 제소기간의 기산점을 무엇을 기준으로 산정해야 하는지 등이 문제가 되었다. 대법원은 전원합의체 판결에서 재조사결정을 재결의 하나로 보아 재조사결정의 후속 처분의 통지를 받은 날로부터 심사청구기간이나 심판청구기간 또는 제소기간이 기산하는 것으로 판시하였다. 이에 대해 소수의견은 "재조사결정은 단지 효율적인 사건의 심리를 위하여 처분청에 재조사를 지시하는 사실상의 내부적 명령에 불과하다고 보아야 할 것이므로 그로써 이의신청 등에 대한 결정이 있었다고 할 수 없고, 후속 처분에 의하여 그 효력이 발생한다고 의제할 수도 없다"고 보고 있다.[80] 개별 분야에서 재결이

80) [다수의견] : 이의신청 등에 대한 결정의 한 유형으로 실무상 행해지고 있는 재조사결정은 처분청으로 하여금 [illegible] 과세단위의 전부 또는 일부에 관하여 당해 결정에서

항고소송의 대상이 되는지가 문제되고 있어, 재결주의를 인정해야 할 필요성 및 이론적 근거 등에 대해 검토할 필요가 있다.

행정심판의 재결도 취소소송의 대상이 될 수 있음은 전술한 바와 같다. 그러나 우리 행정소송법은 재결취소소송의 경우에 "재결 자체에 고유한 위법이 있음을 이유로 하는 경우에" 제한하고 있다(행정소송법 제19조 단서). 이와 같이 행정심판의 재결이 예외적으로 행정소송의 대상이 되는 경우는 "재결 자체에 고유한 위법"이 있는 경우이다. 여기에서 말하는 "재결 자체에 고유한 위법"이란 재결의 절차적 하자뿐만 아니라 실체적 하자를 포함한다. 이와 관련하여 판례는 "재결청의 권한 또는 구성의 위법, 재결의 절차나 형식의 위법, 내용의 위법 등을 뜻하고, 그 중 내용의 위법에는 위법·부당하게 인용재결을 한 경우가 해당한다"고 판시하고 있다.[81] 또한 원처분의 상대방이 아닌 제3자가 행정심판을 청구하여 재결청이 원처분을 취소하는 형성재결을 한 경우에는, 그 원

지적된 사항을 재조사하여 그 결과에 따라 과세표준과 세액을 경정하거나 당초 처분을 유지하는 등의 후속 처분을 하도록 하는 형식을 취하고 있다. 이에 따라 재조사결정을 통지받은 이의신청인 등은 그에 따른 후속 처분의 통지를 받은 후에야 비로소 다음 단계의 쟁송절차에서 불복할 대상과 범위를 구체적으로 특정할 수 있게 된다. 이와 같은 재조사결정의 형식과 취지, 그리고 행정심판제도의 자율적 행정통제기능 및 복잡하고 전문적·기술적 성격을 갖는 조세법률관계의 특수성 등을 감안하면, 재조사결정은 당해 결정에서 지적된 사항에 관해서는 처분청의 재조사결과를 기다려 그에 따른 후속 처분의 내용을 이의신청 등에 대한 결정의 일부분으로 삼겠다는 의사가 내포된 변형결정에 해당한다고 볼 수밖에 없다. 그렇다면 재조사결정은 처분청의 후속 처분에 의하여 그 내용이 보완됨으로써 이의신청 등에 대한 결정으로서의 효력이 발생한다고 할 것이므로, 재조사결정에 따른 심사청구기간이나 심판청구기간 또는 행정소송의 제소기간은 이의신청인 등이 후속 처분의 통지를 받은 날부터 기산된다고 봄이 타당하다(대법원 2010.6.25. 선고 2007두12514 전원합의체 판결).
[대법관 김영란, 대법관 양승태, 대법관 안대희의 별개의견] : 재조사결정은 단지 효율적인 사건의 심리를 위하여 처분청에 재조사를 지시하는 사실상의 내부적 명령에 불과하다고 보아야 할 것이므로 그로써 이의신청 등에 대한 결정이 있었다고 할 수 없고, 후속 처분에 의하여 그 효력이 발생한다고 의제할 수도 없다. 따라서 이의신청인 등에게 재조사결정이나 후속 처분이 통지되었다고 하더라도 그 후 다시 재결청이 국세기본법에 규정된 유형의 결정을 하여 이의신청인 등에게 이를 통지할 때까지는 심사청구기간 등이 진행하지 않는다고 보아야 한다.

81) 대법원 1997. 9. 12. 선고 96누14661 판결.

처분의 상대방은 그 재결에 대하여 항고소송을 제기할 수 없다. 이러한 경우에도 원처분이 없는 재결 고유의 위법을 주장하는 것이 된다.[82] 그 밖에 행정심판청구가 부적법하지 않음에도 불구하고 각하한 재결의 경우에는 원처분에 없는 고유한 하자가 재결에 있는 경우에 해당한다. 이러한 경우에도 재결은 행정심판의 대상이 된다.[83]

그러나 이러한 경우들은 원처분주의에 따라 예외적으로 재결의 하자를 다투는 것이므로 재결주의로 보는 것은 적정하지 않다. 또한 행정소송법에는 행정심판을 임의적 전치주의로 규정하고 있으나, 다른 법률에 당해 처분에 대한 행정심판의 재결을 반드시 거치도록 하는 규정이 있는 경우에는 이를 거치도록 하고 있다(행정소송법 제18조 제1항 단서). 따라서 이하에서 소개하는 재결주의가 적용되는 사례는 개별법에 재결만을 항고소송의 대상으로 삼는 사례를 중심으로 검토하기로 한다.

2. 재결전치주의의 구체적 사례

(1) 교원소청심사위원회의 결정

우선 「교원지위향상을 위한 특별법」에 의하면 각급학교 교원의 징계처분과 그 밖에 그 의사에 반하는 불리한 처분에 대한 소청심사에 대해 교원소청심사위원회가 결정하고, 그 결정에 대해 교원 사립학교법 제2조에 따른 학교법인 또는 사립학교 경영자등 당사자가 그 결정서를 송달받은 날부터 90일 이내에 행정소송을 제기할 수 있도록 하고 있다(제10조 제3항). 다만, 판례는 국·공립학교의 교원에 대한 징계처분은 사립학교교원과 달리 원처분인 징계처분 등 불이익처분이고, 심사위원회의 결정은 고유한 위법이 있을 때에만 소송의 대상이 될 수 있다고 보고 있다(대법원 1994. 2. 8. 선고 93누17874 판결).

---

82) 대법원 1998. 4. 24. 선고 97누17131 판결.
83) 대법원 2001. 7. 27. 선고 99[illegible] 판결

(2) 감사원의 재심의결정

감사원법은 회계관계직원에 대한 변상판정에 대하여 위법 또는 부당하다고 인정하는 경우에 감사원에 대해 재심의를 청구할 수 있고(제36조 제1항), 그 재심의 판결에 대하여 감사원을 당사자로 하여 행정소송을 제기할 수 있다(제40조 제2항). 다만, 그 효력을 정지하는 가처분 결정은 할 수 없다. 한편, 대법원은 서울특별시 공무원에 대한 징계요구에 대해 서울특별시장이 징계요구에 대한 재심의를 청구한 사건의 판시사항에서, 감사원의 징계 요구와 재심의결정이 항고소송의 대상이 되는 행정처분이라고 볼 수 없다고 판시하고 있다(대법원 2016. 12. 27. 선고 2014두5637 판결). 그러나 판결문에는 감사원법 제34조 제2항에서는 처분요구에 대한 재심의 청구를 규정하고 있는데, 재심의의 대상인 변상명령 등을 대상으로 하는 것이 아니라 재심의 판결에 대하여 감사원을 당사자로 하는 행정소송을 제기할 수 있다고 규정하고 있다. 이 사건의 또 다른 쟁점은 서울특별시장이 항고소송을 제기할 수 있는 원고적격이 있는지가 문제되었으나, 해당 판결에서는 당사자능력이 없음을 명확히 하고 있다. 요컨대 재심의 판결은 그 청구의 이유가 있는 경우에는 원처분의 요구를 취소하거나 그 내용을 변경할 수 있는 형성력을 가진다는 점에서 처분성이 인정될 수 있다(감사원법 제38조 제2항). 다만, 감사원의 변상책임의 판정, 징계요구나 시정요구 등에 대한 재심의 판결에 대해 취소를 구하는 소송에서는 취소판결이 변상책임의 판정이나 징계요구 등에 영향을 미칠 수는 있지만, 구체적으로 무엇을 원처분으로 보아야 하는지는 명확하지 않다.

(3) 중앙노동위원회의 재심판정

노동조합 및 노동관계조정법에 의하면 근로자 또는 노동조합은 사용자의 부당노동행위에 대하여 지방노동위원회에 구제신청을 하고, 이에 의하여 구제를 받지 못한 경우에는 중앙노동위원회에 재심을 신청할 수 있다(노동조합 및 노동관계조정법 제82조, 제85조 제1항). 노동조합 및 노동관계조정법 제85조 제2항에 의하면, 이러한 중앙노동위원회의 재심판정에 대하여 행정소송을 제기할 수 있다고 규정하고 있다. 대법원도 노동위원회의 결정에 대한 행정소송은 원처분인 지방노동위원회의 결정이 아니라 중앙노동위원회의 재심판정을 대상으로 한다고 판시하고 있다.[84]

(4) 소청심사위원회의 결정

행정심판법에는 행정심판을 임의적으로 선택할 수 있도록 규정하고 있으나, 국가공무원이 징계처분 기타 본인의 의사에 반하는 불리한 처분이나 부작위에 관한 행정소송을 제기하기 위해서는 반드시 소청심사위원회의 심사 · 결정을 거쳐야 한다(국가공무원법 제16조 제1항). 소청이란 공무원이 징계처분(파면 · 해임 · 강등 · 정직 · 감봉 · 견책)이나, 그 밖에 그 의사에 반하는 불리한 처분이나 부작위에 받은 경우에 소청심사위원회에 심사를 청구하는 특별행정심판이다(국가공무원법 제9조 제1항). 소청의 대상이 되는 사항은 징계처분 이외에 본인의 의사에 반하는 '불리한 처분'이라고 규정하고 있다. 구체적으로 불리한 처분이 무엇인지가 문제되지만, 대체로 공무원 신분의 불이익을 의미한다.[85] 이러한 불리한 처분에는 대체로 강임, 휴직, 직위해제 및 면직 등이 속하며(국가공무원법 제75조, 소청절차규정 제2조 제1항 참조), 그 밖에도 의원면직의 형식에 의한 면직이나 대기명령 등도 포함된다.[86]

행정기관 소속 공무원의 징계처분, 그 밖에 그 의사에 반하는 불리한 처분이나 부작위에 대한 소청심사위원회는 인사혁신처에 둔다(국가공무원법 제9조 제1항). 또한 국회, 법원, 헌법재판소 및 선거관리위원회 소

84) 대법원 1991. 2. 12. 선고 90누288 판결.
85) 이상규, 신행정법론(하), 신판, 226면.
86) 이상규, 전게서(하), 226면.

속 공무원의 소청에 관한 사항을 심사·결정하기 위하여 국회사무처, 법원행정처, 헌법재판소사무처 및 중앙선거관리위원회사무처에 각각 해당 소청심사위원회를 두고 있다(국가공무원법 제9조 제2항). 소청심사위원회의 결정에 불복하여 행정소송을 제기할 때에는 대통령의 처분 또는 부작위의 경우에는 소속 장관을, 중앙선거관리위원회위원장의 처분 또는 부작위의 경우에는 중앙선거관리위원회 사무총장을 피고로 한다(국가공무원법 제16조 제2항). 그리고 대법원장의 처분에 대하여는 법원행정처장을 피고로 한다(법원조직법 제70조). 이와 같이 소청심사위원회의 재결을 거친 후 행정소송을 제기하는 경우에는 원처분을 대상으로 취소소송을 제기해야 한다. 다만, 재결 그 자체의 하자가 있는 경우에는 소청심사위원회의 재결을 대상으로 소를 제기할 수 있다. 대법원도 "항고소송은 원칙적으로 당해 처분을 대상으로 하나, 당해 처분에 대한 재결 자체에 고유한 주체, 절차, 형식 또는 내용상의 위법이 있는 경우에 한하여 그 재결을 대상으로 할 수 있다"고 보고 있다.[87]

(5) 중앙토지수용위원회의 이의재결

구 토지수용법에는 지방토지수용위원회의 수용재결에 대해 중앙토지수용위원회에 이의재결을 할 수 있도록 하는 동시에, 그 이의신청에 대한 중앙토지수용위원회의 이의재결에 대하여 불복이 있을 때에는 행정소송을 제기하도록 하였다. 즉 구 토지수용법 제75조의2 제1항에는 "이의신청의 재결에 대하여 불복이 있을 때에는 재결서가 송달된 날로부터 1월 이내에 행정소송을 제기할 수 있다"고 규정하고 있었다. 대법원은 이 규정을 근거로 중앙토지수용위원회의 이의재결을 항고소송의 대상이 된다고 보았다.[88] 이에 대해 원처분주의를 부인하는 규정인지 여부에

87) 대법원 1993. 8. 24. 선고 93누5673 판결; 대법원 2009. 10. 15. 선고 2009두11829 판결.

88) 토지수용법과 같이 재결전치주의를 정하면서 원처분인 수용재결에 대한 취소소송을 인정하지 아니하고 재결인 이의재결에 대한 취소소송만을 인정하고 있는 경우에는 재결을 거치지 아니하고 원처분인 수용재결취소의 소를 제기할 수 없는 것이며 행정소송법

대해 논란이 있었다. 그러나 공익사업을 위한 토지 등의 취득 및 보상에 관한 법률 제85조 제1항 전문에는 "사업시행자·토지소유자 또는 관계인은 제34조의 규정에 의한 재결에 대하여 불복이 있는 때에는 재결서를 받은 날부터 60일 이내에, 이의신청을 거친 때에는 이의신청에 대한 재결서를 받은 날부터 30일 이내에 각각 행정소송을 제기할 수 있다"고 규정하고 있다. 여기에서 "제34조의 규정에 의한 재결"이라 함은 항고소송의 대상이 원처분인 수용재결을 말한다. 이러한 입장이 통설의 입장이다. 대법원도 이를 반영하여 원처분인 수용재결을 취소소송의 대상으로 보았고, 그 피고도 수용재결을 한 중앙토지수용위원회 또는 지방토지수용위원회를 피고로 판단하였다.[89] 이 판결을 통해 대법원은 이러한 사례에서 재결주의가 아니라 원처분주의가 적용되고 있음을 확정한 셈이다.

그러나 중앙토지수용위원회의 수용재결과 이에 대한 이의재결이 있는 경우 중앙토지수용위원회의 이의재결은 수용재결을 대체한다고 볼 수 있다. 또한 이의재결에서 보상금액이 증액하는 경우도 있다. 이 경우 이의재결을 다투도록 하는 것이 보다 효과적일 수 있다. 그러나 중

제18조는 적용되지 아니하고, 따라서 수용재결처분이 무효인 경우에는 재결 그 자체에 대한 무효확인을 소구할 수 있지만, 토지수용에 관한 취소소송은 중앙토지수용위원회의 이의재결에 대하여 불복이 있을 때에 제기할 수 있고 수용재결은 취소소송의 대상으로 삼을 수 없으며, 이의재결에 대한 행정소송에서는 이의재결 자체의 고유한 위법사유뿐 아니라 이의신청사유로 삼지 않은 수용재결의 하자도 주장할 수 있다."(대법원 2001. 5. 8. 선고 2001두1468 판결; 대법원 1995. 12. 8. 선고 95누5561 판결)

89) "공익사업을 위한 토지 등의 취득 및 보상에 관한 법률 제85조 제1항 전문의 문언 내용과 같은 법 제83조, 제85조가 중앙토지수용위원회에 대한 이의신청을 임의적 절차로 규정하고 있는 점, 행정소송법 제19조 단서가 행정심판에 대한 재결은 재결 자체에 고유한 위법이 있음을 이유로 하는 경우에 한하여 취소소송의 대상으로 삼을 수 있도록 규정하고 있는 점 등을 종합하여 보면, 수용재결에 불복하여 취소소송을 제기하는 때에는 이의신청을 거친 경우에도 수용재결을 한 중앙토지수용위원회 또는 지방토지수용위원회를 피고로 하여 수용재결의 취소를 구하여야 하고, 다만 이의신청에 대한 재결 자체에 고유한 위법이 있음을 이유로 하는 경우에는 그 이의재결을 한 중앙토지수용위원회를 피고로 하여 이의재결의 취소를 구할 수 있다고 보아야 한다."(대법원 2010. 1. 28. 2008두1504 판결)

앙토지수용위원회의 수용재결을 통해 근원적으로 위법한 수용을 다툴 수도 있다. 보상금액의 증액을 다투는 경우에는 보상금증감청구소송을 제기하는 것이 바람직하다. 변경된 위 대법원 2008두1504 판결에 의하더라도 이의재결 그 자체에 하자가 있는 경우에는 이의재결을 취소소송의 대상으로 삼을 수 있음은 물론이다. 이와 관련하여 대법원이 사용토지의 수용청구를 각하하는 지방토지수용위원회의 재결에 대해 취소소송을 제기한 사안에서 이를 부적법 각하한 것은 이해하기 어렵다.[90] 보상금증액청구소송 외에 재결에 대한 취소소송을 허용하는 것이 타당하다.

3. 재결취소판결의 효력범위

재결을 항고소송의 대상으로 함에 있어서 가장 중요한 쟁점의 하나는 재결의 취소를 구하는 소송에서 원처분의 위법을 다툴 수 있는지, 그리고 재결취소소송에서 인용된 경우 그 취소판결의 기속력에 의해 원처분의 효력이 소멸하는지가 문제된다. 대법원은 종래 이의재결의 취소를 구하는 소송에서, 이의재결 자체의 고유한 위법사유뿐 아니라 이의신청사유로 삼지 않은 수용재결의 하자도 주장할 수 있다고 판시하고 있다.[91] 이러한 판례의 입장은 구 토지수용법 아래에서 인정되던 것으로 원처분주의를 채택하는 현행법 하에서는 유지되기 어렵다. 또한 대법원은 예외적으로 재결을 다투는 경우에 행정소송법 제19조에서 말하는 "재결 자체에 고유한 위법"이란 원처분의 하자 유무와 관계없이 재결 그 자체의 실체적·절차적 하자에 관한 것이라고 보고 있다.[92] 이러

90) 대법원 2015. 4. 9. 선고 2014두46669 판결. 이에 대한 평석으로는 졸고, "공용수용 및 손실보상에 관련된 대법원 판례의 최근동향 및 주요쟁점", 토지보상법연구 제16집 (2016. 2), 278면 이하 참조.

91) 대법원 2001. 5. 8. 선고 2001두1468 판결; 대법원 1995. 12. 8. 선고 95누5561 판결.

92) 대법원 1997. 9. 12. 선고 96누14661 판결; 대법원 1989. 1. 24. 선고 88누3314 판결. 이에 대한 상세는 이상규, 전게서, 331-333면.

한 판례의 비추어보더라도 재결취소소송에서 원처분의 하자(위법)을 다툴 수 있다고 보는 것은 타당하지 않다.

또한 재결에 대한 취소소송에서 인용될 경우 재결의 효력만 상실하는지, 아니면 취소판결의 기속력에 의해 원처분의 효력도 함께 소멸하는지가 문제된다. 일본의 판례와 학설은 후자의 입장을 취하고 있다고 한다.[93] 독일의 경우 재결과 원처분을 일체로 파악하므로 재결의 취소는 원행정행위의 효력에 영향을 준다. 원처분의 행정청과 행정심판기관이 동일한 경우에는 재결의 효력이 원처분에도 미친다. 재결주의를 채택하면서 원처분에 전혀 영향을 미치지 아니한다면, 재결주의의 실효성은 인정되기 어려울 것이다. 그러나 행정심판기관이 제3의 독립기관인 경우에는 이러한 주장이 타당하기 어렵다. 예컨대 국·공립대학의 교원에 대한 징계처분에 대해 징계의 양정이 없이 교원소청심사위원회가 인용재결을 내린 경우 재결의 형성력에 의해 당연히 해당 국·공립대학의 징계처분의 효력이 소멸하는지가 문제된다. 대체로 재결의 내용과 효력에 따라 달라질 수 있다. 교원소청심사위원회가 취소재결을 내린 경우에는 그 재결의 효력에 따라 원처분을 결정한 국·공립대학이 그 재결의 기속력에 따라 재처분을 해야 한다. 또는 해당 국·공립대학교에 대하여 그 징계처분의 변경을 명하는 내용의 재결을 하는 하는 경우, 해당 국·공립대학은 재결에 따라 그 징계처분의 변경을 해야 한다(행정소송법 제43조 제3항).

한편, 행정심판법의 개정에 의해 행정심판위원회의 간접강제제도를 도입할 예정이다. 즉 행정심판 인용재결에 따른 행정청의 재처분 의무에도 불구하고 행정청이 인용재결에 따른 처분을 하지 아니하면 행정심판위원회는 당사자의 신청에 의하여 결정으로 상당한 기간을 정하고, 행정청이 그 기간 내에 이행하지 아니하는 경우에는 지연기간에 따라

93) 이에 대해서는 유지태, 행정법의 이해, 법문사, 2006, 332면, 340면 참조.

일정한 배상을 하도록 명하거나 즉시 배상을 할 것을 명할 수 있는 것을 내용으로 하고 있다.

Ⅳ. 수정(변경)재결과 대상적격

행정심판기관이 수정재결이나 변경재결을 내린 경우 항고소송의 대상과 피고적격이 문제된다. 소청심사위원회는 처분의 취소 또는 변경을 구하는 심사 청구가 이유 있다고 인정되면 처분을 취소 또는 변경할 수 있다(국가공무원법 제14조 제5항 제3호). 또한 행정심판위원회도 취소심판의 청구가 이유 있다고 인정하면 처분을 취소 또는 다른 처분으로 변경하는 재결을 내릴 수 있다(행정심판법 제43조 제3항). 그러나 이러한 수정(변경)재결에 대해 행정소송의 대상으로 삼을 수 있는지가 문제된다. 즉 행정청의 불이익처분에 대해 일부취소재결을 하거나(영업정지 6개월을 취소재결에 의해 영업정지 2개월로 감경한 경우, 과징금부과처분 후 감액재결을 내린 경우), 또는 적극적 변경재결을 하는 경우(파면처분을 해임처분으로 변경하는 경우, 허가취소처분을 영업정지처분으로 변경하는 경우)에 원처분주의에 따라 감경된 처분을 잔존하는 '원처분'으로 보고 이를 행정소송의 대상으로 삼아야 하는지, 아니면 행정심판위원회의 '수정재결' 또는 '변경재결'을 행정소송의 대상으로 삼아야 하는지가 문제된다.

이와 관련하여 학설은 ① 원처분주의에 입각하여 일부 취소되고 남은 원처분(영업정지 2개월, 해임처분)이 대상이 된다는 견해(김남진), ② 재결주의에 입각하여 재결을 대상으로 항고소송을 제기하여 한다고 보는 견해, ③ 절충설로서 일부취소재결의 경우에는 원처분으로 볼 수 있으나 적극적 변경재결(해임처분)의 경우에는 행정소송의 대상을 재결로 보아 행정심판위원회를 피고로 하여 취소소송을 제기할 수 있다는 견해(박균성) 등이 있다. 한편, 판례는 해임처분을 소청심사위원회가 정직 2월로 변경한 경우에 원처분청을 상대로 정직 2월의 처분에 대한 취소소송을 제기한 사건에서 본안판단으로 나아간 경우가 있다.[94] 이와 관련하여 일본에서는 수정재결이나 변경재결은 원처분의 일부 취소를 의미하고, 그 변경에 의해 새로운 처분이 있는 것으로 보아 형식적으로는 취소되고 남은 부분의 원처분을 취소하는 것으로 이해하고 있다. 이 경우 형식적으로는 하나의 처분이며, 변경재결의 실질은 원처분의 일부취소이므로 원처분주의가 작동한다고 보고 있다.[95] 한편, 판례는 경찰공무원이 혈중알콜농도 0.27%의 주취상태에서 운전하다가 승용차 2대를 들이받고 그 차에 타고 있던 사람 4명에게 상해를 입히는 사고를 낸 데 대한 징계처분(6월?)을 소청심사위원회에서 정직 2월의 징계처분으로 감경한 사건에서, 변경재결을 재결권의 일탈·남용으로 보고 소청재결 자체에 고유한 위법을 주장하는 것으로 볼 수 없다고 판시하였다.[96] 또한 판례는 과징금부과처분을 한 후 '감액처분(減額處分)'을 한 경우, 감액처분이 아니라 처음의 부과처분 중 감액처분에 의하여 취소되지 않고 남은 부분이 항고소송의 대상이 된다고 판시하였다.[97] 판례는 감액처분의 경우에 원처분주의에 입각하여 감액처분에 의하여 취소되지 않고 남은 부분을 항고소송의 대상으로 판단하였다. 감경처분의 경우에도 정직 6월에서 감경처분(정직 4월 부분)에 의하여 취소되지 않고 남은 부분(정직 2월)이 항고소송의 대상이 된다.

학설 및 판례는 대체로 감경된 처분을 대상으로 항고소송의 대상으

94) 대법원 1997. 11. 14. 선고 97누7325 판결.

95) 塩野 宏, 前掲書, 92면.

96) 대법원 1993. 8. 24. 선고 93누5673 판결.

97) 즉 "과징금 부과처분에서 행정청이 납부의무자에 대하여 부과처분을 한 후 그 부과처분의 하자를 이유로 과징금의 액수를 감액하는 경우에 그 감액처분은 감액된 과징금 부분에 관하여만 법적 효과가 미치는 것으로서 처음의 부과처분과 별개 독립의 과징금 부과처분이 아니라 그 실질은 당초 부과처분의 변경이고, 그에 의하여 과징금의 일부취소라는 납부의무자에게 유리한 결과를 가져오는 처분이므로 처음의 부과처분이 전부 실효되는 것은 아니며, 그 감액처분으로도 아직 취소되지 않고 남아 있는 부분이 위법하다고 하여 다투는 경우 항고소송의 대상은 처음의 부과처분 중 감액처분에 의하여 취소되지 않고 남은 부분이고 감액처분이 항고소송의 대상이 되는 것은 아니다."(대법원 2008. 2. 15. 선고 2006누3957 판결)

로 삼고 있다. 다만, 감경된 처분(정직 2월, 해임처분)을 '원처분'으로 볼 것인지, 아니면 '수정재결(변경재결)'로 볼 것인지에 있어서 차이가 있다. 취소심판에 있어서 행정심판위원회의 취소·변경재결에는 당해 처분을 취소 또는 변경하는 형성재결(形成裁決)도 있으나, 피청구인인 처분행정청에 대하여 그 취소 또는 변경을 명하는 내용의 이행재결(履行裁決)도 있다(행정심판법 제43조 제2항). 후자의 경우에는 재결의 기속력에 따라 처분행정청이 이에 따라야 한다. 따라서 사실상 처분행정청의 원처분으로 보아도 무방하다. 그러나 전자의 경우에도 행정심판위원회의 취소·변경재결을 원처분으로 볼 수 있는지가 문제된다. 행정심판위원회의 재결의 성질을 어떻게 보는지는 '피고적격'과도 밀접한 관련을 가진다. 원고는 대체로 최초의 처분을 다투기 보다는 감경된 처분을 다투는 것이 유리하다. 실제 원고가 행정심판위원회의의 재결에 대해 행정소송을 제기하는 것은 감경된 처분에 만족하지 못하는 경우이다. 엄밀히 말하자면, 이러한 감경된 처분은 실제 처분청의 원처분이 아니라 행정심판위원회이 내린 재결이다. 그러나 우리 행정소송법은 원처분주의를 채택하고 있어, 재결을 행정소송의 대상으로 삼기 위해서는 재결 자체의 고유한 위법이 있어야 한다. 감경재결 자체에 고유한 하자가 없는 경우에는 이를 다투어 승소할 실익은 그다지 크지 않다. 감경된 처분은 당사자에게 유리할 뿐만 아니라, 행정심판위원회의 재결 자체에 고유한 위법을 찾기도 어렵다.

일부 견해는 적극적 변경재결의 경우에 이를 대상으로 취소소송을 제기하는 것이 타당하다고 보면서, 불복제기기간(제소기간)을 이유로 감경·변경처분을 안 날로부터 90일 이내에 행정소송을 제기하는 것이 당사자의 권리구제에 유리하다고 보고 있다.[98] 재결 그 자체를 다투는 경우에 그 재결의 정본을 송달받은 날부터 제소기간이 기산됨은 물론이

98) 박균성, 행정법론(상), 제9판, 1021면.

다. 또한 적극적 변경재결을 새로운 처분으로 보아 항고소송의 대상으로 삼는 경우에도 그 처분이 있음을 안 날로부터 90일로 볼 수 있다. 여기에서 "그 처분이 있음을 안 날"이란 적극적 변경재결이 있은 날로 볼 수 있다. 이 경우 적극적 변경재결이 있은 날이란 재결서의 정본을 송달받은 날로 보는 것이 타당하다(행정소송법 제20조 제1항 단서 참조).

요컨대 일부취소재결의 경우에는 감경되고 남은 처분, 예컨대 정직 6월에서 감경된 정직 2월의 징계처분을 항고소송의 대상으로 보는 것이 타당하다. 전술한 바와 같이 판례의 입장도 대체로 동일하다. 또한 적극적 변경재결의 경우에는 원처분(파면처분)이 사실상 변경처분(해임처분)에 의해 대체되었다고 볼 수 있다. 이 경우에 행정심판위원회의 변경재결을 대상으로 행정소송을 제기하여야 한다는 주장도 있을 수 있으나, 적극적 변경처분을 원처분의 변형으로 보아 처분청을 피고로 하여 행정소송을 제기하도록 하는 것이 당사자의 권리구제에 보다 유리하다. 행정심판위원회는 처분행정청의 원처분을 '변경'하였을 뿐이지, 원고에 대해 해임처분을 내릴 수 있는 권한을 가진 것은 아니다.

V. 결 론

지금까지 항고소송의 대상과 재결주의에 관하여 고찰하였다. 우리 행정소송법에서는 원처분주의를 채택하고 있고, 재결전치주의를 취하는 경우에도 원처분을 대상으로 항고소송을 제기하는 경우가 대부분이다. 소청심사위원회나 교원소청심사위원회의 결정, 토지수용위원회의 재결 등이 그러하다. 개별법에서 재결주의를 규정한 경우는 매우 제한적이다. 권리구제의 실효성 측면에서는 원처분의 근원적 제거를 내용으로 하는 원처분주의가 바람직하지만, 재결주의의 실익은 제소기간 정도에서 찾을 수 있을 뿐이다. 따라서 재결을 대상으로 하는 것은 개별법에서 명시적으로 규정하는 경우, 예외적으로 재결을 대상으로 항고소송을 제기할 수 있는 경우가 대부분이다. 감사원의 결정이나 처분 등에 대해서는 항고소송의 대상이 구체적으로 무엇인지를 보다 명확히 규정하여야 한다. 감사원 판결이라는 용어는 실무에서도 낯선 개념이다. 감사원의 특성을 감안하여 항고소송의 대상으로 명확히 확정하는 것이 요구된다.

판례에서는 항고소송의 대상으로서 처분 개념이 확대되고 있지만, 그 개념의 범주에 어떠한 요소를 포함할 것인지에 대해 구체적으로 제시하지 않고 있다. 단순히 외부효 내지 직접적 구속력의 의미만 강조되고 있지만, 행정주체 내부의 행위에 대해서 처분성을 인정하는 경우도 있다. 항고소송 중심주의를 강조하는 입장에서는 처분적 조례, 사실행위 등의 작용도 쟁송법상 처분개념에 모두 포함시키려는 경향에 있다. 그러나 성질을 달리하는 행정작용을 하나의 포대에 모두 담을 수는 없다. 이러한 논의는 행정작용론의 근간을 흔들 수 있다는 점에서 바람직하지 않다. 근래에 국가기관이나 지방자치단체의 기관 사이에도 공법상 분쟁이 적지 않다. 그러나 이러한 소송을 모두 항고소송으로 다루는 것은 행정소송법 이론에도 배치된다. 또한 '공권'과 '신청권'을 구별하지 못하고, 거부처분의 형식적 요건에만 천착하여 처분성을 확대하는 논리는 더욱 무리한 해석이다. 행정계획변경청구권의 법리가 그러하다. 이러한 해석의 문제점은 근원적으로 일본에서 논란이 있는 포괄적 '공권력 행사'의 개념을 도입한 것에서 연유한다. 일본의 경우보다 그 개념을 한정하기는 하였으나, 여전히 해석상 어려움이 있는 것이 사실이다.

한편, 재결을 취소하더라도 원처분이 그대로 남는 경우에는 권리구제의 실효성을 기대하기 어렵다는 점에서 원처분주의가 바람직하지만, 일정한 경우에는 재결을 대상으로 취소소송을 제기하는 것이 타당한 경우도 있다. 동일한 기관이나 처분청의 상급기관에서 재결을 내리는 경우, 재결이 원처분을 대체한 경우 등에는 재결을 대상으로 항고소송을 제기하는 것이 바람직할 수 있다. 대법원은 토지보상에 관한 소송에서 원처분주의 입장을 채택하였으나, 예외적으로 재결 그 자체의 하자에 대해서는 재결을 대상으로 취소소송을 제기할 수 있음은 물론이다. 잔여지수용청구의 경우에도 이의재결 후 보상금증감청구소송을 제기하는 것이 효과적인 권리구제수단이지만, 재결 그 자체의 하자에 대해서는 역시 재결의 취소를 구하는 소를 제기할 수 있다. 재결주의와 관련하여 해결하지 못하였거나, 이론적으로 명쾌하게 정리되지 못한 부분도 있다. 원처분주의와 관련하여 수정재결이나 변경재결에 대해 무엇을 대상으로, 그리고 누구를 피고로 항고소송을 제기해야 하는지도 어려운 문제 중의 하나이다. 또한 재결취소판결의 효력범위에 대해서도 논란이 있다. 입법적 해결이 정도(正道)이지만, 이에 대한 입법이 이루어지기 전까지 법원의 해석에 의해 판단할 수밖에 없다. 실무에서는 이론이나 법리보다는 구체적 타당성에 의존할 수밖에 없는 사정도 있으나, 일관성 있는 선례를 확립하는 것도 사법부의 신뢰라는 측면에서 중요한 과제임에 분명하다.

제5장

공법상 당사자소송의 발전과 과제

– 행정소송법 개정논의와 판례의 동향에 대한 비판적 고찰을 중심으로 –

Ⅰ. 행정소송법의 개정 경위와 당사자소송의 활성화

2013년 3월 20일 정부는 행정소송법 전부개정 법률안에 대하여 입법예고를 하였다. 1951년 8월 24일에 제정된 한국의 행정소송법은 1984년 전면개정이 있은 후 약 30년 만에 다시 전부개정 법률안이 만들어진 것이다. 그 동안 행정소송법이 변화하는 시대적 요구와 행정현실 등을 충분히 반영하지 못하였다는 지적이 계속되자 국민의 권익확대와 실효성 있는 권리구제수단을 보장하기 위해 보다 선진화된 행정소송제도를 마련한 것이다. 당시에 정부의 제안이유에서도 알 수 있는 바와 같이 이번 개정안은 국민의 권익구제 확대와 국민이 쉽고 편리하게 이용할 수 있는 행정소송제도를 마련하는 것을 목적으로 하고 있다. 그 주요내용으로는 ① 국민의 권익구제 확대를 위한 소송제도 개선(의무이행소송의 도입, 원고적격의 확대), ② 사전권리구제절차의 정비(집행정지요건의 완화 및 담보부 집행정지제도의 신설, 가처분제도의 도입), ③ 이용하기 쉬운 행정소송제도의 마련(소의 변경 · 이송의 허용범위 확대, 관할지정제도 도입, 결과제거의무 규정 신설 등), ④ 행정소송의 전문성 강화(당사자소송의 활성화) 등이 있다. 이러한 행정소송법 개정안에 대한 각계의 반향은 다양할 수 있으나, 지금까지의 한국의 행정법학계의 연구 성과와 판례이론의 축적이 반영된 것으로서 적어도 의무이행소송 및 가처분제도의 도입은 대체로 긍정적인 평가를 받고 있다. 다만, 이러한 입법예고안은 법무부의 행정소송법 개정위원회에서 만든 개정시안과도 차이가 있고, 일부 쟁점에 대해서는 법리적인 문제점이 제기되고 있는 것도 사실이다.[1] 물론 이번 개정안 이전에도 수차례 행정소송법의 개정시도가 있었으나 우여곡절 끝에 좌절된 바 있다. 특히 2002년 4월 대법원은 행정소송법 개정위원회를 구성하여 행정소송법의 개정을 적극적으로 추진하여 2004년 10월 개정안을 마련하였고, 2006년 9월 8일 입법의견의 형식으로 국회에 제출하였다. 2006년 대법원의 행정소송법 개정안에는 매우 진취적인 내용들이 포함되어 있었으나, 항고소송 대상적격의 범위 및 예방적금지소송의 도입 여부 등에 대하여 학계와 실무계의 이견(異見)이 있었다.[2] 이와 별도로 법무부도 2006년 4월 26일에 행정소송법 개정특별분과위원회를 구성하여 2007년 4월에 행정소송법 개정안을 마련하여 같은 해 7월에 개정안을 국회에 제출하였으나, 제17대 국회의 임기가 종료함에 따라 자동폐기가 되었다. 2007년 법무부의 개정안은 대법원 개정의견에서 논란이 되었던 부분을 대폭 삭제하였기 때문에, 그 내용이 상대적으로 빈약한 점도 없지 않았다. 그 후 법무부는 사회사정의 변화와 높아진 국민의식 등을 반영하여 2011년 11월 15일 崔松和 위원장을 포함한 학계

---

* 本稿는 2014년 5월 22일 中國의 北京에서 개최된『2014년 한·중 행정법 포럼: 행정소송과 행정심판』(한국법제연구원/중국행정법학연구회 공동 주최)에서 "韓國의 當事者訴訟制度의 發展方向: 行政訴訟法 改正論議의 展開와 當事者訴訟의 活性化方案을 中心으로"라는 주제로 발표한 것을 수정·보완한 것이다.

1) 이에 대해서는 졸고, "행정소송법 개정안의 내용 및 문제점: 특히 행정소송의 개혁과 발전을 위한 비판적 고찰을 중심으로", 법제연구 제44호, 2013. 6, 283면 이하 참조. 한편, 행정소송법 개정안에 대하여 "아쉽게도 그간 개정이 필요하다고 인정되어 온 다수의 내용이 이번 개정안에 반영되지 못하였다"고 평가하면서, 개정안에 누락된 쟁점에 대하여 책임 있는 해명이 없다고 지적하는 견해도 있다(김광수, "행정소송법 개정안의 명암", 행정법연구 제37호, 2013. 11, 20면).

2) 당시 大法院의 행정소송법 개정안에는 항고소송의 대상으로 광의의 처분개념을 채택하여, 국가기관의 명령·규칙 및 지방자치단체의 조례·규칙을 포함하고 있었다.

및 실무계의 14명 위원으로 구성된 행정소송법 개정위원회를 출범하였고, 그 이듬해인 2012년 5월 24일에 공청회를 개최하여 개정시안을 발표한 바 있다.[3)]

한편, 2013년 법무부의 행정소송법 개정안에는 행정소송의 성질을 가짐에도 실무상으로 민사소송으로 다루어져왔던 행정상 손실보상, 손해배상(국가배상) 및 부당이득반환소송 등을 명시적으로 당사자소송에 포함하고 있다. 즉 2013년 법무부의 개정안 제3조 제2호에서는 당사자소송을 "행정상 손실보상·손해배상·부당이득반환이나 그 밖의 공법상 원인으로 발생하는 법률관계에 관한 소송으로서 그 법률관계의 한쪽 당사자를 피고로 하는 소송"으로 정의하고 있다. 이러한 개정안은 당사자소송의 활성화를 목적으로 하고 있는데, 종래의 학계에서 주장한 바를 어느 정도 반영하고 있다고 볼 수 있다. 그러나 개정안에 규정된 당사자소송의 개념정의가 현행 행정소송법의 규정과 어떠한 관계를 가지고, 여기에 무엇을 포함시킬 수 있는지에 대해서는 논의가 필요하다. 따라서 본고(本稿)에서는 당사자소송의 기능제고 및 활성화를 위한 학계의 논의와 대법원 판례의 변화, 그리고 행정소송법의 개정논의와 개선방안 등을 검토하고자 한다. 이하에서는 한국의 당사자소송의 연혁과 발전(Ⅱ), 행정소송법의 특징 및 내용(Ⅲ), 그리고 대법원 판례의 현황 및 최근동향(Ⅳ) 등을 살펴보기로 한다.

Ⅱ. 당사자소송제도의 발전

1. 당사자소송의 연혁

당사자소송은 1951년 9월 14일 제정된 구(舊) 행정소송법에 처음 도입되었다. 구 행정소송법은 14개조로 구성된 간단한 법률로서 비록 행

3) 이에 대해서는 법무부, 행정소송법 개정 공청회 자료, 2012. 참조.

정소송의 유형을 명시적으로 규정하지는 않았지만, 대체로 취소소송과 당사자소송을 규정하고 있다고 볼 수 있다. 즉 구 행정소송법 제1조에서는 "행정청 또는 그 소속기관의 위법에 대한 그 처분의 취소 또는 변경에 관한 소송 기타 공법상의 권리관계에 관한 소송절차는 본법에 의한다"라고 규정하고 있었다. 여기에서 후단부에 규정된 "기타 공법상의 권리관계에 관한 소송절차"는 공법상 당사자소송을 의미하고,[4] 전단부에 규정된 "행정청 또는 그 소속기관의 위법한 처분의 취소 또는 변경"은 취소소송을 규정한 것으로 볼 수 있다. 그러나 구 행정소송법에는 당사자소송의 구체적인 요건이나 절차 등에 대하여 아무런 규정을 두고 있지 않았기 때문에 그 활용도가 매우 낮았고, 당사자소송은 사실상 유명무실한 것이었다.[5]

한편, 1984년 12월 15일에 행정소송법의 전면개정이 이루어졌고, 동법은 1985년 10월 1일부터 시행되었다. 당시 개정된 행정소송법에는 행정소송의 유형을 보다 명확히 규정하고 다양화하였다. 즉 행정소송의 유형으로 항고소송·당사자소송·민중소송 및 기관소송으로 대별하였고, 항고소송을 다시 취소소송·무효확인소송·부작위위법확인소송으로 세분하였다. 이 가운데에서 당사자소송은 항고소송과 더불어 주관소송의 하나로 다루었다. 여기에서 당사자소송을 "행정청의 처분 등을 원인으로 하는 법률관계에 관한 소송 그 밖에 공법상의 법률관계에 관한 소송으로서 그 법률관계의 한쪽 당사자를 피고로 하는 소송"으로 정의하고 있었는데(행정소송법 제3조 제2호), 이러한 개념 정의는 현행 행정소송법에도 그대로 유지되고 있다.

구 행정소송법은 1948년에 제정된 일본의 行政事件訴訟特例法의 영

4) 박윤흔, 최신행정법강의(상), 2004, 1036면. 한편, 일본의 학설도 行政事件訴訟特例法 제1조에 규정된 "그 밖에 공법상의 권리관계에 관한 소송"을 강학상 당사자소송에 해당한다고 보고 있다(塩野 宏, 行政法 II, 第五版補訂版, 254면; 小早川光郎, 行政法講義 下III, 弘文堂, 2007, 325면).

5) 이에 대해서는 김도창, 일반행정법론(상), 제4전정판, 740-741면.

향을 크게 받았다.[6] 그러나 일본의 당사자소송제도는 이미 메이지시대(明治時代)의 행정재판법(行政裁判法) 시절부터 알려진 것으로서 독일의 입법례를 모델로 한 것이다.[7] 따라서 한국 당사자소송의 본고장은 독일의 당사자소송(Parteistreitigkeit)이라고 볼 수 있다. 독일의 행정소송제도는 19세기 초부터 행정재판권의 독립을 위한 노력이 경주되었는데, 그 이전에 행정에 대한 통제는 주로 영주의 行政司法(Administrativjustiz)에 의해 이루어졌다.[8] 이에 비해 프랑스의 국참사원(Conseil d'Etat)은 사법(司法)이 행정으로부터 완전히 독립되지 못한 고전적인 형태로서 프랑스의 역사적 경험에서 연유하고 있지만, 19세기 행정사법의 모델이 그대로 남아 있는 것이라고 볼 수 있다. 이에 반해 독일에서는 행정사법의 독립이 괄목할 정도로 진행되고 있었다. 특히 1900년 7월 19일 제정된 작센왕국의 행정소송법(Sächsisches Gesetz über die Verwaltungsrechtspflege) 제21조에서 당사자소송을 규정하고 있었다.[9] 작센왕국의 행정소송법은 행정재판의 초석을 마련한 것으로 평가를 받고 있는데, 작센에서는 이미 1835년에 행정으로부터 사법이 분리·독립하였다.[10] 1863년에는 바덴 대공국(大公國, Großherzogtum Baden)에서 행정으로부터 독립된 행정재판소가 처음으로 설치되었고, 1871년에 독일제국(Deutsches Kaiserreich)이 세워진 이후부터는 각 支邦에 본격적으로 행정재판소가 설치되기 시작하였다. 특히 1875년에는 프로이센 고등행정법원이, 그리고 1901년에

---

6) 김도창, 전게서, 740면.

7) 이에 대한 상세한 일본 행정소송의 연혁에 대해서는 塩野 宏, 前揭書, 59면 이하 참조. 한편, 2004년에 일본의 행정사건소송법이 개정되었는데, 당사자소송 활용론에 힘이 많이 실린 것으로 보인다. 예컨대 당사자소송의 경우 '확인소송'으로서의 성격이 보다 부각된 점은 주목할 만하다. 이에 대해서는 졸저, 행정구제의 기본원리, 법문사, 2013, 311-312면 참조.

8) Hufen, Verwaltungsprozessrecht, 7. Aufl., § 2 Rn. 2 ff.

9) Fritz Fleiner, Institutionen des Deutschen Verwaltungsrechts, 8. Aufl., 1928, S. 265.

10) 작센 州의 행정재판의 역사적 발전에 대해서는 Claus Meissner, Verwaltungsgerichtsbarkeit in Sachsen, LKV 1993, S. 105.

는 작센 고등행정법원이 차례로 세워졌다. 그 후 1919년에 제정된 바이마르(Weimar)헌법에서도 행정법원을 설치할 수 있는 근거를 마련하였지만, 이는 명목상에 그칠 뿐 실질적인 권리구제와는 거리가 먼 것이었다. 당시의 행정소송은 주로 침해적 행정행위에 대한 구제에 제한되었고, 당사자소송은 거의 활용되지 못하고 있었다. 다만, 발터 옐리네크(Walter Jellinek)는 본래적 행정구제와 추가적 권리구제를 구별하면서, 당사자소송이 전자에 해당하는 것으로 파악하였다.[11] 당시의 당사자소송은 아직 확고한 행정소송 유형의 하나로 정착되지는 못하였으나, 제2차 세계대전 이전부터 계속해서 일본의 학설에 영향을 주었던 것으로 보인다.[12] 독일에서는 제2차 세계대전 후 연합군의 점령기에 항고소송과 당사자소송의 이원적 체계가 확립되었다. 1958년 5월 12일 개정 행정소송법(Gesetz über die Neuordnung der Verwaltungsgerichtsbarkeit) 제85조 이하에서는 당사자소송을 매우 상세히 규정하고 있었다. 여기에서 당사자소송은 "동등한 권리주체 사이의 공법상 쟁송"이라고 규정하고 있었는데, 이행이나 금지를 요구하거나 법률관계의 존부 확인을 구하는 경우에 주로 제기되었다(동법 제88조). 그러나 1960년 1월 21일 행정법원법(Verwaltungsgerichtsordnung)이 제정되면서, 당사자소송은 폐지되었다. 이를 두고 독일에서 당사자소송이 쇠퇴한 것으로 혹평(酷評)하는 견해도 있을 수 있으나, 당사자소송은 일반이행소송이나 확인소송 등으로 전환하여 더욱 계승·발전하고 있다고 볼 수 있다.[13]

11) 이에 대해서는 Walter Jellinek, Verwaltungsrecht, 3. Aufl., 1931, S. 315(Nachdruck der 3. Aufl. mit Nachtrag 1950 und Vorwort von Bachof, 1966). 당사자소송은 주로 사회복지단체와 같은 공공단체가 대여금상환청구를 하는 경우에 활용되었다고 한다.

12) 이에 대해서는 小早川光郎, 前掲書, 325면.

13) 한편, 독일의 일반이행소송이나 확인소송이 당사자소송에서 발전한 것은 당사자소송의 기일적 소송유형임을 보여주는 단면이라고 보는 견해도 대체로 동일한 입장으로 볼 수 있다(박윤흔, 전게서, 1039면).

2. 당사자소송의 변화

당사자소송은 이미 오래 전에 행정소송법에 도입되었으나, 그 활용은 미진하였다. 그 이유를 실무상 민사소송 위주의 운영과 항고소송 중심주의 등에서 찾는 것이 보통이다. 예컨대 "일면 민사소송위주의 실무적 고려와 타면 행정소송법의 취소소송중심주의에 의하여 협공을 받아 거의 死文化되었다",[14] "(당사자소송이) 冷待를 받아 온 것 같다"[15] 등의 견해가 당사자소송의 현주소를 적절히 표현해 주고 있다. 특히 독립된 전문법원으로서 서울행정법원은 1998년 3월 2일에 비로소 처음으로 개원하였고, 당시에는 당사자소송의 독자성이나 제도적 기능 등이 충분히 인식되지 못하였다.[16] 그러나 학계에서는 오래 전부터 당사자소송의 확대론을 주장하였고, 최근 행정소송법 개정과 관련하여 이러한 주장은 계속 제기되고 있다.[17] 당사자소송을 하나의 포괄적인 개념으로 이해하여, "항고소송을 제외한 모든 소송을 가리키는 일종의 잔여개념(殘餘槪念)"으로 파악하는 견해[18]도 동일한 입장으로 볼 수 있다. 이에 반하여 2003년 대법원의 행정소송법 개정안은 항고소송 중심주의에 기반을 둔 것이었다.

한편, 종래 판례는 국가배상청구권, 손실보상청구권 및 부당이득반환청구소송 등의 경우에 당사자소송의 활용에 대하여 소극적인 입장을 보였으나, 최근에는 새로운 변화의 조짐을 보이고 있다. 즉 공법적 성격

14) 홍준형, 행정구제법, 제4판, 한울아카데미, 728면.

15) 박종국, "당사자소송과 소의 이익", 司法行政 31권(1992. 1), 31면.

16) 1984년 법개정시까지 실무상 당사자소송이 활용되지 못한 이유로서 민사소송과의 구별 및 그 실익이 명확하지 않고, 2심제로 고등법원 소재지가 제한적이었으며, 행정사건과 민사사건의 구별이 쉽지 않다고 지적하는 견해도 있다(백윤기, "행정소송제도의 개선". 행정법원의 좌표와 진로(서울행정법원 개원 1주년 기념백서), 1999, 199면).

17) 김남진, "처분성확대론과 당사자소송활용론", 고시연구, 2005. 3, 15면; 김중권, "법무부 행정소송법개정시안의 주요 내용에 관한 소고: 잠정적 권리구제와 당사자소송과 관련해서", 공법학연구 제14권 제1호, 393면 이하; 백윤기, 전게논문, 199면 이하.

18) 박윤흔, 전게서, 1039면.

을 가짐에도 민사소송으로 다루었던 사안에 대하여 당사자소송을 인정하는 사례가 늘고 있다. 예컨대 대법원은 광주민주화운동관련자보상등에관한법률의 보상금지급청구소송에 대해 당사자소송으로 판단하였다.[19] 이는 종래 보상금청구소송을 민사소송으로 처리하던 것을 행정소송(당사자소송)으로 판시한 것이다. 이 판례는 당사자소송의 活路를 개척한 판례로 평가할 수 있는데, 그 이후 당사자소송을 인정한 사건이 증가하였다. 즉 대법원은 공무원의 신분·지위 등의 확인에 관한 소송,[20] 군인연금법상 급여청구권에 관한 소송,[21] 석탄산업법 시행령 제41조 제4항 제5호 소정의 재해위로금 지급청구소송,[22] 납세의무부존재확인의 소[23] 등에서 당사자소송을 인정하였다. 이를 두고 "1990년대에 이르러 假死狀態에 있던 당사자소송이 화려하게 復活하였다"고 평가하기도 한다.[24] 또한 대법원은 전원합의체 판결에 의해 개정 하천법 부칙 제2조와 하천구역 편입토지 보상에 관한 특별조치법 제2조에 의한 손실보상청구권을 종전에는 사권(私權)으로 보던 것을 공법상의 권리로 판단한 바 있다.[25] 나아가 최근에 대법원은 국가에 대한 납세의무자의 부가가치세 환급세액지급 청구사건에서 민사소송으로 다루던 종전의 입장을 변경하여 당사자소송으로 제기해야 한다고 판시하였다.[26]

---

19) 즉 "관련자 및 유족들이 갖게 되는 보상 등에 관한 권리는 헌법 제23조 제3항에 따른 재산권침해에 대한 손실보상청구나 국가배상법에 따른 손해배상청구와는 그 성질을 달리하는 것으로서 법률이 특별히 인정하고 있는 공법상의 권리라고 하여야 할 것이므로 그에 관한 소송은 행정소송법 제3조 제2호 소정의 당사자소송에 의하여야 할 것이며 보상금 등의 지급에 관한 법률관계의 주체는 대한민국이다."(대법원 1992. 12. 24. 선고 92누3335 판결).

20) 대법원 1993. 9. 14. 선고 92누4611 판결; 대법원 1995. 12. 22. 선고 95누4636 판결.

21) 대법원 1995. 9. 15. 선고 93누18532 판결.

22) 대법원 1999. 1. 26. 선고 98두12598 판결.

23) 대법원 2000. 9. 8. 선고 99두2765 판결.

24) 朴正勳, "항고소송과 당사자소송의 관계: 비교법적 연혁과 우리법의 해석을 중심으로, 특별법연구 제9권, 128면.

25) 대법원 2006. 5. 18. 선고 2004다6207 판결.

26) 대법원 2013. 3. 21. 선고 2011다95564 전원합의체 판결. 이 전원합의체 판결에서 부가가치세 환급세액지급청구를 민법상 부당이득반환청구로 구성해야 한다는 반대의견

이와 같이 학계의 다수, 그리고 실무계의 일각에서는 당사자소송의 활성화를 계속해서 주장하였는데, 최근 행정소송법 개정을 두고 이러한 논의는 더욱 활기를 띠고 있다고 볼 수 있다. 이와 관련하여 항고소송 중심의 사고에 기초하여 당사자소송에 대해 소극적으로 평가하는 견해도 있으나, 당사자소송도 행정소송법에 규정된 행정소송의 하나이므로 국민의 권리구제에 기여할 수 있도록 이를 최대한 활용할 필요가 있다. 행정소송은 국민의 기본권보호와 법치주의를 실현하는 데에 기여해야 한다.[27] 특히 헌법에서 보장하고 있는 실질적 법치주의의 관점에서도 국민의 권익구제의 흠결이 없도록 소위 완결된 권리구제수단이 정비될 필요가 있다. 이하에서는 당사자소송의 특징과 유형, 그리고 다른 소송과의 차이점에 대해 살펴보기로 한다.

Ⅲ. 당사자소송의 특징 및 내용

1. 당사자소송의 유형

(1) 한국의 행정소송법 제3조 제2호에서는 당사자소송을 “행정청의 처분 등을 원인으로 하는 법률관계에 관한 소송 그 밖에 공법상의 법률관계에 관한 소송으로서 그 법률관계의 한쪽 당사자를 피고로 하는 소송”이라고 정의하고 있다. 여기에서 다수설은 후단부에 규정된 “그 밖에 공법상의 법률관계에 관한 소송”을 실질적 당사자소송으로 보고, 전단부에 규정된 “행정청이 처분 등을 원인으로 하는 법률관계에 관한 소송”을 형식적 당사자소송을 이해하고 있다. 형식적 당사자소송은 본래 처분 또는 재결을 원인으로 하여 형성 또는 변경된 법률관계를 다투는 소송으로서 그 법률관계의 일방당사자를 피고로 하는 소송을 말한

(대법관 박보영)도 있었다.

27) 이상규, 행정쟁송법, 제5판, 4면.

다. 소위 형식적 당사자소송에 해당하는 것으로는 공익사업을 위한 토지 등의 취득 및 보상에 관한 법률(이하 "공익사업법"이라 한다) 제85조 제2항에 의한 보상금증감청구소송, 특허법 제187조 단서에 의한 특허무효 및 권리범위확인 등에 관한 특허심판원의 심결의 효력을 다투는 소송 등이 있다. 반면, 실질적 당사자소송에 해당하는 것으로는 공중보건의 채용계약해지,[28] 서울특별시립무용단원의 해촉[29] 등 공법상 신분이나 지위의 확인에 관한 소송, 공법상 금전지급청구권[30] 등이 있다.

한편, 행정소송법 제3조 제2호 전단부에 규정된 "행정청이 처분 등을 원인으로 하는 법률관계에 관한 소송"이라는 부분은 형식적 당사자소송으로 이해하는 것이 다수설이지만, 형식적 당사자소송의 분류는 불필요하며 잘못된 것으로 보는 견해[31]도 있다. 당사자소송 중에는 처분이나 재결 그 자체가 아니라 이에 의해 형성된 법률관계를 다투어야 하는 특별한 경우가 존재하므로 이러한 분류 자체가 전혀 무의미한 것은 아니다. 다만, 당사자소송의 대상과 범위를 보다 확대하기 위해서는 "처분 등을 원인으로 하는 법률관계에 관한 소송"을 당사자소송의 예시로 해석하는 것이 타당하다. 학계의 일반적 견해와 달리 서울행정법원의 실무지침서에는 "행정청이 처분 등을 원인으로 하는 법률관계에 관한 소송"이라는 부분에 대해 형식적 당사자소송에 해당하는 것을 제외하고는 실질적 당사자소송에 속하는 것으로 보고 있다.[32] 즉 "처분 등을 원인으로 하는 법률관계"를 처분으로 인하여 형성된 법률관계로 이해하면서, 이를 실질적 당사자소송에 포함하고 있다. 이러한 해석은 실질적 당사자소송의 범위를 넓게 파악할 수 있는 장점이 있다. 본래 형

28) 대법원 1996. 5. 31. 선고 95누10617 판결.
29) 대법원 1995. 12. 22. 선고 95누4636 판결.
30) 대법원 1997. 5. 30. 선고 95다28960 판결.
31) 한견우, "우리나라 현행 행정소송법상 당사자소송의 문제점과 개선방안(상)", 법조 제41권 1호(1992), 10면.
32) 서울행정법원 실무연구회, 행정소송의 이론과 실무, 사법발전재단, 2013, 10면.

식적 당사자소송과 실질적 당사자소송의 구분은 일본의 학설로부터 유래한 것이다. 2004년에 개정된 일본의 행정사건소송법 제4조에서는 "이 법률에서 당사자소송이란 당사자 사이의 법률관계를 확인하거나 형성하는 처분 또는 재결에 관한 소송으로 법령의 규정에 의해 그 법률관계의 당사자의 일방을 피고로 하거나 공법상 법률관계에 관한 확인을 구하는 기타 공법상 법률관계에 관한 소송을 말한다"라고 규정하고 있다. 이 가운데에서 전단부에 규정된 부분을 형식적 당사자소송이라고 보고 있다.[33] 다만, 근래에는 일본에서도 당사자소송의 유형을 4가지로 구분하는 견해가 유력하다. 즉 ① 처분이 아닌 활동에 대한 행정소송(행정계획·通達·행정지도 등에 대한 공법상 확인소송), ② 공법상의 권리·의무를 다투는 소송(예컨대 공무원의 지위나 봉급의 지불청구권, 손실보상청구권, 국적 등을 다투는 소송), ③ 처분의 무효를 전제로 공법상의 권리·의무를 다투는 소송(예컨대 과세처분의 무효를 전제로 한 과오납금의 부당이득반환청구소송), ④ 소위 형식적 당사자소송(보상금증감소송)으로 분류하고 있다.[34] 그러나 이러한 유형구분은 다소 중첩적일 수 있다. ②의 유형은 전형적인 실질적 당사자소송에 해당하며, ④의 유형은 형식적 당사자소송에 속한다. 예컨대 공립학교 학생의 퇴학처분 무효를 전제로 한 학생의 지위확인을 구하는 소송의 경우에는 ①과 ③의 경우에 모두 해당할 수 있다.

생각건대 일본 행정사건소송법의 규정은 한국의 행정소송법과 서로 차이가 있다. 즉 일본의 행정사건소송법에서는 개별법에 규정된 경우에 한하여 형식적 당사자소송을 인정하고 있으나, 한국의 행정소송법에는 그러한 제한규정이 없다.[35] 후술하는 보상금증감청구소송과 같이 당사자소송의 특수한 형태가 존재하는 것이 사실이며, 그러한 이유에서 형

33) 이에 대한 상세는 졸저, 행정구제의 기본원리, 493면.
34) 大橋洋一, 行政法 II(現代行政救濟論), 229-231면.
35) 이상규, 행정쟁송법, 제5판, 306면.

식적 당사자소송의 분류가 전혀 의미 없는 것은 아니다. 또한 형식적 당사자소송을 개별법의 규정이 있는 경우에만 허용하는 것은 당사자소송의 기능을 위축시킬 수 있다. 참고로 개정 행정소송법의 입법예고안에는 "행정상 손실보상·손해배상·부당이득반환이나 그 밖의 공법상 원인으로 발생하는 법률관계에 관한 소송으로서 그 법률관계의 한쪽 당사자를 피고로 하는 소송"이라고 규정하고 있는데, 형식적 당사자소송과 실질적 당사자소송의 구별을 전제로 하고 있지 않다.

(2) 한편, 형식적 당사자소송과 실질적 당사자소송의 구별이 현실에 있어서 항상 명확한 것은 아니다. 실제 실질적 당사자소송의 경우에도 처분 등을 원인으로 하여 직·간접적인 영향을 받아 형성된 공법상 법률관계를 다투는 경우가 적지 않다. 예컨대 파면처분의 무효를 전제로 공무원의 신분관계 내지 지위의 확인을 다투는 소송, 해임처분에 따른 봉급지급청구권을 다투는 소송, 또는 과세처분의 무효를 원인으로 하는 조세환급청구소송 등이 그러하다. 앞의 두 사례는 실무상 실질적 당사자소송으로 다루어지고 있다. 다만, 과세처분의 무효를 원인으로 하는 조세과오납금환급청구는 종전부터 민사소송으로 다루고 있다. 이에 대하여 유력설은 소송물도 공법상 부당이득반환청구권 자체가 공권일 뿐만 아니라 과세처분을 원인으로 한 공법상 법률관계라는 점에서 (실질적) 당사자소송으로 다루는 것이 타당하다고 지적한다.[36] 형식적 당사자소송을 인정하는 이유 내지 실익은 소송경제적 측면에서 찾고 있다.[37] 형식적 당사자소송의 대표적 사례는 공익사업법 제85조 제2항에 규정된 보상금증감청구소송이다. 보상금증감청구소송은 재결을 원인으로 한 보상금증감을 다투는 소송인데, 중앙토지수용위원회의 이의재결의 보상금액에 불복하여 그 이의재결의 취소를 다투고, 또 다시 보상금의 증감을 다투는 당사자소송을 제기하는 것은 소송경제에 반할 수 있다.

---

36) 안철상, "행정소송과 민사소송의 관계", 법조 제616호(2008. 1), 337-338면.
37) 이상규, 행정쟁송법, 305면.

보상금증감소송의 법적 성질에 대해서는 구 토지수용법 제75조의2 제2항에 '재결청'도 소송당사자로 규정하고 있었기 때문에 더욱 논란이 되고 있었다. 그 법적 성질에 대하여 학설로는 특수한 형태의 항고소송설, 변형된 형식적 당사자소송설, 당사자소송과 항고소송이 절충된 형태의 소송설 등이 있었다.[38] 또한 종전의 판례는 이를 필요적 공동소송으로 파악하였다.[39] 생각건대 보상금증감소송의 본질은 재결의 위법성을 다투는 것이 아니라 재결에 포함된 보상금의 증액 내지 감액에 있다. 외관상으로는 토지수용위원회의 재결 그 자체를 다투는 것으로 보이지만, 실제로는 재결의 내용에 포함된 보상금증감을 다투고 있는 점이 특징이다.

(3) 행정처분에 해당하는 재결의 효력(특히 공정력)을 그대로 두고 보상금을 다투기 위해서 개별법에 별도의 근거가 있어야 하는지가 문제되고 있다. 다수설은 개별법의 규정이 없는 경우 원·피고의 당사자적격의 판단, 소송제기기간 등 소송요건이 불명확하다는 점을 지적하고 있다.[40] 이에 대해 형식적 당사자소송에는 법적 근거를 별도로 요하지 않는다는 견해도 유력하다.[41] 생각건대 지나치게 포괄적인 공정력개념 그 자체가 비판을 받고 있고,[42] 설사 해당 처분이나 재결 등에 구성요건적 효력이나 불가변력 등이 인정된다고 하더라도 모두 행정사건이므로 수소법원은 이에 대한 심사권을 가진다. 또한 이러한 사건은 처분이나 재결의 위법을 전제로 하여 실질적으로는 공법상 법률관계를 다투고 있으므로 형식적 당사자소송을 제한적으로 파악할 필요는 없다. 나아가 '당사자소송'에 관한 명시적 규정이 없더라도 개별법의 내용이나 체계 등

38) 이에 대해서는 졸저, 행정구제의 기본원리, 289-290면.
39) 대법원 1991. 5. 28. 선고 90누8787 판결.
40) 김남진, 행정법 I, 제6판 수정판, 857면.
41) 이상규, 행정쟁송법, 306면; 박윤흔, 전게서, 1045면; 박균성, 행정법론(상), 제11판, 997면.
42) 졸고, "국가배상소송과 선결문제: 특히 구성요건적 효력, 기판력 그리고 위법개념을 중심으로", 저스티스 제116호(2010. 4), 103면 이하.

에 비추어 당사자적격(특히 피고적격)이나 제소기간 등을 충분히 판단할 수 있는 경우도 있다.[43] 이와 관련하여 형식적 당사자소송을 "실질적으로는 행정청의 처분을 다투는 소송"이라고 이해하여, 취소소송과 동일한 것으로 보는 견해[44]도 있다. 형식적 당사자소송을 실질적으로 취소소송과 동일하게 이해하는 것은 일본 학설의 영향을 받은 점도 있다.[45] 특히 일본의 행정사건소송법은 형식적 당사자소송을 "처분 또는 재결에 관한 소송"이라고 규정하고 있어, 항고소송처럼 규정하고 있다. 이에 대하여 형식적 당사자소송을 항고소송으로 보는 것을 비판하면서, "행정청의 처분 등에 의해 직접 형성된 법률관계에 관한 다툼으로서 형식적으로는(소송형태상) 당사자소송이지만, 그 전제로서 행정청의 처분을 다투는 것을 포함하는 소송"이라고 보는 견해[46]도 있다. 형식적 당사자소송은 행정청의 처분이나 재결에 불복하여 제기한다는 점에서 이를 '항고소송'으로 보는 견해도 있으나, 행정청의 처분이나 재결을 원인으로 형성된 공법상 법률관계를 다투는 소송으로 보는 것이 타당하다. 예컨대 보상금증감청구소송의 경우 사업시행자(起業者) 토지소유자 또는 관계인이 소송당사자이며, 행정청(토지수용위원회)은 여기에 포함되지 않는다. 또한 쟁송의 대상도 처분이나 재결에 의해 결정된 보상금의 적정여부라는 점을 고려하면, 형식적 당사자소송의 본질을 항고소송으로 보기는 어렵다.

한편, 일본에서도 토지수용법 제133조 제2항에 규정된 보상금증감청구소송을 형식적 당사자소송으로 이해하고 있다. 즉 이러한 소송이 형식적으로는 당사자 사이의 다툼이지만 실질적으로는 수용위원회의 재결을 다툰다는 의미로 강학상 '형식적' 당사자소송이라고 부르고 있는 것이다.[47] 그리고 보상금증감청구소송의 법적 성질에 대하여 형성소송설,

---

43) 졸저, 행정구제의 기본원리, 319면.
44) 박윤흔, 전게서, 1043면.
45) 田中二郎, 新版行政法上卷 全訂第二版, 358면.
46) 박균성, 전게서, 994-995면

확인 · 급부소송설 및 절충설 등이 대립하고 있다. 이에 대해 일본의 최고재판소는 명확한 입장을 밝히고 있지 않지만, 하급심은 대체로 확인 · 급부소송설을 따르고 있다.[48] 특히 보상금증액청구소송은 토지소유권자 및 관계인이 사업시행자를 상대로 보상금산정을 잘못한 재결의 위법(확인)을 전제로 하여 이를 별도로 다투지 아니하면서도, 보상금 증액의 이행을 다투는 것이다. 생각건대 형식적 당사자소송에 대하여 법률에 명문의 규정이 있는 한 허용된다고 보는 것이 통설이나, 이는 효과적인 권리구제수단의 사용을 제한하는 것으로서 국민의 권익구제를 좁히는 결과를 가져올 수 있다. 따라서 행정소송법 제3조 제2호의 규정만으로 충분하며, 당사자소송의 활성화를 위해서도 형식적 당사자소송의 근거를 요할 필요는 없다. 당사자적격의 문제나 제소기간 등은 실질적 당사자소송에서도 문제가 될 수 있다.

2. 당사자소송과 민사소송의 구분

당사자소송이 활성화되지 못한 주요한 이유는 당사자소송에 해당하는 사안을 실무상 민사소송으로 운영한 것에서 찾을 수 있다. 당사자소송을 도입하면서 이에 관한 구체적인 요건을 규정하지 아니하고 대부분 민사소송의 규정을 준용하고 있다는 점도 당사자소송이 위축된 원인의 하나였다. 이러한 사정은 일본의 경우에도 비슷하다. 당시 일본의 대표적인 행정법학자였던 田中二郎 교수도 항고소송과 민사소송은 서로 완전히 다른 종류로 인식하면서도 당사자소송을 민사소송과 동일한 소송유형으로 보았다.[49] 그러나 일본에서는 전술한 바와 같이 공 · 사법 이원론에 대하여 의문을 제기하는 견해가 유력하여 당사자소송이 항고소

47) 塩野 宏, 前揭書, 255면. 한편, 일본에서는 실질적 당사자소송을 "公法上 當事者訴訟" 이라고 부르기도 한다(塩野 宏, 前揭書, 254면).

48) 이에 대한 상세는 졸고, 잔여지수용청구의 소송법적 쟁점, 특별법연구 제9권, 대법원 특별소송실무연구회(편), 200면 참조.

49) 田中二郎, 前揭書, 358면.

송에 비해 홀대(忽待)를 받고 있다고 한다.[50] 따라서 당사자소송의 독자적 영역을 인정하고 이를 확대하기 위해서는 민사소송과의 구별이 선행되어야 한다.

당사자소송과 민사소송의 구별은 공법과 사법의 구별을 전제로 한다. 일본에서는 공법과 사법의 일원론이 우세하나, 한국에서는 공법과 사법을 서로 구별하는 견해가 지배적이다. 다만, 공법과 사법의 구별기준에 대하여는 견해가 대립하고 있다. 즉 소송물을 기준으로 공법과 사법을 구별하는 견해와 소송물의 전제가 되는 법률관계를 기준으로 양자를 구분하는 견해가 있다. 판례는 전설(前說)에 따르고 있으나, 학설은 후설(後說)을 따르는 견해가 압도적이다. 예컨대 '소송물'을 기준으로 하는 경우에 공무원의 지위나 신분을 다투는 것은 행정사건이고, 부당이득반환청구소송은 민사사건으로 본다. 반면 소송물의 전제가 되는 '법률관계'를 기준으로 할 경우에는 부당이득반환청구소송도 그 전제가 되는 법률관계가 공법적 성격을 가지는 행정사건이라고 볼 수 있다. 나아가 소송물을 기준으로 구별하는 견해에 따르면 공법상 원인에 의해 발생하는 국가배상청구권이나 손실보상청구권 등도 모두 민사사건으로 다루게 된다. 따라서 소송물을 기준으로 행정소송(당사자소송)과 민사소송을 구별하는 것은 타당하지 않다. 그러한 이유에서 행정소송법 개정의 입법예고안에는 행정상 손실보상 · 손해배상 · 부당이득반환을 예시하여 당사자소송에 포함시키고 있는데, 이러한 문제를 입법적으로 해결하기 위함이다. 그러나 소송물의 법률관계를 전제로 하는 경우에도 그 법률관계가 공법관계인지 사법관계인지를 규명해야 한다. 결국 당사자소송과 민사소송의 구별은 근본적으로 공법과 사법의 구별에 귀착하게 된다. 독일에서는 공법과 사법의 구별기준으로 종래 이익설, 주체설(종속설, 상하관계설), 귀속설(신주체설) 등이 있다. 이 중에서 법규를 통한 권리 · 의

---

50) 塩野 宏, 前揭書(II), 197면.

무가 단지 고권력(高權力)의 주체인 경우에 공법으로 보는 귀속설(新主體說)이 유력하며, 또한 독일의 통설이다.[51] 이러한 이론만으로 개별 사례에서 공법과 사법을 완전히 구별하기는 어렵겠지만, 이러한 이론에 바탕을 두고 공권적 작용의 근거 법규에 대한 해석, 법규의 귀속주체 등을 종합적으로 고려하여 판단해야 할 것이다. 공법과 사법의 구별 실익은 적용 법리의 차이뿐만 아니라 소송상의 이유 등에서 찾을 수 있다.[52] 앞으로 공법의 사화(私化, Privatisierung)가 가속화될 경우 공법과 사법의 구별은 더욱 어려워질 것이다.[53] 이와 관련하여 행정사건과 민사사건의 구별 필요성은 여전히 존재하지만, 이는 이론적인 문제가 아니라 "행정사건의 특수성 · 전문성"이라는 관점에서 접근해야 한다는 견해도 있다.[54]

당사자소송과 민사소송은 '관할' 이외에도 심리절차에 있어서 서로 차이점이 있다. 첫째, 민사소송에는 변론주의가 지배하지만, 당사자소송에는 직권심리주의가 적용된다(행정소송법 제44조 제1항 및 제26조). 둘째, 당사자소송에는 현재 민사소송으로 다루어지는 손해배상 · 부당이득반환 · 원상회복 등의 관련 청구를 병합할 수 있으나(행정소송법 제44조 제2항 및 제10조), 민사소송에는 당사자소송을 병합할 수 없다. 셋째, 당사자소송은 민사소송과 달리 항고소송과의 소변경이 인정될 뿐만 아니라, 소변경이나 처분변경 등으로 인한 제소기간의 소급적용이 가능하다(행정소송법 제44조 제1항, 제14조 및 제21조 등). 넷째, 민사소송은 판결의 효력이 당사자에게만 미치지만, 당사자소송에서는 취소판결의 기속력과 같이 당사자뿐만 아니라, 그 소속 행정청과 관계 행정청에게도 미친다

---

51) Wolff/Bachof/Stober, Verwaltungsrecht I, § 22 Rn. 27; Maurer, Allgemeines Verwaltungsrecht, § 3 Rn. 18; Hendler, Allgemeines Verwaltungsrecht, 2. Aufl. S. 10 f.

52) Battis, Allgemeines Verwaltungsrecht, 2. Aufl., S. 48 f.

53) 이에 대해서는 Walter Leisner, "Privatisierung" des Öffentlichen Rechts, Berlin 2007.

54) 안철상, "공법상 당사자소송의 의의 · 성격과 활성화방안", 특별법연구 제7권, 219면.

(행정소송법 제44조 제1항 및 제30조 제1항). 그 밖에 민사소송과 달리 당사자소송에서는 행정심판기록의 제출명령을 할 수 있다(행정소송법 제44조 제1항 및 제25조).

3. 당사자소송과 항고소송의 구분

당사자소송과 민사소송의 구별에 있어서 당사자소송의 활성화는 행정법학계에서 대부분 환영할 만한 일이지만, 당사자소송과 항고소송의 구별은 행정소송 내의 문제로서 소송형식의 선택과 관련하여 또 다른 어려운 문제를 던져 주고 있다. 이와 관련하여 당사자소송 확대론과 항고소송 중심주의가 서로 대립하고 있다. 당사자소송과 항고소송은 모두 원고의 권리나 이익이 침해된 경우를 전제로 한다는 점에서 주관소송으로 보는 것이 통설이다. 그러나 항고소송은 고권적 행정작용으로서 행정처분을 대상으로 하여 수직적 법률관계를 다투는 것이지만, 당사자소송은 본래 대등한 권리주체 사이의 공법상 법률관계를 대상으로 하고 있다. 또한 최근에 항고소송의 대상인 행정처분의 범위가 확대되는 경향을 넘어서 종래 비권력적 사실행위로 취급되던 것을 항고소송의 대상으로 보고 있다. 예컨대 대법원은 구 남녀차별금지 및 구제에 관한 법률에 따른 국가인권위원회의 성희롱결정 및 시정조치권고가 행정소송의 대상이 되는 행정처분에 해당한다고 판시하였다(대법원 2005. 7. 8. 선고 2005두487 판결). 또한 지적공부의 지목변경(대법원 2004. 4. 22. 선고 2003두9015 전원합의체 판결), 불문경고(대법원 2002. 7. 26. 선고 2001두3532 판결) 등에 대해서도 처분성을 인정하였다. 나아가 판례는 예외적으로 행정입법을 항고소송의 대상에 포함하고 있다. 즉 대법원은 예외적으로 법령이 그 자체로서 직접 개인의 권리 또는 이익을 침해하는 이른바 '처분적 명령'을 행정소송의 대상으로 인정하고 있다.[55] 또한 경기도 두

55) 대법원 1954. 8. 19. 선고 4286행상37 판결.

밀분교통폐합에 관한 조례에 대하여 그 처분성을 인정한 바 있다(소위 “처분적 조례”).[56] 이러한 항고소송 대상의 전면적 확대는 일면 국민의 권익구제를 위해 기여하는 점도 있으나, 항고소송 중심주의로 편중되어 운영될 가능성도 있다.

한편, 실무상 당사자소송과 항고소송 사이에서 적합한 소송형식을 선택하는 것은 현실적으로 쉽지 않다. 앞에서 언급한 바와 같이 대법원은 광주민주화운동관련자보상등에관한법률상의 보상금지급청구소송에 대해 당사자소송으로 판단하였는데,[57] 전체적인 체계가 유사한 민주화운동관련자명예불인정처분취소소송에서는 ‘민주화운동관련자 명예회복 및 보상 심의위원회’의 결정을 국민의 권리의무에 직접 영향을 미치는 행정처분으로 보아 취소소송을 제기할 수 있다고 판시하였다.[58] 이러한 대법원의 판례는 당사자소송과 항고소송의 구별이 어렵다는 점을 보여주지만, 국민들에게는 소송형식의 선택에 있어서 다소 혼선을 주고 있는 것도 사실이다. 그리고 사회보장급부와 관련된 소송 등과 같이 항고소송과 당사자소송이 교착할 수 있는 영역이 존재하고 있어 앞으로 논란이 될 수 있다.

항고소송과 당사자소송으로 구분하는 이원적 구조는 독일의 입법례에서 유래하는 것이지만, 프랑스의 행정소송에서도 월권소송(recours pour excès de pouvoir)과 완전심리소송(contentieux de pleine juridiction)의 구분이 있다. 다만, 프랑스의 완전심리소송은 주관소송으로서 원고의 주관적 권리의 판단을 통해 손해배상금의 지급결정을 하거나 행정청의 결정을 변경할 수도 있다.[59] 독일의 당사자소송이 프랑스의 입법례에서 연유하는 것이라 주장하는 견해도 있으나, 독일의 당사자소송과

56) 대법원 1996. 9. 20. 선고 95누8003 판결.

57) 대법원 1992. 12. 24. 선고 92누3335 판결.

58) 대법원 2008. 4. 17. 선고 2005두16185 판결.

59) 이에 대해서는 전훈, “항고소송의 대상에 관한 비교법적 검토: 프랑스 행정소송을 중심으로”, 공법학연구 제13권 제2호, 325-328면 참조.

프랑스의 완전심리소송이 서로 일치한다고 단정하기 어렵다. 독일의 당사자소송은 이미 일반이행소송이나 확인소송의 형태로 진취적인 발전을 거듭하고 있다. 따라서 한국의 행정소송법에서 당사자소송의 독자적인 좌표설정을 어떻게 해야 하는지가 더욱 중요하며, 이를 바탕으로 그 기능제고 및 활성화 방안을 모색해야 한다. 당사자소송과 항고소송의 구별을 '대상'과 '본질' 등을 기준으로 하는 것이 일반적이지만, 항고소송의 대상 확대로 인해 당사자소송의 기능이 상대적으로 위축하는 결과를 초래한 것이 사실이다. 이와 관련하여 프랑스의 입법례를 바탕으로 '기능'의 관점에서 양자를 구별하고, 양자 선택이 아니라 일부중복의 가능성을 주장하는 견해도 있다.[60] 소송형식의 선택을 유연하게 하여 국민의 권익구제의 가능성을 확대해야 한다는 점에서 이러한 소송선택의 중복가능성은 충분히 경청할 만한 가치가 있다.

일반적으로 행정소송법상 항고소송과 당사자소송은 전술한 '대상' 이외에도 몇 가지 점에 있어서 주요한 차이점을 가지고 있다. 첫째, 항고소송에는 원고적격(법률상 이익)의 제한이 있으나 당사자소송에는 공법상 권리의 주장을 할 수 있을 뿐이다(제12조). 둘째, 항고소송의 피고는 행정청이나, 당사자소송의 피고는 국가·공공단체 등 행정주체이다(제39조). 셋째, 항고소송에는 제소기간의 제한이 있으나, 당사자소송에는 특별한 규정이 없는 한 제한이 없고, 이러한 규정이 있는 경우에는 불변기간으로 하고 있다(제20조, 제41조). 생각건대 행정소송의 목적과 기능, 본질 및 대상 등을 종합적으로 고려하여 당사자소송과 항고소송을 구별할 필요가 있다. 당사자소송을 활성화하고 소송유형의 선택을 유연하게 운영하기 위해서는 항고소송과 당사자소송의 교착영역(交錯領域)에 대한 검토가 필요하다. 당사자소송과 항고소송의 양자택일을 요구하는 구조로 가는 것보다 소송형식의 선택가능성을 열어두도록 하는 탄력적인 운

60) 朴正勳, 전게논문, 136면.

영이 필요하다. 나아가 형식적 당사자소송에 대하여 법률에 명문의 규정이 있는 한 허용된다고 보는 것이 통설이나, 이는 효과적인 권리구제수단의 사용을 제한하는 것으로서 국민의 권익구제를 좁히는 결과를 가져온다.

Ⅳ. 대법원 판례의 현황과 최근 동향

1. 대법원 판례의 현황 분석

(1) 현황 및 문제점

앞에서 살펴본 바와 같이 전문직 또는 계약직 공무원의 신분이나 지위 등에 관한 확인소송이나 공법상 계약에 관한 소송 등은 대체로 당사자소송으로 보고 있다. 또한 공무원의 금전지급청구소송도 대체로 당사자소송으로 보고 있다. 최근 대법원은 지방자치단체와 그 소속 경력직 공무원인 지방소방공무원 사이의 관계를 사법상의 근로계약관계가 아닌 공법상의 근무관계에 해당한다고 보고, 지방자치단체를 상대로 초과근무수당의 지급을 구하는 소송을 당사자소송으로 제기해야 한다고 판시한 바 있다.[61] 종래 손실보상청구권을 사권(私權)으로 다루기도 하였으나, 근래에는 행정소송으로 제기해야 한다는 견해가 보다 유력하다. 그러나 보상금청구소송에 대하여 항고소송을 제기해야 하는지, 실질적 당사자소송을 제기할 수 있는지, 또는 보상금증감소송을 제기할 수 있는지 등이 다투어지고 있다. 대법원은 잔여지감가보상에 대해 재결을 거치지 아니하고 곧바로 당사자소송을 제기할 수 없다고 판시하면서도,[62] 법령에 의해 보상이 확정되는 주거이전비보상에 관한 소송에서는 당사자소송을 제기할 수 있다고 판시하였다.[63] 또한 잔여지수용청구

61) 대법원 2013. 3. 28. 선고 2012다102629 판결.
62) 대법원 2008. 7. 10. 선고 2006두19495 판결.

를 받아들이지 않은 토지수용위원회의 재결에 대하여 다투는 경우에는 사업시행자를 피고로 한 보상금증감소송을 제기할 수 있다고 보았다.[64] 그 밖에 대법원은 화훼소매업을 영위하는 원고들의 비닐하우스가 택지개발사업에 편입되어 영업손실을 입었다고 하여 보상을 청구한 사건에서, 재결을 거치지 아니하고 사업시행자를 상대로 당사자소송을 제기할 수 없다고 판시하였다.[65] 그러나 당해 사안에서는 법령에 영업손실보상의 구체적인 산정 및 평가의 방법과 기준 등이 규정되어 있다는 점에서 당사자소송을 제기할 수 있다고 생각한다.[66]

한편, 판례는 공법상 부당이득반환청구소송이나 국가배상청구소송을 여전히 민사사건으로 다루고 있다. 특히 공무원의 위법한 직무행위로 인해 발생한 손해에 대한 배상청구권은 민사소송으로 다루고 있는데, 이에 대해 국가배상을 행정소송으로 다루어야 한다는 비판이 계속 제기되었다.[67] 이와 관련하여 서울행정법원의 실무지침서에는 국가배상소송을 민사소송으로 다루어 왔고, 행정소송과 민사소송의 구별이 쉽지 않으며, 손해배상사건의 처리를 위한 전담부서가 필요한 점 등을 이유로 종래와 같이 민사소송으로 다루어야 한다고 주장하고 있다.[68] 그 밖에 산업재해보상보험금, 군인연금법 등에 의한 사회보장급부와 관련된 청구소송에서는 항고소송인지 당사자소송인지가 다투어지고 있다. 이하에서는 이에 대해 살펴보기로 한다.

---

63) 대법원 2008. 5. 29. 선고 2007다8129 판결.
64) 대법원 2010. 8. 19. 선고 2008두822 판결.
65) 대법원 2011. 9. 29. 선고 2009두10963 판결. 다만, 이 사건의 원심판결인 서울고등법원은 재결을 거치지 아니하고 당사자소송을 제기할 수 있다고 보고 있다(서울고등법원 2009. 6. 4. 선고 2008누20934 판결).
66) 이에 대해 비판적인 입장으로는 졸고, "잔여지보상과 소송형식: 잔여지감가보상의 문제를 중심으로", 토지보상법연구 제10집(2010. 2), 211-212면.
67) 졸고, "국가배상소송과 선결문제", 127면; 김중권, "국가배상법상 과실책임주의의 이해전환을 위한 소고", 법조 제635권(2009. 8), 84면 이하 등.
68) 서울행정법원 실무연구회, 행정소송의 이론과 실무, 104면.

(2) 사회보장급부와 관련된 소송

사회보장수급권과 관련된 소송에서 소송형식의 선택이 문제되고 있다. 우선 광주민주화운동관련자보상등에관한법률상의 보상금지급청구소송에 대해 당사자소송으로 판단하였는데,[69] 보상심의위원회의 결정을 처분이 아닌 전치요건에 불과한 것으로 본 것에 대해 비판이 제기된 바 있다.[70] 특히 이 판결에 대해 보상심의위원회의 결정은 실체법적 처분으로 보아 항고소송을 제기해야 한다는 주장이 있었다.[71] 이에 반하여 유사한 구조와 체계를 가진 민주화운동관련자명예불인정처분취소소송에서는 '민주화운동관련자 명예회복 및 보상 심의위원회'의 결정은 국민의 권리의무에 직접 영향을 미치는 행정처분으로 보아 취소소송을 제기할 수 있다고 판시하였다.[72] 광주민주화운동관련자보상등에관한법률은 「5·18민주화운동 관련자 보상 등에 관한 법률」로 제명(題名)이 변경되었다. 이러한 법률에 따라 관련자와 유족이 보상금지급신청을 하는 경우에 보상심의위원회는 심의를 거쳐 그 지급여부와 금액을 결정한다. 이러한 보상심의위원회의 결정은 단순히 전치요건에 불과한 것이 아니라, 위원회(합의제 행정기관)가 내린 구체적 사실에 관한 공권력의 행사로서 신청자의 권리·의무에 직접 영향을 미치는 행정처분에 해당한다. 따라서 이를 단순히 전치요건에 불과하다고 본 대법원의 입장은 타당하지 않다. 다만, 이러한 보상심의위원회의 결정에 대해 항고소송만 제기할 수 있는지, 아니면 곧바로 보상금액을 다투는 당사자소송을 제기할 수 있는지 여부에 대하여 검토할 필요가 있다. 나아가 「5·18민주화운동 관련자 보상 등에 관한 법률」 제15조에는 결정전치주의를 규정하고

---

69) 대법원 1992. 12. 24. 선고 92누3335 판결.

70) 이에 대해서는 서울행정법원 실무연구회, 행정소송의 이론과 실무, 94면 참조.

71) 특히 해당 심의위원회의 결정은 사회국가적 보상으로서 특수한 입법목적에 의해 제정된 법률에 의거한 보상결정으로서 실체법적 처분으로 판단되어야 한다는 것이다(朴正勳, 전게논문, 148면).

72) 대법원 2008. 4. 17. 선고 2005두16185 판결.

있는데, 이에 의하면 보상심의위원회의 지급결정 또는 기각결정을 거친 후에 행정소송을 제기할 수 있다. 이에 대해 항고소송만 허용될 수 있다는 견해도 있으나, 보상심의위원회의 지급결정에는 보상금이 산정되어 있으므로 보상금에 누락된 내용을 다툴 경우에는 '당사자소송'을 제기할 수도 있다. 또한 기각결정에 대해서는 거부처분 취소소송을 제기하여 승소 후 다시 행정청의 再處分을 기다려 보상금액을 다투기보다, 바로 국가를 피고로 하여 당사자소송을 제기하는 것이 소송경제에 유리할 수 있다. 보상금액의 산정은 대부분 법령에서 비교적 자세히 규정하고 있다.

한편, 민주화운동관련자명예불인정처분취소소송(2005두16185)에서는 재결전치주의와 관련하여 소송형식이 문제되었다. 즉 민주화운동 관련자 명예회복 및 보상에 관한 법률 제17조는 "보상금등의 지급에 관한 소송은 위원회의 보상금등의 지급 또는 기각의 결정을 거친 후에 한하여 이를 제기할 수 있다"라고 규정하고 있다. 이러한 재결전치주의의 해석을 두고 대법원에서 다수의견과 소수의견이 대립하였다. 다수의견은 보상금 등의 지급신청에 대한 기각결정을 취소소송으로 다투어야 한다고 이해하였고, 이에 대해 반대의견은 당사자소송으로 제기해야 한다고 보았다. 또한 보상심의위원회의 결정에 대하여 다수의견은 보상금 등의 지급 대상자를 확정하는 것으로서 국민의 권리의무에 영향을 미치는 행정처분으로 보았으나, 반대의견은 사전심사에 해당하는 것으로서 처분이 아니라고 보았다. 민주화운동 관련자 명예회복 및 보상에 관한 법률 제17조에는 소송형식을 명확히 규정하고 있지는 않지만, 보상심의위원회의 결정은 처분으로 보는 다수의견이 타당하다. 다만, 보상심의위원회의 결정을 처분으로 보는 경우에도 재결전치주의에 관한 규정을 근거로 반드시 취소소송만 제기할 수 있다고 해석할 필요는 없다. 보상금신청에 대하여 보상심의위원회의 응답이 없고 소정의 기간이 경과한 경우에 부작위위법확인소송을 제기하거나 이를 거부처분으로 보아 취소소송을 제기할 수 있다. 그러나 의무이행소송이 허용되지 않는 상황에서 부작위위법확인소송이나 취소소송을 제기하여 얻는 실익은 크지 않다. 왜냐하면 취소판결의 기속력에 의해 해당 위원회는 다시 보상금을 결정해야 하고, 이러한 경우에 원고는 다시 보상금을 다투기 위해 당사자소송을 제기해야 하기 때문이다. 따라서 보상심의위원회의 결정을 처분으로 보는 경우에도 불가쟁력이 발생하지 않는 한, 보상금지급의 이행을 구하는 당사자소송을 허용할 필요가 있다. 형식적 당사자소송을 법률이 명시한 경우에만 허용된다고 보는 견해는 부정적으로 해석하겠지만, 법률의 규정이 없는 경우에도 처분 등을 원인으로 한 공법상 법률관계에 관한 소송을 당사자소송으로 보는 견해는 당사자소송이 가능하다고 볼 수 있다. 나아가 다수의견의 보충의견에서 보는 바와 같이 행정청의 제1차적 판단권의 존중을 강조하는 견해도 있으나, 보상금신청에 대한 무응답은 이미 거부의 의사를 표시한 것으로서 제1차적 판단권의 행사가 있는 것으로 볼 수 있다. 이 경우 법원은 당사자소송을 통해 보상심의위원회의 거부결정의 위법확인을 전제로 보상금지급의 이행을 명하는 판결을 내릴 수 있다. 이와 관련하여 필자(筆者)는 광주민주화운동 관련자의 보상청구사건에서 보상심의위원회의 결정을 행정처분으로 보아 항고소송을 제기할 수 있으며, 민주화운동관련자명예불인정처분취소소송은 이론적으로 (형식적) 당사자소송에 해당할 수 있음을 간과하고 성급히 항고소송으로 판단하였다고 주장한 바 있다.[73]

그 밖에 군인연금법, 공무원연금법 등에 규정된 보상금지급청구나 연금지급청구권 등의 결정도 문제가 되고 있다. 통상적으로 행정청의 심의와 결정이 있고, 법령 등이 정한 바에 따라 보상금이나 퇴직급여 등이 지급된다. 판례는 퇴역연금 등의 급여청구권은 국방부장관의 결정(처분)이 있고 이를 대상으로 항고소송을 제기하는 경우에 구체적 권리

73) 이에 대해서는 졸고, "행정입법부작위에 대한 사법적 통제: 당사자소송에 의한 규범제정요구소송의 실현가능성을 중심으로", 저스티스 제110호(2009. 4), 207-208면.

를 인정받는 것이므로 곧바로 국가를 상대로 당사자소송을 제기할 수 없다고 보고 있다.[74] 그러나 판례는 국방부장관의 인정에 의하여 퇴역연금을 지급받아 오던 중 군인보수법 및 공무원보수규정에 의한 호봉이나 봉급액의 개정 등으로 퇴역연금액이 변경된 경우에 법령의 개정에 따른 국방부장관의 퇴역연금액 감액조치에 대하여 이의가 있는 퇴역연금수급권자는 직접 국가를 상대로 공법상 당사자소송을 제기할 수 있다고 본다. 즉 제1단계의 거부결정에 대하여 취소소송을 제기할 수 있고, 권리가 구체화되지 않은 상태에서는 곧바로 급여청구나 연금지급청구 등을 당사자소송으로 제기할 수 없다는 것이 판례의 확고한 입장이다. 제1단계의 확정·결정이 없으면 제2단계의 급부가 확정될 수 없는 경우에 제1단계의 결정에 대한 항고소송만 가능하다는 견해도 동일한 입장이다.[75]

이에 대하여 제1단계와 제2단계의 결정주체가 동일한지 여부를 기준으로 구분해서 고찰할 필요가 있다. 우선 제1단계의 자격확인 및 결정과 제2단계의 급부가 각각 다른 기관에 의해 이루어지는 경우에는 위에서 언급한 판례의 입장과 동일한 결론에 이를 수 있다. 예컨대 공무원연금법의 경우에 급여사유의 확인 및 급여의 결정은 안전행정부장관이 하나, 지급은 공무원연금공단이 한다(공무원연금법 제26조 제1항). 이러한 경우에 제2단계의 급부(또는 지급거부) 결정의 법적 성질이 문제된다. 공무원연금관리공단이 퇴직연금 중 일부 금액에 대하여 지급거부의 의사표시를 한 경우 그 의사표시가 항고소송의 대상인 행정처분에 해당하는지가 문제되었다. 이 사건에서 대법원은 "법령에서 정한 사유의 발생으로 퇴직연금 중 일부 금액의 지급이 정지된다는 점을 알려주는 관념의 통지에 불과하고, 그로 인하여 비로소 지급이 정지되는 것은 아니므로 항고소송의 대상이 되는 행정처분으로 볼 수 없다"라고 보았다.[76]

---

74) 대법원 2003. 9. 5. 선고 2002두3522 판결.
75) 朴正勳, 전게논문, 147면 이하.

이 판례에 따르면 공무원연금관리공단의 퇴직연금 지급거부에 대하여 취소소송을 제기할 수는 없고, 제1단계의 거부결정에 대하여 취소소송을 제기할 수 있을 뿐이다. 다만, 이러한 경우에 거부처분 취소소송과 당사자소송을 병합하여 제기하는 것을 고려할 수도 있다. 이러한 방식은 거부처분의 효력을 제거할 수 있는 장점을 가지며, 취소판결과 동시에 급부청구의 이행을 요구하는 방식이라고 볼 수 있다.

한편, 제1단계의 자격확인 및 결정과 제2단계의 급부를 동일한 주체가 하는 경우에 제1단계의 거부결정에 대하여 항고소송만 제기하도록 하는 것은 소송경제에 비추어 再考의 여지가 있다. 예컨대 군인연금법에 의하면 급여신청에 대해 원칙적으로 국방부장관이 결정하고 지급하며, 상이연금·유족연금 등의 경우에는 군인연금급여심의회의 심의를 거친다(제10조). 이러한 경우에 연금지급청구에 대해 거부결정을 내리는 경우 이를 취소소송으로 다투어야 하는지, 아니면 당사자소송으로 다투어야 하는지가 문제된다. 이에 대해 제1단계의 '결정'만을 처분으로 보아야 하고, 제2단계의 '지급'은 별도의 요건과 절차 등에 따른 결정절차가 규정되어 있지 않는 한 그 이행 내지 집행에 불과하다고 볼 수 있다. 이 경우 국방부장관의 거부결정에 대해 취소소송을 제기할 수 있음은 물론이다. 그러나 신청자가 취소소송에 승소한 후 행정청이 다시 연금지급결정을 하면서 감액조치가 수반된 경우, 신청자는 다시 이를 다투는 당사자소송을 제기해야 한다. 이러한 경우에 신청자는 곧바로 당사자소송을 제기하면, 법원은 사회보장수급권과 관련된 원고의 공권을 확인하고 법령이 정하는 바에 따라 사회보장급부의 지급을 명할 수 있도록 해야 한다.

---

76) 대법원 2004. 7. 8. 선고 2004두244 판결.

2. 대법원 판례의 변화와 최근 동향

종래 민사사건으로 다루던 손실보상청구소송은 점차 행정사건으로 다루어지고 있다. 그러나 국가배상청구소송 및 부당이득반환청구소송은 여전히 민사사건으로 취급되고 있다. 다만, 대법원은 종전의 판례를 변경하여 국가에 대한 납세의무자의 부가가치세 환급세액청구가 민사소송이 아니라 당사자소송에 의해야 한다고 판시하였다(2011다95564 전원합의체 판결).[77] 다만, 이 판결은 부가가치세 환급세액청구의 법적 성질을 부당이득반환의무가 아니라, 부가가치세법령에 의하여 그 존부나 범위가 구체적으로 확정되고 조세정책적 관점에서 특별히 인정되는 공법상 의무라고 판단하였다. 그러나 이 판례에 의해 공법상 부당이득반환청구소송이 모두 당사자소송으로 변경된 것은 아니라는 점을 주의해야 한다. 하지만 적어도 부가가치세 법령의 내용, 형식 및 입법 취지 등을 근거로 공법상 법률관계라는 특징을 도출하여 당사자소송을 인정했다는 사실은 긍정적으로 평가할 만하다. 종래 판례는 처분 등의 무효를 전제로 하는 공법상 부당이득반환청구소송(특히 租稅過誤納金返還請求訴訟)을 민사사건으로 다루었으나, 학설은 공법상 당사자소송으로 다루어야 한다고 주장하고 있다. 이러한 사정을 반영하여 개정 행정소송법의 입법예고안은 부당이득반환청구소송과 국가배상청구소송을 당사자소송의 대상이 된다는 점을 분명히 하고 있다.

---

77) 한편, 이 사건의 반대의견은 "그 권리의 법적 성질에 공법적 요소가 있다고 하여 그 지급청구의 법적 성질을 당사자소송의 대상으로 삼아야 할 필연적인 이유가 없으며, 이를 민법상 부당이득반환청구로 구성하는 것도 가능하다"고 보고 있다. 그러나 반대의견은 공법상 원인에 의해 발생하고 그 권리가 공법적 요소가 있음에도 불구하고 왜 이를 민사소송으로 다루어야 하는지에 대해 명확한 논거를 제시하고 있지 않다.

Ⅴ. 평가와 과제

2013년 법무부의 행정소송법 개정안은 실질적 당사자소송과 형식적 당사자소송을 구분하지 않고, 당사자소송을 "행정상 손실보상·손해배상·부당이득반환이나 그 밖의 공법상 원인으로 발생하는 법률관계에 관한 소송으로서 그 법률관계의 한쪽 당사자를 피고로 하는 소송"이라고 정의하고 있다(입법예고안 제3조 제2호). 국가배상청구권이나 손실보상청구권 그리고 부당이득반환청구권 등은 '공법상 원인에 의해 발생하는 법률관계에 관한 소송'이므로 당연히 공법상 당사자소송에 해당한다. 그러나 이를 구체적으로 명시한 것은 학설상 논란을 배제하고 입법적으로 해결하겠다는 의지가 반영된 것으로 볼 수 있다. 다만, "공법상 원인으로 발생하는 법률관계에 관한 소송"에 종래 실질적 당사자소송뿐만 아니라 형식적 당사자소송을 모두 포괄할 수 있는지는 의문이다. 또한 공법상 원인으로 발생하는 '공법상' 법률관계뿐만 아니라 '사법상(私法上)' 법률관계에 대해서도 모두 당사자소송에 포함시킬 수 있는데, 이 경우 공법상 당사자소송의 범위가 지나치게 확대될 수도 있다. 이에 대하여 법무부 행정소송법 개정위원회의 개정시안에는 당사자소송을 현행 행정소송법과 마찬가지로 정의하면서, 당사자소송의 유형을 보다 더 구체적이고 포괄적으로 열거하고 있다. 이에 의하면, 공법상 당사자소송의 대상에는 ① 공법상 신분·지위 등 그 법률관계의 존부에 관한 확인소송, ② 행정상 손해배상청구소송(단, 자동차 손해배상보장법의 적용을 받는 것은 제외함), ③ 행정상 손실보상·부당이득반환·원상회복 등 청구소송, ④ 기타 행정상 급부이행청구소송을 명시하고 있다. 여기에서는 법률관계의 존부에 관한 '확인소송'과 행정상 급부이행청구소송을 포함하고 있음이 주목할 만한데, 지금까지의 당사자소송의 활성화 논의를 매우 적극적으로 반영한 것으로 보인다. 그러나 이러한 개정시안의 많은 내용들이 입법예고안에 포함되지 못한 점은 매우 아쉽다. 이러한 영역의 변화는 결국 해석을 통한 '판례'의 몫이다. 그 동안 학계에서 지적해 왔던 문제점을 면밀히 분석하고, 새로운 기준을 통해 민사소송과 당사자소송을 구별하도록 노력해야 한다. 행정소송은 국민의 기본권을 보호하고 법치주의를 실현할 수 있는 제도적 장치이다. 따라서 당사자소송의 기능이 제고되고 그 활로를 모색하는 것은 국민의 권리구제에 도움이 될 수 있다. 당사자소송은 '이행소송'과 '확인소송'의 기능을 모두 할 수 있는데, 이에 주안점을 두고 당사자소송이 적용될 수 있는 새로운 영역을 개척해야 한다. 예컨대 사실행위에 대한 당사자소송의 허용, 행정입법부작위에 대한 규범제정요구소송의 실현, 기관소송법정주의의 한계를 극복하기 위한 기관 사이의 소송 등을 이행소송이나 확인소송의 형식으로 실현하는 방안 등이 그러하다. 또한 의무이행소송과 같은 새로운 소송유형이 도입될 경우 당사자소송과의 관계 설정도 고려되어야 한다. 행정소송법의 개정 논의와 학계의 반향(反響)은 장차 한국의 당사자소송이 더욱 발전할 수 있는 계기가 된다. 당사자소송의 활성화는 행정소송법의 도약을 위한 동력(動力)이자 그 자화상(自畵像)이기도 하다. 앞으로 당사자소송의 변화는 한국 행정소송법의 발전에 대한 중요한 尺度가 될 것이다.

제2편

규범통제와 권한분쟁

제1장

위헌 · 위법인 조례에 대한 규범통제와 행정소송에 의한 권리구제

Ⅰ. 서 설

평화로운 촛불시위와 대통령 탄핵결정을 통해 새로운 정부가 탄생되었고, 근래에는 참여민주주의 내지 숙의민주주의가 강조되고 있다. 이러한 상황에서 국가의 조직구조와 패러다임은 점차 변하고 있으며, 제왕적 대통령제의 개선과 권력 분산이 요구되고 있다. 이러한 새로운 시대의 패러다임을 담기 위한 개헌 논의가 진행되었으나 실패하였다. 이러한 과정들은 의회의 무능과 의회민주주의의 위기를 반증하는 것이다. 국회에서의 개헌 논의 과정에서 시민참여가 강조되었으나 국회의 분열과 파행으로 전문성이 실종되고 졸속으로 추진되었다. 이러한 상황에서 대통령 헌법개정안이 발의되었으나, 이는 2018. 5. 24. 국회에서 의결정족수를 채우지 못하고 폐기되었다. 대통령 개헌안에는 생명권 · 안전권 · 정보기본권 등 새로운 기본권을 포함한 참신한 내용도 적지 않지만, 단기간 내에 진행되어 완결성 · 체계성이 부족한 부분도 있다.

대통령이 발의한 개헌안에는 '지방분권'[1]을 강조하고 있다. 개헌안의

---

1) 개헌 논의와 관련하여 지방분권에 관한 많은 선행연구가 축적되어 있다. 이에 관한 최근 문헌으로는 최우용, "지방분권형 헌법개정에 관한 연구", 지방자치법연구 제17권 제3호(통권 제55호), 2017. 9, 3-32면; 정준현, "현행 지방자치개혁을 둘러싼 논의와 바람직한 법적 방향: 지방분권 개헌논의를 중심으로". 지방자치법연구 제17권 제3호(통권 제55호), 125-150면; 이기우, "지방분권에 관한 헌법개정의 과제", 공법연구 제46집 제4호(2018. 6), 97-119면 등이 있다.

서문에는 "자치와 분권을 강화하고'라는 문구를 포함하여 '분권형 개헌'의 의지를 밝히고 있다. 또한 종래에 사용하던 '지방자치단체'라는 용어 대신에 '지방정부'라는 용어를 사용하고 있다. 이러한 용어는 자치권이 주민으로부터 나온다는 점을 강조하기 위해 사용한 것이지만, 행정 외에 입법 · 사법의 분권을 포함하는지를 두고 논란이 있을 수 있다. 그리고 주민의 직접 참여를 강화하기 위해 주민발안, 주민투표 및 주민소환에 관한 규정을 헌법에 직접 신설하고 있다. 나아가 개헌안에는 조례제정권을 강화하기 위해 "법률에 위반되지 않는 범위에서" 제정할 수 있다고 명시하고 있다. 현행 헌법 제117조 제1항에는 "법령의 범위 안에서"라고 규정하고 있는데, 대통령 개헌안은 조례제정의 범위를 이보다 확대한 것이다. 이러한 개헌안에 따르면 대통령령을 비롯한 총리령 · 부령 등 법규명령을 위반하는 조례가 제정될 수 있는데, 법원론(法源論)을 비롯한 규범의 구조와 체계에 있어서 이를 허용할 수 있는지가 문제된다. 독일에서는 자치법규를 선국가적(先國家的) 권리나 시원적인 입법권이 아닌 파생적 법원(abgeleitete Rechtsquellen)으로 보는 것이 지배적 견해이다.[2] 이러한 점은 규범통제에 관한 논의의 출발점이기도 하다. 조례제정의 강화는 규범통제에 있어서 적지 않은 문제를 야기할 것이다. 따라서 조례에 대한 사법적 통제를 어떠한 방식으로 해야 하는지는 지방분권 논의에 있어서 중요한 쟁점이라고 하지 않을 수 없다.

개헌안을 발의할 당시에는 2018. 6. 13. 지방선거가 예정되어 있었기 때문에 '지방분권'을 정치적으로 부각시킨 점도 없지 않다. 그러나 글로벌시대에 지방분권이 왜 필요한지에 대해서는 진지한 고민이 있어야 한다. 지방분권의 미래를 예측하기는 어렵지만, 공존과 공영을 위해

2) Battis, Allgemeines Verwaltungsrecht, 3. Aufl., S. 31; Ossenbühl, in: Erichsen/Ehlers(Hg.), Allgemeines Verwaltungsrecht, 12. Aufl., § 6 Rn. 62; Maunz, in: Maunz/Dürig, GG, Art. 28 Rn. 50; Maurer/Waldhoff, Allgemeines Verwaltungsrecht, 19. Aufl., § 4 Rn. 26.

서 국가와 지방자치단체가 서로 협력해야 한다는 점은 부인할 수 없는 사실이다. 지방분권의 강화가 필요하다고 하더라도 기존의 법이론이나 규범체계를 무시하거나, 규범통제와 같은 제도적 안전장치를 충분히 마련하지 않은 상태에서 이를 추진하는 것은 바람직하지 않다. 포퓰리즘(Populismus)에 의한 지방분권 논의는 지방자치의 위기를 가져올 수 있다.[3] 헌법상 보장된 지방자치제도의 핵심인 자치입법권의 문제는 중요한 사안이지만, 조례에 법률과 동등한 지위를 부여하기는 어렵다. 분야·대상 등을 기준으로 조례제정권을 실질적으로 보장하고 위법한 국가의 감독조치로부터 지방자치단체의 자치권을 보호하는 방안을 강구하는 것이 더욱 중요하다. 그 밖에 지방자치의 영역에서 자율적 규제를 위해 민주적 정당성, 특히 절차적 정당성을 확보하는 노력이 있어야 한다.

지방자치단체의 조례제정권 확대를 논하기에 앞서 위헌·위법인 조례에 대한 사법적 통제에 관한 문제를 깊이 있게 고민해야 한다. 지방자치단체의 조례는 지방자치단체의 자율적 규범이지만, 주민의 주관적 공권이나 기본권을 중대하게 제한할 수 있다. 그러나 현행법에는 조례제정에 대한 권리구제제도가 매우 불완전하다. 조례는 법률이나 법규명령과 마찬가지로 '법규범'의 성격을 가지며, 이러한 위법한 조례에 대한 권리구제는 원칙적으로 '규범통제'의 방식으로 이루어져야 한다. 규범통제의 방식에는 대체로 관할권 있는 사법기관이 위헌·위법인 규범을 직접 심사하는 추상적 규범통제 내지 주위적(본원적) 규범통제(prinzipale Normenkontrolle)의 방식과 사법기관이 구체적 사건을 전제로 하여 간접적으로 심사하는 구체적 규범통제 내지 부수적 규범통제(inzidente

---

3) 독일에서는 주민발안이나 주민투표 등 직접민주제적 요소가 오히려 리스크를 가져올 수 있음을 우려하는 견해가 있다. 역설적으로 이러한 방식이 소수자의 의사를 배제할 수도 있다고 한다(Jan Seybol, Chancen und Risiken von Bürgerbegehren und Bürgerentscheiden, DÖV 2018, S. 298 f.).

Normenkontrolle)의 방식이 있다. 헌법 제107조 제2항에는 "명령·규칙 또는 처분이 재판의 전제가 된 경우"에 대법원이 최종적인 심사권을 가진다고 규정하고 있다. 이에 대해 학설상 견해대립이 있지만, 구체적 규범통제의 방식으로 이해하는 것이 지배적이다. 판례의 입장도 그러하다.[4] 즉 행정입법 자체의 합법성 심사를 목적으로 하는 독립한 신청을 제기할 수 없고, 구체적 사건의 심판을 위한 '선결문제'로서 행정입법의 위법성을 주장할 수 있을 뿐이라고 보고 있다. 구체적 규범통제에서는 사법기관이 구체적 사건을 전제로 하여 해당 수권규범의 위헌·위법 여부를 심사한다. 이러한 방식은 규범에 대한 간접적 통제수단이다.

한편, 위헌·위법인 조례에 대한 직접적인 권리구제수단으로 헌법 제111조 제1항 제5호에 의한 헌법소원제도가 있다. 그러나 헌법소원은 헌법재판소법 제68조 제1항에서 규정한 일정한 요건(직접성, 현재성, 자기관련성 및 보충성원칙)을 충족하여야만 제기될 수 있다. 따라서 헌법소원의 방식은 제한적이다. 그 외에 국가기관 또는 지방자치단체의 장의 감독권에 근거한 기관소송(機關訴訟)이 고려될 수 있는데, 이러한 기관소송은 우리나라의 행정소송에서 조례제정에 대한 사법적 통제수단으로 가장 많이 활용되고 있다. 이러한 기관소송은 지방자치법에서 규율하고 있지만, 기관소송 법정주의에 의해 매우 제한적으로 허용된다. 다만, 이러한 기관소송은 부분적으로 추상적 규범통제의 기능을 수행하고 있다. 이와 같이 우리나라에서는 추상적 규범통제제도가 도입되어 있지 않아 간접적인 방식으로 규범통제를 수행하고 있다. 그러나 이러한 방식은 소극적이고 불완전하다. 법률하위규범의 위헌·위법이 인정되더라도 당해 사건에만 적용하지 않아 그 규범은 여전히 유효한 상태로 남아 있게 된다. 그러한 이유로 헌법재판소는 직접적인 구제수단의 하나인 헌법소원의 방식으로 사실상 법률하위규범에 대한 규범통제를 하는 경우

4) 대법원 1994. 4. 26. 자 93부32 결정.

도 있다. 조례에 대한 사법적 통제도 그러하다. 그러나 헌법소원과 규범통제는 구별되어야 한다. 후술하는 바와 같이 우리나라에는 이례적으로 위헌심사형 헌법소원제도가 인정되고 있지만, 본연의 권리구제형 헌법소원제도와는 구별된다. 나아가 우리나라에서는 규범상 불법에 대한 행정소송에 의한 권리구제는 매우 취약하다. 특히 위법한 조례로 인해 권리나 이익을 침해당한 경우에 이를 구제할 수 있는 행정소송상의 권리구제수단은 매우 제한적이다. 이러한 흠결된 권리구제수단으로는 국가의 공권력에 대한 국민의 권리구제를 실효적으로 보장하기 어렵고, 실질적 법치주의와 기본권의 보장은 구두선(口頭禪)에 불과할 뿐이다.

이하에서는 이러한 문제점을 인식하고 지방자치단체의 조례에 대한 규범통제를 깊이 있게 통찰하도록 한다. 위법한 조례에 대한 부수적 규범통제(Ⅱ)와 주위적 규범통제(Ⅲ), 그리고 조례제정의 부작위에 대한 규범통제의 허용 여부와 행정소송에 의한 권리구제(Ⅳ)의 순으로 검토하도록 한다.

Ⅱ. 위법한 조례에 대한 부수적 규범통제

1. 규범통제의 본질과 헌법적 근거

규범통제의 핵심은 규범에 대한 합헌성(Verfassungsmäßigkeit)의 통제에 있다.[5] 독일의 규범통제는 연방제와 매우 밀접한 관련이 있다. 이러한 규범통제는 연혁적으로 신성로마제국 시대에 각 주(란트)법의 합헌성에 대한 제국법원(Reichsgericht)의 통제와 관련이 있으며, 당시 제국의 감독수단의 일환으로 이해되었다.[6] 규범통제제도는 19세기 독일연방의 시절에 들어와서 1871년 제국헌법에 변형된 방식으로, 그리고 1919년 바

5) Schlaich/Korioth, Das Bundesverfassungsgericht, 9. Aufl., Rn. 111.
6) Schlaich/Korioth, a.a.O., Rn. 113.

이마르 헌법 제13조 제2항에 반영되었다.[7] 즉 바이마르 헌법 제13조 제1항에는 "제국법이 주(란트)법에 우선한다(Reichsrecht bricht Landesrecht)"는 점을 분명히 규정하고 있다. 또한 동조 제2항에서는 주(란트)법의 규정이 제국법과 일치하는지 여부에 의심이나 견해대립이 있는 경우에 관할 제국 또는 주(란트)의 중앙행정청이 관계 법령에 따라 제국최고법원에 심사를 요청하도록 규정하고 있다.

규범통제의 가장 대표적인 사례는 위헌법률심판이다. 법률에 대한 규범통제는 의회가 제정한 법률을 무효화시킨다는 것을 의미한다. 이는 자칫 다수결에 기반한 민주주의원리에 배치되어 모순된 것으로 볼 수도 있다. 국민의 다수에 의해 선출된 국회의원으로 구성된 국회가 제정한 법률을 민주적 정당성이 확보되지 아니한 재판관들이 심사하기 때문이다. 그러나 민주주의는 다수결의 원칙에만 근거하고 있는 것이 아니라 헌법의 우위(Vorrang der Verfassung)에 의해서도 영향을 받고 있다.[8] 이러한 헌법의 우위에 기반하여 법률이 헌법에 위반되는지 여부는 헌법재판소가 판단할 수 있다. 그러나 권력분립원리와 법치국가원리의 관점에서 법관은 법률의 위헌 여부를 심사할 수 없다.[9] 현행 헌법에서도 법률이 헌법에 위반되는 여부가 재판의 전제가 된 경우에 법원이 헌법재판소에 위헌법률심판의 제청을 하도록 하고 있다(헌법 제107조 제1항 및 헌법 제111조). 즉 법률이 헌법에 위반되는 여부가 재판의 전제가 된 때에는 당해 사건을 담당하는 법원이 직권 또는 당사자의 신청에 의한 결

7) Schlaich/Korioth, a.a.O., Rn. 113.

8) 유타 림바흐/정남철 옮김, 독일연방헌법재판소, 84-85면. 이러한 헌법우위의 사상은 미국의 헌법사상에서 유래하고 있다고 한다. 즉 미국의 1787년 헌법 제6조 제2항에서는 헌법이 국가의 최고법임을 명시하고 있다. 또한 미연방대법원은 Marbury v. Madison 사건에서 헌법우위의 사상에 기초하여 위헌법률에 대해 무효를 선언한 바 있다(Schlaich/Korioth, a.a.O., Rn. 114).

9) 한편, 독일의 유력설은 권력분립의 원칙, 그리고 "사법권이 법률과 법에 기속된다"는 독일 기본법 제20조 제3항의 규정에 근거하여 법관은 법률의 위헌 여부를 심사할 수 없다고 보고 있다(Hufen, Verwaltungsprozessrecht, 7. Aufl., § 19 Rn. 2).

정으로 헌법재판소에 위헌법률심판을 제청하게 된다(헌법재판소법 제41조 제1항). 또한 법원이 위헌법률심판을 제청한 때에는 당해 소송사건의 재판은 원칙적으로 헌법재판소의 위헌 여부의 결정이 있을 때까지 정지된다(헌법재판소법 제42조 제1항 제1문). 이러한 위헌법률심판제청제도는 전형적인 부수적 규범통제에 속한다.

한편, 법관이 법률하위규범(법규명령 · 조례 등)에 대해 위헌 · 위법 여부를 심사하는 것은 가능하다. 헌법 제107조 제2항에서는 "명령 · 규칙 또는 처분이 헌법이나 법률에 위반되는 여부가 재판의 전제가 된 경우에" 대법원이 최종적인 심사권을 가진다고 규정하고 있다. 그러나 자치법규에 관한 심사에 관한 규정은 흠결되어 있다.[10] 그럼에도 불구하고 조례에 대해서도 부수적 규범통제를 할 수 있다고 보는 견해가 지배적이다. 이와 관련하여 대통령이 발의한 개헌안 제107조 제2항에는 명령 · 규칙 외에 자치법규에 해당하는 "조례 또는 자치규칙"을 심사의 대상으로 명확히 규정하고 있다. 이러한 규정도 역시 부수적 규범통제를 전제로 하는 것이다. 헌법이나 헌법재판소법에는 위헌법률심판을 제외하고 법률하위규범에 대한 헌법재판소의 규범통제에 관한 규정을 찾을 수 없다. 그러한 이유에서 법률하위규범의 위헌 · 위법에 대한 심사를 법원의 관할로 해석할 여지가 있다.[11] 이에 반해 헌법재판소는 법률에 대한 위헌심판을 할 수 있으므로 규범통제의 통일성을 위해 법률하위규범에 대한 위헌심사를 할 수 있다는 견해가 있다.[12]

---

10) 이와 관련하여 헌법 제107조 제2항의 '규칙'에 조례도 포함된다는 견해도 있으나(이기우/하승수, 지방자치법, 대영문화사, 2007, 338면), 여기에서의 '규칙'은 중앙선거관리위원회규칙, 헌법재판소규칙 및 국회규칙 등을 의미하며, 조례는 구별되어야 한다. 법원의 심사대상이 된다는 점에서 행정규칙을 여기에 포함시키는 것은 타당하지 않다.

11) 한편, 헌법 제107조와 관련하여 법률과 명령 · 규칙에 대한 위헌심사권을 이원화한 것이 입법적 실수라고 평가하는 견해도 있다(김도창, 일반행정법론(상), 제4전정판, 850면).

12) 규범통제의 핵심은 위헌결정권이며, 이러한 권한은 헌법재판소가 독점하며, 법원은 단지 적용법률에 대한 합헌판단권한만 가진다는 견해가 있다(김하열, "법률해석과 헌법재판: 법원의 규범통제와 헌법재판소의 법률해석", 저스티스 통권 제108호(2008. 12), 18면 이하). 그러나 부수적 규범통제에서 법원도 명령 · 규칙 등 법률하위규범의 위헌성

이러한 논의의 쟁점은 규범폐지권의 인정 여부이다. 법원은 부수적 규범통제에서 법률하위규범에 대한 위헌·위법 여부를 심사할 수는 있다. 그러나 이러한 심사를 통해 위헌·위법으로 여겨지는 법률하위유범에 대해 일반적으로 구속력을 가지는 위헌결정권, 즉 규범폐지권을 가질 수 있는지는 별개의 문제이다. 이를 허용하여 제1심 법원마다 다른 결정을 내릴 가능성도 있는데, 이는 법적 안정성을 크게 훼손할 우려가 있다. 또한 해당 규범이 선결문제가 되어 취소소송이 계속 중인 다른 하급심 법원은 선행판결에 모두 구속되어야 하는지도 논란이 될 수 있다. 규범통제의 통일성·체계성 등의 관점에서 하급심이 법률하위규범의 위헌·무효를 일반적으로 선언하는 것은 타당하지 않다. 이와 같이 우리나라에는 법률하위규범에 대한 규범통제권이 흠결되어 있어, 이를 둘러싸고 헌법재판소와 대법원 사이의 갈등은 상존하고 있다. 이러한 문제는 헌법과 헌법재판소법의 개정을 통해 규범통제의 관할권을 새롭게 설계하는 것이 바람직하다.

2. 집행가능한 조례에 대한 부수적 규범통제

(1) 위헌·위법으로 판단된 조례의 효력

우리나라에서 조례에 대한 사법적 통제는 원칙적으로 부수적 규범통제의 방식에 의한다. 조례에 근거한 집행행위에 대한 취소소송이 제기되면, 법원은 선결문제로서 조례의 효력을 심사할 수 있다. 그러나 이러한 부수적 규범통제에 있어서 가장 문제가 되는 것은 위헌·위법이 인정되는 조례의 효력이다. 선결문제에서 조례의 위헌·위법이 인정될 경우 법원이 이를 무효로 선언하고 폐지할 수 있는지 여부가 관건이다.

에 대해 심사할 수 있다. 독일의 행정법원법 제47조의 규범통제절차에서도 기본법은 심사의 척도가 될 수 있을 뿐만 아니라, 해당 규범의 위헌·위법을 선언하는 결정을 내리면 해당 규범은 처음부터 당연무효가 된다(Würtenberger, a.a.O., Rn. 469).

부수적 규범통제에 있어서 취소소송의 전제가 된 수권규범(법률하위규범)이 위헌이나 위법으로 판단된 경우 그 규범이 일반적으로 구속력을 가지고 무효가 되는지가 다투어지고 있다.

학설은 대체로 판결주문에서 법규명령이 무효라는 것을 선언하지 않는 한, 당해 사건에 대해서만 적용을 배제해야 한다고 보고 있다.[13] 대법원도 전술한 결정(93부32)에서 "당해 사건에 대한 적용 여부의 판단을 구할 수 있을 뿐"이라고 판단하고 있다. 이에 대해 이견(異見)이 있을 수 있지만, 법규명령의 폐지가 아니라 소극적으로 당해 사건에의 적용배제만을 판단할 수 있다고 보는 견해가 타당하다. 이를 법규명령의 폐지로 해석할 경우 법원에 주위적 규범통제를 인정하는 결과를 초래할 수 있다. 독일에서도 부수적 규범통제절차에서는 해당 법률하위규범(특히 조례)의 위헌 내지 위법이 인정되는 경우 해당 집행행위의 수권 근거가 될 수 없지만, 이에 대해 일반적 구속력을 가진 무효판결을 할 수는 없다는 견해가 지배적이다.[14] 따라서 부수적 규범통제에서 조례의 위법이 인정될 경우 당해 사건에서 적용이 배제될 뿐 여전히 구속력을 가진다고 해석하여야 한다.[15]

---

13) 김남진/김연태, 행정법 I, 제20판, 172면; 김동희, 행정법 I, 제21판, 153면; 박균성, 행정법론(상), 213면; 박윤흔, 최신행정법강의(상), 개정29판, 237면; 홍정선, 행정법원론(상), 제23판, 240-241면.

14) Schmidt-Aßmann, in: Erichsen/Ehlers(Hg.), Allgemeines Verwaltungsrecht, 12. Aufl., § 6 Rn. 62; Burgi, Kommunalrecht, 5. Aufl., § 15 Rn. 47; Erichsen, Kommunalrecht des Landes Nordrhein-Westfalen, 2. Aufl., S. 161.

15) 그러나 위헌법률심판도 부수적 규범통제의 방식으로 이루어지지만, 헌법재판소는 법률의 위헌 여부에 대해 일반적 구속력을 가지고 결정한다고 보고 있다(한수웅, 헌법학, 제7판, 1410면). 독일에서도 연방헌법재판소는 부수적 규범통제의 방식으로 위헌법률이 제청된 경우 해당 규범의 무효를 결정할 수 있다(독일 연방헌법재판소법 제82조 제1항, 제78조 및 제31조 제2항 참조). 이에 대해서는 Schlaich/Korioth, a.a.O., Rn. 164 참조. 다만, 독일에서는 연방헌법재판소가 무효를 선언하는 경우 해당 규범은 소급해서 처음부터 당연무효이다(Battis, in. Isensee/Kirchhof(Hg.), Handbuch des Staatsrecht, Bd. XII, § 275 Rn. 48).

(2) 판결의 주문에 조례의 위헌 · 위법 여부를 명시할 수 있는지 여부

취소판결의 주문에 그 수권 근거인 법률하위규범의 위헌 · 위법 여부를 판단할 수 있는지가 문제된다. 이 문제는 부수적 규범통제에서 위헌 · 위법으로 판단된 법률하위규범(조례)의 효력과도 관련이 있다. 판결의 주문에 조례의 위헌 · 위법을 명시하는 것은 몇 가지 관점에서 문제가 될 수 있다.

첫째, 판결의 주문에 조례의 위헌 · 위법을 명시하는 것은 사실상 규범의 폐지(무효)를 선언하여 추상적 규범통제를 하는 것과 같은 결과를 가져올 수 있다. 법원이 조례나 조례의 일부 조항에 대해 헌법이나 법률을 위반하여 일반적으로 구속력을 가진 무효를 선언할 경우 위헌법률심판의 위헌결정과 같이 폐지무효설(Vernichtbarkeitslehre)을 따를 것인지, 아니면 당연무효를 선언해야 할 것인지도 분명하지 않다(헌법재판소법 제47조 제2항 참조).[16] 이러한 점은 입법적으로 해결되어야 할 과제이다. 그러나 부수적 규범통제에서는 조례의 위헌 · 위법이 인정되더라도 일반적으로 구속력을 가진 무효선언을 할 수는 없다. 따라서 판결의 주문에 법률하위규범(조례)의 위헌 · 위법을 포함하는 것은 부수적 규범통제의 차원을 넘어 사실상 주위적 규범통제를 하는 것이다.

둘째, 판결의 주문에 조례의 위헌 · 위법을 명시하는 것은 취소판결의 '기속력'에 의해 처분청을 비롯한 관계 행정청이 해당 규범을 더 이상 적용하기 어려운 결과를 가져온다. 이는 규범의 사실상 폐지를 초래하는 것이다. 취소판결의 기속력은 판결주문 외에 취소판결에서 판단된 개개의 위법사유 내지 처분사유도 포함되며, 취소판결은 처분청을 비롯한 그 밖의 관계행정청에도 영향을 미친다(행정소송법 제30조). 처분청을 비롯한 관계 행정청은 그 취소판결의 기속력에 따라 판결에서 적시된

16) 위헌결정의 효력에 관한 논의에 대해서는 졸저, 현대행정의 작용형식, 263면 이하 참조.

위법 사유를 보완하여 재처분을 하게 된다. 규범의 위법성을 취소판결의 이유 부분에서만 설시하여 해당 규범이 폐지되거나 개정되지 않고 유효하게 존재하는 경우에 해당 행정청이 이에 근거한 새로운 처분을 할 수 있는지가 문제된다. 행정청이 이러한 새로운 처분을 하는 것이 취소판결의 기속력에 반한다고 볼 수 있을까? 행정청은 이후에 해당 규범을 적용하여 새로운 처분을 함에 있어서 사실상 제약을 받는다. 행정청이 해당 규범의 위헌 · 위법에 관한 판례의 내용을 인지하는 경우에는 그러하다. 그러나 취소판결의 이유 부분에 적시된 내용을 알지 못하는 경우에는 사정이 다르다. 해당 규범이 폐지되지 않고 있는 한, 행정청이 그 규범에 근거한 새로운 처분을 하는 것이 불가능한 것은 아니다. 물론 이후에 제기되는 취소소송에서 해당 처분은 취소 또는 무효사유에 해당할 수 있다. 취소판결의 기속력에 충실히 따르기 위해서는 해당 행정청이 처분을 유예하고 해당 조례가 개정될 때까지 기다려야 한다. 이와 달리 규범의 위헌 · 위법을 판결의 주문에 기재하는 경우에는 더욱 강력한 위헌선언적 효과를 가져오며, 행정청은 해당 조항을 더 이상 적용할 수는 없다. 예컨대 판결의 주문에 "조례 제○조 제○항은 헌법에 위반된다"라고 기재하는 경우에 행정청이 이에 근거하여 재처분을 하는 것은 불가능하다. 이는 결과적으로 규범의 무효를 선언하는 것이어서 주위적 규범통제를 하는 것과 같은 효과를 가진다.

셋째, 취소판결의 주문에 법률하위규범의 위헌 · 위법을 선언하는 것은 '기판력'의 관점에서 문제가 된다. 판결의 주문이 아닌 이유 부분에서만 법률하위규범의 위헌 · 위법을 인정하는 경우에 기판력은 특별히 문제되지 아니한다. 기판력은 확정판결의 주문에 포함된 것에만 미치므로 설령 법률하위규범의 위법이 인정되더라도 기판력이 인정될 수 없다. 그러나 판결의 주문에 법률하위규범(법규명령 · 조례 등)의 위법성을 포함하는 경우에는 후소에 기판력이 미칠 수 있다. 기판력은 후소의 동일한 사항에 대해 모순되거나 저촉되는 판결을 할 수 없는 것을 말한다.[17] 최근 대법원은 종래 논란이 되었던 기판력과 기속력의 구분에 대해 의미있는 판결을 내린 바 있다. 감차명령처분취소를 다투는 사건에서 법원은 기판력을 "기판력 있는 전소 판결의 소송물과 동일한 후소를 허용하지 않음과 동시에, 후소의 소송물이 전소의 소송물과 동일하지는 않더라도 전소의 소송물에 관한 판단이 후소의 선결문제가 되거나 모순관계에 있을 때에는 전소 판결의 판단과 다른 주장을 하는 것을 허용하지 않는" 것으로 판단하고 있다.[18] 비록 "처분의 위법성 일반"을 취소소송의 소송물로 보는 것이 대법원 판례의 확고한 입장이지만, 그 처분의 수권규범의 위법을 함께 고려하는 경우가 있다. 예컨대 위법·무효인 규범(조례)에 근거한 처분의 무효가 인정된 경우가 그러하다. 위에 언급한 대법원 2015두48235 판결에 의할 경우 후소에서 해당 규범의 위법이 선결문제가 될 경우에는 이와 모순·저촉되는 판단을 할 수 없고, 해당 규범(조례)의 위법성은 후소에 대해 '선결적' 효력을 가질 수 있다. 나아가 후소에서 해당 규범에 근거한 처분의 효력에 대해 상당한 영향을 미칠 수 있다.

요컨대 주위적 규범통제에 관한 명문의 규정 없이 판결의 주문에서 법률하위규범의 위헌·위법을 인정하는 것은 추상적 규범통제의 효과를 가져올 수 있다는 점에서 신중해야 한다. 해당 법률하위규범에 대해 일반적으로 구속력을 가지는 무효선언을 하기 위해서는 추상적 규범통제절차를 명시적으로 도입하는 것이 선행되어야 한다.

(3) 최근 하급심 판례의 동향 및 평가

최근 하급심판결 중에는 판결 주문에 이어 '이 법원의 위헌 명령 심사 결과'라는 부분을 특별히 기재한 경우가 있다. 예컨대 서울행정법원은 증여세등부과처분 취소소송에서 '이 법원의 위헌 명령 심사 결과'

17) 이상규, 행정쟁송법, 제5판, 495면.
18) 대법원 2016. 3. 24. 선고 2015두48235 판결.

부분에서 "구 상속세 및 증여세법 시행령(2003. 12. 30. 대통령령 제18177호로 개정되고, 2014. 2. 21. 대통령령 제25195호로 개정되기 전의 것) 제31조 제6항은 헌법에 위반된다"고 설시하고 있다.[19] 또한 서울고등법원은 중소기업청장의 경쟁입찰참여자격제한처분 등에 대한 취소소송에서 동일한 형식으로 "중소기업제품 구매촉진 및 판로지원에 관한 법률 시행령 제9조의3 제2호 다목은 헌법에 위반된다"고 기재하고 있다.[20] 현재 이 사건은 대법원에 계속중이다.

이러한 하급심판결에서는 법률하위규범(시행령)의 위헌성을 비록 주문에 언급하지 않고, '이 법원의 위헌 명령 심사 결과'라는 새로운 형식으로 판결문에 해당 법률하위규범의 위헌을 명시하고 있다. 법원은 이러한 내용을 주문에 기재하는 것에 대해 신중한 입장을 취하고 있는 것으로 보이지만, 이러한 판결문의 형식을 허용할 수 있는지에 대해서는 깊이 있는 논의가 있어야 한다. 판결의 주문에 해당 규범의 위헌이나 위법을 명시하더라도 행정청이 반드시 해당 규범을 개정해야 할 법적 의무는 없다. 행정소송법 제6조 제1항에도 명령·규칙이 헌법 또는 법률에 위반된다는 것이 확정된 경우에 대법원은 행정안전부장관에게 통보하고, 행정안전부장관은 이를 관보에 게재할 뿐이다. 행정소송법에는 해당 규범의 개정 의무에 대해서는 언급을 하지 않고 있다. 그러나 위의 하급심판결의 주문에서 해당 규범이 무효라고 선언하는 경우 행정청은 해당 규범을 더 이상 적용하기는 어렵다.

한편, 제1심 법원이 해당 규범의 위헌을 선언한 경우 다른 법원도 이에 구속되어야 하는지가 문제된다. 즉 다른 사건에서 해당 규범의 효력이 문제된 경우 다른 법원도 이러한 판결의 내용에 따라 이를 위법·무효로 판단해야 하는가? 비록 후소의 법원에 대해 선결적 효력이 인정된다고 하더라도 이를 인정하기 어려운 경우도 있다. 후소가 계속

19) 서울행정법원 2016. 4. 7. 선고 2015구합74586 판결.
20) 서울고등법원 2015. 6. 12. 선고 2014누174 판결.

중인 수소법원이 상급법원인 경우에는 더욱 그러하다. 또한 하급심에서는 모두 "이 법원의 위헌 명령 심사 결과"라고 기재하고 있어, 동일한 '법원'에서도 모두 이러한 입장을 따라 해당 규범을 위헌으로 판단해야 하는지도 문제된다. 예컨대 서울행정법원의 경우에도 재판부에 따라 다른 결정을 내릴 수 있다. 특히 평등원칙을 이유로 위헌판단을 내리는 경우에는 개별 사례에 따라, 그리고 법관의 가치관에 따라 다른 입장을 취할 수 있는 것이다. 이와 같이 법원의 위헌 명령 심사는 법관과 재판의 독립을 침해할 우려도 있다. 이러한 형식의 판결문은 사실상 추상적 규범통제로서의 기능을 수행할 수 있어 신중한 접근이 요구된다. 바로 그러한 점이 향후 대법원에 계속 중인 사건의 판결에 귀추가 주목되는 까닭이다.

3. 위법한 조례에 대한 항고소송의 가능성 여부

국내 학설 중에는 행정입법에 대해서도 항고소송을 제기할 수 있다는 견해가 있다.[21] 헌법 제107조 제2항에 규정된 "재판의 전제성"을 선결문제가 아니라 '구체적 사건성'으로 해석하는 견해도 있는데, 이 견해는 행정입법도 '구체성'의 요건을 충족할 수 있어 항고소송의 대상이 된다고 보고 있다.[22] 재판의 전제성을 선결문제로 좁게 해석하기 보다 구체적 사건성으로 해석하는 것은 의미가 있다. 앞으로 행정소송법의 개정을 통해 행정소송에 의한 규범통제의 가능성을 열어둔다는 점에서도 그러하다. 그러나 행정입법의 구체성을 인정하는 것은 행정작용론의 형해화를 초래하는 무리한 해석이며, 이를 이유로 항고소송의 대상이 된다는 논거는 더욱 타당하지 않다. 이러한 해석에 의하더라도 규범이 처분으로 전환되는 것은 아니다. 규범폐지소송의 도입에 관한 주장도

---

21) 박균성, 전게서(상), 216-271면.
22) 박정훈, 행정소송의 구조와 기능, 박영사, 72면.

있지만, 이러한 소송이 구체적으로 어떠한 내용을 담고 있는지에 대해서도 구체적인 논의가 있어야 한다.

한편, 대법원은 예외적으로 '처분적 조례'를 인정하고 있다. 즉 "조례가 집행행위의 매개 없이 그 자체로 직접 국민의 구체적인 권리의무나 법적 이익에 영향을 미치는 등의 법률상 효과가 발생하는 경우"에 항고소송의 대상을 허용하고 있다.[23] 이 판결에 대해서는 오래 전부터 학계의 비판이 제기되어 왔다.[24] 이와 관련하여 독일의 입법례는 좋은 참고가 된다. 독일에서는 집행행위의 매개 없이 직접 주관적 권리의 형성이나 폐지를 할 수 있는 '집행규범(Vollzugsnormen)'을 인정하고 있다. 독일의 학설은 이러한 집행규범에 대해서는 집행행위가 없기 때문에 취소소송이 아닌 '확인소송'을 제기해야 한다고 보고 있다.[25] 이 경우에는 권리의 존부가 문제되기 때문이다. 예컨대 직업적 활동을 금지하여 직업의 자유라는 기본권을 제한하는 경우에 이러한 활동의 권한이 있는지 여부는 독일 행정법원법 제43조의 '법률관계'에 해당하여 확인소송을 제기할 수 있다는 것이다.[26] 처분적 조례를 인정한 배경에는 헌법재판소와 대법원 사이의 권한갈등이 내재하고 있다. 법원이 이를 인정하지 않을 경우 후술하는 바와 같이 위법한 조례에 대해 헌법소원을 제기할 수 있게 된다. 이와 관련하여 보충성 원칙의 예외가 허용되기도 한다. 우리 행정소송법에는 독일의 (일반)확인소송과 동일한 제도는 없다. 그러나 권리의 존부가 문제되는 경우에 확인소송과 이행소송의 성격을 동시에 가지는 공법상 당사자소송이 고려될 수 있다. 처분을 대상으로 하는 항고소송의 체계에서 규범에 대한 취소소송은 이론적으로 모순이다.

---

23) 대법원 1996. 9. 20. 선고 95누8003 판결.

24) 김중권, "이른바 처분적 행정입법의 문제점에 관한 소고", 특별법연구 제12권(2015), 3-32면 참조.

25) Wolf-Rüdiger Schenke, Rechtsschutz bei normativem Unrecht, NJW 2017, S. 1062.

26) Schenke, Altes und Neues zum Rechtsschutz gegen untergesetzliche Normen, NVwZ 2016, S. 721.

Ⅲ. 위법한 조례에 대한 주위적 규범통제

1. 주위적 규범통제절차의 흠결

헌법 및 헌법재판소법에는 법률하위규범에 대한 주위적 규범통제절차를 규정하고 있지 않고, 행정소송법에도 법률하위규범에 대한 사법적 통제장치는 흠결되어 있다. 이와 달리 독일에서는 법률뿐만 아니라 법률하위규범에 대해 추상적 규범통제제도를 인정하고 있을 뿐만 아니라 구체적 규범통제도 인정하고 있다. 또한 법률하위규범에 대한 주위적 규범통제의 관할권은 원칙적으로 연방헌법재판소에 있다. 그러나 위헌의 의심이 있는 법률에 대해서는 독일 기본법 제100조 제1항에 따라 구체적 규범통제가 인정된다. 선결문제로서 법률의 유효성이 문제되는 사건에서 위헌이라고 여겨지는 경우에 법원은 연방헌법재판소에 위헌법률심판을 제청한다. 다만, 이러한 부수적 규범통제는 연방과 주(란트)의 법률에 한하며, 법규명령이나 자치법규(조례)는 제외된다. 후자의 경우에는 법원이 직접 부수적 심사를 한다. 이와 같이 독일에서는 법원의 부수적 규범통제가 법률하위규범에 제한되고 있다.[27] 법률하위규범에 대한 주위적 규범통제는 원칙적으로 연방헌법재판소의 관할이다. 연방법이나 주법이 기본법에 위반되거나, 또는 주법이 연방법에 일치하지 않는 경우에 추상적 규범통제를 한다. 그러나 이러한 추상적 규범통제의 신청권자는 개인(사인)이 아니라, 연방정부, 주정부 및 연방의회 의원 1/3이다(독일기본법 제93조 제1항 제2호, 연방헌법재판소법 제13조 제6호 및 제76조 참조). 이러한 추상적 규범통제제도는 개인의 권리구제를 목적으로 하는 것이 아니며, 객관적 이의제기 내지 객관적 통제에 관한 절차이며 합헌성을 확보하기 위한 것이다. 법규명령뿐만 아니라 조례도 이

---

27) Burgi, a.a.O., § 19 Rn. 2.

러한 추상적 규범통제의 대상임은 물론이다.[28)]

한편, 독일에서는 행정법원법 제47조 제1항 제1호에 도시계획조례나 일부 법규명령 등에 대한 추상적 규범통제절차를 별도로 규정하고 있다.[29)] 이 규범통제소송의 관할법원은 연방헌법재판소가 아니라 고등행정법원이다. 이러한 별도의 제도를 마련한 이유는 객관적 이의제기 내지 항의, 개인의 권리구제 및 소송경제 등을 들고 있다. 특히 이러한 규범통제제도는 이견(異見)이 없지는 않지만 대체로 개인의 권리구제에 기여한다고 보는 견해가 설득력을 가진다.[30)] 또한 유력설은 개별적 소송이 남용되는 대신 규범통제제도를 활용하는 것이 소송경제에 기여한다고 보고 있다.[31)] 규범통제소송의 신청인은 자연인이나 법인뿐만 아니라 행정청도 될 수 있다. 만인소송(萬人訴訟)이 되지 않기 위해 행정청은 일정한 관련성을 가지고 있어야 하며, 이는 권리보호필요에 해당하는 것으로서 행정청의 통제필요성과 관련된 것이다.[32)] 또한 게마인데(Gemeinde)와 기타 공공단체도 당사자가 될 수 있다. 규범통제소송의 피신청인은 해당 법규정을 제정한 공공단체, 영조물 및 공재단이다(독일 행정법원법 제42조 제2항 제2문 참조).[33)]

우리나라에는 주위적 규범통제제도가 없지만, 조례제정의 위법을 다투는 기관소송이 부분적으로 추상적 규범통제의 기능을 수행하고 있다(이에 대해서는 Ⅲ. 2.에서 후술함). 그러나 현행법상 위법한 조례에 대한 권리구제수단은 부수적 규범통제절차를 제외하고 흠결되어 있다. 따라서 조례를 비롯한 법률하위규범에 대한 주위적 규범통제절차를 도입해

---

28) BVerfGE 10, 20 (54); Schlaich/Korioth, a.a.O., Rn. 128.

29) 이 소송은 특별한 종류의 확인소송절차로 이해되며, 독일 행정법원법 제43조의 일반확인소송과 달리 규범의 효력 유무를 다툰다(Schmitt Glaeser/Horn, Verwaltungsprozeßrecht, 15. Aufl., Rn. 404).

30) BVerwGE 68, 12 (14); 107, 215 ff.

31) 이에 대해서는 Würtenberger, Verwaltungsprozessrecht, 3. Aufl., § 26 Rn. 435 ff.

32) Gerhardt, in: Schoch/Schmidt-Aßmann/Pietzner(Hg.), VwGO, § 47 Rn. 79.

33) Hufen, a.a.O., § 19 Rn. 9.

야 한다.[34] 객관적 통제뿐만 아니라 개인의 권리구제를 고려한 규범통제제도를 설계해야 한다. 또한 조례에 의해 개인의 권리나 이익이 침해된 경우 개별적으로 이를 다툴 수 있는 권리구제제도를 마련하는 것이 필요하다. 부수적 규범통제제도만으로는 이러한 기능을 수행하기 어렵다. 또한 전술한 바와 같이 규범통제는 소송경제적 측면을 간과할 수 없다. 권리나 이익의 침해를 받은 주민이 개별적으로 조례의 위법을 다투는 소송을 제기하는 것은 비효율적이다. 독일 행정법원법 제47조 제1항의 규범통제소송에서 고등행정법원이 해당 규범의 무효를 선언할 경우 당연무효의 법리에 따라 위헌·위법인 규범은 처음부터 효력이 없고 일반적인 구속력을 가진다.[35] 또한 지배적 견해에 의하면, 이러한 일반적 무효선언 외에도 과도기적으로 무효대신 단순위법을 선언할 수 있고, 이 경우 해당 규범은 과도기 동안에 구속력을 가진다.[36]

2. 기관소송에 의한 부분적인 추상적 규범통제

조례제정의 위법 여부에 대해서는 대부분 '기관소송'의 형식으로 다투고 있다. 기관소송은 국가 또는 공공단체의 기관 상호간에 있어서 권한의 존부 또는 그 행사에 관한 다툼을 대상으로 하고 있다(행정소송법 제3조 제4호). 지방자치법에는 이러한 기관소송의 관할 법원을 대법원으로 하고 있으며, 단심제로 규정하고 있다(지방자치법 제107조 제3항 참조). 즉 지방자치단체의 장은 지방의회의 의결에 대한 재의 요구에 의해 재적의원 과반수의 출석과 출석의원 3분의2 이상의 찬성으로 재의결된 사항이 법령에 위반된다고 판단되면 대법원에 제소할 수 있다. 재의요구사항은 "지방의회의 의결이 월권이거나 법령에 위반되거나 공익을 현

34) 이러한 주장을 찬동하는 견해로는 장영철, "행정입법에 대한 추상적 규범통제제도의 도입방안에 관한 연구", 공법연구 제37집 제1-2호(2008. 10), 162-163면.

35) Würtenberger, a.a.O., § 26 Rn. 469.

36) Würtenberger, a.a.O., § 26 Rn. 470.

저히 해친다고 인정되는" 경우이다. 이러한 소송은 전형적인 기관소송의 하나이지만, 조례안의 무효를 다투는 소송이라는 점에서 부분적으로 추상적 규범통제의 성격도 가지고 있다.[37] 이러한 조례안무효확인소송은 상위법령을 위반하거나 지방자치단체의 장의 권한을 침해하는 경우에 주로 제기된다. 조례안의 일부조항이 상위법령을 위반한 경우 해당 조례안은 무효가 된다. 이러한 규범통제를 대법원에서 단심제로 판단하는 것은 적지 않은 부담을 가져 온다.

지방자치단체의 장과 지방의회 외에도 국가의 감독권과 지방자치단체의 조례제정권이 충돌하는 경우도 적지 않다.[38] 이 경우 주무부장관이나 시 · 도지사는 재의결된 사항이 법령에 위반된다고 판단됨에도 불구하고 해당 지방자치단체의 장이 소(訴)를 제기하지 아니하면 그 지방자치단체의 장에게 제소를 지시하거나 직접 제소할 수 있다(지방자치법 제172조 제4항). 이 경우 시 · 군 및 자치구와 같은 기초지방자치단체의 조례제정에 대해서도 주무부장관이 제소를 지시하거나 직접 제소하는 것이 가능한지가 문제되었으나, 대법원은 부정적으로 해석하고 있다.[39] 지방자치법 제172조 제1항에 의하면, 지방의회의 의결이 법령에 위반되거나 공익을 현저히 해친다고 판단되면 시 · 도에 대하여는 주무부장관이, 시 · 군 및 자치구에 대하여는 시 · 도지사가 재의를 요구하게 되어 있다. 이와 관련하여 대법원은 시 · 군 및 자치구에 대해서는 시 · 도지사가 제소를 지시하거나 직접 제소할 수 있다고 판단하고 있다. 이러한 해석은 지방자치제도의 보장을 위해 감독권 행사의 한계를 인정한 것이

37) 홍정선, 행정법원론(하), 제23판, 33면.

38) 지방분권형 헌법개정과 관련하여, 지방자치권의 침해에 대해 지방자치단체의 제소권을 보장해야 한다는 견해가 있다(최우용, 전게논문, 23면). 그러나 이러한 소송을 헌법재판소의 관할로 해야 하는지는 의문이며, 해석상 행정소송으로 다룰 수 있다고 생각한다. 또한 헌법재판소의 권한쟁의심판으로 활용할 수도 있다(헌법재판소법 제62조 제1항 제2호, 제3호 참조). 다만, 지방자치단체의 장은 권한쟁의심판의 당사자가 될 수 없다(헌재 2006. 8. 31. 2003헌라1).

39) 대법원 2016. 9. 22. 선고 2014추521 판결.

다. 이러한 조례제정에 대한 국가기관이나 상급자치단체의 감독권 행사와 관련된 소송의 법적 성질에 대해 기관소송으로 보는 견해,[40] 법률이 인정한 특수한 행정소송으로 보는 견해[41] 등이 있다. 양설의 차이는 상대적이고 중첩적인 점도 있다. 기관소송을 넓게 이해하는 경우 동일한 주체 내의 기관이 아닐지라도 국가나 공공단체의 기관 사이의 쟁송도 기관소송으로 볼 수 있다. 또한 이러한 소송은 지방자치단체의 주관적 지위와 관련된 부분이지만, 국가의 감독권 행사 내지 감독처분을 다투고 있어 그 본질에 있어서 항고소송의 성격도 가진다.

실제 독일에서는 '행정행위'를 대상으로 하는 분쟁을 '취소소송'으로 다투고 있다.[42] 다만, 지방자치단체의 '기관'이 국가기관의 감독처분을 다투는 것은 주의할 필요가 있다. 이러한 경우에 '기관'은 법인격을 가지고 있지 않으므로 행정소송법에 당사자능력에 관한 명문의 규정 없이 원고적격을 인정할 수 있을지 의문이다. 그러나 지방자치단체의 장의 경우에는 지방자치단체를 대표해서 소송을 제기할 수 있는데, 이러한 경우는 예외적으로 허용될 수 있다. 그러나 이러한 경우에도 처분성 판단은 신중해야 한다. 대법원은 서울특별시가 지방자치단체의 장(강원도 양양군수)을 피고로 하여 건축협의 취소의 취소를 구하는 소를 제기한 사건에서 해당 건축협의 취소가 행정처분이라고 판단하고 있을 뿐만 아니라 서울특별시의 원고적격을 인정하고 있다.[43] 서울특별시장은 지방자치단체의 대표기관이라는 점에서 원고적격을 인정할 수 있을지라도, 건축협의 취소를 처분으로 볼 수 있는지는 의문이다. 대법원은 "건축협의 취소는 상대방이 다른 지방자치단체 등 행정주체라 하더라도 행정청

40) 박윤흔, 최신행정법강의(하), 2004, 189면.

41) 김남진/김연태, 행정법 II, 제20판, 204면.

42) 이에 대해서는 졸고, "항고소송에 있어서 국가기관의 원고적격", 저스티스 통권 제140호(2014. 2), 343-346면.

43) 대법원 2014. 2. 27. 선고 2012두22980 판결. 이러한 문제점에 대해서는 졸저, 현대행정의 작용형식, 법문사, 2016, 389면.

이 행하는 구체적 사실에 관한 법집행으로서의 공권력 행사"라고 판단하고 있다. 그러나 양양군수의 건축협의 취소가 공권력의 행사로 해석될 수 있는지 의문이다. 실제 독일에서는 국가기관의 감독처분에 대해 지방자치단체가 제기하는 소송에서 '행정행위'에 해당하는지 여부가 문제되고 있다.

한편, 독일 행정법원법 제47조 제1항에 의한 규범통제에 있어서는 행정청이 신청인이 될 수 있는데,[44] 감독청도 행정의 적법성 통제를 위해 조례의 위법성을 주장할 수 있다고 보고 있다.[45] 우리나라의 지방자치법에서 감독청이 제기하는 조례안무효확인소송은 추상적 규범통제의 성격을 가진다고 볼 수 있다.[46] 다만, '조례안'에 대한 감독청의 통제와 기관소송의 법정주의 등의 측면에서 본래적 의미의 추상적 규범통제와는 차이가 있다.

3. 헌법소원에 의한 우회적 규범통제

위법한 법률하위규범에 대한 주위적 규범통제제도가 흠결되어 있어 직접적인 권리구제수단으로서 헌법소원제도가 사용되고 있다. 법무사법 시행규칙에 대한 헌법소원[47]의 허용 여부를 둘러싸고 헌법재판소와 대법원 사이에 관할권 논쟁이 있었다. 규범통제와 헌법소원은 구별되어야 하며, 양자는 병렬적으로 존재할 수 있다. 다만, 헌법소원의 경우에는

---

44) 독일 행정법원법 제47조 제1항에서는 '신청(Antrag)'이라는 용어가 사용되고 있지만, 객관적 이의제기 내지 항의(objetives Beanstrandung)의 의미만 가진 것이 아니다. 이러한 규범통제절차는 규범적 불법에 대한 방어를 통한 개인의 권리구제절차이기도 하다(Würtenberger, a.a.O., § 26 Rn. 436). 따라서 규범이나 그 적용에 의해 자신의 권리를 침해받거나 예견할 수 있는 시기에 침해된다는 것을 주장하는 사법상의 자연인 또는 법인이 신청권자가 된다(독일 행정법원법 제47조 제2항 참조). 예컨대 도시계획조례의 형식인 도시건설계획(Bebauungsplan)에 의해 토지이용을 방해받은 해당 토지 소유자는 규범통제절차의 신청인이 된다.

45) Schmitt Glaeser/Horn, a.a.O., Rn. 428.

46) 졸저, 행정법의 특수문제, 법문사, 2018, 16면.

47) 헌재 1990. 10. 15. 89헌마178.

자기관련성, 현재성, 직접성 및 보충성 등의 요건이 충족되어야 한다. 따라서 조례로 인해 직접 그리고 현재 자신의 기본권을 침해받은 자는 해당 조례에 대해 헌법소원을 제기할 수 있다.48) 독일에서는 조례제정을 통한 기본권 침해의 경우에 자기관련성과 보충성원칙 등이 주로 문제되고 있다. 독일에서는 이러한 문제들이 극복될 수 있는 것으로 본다. 관련 주(란트)법에는 대체로 행정소송에 의한 규범통제가 규정되어 있지 않아 보충성의 원칙이 적용될 수 있고, 조례에서 정한 과태료처분을 받거나 지방세나 공과금 등의 부과처분을 받은 경우에 자기관련성은 충족될 수 있다.49)

우리나라에서도 조례 그 자체에 대한 권리구제수단이 흠결되어 있어 보충성의 원칙은 대체로 충족될 수 있다. 문제는 기본권 침해의 직접성이다. 우리 헌법재판소는 전주시 도로 점용료 징수 조례 [별표 1] 4. '진출·입로' 부분 위헌확인 사건에서 기본권침해의 직접성 요건을 충족하지 않는다고 판단하여 각하결정을 한 바 있다.50) 이 사건에서는 도로점용료를 인접한 토지의 공시지가에 0.025를 곱한 금액으로 규정하고 있는 전주시 도로 점용료 징수 조례 [별표 1] 4. '진출·입로' 부분이 도로점용료 납부의무자의 기본권을 직접 침해하는지 여부가 쟁점이었다. 헌법재판소는 "위 조례조항이 정하고 있는 점용료율은 도로점용료를 구체적으로 산정하기 위해 필요한 여러가지 요소 중 하나에 불과할 뿐이어서, 도로관리청의 도로점용료 부과처분이라는 구체적인 집행행위 이전에 위 조례조항 자체만으로 직접 기본권을 침해한다고 보기 어렵다"고 판단하였다.

이에 반해 조례에 의한 기본권 침해의 직접성을 인정한 사례도 있다. 헌법재판소는 서울특별시 보도상영업시설물관리 등에 관한 조례 제

48) 헌재 1995. 4. 20. 92헌마264 등; 헌재 2008. 12. 26. 2007헌마1387; 헌재 2009. 10. 29. 2008헌마454 등.
49) Burgi, a.a.O., § 15 Rn. 42.
50) 헌재 2010. 9. 30. 2008헌마442.

3조 제4항 등 위헌확인사건에서 해당 조례의 조항들이 갱신허가처분 내지 거부처분이라는 집행행위가 예정되어 있으나, 허가의 요건과 내용이 조항 자체에 의하여 일의적이고 명백하게 정해져 있어 집행행위 이전에도 국민의 법적 지위를 결정적으로 정하는 것이라 볼 수 있다고 보아 침해의 직접성을 인정하고 있다.[51] 그러나 결론에 있어서 청구인의 기본권 침해 주장을 받아들이지 않고 기각결정을 하였다. 이와 같이 조례에 대한 헌법소원이 인용되는 사례는 드물다.

한편, 법률하위규범에 대한 주위적 규범통제수단의 부재로 인해 헌법재판소는 법규명령·조례 등에 대해 헌법소원을 통해 우회적으로 그 위헌성을 확인하고 있다. 조례에 대한 헌법소원의 대표적 사건으로 '담배자동판매기설치금지조례' 사건이 있다. 이 사건은 지방자치단체인 부천시와 서울특별시 강남구의 각 지방의회의 의결을 거쳐 해당 조례를 제정한 것이다. 해당 지방자치단체 내에서 각 담배자동판매기를 이용하여 담배소매업을 하는 청구인들은 해당 조례가 직업선택의 자유와 재산권을 침해하며, 이러한 자판기의 설치를 제한하고 설치된 자판기를 철거하도록 한 부천시와 강남구의 각 조례가 위임입법의 한계를 벗어나 무효라고 주장하였다. 헌법재판소는 조례의 포괄적 자치권을 인정하고 해당 조례가 위임의 한계를 벗어난 규정이라고 볼 수 없어 합헌이라고 결정하고 있다. 문제는 이 사건에서 헌법재판소가 해당 조례가 포괄위임금지를 위반하였는지를 심사하고 있다는 점이다. 그러나 이러한 심사기준은 헌법소원이 아니라 규범통제에서 적용되어야 한다. 물론 헌법소원에 대한 본안심리가 규범통제로 귀착된다는 견해도 있다.[52] 이 사건은 위헌심사형(규범통제형) 헌법소원 사건도 아니다. 비록 헌법소원제도가 권리구제의 기능 외에 객관적으로 헌법질서를 보장하는 기능을 가지고 있는 것은 사실이지만, 규범통제제도와는 구별된다. 우리 헌법재판

51) 헌재 2008. 12. 26. 2007헌마1422 등, 판례집 20-2하, 910.
52) 허영, 한국헌법론, 전정14판, 935면.

소법 제68조 제2항에는 '법률의 위헌 여부 심판의 제청신청이 기각된 때'에 위헌심사형 헌법소원을 규정하고 있지만, 위헌심사형 헌법소원의 대상은 '법률'에 제한될 뿐만 아니라 그 성격도 위헌법률심판에 해당하는 것이다.[53] 이러한 위헌심사형 헌법소원제도는 우리나라의 독특한 제도이며, 헌법소원이라기보다는 규범통제로서의 성격을 가진다는 견해도 있다.[54]

Ⅳ. 조례제정의 부작위에 대한 규범통제의 허용여부

1. 조례제정의 부작위에 대한 사법적 통제의 문제점

조례제정의 부작위에 대한 사법적 통제가 문제된다. 헌법재판소는 조례제정의 부작위에 대해 헌법소원을 인정하고 있다. 지방공무원법이 '사실상 노무에 종사하는 공무원의 범위'를 조례에 위임하였으나 조례를 제정하지 않아 기능직공무원인 청구인들이 헌법소원을 제기한 사건이다. 이 사건에서 지방공무원법(1973. 3. 12. 법률 제2594호로 개정된 것) 제58조 제2항의 위임에 따라 '사실상 노무에 종사하는 공무원의 범위'를 정하는 조례를 제정하지 않는 것이 청구인들의 기본권을 침해하는지, 또한 이러한 조례를 제정할 헌법상 의무가 있는지 여부가 쟁점이었다. 전자는 자기관련성의 문제이고, 후자는 조례제정의 의무가 위헌인지 여부에 관한 것이다. 헌법재판소는 후자에 대해 긍정적으로 판단하고, 그 구체적 범위를 조례로 제정할 헌법상 의무를 인정하였다.[55] 또한 헌법

---

53) 한수웅, 헌법학, 제7판, 2017, 1444면; 헌재 1997. 7. 16. 96헌바36등, 판례집 92, 44, 52 참조. 한편, 독일에서도 예외적으로 직접 법률에 대해 헌법소원을 허용하는 경우가 있다(독일 기본법 제93조 제1항 제4a호 및 독일 연방헌법재판소법 제95조 제3항 참조). 이러한 헌법소원을 소위 '법규소원(Rechtssatzverfassungsbeschwerde)'이라고 하는데, 이를 규범통제의 일환으로 다루는 견해도 있다(Schlaich/Korioth, a.a.O., Rn. 121).

54) 헌법재판소, 헌법재판실무제요, 제2개정판, 361-362면.

55) 헌재 2009. 7. 30. 2006헌마358.

재판소는 부산직할시 검인계약서 제도 실시에 따른 시세불균일과세에 관한 조례 제2조 등 위헌확인 사건에서 기본권 보장을 위한 법규정이 불완전하여 그 보충을 요하는 경우에 그 불완전한 법규 자체를 대상으로 하여 헌법위반을 주장하는 심판청구를 '부진정 부작위입법'에 대한 헌법소원이라고 판단하고 있다.[56]

조례제정의 부작위가 헌법제정의 의무위반인지, 아니면 법률제정의 의무위반인지가 문제된다. 헌법재판소는 이러한 조례제정의 부작위를 '행정입법부작위'의 문제가 아니라 '입법부작위'로 판단하고 있다. 조례제정의 부작위를 법률의 부작위와 동일하게 취급하고 있는 것이다. 이에 반해 독일에서는 의회가 제정한 형식적 의미의 법률의 제정 또는 보충에 관한 문제는 헌법적 문제로 보지만, 법규명령 · 조례 등 법률하위규범의 제정이나 보충은 '행정'의 소산으로서 행정소송의 문제라고 보고 있다.[57] 독일에서는 새로운 법률하위규범의 제정을 적극적으로 요구하는 진정규범제정요구소송(echte Normerlassklage)과 규범제정의 개정 또는 보충을 구하는 부진정규범제정요구소송(unechte Normerlassklage)으로 나누어 검토하고 있다. 후자는 규범보충소송(Normergänzungsklage)으로 부르고 있다. 조례제정의 부작위 문제도 법률의 위임에도 불구하고 조례를 전혀 제정하지 않은 경우와 조례를 제정하였으나 불완전한 경우로 구분할 수 있다. 이하에서는 이를 구분하여 검토하기로 한다.

2. 조례제정요구소송의 허용 여부 및 적합한 소송형식

법률에서 조례에 위임을 하였음에도 조례를 제정하지 않아 개인(주민)의 권리가 침해되는 경우에 어떠한 소송으로 다투어야 하는지가 문

56) 헌재 1995. 10. 26. 94헌마242.

57) Würtenberger, Verwaltungsprozessrecht, 3. Aufl., § 39 Rn. 701. 헌법학자 중에도 행정입법부작위를 헌법소원의 대상으로 삼는 것은 권리구제의 공백을 메우기 위한 것지만, 헌법 제107조 제2항에 근거하여 행정입법부작위의 문제를 법원의 행정소송으로 다루어야 한다고 보고 있다(한수웅, 헌법학, 1457면).

제된다. 헌법재판소는 이를 헌법적 의무가 있는지 여부를 근거로 판단하고 있지만, 이러한 문제는 행정소송의 문제로 보아야 한다는 견해가 유력해지고 있다. 전술한 바와 같이 독일에서는 이러한 문제를 규범제정요구소송의 문제로 파악하고 있다. 그러나 이러한 규범제정요구소송은 독일에서도 행정법원법에 명시된 것이 아니라, 학설 및 판례에서 이러한 소송을 인정하고 있다. 그러한 점에서 우리나라에서도 규범제정요구소송의 도입에 관한 논의가 필요하다. 다만, 이에 대한 적합한 소송형식이 무엇인지에 대해 검토해야 한다.

주지하는 바와 같이 독일의 학설은 이를 일반이행소송으로 보는 견해와 확인소송으로 보는 견해가 대립하고 있다.[58] 연방행정법원은 확인소송설을 따르고 있다.[59] 한편, 조례도 법규범이므로 이러한 규범제정요구소송을 독일 행정법원법 제47조 제1항의 규범통제소송을 통해 실현할 수 있는지가 문제된다. 하급심판례 중에는 독일 행정법원법 제47조를 유추적용한 독자적 규범제정요구소송을 인정한 경우도 있지만,[60] 이에 대해 독일의 학설은 대체로 부정적이다. 그 이유는 명문의 규정에 반하며, 규범통제소송은 현존하는 법규범을 대상으로 그 효력 유무를 다투는 것이므로 그 부작위에 대해서는 이러한 규범통제소송을 제기할 수 없다는 것이다.[61] 그 밖에 규범제정의 부작위를 헌법적 사안으로 파악하고, 헌법소원을 통한 권리구제를 주장한 견해도 있었다.[62] 그러나 이 견해는 근래에 학설을 변경하여 일반이행소송설을 따르고 있다.[63]

우리나라에서도 이러한 규범제정요구소송의 적합한 소송형식을 항고

58) 이에 대한 상세한 내용 및 독일의 문헌은 졸고, "명령 · 규칙 등의 부진정행정입법부작위에 대한 법원의 규범통제", 126-127면 참조.

59) BVerwGE 80, 355 (363); BVerwGE 111, 276 (278 f.); BVerwG, NVwZ 2002, 1506.

60) VGH München, BayVBl. 1980, 209.

61) 대표적으로 Schoch, in: Hoffmann-Riem/Schmidt-Aßmann/Voßkuhle(Hg.), Grundlagen des Verwaltungsrecht, Bd. III, § 50 Rn. 224; Würtenberger, a.a.O., § 39 Rn. 708.

62) Wolf-Rüdiger Schenke, Rechtsschutz bei normativem Unrecht, 1979, S. 337 ff.

63) Kopp/Schenke, VwGO, 18. Aufl., Vorb. § 40 Rn. 8a.

소송(부작위위법확인소송)으로 보는 견해와 당사자소송으로 보는 견해가 대립하고 있다. 필자는 이를 공법상 법률관계의 문제로 파악하고 독일의 확인소송설을 근거로 하여 후자의 입장을 주장한 바 있다.64) 위에서 언급한 헌법소원사건(2006헌마358)에서도 조례를 제정하지 않아 공무원의 권리(노동조합가입권, 단체교섭권 등)를 침해받은 청구인(기능직 공무원)들은 자신들의 권리(공권)를 확인하는 소송을 제기할 수 있다. 이러한 조례제정의 부작위은 헌법적 의무가 아니라 법률상 의무를 이행하지 않은 것이다. 또한 법규범은 처분과 구별되며, 규범의 부작위에 대해 부작위위법확인소송을 제기하는 것은 행정소송법의 규정에 반한다. 대법원도 행정입법의 부작위에 대해 부작위위법확인소송을 제기할 수 없음을 확인한 바 있다.65) 근래에 독일의 행정소송법에 관한 연구를 통해 당사자소송설을 지지하는 견해가 늘고 있음은 주목된다.66)

3. 불완전한 조례제정에 대한 규범보충소송의 실현가능성

법률의 위임에 의해 조례를 제정하지 않은 것은 아니지만 특정한 생활영역을 규율하지 않아 조례제정이 불완전한 경우를 상정할 수 있다. 이러한 문제는 독일에서 '규범보충소송'으로 다루고 있다. 여기에 불완전한 조례의 개정이나 보충을 요구하는 경우도 포함된다. 이러한 문제는 주로 급부행정이나 사회복지 등의 분야에서 논의되며, 평등원칙에 위배되는지 여부가 쟁점이다. 전술한 부산직할시 검인계약서 제도 실시에 따른 시세불균일과세에 관한 조례 제2조 등 위헌확인사건(94헌마242)은 헌법소원으로 제기되었다. 이를 부진정 부작위입법으로 보는 것은 타당하지 않다. 이는 형식적 의미의 법률의 부작위가 아니라 조례제정

64) 이에 대해서는 졸고, "행정입법부작위에 대한 사법적 통제: 당사자소송에 의한 규범제정요구소송의 실현가능성을 중심으로", 저스티스 통권 제110호(2009. 4), 194면 이하.

65) 대법원 1992. 5. 8. 선고 91누11261 판결.

66) 김현준, "행정입법에 대한 행정소송", 공법연구 제46집 제2호(2017. 12), 260-263면.

의 부작위이며, 정확히는 불완전(불충분)한 조례제정에 관한 문제이다. 또한 헌법소원사건임에도 불구하고 기본권의 침해보다는 조세법률주의의 위반여부나 위임입법의 한계 준수 등을 심사하고 있으나, 이 사건은 조례의 개정이나 보충을 요구하는 것과 관련된 것이다.

독일에서는 이러한 소송을 행정소송으로 다루고 있다. 이에 적합한 소송형식으로 일반이행소송이나 확인소송을 드는 견해가 유력하지만, 이를 규범통제소송으로 다투어야 한다는 견해도 있다. 특히 규범보충소송은 규범제정자가 특정한 사안을 동등하게 규율하지 못하는 것을 다툰다는 점에서 규범통제신청과 다르지 않다고 보는 견해가 있다.[67] 그러나 규범통제소송은 적합하지 않다는 반론도 유력하다.[68] 특히 독일 행정법원법 제47조의 규범통제제도는 규범의 효력을 확정하는 것인 반면, 규범보충소송은 현존하는 규범의 보충을 목적으로 한다는 점에서 구별된다는 것이다.[69] 이러한 규범통제소송설은 큰 지지를 얻지 못하고 있으며, 독일 연방행정법원은 확인소송설을 채택하고 있다.[70]

생각건대 지방자치제도의 특성상 포괄적 자치권이 인정되고 권력분립원칙에 비추어 이러한 이행소송설을 따르기는 쉽지 않다. 그러나 이러한 규범보충소송은 적어도 확인소송의 형식으로 다투는 것은 가능하다.[71] 예컨대 위 헌법소원(94헌마242) 사건에서 평등원칙의 위반 여부를 심사하여 원고의 권리를 침해하였는지 여부를 확인하는 소송을 제기하는 것이다. 즉 청구인의 주장과 같이 조례가 개인간의 거래에 대해서만 감경하고 법인과 법인간의 거래, 개인과 법인간의 거래에 대해 감경을 배제하는 것이 평등원칙을 위반하여 원고의 권리나 이익이 침해된 것이 위법임을 확인하는 소송을 제기하는 것이다.

---

67) Hufen, a.a.O., § 20 Rn. 1.

68) Schenke, NJW 2017, S. 1062.

69) Würtenberger, a.a.O., § 39 Rn. 703; BVerG, NVwZ 2015, 984.

70) VerwGE 115, 81 (95 f.); BVerwG, NVwZ 2008, 423 ff.

71) 졸고, "명령 · 규칙 등의 부진정행정입법부작위에 대한 법원의 규범통제", 138면.

이러한 확인소송은 규범의 존부에 관한 것이 아니라, 법률관계의 존부에 관한 확인소송으로 이해된다. 우리나라의 행정소송법에는 확인소송의 기능을 수행하고 공법상의 법률관계를 다투는 것을 내용으로 하는 당사자소송을 활용할 수 있다. 물론 부수적 규범통제의 방식으로 수익처분의 거부처분에 대한 취소소송을 제기하면서 그 수권 근거인 조례의 위법성을 다툴 수 있다. 그러나 이러한 취소소송의 핵심은 처분의 위법성이며, 그 선결문제로서 조례의 위법이 인정되더라도 개정 전까지 폐지되지 않고 여전히 유효하다. 이러한 상황에서 조례가 개정되지 아니하는 한, 수익처분의 발급을 청구할 수 없다. 이에 반해 규범보충소송의 핵심은 공법상 법률관계의 확인이며, 이를 인정하기 위해 해당 조례가 평등원칙을 위반하였는지를 심사해야 한다. 또한 이러한 소송을 통해 원고의 공권을 적극적으로 확인해야 한다.

판결의 주문이나 이유에서 평등원칙을 이유로 조례의 위법을 인정하는 것이 바람직하지만, 주문에 기재하는 것은 앞에서 상론한 바와 같이 여러 가지 문제점이 있다. 따라서 적어도 이유 부분에서 조례제정의 부작위가 위법하여 원고의 권리가 침해되고 있음을 구체적으로 설시해야 한다. 수익처분의 거부처분에 대한 취소소송을 제기하여 그 수권 규범인 조례의 위법을 다투는 방식은 매우 소극적이지만, 규범보충소송을 당사자소송으로 실현할 경우에는 원고의 주관적 공권이 존재하는지 여부를 적극적으로 확인할 수 있는 장점을 가진다. 규범제정요구소송이나 규범보충소송에서 원고의 공권은 개별 법률이나 평등원칙 및 기본권의 보호의무 등에서 도출된다.[72] 따라서 규범보충소송에서도 이러한 공권의 존부를 규명하기 위해서 그 수권 규범이 평등원칙을 위반하였다는 점을 명확히 심사해야 한다.

---

72) Sodan, Der Anspruch auf Rechtsetzung und seine prozessuale Durchsetzbarkeit, NVwZ 2000, S. 609.

Ⅴ. 맺음말

규범통제의 본질은 규범의 헌법적합성 내지 합헌성을 확보하는 것이다. 추상적 규범통제를 인정하지 않는 현행법제 아래에서는 부수적 규범통제가 원칙적인 권리구제 방식이다. 그러나 우리 헌법을 비롯한 헌법재판소법이나 행정소송법에는 규범의 합헌성을 확보할 수 있는 객관적 통제방식이 없다. 간접적인 규범통제의 방식만 있을 뿐, 직접적인 합헌성 통제의 방식은 흠결되어 있는 것이다. 또한 하급심에서 규범의 위법을 주문에 포함시키는 것은 추상적 규범통제로 운영될 수 있어 신중한 접근을 요한다. 헌법이나 행정소송법에 주위적 규범통제에 관한 명문의 규정이 없음에도 불구하고 이러한 규범통제의 방식을 사용하는 것은 실정법의 해석을 넘어서는 것이다. 특히 대법원은 소위 '처분적 조례'에 대해서 취소소송을 허용하고 있지만, 이러한 해석은 법규범의 성격을 가지는 조례의 본질에 적합하지 않다. 독일에서는 추상적 규범통제의 방식을 채택하고 있음에도 불구하고 이러한 집행규범에 대해서는 '확인소송'을 통해 다투고 있음에 주의해야 한다.

부수적 규범통제에 의한 권리구제방식은 매우 불완전하며, 해당 조례의 위헌·위법이 인정되더라도 폐지되지 않아 여전히 유효하게 적용될 수 있다. 위법한 조례에 대한 합헌성 확보를 위한 객관적 통제수단으로서 주위적 규범통제제도가 도입되어야 한다. 이와 더불어 위법한 조례에 대한 개인의 권리구제수단이 마련되어야 한다. 독일 행정법원법 제47조 제2항의 규범통제제도가 그 대표적 사례이다. 개별적으로 조례의 위법을 다투는 소송을 반복하는 것은 소송경제적 측면에서도 바람직하지 않다. 주위적 규범통제제도 외에 개인의 권리구제를 위한 규범통제제도가 도입되어야 할 이유는 바로 여기에 있다. 우리나라에서는 기관소송에 의해 부분적으로 추상적 규범통제가 인정되고 있지만, 이러한 기관소송은 주관적 권리구제를 위한 수단이 아니다. 또한 기관소송 법정주의로 인해 그 효용성은 매우 제한적이다. 개인의 권리구제수단으로서 헌법소원이 활용될 수 있지만, 헌법소원의 요건을 모두 충족해야 한다. 그러나 헌법소원과 규범통제는 구별되어야 하며, 헌법재판소법 제68조 제1항의 권리구제형 헌법소원을 규범통제의 수단으로 활용하는 것은 바람직하지 않다. 포괄위임금지의 원칙이나 위임입법의 한계 등과 같은 규범통제의 심사기준을 헌법소원에 적용하여서는 아니 된다. 위법한 조례에 대한 헌법소원은 기본권 보호의 최후수단으로서 기능해야 한다. 포괄적 자치권이 인정되는 지방자치단체 조례의 특성에 비추어 위헌 · 위법인 조례에 대한 헌법소원의 인용가능성은 높지 않다.

조례제정의 부작위에 대한 규범통제는 이론적으로 쉽지 않다. 조례제정의 부작위에 대한 사법적 통제는 헌법소송이 아니라 행정소송의 방식으로 해결해야 한다. 이와 관련하여 독일에서는 새로운 조례의 제정을 구하는 규범제정요구소송이나 규범의 개정이나 보완을 구하는 규범보충소송이 논의되고 있다. 학설 및 판례는 대체로 일반이행소송이나 확인소송을 제기하는 견해가 유력하며, 규범통제와는 구별되어야 한다고 보고 있다. 조례의 제정을 구하는 소송이나 조례의 보충을 구하는 소송을 항고소송(부작위위법확인소송)으로 실현할 수는 없다. 이러한 소송은 대체로 공법상의 권리관계에 관한 문제이다. 또한 부수적 규범통제의 방식으로 규범(조례)의 위법을 확인할 수 있지만, 이에 대해 일반적으로 무효를 선언할 수 없다. 처분의 위법성에 제한된 취소소송의 방식보다는 당사자소송을 통해 원고의 공권을 적극적으로 심사하고, 그 수권근거인 조례를 제정하지 않은 것이 위법하거나 평등원칙을 위반하여 특정한 실제적 사항을 규율하지 않는 것이 위법하다는 것을 확인해야 한다.

지금까지 우리나라에서는 위헌 · 위법인 조례에 대한 사법적 통제의 문제에 소홀한 점이 없지 않았다. 지방분권의 강화와 더불어 조례제정권의 확대가 강조되고 있으나, 이에 대한 규범통제제도를 정비하는 것이 선행되어야 한다. 조례는 규범의 성격을 가지므로 그 사법적 통제도 '규범통제'의 면모를 갖추어야 한다. 기관소송이나 헌법소원을 통해 우회적으로 규범통제를 실현하는 것은 미흡하다. 규범통제의 통일성을 위해 추상적 규범통제제도를 정식으로 도입하는 것이 정도(正道)이다. 다만, 위헌법률심판뿐만 아니라 위법한 법률하위규범에 대한 통제권은 원칙적으로 헌법재판소가 가지나, 이러한 규범통제권을 기능적으로 분산하는 방안도 고려할 필요가 있다. 규범통제제도는 기본적으로 객관적 통제의 수단이지만, 독일 행정법원법 제47조와 같이 개인의 권리구제를 위한 수단도 필요하다. 일부 법규명령이나 조례 등에 대한 권리구제형 규범통제제도는 법원의 관할로 하는 것이 바람직하다. 향후 조례제정의 부작위에 관한 문제에 대해서도 행정소송에 의한 통제의 관점에서 깊이 있는 논의가 요구된다.

제2장

명령 · 규칙 등의 부진정행정입법부작위에 대한 법원의 규범통제

– 특히 독일의 규범보충소송을 중심으로 –

Ⅰ. 서 론

규범은 불특정다수인을 규율대상으로 하고 있다는 점에서 일응 '공익'에 기여하는 것이 보통이지만, 개인의 주관적 공권에 대한 법적 근거를 제공한다는 점도 간과해서는 아니된다. 근래에 위법한 법률하위규범의 사법적 통제에 관한 문제가 늘어나고 있다. 위법한 법규명령이나 조례에 대한 권리구제를 행정소송의 방식으로 실현할 수 있는지가 논의되고 있다. 위법한 법률하위규범에 대한 사법적 통제의 방식은 규범통제제도이다. 우리 헌법 제107조 제2항에는 "명령 · 규칙 또는 처분이 재판의 전제가 된 경우"에 대법원이 최종적인 심사권을 가진다고 규정함으로써, 부수적 규범통제만 허용된다고 보는 것이 통설 · 판례의 입장이다.[1] 법규명령은 원칙적으로 항고소송의 대상이 될 수 없고, 법규명령의 위헌 · 위법성은 재판의 전제성이 인정된 경우에 한하여 심사할 수 있다. 대법원은 소위 '처분적 조례'에 대해 예외적으로 항고쟁송의 대상을 인정한 사례가 있지만,[2] 위법한 조례는 대부분 기관소송의 형식

1) 대법원 1994. 4. 26. 자 93부32 결정.
2) "조례(경기도 두밀분교통폐합에 관한 조례)가 집행행위의 개입 없이 그 자체로서 국민의 권리의무나 법적 이익에 영향을 미치는 등의 법률상의 효과를 발생하는 경우 그 조례는 항고소송의 대상이 되는 행정처분에 해당한다."(대법원 1996. 9. 20. 선고 95누8003 판결)

으로 다투어지고 있다. 다만, 이러한 소송은 부분적으로 추상적 규범통제의 의미도 가진다.

한편, 헌법재판소는 법무사법시행규칙(대법원규칙)에 대한 헌법소원에서 "명령·규칙 그 자체에 의하여 직접 기본권이 침해되었음을 이유로 하여 헌법소원심판을 청구하는 경우에는" 허용된다고 결정하고 있다.[3] 그 이후에도 헌법재판소는 법규명령에 대한 헌법소원을 인정하고 있다.[4] 또한 헌법재판소는 조례에 대해서도 헌법소원의 대상을 인정하고 있을 뿐만 아니라, 원칙적으로 행정조직 내부에서만 효력을 가지는 행정규칙에 대해서도 일정한 경우에 헌법소원의 대상을 인정하고 있다.[5] 행정규칙에 대해 헌법소원을 인정하는 것은 외국의 입법례에 비추어 매우 이례적이지만, 헌법재판소가 이를 인정하는 논거에 있어서는 법리적으로 문제가 있다. 행정규칙이 헌법소원의 대상이 되는 경우는 "법령의 구체적 내용을 보충할 권한을 부여한 경우", "재량권 행사의 준칙인 규칙이 그 정한 바에 따라 되풀이 시행되어 행정관행이 성립되면 평등의 원칙이나 신뢰보호의 원칙에 따라 행정기관이 그 상대방에 대한 관계에서 자기구속을 당하는 경우"이다.[6] 후자의 경우에는 '行政의 自己拘束의 法理'에 관한 내용이다. 이는 행정규칙의 비법규성을 전제로 발전된 이론임에도 불구하고 이를 매개로 행정규칙에 대해 헌법소원을 인정하는 것은 그 자체로 모순이다. 전자에 해당하는 법령보충적 행정규칙의 경우에도 '위임'의 법리를 확대하여 적용하는 것은 문제가 있다. 이러한 현상은 헌법재판소가 헌법소원의 대상을 확대함에 있어서 행정법의 법리를 무리하게 적용한 결과이다.

---

3) 헌재 1990. 10. 15. 89헌마178, 판례집 2, 365.
4) 헌재 1997. 6. 26. 94헌마52, 판례집 9-1, 659.
5) 헌법재판소는 원칙적으로 행정규칙에 대한 헌법소원의 대상성을 부인하고 있다(헌재 1991. 7. 8. 91헌마42, 판례집 3, 380; 헌재 2013. 8. 29. 2012헌마767, 공보 제203호, 1207).
6) 헌재 1990. 9. 3. 90헌마13, 판례집 2, 298, 303; 헌재 2007. 8. 30. 2004헌마670, 판례집 19-2, 297.

이와 같이 위헌·위법인 법규명령에 대한 사법적 통제는 매우 미흡하고 불완전하다. 행정입법에 대한 추상적 규범통제제도가 도입되지 못한 것이 결정적 원인의 하나이다. 법률하위규범에 대한 사법적 통제를 효율적으로 운영하기 위해서는 추상적 규범통제제도를 도입하는 것이 선행되어야 한다. 그러나 보다 중요한 것은 규범통제권의 기능적 배분이다. 예컨대 독일에서는 연방법이나 주(란트)법에 대한 추상적 규범통제의 권한을 헌법재판소에 부여하는 반면(독일 기본법 제93조 제1항 제2호 및 독일 연방헌법재판소법 제13조 제6호, 제76조 이하),[7] 도시계획조례에 해당하는 도시건설계획(Bebauungsplan)이나 일부 법규명령에 대한 규범통제는 고등행정법원의 관할로 하고 있다(독일 행정법원법 제47조 제1항 제1호).

한편, 적극적인 법규명령이나 조례에 대한 사법적 통제 외에 이러한 법률하위규범의 제정을 구하는 소송이 논의되고 있다. 이러한 경우는 주로 행정입법부작위에 대한 사법적 통제의 문제로서 시행령이나 시행규칙의 흠결이나 보충 등이 쟁점이다. 이와 관련하여 대법원은 행정입법부작위의 위법확인을 구하는 사건에서, 추상적인 법령의 제정 여부 등은 항고소송의 대상이 되지 아니한다고 판시한 바 있다.[8] 이 사건은 특정다목적댐법 제41조에서 다목적댐 건설로 인한 손실보상 의무를 국가에 있다고 규정하고, 또한 동법 제42조에서 손실보상의 절차와 그 방법 등 필요한 사항을 대통령령에 위임하고 있음에도 불구하고 이를 제정하지 않아 부작위위법확인소송을 제기한 것이다. 그러나 헌법재판소는 행정입법부작위에 대해서도 헌법소원을 인정하고 있다.[9] 행정입법의 제정의무가 있음에도 불구하고 이를 제정하지 아니하는 경우는 헌법쟁송의 문제가 아니라 행정소송의 문제라고 보는 것이 독일의 지배적 견해이다.[10]

---

7) 이러한 연방법이나 주(란트)법에는 법규명령이나 자치법규(조례)도 포함된다(Schlaich/Korioth, Das Bundesverfassungsgericht, 9. Aufl., Rn. 128).

8) 대법원 1992. 5. 8. 선고 91누11261 판결.

9) 헌재 1998. 7. 16. 96헌마246, 판례집 10-2, 283, 305.

10) Schmitt Glaeser/Horn, Verwaltungsprozeßrecht, 15. Aufl., Rn. 332; Thomas Wür-

따라서 행정입법부작위에 대한 사법적 통제를 행정소송의 방식으로 관철할 수 있는지가 검토되어야 한다. 특히 법률이 위임한 시행령이나 시행규칙, 또는 조례를 제정하지 않아 일정한 범주의 이해관계인이 권리나 이익을 침해받는 경우가 생길 수 있다. 이러한 경우에 행정소송을 통해, 그리고 어떠한 소송형식의 방식으로 권리구제를 받을 수 있는지를 검토할 필요가 있다. 또한 법률의 위임에 따라 시행령이나 시행규칙 등을 제정하였으나 그 내용이나 범위 등이 불충분하거나 불완전한 경우 그 규범의 보충 내지 보완을 요구하는 소송을 제기할 수 있는지가 문제된다. 의료법이나 사회보장법 등에서 이러한 불완전한 입법에 의해 의료보험이나 사회보장수급 등을 받지 못하는 경우가 발생할 수 있다. 이러한 문제와 관련하여 독일에서는 규범제정요구소송(Normerlassklage)을 인정하고 있다. 특히 법률하위규범의 내용이 불완전하거나 불충분한 경우에 규범보충소송(Normergänzungsklage)을 인정하고 있다. 이 경우에는 평등의 원칙을 위반하였는지 여부가 문제되고 있다. 이하에서는 위법한 법률하위규범에 대한 공법상 권리구제(Ⅱ), 독일의 규범보충소송(Ⅲ), 그리고 위법성 판단기준으로서 평등원칙(Ⅳ) 등을 중심으로 고찰하기로 한다.

Ⅱ. 위법한 법률하위규범에 대한 권리구제

1. 위법한 법규명령에 대한 사법적 통제

(1) 법규명령과 조례는 법규범이다. 이러한 법률하위규범에 대한 사법적 통제는 '규범통제'의 방식으로 해야 한다. 규범통제의 방식에는 추상적 규범통제와 구체적 규범통제가 있다. 추상적 규범통제는 특정한

tenberger, Verwaltungsprozessrecht, 3. Aufl., § 39 Rn. 701; Hufen, Verwaltungsprozessrecht, 7. Aufl., § 20 Rn. 4; Schübel-Pfister, Aktuelles Verwaltungsprozessrecht, JuS 2014, S. 415 f.

헌법기관이 규범에 대한 사법적 통제를 요구하는 경우에 사법기관이 직접 규범의 위헌 · 위법을 심사하는 것이다. 이를 독일에서는 '주위적 규범통제(prinzipale Normenkontrolle)'라고도 한다.[11] 이에 반하여 구체적 규범통제는 사법기관이 구체적 사건을 전제로 하여 해당 수권규범의 효력 여부를 심사하는 것이다. 추상적 규범통제에서는 신청인의 자기관련성이 현존할 필요가 없다.[12] 우리 헌법 제107조 제2항에서는 구체적 규범통제를 규정하여, 위법한 법규명령이나 조례에 대해서는 부수적 규범통제의 방식으로 이루어질 수밖에 없다. 이러한 규범통제의 방식 외에 헌법소원의 방식으로 규범의 심사가 이루어지는 경우도 있다. 독일의 경우에도 예외적으로 직접 법률에 대해 헌법소원을 제기하는 경우가 있다(독일기본법 제93조 제1항 제4a호 참조). 이를 법규소원(法規訴願) 내지 법령소원(Rechtssatzverfassungsbeschwerde)으로 부르며, 신청인의 기본권 관련성이나 권리보호필요가 법률의 심사범위를 정한다.[13] 그러나 독일에서도 이러한 법령소원은 규범통제의 소송유형에 포함시키지 아니한다. 한국 헌법에는 추상적 규범통제제도가 도입되어 있지 않다. 위헌법률심판도 구체적 사건을 전제로 법원의 제청에 의해 헌법재판소가 심판한다는 점에서 구체적 규범통제의 제도를 채택하고 있다.[14] 그러한 이유에서 헌법재판소는 헌법소원 사건을 통해 – 일정한 경우에는 보충성의 요건을 완화하여 – 행정입법에 대한 규범통제권을 우회적으로 행사하고 있다. 헌법소원은 최후의 수단으로서 청구인이 자신의 기본권을 직접 그리고 현재 침해받아야 하며, 보충성의 요건을 충족해야 한다. 규범통제제도와 헌법소원제도는 서로 구별될 필요가 있다.

한편, 대법원도 헌법소원과 규범통제를 혼동한 사례가 있다. 대법원은 X군 甲군수의 가축사육제한과 관련된 건축불허가처분의 취소를 구

11) Würtenberger, a.a.O., § 26 Rn. 433.
12) 이에 대해서는 Schlaich/Korioth, a.a.O., Rn. 121.
13) Schlaich/Korioth, a.a.O., Rn. 121.
14) 한수웅, 헌법학, 제7판, 249면; 허영, 헌법소송법론, 제2판, 79면.

하는 사건에서 주민의 권리제한 또는 의무부과에 관한 사항을 법률로부터 위임을 받아 제정된 조례가 지방자치단체의 장이 정하는 규칙이나 고시 등에 다시 위임을 하는 것을 허용하고 있다.[15] 이 사건에서 고시를 법령보충적 행정규칙으로 판단하면서 이에 대해 포괄위임금지의 원칙을 위반하였는지 여부를 심사하고 있다. 이 사건에서 '고시'를 법규명령으로 보는 견해에 의하면, 법률에서 조례에 위임하고, 또한 조례에서 다시 '법규명령'(!)에 위임하는 결과를 초래한다. 고시에 재위임을 허용하는 것은 규범체계의 통일성을 깨뜨리는 결론에 이를 수 있다. 이러한 고시에 재위임을 허용하고, 고시에 의해 기본권 제한을 허용하는 것은 신중할 필요가 있다. 대법원은 이 사건 고시 조항이 상위법령의 위임한계를 벗어나거나 과잉금지원칙에 위배되어 법규적 효력을 인정할 수 없다고 판시하고 있다. 그러나 여기에서 언급된 과잉금지의 원칙은 헌법소원에서 공권력 행사에 의한 기본권의 침해 여부를 심사하는 경우에 사용되며, 규범통제와는 무관하다는 점을 유의할 필요가 있다.

(2) 헌법소송과 행정소송의 관할권은 서로 구별되어야 한다. 행정입법에 대한 사법적 통제에 있어서 헌법재판소와 대법원은 관할권을 두고 긴장관계에 서 있는 것이 사실이다. 헌법재판소가 행정규칙에 대해 헌법소원의 대상을 인정하는 것뿐만 아니라, 대법원이 소위 '처분적 조례'나 '처분적 명령' 등을 인정하여 법률하위규범에 대해 항고소송의 대상을 인정하는 것도 그러한 점을 반영하고 있다. 그러나 당해 사건은 대법원이 경상남도 거제군의 위치에 관한 대통령령에 대해 원칙적으로 행정소송법상 처분이라고 볼 수 없다고 판시하면서, 예외적으로 처분이 인정될 수 있는 경우를 인정하고 있다. 즉 "법령의 효력을 가진 명령이라도 그 효력이 다른 행정행위를 기다릴 것 없이 직접적으로 또 현실히 그 자체로서 국민의 권리훼손 기타 이익침해의 효과를 발생케 하는

---

15) 대법원 2015. 1. 15. 선고 2013두14238 판결.

성질의 것이라면 행정소송법상 처분이라고 보아야 할 것이(다)"라고 판시하고 있다.[16] 이러한 성질의 법규명령을 소위 '처분적 명령'이라고 부르고 있다. 또한 대법원은 전술한 바와 같이 경기도 두밀분교통폐합에 관한 조례에 관한 사건에서도 "조례가 집행행위의 개입 없이도 그 자체로서 직접 국민의 구체적인 권리의무나 법적 이익에 영향을 미치는 등의 법률상 효과를 발생하는 경우"에 처분성을 인정하고 있다(대법원 1996. 9. 20. 선고 95누8003 판결).

이와 관련하여 독일에서는 개별적인 집행행위를 통해 집행이 가능한 집행가능규범(vollziehbare Normen)과 이러한 개별적인 집행행위의 매개 없이 직접 주관적 권리의 형성이나 폐지를 하는 집행규범(Vollzugsnormen)으로 구분하고 있다.[17] 이러한 집행가능규범에 대해서는 원칙적으로 부수적 규범통제의 방식으로 사법적 통제를 할 수 있다. 집행행위를 대상으로 취소소송을 제기하면서 권리구제를 보장할 수 있다. 그러나 '집행규범'에는 집행행위가 없기 때문에 이에 대해서는 취소소송이 아니라 거의 '확인소송'을 제기하고 있다.[18] 이러한 확인소송을 통해 권리의 존재를 주장하거나, 선결문제(Vorfrage)의 방식으로 그 수권규범의 효력에 대해 판단하게 된다. 그 구체적 사례로는 법률에서 직업적 활동을 금지하여 직업의 자유를 제한하는 경우에 이러한 활동의 권한이 있는지 여부에 대해 확인소송을 제기할 수 있다는 것이다.[19] 이 견해는 이러한 권한이 독일 행정법원법 제43조의 "법률관계"에 해당한다고 보고 있다.[20]

이러한 부수적 규범통제의 방식 외에 예외적으로 주위적 규범통제를

16) 대법원 1954. 8. 19. 선고 4286행상37 판결.

17) Schenke, Rechtsschutz bei normativem Unrecht, NJW 2017, S. 1062. 특히 후자의 경우는 법규범 스스로 직접 집행한다는 의미에서 자기집행규범(self-executing-Normen)이라고 부르기도 한다.

18) Schenke, NJW 2017, S. 1062.

19) Schenke, Altes und Neues zum Rechtsschutz gegen untergesetzliche Normen, NVwZ 2016, S. 720 f.

20) Schenke, NVwZ 2016, S. 721.

하는 경우도 있다. 이러한 주위적 규범통제에서는 규범이 일반적으로 적용이 불가능하다는 것을 선언함으로써 규범의 위법을 '주위적'으로 확인하는 것이다.[21] 일부학설은 처분적 법규명령과 집행적 법규명령을 구별하고 있다. 이 견해는 처분적 법규명령은 "개별·구체적 규율로서 실질적으로 행정행위의 성격"을 가지는 반면, 집행적 법규명령은 "집행행위의 매개 없이 직접 수범자의 권리와 의무를 규율하는 규범"에 해당한다고 설명한다.[22] 그러나 이러한 구별은 명확하지 않을 뿐만 아니라, 집행적 법규명령에 관한 내용은 판례에서 설시한 소위 처분적 명령의 내용과 다르지 않다. 특히 처분적 법규명령을 행정행위로 파악하고 있으나, 법규명령이 행정행위의 성질을 가진다는 논증은 쉽게 납득하기 어렵다.[23] 독일에서 거론되는 집행규범은 우리 판례에서 인정하는 처분적 명령이나 처분적 조례와 대단히 유사하다. 그럼에도 불구하고 이에 대해 취소소송을 제기할 수 있다고 해석하는 것은 재고할 필요가 있다.

(3) 한편, 고시의 법적 성질도 논란이 되고 있다. 소위 '약가고시' 사건에 대해서도 처분성이 있는 '법규명령의 효력이 있는 행정규칙', 즉 처분의 성질을 가지는 법령보충적 행정규칙으로 파악하는 견해가 있다.[24] 이러한 견해에 의하면, 해당 고시는 "행정규칙 → 법령보충적 행정규칙(법규명령) → 처분적 명령"이라는 도식(圖式)이 성립된다. 그러나 이러한 해석은 타당하지 않으며, 판례에서도 이러한 도식을 전제하고 있지 않다. 이러한 해석은 "행정규칙(고시)은 예외적으로 법규적 성질을 가지는 경우에 행정처분이다"라는 잘못된 결론에 이르게 된다. 당해 사건에서 약가고시는 그 자체로 '처분'의 성질을 가질 뿐이다. 그럼에도 불구하고 대법원 판례에서 오해의 원인을 제공한 점도 없지 않다. 즉

21) 이에 대해서는 Schenke, NJW 2017, S. 1062 참조.
22) 정하중, 행정법개론, 제11판, 136면.
23) 한편, 집행적 법규명령에 대해서는 상위법령의 집행을 위한 모든 법규명령이라고 이해하는 견해도 있다(홍정선, 행정법원론(상), 제23판, 220면).
24) 박균성, 행정법론(상), 제15판, 1121면.

“어떠한 고시가 일반적 · 추상적 성격을 가질 때에는 법규명령 또는 행정규칙에 해당할 것이지만, 다른 집행행위의 매개 없이 그 자체로서 직접 국민의 구체적인 권리의무나 법률관계를 규율하는 성격을 가질 때에는 행정처분에 해당한다”고 판시하고 있다. 그러나 이 사건의 고시는 판례가 적절히 적시한 바와 같이 “약제급여 · 비급여목록 및 급여상한금액표(보건복지부 고시 제2002-46호로 개정된 것)는 특정 제약회사의 특정 약제에 대하여 국민건강보험가입자 또는 국민건강보험공단이 지급하여야 하거나 요양기관이 상환받을 수 있는 약제비용의 구체적 한도액을 특정하여 설정하고” 있는 것이다. 물론 고시는 행정규칙 외에 일반처분 등의 성격을 가지는 경우도 적지 않으며, 또한 일정한 요건을 충족하는 경우에는 법령보충적 행정규칙의 성질도 가진다. 그러나 판례에서 고시가 처음부터 법규명령에 해당한다는 전제는 그 자체가 타당하지 않으며, 법령보충적 행정규칙의 법적 성질에 대해서도 학설이 첨예하게 대립하고 있다.[25)]

법규명령에 대해서도 항고소송(취소소송)의 대상으로 삼아야 한다는 견해가 있다.[26)] 또한 법규명령에 대한 취소소송을 인정하는 프랑스의 입법례도 있다. 프랑스의 월권소송은 객관소송에 기초하고 있지만, 이러한 객관소송을 근거로 하는 입법례는 매우 드문 경우이다. 오히려 주관소송에 근거한 입법례(예: 독일, 오스트리아, 이탈리아 등), 절충적인 형태의 소송형식을 취하는 입법례(예: 영국, 네덜란드, 덴마크 등)가 대부분이다.[27)] 주관소송을 근거로 하는 독일에서도 단체소송을 도입하여 객관적 행정통제를 보완하고 있음은 주지의 사실이다. 또한 행정소송을 담당하는 최고기관인 프랑스의 국참사원(Conseil d'État)의 소속은 행정부이다. 이러한 특수한 상황을 우리 현실에 그대로 반영하기는 어렵다. 행정입

25) 대법원 2006. 9. 22. 선고 2005두2506 판결.
26) 박균성, 전게서(상), 216-217면.
27) 졸고, “행정법학의 구조변화와 행정판례의 과제”, 저스티스 통권 제154호(2016. 6), 176면 이하.

법을 항고소송의 대상으로 삼는 것은 현행 행정소송법은 물론이고, 개정 논의에서도 행정작용의 체계를 형해화시킬 수 있다는 이유로 상당한 반대에 직면하였다. 이러한 방식으로 항고소송의 대상을 확대하는 것이 입법정책적으로나 사법정책적(司法政策的)으로 바람직한지에 대해서는 신중한 판단을 요한다. 법규명령은 법규범에 해당하므로 규범통제의 방식으로 사법적 통제를 하는 것이 바람직하다. 국회를 중심으로 개헌 논의가 진행 중인데, 규범통제의 기능적 분배는 매우 중요한 현안이 아닐 수 없다. 적어도 일부 법규명령(예컨대 총리령 · 부령)이나 조례에 대해서는 법원에 규범통제권을 인정하고 이를 2심제로 운영하는 방안을 고려할 수 있다. 또한 행정소송법의 개정을 통해 이러한 규범통제방식을 명문으로 규정해야 한다.

부수적 규범통제에 있어서는 위헌 · 위법으로 판정된 시행령이나 시행규칙 등의 효력이 문제된다. 위헌 · 위법으로 판정된 법규명령이 당해 사건 외에는 폐지 전까지 유효한지, 아니면 일반적으로 무효로 판단해야 하는지가 문제된다. 이에 대해 판결주문에서 법규명령이 무효라는 것을 선언하지 아니한다는 점을 논거로 당해 사건에 대해서만 적용을 배제해야 한다는 견해가 유력하다.[28] 이 경우 위헌 · 위법으로 판단된 법규명령은 여전히 효력을 유지한다고 보고 있다. 대법원 판례는 이유부분에서 법규명령의 위법 · 무효를 판단할 뿐, 해당 법규명령의 폐지를 주문에서 선언한 사례는 없다. 또한 대법원은 "당해 사건에 대한 적용 여부의 판단을 구할 수 있을 뿐"이라고 표현하여, 위법인 행정입법의 적용배제에 그치고 있다.[29] 부수적 규범통제라는 점에서 위법이 인정된 명령 · 규칙 등에 대해서는 일반적으로 무효라고 선언할 수 없고, 당해 사건에 한하여 적용을 배제한다고 해석하는 것이 타당하다. 다만, 이러

28) 김남진/김연태, 행정법 I, 제20판, 172면; 김동희, 행정법 I, 제21판, 153면; 박균성, 전게서(상), 213면; 홍정선, 전게서(상), 240-241면.

29) 대법원 1994. 4. 26. 자 93부32 결정.

한 경우 비록 위법이 인정된 명령 · 규칙이 여전히 유효하다고 하더라도 선결적 효력을 가지는 것으로 해석해야 한다. 또한 해당 법규명령의 위법이 인정되더라도 기판력이 인정되기 어렵다. 기판력은 당사자 및 당사자와 동일시할 수 있는 자에게만 미치고, 객관적 범위에 있어서도 확정판결의 주문에 포함된 것에 한하여 인정되기 때문이다. 또한 행정소송상 소송물은 처분의 위법성 일반으로 보는 것이 판례의 입장이다.[30] 독일에서도 부수적 규범통제(inzidenter Normkontroll)를 함에 있어서 행정행위의 수권근거인 법규명령의 위법 · 무효가 인정된 경우에도 그 결정은 그 구체적 사건에 대해서만 중요한 의미를 가진다. 이 경우 이후의 다른 사건에서 다른 법원뿐만 아니라 동일한 법원이 법규명령이 적법하다고 판단할 수 있지만, 상급법원의 경우에는 이러한 부수적 결정이 선결적 효력(Präjudizwirkung)을 가진다고 보고 있다.[31]

2. 위법한 조례에 대한 행정소송

처분적 조례를 제외하고 조례는 항고소송의 대상이 되지 아니한다. 따라서 부수적 규범통제의 방식으로 조례의 위법 · 무효를 심사할 뿐이다. 이 경우 일반적으로 구속력을 가지는 무효선언을 할 수 없다는 점은 법규명령의 경우와 동일하다.[32] 위법한 조례는 대부분 조례제정권과 입법형성권이 충돌하는 경우이며, 조례제정이 상위법령을 위반하거나 지방자치단체의 장의 권한을 침해하는 경우가 대부분이다. 지방자치단체의 장은 지방의회의 의결에 대하여 재의를 요구할 수 있고, 지방자치

30) 대법원 1996. 4. 26. 선고 95누5820 판결. 그러나 이러한 소송물이론은 매우 낡은 이론이며, 오늘날 독일의 학설 중에는 이를 지지하는 견해를 찾아보기 어렵다. 오히려 계쟁 행정행위가 위법하고, 이러한 위법한 행정행위에 의해 자신의 권리가 침해되었다는 원고의 '법적 주장'이라고 보는 견해가 지배적이다. 소송물이론의 문제점에 대해서는 졸고, 국가배상소송과 선결문제, 저스티스 통권 제116호(2010. 4), 114-117면.

31) Maurer, Allgemeines Verwaltungsrecht, 18. Aufl., § 13 Rn. 19.

32) Burgi, Kommunalrecht, 5. Aufl., § 15 Rn. 47.

법 제107조 제2항에 의해 재의결된 사항이 법령에 위반된다고 판단되는 경우에는 지방자치단체의 장이 대법원에 조례안재의결무효확인의 소를 제기하게 된다(지방자치법 제107조 제3항 및 동법 제172조 제3항). 이러한 소송은 '기관소송'으로 보는 것이 통설이지만, 부분적으로 추상적 규범통제의 의미도 가진다고 보는 견해가 유력하다.[33]

기관소송은 일정한 한계가 있다. 기관소송 법정주의에 의해 지방자치단체의 장만 조례안재의결무효확인소송을 제기할 수 있을 뿐이다. 주민들은 지방자치법 제15조에 의해 조례의 제정·개폐를 청구할 수 있지만, 조례에 의해 직접 자신의 권리나 이익을 침해받거나 예견가능한 시기에 침해받을 수 있는 경우 조례의 무효를 주장하는 소를 제기할 수는 없다. 다만, 주민들은 부수적 규범통제의 방식에 의해 처분에 대한 항고소송을 제기하면서, 그 근거규범인 조례의 위법을 다툴 수 있을 뿐이다. 따라서 조례에 대한 실질적인 사법적 통제를 위해서는 이에 대한 주위적 규범통제제도를 도입해야 한다. 독일 행정법원법 제47조 제1항 제1호에서 도시계획조례에 대해 규범통제를 규정하고 있음은 전술한 바와 같다.

3. 위법한 행정입법부작위에 대한 사법적 통제

헌법소송의 대상이 아닌 사안을 헌법소원의 방식으로 접근하는 것은 이론적으로 타당하지 않다. 행정입법의 부작위는 행정의 산물(産物)이며, 헌법소송의 대상이 아니다. 즉 시행령이나 시행규칙의 제정이나 보충은 행정부의 과제이다. 이에 반해 입법부작위는 헌법쟁송의 문제이다. 헌법재판소는 '입법부작위'에 대해 헌법소원을 인정하고 있다. 헌법재판소는 입법부작위를 진정입법부작위와 부진정입법부작위로 구별하고 있다. 즉 전자는 헌법상 입법의무가 있음에도 불구하고 입법행위의 흠

33) 홍정선, 신지방자치법, 박영사, 2009, 345면.

결이 있는 입법권의 불행사에 해당하는 경우를 말한다. 이에 반해 후자는 입법의 내용·범위·절차 등이 불완전하거나 불충분하게 규율된 경우에 해당한다.[34] 헌법재판소는 소위 '조선철도주식사건'에서 군정법령 제75호에 근거한 수용에 대해 보상규정을 규정하지 아니한 사례에서 위헌을 결정한 바 있다.[35]

헌법재판소는 치과전문의 자격시험 불실시에 대한 위헌확인사건[36]에서 치과전문의제도의 실시를 법률 및 시행령이 위임하고 있음에도 불구하고 시행규칙에서 이를 정비하지 않아 청구인들의 기본권(직업의 자유, 행복추구권 등)을 침해하였다고 결정한 바 있다. 이 결정에 주목되는 부분은 행정입법부작위의 성립요건을 판단하고 있다는 점이다. 이에 의하면, 행정명령의 제정 또는 개정의 지체가 위법으로 되어 그에 대한 법적 통제가 가능하기 위해서는 아래와 같은 요건을 충족하여야 한다. 첫째, 행정청에게 시행명령을 제정(개정)할 법적 의무가 있어야 하고 둘째, 상당한 기간이 경과하여야 하고, 마지막으로 명령제정(개정)권이 행사되지 않아야 한다고 해석하고 있다. 다만, 헌법재판소는 이러한 행정입법의 제정의무를 헌법적 의무로 파악하고 있다. 즉 "보건복지부장관의 작위의무는 의료법 및 위 규정에 의한 위임에 의하여 부여된 것이고 헌법의 명문규정에 의하여 부여된 것은 아니다. 그러나 삼권분립의 원칙, 법치행정의 원칙을 당연한 전제로 하고 있는 우리 헌법하에서 행정권의 행정입법 등 법집행의무는 헌법적 의무라고 보아야 한다"고 보고 있다. 그러나 이러한 문제는 헌법적 사안이 아니며, 이에 근거한 공법상 법률관계의 문제이다. 또한 헌법재판소도 적절히 지적하고 있는 바와 같이 헌법의 명문규정에 의해 도출될 수도 없고, 법률이나 시행령의 위임에 따른 행정입법이 제정되지 않거나 불완전한 것이므로 '행정

34) 헌재 1996. 10. 31. 94헌마108, 판례집 8-2, 480, 489.
35) 헌재 1994. 12. 29. 89헌마2, 판례집 6-2, 395, 409.
36) 헌재 1998. 7. 16. 96헌마246.

쟁송'의 문제로 다루는 것이 타당하다. 그 밖에 이 사건은 부진정행정입법부작위의 문제로 접근할 여지가 있다. 이에 대해서는 후술하기로 한다.

한편, 행정입법부작위에 대한 행정소송과 관련하여 '항고소송설'과 '당사자소송설'이 대립되어 있다. 항고소송을 주장하는 견해는 "시행명령제정신청에 대한 부작위로 직접 구체적으로 권익침해를 당한 경우"에 부작위위법확인소송의 대상이 된다고 보고 있다.[37] 나아가 이 견해는 처분적 명령이 항고소송의 대상이므로 처분성이 있는 행정입법의 부작위도 부작위위법확인소송의 대상이 된다고 보고 있다.[38] 그러나 처분적 명령의 그 자체의 문제에 대해서는 전술한 바와 같이 법규명령이 처분과 동일하다고 보기 어렵고, 여기에서는 규범 그 자체에 대한 행정소송의 가능성을 논하고 있음을 간과할 수 없다. 또 다른 견해는 행정입법의 제정의무도 행정소송법 제2조 제1항 제2호의 '부작위'에 해당한다고 보아 행정입법의 처분성을 주장한다.[39] 부작위는 '처분'의 부작위에 해당하여야 하며, 규범의 부작위가 아니다. 또한 현행 행정소송법의 해석상 행정입법은 처분에 포함할 수 없다고 보는 견해가 지배적이다. 이에 반해 당사자소송설은 행정입법의 제정의무와 이에 상응하는 주관적 공권은 공법상의 법률관계를 확인하는 소송을 제기할 수 있다고 보고 있다.[40] 또한 이 견해는 후술하는 바와 같이 독일의 입법례에서는 규범제정요구소송을 확인소송으로 제기하는 견해와 이행소송으로 제기할 수 있다는 견해가 유력하므로, 확인소송과 이행소송의 성질을 모두 포함하는 '당사자소송'으로 다툴 수 있다고 보고 있다. 독일행정소송법에 있어서 확인소송이나 일반이행소송은 1960년 1월 21일 행정법원법이 제정

37) 박균성, 전게서(상), 제15판, 226면.

38) 박균성, 전게서(상), 226면.

39) 朴正勳, "행정입법부작위에 대한 행정소송: 독일법과 우리법의 비교, 특히 처분 개념을 중심으로", 판례실무연구 VI, 2003. 8, 192-193면.

40) 졸고, "행정입법부작위에 대한 사법적 통제: 당사자소송에 의한 규범제정요구소송의 실현가능성을 중심으로", 저스티스 통권 제110호(2009. 4), 194면 이하.

되면서 당사자소송(Parteistreitigkeit)을 폐지하고 도입된 것이다.[41]

당사자소송설에 대해 "규범제정과 같은 권력적 행위는 당사자소송의 대상이 아니다"라는 비판이 제기되고 있다.[42] 그러나 당사자소송설은 규범제정을 대상으로 하는 것이 아니라, 법규명령의 제정을 요구할 공권과 이에 상응하는 법규명령의 제정의무를 확인하는 것을 내용으로 하고 있음을 주장하고 있다. 독일에서도 규범제정요구소송의 대상은 원고와 피고의 법률관계에 관한 것으로 보고 있다.[43] 또한 당사자소송에 의할 경우 피고가 규범을 제정한 행정청이 아니라 행정주체가 국가가 되며, 주위적 규범통제가 된다는 점을 비판하는 견해도 있다.[44] 그러나 독일에서는 이러한 확인소송의 피고는 대체로 란트(주), 군 등 행정주체이다. 또한 당사자소송에 의한다고 하여 주위적 규범통제가 발생한다는 비판은 수용하기 어렵다. 당사자소송에 의해서는 행정입법의 제정의무와 이러한 행정입법의 제정에 대해 이해관계를 가지는 일정한 범주의 인적 그룹이 가지는 주관적 공권을 확인할 뿐이다. 독일의 경우에서 보는 바와 같이 이러한 행정법원법 제43조의 확인소송은 주관적 규범통제와 무관하다.

독일에서는 규범제정요구소송(Normerlassklage) 그 자체를 명시하고 있지 않지만, 이에 대해 학설은 다른 소송유형의 방식으로 제기할 수 있다고 보고 있다. 즉 일반이행소송(一般履行訴訟)으로 제기할 수 있다는 견해,[45] 확인소송으로 제기할 수 있다는 견해,[46] 독일 행정법원법 제

41) 이에 대해서는 졸고, "공법상 당사자소송의 발전과 과제", 행정판례연구 제19집 제1호(2014. 6), 280-283면.

42) 박균성, 전게서(상), 227면.

43) Schmitt Glaeser/Horn, Verwaltungsprozeßrecht, 15. Aufl., Rn. 333.

44) 서보국, "행정입법부작위에 대한 행정소송", 충남대학교 법학연구 제25권 제2호(2014. 9), 108면.

45) Hufen, a.a.O., § 20 Rn. 8; Kopp/Schenke, VwGO, 18. Aufl., Vorb § 40 Rn. 8a; Axer, Normenkontrolle und Normerlaßklage in der Sozialgerichtsbarkeit, NZS 1997, S. 16; Duken, Normerlaßklage und fortgesetzte Normerlaßklage, NVwZ 1993, S. 548; Pietzcker, in: Schoch/Schmidt-Aßmann/Pietzner, VwGO, § 42 Abs.

47조의 유추적용에 의한 독자적인(sui generis) 소송유형으로 보는 견해[47] 등이 대립하고 있다.[48] 그러나 오늘날에는 진정규범제정요구소송을 행정법원법 제47조에 따라 규범통제소송으로 제기할 수 없다는 점에 대해서는 견해의 일치를 이루고 있다고 한다.[49] 규범통제소송은 현존하는 규범의 효력 유무를 심사하고 무효를 선언하므로 규범제정권자의 절대적 부작위에 대해서는 적합한 소송형식이 아니라는 것이다. 연방행정법원의 판례는 확인소송설을 따르고 있다.[50] 일반이행소송을 주장하는 견해는 확인소송의 보충성을 이유로 확인소송설을 비판하고 있지만,[51] 독일 연방행정법원은 확인소송이 일반이행소송에 대해 반드시 '보충적'인 것은 아니라고 보고 있다.[52] 하급심 중에는 규범제정요구소송 및 규범보충소송에 대해 일반이행소송이 허용된다고 본 경우도 있다.[53] 일반이행소송에 대해서는 법규범을 대상으로 할 수 없다는 비판이 제기되었지만, 유력설은 일반이행소송의 대상은 개별 사례의 사실행위뿐만 아니라 모든 형식의 행정작용을 포함하는 포괄적 소송이라고 반박하고 있다.[54]

---

1 Rn. 160.

46) Schmitt Glaeser/Horn, a.a.O., Rn. 332; Sodan, Der Anspruch auf Rechtsetzung und seine prozessuale Durchsetzbarkeit, NVwZ 2000, S. 609; Würtenberger, a.a.O., Rn. 705.

47) VGH München, BayVBl. 1980, 209 (211).

48) 이에 대해서는 졸저, 행정구제의 기본원리, 제1전정판, 488-490면.

49) Schoch, in: Hoffmann-Riem/Schmidt-Aßmann/Voßkuhle(Hg.), Grundlagen des Verwaltungsrechts, Bd. III, § 50 Rn. 224.

50) BVerwG, NVwZ 2002, 1506; BVerwGE 80, 355; 111, 276 (278 f.); 115, 81 (92 ff.).

51) Kopp/Schenke, VwGO, § 47 Rn. 13; Köller/Haller, Prozessuale Durchsetzbarkeit eines Anspruchs auf Rechtsetzung, JuS 2004, S. 191; Ehlers, in: Ehlers/Pünder (Hg.), Allgemeines Verwaltungsrecht, 15. Aufl., § 2 Rn. 140.

52) BVerwGE 80, 355 (361).

53) BayVGH, BayVBl. 1981, 499 (503); VGH Mannheim, NVwZ-RR 2000, 701.

54) Hufen, a.a.O., § 20 Rn. 8.

Ⅲ. 독일의 입법례 – 소위 규범보충소송

1. 규범보충소송의 특징 및 기능

규범보충소송은 규율이 필요한 생활영역에서 평등원칙에 위배되거나 규범의 제정의무를 위반하여 특정한 실제 영역의 요소를 규율하지 않은 경우에 인정된다.[55] 이와 같이 규범보충소송은 제정되어 있는 규범의 보충을 요구하는 것을 목적으로 하며, 규범이 평등원칙을 위반하여 불완전한 경우에 허용된다.[56] 규범보충소송은 부진정규범제정요구소송에 해당하며, 규범제정요구소송의 하위유형으로 보고 있다.[57] 규범에 의해 보장되는 수익(예컨대 사회보장)을 향유하지 못하는 경우에 고려된다. 이러한 경우에 법원은 생활관계의 본질에서 나오는 합리적 이유가 있는지 여부를 심사한다. 이러한 합리적 이유나 근거가 없으면 평등원칙을 위반한 '부작위'가 존재한다고 보게 된다.[58] 규범에서 보장하는 수익에서 배제된 인적 그룹을 포함시켜 평등원칙의 위반을 제기할 경우에 연방헌법재판소는 그 배제된 인적 그룹까지 법률상 규정을 확대해서 제정(보충)할 것을 요구하고 있다.[59] 이러한 규범보충소송의 중요한 기능은 법제정의 부작위 내지 규범의 부작위에 대해 권리구제를 보장하는 것에 있다.[60] 독일 기본법 제19조 제4항에서는 공권력 행사에 의해 침해된 권리를 소송상 다툴 수 있도록 보장하는 포괄적 권리구제를 규정하고 있다.[61] 이와 관련하여 규범보충소송은 법률하위규범의 부작위

---

55) Schoch, in: Hoffmann-Riem/Schmidt-Aßmann/Voßkuhle(Hg.), Grundlagen des Verwaltungsrechts, Bd. III, § 50 Rn. 226.

56) Würtenberger, a.a.O., § 39 Rn. 698.

57) Würtenberger, a.a.O., § 39 Rn. 690.

58) Würtenberger, a.a.O., § 39 Rn. 698.

59) BVerfGE 55, 100 (113); 62, 256 (288 f.).

60) Würtenberger, a.a.O., § 39 Rn. 691.

61) 한편, 독일에서 포괄적 권리구제에 관한 독일 기본법 제19조 제4항의 규정을 의회가 제정한 형식적 의미의 법률에까지 확대하여 적용할 수 있는지에 대해 논란이 있다. 즉

에 대한 권리구제를 보장하고 있는 것이다.[62] 또한 독일 행정법원법에는 규범보충소송에 관한 명문의 규정은 없지만, 동법 제40조 제1항에는 특히 "헌법적 성질이 아닌 공법상 쟁송(öffentlich-rechtliche Streitigkeiten nichtverfassungsrechtlicher Art)"을 행정소송의 대상으로 규정하고 있다. 여기에서 수정된 주체설 내지 귀속설(Zuordnungstheorie)[63]에 근거하여 규범보충소송은 '공법적' 성질을 가지는 것으로 보고 있다.[64] 또한 규범보충소송이 헌법적 성질을 가지는지가 문제되고 있다. 의회가 제정한 형식적 의미의 법률의 부작위에 대한 소송은 그러한 법률에 필요한 민주적 정당성이나 자유롭고 민주적인 의사형성의 헌법구속 과정 등의 문제로 보아 헌법소송으로 파악되고 있다. 이에 반해 법률하위규범의 제정이나 보충을 요구하는 소송은 '행정쟁송'으로 이해되고 있다.[65] 이러한 입장이 독일의 통설 및 판례이다.

2. 규범보충소송의 적합한 소송형식

독일 연방행정법원은 행정소송으로 법규명령이나 조례의 보충을 구하는 소를 허용하고 있다.[66] 규범보충소송의 적법한 소송형식이 무엇인

이러한 형식적 의미의 법률도 공권력의 행사에 속하는지가 다투어지고 있다. 이에 대해 연방헌법재판소는 오래 전에 부정적인 입장을 밝힌 바 있다(BVerfGE 24, 33 (49.); 25, 352 (365)). 그러나 근래에는 포괄적 권리구제에 관한 조항은 의회의 법률뿐만 아니라 법률하위규범에 대해서도 모두 적용된다고 보는 견해가 유력하다(Schenke, NJW 2017, S. 1068; Schmdit-Aßmann, in Maunz/Dürig, GG, Art. 19 IV, Rn. 93 ff.).

62) Pietzcker, in: Schoch/Schmidt-Aßmann/Pietzner(Hg.), VwGO, § 42 Abs. 1 Rn. 160; Würtenberger, a.a.O., § 39 Rn. 693; Schmtt Glaeser/Horn, a.a.O. Rn 332.

63) 종래의 주체설 내지 종속설에 따르면 귀속주체가 국가인 모든 법규에 대해 체계적인 분석 없이 모두 공법에 포함시켰다 그러나 오늘날 통설인 귀속설 내지 수정된 주체설(新主體說)에 따르면 우선 법규를 통해 권리·의무 있는 주체가 단지 고권력(高權力)의 주체(Hoheitsträger)인 경우만을 목적으로 한다(Wolff/Bachof/Stober, Verwaltungsrecht I, 10. Aufl., § 22 Rn. 27; Maurer, a.a.O., § 3 Rn. 18). 귀속설의 창안자는 볼프(Hans J. Wolff) 교수이다. 특히 행정법에 있어서 공법과 사법의 구별은 행정소송의 대상과 관련하여 논의되어야 한다(Battis, Allgemeines Verwaltungsrecht, 3. Aufl., S. 48 f.).

64) Würtenberger, a.a.O., § 39 Rn. 699.

65) 이에 대해서는 Würtenberger, a.a.O., § 39 Rn. 693.

지에 대해 학설은 '규범통제소송'을 제기할 수 있다는 견해와 '일반이행소송'이나 '확인소송'을 제기할 수 있다는 견해가 서로 대립하고 있다. 우선 규범보충소송은 부진정규범제정요구소송(unechte Normerlassklage)으로서 규범제정권자의 상대적 부작위를 대상으로 하고 있다는 점에서 진정규범제정요구소송과 구별된다.[67] 규범보충소송의 적합한 소송형식으로 행정법원법 제47조에 따라 규범통제소송을 제기할 수 있다는 견해가 있다. 이 견해는 부진정규범제정요구소송은 신청인이 위법한 규범제정의 부작위로 인해 수익을 받지 못한 것을 이유로 그 규범의 위법성을 주장하는 것이므로 행정법원법 제47조의 규범통제소송(Normenkontrollverfahren)과 다르지 않다고 보고 있다.[68] 또한 도시계획조례에 해당하는 도시건설계획(Bebauungsplan)에 포함되지 않은 자신의 토지에 대해 다투고자 하는 경우 토지소유자가 불평등한 내용의 규범을 제거하는 것을 목적으로 하므로 통상의 규범통제에 해당한다고 주장한다. 그리고 부당하게 특정한 규율이 누락 내지 흠결된 경우에 해당하여 규범의 하자를 다투는 소송이라는 점에서 부분적으로 규범통제소송을 제기할 수 있다는 견해도 동일한 입장이다.[69] 특히 이 견해는 법률하위규범의 부작위에 대한 소송은 주위적 규범통제의 대상이라고 보고 있다.[70] 그 밖에 규범통제절차에서 확인신청을 할 수 있다는 견해도 있다. 즉 규범보충소송은 규범통제소송의 사례이지만, 문제가 되는 규정의 효력이 없다고 선언할 수 없고, 불완전하여 위법한 규범을 단지 잠정적으로 적용할 수 없다고 '확인'할 수밖에 없다고 보는 견해가 그러하다.[71] 부수적 규범통제에 수반하여 규범의 효력 유무에 관한 확인을

66) BVerwG, NJW 1997, 956 (957 f.).
67) Schoch, in: Hoffmann-Riem/Schmidt-Aßmann/Voßkuhle(Hg.), Grundlagen des Verwaltungsrechts, Bd. III, § 50 Rn. 226.
68) Hufen, a.a.O., § 20 Rn. 1.
69) Kopp/Schenke, VwGO § 47 Rn. 14.
70) Schenke, Rechtsschutz bei normativem Unrecht, NJW 2017, S. 1064.
71) Schoch, in: Hoffmann-Riem/Schmidt-Aßmann/Voßkuhle(Hg.), Grundlagen des

구하는 소를 제기할 특별한 가능성은 열려져 있다. 즉 규범에서 도출되는 원고의 권리에 관한 존재 여부에 대해 확인을 구하는 소를 제기할 수 있다는 것이다.[72)]

이에 대해 일반이행소송이나 확인소송으로 제기해야 한다는 주장이 있다. 즉 대체로 소송형식을 열어 두고 (일반)이행소송이나 확인소송으로 다툴 수 있다고 보고 있다.[73)] 규범보충소송은 현존하는 규범의 보충을 목적으로 하지만, 규범통제소송은 규범의 효력이 없음을 확정해야 하는 소송이므로 허용될 수 없다고 보는 견해가 유력하다.[74)] 이 견해는 행정법원법 제45조에 따라 제1심 행정법원에 관할이 있는 경우 확인소송이나 일반이행소송의 형식으로 다투어야 한다고 보고 있다.[75)] 또한 확인소송은 보충성의 원칙에 따라 일반이행소송이 허용되지 않는 경우에 인정되며, 일반이행소송은 규범제정권자에 형성여지가 부여되어 있어 구체적인 규범의 제정의무를 선언할 수 없기 때문에 예외적인 경우에 허용된다는 견해도 있다.[76)] 이러한 예외적인 경우는 대체로 평등원칙의 위반이 문제되는 경우이다.[77)] 그 밖에 권력분립원칙에 근거한 비판과 관련하여 행정청의 재량이 인정되는 경우에 허용되는 재결정명령소송이나 적정재량결정소송(Bescheidungsklage)[78)]이 법제정기관의 결정의

Verwaltungsrechts, Bd. III, § 50 Rn. 224. 규범제정요구소송은 대체로 확인소송이 적합한 소송형태이지만, 규범보충소송은 규범통제소송을 제기하면서 확인신청을 해야 한다고 보는 견해도 있다(Sodan, a.a.O., S. 608).

72) Schenke, NJW 2017, S. 1062.

73) Ule, Verwaltungsprozeßrecht, 9. Aufl., § 31 Rn. 7: Happ, in: Eyermann(Hg.), VwGO, 14. Aufl., § 42 Rn. 63, 그리고 § 43 Rn. 9c 참조.

74) Würtenberger, a.a.O., § 39 Rn. 703.

75) Würtenberger, a.a.O., § 39 Rn. 705. 한편, 규범보충소송은 규범통제소송이 아니므로 고등행정법원은 이에 대해 관할권을 가지지 못한다고 보고 있다(행정법원법 제47조 제1항 참조).

76) Würtenberger, a.a.O., § 39 Rn. 704.

77) Kopp/Schenke, VwGO § 43 Rn. 8j.

78) 2013. 3. 20. 입법예고된 법무부 행정소송법 개정안 제44조 제2호에는 이러한 소송유형을 규정하고 있으나, 용어의 통일적 사용이 고려되어야 한다. 즉 "행정청이 처분을 하지 않는 것이 재량권의 한계를 넘거나 그 남용이 있다고 인정하는 경우에는 행정청

자유가 인정되는 경우에 규범제정요구소송이나 규범보충소송에 대해서도 적용될 수 있다고 보는 견해가 있다. 이러한 견해는 재결정명령소송이나 적정재량결정소송을 일반이행소송과 관련된 것으로 보고 있다.[79] 그러나 다수설은 이러한 소송을 의무이행소송(Verpflichtungsklage)의 하나로 파악하고 있다(행정법원법 제113조 제5항 제2문 참조). 이러한 소송은 행정청에 재량이나 판단여지 등이 부여되어 있고 사건이 성숙하지 않은 경우에 인정되며, 행정청에 특정한 결정을 요구하는 것이 아니라 하자 없는 결정을 구하는 경우에 제기된다. 재결정명령소송 내지 적정재량결정소송은 행정법원법 제42조 제1항에는 이를 규정하고 있지 않지만, 독일의 통설 및 학설은 이를 의무이행소송의 범주 내의 독자적인 제도로서 인정하고 있는 것이다.[80] 실제 독일의 의무이행소송에 있어서 사건의 '성숙성'은 본안에서 원고가 희망하는 행정처분의 발급의무를 행정청에게 부과할 수 있는지 여부를 판단하는 중요한 기준이 되고 있다. 즉 사안이 성숙성 요건을 충족한 경우에는 특정한 행정행위의 발급의 이행을 구하는 소를 제기할 수 있지만, 이러한 성숙성 요건을 충족하지 못한 경우에는 법원의 법해석을 존중하여 사안에 적합한 행정청의 결정 이행을 구하는 소를 제기할 수 있다.[81] 이와 같이 구체적 사안에 있어서 행정청에게 재량이 부여되어 있으나 아직 '성숙성'의 요건을 구비하

에게 판결의 취지를 존중하여 처분을 이행하도록 선고"할 수 있다는 내용이 그러하다. 이러한 소송유형에 대해 "지령소송", "재량행위요구소송", "재결정명령" 등의 용어를 사용하고 있다. 그러나 이러한 소송은 법원의 판결취지에 따라 재량행사를 적정하게 해 줄 것을 요구하는 것이라는 점을 감안할 필요가 있다. 대부분의 취소소송에서도 취소판결의 취지에 따라 '재처분' 내지 '재결정'을 해야 하며, 이러한 소송이 재량행위를 요구하는 것은 아니라는 점에 주의해야 한다. 지령소송이라는 용어는 일본의 문헌에서 유래한 것이며, 이러한 소송의 내용에 부합하지 않는다. 이에 대해서는 졸저, 행정구제의 기본원리, 412-413면(각주 31) 참조.

79) Duken, a.a.O., S. 547; Kopp/Schenke, VwGO, § 42 Rn. 9.

80) Pietzcker, in: Schoch/Schmidt-Aßmann/Pietzner(Hg.), VwGO, § 42 Abs. 1 Rn. 101.

81) 졸고, "부작위위법확인소송의 위법판단 및 제소기간", 행정판례연구 제17집 제1호(2012. 6), 229면 이하.

지 못한 경우, 법원은 행정청에 대하여 법원의 판단을 존중하여 적정한 재량결정을 하도록 이행명령을 내릴 수 있다(독일 행정법원법 제113조 제5항 제2문).

한편, 확인소송을 주장하는 견해는 규범보충소송의 문제가 공법상 법률관계의 존부에 관한 것이며, 법률관계의 존재를 위해서는 법적으로 규율된 생활관계가 있어야 한다고 보고 있다. 또한 이러한 생활관계의 법질서는 지배적인 판례의 입장에 의하면 규범제정의무를 정하고 있는 법규정에서 도출되며, 이 경우 기본법상의 보호의무나 평등한 취급의무가 중요한 역할을 한다고 보고 있다.[82] 연방행정법원도 권력분립원칙에 비추어 이행소송이 허용될 수 없다고 보고 있다. 즉 연방행정법원은 "개인의 권리보호를 위해 불가피한 범위에서만 법제정기관의 결정에 사법적(司法的)으로 영향을 미친다"는 사고에 기초하고 있는 것이다.[83] 이 때문에 연방행정법원은 대체로 규범제정요구소송뿐만 아니라 규범요구소송에 대해 행정법원법 제43조 제1항에 의한 '확인소송'을 제기할 수 있다고 보고 있다.[84] 나아가 최근 연방행정법원은 게마인데연합(Gemeindeverwaltungsverband)이 조례로서 제정된 지역계획(Regionalplan)에 대한 규범통제소송을 제기한 사건에서, 법률하위규범의 효력 유무가 아니라, 그 보충필요성의 확인을 구하는 행정법원법 제47조 제1항 제2호에 의한 규범통제의 신청은 허용되지 아니한다고 판시하고 있다.[85]

3. 규범보충소송의 원고적격

규범보충소송의 원고적격이 문제된다. 규범제정을 요구하는 주관적 공권이 허용되는지가 문제되었지만, 오늘날에는 대체로 이를 긍정하고

82) Würtenberger, a.a.O., § 39 Rn. 705.
83) BVerwG, NVwZ 1990, 162.
84) BVerwGE 80, 355(363); BVerwG, NVwZ 2008, 423 ff.
85) BVerwG, NVwZ 2015, 984.

있다.[86] 독일 행정법원법 제42조 제2항의 소권 내지 원고적격에 관한 규정은 원칙적으로 일반확인소송에 그대로 적용하기는 어렵지만, 남소를 방지하기 위해 유추적용될 수 있다는 견해가 유력하다.[87] 따라서 규범제정요구소송이나 규범보충소송의 경우에도 개별 법률에 근거하여 주관적 공권이 요구된다고 보고 있다. 규범은 불특정다수인에 대해 적용되고 일반적으로 공익에 기여하지만, 행정소송상 주관적 공권은 기본권이나 개별 법률에서 도출될 수 있어야 한다.[88] 예컨대 직업공무원제를 규정한 기본법 제33조 제5항과 관련하여, 구 연방급여법(BBesG) 제49조 제3항의 규정이 그러한 사례로 거론되고 있다.[89] 독일 연방헌법재판소는 상당한 생계의 최소요건을 준수하는 급여변경을 하지 않아 독일 기본법 제33조 제4항에서 규정한 공무원의 권리를 침해한다고 판단하고, 입법자에게 헌법적으로 이에 상응하는 작용을 하도록 결정한 바 있다.[90] 하지만 규범에서 사익보호성을 도출할 수 없는 경우에는 주관적 공권이 성립할 수 없지만, 기본권을 국가의 보호의무나 평등취급의무 등에서 도출하는 경우에는 규범제정요구소송이나 규범보충소송을 제기할 수 있다.[91]

규범보충소송을 제기하기 위해서는 원고가 규범의 보충을 요구할 청구권이 있어야 한다. 규범제정요구소송과 관련하여, 유력설은 법률하위규범의 제정요구청구권이 개별 법률, 평등 취급에 관한 청구권 및 다른 기본권이나 헌법원칙 등에서 도출된다고 보고 있다.[92] 또 다른 견해는 기본권의 보호의무, 일반적 평등원칙 및 개별 법률 등에서 찾고 있다.[93]

86) Köller/Haller, a.a.O., S. 191.
87) Axer, NZS 1997, 10 (16); Würtenberger, a.a.O., § 39 Rn. 706.
88) Happ, in: Eyermann(Hg.), VwGO, § 42 Rn. 150.
89) Köller/Haller, a.a.O., S. 191.
90) BVerfGE 8, 1; Sodan, a.a.O., S. 606.
91) Hufen, a.a.O., § 20 Rn. 10; Würtenberger, a.a.O., § 39 Rn. 706.
92) Pietzcker, in: Schoch/Schmidt-Aßmann/Pietzner(Hg.), VwGO, § 42 Abs. 1 Rn. 160.
93) Sodan, a.a.O., S. 609.

규범제정요구소송이나 규범보충소송에는 규범제정권자, 즉 명령제정권자나 조례제정권자가 규범적 형성여지를 하자 없이 행사하였는지 여부를 심사한다.[94] 규범보충소송에서 청구권의 근거는 대체로 평등원칙이 중요한 의미를 가진다. 사안에 적합한 규범보충이란 평등원칙의 위반을 제거하여 규범에서 배제된 그룹이 규정에 편입될 수 있어야 하며, 규범적 수익을 폐지하거나 모두 포함될 수 있는 새로운 규범의 제정을 통해 실현될 수 있다.[95]

4. 독일 연방행정법원의 판례

독일에서도 종전에는 개인이 규범제정을 요구할 주관적 공권이 보장되지 않았다. 독일 연방헌법재판소는 개인이 입법행위를 사법적으로 요구할 청구권을 가질 수 없다고 결정한 바 있다.[96] 또한 연방행정법원도 이미 1958년에 "법규명령의 제정을 구하는 청구권은 없다"[97]고 판시한 바 있다.[98] 그러나 뷔르텐베르거(Würtenberger) 교수의 논문이 1980년에 발표된 이후에 규범제정을 구하는 청구권이 허용되는지 여부가 본격적으로 논의되기 시작하였다.[99] 그 후 연방헌법재판소는 이와 달리 긍정적으로 판단하였고,[100] 연방행정법원의 판례 중에도 이를 긍정하기 시작하였다. 연방행정법원은 임금협약에 있어서 일반구속선언(Allgemeinverbindlichkeitserklärung)의 제정을 요구하는 확인소송을 제기할 수 있다는 점을 인정하였다.[101] 또한 바이에른 주의 군(Landkreis)의 군의회

94) Würtenberger, a.a.O., § 39 Rn. 709.

95) Würtenberger, a.a.O., § 39 Rn. 710.

96) BVerfGE 1, 97 (100 f.).

97) BVerwGE 7, 188.

98) 이러한 독일 판례의 변천에 대한 내용은 Sodan, a.a.O., S. 601 f. 참조.

99) Würtenberger, Die Normerlaßklage als funktionsgerechte Fortbildung verwaltungsprozessualen Rechtsschutzes, AöR 105 (1980), S. 370 ff.

100) BVerfGE 77, 170; 79, 174; BVerfG, NJW 1988, 2961.

101) BVerwGE 80, 355; BVerwG, NJW 1990, S. 1495 ff. 한편, 연방헌법재판소는 일반구속선언을 독자적인 법규범(Rechtsnorm sui generis)으로 이해하고 있다(BVerfGE 44,

(郡議會)의 여성의원이 평등원칙을 위반함을 이유로 군의회가 제정한 소위 보상조례(Entschädigunsgsatzung)의 보충을 구하는 소송을 인용하고 있다.[102] 이 사건에서는 화장품영업점의 점주인 해당 여성의원이 의정활동으로 인한 일실(逸失)된 임금의 보상에 관한 규정을 근로자로서 독립적으로 활동하는 군의원에까지 확대 적용해야 한다고 주장하였고, 이에 대해 연방행정법원은 헌법합치적 해석을 통해 해당 규정을 보충해야 한다고 판시한 것이다.

한편, 연방의 법규명령은 이러한 확인소송에서 배제된다는 견해도 있다.[103] 그러나 연방행정법원은 연방의 법규명령에 대해서도 이러한 확인소송을 허용하고 있다. 우편서비스업무의 강제적 근로조건에 관한 연방 노동사회부의 법규명령에 의한 임금협약의 효력 연장에 대해 확인을 구하는 소를 인용하였다.[104] 이와 같이 연방행정법원은 행정법원법 제43조에 의한 확인소송을 통해 독자적인 법규범의 성격을 가지는 일반구속선언, 지방자치단체의 자치법규인 조례, 그리고 법규명령 등 법률하위규범의 제정요구에 대한 소송을 인정하고 있다. 확인소송을 행정법원법 제43조에 의한 규범의 존부에 관한 확인으로 오해하는 경우도 있으나, 법률관계의 존부에 관한 확인이라는 점을 간과해서는 아니 된다. 나아가 확인소송을 부수적 규범통제로만 이해하는 견해도 있다.[105] 독일 기본법 제100조에는 구체적 규범통제에 대해서도 규정하고 있다. 즉 재판의 전제가 된 법률이 위헌이라고 판단되는 경우에 법원은 재판을 정지하고, 주(란트)의 법률이 주헌법(州憲法)에 위반되는 경우에는 주(州) 헌법재판소에, 그리고 연방법률이나 주의 법률이 기본법을 위반하

---

322). 그러나 일반구속선언은 법률보다 하위에 있는 법규범으로 이해된다(BVerwGE 80, 355 (357 f.)).

102) BVerwG, NVwZ 1990, S. 162 ff.

103) 서보국, 전게논문, 103-104면.

104) BVerwG, NVwZ 2010, 1300.

105) 서보국, 전게논문, 105면.

는 경우나 주의 법률이 연방법률에 일치하지 않는 경우 등에는 연방헌법재판소에 위헌 여부의 심판을 제청한다.[106] 그러나 부수적 규범통제의 방식으로 제기되는 확인소송은 원고에게만 규범의 무효선언을 하는 특수한 확인소송으로서 비전형적인 것이며, 행정법원법 제43조에 규정된 행정법원에 의한 통상의 일반확인소송과 구별된다.[107] 그러한 점에서 권리의 존부에 관한 확인소송을 제기하면서 선결문제로서 규범의 효력을 확인하는 소송은 부수적 규범통제의 방식이며, 행정법원법 제47조의 주위적 규범통제와 일치하지 않는다.[108]

5. 소 결

독일에서는 명령·규칙 등에 관한 부진정행정입법부작위에 대한 소송을 헌법소송이 아니라 행정소송으로 파악하고 있다. 또한 이에 대해 독일 행정법원법에 명문의 규정이 없음에도 불구하고 소위 규범보충소송이 인정되고 있지만, 그 소송형식을 둘러싸고 견해대립이 있다. 대체로 규범통제의 방식으로 해결해야 한다는 견해와 일반이행소송 내지 확인소송이 적합한 소송형식이라는 견해가 첨예하게 대립하고 있다. 규범통제소송설을 주장하는 견해가 있지만, 주위적 규범통제의 경우에는 제정된 규범의 효력 유무를 판단하는 것이라는 점에서 설득력이 약하다. 일반이행소송은 규범의 보충이라는 목적을 효과적으로 달성할 수 있지만, 명령제정권자의 결정여지가 인정되는 법규범의 특성에 비추어 일정한 한계가 있다. 그러한 이유에서 적정재량결정소송을 주장하는 견해가 등장하고 있는 것으로 판단된다. 대체로 '확인소송'이 설득력을 가진다. 독일에서는 확인소송의 보충성이 인정되고 있지만, 일반이행소송이 매우 예외적인 경우에만 허용될 수 있다는 점에서도 확인소송을 제기할

106) Jarass, in: Jarass/Pieroth, GG, 10. Aufl., Art. 100 Rn. 4.
107) Schenke, Verwaltungsprozessrecht, 12. Aufl., § 26 Rn. 1073.
108) Schenke, Verwaltungsprozessrecht, § 26 Rn. 1073; Schenke, NJW 2017, S. 1062.

이유는 충분하다. 연방행정법원의 판례도 일관되게 확인소송설의 입장이며, 학설의 비판에도 불구하고 확인소송의 보충성에 크게 구애받고 있지 않다. 부수적 규범통제에 있어서도 '확인소송'이 특별한 의미를 가지는 경우가 있다. 그러나 이러한 확인소송은 원고에게만 규범의 무효를 선언하는 특수한 확인소송으로서 비전형적인 것이라는 점에서, 행정법원법 제43조에 규정된 행정법원에 의한 통상의 확인소송과 구별된다.[109] 다만, 부수적 규범통제에서 확인신청을 통해 선결문제로서 평등원칙을 위반한 법률하위규범의 위법을 인정하는 방식은 오히려 구체적 규범통제 내지 부수적 규범통제의 방식을 취하는 우리 행정소송법에 있어서 활용될 여지가 있다.

Ⅳ. 위법성의 판단기준으로서 평등원칙

1. 문제의 소재

독일에서는 부진정행정입법부작위에 대해 평등원칙에 위배되었는지 여부를 기준으로 판단하고 있다. 대체로 사회보장의 영역에서 규범이 보장하는 수익을 향유하지 못하거나 규정에서 배제되어 수급권을 청구할 수 없는 경우가 여기에 속한다. 진정행정입법부작위의 경우에는 제정의무와 이에 상응하는 규범제정요구권을 도출하는 것이 문제된다. 여기에서는 기본권의 보호의무, 개별 법률 등에서 이러한 규범제정요구권을 도출할 수 있다. 그러나 규범보충소송에서는 평등원칙이 중요한 기준이 되며, 해당 규정을 배제한 것에 합리적 이유나 근거가 있는지 여부를 기준으로 평등원칙 위반 여부를 심사한다. 이러한 평등원칙을 위반한 경우에 위법한 행정입법부작위가 있다고 판단하고, 배제된 인적 그룹을 포함하는 소송을 제기한다.

109) Schenke, Verwaltungsprozessrecht, § 26 Rn. 1073.

부진정행정입법부작위 경우에도 제정된 행정입법이 존재하므로 수범자의 예측가능성이나 기대가능성을 기준으로 포괄위임금지의 원칙 내지 명확성원칙에 의해 행정입법의 위법성을 검토할 수 있다.[110] 법률에서 기본적인 정의 규정만 두고, 그 구체적인 수혜나 급부 등에 대해서는 포괄적 위임을 하는 경우도 적지 않다. 예컨대 법률에 규율의 대상에 관한 정의규정만 두고, 그 구체적인 '종류'와 '기준'을 시행령이나 시행규칙 등에 위임하는 경우가 그러하다. 법적 안정성과 예측가능성 등 법치국가원리의 요청에 비추어 법률에서 기본권의 실현과 관련된 본질적인 사항을 직접 규정하고, 수권의 목적이나 기준, 범위 등이 명확하게 확정되어야 한다. 그러한 의미에서 법률유보의 원칙(특히 본질사항유보설)은 위임의 한계로서 작동하고 있는 것이다. 다만, 부진정행정입법부작위가 문제되는 경우는 대부분 사회보장과 관련된 급부행정에 해당하는 사례가 적지 않다. 포괄위임금지의 원칙과 관련하여 그 구체성과 명확성에 대한 심사강도는 규제의 영역이나 대상에 따라 다르다.[111] 기본권의 실현에 있어서 본질적인 사항일수록 규율밀도나 심사강도는 높아져야 한다. 그러나 이러한 급부행정이나 수익적 내용을 포함한 위임입법에는 상대적으로 명확성심사의 강도가 완화되고 있다.[112] 그러한 이유에서 부진정행정입법부작위에 대한 포괄위임금지의 원칙은 상대적으로 어려운 점이 있다. 따라서 부진정행정입법부작위에 대해서는 평등원칙을 통해 그 위법성을 판단해야 한다.

110) 최근 대법원은 기존의 질병이 원인이 되거나 악화된 경우를 국가유공자에서 제외한다고 규정한 「국가유공자 등 예우 및 지원에 관한 법률 시행령」 제3조 [별표 1] 제2호의 2-8이 모법의 위임범위를 일탈한 것이 무효인지 여부에 대해 부정적으로 판시한 바 있다(대법원 2017. 3. 9. 선고 2016두55933 판결).

111) 헌재 1997. 12. 24. 95헌마390; 대법원 2000. 10. 19. 선고 98누6265 판결.

112) 졸고, "명확성원칙의 판단기준과 사법심사의 한계", 법조 통권 제624호(2008. 9), 108-134면.

2. 평등원칙의 위반 여부에 대한 판단

(1) 평등원칙의 심사방법

심사기준으로서 평등원칙은 실제 매우 광범위하게 적용되고 있지만, 개별적 사안에서 평등원칙의 위반 여부를 판단하는 것은 쉽지 않다. 오늘날 절대적 평등을 상정하는 것은 비현실적이며, 합리적인 차별의 이유가 있는 경우에는 차별이 허용되는 상대적 평등의 의미로 이해되고 있다.[113] 또한 법적용의 평등을 의미하는 형식적 평등에 국한되지 아니하며, 법의 내용에 있어서 평등을 위해 법제정의 평등, 즉 실질적 평등이 중요한 의미를 가진다.[114] 그러나 이러한 실질적 평등의 실현은 법적 평등을 규정한 헌법 제11조의 문제가 아니라 사회국가원리와 관련된 것으로 보는 견해가 유력하다.[115] 이러한 평등원칙은 입법자에 대해서도 적용된다는 것이 통설이다. 그 밖에 이러한 평등원칙은 인간의 존엄권과 밀접한 관련을 가지고 있으며, 단순히 방어권뿐만 아니라 사인에 대해서도 국가의 기본권 보호의무가 문제된다.[116]

특히 급부청구권의 보장과 관련하여, 이러한 실질적 평등이 중요하다. 평등은 "정의의 요청(Gebot der Gerechtigkeit)"이자 "정의의 정신(Seele der Gerechtigkeit)"이다.[117] 독일에서는 평등원칙을 "헌법국가의 중심 원리이자 전체 법질서의 지도원리"[118]로 이해하고 있고, 독일의 정치시스템과 사회질서에 이러한 지도원칙이 투영되어 있다.[119] 또한 독일 연방헌법재판소는 일찍이 "본질적으로 동등한 것은 법적으로 동등하게 취급

113) 계희열, 헌법학(중), 신정판, 229면.
114) 계희열, 전게서(중), 232-233면.
115) 한수웅, 전게서, 577면.
116) Zippelius/Würtenberger, Deutsches Staatsrecht, 32. Aufl., § 23 Rn. 51.
117) BVerfGE 54, 277 (296).
118) BVerfGE 1, 208 (233); 23, 98 (99).
119) Zippelius/Würtenberger, a.a.O., § 23 Rn. 1.

하고, 본질적으로 동등하지 않은 것은 생활관계의 종류에 따라 달리 취급해야 한다"는 원칙을 확립한 바 있다.[120] 여기에서 "본질적으로 동등한 것(wesentlich Gleichem)"이 무엇인지가 쟁점이다. 이러한 기준은 사안이나 개인, 인적 그룹 등과 관련하여 동등한 기본권적 자유나 국가의 동등한 급부청구권이 문제되는 경우에 본질적으로 동등한 것인지가 문제되며, 그 판단을 위해서는 비교대상이 필요하다.[121] 독일 기본법 제3조 제1항에는 "모든 인간은 법률 앞에 평등하다"라고 규정하고 있으며, 입법자도 그 이행의 수범자이다.[122] 급부의 부작위에 관한 문제는 '사회국가원리'와 밀접한 관련을 가지며, 일반적 평등원칙을 규정한 독일 기본법 제3조 제1항에서 시원적인 급부청구권을 도출할 수 없다고 보고 있다.[123] 사회보장법의 영역에서는 입법자에게 비교적 넓은 형성여지가 보장되어 있다.[124]

개별 사례에서 동등한 비교대상을 동등하게 취급하지 않는 것은 평등원칙에 위배되며, 비교대상인 사안의 동등성 여부를 판단함에 있어서 본질성 여부는 매우 중요한 기준이다. 이러한 경우에 유력설은 본질적인 부분의 판단은 비교에 설정된 '관점'이 중요하다고 보고 있다. '사람'이라는 기준이 본질적인 경우에는 국적 여부는 중요하지 않으며 외국인도 내국인과 동등하게 대우해야 한다는 것이다.[125] 이러한 평등원칙의 위반 여부를 판단함에 있어서는 보다 구체적인 판단기준이 요구된다. 독일의 학설 및 판례는 "객관적으로 명백한 근거 없이 차별"하는 것을 금지하는 소위 자의금지(Willkürverbot)의 원칙이 오랫동안 지배하였다. 따라서 민주적 정당성을 부여받은 입법자는 최소한의 불평등한 차별을

120) BVerfGE 1, 14 (52); 98, 365 (385); 103, 310 (318); 116, 164 (180).
121) Zippelius/Würtenberger, a.a.O., § 23 Rn. 9.
122) Jarass, in: Jarass/Pieroth, GG, 10. Aufl., Art. 3 Rn. 1a.
123) Jarass, in: Jarass/Pieroth, GG, Art. 3 Rn. 12.
124) BVerfGE 113, 167 (215).
125) Konrad Hesse, Grundzüge des Verfassungsrechts der Bundesrepublik Deutschland, 20. Aufl., § 12 Rn. 432.

함에 있어서 비교적 넓은 형성적 자유를 가지고 있지만, 명백성심사(Evidenzkontrolle)를 통해 불평등한 법제정에 있어서 사항적으로 명백한 차별의 이유가 없는 경우는 자의금지원칙을 위반하게 된다.[126] 그러나 이러한 원칙만 가지고 입법자를 구속하기 쉽지 않아 비례원칙 내지 과잉금지의 원칙을 도입하여 엄격한 심사를 하는 소위 '새로운 공식(neue Formel)'이 적용되고 있다.[127]

새로운 공식은 심사기준을 구별하여 사안이나 행태와 관련된 경우에는 종래의 자의금지원칙을 적용하지만, 인적 평등과 관련된 경우에는 비례의 원칙을 적용하고 있다.[128] 이러한 새로운 공식에 따라 비례성심사가 적용될 경우에는 이러한 불평등한 취급을 하는 규범의 목적이 정당해야 하고, 적합하고 필요한 수단이어야 하며, 또한 그 불평등한 취급의 종류나 정도가 상당한 비례관계에 있어야 한다.[129] 그러나 인적 평등과 사항적 · 행태적 평등의 구별이 현실적으로 쉽지 않아 새로운 공식은 수정을 경험하게 되고, 사항이나 행태와 관련된 불평등취급에 대해서도 엄격한 심사기준을 확대하는 소위 수정된 새로운 이론이 등장하게 된다.[130]

특히 독일 연방헌법재판소는 1993년 성전환자 결정(Transsexuellen-Entscheidung)에서 이러한 이원화된 심사기준을 수정하였다.[131] 이 결정에서 사안의 불평등한 취급이 인적 그룹의 불평등한 취급에 '간접적'으로 영향을 줄 수 있다는 점이 인정되었다.[132] 그 후 2010년 10월 12일

126) Zippelius/Würtenberger, a.a.O., § 23 Rn. 16.
127) 계희열, 전게서(중), 238면 참조.
128) Britz, Der allgemeine Gleichheitssatz in der Rechtsprechung des BVerfG, NJW 2014, S. 346.
129) 이에 대해서는 Zippelius/Würtenberger, a.a.O., § 23 Rn. 20 ff.
130) 소위 '새로운 공식'에 관한 독일 연방헌법재판소 판례의 변화와 발전에 대해서는 Britz, a.a.O., S. 346 ff.
131) BVerGE 88, 87 = NJW 1993, 1517. 이 사건에서는 성전환자의 경우에 이름을 변경하는 연령을 25세 미만으로 제한한 것이 문제되었고, 연방헌법재판소는 이러한 규정이 기본법 제3조 제1항에 위반된다고 결정하였다.

독일 연방헌법재판소의 제1부 결정[133]에서 여러 가지 측면에서 변경된 수정된 새로운 공식이 등장하게 되었다. 여기에서는 사안이나 행태와 관련된 불평등에 대해서도 인적 평등처럼 엄격한 심사를 적용하고 있다.[134] 나아가 연방헌법재판소 제1부는 이러한 양 기준을 '통합'하려는 시도를 하고 있다. 즉 "일반적 평등원칙에서 규율대상이나 차별의 표지에 따라 입법자에 대한 서로 다른 한계가 나오고, 이러한 한계는 단순한 자의금지의 원칙에서 비례성의 요청에 대한 강한 구속까지 충족해야 한다"고 결정한 바 있다.[135] 미국의 연방대법원 판결에서도 평등보호에 관한 위헌심사기준으로 합리성심사(rationality review), 엄격심사(strict scrutiny), 그리고 중간심사(intermediate scrutiny) 등이 적용하고 있다.[136]

한편, 한국 헌법재판소의 결정 중에서 평등원칙과 관련하여 엄격한 심사를 한 대표적 사례는 '제대군인 가산점' 사건이다.[137] 먼저 제1차 국가유공자 가산점 사건에서는 비례심사를 하되 완화된 기준을 적용하여 평등권을 침해한 것이 아니라고 결정한 바 있다.[138] 그 후 제2차 국

---

132) BVerfGE 88, 87 (96).

133) 제1부 결정에서 문제가 된 사건에서는 이혼한 부모 중 자녀와 함께 생활을 하지 않는 일방이 법적으로 가능한 범주 내에서 자녀에 대한 사실상 책임을 지고, 교섭을 통해 정기적으로 체류하면서 밤을 지내는 경우에 동거하는 경우와 동일한 방식으로 함께 생활하지 않는 이혼한 부모의 일방과 자녀 사이에도 거주공동체가 발생한다는 것이 주된 쟁점이었다.

134) BVerfGE 127, 263 = NJW 1993, 1793.

135) BVerfGE 88, 87 (96); 89, 15 (22); 105, 73 (110).

136) 이에 대해서는 김현철, "미국연방대법원의 평등보호에 관한 판례와 위헌심사기준", 헌법논총 제11집(2000), 353면 참조.

137) "평등위반 여부를 심사함에 있어 엄격한 심사척도에 의할 것인지, 완화된 심사척도에 의할 것인지는 입법자에게 인정되는 입법형성권의 정도에 따라 달라지게 될 것이나, 헌법에서 특별히 평등을 요구하고 있는 경우와 차별적 취급으로 인하여 관련 기본권에 대한 중대한 제한을 초래하게 된다면 입법형성권은 축소되어 보다 엄격한 심사척도가 적용되어야 할 것인바, 가산점제도는 헌법 제32조 제4항이 특별히 남녀평등을 요구하고 있는 '근로' 내지 '고용'의 영역에서 남성과 여성을 달리 취급하는 제도이고, 또한 헌법 제25조에 의하여 보장된 공무담임권이라는 기본권의 행사에 중대한 제약을 초래하는 것이기 때문에 엄격한 심사척도가 적용된다."(헌재 1999. 12. 23. 98헌마363)

138) "차별적 취급으로 인하여 관련 기본권에 대한 중대한 제한을 초래하게 되는 경우에

가유공자 가산점 사건에서는 이 결정을 변경하여, 헌법불합치를 결정하면서 국가유공자 가족들에 대해 비례의 원칙을 통해 엄격한 심사를 하고 있다.[139] 그러나 평등심사와 관련하여 어떠한 경우에 비례의 원칙 내지 과잉금지의 원칙을 적용할 것인지, 또한 비례의 심사에 있어서도 어떠한 경우에 완화된 기준을 적용할 것인지 등이 문제된다.[140] 그러나 헌법재판소는 평등원칙뿐만 아니라 비례의 원칙을 심사함에 있어서도 다시 엄격한 심사와 완화된 심사를 구별하여 적용하고 있다. 이러한 입장은 어떠한 경우에 엄격한 심사를 해야 하는지, 평등원칙과 비례의 원칙 사이의 관계가 무엇인지에 대한 의문을 제기하게 된다. 이와 관련하여 좁은 의미의 비례의 원칙과 평등원칙 사이에는 구조적인 동일성이 있다는 견해도 있다.[141]

최근에는 이러한 비례성심사를 도입하는 것과 관련하여, 학계에서 비판이 제기되고 있다. 즉 자유권과 관련될수록 불평등한 취급의 최소한도가 더 적어지게 되어 입법자의 형성여지를 헌법이나 헌법재판에서 제한할 리스크가 있다는 지적이 있다.[142] 이러한 새로운 공식이 도입되었다고 하더라도 자의금지의 원칙이 완전히 배제되는 것은 아니다. 오히려 새로운 공식은 자의금지의 원칙을 보완하는 것으로 이해하는 견해가 유력하다.[143] 여전히 어려운 점은 어떠한 경우에 자의금지의 원칙을 적용할 것인지, 아니면 비례의 원칙을 적용할 것인지를 결정해야 하는지 여부이다. 그리고 평등원칙과 자유권의 제한에 관한 비례의 원칙을

해당하여 원칙적으로 비례심사를 하여야 할 것이나, 구체적인 비례심사의 과정에서는 헌법 제32조 제6항이 근로의 기회에 있어서 국가유공자 등을 우대할 것을 명령하고 있는 점을 고려하여 보다 완화된 기준을 적용하여야 할 것이다."(헌재 2001. 2. 22. 2000헌마25)

139) 헌재 2006. 2. 23. 2004헌마675 등, 판례집 18-1상, 269.

140) 제대군인 가산점 사건에서 헌법재판소가 엄격한 심사기준을 일관되게 적용하지 못하였음을 비판하는 견해도 있다(한수웅, 전게서, 597면).

141) 이준일, "헌법재판의 법적 성격", 헌법학연구 제12권 제2호(2006. 6), 335-336면.

142) Britz, a.a.O., S. 351.

143) Osterloh, in: Sachs(Hg.), GG, Art. 3 Rn. 25.

구별하려는 견해도 있다.[144] 국내학설 중에도 양자의 차이와 관련하여 자의금지원칙은 단지 차별의 정당화를 위한 합리적 사유의 유무에 대해서만 검토하지만, 비례의 원칙은 그 외에 차별대우 사이의 상관관계가 타당한지 여부에 대해서도 심사한다고 보는 견해가 있다.[145] 이 견해는 구조적으로 비례의 원칙은 법익의 충돌을 전제로 목적과 수단의 상호관계를 통해 수단이 적절한지 여부를 판단하는 것이지만, 평등의 원칙은 법익의 충돌이 아니라 대상이 되는 둘 이상의 기본권 주체의 법적 지위를 서로 비교하는 것이라는 점에서 차이가 있다고 지적한다.[146] 나아가 이 견해는 과잉금지의 원칙을 적용하여 평등심사를 할 경우 위헌심사의 기준으로서 평등권의 고유한 기능이 상실될 수 있으며, 자유권 제한의 문제가 적은 급부작용에 대해서는 입법자의 형성적 자유를 인정하기 위해 자의금지의 원칙이 적용되어야 한다고 보고 있다.[147] 이러한 비판적 견해는 긍정할 수 있는 점이 적지 않다. 다만, 규범의 제정권자에 형성적 자유가 보장된 경우에 자의금지의 원칙만으로 평등심사를 할 수 없는 어려운 측면이 있고, 기본권 침해와 관련된 경우에는 엄격한 심사가 요구된다. 이러한 엄격한 심사를 위한 새로운 법리가 깊이 논의될 필요가 있다.

(2) 평등원칙이 적용된 구체적 사례의 검토

a) 헌법재판소 판례의 입장

이하에서는 행정입법부작위와 관련하여 평등원칙이 적용된 사례를 검토하기로 한다. 전술한 바와 같이 헌법재판소는 진정행정입법부작위

144) 독일 연방헌법재판소 제2부는 양자를 구별하는 입장에 서 있고, 과잉금지의 원칙을 명확히 사용하지 않고 사항이나 규율영역에서 특별한 형량의 문제로 접근하고 있다(BVerfGE 90, 145 (195 f.)). 이에 대해서는 Osterloh, in: Sachs(Hg.), GG, Art. 3 Rn. 35.

145) 한수웅, 전게서, 588-589면.

146) 한수웅, 전게서, 603면.

147) 한수웅, 전게서, 605면.

뿐만 아니라 부진정행정입법부작위에 대한 헌법소원을 인정하고 있다. 대표적 사례는 치과전문의 자격시험 불실시에 대한 위헌확인사건이다.[148] 헌법재판소는 이 사건을 '진정입법부작위'라고 파악하고 있지만, 행정입법부작위에 관한 사건이다. 또한 이 사건은 엄밀한 의미에서 진정행정입법부작위가 아니라 '부진정행정입법부작위'에 가깝다.[149] 치과의사로서 전문의가 되고자 하는 자는 대통령령이 정하는 수련을 거쳐 보건복지부장관의 자격인정을 받아야 하고(의료법 제55조 제1항) 전문의의 자격인정 및 전문과목에 관하여 필요한 사항은 대통령령으로 정하고 있다(동조 제3항). 이에 따라 「전문의의수련및자격인정등에관한규정(이하 '규정'이라 한다)」 제2조의2 제2호(개정 1995. 1. 28)는 치과전문의의 전문과목을 "구강악안면외과 · 치과보철과 · 치과교정과 · 소아치과 · 치주과 · 치과보존과 · 구강내과 · 구강악안면방사선과 · 구강병리과 및 예방치과"로 정하고 있다. 또한 규정 제17조(개정 1994. 12. 23)에서는 전문의자격의 인정에 관하여 "일정한 수련과정을 이수한 자로서 전문의자격시험에 합격"할 것을 요구하고 있고, 전문의자격시험의 방법 · 응시절차 기타 필요한 사항을 보건복지부령에 위임하고 있다(제1항 및 제3항). 헌법재판소는 그 위임에 따라 제정된 「전문의의수련및자격인정등에관한규정시행규칙(이하 '시행규칙'이라 한다)」이 개정입법 및 새로운 입법을 하지 않은 것은 진정입법부작위에 해당하고, 이러한 입법부작위가 청구인들의 직업의 자유와 행복추구권을 침해하여 전공의 수련과정을 거치지 않은 일반 치과의사나 전문의시험이 실시되는 다른 의료분야의 전문의에 비하여 불합리한 차별을 받고 있다고 결정하였다. 이 사건은 시행규칙이 전혀 제정되지 않은 것이 아니라, 피청구인 대한치과의사협회의 의견에서 나타난

148) 헌재 1998. 7. 16. 96헌마246, 판례집 10-2, 283.

149) 한편, 2003. 6. 30. 대통령령 제18040호로 「치과의사전문의의수련및자격인정등에관한규정」이, 그리고 2003. 9. 18. 보건복지부령 제258호로 「치과의사전문의의수련및자격인정등에관한규정시행규칙」이 별도로 제정되었다.

바와 같이 "치과전공의의 수련기간, 수련병원 및 수련기관의 지정기준, 수련과목 및 기타 치과전문의자격시험의 실시에 필요한 사항 등을 불완전하게 규정한" 경우에 해당한다. 따라서 이 사건은 시행규칙의 내용을 보완하는 개정을 하지 않은 것이 쟁점이라는 점에서 '부진정행정입법부작위'에 해당한다. 특히 "다른 의료분야의 전문의에 비하여 불합리한 차별을 받고 있다"고 결정한 부분에서 비교집단과의 관계에서 평등원칙을 위반하여 기본권을 침해하고 있다고 보고 있다. 이러한 비교집단에는 전공의수련과정을 거치지 않은 일반 치과의사나 전문의시험이 실시되는 다른 의료분야의 전문의를 설시하고 있다. 이러한 심사는 명확하지는 않지만, 비교집단과의 "불합리한 차별"을 검토하고 있다는 점에서 일종의 '자의금지의 원칙'이 적용된 것이다. 그러나 이러한 행정입법부작위는 치과전문의라고 하는 인적 범위와 관련된 자유권의 제한에 관한 사안이지만, 비례의 원칙 내지 과잉금지의 원칙은 고려되어 있지 않다.

한편, 헌법재판소는 건축사법 시행령 제4조 제1항에서 새로이 건축사면허를 취득하고자 하는 사람들만을 대상으로 할 뿐, 건축사면허를 취소당한 사람들에 관하여는 규정을 두고 있지 않은 것은 '부진정(행정)입법부작위'라고 보고 각하결정을 내린 바 있다.[150] 이 사건은 청구인이 건축사법시행령에 건축사면허취소기간이 경과한 후 다시 면허를 신청하려는 자에 대한 건축사면허증재교부 등의 절차규정을 두지 아니한 행정입법부작위로 기본권 침해를 받았음을 이유로 헌법소원을 청구한 것이다. 이 사건에서 헌법재판소가 행정입법부작위에 관한 사건을 '입법부작위'로 본 것은 잘못이지만, '진정행정입법부작위'와 '부진정행정입법부작위'를 구별하고 있음을 알 수 있다. 진정행정입법부작위와 부진정행정입법부작위의 구별은 실제 어려운 경우가 적지 않고, 상대적인 측면이 있는 것이 사실이다. 그러나 헌법소원에 있어서 청구기간의 적용 여

150) 헌재 1998. 11. 26. 97헌마310, 판례집 10-2, 564, 571.

부에 차이가 있다는 점에서 주의를 요한다. 즉 헌법재판소는 진정 (행정)입법부작위에 대한 헌법소원 심판청구에 대해서는 청구기간의 제한을 받지 않는다고 보지만, 부진정(행정)입법부작위에 대해서는 헌법소원 청구기간의 제한을 받는다고 보고 있다.[151] 즉 불완전입법에 대하여 재판상 다툴 경우에는 그 입법규정이 헌법위반이라는 적극적인 헌법소원을 제기하여야 할 것이고, 이때에는 헌법재판소법 제69조 제1항 소정의 청구기간의 적용을 받는다고 결정하고 있다.[152]

헌법재판소는 공무원보수규정 제5조 등 위헌확인사건에서, 군법무관의 봉급을 군인의 봉급표에 의하도록 하면서 수당의 신설 등을 통하여 전체 보수를 일반공무원에 비하여 우대하는 수준으로 정하고 있는 공무원보수규정 제5조 [별표 13] 등 조항들이 모법의 위임에 따른 대통령령 제정의무를 제대로 이행하지 아니한 불완전한 입법으로서 청구인들의 재산권을 침해한다고 볼 수 없다고 결정하고 있다. 이 결정에서 헌법재판소가 평등원칙을 제대로 심사하였는지는 명확하지 않지만, 판사와 검사, 그리고 일반공무원의 봉급기준표를 비교하고 있다. 이를 토대로 헌법재판소는 공무원보수규정 제5조에서 일반 군인의 봉급표에 의하도록 하는 대신 '공무원수당 등에 관한 규정' 제14조의3 및 '군인 등의 특수근무수당에 관한 규칙' 제4조로 군법무관수당을 신설함으로써 전체 보수를 일반공무원에 비하여 우대하면서 법관 등의 예에 준하는 상당한 수준으로 정하고 있다고 판단하고 있다. 또한 헌법재판소는 명령제정권자의 넓은 형성적 자유를 고려하고 있다. 즉 헌법재판소는 "행

151) 헌재 1998. 7. 16. 96헌마246.

152) "침구술무면허자의 침구술 시술행위를 처벌하는 것이 신체의 자유를 침해한 것이라는 주장에 대하여 살피건대, 청구인은 처벌의 근거법규인 의료법을 문제삼아 헌법소원의 대상으로 하고 있는 취지로 이해되는 바, 기록상 청구인은 과거에 무면허침술행위를 이유로 의료법위반으로 1971. 5. 13. 처벌을 받은 일이 있는 것으로 되어 있는데, 그 시경에 이미 처벌된다는 것을 알았다고 볼 것이므로 1989.4.27.에 제기한 이 사건 청구는 헌법재판소법 제69조 제1항 소정의 청구기간 도과 후의 부적법한 청구임을 면할 수 없을 것이다."(헌재 1993. 3. 11. 89헌마79, 판례집 5-1, 92)

정부는 군법무관에 대한 보수를 시행령으로 정함에 있어 군법무관을 일반공무원에 비하여 우대함으로써 법관 등의 보수와 엇비슷한 수준으로 하는 한도 내에서는 군법무관의 업무의 성격, 군 조직의 특성 및 다른 군인들과의 형평성 등을 두루 참작하여 구체적인 보수액은 물론 이를 봉급과 수당에 어떻게 배분할 것인지를 적절하게 정할 수 있는 재량권을 가진다"고 판단하고 있다.[153)]

헌법재판소는 구 대기환경보전법 시행규칙 제78조 [별표 21]에서 자동차에 대한 운행차배출허용기준에 '이륜자동차'에 대한 운행차배출허용기준을 규정하지 않은 것을 부진정행정입법부작위로 판단하고 있다. 대기환경보전법 시행규칙 제62조 [별표 17]과 제78조 [별표 21]에는 각각 제작차 배출가스 허용기준과 운행차 배출가스 허용기준을 규정하면서 이륜자동차에 대한 기준을 정하지 않고 있다. 이 사건에서 청구인은 이러한 입법부작위로 인하여 이륜자동차에 대한 배출가스 규제가 이루어지지 않아 청구인의 환경권을 침해한다고 주장하면서 헌법소원을 제기한 것이다. 헌법재판소는 이 부분 청구가 헌법재판소법 제69조 제1항 소정의 청구기간의 적용을 받으며, 이 부분 청구 또한 위 [별표 21]이 시행된 2010. 7. 1.부터 1년이 경과하여 제기되었으므로 청구기간을 도과하여 부적법하다고 결정하였다.

그 밖에 사회보장의 영역에서 부진정(행정)입법부작위를 인정하면서도 입법부작위위헌확인심판의 대상이 되지 아니한다고 결정한 사례도 있다.[154)] 특히 심장 장애 등급을 규정하면서 선천성 심장질환에 의한 합병증의 위험 때문에 정상적인 사회생활을 할 수 없는 자를 심장장애인로 인정하는 입법을 하지 아니 하는 부작위는 부진정입법부작위에 해

---

153) 헌재 2008. 5. 29. 2006헌마170. 이와 관련하여 반대의견(재판관 김종대, 재판관 목영준)은 대통령령 제정의무를 제대로 이행치 아니한 위헌성을 가진 규정에 해당한다고 보고 있다.

154) 헌재 1996. 11. 28. 93헌마258, 판례집 8-2, 636, 644

당하므로 입법을 하지 아니하는 부작위, 즉 진정입법부작위로 인한 헌법소원의 심판대상이 되지 않는다고 결정하였다.[155] 이 사건에서 문제가 된 것은 선천성 심장질환에 의한 합병증의 위험 때문에 정상적인 사회생활을 할 수 없는 자를 심장장애인으로 규정하지 않은 것이다. 그러나 헌법재판소는 장애인복지법시행규칙 제2조 제1항 [별표 1] 제10호에서 심장장애의 경우를 1등급에서 3등급까지 나누어 규정하고 있으므로 진정입법부작위로 볼 수 없고, 이러한 규정은 심장장애인을 보호하기 위한 기본규정으로서 심장장애에 관한 규정이 전혀 없는 경우에 해당하지 않는다고 판단하였다.

b) 대법원판례의 입장

대법원은 행정입법부작위에 대한 항고소송(부작위위법확인소송)을 부인하고 있다.[156] 대법원 91누11261 판결에서는 특정다목적댐법 제41조에서 다목적댐 건설로 인한 손실보상 의무를 국가에 있다고 규정하고, 같은 법 제42조에서 손실보상의 절차와 그 방법 등 필요한 사항을 대통령령에 위임하고 있음에도 불구하고 이를 제정하지 않은 것이 소송의 대상이며, 이는 진정행정입법부작위에 해당한다고 보았다. 그러나 보상규정을 시행령에 제정하지 않은 것이 처분의 부작위에 해당한다고 보기는 어렵다. 다만, 법률의 위임에도 불구하고 시행령에 보상규정을 규정하지 않으면, 이에 대해 이해관계를 가지는 인적 그룹은 보상을 청구할 수 없게 된다. 헌법재판소가 설시하고 있는 바와 같이 행정입법부작위가 성립하기 위해서는 기본권 보호의무나 법률의 위임에 의해 제정의무를 도출할 수 있어야 하고, 이에 상당한 기간이 경과하였음에도 불구하고 시행령이 제정되지 않아 권리나 이익이 침해되어야 한다. 이러한 집행부에 행정입법의 제정의무가 인정되면, 이에 상응하는 규범제정요구권이

155) 헌재 2000. 4. 11. 2000헌마206, 공보 제45호, 412.
156) 대법원 1992. 5. 8. 선고 91누11261 판결.

인정될 수 있어야 한다. 이러한 공법상의 법률관계는 행정소송의 영역이며, 이를 확인소송과 이행소송의 성질을 가지는 당사자소송을 통해 적어도 행정입법부작위가 '위법'하다는 것을 확인해야 한다. 이러한 판결에 의해 시행령이 제정되지 않은 것이 위법하다는 점이 인정되어야 한다.

대법원 판례 중에는 위 사건을 제외하고 행정입법부작위가 문제된 사건은 거의 없다.[157] 또한 부진정행정입법부작위가 문제된 사례는 근래에 하급심 판결에서 일부 발견될 뿐이다. 바로 군무원지위확인청구의 소에서 부진정행정입법부작위의 문제가 쟁점이 된 바 있다. 즉 별정군무원들의 정년이 일반군무원들에 비해 근무상한연령을 짧게 규정한 군무원인사법 시행령과 예비전력관리 업무담당자 인사관리 훈령으로 인해 군무원들의 평등권의 침해와 과잉금지원칙에 반하여 헌법상 보장된 원고들의 공무담임권이 침해받았다는 것 등이 주된 쟁점이었다. 그러나 서울행정법원은 공무원 정년제도는 입법정책의 문제로서 입법자에 형성적 자유가 보장된 것으로서 매년 정년연령을 단계적으로 조정한 것은 합리적인 차별이며, 별정군무원들의 청구인들을 차별취급한다고 보기 어렵다고 판단하였다. 특히 입법적 배경이나 이유, 합리적 차별의 근거 등 차별의 정당한 사유를 검토하고 있는 점이 주목된다. 이 사건에서 서울행정법원은 자의금지의 법리에 의한 평등권 위반 여부를 통해 부진정행정입법부작위의 문제를 다루고 있지만, 과잉금지의 원칙을 검토하지 않았다.

그 밖에 하급심 판결 중에는 보상금 가격에서 토지의 사용으로 인한 잔여지 가격의 하락에 대한 보상이 제외되어 있는 것이 부진정입법부작

157) 다만, 대법원은 사법시행령과 관련하여 행정입법부작위으로 인한 위헌 또는 위법을 판단하고 있을 뿐이다. 즉 "사법시험령 제15조 제8항이 행정자치부장관에게 제2차시험 성적을 포함하는 종합성적의 세부산출방법 기타 최종합격에 필요한 사항을 정하는 것을 위임하고 있을지라도 행정자치부장관에게 그와 같은 규정을 제정할 작위의무가 있다고 보기 어렵고, 행정자치부장관이 이를 정하지 아니하고 원고에게 불합격처분을 하였다 하더라도, 그 처분이 행정입법부작위로 인하여 위헌 또는 위법하다고 할 수 없다"고 판시하고 있다(대법원 2007. 1. 11. 선고 2004두10432 판결).

위에 해당한다는 이유로 소가 제기된 사건이 있다. 즉 공익사업을 위한 토지 등의 취득 및 보상에 관한 법률 제73조 제1항에서 일단의 토지의 일부가 '사용'됨으로 인하여 잔여지의 가격이 감소하는 경우를 보상하도록 되어 있으나, 동법 시행규칙 제32조에서는 이러한 경우를 제외하고 있다. 그러나 서울행정법원은 이러한 원고의 주장을 정면으로 다루지 않고, 이와 관련된 전기사업법의 규정에서 토지의 지상 공간에 송전선로의 설치와 관련된 손실보상에 관한 규정이 있고 보정률을 통해 정당한 보상이 이루어지고 있다고 판시하고 있다.[158] 그러나 이러한 사건은 헌법 제23조 제3항의 보상법률주의와 불가분조항(Junktimklausel)과 관련된 것이며, 행정입법부작위의 사안으로 다루는 것은 타당하지 않다.

한편, 대법원은 조세분야에서 평등원칙을 적용한 판례가 적지 않다. 다만, 연금이나 퇴직수당 등 사회보장의 영역과 관련하여 주목할 판결은 퇴직법관의 명예퇴직수당지급거부의 취소를 구하는 사건이다. 대법원은 퇴직법관의 명예퇴직수당지급거부처분취소소송[159]에서 평등원칙을 심사하고 있는데, "자의적으로 차별"하였는지 여부를 기준으로 판단하고 있다는 점에서 자의금지의 원칙을 적용하고 있다. 즉 대법원은 "명예퇴직수당 수급권의 형성에 관한 폭넓은 재량에 기초하여 구 법관 및 법원공무원 명예퇴직수당 등 지급규칙(2011. 1. 31. 대법원규칙 제2320호로 개정되기 전의 것) 제3조 제5항 본문에서 법관의 명예퇴직수당액에 대하여 정년 잔여기간만을 기준으로 하지 아니하고 임기 잔여기간을 함께 반영하여 산정하도록 한 것이 합리적인 이유 없이 동시에 퇴직하는 법관들을 자의적으로 차별하는 것으로서 평등원칙에 위배된다고 볼 수 없다"고 판시하고 있다.

---

158) 서울행정법원 2016. 7. 12. 선고 2015구합1923 판결. 同旨判例: 서울행정법원 2016. 12. 13. 선고 2014구합63404 판결.

159) 대법원 2016. 5. 24. 선고 2013두14863 판결.

3. 검토 및 평가

부진정행정입법부작위가 문제되는 사안에서, 헌법재판소는 본안에서 평등원칙 위반 여부를 정면으로 다룬 사례는 거의 없으며, 대부분 진정행정입법부작위와의 차이를 이유로 각하한 사례가 대부분이다. 헌법재판소는 공무원보수규정 제5조 등 위헌확인결정(2000헌마206)에서 당해 사건이 부진정행정입법부작위에 해당함에도 진정(행정)입법부작위로 제기한 것을 각하하였다. 그러나 진정행정부작위와 부진정행정입법부작위의 구별은 쉽지 않은 경우도 있다. 예컨대 법률의 위임에도 불구하고 현존하는 시행령의 해당 조항에 입법을 전혀 하지 않은 것으로 볼 경우에는 진정행정입법부작위에 해당하지만, 기존의 현존하는 관련 시행령에 해당 규정이 흠결된 경우에는 부진정행정입법부작위에 해당하기 때문이다. 전술한 헌법재판소 97헌마310 결정의 별개의견(재판관 조승형)은 이러한 이분법적 구별의 문제점을 제기하고 있다. 여기에서 입법여부만으로 진정입법부작위와 부진정입법부작위로 구별하는 것은 모호하며 국민의 기본권 보호에 실효성이 없다고 지적하고 있다. 각 입법사항을 모두 규율하고 있지만 질적·상대적으로 불완전하거나 불충한 경우를 부진정입법부작위로 보고, 일부의 입법사항에 대해 규율하면서 나머지 일부의 입법사항에 대해 전혀 규율하지 않는 경우, 즉 양적·절대적으로 규율하고 있지 아니한 경우에는 진정입법부작위로 보아야 한다고 한다. 그러나 대부분의 부진정행정입법부작위는 일부의 입법사항에 대해 규율하면서 나머지 일부의 입법사항에 대해 전혀 규율하지 않는 경우가 적지 않고, 양적·질적인 구별도 판단도 상대적이다. 진정입법부작위는 시행령이나 시행규칙 등에 명백히 위임하였음에도 불구하고 전혀 제정하지 않은 경우로 이해해야 한다. 실제 이러한 경우는 매우 제한적이다. 독일에서도 그러한 이유에서 대부분 부진정행정입법부작위가 문제되고 있다.

헌법재판소나 대법원은 헌법문제인 입법부작위와 행정쟁송의 문제인 행정입법부작위를 서로 구별해야 한다. 헌법재판소는 이러한 문제를 입법부작위의 문제로 접근하여 헌법적 사안으로 다루는 경향에 있다. 하급심 판결 중에는 행정입법부작위를 입법부작위로 판단한 사례가 있다. 부진정행정입법부작위의 문제가 아직 법원에서 충분히 다루어지지 않고 있고, 하급심의 사례에서 보는 바와 같이 주로 부수적 규범통제의 방식으로 이루어지고 있다. 오늘날 진정행정입법부작위의 문제는 거의 발생하지 않으며, 대부분 부진정행정입법부작위가 쟁점이 되고 있다. 헌법재판소는 일부의 입법사항에 대해 규율하면서 나머지 일부의 입법사항에 대해 전혀 규율하지 않는 경우를 부진정입법부작위의 문제로 접근해야 한다. 또한 이와 관련된 사안을 진정입법부작위의 문제로 헌법소원을 제기한 경우에 각하결정을 내리는 것은 신중할 필요가 있다. 독일에서는 부진정행정입법부작위와 관련된 규범보충소송을 규범제정요구소송의 하위 유형으로 다루고 있다는 점을 고려할 필요가 있다.

헌법재판소는 행정입법부작위와 관련하여, 평등원칙을 심사기준으로 적용한 사례도 치과전문의 자격시험 불실시에 대한 위헌확인사건(96헌마246)이다. 여기에서는 명확하지 않지만, 차별금지의 원칙이 적용되었을 뿐 비례의 원칙이 특별히 고려되지 않았다. 법원의 판결 중에는 행정입법부작위가 정면으로 문제된 사건이 많지 않다. 다만, 대법원은 평등원칙의 심사에 있어서 대체로 자의금지의 원칙에 따라 판단하고 있다. 부진정 행정입법부작위의 문제에 있어서는 '평등원칙'이 중요한 심사기준이다. 이러한 평등원칙의 심사와 관련하여, 자의금지의 원칙이 적용되고 있다. 이 경우 비교기준을 선택하여 본질적으로 동등한 것에 대해 법적으로 동등하게 취급하고 있는지 여부를 판단하는 것이 중요하다. 비교기준의 선정은 비교의 대상 및 범위를 가늠하는 것이므로 평등원칙의 위반에 있어서 결정적이다. 사회보장수급권이나 급부청구권 등이 문제되는 경우에는 그 비교대상이 되는 사안, 개인이나 인적 그룹이 동등한 것으로 판단할 수 있는지가 중요하다. 또한 평등원칙의 심사에 있어서는 차별금지의 원칙이 기본이 되어야 한다. 또한 차별금지의 원칙을 심사함에 있어서 불평등한 취급이 있는 경우에 차별을 정당화할 수 있는 명백한 사유가 있는지 여부를 심사하는 것이 중요하다. 그러나 인적인 차별에 있어서는 비례의 원칙을 고려한 엄격한 심사가 보완적으로 적용되어야 한다. 자유권의 제한과 관련된 경우에는 보완적으로 비례의 원칙을 적용할 필요성이 제기되지만, 급부행정이나 사회보장 등과 관련된 경우에는 입법자에 폭넓은 형성적 자유가 인정된다.

V. 결 론

이상의 고찰에서 행정입법부작위의 문제는 헌법소송이 아니라 행정소송의 문제라는 인식을 할 필요가 있다. 부진정행정입법부작위는 행정입법이 전혀 제정되지 않은 것이 아니라, 불완전하거나 불충분하게 규정된 것이다. 법률의 위임에도 불구하고 시행령이나 시행규칙 등을 전혀 제정하지 않은 경우는 매우 적다. 대부분 입법사항에 대해 규율하면서 입법사항의 일부를 규율하지 않거나 불완전하게 규율하는 경우가 대부분이다. 규범보충을 구하는 소를 항고소송(부작위위법확인소송)으로 제기할 수는 없다. 독일의 사례에 비추어, 우리나라에서도 부진정행정입법부작위에 대한 적합한 행정소송의 형식으로 두 가지 가능성이 고려된다.

한국 행정소송법에는 독일 행정법원법 제47조에 의한 규범통제의 방식이 규정되어 있지 않아 부진정행정입법부작위에 대해 주위적 규범통제소송을 제기할 수는 없다. 다만, 헌법 제107조 제2항에는 원칙적으로 구체적 규범통제제도를 채택하고 있다. 따라서 취소소송이 제기될 경우 부수적 규범통제의 방식에 의해 그 수권근거인 명령·규칙 등의 위법확인을 구하는 방식이 가능하다. 독일에서는 이러한 부수적 규범통제에 있어서 법원의 제청에 의해 헌법재판소가 직접 하지만, 우리나라에서는 명령 · 규칙 등에 대해서는 법원이 직접 심사해야 한다. 예컨대 시행령이나 시행규칙 등에 해당 규정이 없어 수익신청이 거부되는 경우에 이에 대한 취소소송을 제기하면서 수권규범인 시행령이나 시행규칙 등의 위법성을 판단하는 것이다. 이 경우 위법이 인정된 시행령이나 시행규칙 등은 당해 사건에 한하여 적용이 배제될 뿐이다. 그러나 이러한 소송에 있어서는 처분의 위법성 일반이 소송물이며, 수권규범인 법규명령의 효력을 일반적으로 무효로 할 수는 없다.

이와 관련하여 고려할 수 있는 또 다른 방안은 독일의 일반이행소송이나 확인소송에 상응하는 '당사자소송'을 제기하는 것이다. 행정입법은 처분 개념에 포섭할 수 없어 진정행정입법부작위뿐만 아니라 부진정행정입법부작위에 대해서도 부작위위법확인소송을 제기할 수는 없다. 이러한 확인소송이나 일반이행소송은 당사자소송에서 연원하고 있다. 당사자소송을 통해 규범의 보충을 요구할 원고의 주관적 공권과 이에 상응하는 규범의 보충의무를 확인하도록 판시할 수 있다. 이러한 원고는 해당 법률의 규정에서 배제된 인적 그룹에 속하여야 하고, 그러한 규정에서 법률상 이익을 도출할 수 있어야 한다. 우리나라에서 당사자소송은 이행소송과 확인소송의 성격을 모두 가지고 있으며, 확인소송의 보충성에 관한 제한규정도 없다는 점에서 독일과 같은 소송상 문제점도 적은 편이다. 그러나 규범제정권자의 형성적 자유가 부여되어 있으므로 일반이행소송을 제기하는 것은 권력분립원칙에 비추어 문제가 있고, 의무이행소송이 도입되지 않은 상황에서 이행소송을 규범제정에까지 확대하는 것은 무리한 해석이 될 수 있다. 따라서 이러한 당사자소송을 통해 적어도 규범의 보충을 구할 원고의 권리와 이에 상응하는 명령제정권자의 제정의무(규범보충의무)의 존부 확인을 구하는 소를 제기할 수 있다. 규범보충소송에 있어서 명령제정권자의 형성적 자유가 인정되는 경우가 적지 않아, 이행소송을 인정하기 어려운 점이 있다. 이 소송에서는 법률관계의 근거가 되는 규범(법규명령이나 조례 등)의 보충을 주된 대상으로 하여 그 위법을 확인한다는 점에서 차이가 있다.

독일의 규범보충소송에서 보는 바와 같이, 이러한 부진정행정입법부작위는 대부분 평등원칙을 위반하여 규범이 불완전하게 규율된 경우이다. 따라서 해당 명령·규칙 등에 대해 '평등원칙'을 위반하였는지 여부를 심사하는 것이 관건이다. 평등원칙에 관한 판단은 원칙적으로 '자의금지의 원칙'을 적용하되, 자유권의 제한과 관련된 경우에는 비례의 원칙 내지 과잉금지의 원칙을 보완적으로 검토하여야 한다. 그러나 급부작용과 관련된 부진정행정입법부작위의 경우에는 엄격한 심사를 요하지 아니한다. 자의금지의 원칙과 관련하여 가장 중요한 것은 비교의 '기준'이나 '척도'를 확정하는 것이다. 본질적으로 같은 대상에 속하는지 여부를 판단해야 한다. 또한 사회보장이나 급부행정의 영역에서는 명령제정권자에 형성여지가 부여되어 있고 국가재정이 관련되어 명확성의 강도가 완화되는 경우가 적지 않다. 이러한 경우에 불평등한 취급이 있더라도 그 차별을 정당화할 수 있는 명백한 사유가 있는지 여부를 심사하는 것이 필요하다. 그러나 명령제정권을 충분히 행사하지 않아서 시행령이나 시행규칙 등에서 장애인의 종류 및 기준을 면밀히 세분화하여 규정하지 않거나, 다른 장애인의 유형보다 큰 장애를 가지고 있음에도 불구하고 합리적 이유 없이 이러한 장애인의 범주에서 제외하여 차별하는 것은 평등원칙을 위반하게 되는 것이다. 또한 동일한 장애의 경우에도 장애의 정도를 구별하지 않고 일률적으로 배제하는 경우도 있다. 이러한 경우에도 장애의 경중을 구분하여, 다른 장애와 비교하여 합리적 차별의 이유가 있는지를 면밀히 검토할 필요가 있다. 이러한 차별이 정당화되기 위해서는 합리적이고 명백한 사유가 제시되어야 한다.

헌법이나 법률에 의한 법규명령의 제정의무는 행정부의 임무이며, 헌법소송이 아닌 행정소송의 문제로 접근해야 한다. 부수적 규범통제의 방식에 의해 규범의 제정이나 보충을 요구하는 것은 일정한 한계를 노정(露呈)할 수 밖에 없다. 왜냐하면 규범의 흠결이나 불완전이 인정되더라도 명령제정권자의 형성적 자유가 인정되고 있을 뿐만 아니라 권력분리의 원칙으로 인하여 사법부가 규범의 제정을 요구하기는 쉽지 않기 때문이다. 규범의 부작위에 대한 위법확인을 통해 행정부가 법규명령의 위법성을 인식하고 스스로 이를 정비하도록 유도해야 한다. 규범의 보충을 구하는 소송과 관련하여, 부수적 규범통제의 방식으로 처분의 위법성을 판단하는 것은 권리구제를 충분히 보장할 수 없다. 설사 처분의 위법성이 인정되어 취소판결이 나더라도 그 근거규정을 마련하지 않는 한 행정청은 상대방이 처음에 신청한 수익처분을 발급할 수 없다. 따라서 취소판결의 주문이나 이유에서 헌법상 '평등원칙'을 매개로 이러한 규범의 불완전성에 대한 위법 '확인'을 명시하는 것이 바람직하다. 이 경우 행정청은 취소판결의 기속력에 의해 사실상 구속을 받게 되고, 이러한 판결의 취지에 따라 법규명령이나 조례 등을 개정하도록 노력해야 한다.

실무에 있어서 주문 작성의 어려움이 있는 것이 사실이지만, 유연(柔軟)한 입장이 요구된다. 행정소송법의 제한된 소송형식으로 인해 국민의 권리구제는 실질적으로 어려움에 처해 있음을 깊이 인식할 필요가 있다. 최근에 부각되고 있는 행정입법의 '부작위'는 행정소송에 있어서 새로운 도전이며, 이러한 난제(難題)에 대해 사법부의 전향적(轉向的)인 접근이 요구된다. 현대 행정법학의 과제는 공익의 실현과 불가분의 관계에 서 있다. 부진정행정입법부작위에 대한 사법적 통제의 문제는 대부분 급부행정과 밀접한 관련을 가지며, 당해 사건의 일회적 분쟁해결에 만족하여서는 아니 된다. 사법부는 권력분리의 원칙을 준수하면서 행정부로 하여금 행정입법의 제정과 보충을 통해 국민의 권익구제에 기여하도록 향도(嚮導)해야 한다.

제3장

행정입법에 대한 민주적 통제

- 특히 의회입법의 실패와 소위 "시행령 정치"의 문제를 중심으로 -

Ⅰ. 서 론

2020년 5월 30일 제21대 국회가 공식적으로 출범하였다. 신종 코로나 바이러스 감염증(코로나19, COVID-19)로 인해 국민의 생명과 안전이 위태로운 국가적 재난이 계속되고 있는 상황에서 4·15 총선이 있었다. 또한 이번 선거에서는 공직선거법의 개정에 의해 만 18세 이상의 유권자가 참여할 뿐만 아니라 사표(死票)의 방지를 이유로 준연동형 비례대표제가 처음으로 도입되었다. 그러나 이러한 위성정당의 출현으로 인해 소수정당의 존립이 위태롭게 되어 새로운 비례대표제에 대해 우려와 회의가 있는 것도 사실이다. 제21대 국회의원 선거에서 여당(더불어민주당+더불어시민당)은 전체 300석 중 180석을 차지하여 거대여당이 되었다.[1] 이러한 결과가 정국의 안정과 입법기능의 복원을 가져올 수 있을지, 아니면 입법과정에서 독선적인 국회 운영과 신속처리안건절차(소위 '패스트트랙')를 남용할지는 가늠하기 어렵다(국회법 제85조의2 참조).

---

1) 지난 4·15 국회의원 총선거의 결과는 지역구가 더불어민주당 163석, 미래통합당 84석, 정의당 1석, 그리고 무소속 5석이었다. 또한 비례대표는 여당인 더불어시민당 17석을 비롯해서 미래한국당 19석, 정의당 5석, 국민의당 3석, 열린민주당 3석이었다. 여당(더불어민주당+더불어시민당)은 제21대 국회의원 선거에서 전체 의석(300명) 중 180석을 확보하였다. 이후 더불어민주당은 더불어시민당과의 합당을 통해 177명의 교섭단체 의석수를 확보하였고, 국회의장 당적보유금지에 따라 현재는 176석의 의석수를 가지고 있다.

지난 제20대 국회에서는 여야의 협치 부재로 인하여 의회입법이 적시에 이루어지지 아니하거나 입법의 내용이 불충분하여 민의를 제대로 반영하지 못하고 있다는 비판이 제기되었다. 이와 같이 국회의 입법기능이 쇠퇴하는 것은 의회입법의 실패와 대의민주제의 위기를 초래하고 있다. 헌정사 초유의 대통령 탄핵결정과 촛불혁명으로 직접민주주의가 강화되었으나, 의회정치는 여야(與野)의 불협화음과 갈등으로 점철되었다. 국회는 우여곡절 끝에 2019년 12월 30일 개최된 본회의에서 소위 '4+1(더불어민주당·바른미래당·정의당·민주평화당+대안신당)' 협의체가 마련한 '고위공직자범죄수사처 설치 및 운영에 관한 법률' 제정안 수정안을 재석의원 177명 중 찬성 160표로 가결하였다(반대 14표, 기권 3표)다. 그 과정에서 소위 '국회선진화법'의 취지는 몰각되고 여야의 협치는 기대하기 어려운 상황이 되었다. 이러한 의회정치의 실종(失踪)은 대의민주제에 근본적인 우려를 낳고 있다. 이러한 상황에서 정부는 법률로 규정해야 할 사항을 시행령의 개정을 통해 규정하고 있는데, 이를 소위 "시행령정치"라 부르고 있다. 이러한 현상은 시행령에 국한되지 아니하고 시행규칙이나 행정규칙(훈령·고시 등)의 방식에 의해서도 이루어지고 있다.

정부(교육부)는 지난 2020년 2월 28일 자율형 사립고등학교와 자율형 공립고등학교가 교육과정의 자율적인 운영을 통한 교육제도의 개선과 발전을 위해 도입되었으나, 그 본래의 취지와는 달리 고등학교의 서열화와 사교육의 심화 등의 부작용을 초래한다는 이유로 초·중등교육법 시행령 제76조의3 제4호의 개정을 통해 그 근거규정을 삭제하였다. 이러한 중요한 법적 근거는 법률에 직접 규정하는 것이 바람직함에도 불구하고, 시행령에 근거를 두고 교육정책의 변화에 따라 개정을 함으로써 교육제도의 운영에 큰 혼란을 주고 있다.[2] 또한 2019년 2월 25일

---

2) 한편, 헌법재판소는 초·중등교육법 시행령 제80조 제1항 등 위헌확인사건에서 해당 중복금지조항이 청구인 학생 및 학부모의 평등권을 침해하고 있다고 결정한 바 있다

사립유치원에 소위 에듀파인(국가회계관리시스템)을 실시하기 위해 교육부령인 '사학기관 재무·회계 규칙' 제53조의3 단서조항을 개정하였다. 이에 의해 보조금을 받지 않는 각종학교·외국인유치원을 제외하고 유치원을 포함한 고등학교 이하 각급 학교에 대해서는 교비회계에 속하는 예산·결산 및 회계 업무를 교육부장관이 지정하는 정보처리장치로 처리하도록 하였다. 교육의 투명성과 신뢰성을 높이기 위한 조치라는 점에서 이해할 수 있으나, 그러한 개정은 사립유치원에 큰 영향을 주는 사안이므로 법률을 통해 규율하는 것이 바람직하다.[3] 그리고 논란이 된 '형사사건 공개 금지 등에 관한 규정'도 지난 2019년 10월 30일 법률이나 법규명령이 아닌 법무부 '훈령'으로 제정되었다. 사건관계인의 인권보호를 위해 형사사건 공개 요건을 엄격히 제한하고, 소환사실 등에 대한 비공개를 강화하고 있다. 그러나 이러한 내용은 제정이유에서 제시하고 있는 바와 같이 중대한 인권보호와 관련된 것이므로 법령에서 규율할 사안이지 훈령으로 정하는 것은 바람직하지 않다. 그밖에 상법이나 자본시장과 금융투자업에 관한 법률 등 경제 관련 법령에서도 시행령의 개정이 문제되고 있다.[4]

기본권의 실현에 있어서 본질적인 사항을 국회가 제정한 법률이 아니라 행정부의 시행령으로 규율하는 것은 법률유보원칙(본질사항유보설)을 위반하는 것이다. 이러한 문제는 법률과 법규명령의 관계, 법규명령의 본질과 기능 등을 어떻게 이해해야 하는지와 밀접한 관련이 있다. 법규명령은 파생적 법원의 성격을 가지므로 법률을 위반하거나 그 위임 없이 제

(헌재 2019. 4. 11. 2018헌마221, 판례집 31-1, 547).

3) 한편, 헌법재판소는 유치원의 학교에 속하는 회계의 예산과목 구분을 정한 '사학기관 재무·회계 규칙'(2017. 2. 24. 교육부령 제122호로 개정된 것, 이하'이 사건 규칙'이라 한다) 제15조의2 제1항 단서 및 별표 5, 별표 6(이하 '심판대상조항'이라 한다)이 사립유치원 설립·경영자의 사립유치원 운영의 자유를 침해하지 않는다고 결정하였다(헌재 2019. 7. 25. 2017헌마1038 등, 판례집 31-2상, 56). 또한 이 결정에서 위 시행규칙 조항이 법률유보원칙을 위반하지도 않았다고 판단하였다.

4) 최준선, "경제 관련 법률 시행령의 문제점", 법률신문 2020. 3. 30.자 13면 참조.

정되어서는 아니 된다. 점차 법규명령에 대한 이해가 달라지고 다양한 법규명령의 유형이 있다는 점에서 고전적인 이론에만 천착할 수 없다. 독일에서는 법률대위적 법규명령(gesetzesvertretende Rechtsverordnung)뿐만 아니라 법률변경적 법규명령, 법률보충적 법규명령 등의 허용 여부도 다투어지기도 한다.[5] 이러한 문제들은 법규명령의 본질이나 규범적 효력과 관련된 것이다.

이하에서는 바이마르공화국의 사례를 통해 의회입법 실패로 인한 행정입법 남용의 문제를 살펴보고, 법률유보의 원칙과 명확성요청 그리고 규범통제와 관련된 행정입법의 문제점을 법치국가적 관점에서 검토한다(Ⅱ). 또한 민주적 방식에 의해 행정입법의 남용을 통제할 수 있는 실천적 방안을 모색하여 제안하기로 한다. 이와 관련하여 절차적 통제의 강화, 국회의 행정입법 통제 및 국회와 행정부의 협력적 법제정 방안을 상세히 검토하기로 한다(Ⅲ).

Ⅱ. 집행권의 법제정과 법치국가원리

1. 집행권의 명령제정권 남용과 역사적 교훈

국가의 법제정(Rechtsetzung)은 법치국가원리에 연원하고 있으며, 이러한 법제정은 특별히 헌법에서 정한 기관인 의회에 의해 실현된다.[6] 그러나 의회에 의한 이러한 통상적인 입법절차뿐만 아니라 헌법이나 법률에서 정하는 허용된 방식으로 다른 기관에 의해 실현될 수도 있다. 서구를 비롯한 대부분의 국가에서 이러한 집행권의 법제정행위가 늘고 있는 것은 부정할 수 없다. 역사적으로 군주국가에서는 군주의 명령이 절대적이었고, 이러한 명령 그 자체가 법을 의미하였다. 당시에는 명령

5) Ossenbühl, in: Isensee/Kirchhoff(Hg.), Handbuch des Staatsrechts, Bd. V, 3. Aufl., § 103 Rn. 26 ff.

6) Maunz, in: Maunz/Dürig, GG, Art. 80 Rn. 1.

과 법률의 구별이 없었다. 시민사회의 등장으로 시민계급이 새로운 세력으로 의회에 진출하였고, 의회가 제정한 '법률'은 시민들의 권리보호를 위한 안전장치였다. 입헌주의의 등장에 의해 법률과 명령의 구별이 이루어진 것이다.[7] 그러나 당시의 '명령'은 이러한 법률을 제외하고 남은 군주의 권한이었다는 점에서 오늘날의 법규명령과는 차이가 있다. 독일에서는 1848년 혁명을 거쳐 1871년 독일 제국(Deutsches Reich), 그리고 독일 제국의 붕괴 후 1919년에 바이마르공화국(Weimarer Republik)을 건설하면서 입법권과 집행권은 구분되고 있었다.[8] 당시 바이마르헌법은 패전 후 난세(亂世)의 좋은 헌법으로서 자유와 민주주의의 이정표로서 유럽국가들 사이에 주목을 받았었다.[9] 그러나 바이마르공화국의 말기에 접어들면서 수권법(Ermächtigungsgesetz)의 등장에 의해 이미 위험한 징후(徵候)가 나타나기 시작하였다. 수권 법률의 증가에 따라 (법규)명령의 제정이 제도화되고 점차 확대되었고, 과도한 법률의 수권은 제국헌법의 기본권과 상치(相馳)되는 경우도 생겼으며, 나아가 형식적 법률의 우위를 제거하고 법규명령을 통해 법률을 폐지하거나 변경하는 경우도 있었다. 이후 1933년에 들어와서 '인민과 제국의 위난(危難)을 극복하는 법률(Gesetz zur Behebung der Not von Volk und Reich)'이 제정되었다. 이러한 수권법(授權法)은 행정부에 형식적 법률을 제정할 수 있는 권한을 부여하고 제국정부가 사실상 헌법제정권자의 지위를 가지게 되어, 결국에는 국가사회주의의 독재에 이르는 파멸의 길을 열어 주

7) 바이마르공화국의 등장과 더불어 출간된 문헌에 의하면, 당시의 명령(Verordnungen)은 오늘날의 법규명령과 차이가 있다. 특히 명령은 법규명령과 행정명령(Verwaltungsverordnungen)을 망라하는 것이었다. 여기에서 말하는 '행정명령'은 그 기원이나 형식 등에 있어서 행정행위에 해당하였고, 입법자가 부여한 것이 아니라 집행권에 의해 발령되는 것을 의미하였다. 이와 달리 비상명령 내지 긴급명령(Notverordnungen)은 형식적 법률과 같은 효력을 가진 법률대위적 명령을 의미하였다(G. Meyer/Anschütz, Lehrbuch des deutschen Staatsrechts, 8. Aufl., S. 668 ff.).

8) Forsthoff, Deutsche Verfassungsgeschichte der Neuzeit, S. 150.

9) Gusy, 100 Jahre Weimarer Verfassung, 2018, S. 299 ff.

었다.[10] 이러한 뼈아픈 역사적 경험에 의해 독일에서는 법규명령에 대해 파생적 법제정의 하나로 보면서도, 이에 대해 회의적 시각을 가지고 있는 것이 사실이다.[11] 법률유보가 아닌 명령유보(Verordnungsvorbehalt)에 의해, 법률로 규율해야 할 사항을 법규명령에 근거하여 제정되는 경우도 있다.[12] 국가적 위기나 재난상황에서는 이러한 집행권의 남용이 쉽게 정당화될 수 있다는 점을 경계해야 한다.[13] 당시 1930년대의 대공황 속에서 독일 국민들은 의회민주주의에 회의를 가지고 있었고, 바이마르 헌법 제48조 제2항에 따라 제국의회의 입법기능은 국가수반에 이양되었다. 이후 대통령의 긴급명령권은 더욱 남용되었고, 이러한 긴급명령은 독재명령(Diktaturverordnung)을 의미하였다.[14] 경제상황의 위기는 바이마르공화국의 민주주의를 위태롭게 하였고, 결국 바이마르 공화국은 파국의 상황에 이르게 된 것이다. 이러한 수권법률의 남용은 국회의 입법기능을 무력하게 만들고 헌법적으로 위험한 상황을 초래할 수 있다는 점을 보여주고 있다. 그러한 이유에서 행정부의 입법권 남용이 이루어지지 않도록 제도적 장치를 마련해야 한다. 최근 코로나 사태로 인해 헌법 제76조 제1항에 근거한 대통령의 긴급재정경제명령권의 사용이

---

10) 독일 수권법의 연혁에 대해서는 Ossenbühl, in:Isensee/Kirchhoff(Hg.), Handbuch des Staatsrechts, Bd. V, § 103 Rn. 13 f. 참조.

11) Schmidt-Aßmann, Das allgemeine Verwaltungsrecht als Ordnungsidee, 2. Aufl., S. 326.

12) Ossenbühl, in: Isensee/Kirchhoff(Hg.), Handbuch des Staatsrechts, Bd. V, § 103 Rn. 27.

13) 한편, 코로나 사태로 인해 방역준칙을 준수하지 않는 집회나 모임에 대해 지방자치단체 장의 '행정명령'이 발령된 바 있다. 그러나 이러한 행정명령이 무엇을 의미하는지가 불분명하다. 감염병의 예방 및 관리에 관한 법률 제5조 제2항에는 "의료법에 따른 의료인 및 의료기관의 장 등은 감염병 환자의 진단 · 관리 · 치료 등에 최선을 다하여야 하며, 보건복지부장관 또는 지방자치단체의 장의 행정명령에 적극 협조하여야 한다."고 규정하고 있을 뿐이다. 감염병의 예방 및 관리에 관한 법률 제49조 및 제50조의 예방조치 등이 대체로 이러한 행정명령에 해당한다. 그러나 이러한 용어 사용이 적합한지에 대해서는 의문이다.

14) Gusy, a.a.O., S. 197 ff. 참조. 당시의 의회권한은 매우 무력화되었다. 특히 1931. 8. 24. 긴급명령을 통해 주와 게마인데에 대한 예산권의 효력도 배제되었다.

거론되고 있으나, 정부는 이에 대해 신중하게 접근하여야 한다.

2. 법률유보원칙과 명확성요청

집행작용은 법률과 법에 기속되며, 행정부의 모든 행위는 형식적 의미의 법률에 근거하여야 한다. 그러한 점에서 집행권의 법제정작용도 법률유보의 원칙을 준수하여야 한다. 집행권의 법제정행위는 현대국가의 복잡다기성과 입법부담의 경감 등의 측면에서 불가피한 측면이 있다. 헌법 제40조에서는 권력분립원칙에 따라 국회의 입법권을 규정하고 있지만, 국회의 법제정독점(Rechtsetzungsmonopol)을 규정하고 있는 것은 아니다.[15] 그러나 국민의 기본권 실현에 있어서 본질적이고 중요한 사항은 형식적 의미의 법률에서 직접 규율되어야 한다. 이러한 내용은 소위 본질사항유보설(Wesentlichkeitstheorie)과 밀접한 관련을 가진다. 종전에는 국민의 권리를 침해하는 사항에 대해 법률에 근거하여야 한다고 보았으나(침해유보설), 오늘날에는 본질적 사항에 대해 법률의 근거가 있어야 한다고 보는 견해가 유력하다. 이러한 법률유보는 '의회유보(Parlamentsvorbehalt)'와 동일하거나 유사한 개념으로 이해하는 견해도 있지만, 양자는 엄밀한 의미에서 구별된다. 즉 법률유보는 국회가 제정한 형식적 의미의 법률에 근거하여야 한다는 의미를 가지지만, 의회유보는 반드시 형식적 의미의 법률에 근거할 필요는 없고 의회가 스스로 '결정'하여야 한다는 의미를 가진다.[16] 이와 관련하여 헌법재판소는 한국방송공사(KBS) 수신료 사건에서 '의회유보'라는 용어를 사용하고 있지만, 그 내용은 국회가 제정한 형식적 의미의 법률로써 이를 규정해야 한다는 '법률유보'를 의미하고 있다. 이와 구별해야 하는 것으로 독일에서는 '법규유보(Rechtssatzvorbehalt)'라는 용어도 사용되고 있다. 법규유

---

15) Schmidt-Aßmann, a.a.O., S. 326.

16) 이에 대해서는 Maurer/Waldhoff, Allgemeines Verwaltungsrecht, 19. Aufl., § 6 Rn. 9.

보에서는 그 수권 근거가 '법규명령'만으로 충분하다는 것을 의미한다.[17)]

행정권의 비대(肥大)에 따라 법규명령의 비중이 증가하고 있는데, 역사적 경험에 비추어 이러한 법규명령에 대해 회의적인 시각이 있는 것도 사실이다. 입헌군주국의 전제적 명령권에 대한 오랜 기간의 논의를 통해 법규명령이 역동적으로 발전한 측면이 있다. 그러나 독일의 어두운 역사적 경험으로 인해 "명령국가(命令國家)로의 도피(Flucht in den Verordnungsstaat)"를 우려하는 견해도 있다.[18)] 바이마르공화국 시대에 국가사회주의의 방종(放縱)으로 인해 정부의 명령제정권이 남용된 사례도 있다. 우리나라에서도 헌법적 효력을 가지는 대통령의 긴급명령권의 위헌 문제가 논란이 된 바 있는데, 제4공화국의 '긴급조치'나 제5공화국의 '비상조치' 등이 있다. 대법원은 긴급조치 제1호[19)]와 긴급조치 제9호[20)]에 위헌·무효라고 판시하였다. 한편, 헌법재판소는 긴급명령권의 성질을 가지는 대통령의 긴급재정경제명령에 대해 통치행위로 보아 헌법소원의 심판대상을 인정한 바 있다.[21)]

한편, 헌법 제75조에는 법률에서 구체적으로 범위를 위임받은 사항을 정한 위임명령과 이를 집행하기 위하여 필요한 사항을 정한 집행명령을 규정하고 있다. 위임명령과 집행명령을 구별하는 것이 일반적이지만, 대부분의 시행령은 이러한 두 가지 성격을 모두 가지고 있다. 행정절차법 시행령 제1조에는 "이 영은 행정절차법에서 위임된 사항과 그 시행에 관하여 필요한 사항을 규정함을 목적으로 한다"고 규정하고 있다. 이와 달리 독일의 법규명령은 특정한 위임사항을 독립적이고 구체적으로 규율하거나 집행(시행)명령을 별도로 제정하는 것이 보통이다. 또한 특정한 법률이 제정되는 때에는 대체로 시행령이나 시행규칙을 함

17) Maurer/Waldhoff, a.a.O., § 6 Rn. 9.
18) Schmidt-Aßmann, Verwaltungsrechtliche Dogmatik, S. 61.
19) 대법원 2010. 12. 16. 선고 2010도5986 전원합의체 판결.
20) 대법원 2013. 4. 18. 자 2011초기689 전원합의체 결정.
21) 헌재 1996. 2. 29. 93헌마186, 판례집 8-1, 111쪽.

께 제정하고, 여기에 위임사항뿐만 아니라 법률의 집행에 관한 사항도 포함하는 경우가 대부분이다. 이러한 입법방식은 행정입법의 범람(氾濫)을 초래하는 주요한 원인이다.

헌법 제75조에는 시행령과 법률과의 관계에서 위임의 범위에 관한 기준으로 '구체적으로 범위를 정하여'라고 규정하고 있다. 그 의미는 구체성과 명확성을 가지고 위임하여야 한다는 것이다.[22] 구체적인 위임이어야 하므로 일반적·포괄적인 위임은 허용되지 아니한다고 해석하고 있다. 헌법에는 포괄위임의 판단기준에 대해 명확히 제시되어 있지 않다. 판례는 '수범자'의 예측가능성을 기준으로 판단하고 있다.[23] 규범의 '구체성'과 '명확성'을 기준으로 판단하고 있지만, 그 위임의 '구체성' 판단은 쉽지 않다. 구체성과 추상성의 판단은 상대적이고, 명확성의 판단기준도 모호하다. 이에 관한 사법심사도 어려운 문제이며, 명확성의 강도는 개별 사안에 따라 차이가 있다.[24] 예컨대 조세나 형벌 등의 문제에서는 조세법률주의(조세요건 명확주의)나 죄형법정주의가 적용되므로 명확성의 요청을 엄격히 적용하고 있지만, 행정의 독자적 영역이 인정되는 행정재량이나 판단여지 등의 경우에는 명확성의 요청을 완화하고 있다.[25]

한편, 독일 기본법 제80조 제1항에서는 법규명령의 제정주체(연방정부, 연방장관, 주(州)정부)뿐만 아니라, 수권의 내용, 목적 및 범위를 명확히 규정할 것을 요구하고 있다. 이를 흔히 '명확성원칙(Bestimmtheitsgebot)'이라고 부른다. 여기에서 말하는 독일어 'Gebot'는 '명령'이나 '요청' 등을 의미한다. 따라서 '명확성명령' 내지 '명확성요청'으로 부르는

22) 대법원 2000. 10. 19. 선고 98누6265 판결. 한편, 헌법재판소는 헌법 제75조를 법률의 명확성원칙이 구체화된 특별규정으로 이해하고 있다(헌재 1999. 4. 29. 94헌바37).

23) 헌재 2004. 7. 15. 2002헌바47, 판례집 16-2(상), 43면.

24) 헌재 1996. 2. 29. 94헌마213; 대법원 2002. 8. 23. 선고 2001누5651 판결.

25) 헌재 2007. 10. 4. 2006헌바91. 이 결정에서는 소위 규범적 수권론(normative Ermächtigungslehre)이 투영되어 있다(졸고, "명확성원칙의 판단기준과 사법심사의 한계", 법조 통권 제624호(2008. 9), 108면 이하 참고).

것이 더 적합하다. 독일의 입법례에서는 수권하는 법률에 명확히 해야 할 사항으로 '내용', '목적' 및 '범위'를 제시하고 있는데, 이는 중요한 해석기준이다. 이러한 요건을 충족하지 못하는 법률이나 법규명령은 모두 무효이다.[26] 독일 기본법 제80조 제1항에서는 집행권의 법제정행위를 허용하지만, 권력분립원칙이나 민주주의원리에 비추어 의회가 입법기관으로서의 책임을 포기해서는 아니 된다.[27] 따라서 집행권의 명령제정권은 그러한 의미에서 일정한 한계를 가진다. 이에 반해 한국 헌법 제95조에서는 '범위의 구체성'만을 규정하고 있지만, 해석상 구체성 외에 '명확성'도 요구하고 있다. 입법적으로는 독일의 입법례와 같이 수권의 내용, 목적 및 범위(정도)와 같이 명확성의 척도를 구체적으로 규정하는 것이 보다 바람직하다. 대부분의 법률은 시행령이나 시행규칙과 함께 제정되고, 특정한 목적을 위한 법규명령이 별도로 제정되는 경우는 드물다. 따라서 법률에 수권의 목적을 별도로 규정하는 것은 큰 실익이 없다.

구체성과 명확성은 서로 분리된 개념이 아니다. 규율내용이 구체적이면 그 의미도 명확해지고, 명확한 내용은 구체적인 경우가 대부분이다. 독일의 '명확성요청'에서 말하는 독일어 '명확성(Bestimmtheit)'은 개념상 '결정성' 내지 '확정성'의 의미도 가진다. 이와 같이 명확성과 구체성은 서로 밀접한 관련을 가진다고 볼 수 있다. 제헌헌법 제58조에는 대통령령의 제정과 관련하여, "대통령은 법률에서 일정한 범위를 정하여 위임을 받은 사항과 법률을 실시하기 위하여 필요한 사항에 관하여 명령을 발할 수 있다"고 규정하고 있다. 이 규정은 유진오 박사가 기초한 헌법초안에서 연원하고 있다.[28] 그러나 여기에는 '구체성'의 요건이 흠결되어 있다. 다만, 제헌헌법의 기초에 참여한 유진오 박사는 이 조

26) Pieroth, in: Jarass/Pieroth, GG, 10. Aufl., Art. 80 Rn. 20.
27) Pieroth, in: Jarass/Pieroth, GG, Art. 80 Rn. 2.
28) 유진오, 헌법기초회고록, 일조각, 1981, 151, 188, 215, 228, 255면 참조.

항과 관련하여 개별적 위임과 일반적 위임을 구별하고, 일반적 위임이 법치주의의 원칙에 위배된다는 점을 지적하고 있다. 즉 이러한 일반적 위임이 "정부에 백지위임장을 부여하는 것과 같아 정부의 독재를 초래할 우려"가 있다고 보면서, 일정한 범위를 정하여 위임받은 사항에 대해서만 위임명령으로 제정할 수 있다고 설명하고 있다.[29] 현행 헌법 제75조에서 구체적으로 범위를 정하여 위임한 사항에 대해 대통령령을 제정할 수 있도록 한 규정은 1963년 헌법 제74조에 처음으로 도입되었고, 지금까지 동일한 내용으로 계속되고 있다.

3. 위법한 법률하위규범에 대한 규범통제제도의 개혁

(1) 명령제정권자에게는 형성적 자유가 보장된다. 이를 '명령재량' 또는 '법제정재량(Rechtsetzungermessen)'[30]이라고 부르기도 한다. 그러나 앞에서 살펴본 바와 같이 집행권의 법제정 남용은 법치국가적 관점에서 중대한 헌법적 문제를 야기할 수 있다는 점을 알 수 있다. 이러한 점은 독일의 역사뿐만 아니라 우리나라에서도 그러한 사례가 있다. 유신헌법 시절에 행정부가 긴급조치를 남용한 바 있다. 법률하위규범에 대한 사법적 통제는 매우 불완전하다. 법률하위규범에 대한 헌법적 근거로 헌법 제107조 제2항을 들고 있다. 이 조항에 대해서는 사법심사의 관할과 관련하여 논란이 있다. 그러나 이 조항만으로 법률하위규범에 대한 사법적 통제가 완결되어 있다고 보기 어렵다. 헌법 제107조 제2항은 부수적 규범통제를 규정한 것이다. 형식적 법률의 위헌 여부에 대해서는 법원이 헌법재판소에 위헌법률심판을 제청하도록 하여, 구체적 규범통제를 보장하고 있다(헌법 제107조 제1항). 법원의 부수적 규범통제를 통해 명령·규칙의 위법이 인정되더라도 그 명령·규칙은 개정이 되지

29) 유진오, 신고헌법해의, 일조각, 1953, 196면.

30) Maurer/Waldhoff, a.a.O., § 13 Rn. 15.

않는 한 여전히 유효하다. 다른 한편, 위법한 명령·규칙에 대해서는 일정한 요건 하에 헌법소원심판을 제기할 수 있다(법령소원). 헌법재판소가 법률하위규범에 대해 직접적인 규범통제를 할 수 있는 방법은 없고, 이러한 헌법소원심판에 의해 우회적으로 법률하위규범의 위법을 심사할 수 있다. 이와 같이 법률하위규범에 대한 사법적 통제는 헌법재판소에 의한 통제와 법원에 의한 통제로 구분된다.

법원은 명령·규칙 등 법률하위규범에 대한 위법 여부를 부수적 규범통제를 통해 심사한다. 다만, 이러한 부수적 규범통제에서 법률하위규범의 위법이 인정되어 위법·무효라고 판단하더라도, 그 효력은 당사자간(inter partes)에만 미친다.[31] 이 점이 일반적 구속력을 가지는 무효를 선언하는 주위적 규범통제의 차이를 보여 준다(독일 행정법원법 제47조 제5항 제2문 참조). 우리나라에서도 구체적 규범통제에서 법원은 위헌의 의심이 있는 법률의 효력 여부에 대하여 심사권한(Prüfungskompetenz)을 가질 수 있지만, 폐기권한(Verwerfungskompetenz)을 가지지 못한다고 보아야 한다(헌법 제107조 제1항).[32] 위헌법률의 폐기권한은 전적으로 헌법재판소에 부여되어 있다(헌법 제111조 제1항 제1호 및 헌법재판소법 제47조 제2항 참조). 이를 독일에서는 헌법재판소의 폐기독점(Verwerfungsmonopol)이라고 부른다. 또한 위법한 법률하위규범에 대한 부수적 규범통제에서도 마찬가지로 법원은 심사권한을 가질 수 있지만, 법률하위규범의 폐기권한은 가지지 못한다고 보는 것이 타당하다. 헌법 제107조 제2항에서도 대법원은 명령·규칙 등의 위법 여부에 대한 최종적인 '심사'를 할 권한만을 규정하고 있다.

대법원은 행정입법의 위법심사와 관련하여, 선결문제로서 당해 사건에 대한 '적용' 여부만을 심사할 수 있고 행정입법 그 자체의 합법성 심사는 불가하다고 보고 있다.[33] 이 결정의 의미에 대해서는 이견(異見)

---

31) Schmitt Glaseser/Horn, Verwaltungsprozeßrecht, 15. Aufl., Rn. 406.

32) Schlaich/Korioth, Das Bundesverfassungsgericht, 9. Aufl., Rn. 135 참조.

이 있을 수 있지만, 그 결정의 전체적인 의미는 구체적 규범통제의 방식에 의해 해당 행정입법의 위법 여부를 심사하여 당해 사건에 적용할 수 있는지 여부만을 판단할 수 있다는 것이다. 다만, 최근 하급심 법원에서 "이 법원의 위헌 명령 심사 결과"라고 표기하여 법규명령의 위법 결과를 판결의 주문 다음에 명시적으로 표기한 사례도 있다.[34] 예컨대 "○○○법률 시행령 제○조 제○항은 헌법에 위반된다"는 방식으로 기재하고 있다. 이러한 독특한 표기방식을 '주문'으로 보기는 어렵지만, 추상적 규범통제의 방식이나 판결의 기속력 등의 관점에서 비판이 제기될 수 있다.[35] 다만, 원심인 서울고등법원은 앞에서 언급한 2014누65174 판결에서는 "중소기업제품 구매촉진 및 판로지원에 관한 법률 시행령 제9조의3 제2호 다목은 헌법에 위반된다"고 보았으나, 상고심은 위 시행령조항이 헌법상 영업의 자유와 평등권을 침해한다고 볼 수 없다고 보아 파기환송을 하였다.[36] 따라서 향후 대법원이 이러한 법규명령의 위헌성에 대해 어떠한 입장을 취할지는 좀 더 지켜보아야 할 것 같다.

(2) 독일에서는 법률하위규범에 대한 항고소송은 원칙적으로 허용되지 아니하고, '집행규범'에 대해서는 '확인소송'을 제기할 수 있다.[37] 또한 독일에서는 추상적 규범통제가 인정되고 있으며, 위법한 법률하위규범에 대해서는 연방고등행정법원에 행정소송을 제기할 수 있다(독일 행정법원법 제47조). 그러나 규범통제권은 원칙적으로 독일 연방헌법재판소가 가지고 있다(독일 기본법 제93조 제1항 제2호 및 연방헌법재판소법 제13조 제6호, 제76조 참조). 연방헌법재판소가 행하는 추상적 규범통제의 대상은

---

33) 대법원 1994. 4. 26. 자 93부32 결정.

34) 예컨대 서울고등법원 2015. 6. 12. 선고 2014누65174 판결; 서울행정법원 2016. 4. 7. 선고 2015구합74586 판결 등.

35) 이에 대해서는 졸고, "위헌・위법인 조례에 대한 규범통제와 행정소송에 의한 권리구제", 공법연구 제47집 제1호(2018. 10), 144-145면.

36) 대법원 2019. 5. 10. 선고 2015두46987 판결.

37) Schenke, Rechtschutz bei normativem Unrecht, NJW 2017, S. 1062.

모든 연방법 및 주(州)법이다. 여기에는 헌법변경적 법률, 예산법이나 조약의 동의법률뿐만 아니라 기본법의 제정 전 법률도 포함되나, 행정규칙은 포함되지 아니한다.[38] 이러한 추상적 규범통제는 연방법이나 주법이 기본법과의 불일치에 대해 의심이 있거나 의견이 일치하지 않는 경우에 제기되며, 연방정부·주정부 또는 연방의회 의원 1/3이 규범통제를 신청할 권한을 가진다. 개인이 제기하는 것이 아니므로 주관적 권리보호필요는 요건이 아니다.[39] 이와 별도로 법률하위규범에 대한 헌법소원도 인정된다(독일 기본법 제93조 제1항 제4a조 및 연방헌법재판소법 제90조). 이와 같이 규범통제권과 헌법소원은 원칙적으로 서로 구분된다. 다만, 헌법소원은 청구인이 법률하위규범에 대해 자기관련성, 현재성 그리고 직접성의 요건을 충족하여야 하며, 보충성의 원칙도 적용된다. 이와 더불어 독일에서는 법률에 대해 구체적 규범통제도 허용하고 있다. 즉 법률의 위헌성이 의심되는 경우에 법관이 제청하면, 헌법재판소는 법률이 기본법에 위배되는지 여부를 심사한다(독일 기본법 제100조 제1항). 나아가 주(란트)의 법규명령에 대해 주(란트) 헌법재판소가 통제할 수 있으며, 이에 대해서는 주에 따라 상이하게 규율되어 있다. 그밖에 각 법관은 부수적 규범통제를 통해 위헌무효인 법규명령의 적용을 배제할 수 있다.[40] 이와 같이 독일에서는 위헌·위법인 법률하위규범에 대해 원칙적으로 주위적(또는 본원적) 규범통제(prinzipale Normenkontrolle)를 하고 있으며, 각 법관은 부수적 규범통제를 통해 법률하위규범의 위법성을 심사할 수도 있다. 또한 법률하위규범에 대해서는 일정한 요건이 충족되는 때에 헌법소원도 제기할 수 있다.

이에 반해 우리나라에서는 헌법소원과 규범통제의 구별이 다소 모호한 측면이 있다.[41] 예컨대 법령에 대한 헌법소원의 심사에서도 기본권

38) Schlaich/Korioth, a.a.O., Rn. 126 ff.

39) Pieroth, in: Jarass/Pieroth, GG, Art. 93 Rn. 25.

40) 독일의 규범통제제도에 대해서는 Ossenbühl, in: Isensee/Kirchhoff(Hg.), Handbuch des Staatsrechts, Bd. V, § 103 Rn. 81 ff. 참조.

침해와 관련하여 과잉금지원칙이나 평등원칙 외에 명확성원칙이나 포괄위임금지의 원칙 등을 통해 위헌심사를 하는 경우도 있다. 이러한 경우에도 명확성원칙의 위반 여부 그 자체보다는 기본권 침해와의 관련성이 제시되어야 한다.[42] 권리침해형 헌법소원의 심사척도는 '기본권'이다.[43] 앞에서 언급한 문제는 법령에 대한 주위적(본원적) 규범통제의 흠결에서 연유한다. 또한 헌법재판소법 제68조 제2항에는 독일의 입법례와 달리 위헌법률심판제청이 기각된 경우에 규범통제형(또는 위헌심사형) 헌법소원이 인정된다.[44] 이를 실무상 '위헌소원'이라 한다. 이러한 헌법소원의 본질을 '위헌법률심판' 내지 '규범통제'로 이해하는 것이 지배적이다.[45] 헌법재판소법 제68조 제2항에 의한 헌법소원에서는 동조 제1항의 헌법소원과 달리 적법요건(자기관련성 · 현재성 · 직접성)이 필요하지 않을 뿐만 아니라, 보충성 원칙도 요구되지 아니한다.[46] 다만, 재판의 전제성의 요건은 충족하여야 하며, 권리보호이익이 없는 경우에는 부적법 각하된다.[47] 이러한 헌법소원은 법률에 의한 위헌법률심판제청이 차단된 경우, 재판소원이 원칙적으로 허용되지 않는 상황에서 헌법소원의 형식을 빌려 실질적으로 헌법재판소에 규범통제(법률의 위헌성)를 요구하는 것이다. 그러한 점에서 이러한 헌법소원의 심사에서는 재판의 전제성을 비

41) 규범통제의 심사기준은 해당 명령 · 규칙 등이 헌법이나 법률을 위반하였는지 여부가 핵심적 요소이다. 독일 문헌에서도 규범통제의 심사기준으로 기본법(헌법)을 비롯한 상위법령의 위반 여부로 보고 있다(Schlaich/Korioth, a.a.O., Rn. 131 ff.; Würtenberger, Verwaltungsprozeßrecht, 3. Aufl., Rn. 467 ff.).

42) 최근 사례로는 교원의 정당 및 정치단체 결성 · 가입과 관련한 정당법 제22조 제1항 단서 제1호 등 위헌확인 사건이 있다(헌재 2020. 4. 23. 2018헌마551 참조). 일부 위헌의견은 국가공무원법 조항 중 '그 밖의 정치단체'에 관한 부분이 명확성원칙 위배만으로 정치적 표현의 자유나 결사의 자유를 침해한다고 판단하고 있다.

43) Pestalozza, Verfassungsprozessrecht, 3. Aufl., § 12 Rn. 28 참조.

44) 헌재 1997. 8. 21. 94헌바2, 판례집 9-2, 223, 231면.

45) 헌법재판소, 헌법재판실무제요, 제2개정판, 361-362면. 이에 반해 '헌법소원'으로 이해하는 견해도 있다(이명웅, "헌법재판소법 제68조 제2항 헌법소원제도-실무상 쟁점을 중심으로", 헌법논총 제12집(2001), 319면).

46) 헌재 1997. 7. 16. 96헌바36 등, 판례집 9-2, 44, 52.

47) 헌재 2009. 10. 29. 2007헌바132.

롯해 위헌법률심판에서와 같은 심사를 거친다. 이러한 헌법소원제도는 규범통제와의 구별을 어렵게 하는 측면도 있다. 특히 실무상 기본권 조항을 비롯한 모든 헌법규정이 위헌법률심판의 심사기준이 되므로 해당 법률조항의 기본권 침해 여부를 심사하면서 헌법재판소법 제68조 제1항의 헌법소원과 유사한 심사를 하는 경우도 있다.[48] 이러한 헌법소원의 구체적 규범통제로 보면서, 그 심판내용이 기본권 침해 여부가 아니라 재판의 전제가 된 법률(조항)의 위헌 여부가 되어야 한다는 비판이 있다.[49] 매우 적절한 지적이다. 헌법재판소법 제68조 제2항에 따른 헌법소원을 인용하는 경우에는 위헌법률심판의 위헌결정과 관련된 헌법재판소법 제45조 및 제47조를 준용하고 있음을 유의할 필요가 있다(헌법재판소법 제75조 제6항 참조).

헌법소원에 의해 우회적으로 규범통제가 인정된다고 하더라도 이를 지나치게 확대해석하여 헌법소원과 규범통제를 동일하게 보거나, 명령·규칙 등에 대해 주위적(본원적) 규범통제가 인정된다고 보기는 어렵다. 오히려 현행법상 법률하위규범에 대한 규범통제제도는 불완전한 상태이며, 헌법소원에 의해 통제만이 유효할 뿐이다. 헌법재판소는 시행령이나 시행규칙이 별도의 집행행위 없이 직접 기본권을 침해하는 때에는 헌법소원의 심판대상이 된다고 보고 있다.[50] 그러나 위법한 법률하

---

48) 예컨대 헌법재판소는 조세범 처벌법 제15조 제1항 위헌소원 사건에서 규범 그 자체의 위헌성보다는 기본권 침해 여부를 심사하고 있다. 현금영수증 의무발행업종 사업자로 하여금 건당 10만 원 이상의 현금거래 시 의무적으로 현금영수증을 발급하도록 하고, 그 의무 위반 시 미발급 거래대금의 100분의 50에 상당하는 과태료를 부과하도록 한 법인세법(2014. 1. 1. 법률 제12166호로 개정된 것) 제117조의2 제4항 본문(이하 '현금영수증 발급의무조항'이라 한다), 구 조세범 처벌법(2010. 1. 1. 법률 제9919호로 전부개정되고, 2018. 12. 31. 법률 제16108호로 개정되기 전의 것) 제15조 제1항 본문 중 법인세법(2014. 1. 1. 법률 제12166호로 개정된 것) 제117조의2 제4항 본문에 관한 부분이 과잉금지원칙에 반하여 직업수행의 자유를 침해하는지를 검토한 사례가 있다(헌재 2019. 8. 29. 2018헌바265·266(병합)). 이러한 사례는 헌법재판소법 제68조 제1항의 헌법소원과 유사한 심사를 하고 있으며, 청구인들의 주장도 대체로 그러한 내용으로 구성되어 있다.

49) 김현철, "위헌제청형 헌법소원", 헌법논총 제6집(1995. 12), 322면 참조.

위규범에 대한 헌법소원의 심사에 있어서 주로 '직접성'이 문제될 수 있다. 특히 헌법재판소는 신고납세방식의 조세를 규정한 과세법령은 과세처분이라는 집행행위에 의해 비로소 기본권침해가 현실화된다고 보아 '직접성'을 부정하고 있다.[51)]

(3) 부수적 규범통제에서는 해당 규범이 위법·무효인 경우에도 개정을 하지 않는 한 그대로 존속할 수 있다. 이러한 규범통제제도의 불완전성을 개선할 수 있는 방안이 필요하다. 첫째, 헌법 개정을 통해 모든 법규범에 대한 '추상적' 규범통제를 도입하여야 한다. 이러한 규범통제권은 법치국가원리의 관점에서, 그리고 규범통제의 통일성을 위해 헌법재판소에 부여할 수 있다. 이러한 규범통제는 주관적 권리보호와 관련된 것이 아니라 객관적 통제의 성질을 가진다.[52)] 이러한 규범통제제도를 한국 헌법에 도입할 경우에 정부나 국회의원 1/3이 규범통제를 신청할 수 있도록 할 수 있다. 그러나 여기에 지방자치단체를 포함시킬 수 있는지가 문제된다. 독일의 입법례에서는 주(州)정부를 포함시키고 있으며, 법규범에 대한 통제를 독일에서는 '지방자치단체 헌법소원(Kommunalverfassungsbeschwerde)'을 통해 실현하고 있다. 이와 달리 오스트리아에서는 규범통제의 방식으로 접근하고 있다. 즉 지방자치단체는 위법한 감독청의 법규명령에 대해 헌법재판소에 규범통제를 신청한다(오스트리아 헌법 제119a조 제6항 및 제139조 제1항 제7호 참조).[53)] 오스트리아에서는 지방자치단체의 자치권 침해와 관련하여 위법한 법규명령에 대한 사법적 통제를 '추상적' 규범통제의 방식으로 하고 있다.[54)] 규범통제의 방식보다는 지방자치단체 헌법소원제도를 도입하는 것이 타당하

50) 헌재 1997. 6. 26. 94헌마52, 판례집 9-1, 659.
51) 헌재 2001. 1. 18. 2008헌마80, 판례집 13-1, 163, 171.
52) Benda/Klein, Verfassungsprozessrecht, 3. Aufl., § 22 Rn. 662 참조.
53) 허완중, 오스트리아 헌법재판제도에 관한 연구, 헌법재판소 헌법재판연구원, 2016, 40-41면 참조.
54) Walter/Mayer/Kucsko-Stadlmayer, Bundesverfassungsrecht, 10. Aufl., Rz 1114.

다.[55] 근래에 자치쟁송이 증가하고 있지만, 법규범에 의해 지방자치단체의 자치권이 침해되는 것에 대한 적합한 권리구제수단은 흠결되어 있다.[56]

둘째, 일부 법률하위규범(부령, 조례 등)에 대한 '주위적' 규범통제 중 개인의 권리구제와 관련된 사건을 고등법원 또는 대법원의 관할로 하는 것을 고려할 수 있다.[57] 예컨대 독일 행정법원법 제47조를 참고할 수 있다. 즉 이러한 규범통제에서는 해당 법규명령이나 조례의 적용으로 자신의 권리가 침해되었거나 예견할 수 있는 시기에 침해될 수 있다고 주장하는 자연인이나 법인, 그리고 행정청이 신청인이 될 수 있다(독일 행정법원법 제47조 제2항 참조). 자연인 또는 법인에게 법적 자기관련성이 필요한 이유는 민중소송이나 신청의 남용 등을 방지하기 위한 것이지만,[58] 이러한 규범통제제도가 권리구제수단이라는 점도 부인할 수 없다.[59] 행정청이 규범통제의 신청을 하기 위해서는 특별한 권리보호필요가 있어야 한다.[60] 이러한 규범통제절차는 고등행정법원의 관할이며, 그 결정에 대해서는 연방행정법원에 상고를 할 수 있다(독일 행정법원법 제132조 참조).

한국 행정소송법상 위법한 법률하위규범에 대해서는 부수적 규범통제 외에 다른 구제수단이 없어 근원적인 권리구제가 실현하지 못하고 있다. 따라서 개인의 권리구제와 관련하여 위법한 법률하위규범에 대한

---

55) 졸고, "항고소송과 헌법소원의 대상", 법조 통권 734호(2019, 4), 28-29면.

56) 이에 대해서는 졸고, "자치쟁송의 구조변화와 지방자치단체의 권리구제체계의 재구축", 법조 통권 제740호(2020. 4), 78-113면 참조.

57) 한편, 법규범의 위헌심판절차의 일원화를 주장하면서, 명령·규칙에 대한 '헌법위반' 여부의 심판과 '법률위반' 여부의 심판을 구분하여, 후자만 행정소송절차에 포함시켜 일반법원의 관할로 운영하자는 견해도 있다(정종섭, "헌법소송과 행정소송: 현행 명령·규칙에 대한 위헌심판절차의 문제점과 그 해결 방안", 헌법논총 제3집(1992), 377면 참조).

58) 이에 대해서는 Schmitt Glaeser/Horn, a.a.O., Rn. 421.

59) Würtenberger, Verwaltungsprozeßrecht, 3. Aufl., Rn. 436.

60) Würtenberger, a.a.O., Rn. 456.

주위적 규범통제제도를 마련할 필요가 있다. 헌법에 추상적 규범통제제도를 도입하는 것을 전제로, 행정소송법의 개정을 통해 법원에 일부 법규명령에 대한 주위적 규범통제권을 부여하는 것도 고려할 수 있다. 하지만 헌법재판소의 추상적 규범통제와의 충돌을 우려하는 견해도 있을 수 있다. 그러나 행정소송에 의한 규범통제는 '주관적' 권리구제의 성격이 포함되어 있고, 사인(자연인이나 법인)이 규범통제의 신청권을 가진다는 점에서 차이가 있다. 독일 행정법원법 제47조 제1항에서는 도시계획조례나 독일 건설법전(Baugesetzbuch)에 근거한 주(란트)의 법규명령을 대상으로 하고 있기 때문에 고등행정법원에 소를 제기하도록 규정하고 있다.

Ⅲ. 민주적 방식에 의한 행정입법 통제

1. 민주적 정당성 확보와 절차적 통제의 강화

(1) 집행권의 법제정행위에 대해서는 민주적 방식에 의한 통제를 강화할 필요가 있다. 법률하위규범에 대한 사법적 통제는 불완전한 상황이므로 절차적 통제를 통해 법치행정의 실현을 보완해야 한다. 이러한 절차적 통제의 수단은 행정내부의 절차적 통제와 행정외부의 절차적 통제로 구분할 수 있다. 행정내부의 절차적 통제로는 법제처의 심사, 국무회의의 심의 등이 있다. 실질적으로는 법제처의 심사가 중요한 의미를 가진다. 예컨대 헌법에 위반될 소지가 있거나 법리적으로 명백한 문제가 있다고 인정되는 법령안이 심사 요청되었을 때에 법제처장은 그 사유를 명시하여 반려할 수 있다(법제업무 운영규정 제21조 제4항). 그러나 집행권의 법제정에 대한 민주적 정당성을 확보하기 위해서는 공중참여(청문·공청회 등)의 보장, 정보에 대한 접근가능성 등 행정외부의 절차적 통제가 중요하다.

집행권의 법제정행위에도 민주적 정당성을 확보하는 것이 중요하다. 이와 관련하여 뵈켄훼르데(E.-W. Böckenförde)는 민주적 정통화론을 확립하였다. 이에 의하면 제도적・기능적 민주적 정통화, 조직적・인적 민주적 정통화, 그리고 사항적・내용적 민주적 정통화로 구분된다.[61] 이러한 고전적 정통화론에 의하면, 입법권은 권력분립에 의해 의회에 부여되어 있지만, 헌법 제75조 및 제95조에 의해 집행권의 법제정행위는 민주적으로 정당성을 확보하고 있다. 그러나 집행권의 법제정행위는 법률의 범위를 넘어 제정되어서는 아니될 뿐만 아니라 법률유보의 원칙을 준수해야 한다. 사항적・내용적 민주적 정통화의 문제는 집행권의 법제정에 대한 사법적 통제를 통해 판단될 것이다. 이러한 민주적 정통화론은 매우 논리적이고 체계적인 구조로 이루어져 있지만, 민주주의를 일원적으로 파악하고 있다는 비판이 제기된다.[62] 또한 행정의 독자적 판단영역에서는 사항적・내용적 민주적 정통화가 엄격히 적용되기 어렵다고 보면서, 새로운 민주적 정통화의 새로운 요소로서 참여나 공개, 수용(Akzeptanz) 등이 강조된다.[63] 그러한 점에서 집행권의 법제정에도 이러한 새로운 논의를 고려하여 절차적인 측면에서 민주적 정당성을 확보하도록 해야 한다. 일반공중의 참여를 보장하는 것은 집행부의 규범제정의 정당성과 합법성을 제고하는 것이라는 점을 유념할 필요가 있다.[64]

(2) 한국 행정절차법 제41조 이하에서는 '행정상 입법예고'가 규정되어 있다. 이에 의하면 행정청은 입법안의 취지, 주요 내용 또는 전문(全

61) 독일의 고전적인 민주적 정통화론에 대한 상세한 소개는 김남진, "행정의 민주적 정통화론", 대한민국학술원통신 제290호(2017. 9. 1.), 9-13면; 졸고, "행정과 사법의 민주적 정당성 확보를 위한 공법적 과제", 법조 통권 제727호(2018. 2), 442-479면.

62) Trute, in: Hoffmann-Riem/Schmidt-Aßmann/Voßkuhle(Hg.), Grundlagen des Verwaltungsrechts, Bd. I, § 6 Rn. 22 참조.

63) Schmidt-Aßmann, Das allgemeine Verwaltungsrecht als Ordnungsidee, S. 102 ff.

64) Möstl, in: Ehlers/Pünder(Hg.), Allgemeines Verwaltungsrecht, 15. Aufl., 2016, § 19 Rn. 18.

文)을 관보·공보나 인터넷·신문·방송 등을 통하여 널리 공고하여야 한다. 또한 정부의 입법안에 대하여 '전자공청회' 등을 통하여 널리 의견을 수렴할 수 있도록 보장하고 있다(행정절차법 제42조 제1항 및 제4항). 그밖에 대통령령으로 제정된 '법제업무 운영규정'이 실무상 중요한 의미를 가진다. 여기에는 대부분 행정내부의 통제를 중심으로 규율되어 있으나, 제4장에 '국민의 입법의견 수렴'을 보장하고 있다. 이에 따르면 법령안 주관기관의 장은 관보 및 제30조 제1항에 따른 '법제정보시스템'을 통해 입법예고를 하여야 한다(법제업무 운영규정 제15조 제1항). 또한 법제처장은 법령안의 내용이 국가의 중요 정책사항이나 국민생활에 중대한 영향을 미치는 사항을 포함하고 있어 국민에게 널리 예고할 필요가 있는 경우에는 예산의 범위에서 인터넷, 일간신문 등에 유료광고를 게재하거나 그 밖의 방법으로 예고할 수 있다(동조 제5항). 이와 같이 정부 입법안의 예고절차가 법률과 대통령령에 각각 이원적으로 규율되어 있어 다소 혼선을 주는 측면이 있는 것이 사실이다. 이에 2019년 12월 10일 행정절차법의 개정을 통해 행정청은 입법안의 취지, 주요 내용 및 전문(全文)을 현실적으로 운영되는 '정보시스템'에 의한 입법예고를 행정절차법에 반영하고, 법령과 자치법규를 구분하여 공고방식을 달리하고 있다. 즉 법령의 입법안을 입법예고하는 경우에는 관보 및 법제처장이 구축·제공하는 정보시스템을 통한 공고를 하고, 자치법규의 입법안을 입법예고하는 경우에는 공보를 통한 공고를 하도록 개정하였다.

입법안에 대하여는 '전자공청회' 등을 통하여 널리 의견을 수렴하도록 규정하고 있다. 그러나 의견수렴을 위해서는 입법안의 제정·개정 이유를 정확히 알 수 있어야 한다. 대부분의 입법안의 예고에는 추상적이고 포괄적인 입법안의 취지만 제시하고, 조문별 제정 또는 개정 이유를 제시하고 있지 않다.[65] 해당 입법안의 제정이나 개정에 직접 참여하

---

65) 법률안 전문의 예고 제도에 대한 문제점과 개선방안에 대해서는 박윤흔, "우리나라 입법예고제도의 현황분석과 개선방안의 제안", 법제 2019년 3월호, 33-71면 참조.

지 않는 한, 그 개별조항의 이유나 배경 등을 정확히 파악하기 어렵다. 따라서 이에 대해서는 반드시 기록을 남겨둘 필요가 있다. 또한 전자공청회는 온라인상으로 자유롭게 의견을 개진할 수 있어 편의성의 측면에서 유용하지만, 온라인에 의한 이러한 전자공청회의 논의가 제대로 반영되는지를 알기 어렵고 일회성에 그칠 수도 있다. 전자공청회에서 제시된 의견의 반영 여부에 대해서도 국민들은 알기 어렵다는 점에서 그 결과를 직접 통지하거나 공지해 주는 규정을 마련할 필요가 있다.[66] 법제업무 운영규정 제18조 제1항에는 "법령안 주관기관의 장은 입법예고 결과 제출된 의견(전자문서 또는 법제정보시스템을 활용하여 제출된 의견을 포함한다)을 검토하여 법령안에의 반영 여부를 결정하고, 그 처리 결과 및 처리 이유 등을 지체 없이 의견제출자에게 통지"하도록 규정하고 있다. 또한 입법예고 결과 제출된 의견 중 중요한 사항에 대해서는 그 처리결과를 법률안 또는 대통령령안의 경우에는 국무회의 상정안에 첨부하고, 총리령안 또는 부령안의 경우에는 법제처장에게 제출하여야 한다(동조 제2항). 이러한 규정은 행정절차법에도 반영될 필요가 있다. 지난 2019년 12월 10일 행정절차법의 개정에서는 "국민생활에 큰 영향을 미치는 대통령령으로 정하는 처분"에 대하여 대통령령으로 정하는 수 이상의 당사자 등이 공청회 개최를 요구할 수 있는 규정을 신설하였다(행정절차법 제22조 제3항). 그러나 이러한 규정은 행정입법에 대해서는 적용되지 아니한다. 이러한 공청회 개최요구에 관한 규정은 처분보다는 오히려 불특정다수인에게 더 큰 영향을 미치는 중요한 행정입법에 대해서도 확대해서 적용할 필요가 있다.

(3) 일본의 행정수속법(行政手續法) 제38조 이하에서는 2005년 개정을 통해 행정입법에 있어서 의견수렴절차를 규정하고 있다. 즉 '명령 등'을 정하는 경우에 일반 (국민, 공중)의 의견을 수렴하는 의견공모수속(意

66) 박윤흔, 전게논문, 66면.

見公募手續), 즉 의견공모절차에 관한 규정을 마련하고 있다. 해당 명령 등의 안과 이에 관련된 자료를 미리 공시하도록 하고 의견제출처와 의견제출을 위한 기간을 정해 널리 일반의 의견을 구하도록 하고 있다(일본 행정수속법 제39조 제1항). 또한 공시하는 명령 등의 안에는 구체적이고 명확한 내용의 것이어야 하고, 해당 명령의 제명(題名) 및 명령 등의 정한 근거 법령의 조항을 명시하도록 하고 있다(동조 제2항). 또한 의견제출기간은 공시일로부터 기산하여 30일 이상으로 하고 있다(동조 제3항).

의견공모절차의 적용대상은 '명령 등'에는 법률에 근거한 명령(명령의 요건을 정한 고시(告示) 포함)이나 규칙뿐만 아니라, 심사기준이나 처분기준, 행정지도지침을 포함한다(일본 행정수속법 제2조 제8호 참조). 여기에서 말하는 '명령'은 정령(政令)이나 성령(省令)을 말하고, 규칙은 지방자치단체의 집행기관(장, 위원회 등)이 제정하는 규칙을 의미한다고 보고 있다.[67] 명령 등의 제정기관은 의견제출기간 내에 제출된 의견을 충분히 고려해야 하며, 해당 명령 등의 공포와 같은 시기에 제출의견뿐만 아니라 이를 고려한 결과를 공시하여야 한다(일본 행정수속법 제42조 및 제43조 제3항 제3호·제4호 참조). 명령 등의 제정절차는 대체로 원안 등의 공시와 의견제출의 요청 → 의견제출 → 제출의견의 고려 → 결과 공시 → 명령 등의 공포의 순서로 진행되며, 이 중에서 앞의 2단계가 '의견공모절차'라고 부르고 있다.[68] 이와 같이 일본에서는 의견공모절차의 도입을 통해 행정입법의 절차적 통제를 강화하고 있다. 즉 행정입법의 과정에 소위 퍼블릭 커멘트(public comment) 절차를 의무화하고 있는 것이다.[69] 이러한 의견공모절차를 도입한 이유로는 여러 가지 의견이 제시되었지만 대체로 행정운영에 있어서 공정성의 확보와 투명성의 향상, 행정기관에 의한 정보수집과 판단의 적정성 확보 등이 거론된다.[70]

67) 塩野 宏, 行政法 I, 제6판, 342頁.
68) 高木 光·常岡孝好·須田 守, 條解行政手續法, 제2판, 468頁 이하.
69) 상론은 高木 光·常岡孝好·須田 守, 前揭書, 419頁.
70) 상론은 高木 光·常岡孝好·須田 守, 前揭書, 421頁.

이와 달리 독일 연방 행정절차법에는 집행권의 법제정(특히 법규명령)의 절차에서 전문가의 참여와 같은 절차 규정을 특별히 두고 있지는 않다. 다만, 독일 기본법 제80조 제2항에서 연방참사원(Bundesrat)의 동의절차를 규정하고 있을 뿐이다. 이러한 동의 없이 제정된 법규명령은 위법하다.[71] 이러한 청문이나 참여권은 규범제정절차의 핵심적 문제로 다루어진다.[72] 나아가 개별법에 국가 이외의 단체의 청문에 관한 규정을 두는 경우도 있다. 예컨대 연방임미시온방지법 제51조에는 법규명령이나 일반 행정규칙의 제정시에 이해관계 있는 자의 청문에 관한 규정을 두고 있다.[73] 즉 청문에 참여할 수 있는 사람은 학계의 대표, 이해관계인, 관련이 있는 경제계나 교통단체, 임미시온(Immissionen)의 방지와 관련된 주의 관할 상급행정청 등이다. 이러한 청문절차를 거치지 아니하고 제정된 법규명령은 무효이다.[74]

미국 행정절차법(APA)에서도 명령제정(Rulemaking) 절차에서 공지 및 의견제출에 관한 규정을 보장하고 있다. 제안된 명령제정의 일반적 공지는 연방관보(Federal Register)에 게재된다(미국 행정절차법 제553조 (b)항 참조). 미국 행정절차법 제553조 (c)항에는 명령제정절차에 의견을 제출할 권리(right to comment)를 보장하는 간단한 규정을 두고 있다. 즉 행정청은 이해관계인에게 서면이나 견해 또는 주장의 제출을 통해 명령제정에 있어서 참여할 권리를 부여해야 한다고 규정하고 있다. 구두진술(청문)의 기회를 부여할 수 있는지 여부는 행정청의 재량에 달려 있으며, 정식적 명령제정절차(formal rulemaking)에서 인정된다.[75] 비정식적

---

71) Sachs, in: Bultmann/Grigoleit/Gusy/Kersten/Otto/Preschel(Hg.), Allgemeines Verwaltungsrecht, FS für Ulrich Battis zum 70. Geburtstag, S. 168.

72) Möstl, in: Ehlers/Pünder(Hg.), Allgemeines Verwaltungsrecht, 15. Aufl., 2016, § 19 Rn. 18.

73) 이에 대해서는 Maurer/Waldhoff, a.a.O., § 13 Rn. 10.

74) Jarass, BImSchG, 11. Aufl., § 51 Rn. 4.

75) Jeffrey S. Lubbers, A Guide to Federal Agency Rulemaking, 201 (3rd ed., 1998) 등.

명령제정에서는 이러한 청문이 원칙적으로 허용되지 아니한다. 또한 관련된 쟁점의 고려가 모두 제시된 후에 행정청은 그 근거나 목적에 대한 간명한 일반진술을 채택하여 명령에 포함하여야 한다. 미국에서도 명령제정(rulemaking)에 있어서 공중참여권의 보장은 빈약하다고 평가되지만, 행정청이 이러한 의견제출권을 무시하는 경우에는 사법심사의 대상이 된다.[76] 그러나 이러한 공중참여권이 행정청에 부담으로 작용하는 점도 있다. 이러한 공지나 청문은 해석규칙이나 일반적인 정책진술 등에는 적용되지 아니한다. 미국의 명령제정절차에는 정식적(正式的) 명령제정, 비정식적 명령제정 및 면제적 명령제정(exempted rulemaking) 등이 있다. 위에서 언급한 공지와 의견제출 절차는 비공식적 명령제정절차에서 적용되며, 명령제정의 주요한 쟁점과 관련하여 행정청의 지식을 확대할 수 있는 유용한 정보를 제공할 수 있다.[77]

2. 국회의 행정입법 통제 방안

앞에서 살펴본 바와 같이 독일의 고전적 정통화론에 의하면, 입법권은 권력분립원칙에 따라 국회에 부여되어 있다. 그러나 이러한 입법권은 헌법상 예외적으로 집행권에 위임될 수 있고, 집행권의 법제정이 이러한 위임의 요건을 충족하는 경우에 민주적 정당성이 확보될 수 있다(제도적 · 기능적 민주적 정통화). 또한 집행권의 법제정은 조직적 · 인적 민주적 정통화뿐만 아니라 사항적 · 내용적 민주적 정통화와 밀접한 관련을 가진다. 특히 사항적 · 내용적 민주적 정통화에서는 '법률'에의 기속이나 '책임' 등을 강조하고 있다. 그러나 현행법 하에서는 위법한 행정입법에 대해 주위적 규범통제절차가 없어 이를 효과적으로 통제할 수 있는 제도적 장치는 없다. 따라서 집행권의 법제정행위에 대해 민주적

76) Alfred C. Aman, Jr. & William T. Mayton, Administrative Law, 54-55 (2nd ed. 2001).
77) Lubbers, supra note 75, at 197.

정당성 확보를 위해서는 '의회'의 통제가 중요한 의미를 가진다. 이와 관련하여 국회법 제98조의2에는 중앙행정기관의 장이 법률에서 위임한 사항이나 법률을 집행하기 위하여 필요한 사항을 규정한 대통령령·총리령·부령·훈령·예규·고시 등이 제정·개정 또는 폐지되었을 때에 10일 이내에 국회 소관 상임위원회에 제출하도록 하고 있다. 또한 국회법 제98조의2 제1항 단서에도 대통령령에 대해 입법예고를 하는 경우에는 그 입법예고안을 국회 소관 상임위원회에 제출하도록 하고 있다. 이와 관련하여 행정절차법 제42조 제2항에서도 행정청이 대통령령을 입법예고하는 경우 국회 소관 상임위원회에 이를 제출해야 한다고 규정하고 있다. 그러나 이와 같이 제출된 행정입법에 대한 국회의 통제수단은 미약하다. 구 국회법 제98조의2에서는 국회 소관 상임위원회가 제출된 사항에 대해 중앙행정기관의 장에게 '통보'하는 절차만을 두고 있었다.

이에 행정입법에 대한 국회의 통제를 강화하기 위해 2015년 국회법의 개정안에 국회의 수정요구권을 도입하는 것이 논의된 바 있다. 즉 국회법 제98조의2 제3항에 행정입법이 법률의 취지 또는 내용에 합치되지 않는다고 판단되는 경우에 수정이나 변경을 요구할 수 있는 규정을 도입하자는 것이었다. 이러한 시도는 결국 우여곡절 끝에 대통령의 거부권 행사에 의해 조용히 막을 내렸다. 법규명령에 대한 국회의 수정요구 그 자체를 위헌이라고 보기는 어렵고, 이를 남용하는 것을 제한하는 것이 보다 중요하다.[78] 그러한 이유에서 이러한 수정요구의 요건을 명확히 규정할 필요가 있는 것이다. 이러한 와중에 2020년 2월 18일에 국회법 제98조의2의 개정이 있었다. 즉 상임위원회가 대통령령 또는 총리령의 법률 위반 여부를 검토하여 법률의 취지나 내용에 합치되지 아니한다고 판단되는 경우에는 본회의 의결로 처리하여 정부에 송부하도록 하고 있다(국회법 제98조의2 제3항). 종전에는 소관 상임위원회가 곧바

78) 졸고, "행정입법에 대한 행정적·입법적 통제: 특히 협력적 규범제정의 구축방안을 위한 모색을 중심으로", 공법연구 제44집(2016. 6), 69쪽 이하 참조.

로 중앙행정기관의 장에게 통보하던 것을 상임위원회로 하여금 검토결과보고서를 국회의장에게 제출하고 이를 본회의에 보고하여 본회의 의결로 처리하여 이를 정부에 송부하도록 변경된 것이다. 이 경우 정부는 송부받은 검토결과에 대한 처리여부를 검토한 후 그 처리결과를 국회에 제출하도록 하였다(동조 제6항). 정부가 송부받은 검토결과에 따르지 못하는 경우에는 그 사유를 포함하도록 하였다. 그러나 부령의 경우에는 상임위원회가 소관 중앙행정기관의 장에게 그 내용을 통보할 수 있도록 규정하고 있다(동조 제7항). 이러한 검토내용을 통보받은 중앙행정기관의 장은 그 처리 계획과 그 결과를 지체 없이 소관 상임위원회에 보고하도록 있다(동조 제8항).

이와 같은 국회법의 개정에 의해 행정입법에 대한 국회의 통제가 다소 강화된 것은 사실이지만, 정부가 국회의 요구를 따르지 않고 종전의 행정입법 규정을 그대로 유지하려고 하는 때에는 현행법 하에서 이를 수정하거나 변경할 수 있는 방법은 없다. 정부나 소관 중앙행정기관의 장이 처리결과나 검토결과보고서를 국회에 제출하거나 소관 상임위원회에 '보고'하는 것만으로는 미흡하다. 법치국가원리에 비추어 행정은 헌법과 법률에 기속되어야 하며, 파생적 법제정인 법규명령은 법률우위의 원칙을 준수하여야 그 민주적 정당성이 확보될 수 있다. 대통령령·총리령·부령 등 법규명령이 "헌법이나 법률을 명백히 위반하거나 위반할 우려가 있는 경우"에는 국회 본회의의 의결을 거쳐 수정요구를 할 수 있도록 하는 것이 바람직하다.[79] 그러나 정부가 국회의 수정요구를 적극적으로 반영하는 때에는 큰 문제가 없지만, 정부가 이러한 요구를 수용하지 않거나 소극적으로 대응하는 경우에는 이를 강제할 수 있는 방법은 사실상 없다. 그러한 점에서 국회의 수정요구권도 행정입법에 대한 통제수단으로서 일정한 한계를 가진다.

---

79) 졸저, 현대행정의 작용형식, 217쪽 참조.

이와 관련하여 위법한 행정입법에 대한 국회의 통제를 강화하는 방안으로는 국회의 '동의절차'를 도입하는 것이다. 즉 개정된 국회법 제98조의2 제6항에 따라 정부가 그 처리결과를 국회에 제출하는 경우에도 불구하고 국회에 제출된 대통령령이나 총리령이 "헌법이나 법률을 명백히 위반하는 때"에는 본회의에서 국회의 동의를 얻도록 하는 것이다. 이 경우 국회의장이 직권으로 본회의에 부여하거나, 또는 소관 상임위원회 재적위원 5분의 3 이상이 찬성하는 경우에는 소관 상임위원회 위원장이 본회의에 부의할 수 있다. 이후 본회의에 상정된 후에 해당 대통령령이나 총리령이 유효한지 여부에 대해 재적의원 3분의 2 이상의 동의를 얻지 못한 때에는 그 효력이 발생하지 아니하도록 한다. 부령의 경우에도 이에 준하는 규정을 마련할 수 있다. 국회법 제98조의2 제8항에 따라 중앙행정기관의 장이 소관 상임위원회에 보고한 후에도 헌법이나 법률을 명백히 위반한다고 판단되는 때에는 소관 상임위원회 재적위원 5분의 3 이상의 찬성으로 본회의에 부의하고, 국회의 동의(재적의원 3분의 2)를 얻어야 부령의 효력이 발생할 수 있다. 이러한 방식은 대체로 독일의 동의권유보(Zustimmungsvorbehalt) 제도나 영국의 의회제출(laying process) 절차 중 적극적 의결(affirmative resolution) 제도와 유사하다.

한편, 국회가 위법한 법규명령을 적극적으로 거부하여 해당 규범을 직접 폐기하는 방안도 고려할 수 있다.[80] 예컨대 해당 법규명령이 헌법이나 법률을 명백히 위반하는 경우에 국회 재적의원 3분의 2 이상의 찬성으로 이를 거부하는 방식이 그러하다. 이러한 방식은 미국의 입법적 거부(legislative veto)에서 공동결의에 의한 의회의 불승인절차(congressional disapproval procedure)와 유사하다. 그러나 국회의 거부권을 규정하는 방식은 사법부의 규범통제권과 충돌할 수 있다. 독립된 법규명령의 제정보다는 대체로 법률에 따른 시행령이나 시행규칙의 방식으로 제정되

80) 한편, 입법적 거부권을 전향적으로 검토해야 한다는 견해도 있다(홍준형, "행정입법에 대한 국회의 통제", 공법연구 제32집 제5호(2004), 154면).

는 것이 보통이라는 점에서 국회가 규범을 직접 폐기하는 것은 바람직하지 않다. 행정의 집행부전 내지 행정집행의 공백이 발생할 수 있기 때문이다. 법규명령에 대한 국회의 통제는 사법적 통제와 긴밀하게 연계되어야 한다. 그러한 점에서도 개헌을 통해 추상적 규범통제제도가 도입될 필요가 있다. 해당 법규명령이 헌법이나 법률을 명백히 위반하고 있음에도 불구하고 정부가 의회의 수정요구와 달리 종전의 입장을 고수하는 때에는 재적의원 3분의 1 이상이 헌법재판소에 주위적 규범통제를 신청하는 방안을 고려할 수 있다. 이러한 규범통제절차를 통해 소수야당도 행정부의 법제정 남용을 견제할 수 있도록 해야 한다.

3. 의회와 행정부의 협력적 법제정과 입법방식의 개선

현대국가의 복잡다기성과 사안의 전문성·기술성 등으로 인해 행정입법은 불가피한 측면이 있다. 특히 리스크결정(Risikoentscheidungen)이나 불확실성이 문제되는 영역에서는 행정입법의 비중이 늘고 있다. 예컨대 환경법이나 기술안전법 등의 영역이 그러하다. 이러한 분야에서는 위험방지(Gefahrenabwehr)에서 리스크배려(Risikovorsorge)로 비중이 옮겨가고 있다. 이러한 리스크는 화학안전뿐만 아니라, 국민의 생명, 신체 및 건강 등과 관련된 식품안전이나 의약품 등의 분야에서도 핵심적 요소이다. 최근 코로나 사태로 인해 이러한 변화는 실감할 수 있다. 특히 식품위생법제에서는 법률보다 행정규칙(고시)이 중요한 기능을 수행한다. 식품위생의 기준과 규격 등은 '식품공전(食品公典)'으로 작성된다. 즉 식품의약품안전처장은 식품 및 식품첨가물의 기준과 규격, 기구 및 용기·포장의 기준과 규격 등에 관한 공전을 작성하도록 규정하고 있다(식품위생법 제14조). 이러한 식품공전은 대체로 '고시'의 형식으로 제정되고 있다. 예컨대 '식품첨가물의 기준 및 규격'(식품의약품안전처 고시 제2019-1호)이 그러하다. 식품공전이 법령보충적 행정규칙에 해당하는지 여부를 명확히 언급하고 있는 판례는 찾기 쉽지 않다. 그러나 대법원은 식품위생법 및 식품공전이 죄형법정주의 요건을 충족하는지 여부를 심사하면서, 위임입법의 필요성과 더불어 식품위생의 기준과 성분에 관한 규격 등을 고시로 정하는 것이 불가피하다고 보고 있다.[81]

그러한 점에서 의회와 행정부의 협력적 법제정(kooperative Recht-setzung)은 중요한 의미를 가진다.[82] 이러한 분야에서는 의회입법만으로 효과적으로 대응하기 어려운 점도 있다. 국가의 규범제정은 단계적이고, 또한 업무나 기능이 분할된 협력적 법제정을 통해 당면한 갈등을 극복할 수 있도록 설계되어야 한다.[83] 행정입법의 중요성에 비추어 파생적 법제정만을 지나치게 강조할 수는 없지만, 적어도 법규명령의 법률기속적 성질을 간과해서는 아니된다.[84] 환경법이나 기술안전법 등의 분야에서도 행정규칙으로 방만하게 규율하기 보다는 입법자가 법률에 규율프로그램(Regelungsprogramm)을 설정해야 하고, 이를 토대로 집행권의 법제정이 기능적으로 연계되어야 한다. 예컨대 식품위생법의 기본구조와 체계는 전체적으로 재정비되어야 한다. 식품위생법에는 삭제된 조항이 적지 않아 완결성이나 체계성이 부족하다.

지금과 같이 법률, 시행령 및 시행규칙 등의 도식적(圖式的)인 규범구조에서는 행정입법의 범람이 불가피하고, 법률에서 본질적이고 중요한 사항을 하위법령에의 위임을 통해 해결할 수밖에 없다. 그러나 규범체계의 설계에 있어서 국회가 제정하는 형식적 의미의 '법률'을 제대로 제정하는 것이 가장 근원적인 해결방법이다. 신법의 제정도 매우 신중

81) 대법원 2000. 10. 27. 선고 2000도1007 판결.

82) Ossenbühl, in: Isensee/Kirchhoff(Hg.), Handbuch des Staatsrechts, Bd. V, § 103 Rn. 16. 나아가 국가와 사회의 협력적 규범제정도 강조된다(Schmidt-Aßmann, Das allgemeine Verwaltungsrecht als Ordnungsidee, S. 330 ff.). 이러한 논의에 대한 국내문헌으로는 졸저, 현대행정의 작용형식, 224-225쪽 참조.

83) Hill, in: Hoffmann-Riem/Schmidt-Aßmann/Voßkuhle(Hg.), Grundlagen des Verwaltungsrechts, Bd. II, § 34 Rn. 25.

84) Schmidt-Aßmann, Das allgemeine Verwaltungsrecht als Ordnungsidee, S. 326.

할 필요가 있다. 법률의 제정에는 입법이유서가 첨부되어야 하고, 개별 조항의 근거나 이유 등이 충분히 제시되어야 한다. 이러한 자료들은 위임입법의 정당성이나 합법성을 판단하는 데에 중요한 척도가 된다. 또한 '법률명'이나 개별 조항의 빈번한 수정이나 변경은 규범의 체계를 무너뜨릴 수 있다는 점에서 신중하여야 한다. 이러한 문제를 해결하기 위해서는 입법의 전문성이 강화되어야 한다. 정부입법의 과정에서 입안을 하는 각 개별 부처에서 법률전문가를 충분히 확보하고 양성하여야 한다. 국회법제실이나 국회입법조사처, 법제처 등에서는 우수한 전문인력을 많이 확보하고 있다. 법제의 선진화를 위해서는 이러한 기관에 대한 다각적인 지원이 있어야 한다.

Ⅳ. 결 론

이상의 논의를 통해 행정입법에 대한 사법적 통제를 보완할 수 있는 방안으로 민주적 통제에 관한 문제를 살펴보았다. 이와 관련하여 의회의 통제를 강화하기 위해서는 수정요구권을 넘어 행정입법에 대한 '동의'절차를 적극적으로 도입할 필요가 있다. 국회에 제출된 대통령령이나 총리령이 "헌법이나 법률을 명백히 위반하는 때"에 한하여 국회의 동의를 얻도록 하고, 이에 대한 절차규정을 정비하여 국회의 통제가 남용되지 않도록 할 필요가 있다. 지난해는 바이마르헌법이 100주년을 맞이하는 해였다. 바이마르헌법은 시대를 앞서간 난세(亂世)의 모범적 헌법 중의 하나였다. 그러나 아무리 훌륭한 헌법이라도 국가권력의 남용을 제어하지 못하면 위태로운 결과를 초래할 수 있다. 바이마르공화국 말기에 의회를 장악한 후 수권법에 의해 행정부에 과도한 명령제정권을 부여하고, 이를 남용함으로써 국가사회주의의 출현을 가져왔다. 이러한 독일의 뼈아픈 역사적 경험에 반추(反芻)해 보면, 집행권의 법제정 남용을 허용하는 것은 법치국가적 관점에서 위험하다. 이러한 문제점을 개선하기 위해서는 개헌 논의를 통해 행정입법에 대한 '주위적' 규범통제 제도를 도입해야 한다.

이와 더불어 행정입법에 대한 민주적 통제를 강화하여 '절차적' 정당성을 확보할 필요가 있다. 오늘날 절차적인 측면에서 민주적 정당성이 강조되고 있는 점은 주목된다. 특히 일본의 입법례에서 보는 바와 같이 행정입법 제정절차에 일반공중의 의견수렴을 강화하고 있는 것은 시사하는 바가 크다. 일본의 행정수속법(行政手續法)에는 행정입법에 대한 일반공중의 의견을 수렴할 수 있는 절차뿐만 아니라 해당 명령 등의 안(案)과 이에 관련된 자료(정보)를 모두 공시하고 있다. 또한 공중의 의견수렴을 통해 그 결과까지 모두 공시하도록 하고 있다. 이러한 절차는 밀실행정을 차단하고 행정의 투명성·공정성을 제고할 수 있다는 점에서 매우 참고할 만한 입법례이다. 미국의 행정절차법에서도 명령제정절차에 공지 및 의견제출의 기회를 보장하고 있다. 경우에 따라 청문의 기회도 보장되고 있을 뿐만 아니라, 명령제정절차를 다양화하여 그 유형별로 참여절차를 운영하고 있는 점도 주목된다. 이와 같이 행정입법 절차에 있어서 행정입법의 자료나 정보를 투명하게 공개하고, 이에 대해 공중의 참여와 의견제출을 충분히 보장하여야 한다. 특히 이해관계인의 범위가 확정되거나 구체화될 수 있는 경우에는 행정청의 재량으로 청문의 기회를 보장할 필요가 있다.

향후 현대사회의 불확실성과 리스크의 증가로 인해 입법의 전문성과 기술성이 요구되고 있으므로 국회와 집행권의 협력이 매우 중요하다. 긴급한 재난상황이 발생하는 경우에는 법적 근거의 흠결이나 불충분으로 인해 신속한 입법이 요구된다. 바야흐로 초유의 코로나 사태로 인해 국가적 재난상황이 발생하였고, 국제적으로도 경제적 위기를 초래하고 있다. 이러한 비상상황은 국가권력의 남용을 정당화시킬 수 있다. 집행권의 비대화와 명령제정권의 남용은 국민의 기본권을 위협할 수도 있다. 행정입법이 형식적 의미의 법률을 대체하는 것은 자제되어야 한다.

제4장

자치쟁송의 구조변화와 지방자치단체 권리구제체계의 재구축

Ⅰ. 자치쟁송의 구조변화와 현황

최근 지방자치단체의 자치권 침해와 관련된 소송, 즉 국가와 지방자치단체 또는 그 기관 사이, 지방자치단체 또는 그 기관 사이의 권한 분쟁이 증가하고 있다. 지방자치단체의 자치권과 관련된 분쟁을 '자치쟁송(自治爭訟)'이라 부를 수 있다.[1] 이와 관련하여 지방자치단체가 공법상 주관적 지위를 가질 수 있는지가 논의되고 있다. 지방자치단체의 주관적 지위를 인정하는 것은 지방자치단체의 공법상 권리구제와 밀접한 관계를 가진다. 지방자치단체의 권한의 존부나 그 행사 등에 관한 분쟁의 공법상 권리구제수단으로는 흔히 권한쟁의심판과 기관소송 등이 고려되고 있다. 헌법 제111조 제1항 제4호 및 헌법재판소법 제2조 제4호에 따라 '국가기관과 지방자치단체 간의 권한쟁의', 또는 '지방자치단체 상호간의 권한쟁의'에 대해서는 헌법재판소에 권한쟁의심판을 제기할 수

---

* 이 논문은 2019년 대한민국 교육부와 한국연구재단의 인문사회분야 중견연구자지원사업의 지원을 받아 수행된 연구임(NRF－2019S1A5A2A01034932).

1) 이를 "지방자치쟁송"으로 부르는 견해도 있다(문상덕, "지방자치쟁송과 민주주의, 지방자치법연구 제10권 2호(2010. 6), 23면 이하). 다만, 이 견해는 주민소송도 자치쟁송에 포함시키고 있으나, 주민소송은 지방자치단체의 권리구제수단이 아니다. 주민소송은 주민들이 감사청구한 사항과 관련이 있는 위법한 행위나 업무를 게을리 한 사실에 대하여 해당 지방자치단체의 장을 상대방으로 하여 소송을 제기한다는 점에서 다른 권리구제수단과 구별된다. 본고에서 사용하는 '자치쟁송'의 개념은 주로 지방자치단체의 자치권 침해에 대한 권리구제수단에 제한하고자 한다.

있다. 또한 행정소송법 제3조 제4호에 의하면, 국가 또는 공공단체의 기관 상호간에 권한의 존부 또는 그 행사에 관하여 다툼이 있을 때에는 기관소송의 대상이 된다. 따라서 공공단체의 하나인 지방자치단체의 기관 사이의 쟁송은 기관소송이다. 대표적으로 지방의회와 지방자치단체의 장 사이의 쟁송이 그러하다. 그러나 이러한 기관소송은 무제한적으로 인정되는 것이 아니라 법률의 규정이 있는 경우에 한하여 인정된다. 이를 '기관소송 법정주의'라고 부른다. 그러한 이유로 지방자치단체의 분쟁에 대해 헌법재판소에 권한쟁의심판을 제기하는 경우가 적지 않다.

헌법재판소의 권한쟁의심판은 국가기관 또는 지방자치단체의 "권한의 유무 또는 범위"를 그 대상으로 한다(헌법재판소법 제66조 제1항). 이러한 권한의 유무나 범위에 관한 결정에서 지방자치단체의 자치권이 침해된다는 점을 심사할 수 있다. 예컨대 헌법재판소는 자치사무와 관련하여 행정안전부 등의 정부합동감사가 지방자치단체(서울특별시)의 자치권을 침해하였다고 결정한 바 있다.[2] 권한쟁의심판에서 헌법재판소의 권한은 권한의 유무나 범위에 관한 '확인'에 그치지 아니한다. 권한침해의 원인이 된 피청구인의 처분의 취소를 하거나 무효를 확인할 수도 있고, 피청구인의 부작위에 대한 심판청구에 대해 인용결정을 하는 경우에는 피청구인은 그 결정취지에 따른 처분을 해야 한다(헌법재판소법 제66조 제2항). 이러한 권한쟁의심판의 결정은 인용 여부와 관계없이 모든 국가기관과 지방자치단체를 기속한다(헌법재판소법 제67조 제1항).[3] 그러나 권

---

2) "행정안전부장관 등이 감사실시를 통보한 사무는 서울특별시의 거의 모든 자치사무를 감사대상으로 하고 있어 사실상 피감사대상이 특정되지 아니하였고 행정안전부장관 등은 합동감사 실시계획을 통보하면서 구체적으로 어떠한 자치사무가 어떤 법령에 위반되는지 여부를 밝히지 아니하였는바, 그렇다면 행정안전부장관 등의 합동감사는 구 지방자치법 제158조 단서 규정상의 감사개시요건을 전혀 충족하지 못하였다 할 것이므로 헌법 및 지방자치법에 의하여 부여된 서울특별시의 지방자치권을 침해한 것이다."(헌재 2009. 5. 28. 2006헌라6, 판례집 21-1하, 418)

3) 매립지나 공유수면 등의 행정구역의 결정에 대한 권한쟁의심판의 기속력에 대해서는 박진영, "공유수면매립지 행정구역 귀속에 관한 권한쟁의심판 결정의 기속력: 헌재 2004. 9. 23. 2000헌라2 결정과 개정된 지방자치법 제4조 제3항 내지 제9항을 중심으

한쟁의심판은 원칙적으로 '객관소송'의 성격을 가진다고 보고 있다.[4] 권한에 관한 분쟁은 대부분 법률의 규정에 의해 발생하는 경우가 적지 않다. 그러한 점에서 권한쟁의심판은 법규범에 의해 지방자치단체의 자치권이 침해되는 경우에 효과적인 권리구제수단이라고 보기 어렵다.[5] 입법자의 법률은 국가기관과 지방자치단체 간의 권한쟁의심판의 대상이 되지 아니한다(헌법재판소법 제62조 제1항 제2호). 이러한 법률에 근거한 정부의 조치나 처분 등은 권한쟁의심판의 대상이 될 수 있다. 또한 헌법재판소법 제66조 제2항에는 처분이나 부작위만을 규정하고 있어, 처분이나 부작위가 아닌 '사실행위'와 같은 행정작용은 권한쟁의심판의 대상으로 삼기 어렵다. 정부의 행정입법(법규명령)에 대해서도 취소나 무효확인을 할 수 있는지가 문제되지만 부정적으로 보아야 한다. 여기에서의 부작위는 '처분'의 부작위로 한정하는 것이 타당하다. 왜냐하면 헌법재판소법 제68조 제2항에 의하면, 부작위에 대한 심판청구를 인용하는 결정을 하는 경우에는 일정한 '처분'을 하여야 하기 때문이다. 따라서 시행령이나 시행규칙 등의 부작위는 여기에서 배제된다. 이러한 행정입법부작위는 행정소송으로 다투는 것이 바람직하지만, 법원에서는 이러한 소송을 아직 인정하지 않고 있다. 그러한 이유로 헌법재판소는 이러한 사항도 헌법소원의 대상으로 보고 있다.[6] 그러나 지방자치단체는 헌법소원의 청구인이 되지 못하므로 자치권 침해를 이유로 이러한 행정입

로, 헌법재판연구 제3권 제1호(2016. 6), 3-26면; 조재현, "법률의 개정과 권한쟁의심판 결정의 기속력: 공유수면의 경계와 매립지의 관할결정에 관한 헌법재판소 결정으로 중심으로", 헌법재판연구 제3권 제1호, 27-55면.

4) 헌법재판소, 헌법재판실무제요, 제2개정판, 398면; 허영, 헌법소송법론, 제14판, 309-311면; 정종섭, 헌법소송법, 제9판, 506-507면.

5) 이와 관련하여 헌법재판소법 제61조 제2항의 '처분'에 입법행위도 포함된다는 견해가 있다(이시윤, "헌법재판에 관한 관견(Ⅱ)", 헌법논총 제2집(1991. 12), 118면). 그러나 오늘날 구체적 규율인 처분과 일반적·추상적 법규범의 제정행위인 '입법행위'는 서로 구분된다는 점에서 이러한 주장은 수긍하기 어렵다.

6) 이에 대한 상세는 졸고, "명령·규칙 등의 부진정행정입법부작위에 대한 법원의 규범통제: 특히 독일의 규범보충소송을 중심으로", 행정판례연구 제22집 제2호(2017. 12), 111면 이하 참조.

법의 부작위를 다툴 수 없다.

한편, 독일과 같은 연방국가에서는 연방과 주(란트) 사이, 주와 주 사이, 주 내부의 권한 분쟁이 문제되고 있다. 주 내부의 분쟁에서는 주의 최고기관이나 주 헌법에서나 자신의 권한을 가진 주 최고기관의 사무규칙에서 설치한 그 기관의 일부(부분기관)가 당사자능력을 가진다.[7] 이러한 분쟁에 대해서는 연방헌법재판소의 관할로 하고 있다(독일 기본법 제93조 제1항 제3호 참조). 그러나 우리나라에서는 독일과 달리 권한쟁의심판과 기관소송을 모두 규정하고 있어, 지방자치단체 간의 권한분쟁에 대하여 헌법재판소와 대법원 사이의 관할의 경합이 발생할 수 있다. 이와 관련하여 매립지와 공유수면매립지 등의 귀속이 주로 문제되고 있다(이에 대해서는 Ⅲ. 2.에서 후술함).[8] 이러한 상황에서 근년에는 항고소송에서 지방자치단체 또는 그 기관의 원고적격을 인정하는 판례가 늘고 있다. 또한 명문의 규정이 없고, 지방자치단체의 내부적 행위에 해당하거나 처분성을 인정하기 어려운 경우에도 항고소송의 대상적격을 인정하고 있다. 그러나 이러한 판례의 경향은 해석론의 범위를 넘어서는 것이다. 독일에서는 국가기관의 감독처분과 같은 매우 제한된 경우에 한하여 지방자치단체 또는 그 기관의 원고적격을 인정하고 있다. 또한 지방자치단체의 주관적 지위가 강화되고 있는 추세에 비추어, 우리나라에서도 지방자치단체 헌법소원 제도를 도입할 필요성이 증가하고 있다. 이와 같이 국회에서 제정한 법률이나 정부의 행정입법(시행령, 시행규칙 등)에 의해 지방자치단체의 자치권이 침해되거나 제한될 수 있지만, 이에 대한 권리구제수단은 충분히 마련되어 있지 않다. 그러한 이유에서 이하에서는 지방자치단체의 주관적 지위를 바탕으로 공법상 권리구제에 관한 문제를 검토하기로 한다.

---

7) Jarass/Pieroth, GG, 14. Aufl., 2016, Art. 93 Rn. 69.
8) 헌법재판소, 헌법재판실무제요, 412-413면.

Ⅱ. 지방자치단체의 주관적 지위와 기본권주체성

1. 지방자치단체의 주관적 권리와 자치권 보장

지방자치단체는 독립된 행정주체로서 공공단체에 속한다고 보는 것이 일반적이다. 따라서 지방자치단체는 권리·의무의 귀속주체가 될 수 있다. 그러나 이러한 지방자치단체의 권리능력은 무제한적인 것이 아니라 자치단체의 사무에 제한된다. 독일의 지방자치단체인 게마인데(Gemeinde)는 지역단체(Gebietskörperschaften)로서 행정조직법상 독립된 '행정주체'로 이해되고 있다.[9] 게마인데는 크라이스(Kreis)에 소속된 게마인데와 크라이스로부터 독립된 게마인데로 구분되고 있다.[10] 게마인데는 재산권의 향유권을 비롯하여 사법상 책임뿐만 아니라 그 소속 기관의 불법행위에 대해서는 국가배상책임(대위책임)도 진다.[11] 그러나 지방자치단체는 국가 구성의 일부이므로 지방자치단체의 주관적 공권은 사인(私人)의 기본권 보장과는 구별되어야 한다. 주관적 공권론은 전통적으로 사인을 중심으로 발전해 왔다. 게오르크 옐리네크(Georg Jellinek)도 개인(Individuum)의 주관적 공권을 바탕으로 지위론(Statuslehre)을 전개하고 있다.[12] 그는 게마인데를 영토적 지배권 행사의 주체로 파악하고 있다.[13] 이러한 전통에 따라 시민의 관점에서는 개인의 주관적 공권은 "자신의 이익을 추구하기 위해 국가에 특정한 행위를 요구할 수 있는, 공법이 부여한 법상의 힘"으로 이해되고 있다.[14] 그러나 오늘날에는 주관적 공권이 국가와 개인의 관계에 국한되는 것은 아니며, 공법인 상호간의 관계에서

9) Burgi, Kommunalrecht, 6. Aufl., § 5 Rn. 2.
10) Burgi, a.a.O., § 5 Rn. 3.
11) Burgi, a.a.O., § 5 Rn. 8.
12) Georg Jellinek, System der subjektiven öffentlichen Rechte, 2. Aufl., Hg. v. Jens Kersten, Tübingen 2011, S. 41 ff.
13) G. Jellinek, a.a.O., S. 275 ff.
14) Maurer/Waldhoff, Allgemeines Verwaltungsrecht, 19. Aufl., § 8 Rn. 2.

도 발생한다고 보고 있다.[15] 헌법 제27조의 재판청구권이 지방자치단체에도 인정된다고 해석하는 견해가 있지만,[16] 여기에서 말하는 '국민'과 국가 구성의 일부인 '지방자치단체'는 서로 구별되어야 한다. 다만, 독일에서는 지방자치단체의 금지청구권, 제거청구권 또는 참여청구권 등을 인정할 필요성이 높아지고 있고 있다. 또한 제한된 범위 내에서 지방자치단체(게마인데)의 주관적 권리를 인정하거나 취소소송의 제소권을 인정하고 있다. 행정소송법 제12조에는 "취소를 구할 법률상 이익이 있는 자"라고 규정하고 있으므로, 권리·의무의 귀속주체가 될 수 있는 법인격이 인정되는 경우에는 원고적격이 인정될 수 있다.

독일에서는 전통적으로 지방자치를 제도적 보장으로 이해하는 견해가 지배적이었지만,[17] 오늘날에는 지방자치단체의 주관적 권리 보장이 점차 강조되고 있다.[18] 독일 기본법 제28조 제2항에는 "게마인데에는 지역공동체의 모든 사무를 법률의 범위 내에서 자신의 책임으로 규율할 권리가 보장된다"라고 규정하고 있다. 독일 기본법상 지방자치의 보장은 法主體保障(Rechtssubjektsgarantie)뿐만 아니라 法制度保障(Rechtsinstitutionsgarantie)의 의미도 가진다. 지방자치의 보장은 객관법적으로뿐만 아니라 주관적 공권을 보장하는 것이다.[19] 한편, 호르스트 드라이어(Horst Dreier) 교수는 지방자치의 보장을 제도적 법주체보장, 객관적 법제도보장 및 주관적 법적 지위의 보장으로 구분하고 있다. 이 견해는 게미인데의 존재 그 자체를 보장하는 것을 특히 制度的인 法(權利)主體保障(institutionelle Rechtssubjektsgarantie)으로 보고 있다. 또한 게마인데가 자기책임으로 과제를 수행하는 것은 보장하는 것은 客觀的 法制度保

15) Maurer/Waldhoff, a.a.O., § 8 Rn. 2.
16) 홍정선, 신지방자치법, 제3판, 박영사, 2015, 68면.
17) Maunz, in: Maunz/Dürig, GG, Art. 28 Rn. 45.
18) Schmidt-Aßmann, in: Schmidt-Aßmann(Hg.), Besonderes Verwaltungsrecht, 11. Aufl., 1. Abschn. Rn. 24.
19) Pieroth, in: Jarass/Pieroth, GG, 14. Aufl., Art. 28 Rn. 20.

障(objektive Rechtsinstitutionsgarantie)으로 이해한다. 그리고 보호되는 게마인데의 법적 지위가 침해된 경우에 이에 대한 권리구제를 보장하는 主觀的인 法的 地位의 保障(subjektive Rechtsstellungsgarantie)으로 파악하고 있다.[20] 오늘날 지방자치의 보장은 국가나 다른 지방자치단체 등에 의해 자치권이 침해된 경우에 이를 방어할 수 있어야 한다는 것이 중요한 의미를 가진다.

독일 기본법 제28조 제2항은 기본권이나 기본권유사적 권리를 규정한 것이 아니다.[21] 이 조항은 제도적 법(권리)주체보장과 객관적 법제도보장과 연결된 게마인데의 권리 침해에 대한 권리구제를 보장하고 있으며, 그 대표적 권리구제수단은 후술하는 '지방자치단체 헌법소원'제도이다.[22] 독일 기본법 제28조 제2항의 규정은 기본권에 관한 것은 아니지만 구조적으로 기본권과 유사한 점을 가진다. 예컨대 지방자치단체 활동의 근거와 대상이 되는 경우와 같이 위 기본권 규정으로부터 지방자치단체의 재산이 보장되는 경우도 있다.[23] 그러나 이러한 재산의 보호는 후술하는 바와 같이 기본권으로서의 재산권 보장과는 구별된다. 지방자치단체(게마인데)에 주관적인 법적 지위를 보장하는 것이 기본권을 인정하는 것은 아니지만, 독일 행정법원법 제42조 제2항에서 말하는 주관적 권리로서 법적 지위(원고적격)를 부여할 수 있다고 보는 견해가 유력하다.[24] 이러한 게마인데의 권리에는 대표적으로 계획고권(Planungshoheit)이 있으며, 국가의 법적 감독(합법성통제)에 대한 지방자치법 규정은 대부분 보호규범(Schutznormen)의 성격을 가진다.[25] 직무감독(Fachaufsicht)을 통해서도 지방자치단체의 권리가 침해되는지가 다투어

---

20) Dreier, in: Dreier(Hg.), GG, Bd. II, 3. Aufl., Art. 28 Rn. 90.
21) Sachs, GG, Art. 28 Rn. 34.
22) Sachs, GG, Art. 28 Rn. 39.
23) Pieroth, in: Jarass/Pieroth, GG, Art. 28 Rn. 20.
24) Dreier, in: Dreier(Hg.), GG, Art. 28 Rn. 94.
25) Wahl/Schütz, in: Schoch/Schmidt-Aßmann/Pietzner(Hg.), VwGO, § 42 Abs. 2 Rn. 105 f.

지고 있지만, 해당 감독조치의 법적 성질에 따라 소송형식은 달라진다. 해당 감독조치가 행정행위(처분)인 경우 게마인데(지방자치단체)는 이에 대해 취소소송을 제기할 수 있지만, 그 감독조치가 행정행위에 해당하지 않는 경우에는 일반이행소송을 제기할 수 있을 뿐이다.[26] 이와 같이 지방자치단체의 주관적 권리를 인정하는 것은 그 침해에 대한 권리구제의 문제와 연관되어 있다. 독일에서는 지방자치단체의 권리구제수단으로 기관쟁의(Organstreit) 외에 헌법소원, 행정소송 등이 다각적으로 논의되고 있다. 이와 달리 한국에서는 권한쟁의심판과 기관소송이 주를 이루고 있지만, 지방자치단체의 권리구제수단이 완결적이라고 보기는 어렵다.

한편, 독일 기본법 제19조 제4항의 포괄적 권리구제가 이러한 지방자치단체의 권리구제를 포함하는 것인지에 대해서는 견해 대립이 있다.[27] 독일 기본법 제19조 제4항 제1문에는 "공권력에 의해 자신의 권리를 침해받은 사람에게는 권리구제의 길이 열려져 있다"라고 규정하고 있다. 다만, 이 규정 중 '권리(Rechte)' 개념에 지방자치단체의 권리도 속하는지가 문제된다. 지방자치단체를 포함한 조직법적 범주 내의 법적 지위는 독일 기본법 제19조 제4항의 주관적 권리가 아니라고 보는 견해가 유력하다. 즉 이 견해는 비독립적 행정단위나 기관 또는 그 일부의 권한도 주관적 권리가 아니라고 보고 있고, 그러한 권한이 소송상 방어능력과 관련된 것으로 넓은 의미의 주관적 권리로 이해할지라도 독일 기본법 제19조 제4항의 '권리'에는 속하지 아니한다고 보고 있다.[28] 요컨대 이 견해는 독일 기본법 제19조 제4항의 '권리'의 개념을 좁게 해석하여, 조직법상 행정단위의 권한과는 구별하고 있는 것이다. 그러한 점에서 지방자치단체의 주관적 권리는 기본권과는 구별되는 것이 사

26) Wahl/Schütz, in: Schoch/Schmidt-Aßmann/Pietzner(Hg.), VwGO, § 42 Abs. 2 Rn. 106.
27) 이에 대해서는 Dreier, in: Dreier(Hg.), GG, Art. 28 Rn. 94 각주 449 참조.
28) Schmidt-Aßmann, in: Maunz/Dürig, GG, Art. 19 Abs. 4, Rn. 148.

실이며, 후술하는 바와 같이 일반적인 헌법소원을 인정하기 어려운 이유이기도 하다. 그러나 개별 소송법에서는 기본법 제28조 제2항에서도 도출되는 게마인데의 주관적 권리가 개인의 주관적 권리와 동일하게 다루어진다고 보는 견해가 있다.[29] 전술한 바와 같이 독일에서는 지방자치단체의 자치권이 침해된 경우에 행정소송을 제기할 수 있도록 보장하고 있다(독일 행정법원법 제40조 및 제42조 제2항 참조). 이하에서는 지방자치단체의 자치권 침해에 대해 고려할 수 있는 공법상 권리구제수단을 검토하기로 한다.

2. 지방자치단체의 기본권주체성 인정여부

지방자치단체의 주관적 지위가 강조되고 있다. 우리나라에서도 이러한 지방자치단체의 주관적 지위를 인정하면서, 그 헌법적 근거를 헌법 제117조에서 찾는 견해가 유력하다.[30] 지방자치단체의 주관적 지위를 인정하는 것이 기본권 주체성을 인정하는 것인지도 문제된다. 이와 관련하여 공법인의 기본권 주체성을 인정할 수 있는지에 대해서도 논란이 있다.[31] 공법인의 기본권 주체성에 대해서는 원칙적으로 부정적이다.[32] 헌법재판소는 공권력의 행사자인 국가, 지방자치단체나 그 기관 또는 국가조직의 일부나 공법인은 국민의 기본권을 보호 내지 실현해야 할 '책임'과 '의무'를 지는 주체로서 헌법소원을 청구할 수 없다고 보고 있다. 그러나 예외적으로 공법인의 기본권 주체성이 인정되는 경우가 있다. 국·공립대학교의 학문의 자유, 공영방송사의 방송의 자유 등이 그러하다.[33] 이와 관련하여 이러한 예외의 허용기준으로 '개인과 유사한

29) Röhl, in: Schoch(Hg.), Besonderes Verwaltungsrecht, Kap. 2, Rn. 55.
30) 홍정선, 신지방자치법, 65면 이하.
31) 이에 대한 상론은 계희열, 헌법학(중), 신정판, 68-71면.
32) 헌재 1994. 12. 29. 93헌마120, 판례집 6-2, 477, 480; 헌재 1995. 9. 28. 92헌마23 등, 판례집 7-2, 343, 351; 헌재 2006. 2. 23. 2004헌바50, 판례집 18-1상, 170, 179 참조.

상황'을 주장하는 견해도 있다.34)

한편, 헌법재판소는 공영방송사의 기본권 주체성을 인정하면서, 사경제 주체로서 활동하는 경우에는 공영방송사도 기본권의 주체가 될 수 있다고 보고 있다.35) 공법인이 기본권 중 재산권에 있어서 기본권의 주체가 될 수 있는지가 문제된다. 이에 관한 헌법재판소의 선례를 찾기는 쉽지 않다. 독일에서도 종래 공법인은 원칙적으로 기본권의 주체가 될 수 없을 뿐만 아니라, 재산권의 주체가 될 수 없다고 보는 견해가 지배적이었다.36) 그 이유는 재산권보장이 기본권 주체에 자유를 보장해 주는 것이어서, 공법인에게는 사적 자치나 사적효용성 등을 보장할 수 없기 때문이다. 국가가 지배하는 사법상 법인, 즉 주식회사의 형식으로 국가가 설립하는 공기업은 원칙적으로 기본권의 주체가 아니지만, 공사합동기업 내지 공사혼합기업(gemischt-wirtschaftliche Unternehmen)에 대해서는 국가가 전적으로 지배하지 않는 한 기본권의 주체가 될 수 있다고 보는 견해가 유력하다.37) 공법인은 공적 과제를 수행하지 않는 경우에도 재산권의 기본권 주체성이 인정되지 않는 것이 일반적이다.38) 그러나 공기업의 '기능적 민영화'가 이루어진 경우에는 공법인의 기본권 주체성이 제한적으로 인정될 수 있다. 독일 연방헌법재판소는 지방자치

33) 한수웅, 헌법학, 제7판, 405-406면 이하.

34) 한수웅, 전게서, 406면.

35) "청구인은 공법상 재단법인인 방송문화진흥회가 최다출자자인 방송사업자로서 방송법 등 관련 규정에 의하여 공법상의 의무를 부담하고 있지만, 그 설립목적이 언론의 자유의 핵심 영역인 방송 사업이므로 이러한 업무 수행과 관련해서는 기본권 주체가 될 수 있고, 그 운영을 광고수익에 전적으로 의존하고 있는 만큼 이를 위해 사경제 주체로서 활동하는 경우에도 기본권 주체가 될 수 있다. 이 사건 심판청구는 청구인이 그 운영을 위한 영업활동의 일환으로 방송광고를 판매하는 지위에서 그 제한과 관련하여 이루어진 것이므로 그 기본권 주체성이 인정된다."(헌재 2013. 9. 26. 2012헌마271, 판례집 25-2하, 68)

36) Papier, in: Maunz/Dürig, GG, Art. 14 Rn. 206.

37) Jarass/Pieroth, GG, Art. 19 Rn. 18 ff.

38) BVerfGE 61, 82/105; 75, 192/197. 이러한 입장은 방송시설이나 지방자치단체(게마인데)의 경우에도 동일하다. 상세는 Jarass/Pieroth, GG, Art. 14 Rn. 23 참조.

단체가 재산권이라는 기본권의 주체가 될 수 있는지가 문제된 사례에서 이를 부정적으로 보고 있다.[39] 한편, 헌법재판소는 국립대학이었던 서울대학교에 대해 "학문의 자유와 대학의 자율권이라고 하는 기본권의 주체"라는 점을 인정한 바 있다.[40] 또한 국립대학교 법학전문대학원 2015학년 모집정지처분 등 취소에 관한 헌법소원사건에서도 대학의 헌법소원 청구인능력을 인정한 바 있다.[41]

나아가 지방자치단체가 주관적 지위를 바탕으로 '헌법소원'을 제기하는 방안이 고려된다. 그러나 헌법재판소는 지방자치단체가 기본권의 수범자이지 기본권의 주체가 아니라는 점을 이유로 헌법소원 청구인적격을 부정하고 있다.[42] 즉 기본권 보장규정인 헌법 제2장의 제목이 '국민'의 권리와 의무이고, 헌법 제10조 내지 제39조에서 규정하는 기본권의 주체도 국민만을 규정하고 있다고 보고 있다. 나아가 공권력의 행사자인 국가나 국가기관 또는 국가조직의 일부나 공법인이나 그 기관은 기본권의 주체가 아니라 '수범자'로서 국민의 기본권을 보호내지 실현해야 할 '책임'과 '의무'를 지니고 있다고 보고 있다. 헌법재판소의 결정에서 적절히 지적한 바와 같이 기본권의 침해를 전제로 하는 일반적인 헌법소원제도에 있어서는 지방자치단체의 청구인적격을 인정하기 어렵다. 독일에서는 지방자치단체인 게마인데(Gemeinde)가 자치권 침해를 이유로 헌법소원을 제기할 수 있는 제도를 별도로 마련하고 있다. 독일 기본법 제93조 제1항 제4b호에 별도로 지방자치단체 헌법소원(Kommunal-verfassungsbeschwerde) 제도를 규정하고 있다. 독일의 지방자치단체 헌

39) BVerfGE 61, 82; 98, 17/47.

40) 헌재 1992. 10. 1. 92헌마68 등, 판례집 4, 659.

41) "헌법 제31조 제4항이 규정하는 교육의 자주성 및 대학의 자율성은 헌법 제22조 제1항이 보장하는 학문의 자유의 확실한 보장을 위해 꼭 필요한 것으로서 대학에 부여된 헌법상 기본권인 대학의 자율권이므로, 국립대학인 청구인도 이러한 대학의 자율권의 주체로서 헌법소원심판의 청구인능력이 인정된다."(헌재 2015. 12. 23. 2014헌마1149, 판례집 27-2하, 710)

42) 헌재 1997. 12. 24. 96헌마365.

법소원제도에 대해서는 후술하기로 한다(Ⅴ. 2.).[43]

Ⅲ. 권한쟁의심판과 기관소송의 경합

1. 헌법재판소와 대법원의 관할권 경합

국가기관과 지방자치단체 사이의 권한쟁의, 지방자치단체 상호간의 권한쟁의에 대해서는 헌법재판소의 권한쟁의심판에 의한다(헌법 제111조 제1항 제4호, 헌법재판소법 제2조 제4호). 국가기관과 지방자치단체 사이의 권한쟁의는 헌법재판소에 의한 권한쟁의심판의 대상이다. 예컨대 정부와 특별시·광역시 또는 도간의 권한쟁의심판, 정부와 시·군 또는 자치구 간의 권한쟁의심판 등이 여기에 속한다(헌법재판소법 제62조 제1항 제2호 참조). 정부 외에 정부의 부분기관(대통령, 행정안전부장관 및 교육부장관 등), 국회나 법원 등 다른 국가기관과 지방자치단체 간의 권한쟁의도 헌법재판소의 소관으로 보고 있다.[44] 그러나 헌법재판소는 피청구인 강남구선거관리위원회의 청구인 서울특별시 강남구에 대한 지방자치단체 선거관리경비 산출 '통보행위'가 권한쟁의심판의 대상이 되는 처분에 해당하지 않는다고 결정하고 있다.[45] 이 결정에서 피청구인 국회가 2005. 8. 4. 법률 제7681호로 공직선거법 제122조의2를 개정하여 지방선거비

43) 우리나라에서도 일찍이 독일의 지방자치단체 헌법소원에 관한 괄목할 만한 선행연구가 있었다(석종현, "독일에 있어서의 지방자치단체의 헌법소원", 헌법재판연구 제3권, 헌법재판소, 1991, 329-458면; 김상겸, "독일 지방자치단체의 헌법소원", 東義法政 제14집(1998), 231-251면 참조).

44) 헌재 2008. 3. 27. 2006헌라1, 판례집 20-1상, 332, 348. 이에 대한 상세는 헌법재판소, 헌법재판실무제요, 제2개정판, 404-405면 참조.

45) "구 지방자치법이나 지방재정법에 비추어 보면, 지방자치단체의 사무를 다른 기관이 맡아 하고 있는 경우에도 그 비용은 원칙적으로 당해 지방자치단체가 부담하여야 할 것이므로 이 사건의 경우와 같이 지방선거의 선거사무를 구·시·군 선거관리위원회가 담당하는 경우에도 그 비용은 지방자치단체가 부담하여야 하고, 이에 피청구인 대한민국국회가 지방선거의 선거비용을 지방자치단체가 부담하도록 공직선거법을 개정한 것은 지방자치단체의 자치권한을 침해한 것이라고 볼 수 없다."(헌재 2008. 6. 26. 2005헌라7, 판례집 20-1하, 340)

용을 해당 지방자치단체에게 부담시킨 행위가 지방자치단체인 청구인들의 지방자치권을 침해하지 않았다고 보고 있다. 다수의견은 지방선거사무를 자치사무로 파악하고 있다. 이에 대해 반대의견은 이를 국가사무로 보고 있으며 피청구인 국회가 공직선거법 규정을 개정하여 지방선거관리비용을 해당 지방자치단체에게 부담시킨 것은 지방자치단체의 지방재정권을 침해하여 무효라고 보고 있다. 다만, 이러한 권한 분쟁은 기관소송의 대상이 아닐 뿐만 아니라 법규범에 의해 지방자치단체의 자치권을 침해하는 것과도 구별된다. 헌법재판소는 강남구청 등과 감사원 간의 권한쟁의사건에서 감사원법이 지방자치단체의 위임사무나 자치사무의 구별 없이 합법성 감사뿐만 아니라 합목적성 감사도 허용하고 있다고 보고 있다. 또한 지방자치단체의 자치사무에 대한 합목적성 감사의 근거가 되는 감사원법 제24조 제1항 제2호 등 관련규정 자체가 청구인들의 지방자치권의 본질을 침해하고 있지 않다고 결정하였다.[46)]

한편, 감사원의 합목적성 감사에 대해 지방자치단체가 권한쟁의 외에 항고소송이나 헌법소원을 강구할 수 있는지가 검토될 필요가 있다. 이 사건에서 감사원은 지방자치단체를 상대로 감사를 실시하였고, 감사결과 일부 지방공무원에 대하여 주의처분을 내리고 검찰수사를 요청하거나 고발, 징계를 요구하였다. 이 사건의 감사조치가 항고소송의 대상이 될 수 있는지를 검토하여, 이에 해당하는 경우에는 항고소송을 제기할 수 있다. 지방공무원에 대한 주의처분이나 징계요구 등이 행정처분에 해당하는 경우 해당 공무원은 이에 대해 행정쟁송을 제기할 수 있음은 물론이다. 그러나 이는 지방자치단체의 자치권 침해에 대한 권리구제수단과는 구별된다. 지방자치단체인 강남구청이 감사원의 징계요구 등에 대해 소를 제기한 사건에서, 대법원은 감사원의 징계요구와 재심의결정이 항고소송의 대상이 되는 행정처분이 아니라고 판시하고 있

46) 헌재 2008. 5. 29. 2005헌라3, 판례집 20-1하, 41.

다.[47] 이 사건에서 X시장은 감사원으로부터 甲에 대하여 징계의 종류를 정직으로 정한 징계 요구를 받게 되자 감사원에 그 징계 요구에 대한 재심의를 청구하였다. 감사원이 재심의청구를 기각하자 甲은 감사원의 징계 요구와 그에 대한 재심의결정의 취소를 구하고, X시장은 감사원의 재심의결정 취소를 구하는 소를 제기한 것이다. 이에 대해 대법원은 감사원의 징계 요구와 재심의결정이 항고소송의 대상이 되는 행정처분이 아니라고 보면서, X시장이 제기한 소송이 기관소송에 해당하여 감사원법 제40조 제2항에 따라 허용될 수 없다고 보고 있다.[48] 따라서 지방자치단체가 이러한 감사원의 감사조치에 대해 항고소송을 제기하는 것은 어렵다. 지방자치단체가 감사원의 감사에 대해 헌법소원을 제기할 수 있는지도 의문이다. 헌법재판소는 지방자치단체의 헌법소원 청구인적격을 부정하고 있다. 독일에서는 후술하는 바와 같이 지방자치단체 헌법소원을 인정하고 있지만, 이러한 감사원의 감사는 법규범이 아니므로 지방자치단체 헌법소원의 대상이 될 수는 없다.

이와 같이 국가나 다른 지방자치단체에 의해 지방자치단체의 자치권이 침해된 때에 항고소송이나 헌법소원을 제기하기 어려운 상황이 발생할 수 있다. 이러한 경우에 권한쟁의심판이 매우 중요한 역할을 하고 있는 것은 사실이다. 그러나 헌법재판소의 권한쟁의심판은 권한의 존부와 범위를 대상으로 하고 있다. 여기에서 말하는 '권한'이란 "주관적 권리의무가 아니라 국가나 지방자치단체 등 공법인 또는 그 기관이 헌법 또는 법률에 의하여 부여되어 법적으로 유효한 행위를 할 수 있는 능력 또는 그 범위"를 의미한다고 보고 있다.[49] 이러한 권한은 대체로 법

47) 대법원 2016. 12. 27. 선고 2014두5637 판결.

48) 그러나 감사원의 재심의 판결에 대해서는 감사원을 피고로 하여 항고소송을 제기할 수 있다(감사원법 제40조 제2항). 한편, 대법원도 감사원의 변상판정처분에 대하여서는 행정소송을 제기할 수 없지만, 재결에 해당하는 재심의 판정에 대해서는 감사원을 피고로 하여 행정소송을 제기할 수 있다고 보고 있다(대법원 1984. 4. 10. 선고 84누91 판결).

49) 헌재 2011. 8. 30. 2011헌라1, 판례집 23-2상, 249; 헌재 2010. 12. 28. 2009헌라2, 판례집 22-2하, 612.

률에 의해 설정되며, 이러한 법률에 의해 지방자치단체의 권한(자치권)이 침해되는 것은 권한쟁의심판에 의해서 해결될 수 있다. 그러나 해당 법률에 근거한 권한의 침해행위를 다툴 수 있을 뿐, 해당 법률에 대해 위헌성을 직접 물을 수는 없다. 이처럼 법규범에 의한 지방자치단체의 자치권 침해의 경우에 규범통제의 성격을 가지는 권리구제수단의 필요성이 제기된다.

지방자치단체의 기관 상호간에 권한 분쟁에 대해서는 행정소송법에 규정된 기관소송을 제기할 수 있다. 행정소송법 제3조 제4호에서는 기관소송을 “국가 또는 공공단체의 기관 상호간에 권한의 존부 또는 그 행사에 관한 다툼이 있을 때에 제기하는 소송”이라고 정의하고 있다. 여기에서 ‘국가 또는 공공단체의 기관 상호간’을 동일한 행정주체로 이해할 경우에 지방자치단체의 기관과 기관 사이에 권한 분쟁을 의미한다고 볼 수 있다. 예컨대 지방의회와 지방자치단체의 장 사이의 권한 분쟁이 그 대표적 사례이다. 이러한 분쟁은 기관소송에 해당한다. 헌법재판소는 서로 상이한 권리주체인 지방자치단체 상호간의 권한쟁의를 권한쟁의심판의 대상으로 삼고 있지만, 동일한 지방자치단체 내의 지방의회와 지방자치단체의 장 사이의 권한쟁의는 헌법재판소의 권한쟁의심판에 속하지 아니한다고 보고 있다.[50]

이러한 분쟁들과 관련하여 헌법재판소와 법원 사이에 관할 충돌의 문제가 발생할 수도 있다.[51] 지방자치단체간의 쟁송이 권한쟁의심판의

50) 헌재 2010. 4. 29. 2009헌라11, 판례집 22-1상, 596; 헌재 2016. 6. 30. 2014헌라1, 판례집 28-1하, 436; 헌재 2018. 7. 26. 2018헌라1, 공보 제262호, 1236 등.

51) 헌법재판소가 대법원과의 권한쟁의를 스스로 판단할 수 있는지가 문제된다. 이와 관련하여 긍정하는 견해도 있지만(신봉기, “권한쟁의심판제도에 관한 비교법적 고찰”, 헌법논총 제2집(1992. 12), 632면), 이를 권한쟁의심판으로 해결할 가능성은 거의 없다는 점에서 큰 실익은 없다고 여겨진다. 또한 헌법재판소법 제62조 제1항 제1호에서는 국가기관 상호간의 분쟁과 관련하여 “국회, 정부, 법원 및 중앙선거관리위원회 상호간의 권한쟁의심판”만을 규정하고 있을 뿐, 헌법재판소를 포함하고 있지 않다. 이를 확대해석하여 ‘헌법재판소’를 포함하는 것은 무리한 해석으로 여겨진다.

대상인지, 아니면 행정소송(특히 기관소송)의 대상인지가 불분명한 경우가 적지 않다. 행정소송법 제3조 제4호에는 기관소송을 규정하면서, 그 단서에서 "헌법재판소법 제2조의 규정에 의하여 헌법재판소의 관장사항으로 되는 소송"은 제외한다고 규정하고 있다. 또한 헌법재판소법 제2조 제4호에는 "지방자치단체 상호간의 권한쟁의(權限爭議)에 관한 심판"을 규정하고 있다. 이를 목적적 · 체계적으로 해석할 경우 지방자치단체 상호간의 권한쟁의는 원칙적으로 헌법재판소의 관할사항이다. 하지만 매립지나 공유수면 등을 둘러싸고 지방자치단체 사이의 관할구역이 문제되는 경우에는 권한쟁의심판의 대상인지, 아니면 기관소송의 대상인지를 판단하기가 쉽지 않다.[52] 새만금방조제 행정구역 사건이 대표적이다.[53]

2. 매립지의 관할 분쟁

매립지나 지적공부 등록 누락지 등에 대한 결정이나 권한행사는 지방자치단체의 '자치권'을 침해할 수 있으므로 헌법재판소의 권한쟁의심판이 된다.[54] 그러나 지방자치법 제4조 제3항 및 제8항에서는 매립지에 관한 결정을 행정안전부장관이 하고, 관계 지방자치단체의 장은 행정안전부장관의 결정에 이의가 있는 경우 그 결과를 통보받은 날부터 15일 이내에 대법원에 소송을 제기할 수 있다고 규정하고 있다. 이러한 내용은 2009년 4월 1일 법률 제9577호로 개정된 사항이다. 종전에는 해상경계선이 중요한 기준이었으나, 대법원은 위 새만금 방조제 행정구역

52) 해상이나 공유수면 등이 지방자치단체의 자치권에 속하는지가 문제되고 있다. 이와 관련하여 헌법재판소는 "자치권이 미치는 관할 구역의 범위에는 육지는 물론 바다도 포함되므로, 공유수면에 대한 지방자치단체의 자치권한이 존재한다"고 결정하고 있다(헌재 2006. 8. 31. 2003헌라1, 판례집 18-2, 319). 그러나 이에 대해 공유수면에 대한 지방자치단체의 자치권한은 존재하지 아니한다고 보는 반대의견(재판관 김경일, 재판관 주선회, 재판관 조대현)도 있다.

53) 대법원 2013. 11. 14. 선고 2010추73 판결.

54) 헌법재판소, 헌법재판실무제요, 413면.

사건(2010추73)에서 지방자치법의 개정에 의하여 이러한 기준에 의한 관습법적 효력은 제한된다고 보고 있다. 또한 헌법재판소도 경상남도 사천시와 경상남도 고성군 간의 권한쟁의사건에서 종전 공유수면의 해상경계선을 매립지의 관할 경계선으로 인정해 온 종전의 판례를 변경하고 있다.[55)]

이러한 분쟁의 관할에 대하여 헌법재판소와 대법원의 권한 충돌이 발생할 수 있다. 지방자치법 제4조 제8항의 소송이 어떤 소송인지가 검토되어야 한다. 이러한 소송은 엄밀한 의미에서 국가 또는 공공단체의 기관 상호간에 있어서 권한의 존부 또는 그 행사에 관한 다툼으로 보기 어렵다. 매립지의 관할에 대한 국가기관의 결정의 위법 여부를 다투는 것이 보통이며, 그러한 이유에서 이를 권한의 존부나 그 행사를 적극적으로 다투는 '기관소송'으로 분류하기 어려운 점이 있다. 행정안전부장관의 결정도 매립지의 관할에 관한 확인적 성격을 가질 뿐, 창설적이고 형성적인 성격을 가진다고 보기 어렵다. 매립지의 관할 결정이란 국가기관(행정안전부장관)이 매립에 의해 새로이 형성된 토지에 대하여 공유수면매립사업의 목적이나 매립지와 인근 지방자치단체의 접근성이나 연접관계나 거리, 전기·수도·통신 등 사회기반시설이나 행정서비스의 제공 등을 종합적으로 고려하여 판단하는 것이다.

이러한 결정은 지방자치단체간의 분쟁조정의 성격도 가진다. 실제 행정안전부장관의 결정은 지방자치단체중앙분쟁조정위원회의 심의·의결에 따라 이루어진다(지방자치법 제4조 제6항 참조). 지방자치단체의 장이 행정안전부장관의 결정에 대해 제기하는 소송은 그 본질상 '항고소송'에 유사한 측면이 있는 것이다.[56)] 공유수면 매립지에 대한 행정안전부장관의 관할 결정에는 광범위한 '재량'이 인정되고 있으며, 이러한 결정이

55) 헌재 2019. 4. 11. 2015헌라2, 판례집 31-1, 277.

56) 학설 중에도 이러한 소송을 기관소송이 아닌, 항고소송의 일종으로 보는 견해가 유력하다(홍정선, 전게서, 121면).

재량권 일탈·남용에 해당하여 위법한지 여부에 대해서는 대법원에 제소하여 다투는 것이 바람직하다.[57] 지방자치법 제4조에 규정된 소송은 행정안전부장관의 결정이 위법한지 여부를 다투는 특수한 소송으로서 형식적으로는 기관소송의 모습을 가지고 있지만, 그 본질은 항고소송에 가깝다. 매립지나 지적공부의 등록 누락 등에 관한 분쟁이 증가하자 입법자가 이에 관한 제1차 판단권을 국가기관인 행정안전부장관에 부여한 것이다. 이러한 제1차적 판단권의 위법 여부에 대해서는 대법원에 제소할 수 있고, 대법원의 인용결정이 있으면 행정안전부장관이 그 취지에 따라 다시 결정을 하여야 한다(지방자치법 제4조 제9항).

그러나 단순히 경계 결정 내지 관할 결정 그 자체의 위법이 아니라 지방자치단체의 권한(자치권) 유무나 범위와 관련된 사안에 대해서는 헌법재판소의 권한쟁의심판에 의하여야 한다. 공유수면 매립지의 관할 분쟁은 지방자치단체의 자치권(특히 지역고권)을 침해하는 사안일 뿐만 아니라 지방자치단체의 권한 유무나 범위를 다투다는 점에서 헌법재판소의 권한쟁의심판에 해당한다(헌법 제111조 제4호, 헌법재판소법 제62조 및 제66조 참조). 또한 헌법재판소의 권한쟁의심판은 매립지의 관할 귀속에 관한 포괄적 심사가 가능하다는 점에서 지방자치법 제4조와 별개로 병존할 수 있다. 헌법재판소와 대법원 사이에 관할권 경합뿐만 아니라 매립지의 귀속 판단에 있어서 상치(相馳)된 결과가 나올 수 있다. 또한 지방자치법 제4조의 규정만으로 대법원의 관할로 일원화되었다고 판단하는 것은 신중할 필요가 있다. 향후 헌법재판소의 권한쟁의심판 결정과 대법원의 판결이 서로 모순되는 결정이 나올 수 있으므로 상호 권한과 입장을 존중하면서 신중하게 결정을 내려야 한다.

---

57) 대법원은 위 새만금방조제 행정구역 사건에서 안전행정부장관(현 행정안전부장관)의 결정이 재량권을 일탈·남용한 것으로 판단하였으나, 그 관할 결정이 "계획재량적 성격"을 가진다고 보고 있다. 그러나 이러한 결정은 행정계획의 입안·수립시에 문제되는 것이 아니므로 계획재량으로 보는 것은 적절하지 않다.

Ⅳ. 항고소송의 활용가능성과 허용범위

1. 국가기관(감독청)과 지방자치단체의 기관 사이의 분쟁

(1) 지방자치단체의 장은 지방의회에서 재의결된 사항이 법령에 위반된다고 판단되면 재의결된 날부터 20일 이내에 대법원에 소를 제기할 수 있다(지방자치법 제172조 제3항). 이러한 소송은 좁은 의미의 기관소송에 해당한다. 감독기관인 주무부장관이나 시·도지사는 재의결된 사항이 법령에 위반된다고 판단됨에도 불구하고 해당 지방자치단체의 장이 소(訴)를 제기하지 아니하면 그 지방자치단체의 장에게 제소를 지시하거나 직접 제소 및 집행정지결정을 신청할 수 있다(지방자치법 제172조 제4항). 또한 지방의회의 의결이 법령에 위반된다고 판단되어 주무부장관이나 시·도지사로부터 재의요구지시를 받은 지방자치단체의 장이 재의를 요구하지 아니하는 경우(법령에 위반되는 지방의회의 의결사항이 조례안인 경우로서 재의요구지시를 받기 전에 그 조례안을 공포한 경우를 포함한다)에는 주무부장관이나 시·도지사는 지방자치법 제172조 제1항에 따른 기간이 경과한 날부터 7일 이내에 대법원에 직접 제소 및 집행정지결정을 신청할 수 있다(지방자치법 제172조 제7항). 이러한 쟁송은 국가기관과 지방의회 사이 또는 감독기관인 다른 상급지방자치단체의 장과 지방의회의 권한분쟁이다. 다른 자치쟁송과 달리 국가기관이나 시·도지사가 제소를 한다는 점이 특징이다. 지방의회의 조례제정과 관련된 것이기는 하지만, 지방자치단체의 장이 재의나 제소를 하지 않는 경우는 지방자치단체의 자치권과 국가기관의 합법성 통제가 충돌하는 것이라고 볼 수 있다. 지방자치법에서는 이러한 분쟁의 관할을 대법원으로 하고 있지만, 국가기관(주무부장관)과 지방자치단체 간의 분쟁을 내용으로 하므로 헌법재판소의 권한쟁의심판의 대상이 될 수도 있다.[58)]

---

58) 이를 중앙정부와 지방의회 간의 권한다툼으로 보아 기관소송으로 볼 여지가 있다는 견

지방자치법상 감독청의 시정명령이나 직권취소, 또는 직무이행명령에 대해 이의가 있는 경우 지방자치단체의 장은 15일 이내에 대법원에 제소할 수 있다(지방자치법 제169조 제2항 및 제170조 제2항 참조). 이 경우에 대법원에 제소하는 방식 외에 헌법재판소에 권한쟁의심판을 할 수 있는지가 문제된다. 헌법 규정이 법률 규정에 우선한다는 것을 논거로 헌법재판소가 우선적인 심판권을 가진다는 견해도 있다.[59] 이러한 분쟁을 헌법 제111조 제4호에 따른 '국가기관과 지방자치단체간의 권한쟁의에 관한 심판'으로 볼 수 있다는 점에서 권한쟁의심판의 가능성을 배제하기는 어렵다. 이를 헌법재판소가 적극적으로 판단하는 경우에는 대법원과의 권한 충돌문제가 생기게 된다. 지방자치법에서 이러한 분쟁을 대법원의 관할로 정하는 것 그 자체를 위헌으로 볼 수는 없다. 국가기관과 지방자치단체 사이의 권한쟁의는 권한쟁의심판의 대상이지만, 국가 또는 공공단체의 기관 상호간의 권한 존부 및 그 행사에 관한 분쟁은 기관소송의 대상이다(헌법재판소법 제2조 제4호, 행정소송법 제3조 제4호 참조). 감독청의 시정명령이나 직권취소 등은 지방자치단체의 장에 대한 감독처분의 성격을 가진다. 또한 자치사무에 대한 감독청의 시정명령이나 직권취소는 지방자치단체의 장의 명령이나 처분이 위법한 경우에 제한된다(지방자치법 제169조 제2항 참조). 그러나 직무이행명령의 대상사무는 기관위임사무 내지 국가사무이다.[60] 이러한 국가사무는 지방자치단체의 권한에 속하지 아니하므로 권한쟁의심판의 대상이 되지 아니한다고 보는 것이 헌법재판소의 입장이다.[61] 지방자치법 제169조 제1항에

해도 있다(신봉기, 전게논문, 637면 참조).

59) 허영, 헌법소송법론, 322-323면.

60) "직무이행명령의 대상사무는 '국가위임사무의 관리와 집행'이다. 그 규정의 문언과 함께 직무이행명령 제도의 취지, 즉 교육감이나 지방자치단체의 장 등, 기관에 위임된 국가사무의 통일적 실현을 강제하고자 하는 점 등을 고려하면, 여기서 국가위임사무란 교육감 등에 위임된 국가사무, 즉 기관위임 국가사무를 뜻한다고 보는 것이 타당하다." (대법원 2013. 6. 27. 선고 2009추206 판결)

61) 헌재 1999. 7. 22. 98헌라4; 헌재 2004. 9. 23. 2000헌라2; 헌재 2013. 12. 26. 2012헌

따른 시정명령이나 취소·정지의 대상은 '지방자치단체의 사무'라고 규정하고 있다. 여기에는 해석상 자치사무나 단체위임사무 외에 기관위임사무도 포함될 수 있다.[62] 이러한 국가사무는 권한쟁의심판의 대상이 될 수 없다. 나아가 국가기관의 감독처분은 권한의 존부가 문제되는 것이 아니라, 합법성 통제나 합목적성 통제와 관련된 권한(감독권) 행사에 관한 것일 뿐이다.[63] 따라서 이러한 지방자치단체의 장과 감독기관(국가기관) 사이의 분쟁은 법원에서 다루는 것이 타당하다.

(2) 국가기관과 지방자치단체의 기관 사이에 권한의 존부에 관한 분쟁도 이러한 '기관소송'으로 볼 수 있는지가 문제된다.[64] 예컨대 국가의 감독처분(시정명령, 직권취소 및 직무이행명령 등)에 대해 지방자치단체가 자치권 침해를 이유로 대법원에 소를 제기하는 경우가 그러하다(지방자치법 제169조 및 제170조 등). 이러한 소송의 법적 성질을 두고 견해가 대립하고 있다. 즉 이를 기관소송으로 이해하는 견해[65]와 특수한 행정소송(항고소송)으로 이해하는 견해[66] 등이 그러하다. 기관소송을 동일한 행정주체의 기관 간 분쟁에 제한되는 것으로 보는 전통적인 견해(좁은 의미의 기관소송 개념)에 의할 경우에는 국가기관과 지방자치단체의 기관 사이의 분쟁은 기관소송에서 제외된다. 항고소송의 문제는 후술하기로 한다. 오늘날 현대행정의 분쟁양상을 보면, 지방자치단체 사이뿐만 아니라 국가기관과 지방 자치단체 사이의 분쟁이 증가하고 있다. 이를 기관

라3 등 참조.

62) 이에 대해서는 졸저, 행정법의 특수문제, 법문사, 2018, 49면.

63) 한편, 권한의 존부와 권한의 행사를 구별하지 않고, 피청구인의 권한 행사가 권한 침해임을 다투는 것에 대해서도 권한쟁의심판을 제기할 수 있다고 보는 견해가 있다(헌법재판소, 헌법재판실무제요. 417면). 이러한 해석에 의할 경우 권한쟁의심판의 대상은 지나치게 확대될 수 있다.

64) 이와 관련하여 국가기관(중앙행정기관)과 지방자치단체 간의 분쟁이 모두 헌법적 분쟁은 아니며, 국가기관의 위법성 통제 내지 감독에 대해 불복하는 소송은 기관소송으로 보아야 한다는 견해가 유력하다(김해룡, "권한쟁의와 기관소송에 관한 고찰", 지방자치법연구 제14권 3호, 2014. 9, 222면 참조).

65) 김동희, 행정법 II, 제21판, 119면 이하.

66) 김남진/김연태, 행정법 II, 제22판, 203면.

소송의 범주에서 제외하기가 현실적으로 쉽지 않은 것이다. 독일에서는 기관소송(Organklage)에 대한 명문의 규정이 없어 취소소송이나 일반이행소송 등으로 다투고 있다. 이러한 행정소송에 의한 기관소송은 기관쟁의(Organstreit)와 구별된다. 이러한 기관소송에서는 법인격이 있는 지방자치단체뿐만 아니라 그 기관인 행정청도 주(란트)법이 정하는 바에 따라 그 당사자능력이 인정된다(행정법원법 제61조 제3호 참조). 또한 국가기관의 감독조치가 항고소송의 대상인 행정행위에 해당하는 경우에 지방자치단체는 그 국가의 감독처분에 대해 취소소송을 제기할 수도 있다.[67]

(3) 독일의 기관쟁의는 우리나라의 권한쟁의심판과 유사하지만, 완전히 일치한다고 보기 어렵다. 독일 기본법 제93조 제1항 제1호에서는 기본법이나 연방최고기관의 사무규칙에 의해 설치된 연방최고기간이나 그 밖의 당사자의 권리·의무의 범위에 대한 쟁송에서 발생하는 기본법의 해석을 연방헌법재판소의 관할로 하고 있다. 이러한 기관쟁의에 대해 당사자능력을 가지는 기관으로는 연방의회, 연방참사원, 연방대통령, 연방정부, 연방대통령 선거를 위한 비상설 연방상·하원합동회의(Bundesversammlung), 공동위원회 등이 속한다.[68] 연방의회 의원이나 조사위원회와 같은 위원회도 포함된다.[69] 독일 연방헌법재판소의 기관쟁의는 객관적 소송절차가 아니라, 신청인과 피신청인 사이의 대심적(對審的) 구조의 당사자쟁송(kontradiktorische Parteistreitigkeit)으로 이해된다.[70] 이러한 점은 권한쟁의심판을 객관소송으로 이해하는 국내 학설 및 판례의 입장과 차이가 있다. 독일 기본법 제93조 제1항 제1호에서는 연방최고기관 등의 권리나 의무라고 규정하고 있지만, 독일의 기관

67) 이에 대해서는 졸고, "항고소송에 있어서 국가기관의 원고적격", 저스티스 통권 제140호 (2014. 2), 344면 참조.

68) Jarass/Pieroth, GG, Art. 93 Rn. 9.

69) Jarass/Pieroth, GG, Art. 93 Rn. 10; BVerfGE 2, 143 (160).

70) Schlaich/Korioth, Das Bundesverfassungsgericht, 9. Aufl., Rn. 79.

쟁의는 국가 내부의 기관 사이의 쟁의이므로 주관적 권리나 의무에 관한 것이 아니라 기관 사이의 관할이나 권한에 관한 것이다.[71] 또한 독일 기본법 제93조 제1항 제1호에는 기관쟁의에 '최고헌법기관'뿐만 아니라 연방법이나 연방최고기관의 사무규칙에 따라 설치된 '기타 당사자'의 분쟁도 규정하고 있다. 여기에서 말하는 '기타 당사자'에 크라이스(Kreis)[72]나 게마인데(Gemeinde)[73]는 속하지 아니한다. 따라서 독일에서 지방자치단체의 권한분쟁은 연방헌법재판소에 의한 기관쟁의의 대상이 아니며, 후술하는 바와 같이 행정소송의 대상이다.

한편, 주(란트)도 기관쟁의의 당사자능력을 가지는지가 문제된다. 이를 연방기관인 연방참사원(Bundesrat)의 일부나 기관으로 이해하는 견해도 있지만, 이러한 소송은 독일 기본법 제93조 제3호에 규정된 연방과 주(란트)의 쟁송방식으로 해결하여야 한다는 견해가 유력하다.[74] 그러한 점에서 독일의 기관쟁의는 '헌법기관'의 쟁의라고 보는 것이 적절하다. 또한 독일의 기관쟁의와 한국의 권한쟁의심판을 동일시하는 견해도 있지만, 양자는 완전히 일치하지 않는다. 국가 내부의 헌법기관을 주된 대상으로 하는 독일의 기관쟁의는 국가기관과 지방자치단체간 및 지방자치단체 상호간의 권한쟁의를 모두 포함하는 한국의 권한쟁의심판보다 좁다. 독일에서 지방자치단체의 분쟁은 연방헌법재판소에 의한 기관쟁의절차의 방식보다는 행정소송의 방식에 의해 해결되고 있다.

2. 항고소송의 허용성과 적용범위

국가기관과 지방자치단체(또는 그 기관) 사이의 분쟁이나 지방자치단체 기관 사이의 분쟁에 대해 지방자치단체 또는 그 기관이 항고소송을

71) Schlaich/Korioth, a.a.O., Rn. 79.
72) Schlaich/Korioth, a.a.O., Rn. 90.
73) BVerfGE 27, 240 (246).
74) Schlaich/Korioth, a.a.O., Rn. 89.

제기할 수 있는지가 문제된다. 최근 지방자치단체가 국가기관이나 다른 공공단체 또는 그 기관에 대해 항고소송을 제기하는 사례가 늘고 있다. 이러한 소송이 허용될 수 있는지에 대해 검토하기로 한다. 이러한 문제는 지방자치단체 또는 그 기관의 원고적격뿐만 아니라 대상적격도 문제된다. 또한 지방자치단체는 법인격을 가지므로 권리·의무의 귀속주체가 될 수 있지만, 지방자치단체의 기관은 이러한 법인격을 가지고 있지 않다. 독일에서는 동일 주체 내부의 기관 사이의 쟁송을 (내부)기관소송(In-Sich-Prozeß)이라고 부르고 있다. 좁은 의미의 '기관소송'이라고 볼 수 있다. 이러한 내부기관소송은 행정소송에서 명시되어 있지 않다. 따라서 이러한 내부기관소송에 대해서는 견해가 대립하고 있다. 이에 대해 취소소송과 의무이행소송 및 일반이행의 소가 가능하다는 견해가 있다.[75] 그러나 이러한 분쟁은 내부법의 영역이어서 행정행위(처분)가 인정되기 어렵기 때문에 취소소송이나 의무이행소송을 제기할 수 없다. 따라서 이러한 분쟁에 대해서는 원칙적으로 일반이행의 소를 제기할 수 있으며, 보충성이 인정되는 경우에 일반확인의 소를 제기할 수 있다고 보는 견해가 독일의 다수설이다.[76] 최근 독일에서도 지방자치단체의 내부쟁송(kommunale Binnenstreitigkeit)의 문제가 부각되고 있다. 독일에서도 후기제국주의 시대의 지배적인 헌법이론에 따라 국가 내부에는 법이 침투할 수 없다고 보는 소위 '불침투설(Impermeabilitätstheorie)'이 득세하였고, 내부법의 영역은 사법심사의 대상이 아니었다. 그러나 오늘날 지방자치단체의 쟁송은 비(非)헌법적 성질의 공법적 분쟁이며, 헌법적 성질의 기관쟁의가 아니라는 점이 인정되고 있다.[77] 또한 전술한 바와 같이 이러한 지방자치단체 내부의 쟁송은 행정행위로 볼 수 없기 때문에 행정행위를 대상으로 하는 취소소송이나 의무이행소송을 제기할 수

75) Kopp/Schenke, VwGO, 18. Aufl., Vorb § 40 Rn. 7.

76) 이에 대해서는 졸고, "항고소송에 있어서 국가기관의 원고적격", 345-346면.

77) Margarete Mühl-Jäckel, Binnenstreitigkeiten innerhalb der Kommune, DVBl. 2018, S. 1045 f.

없다는 견해가 지배적이다.[78]

지방자치단체가 항고소송을 제기할 수 있는 대상은 대체로 국가의 감독처분이다. 독일에서는 지방자치단체의 자치권을 침해하는 국가의 감독조치가 행정행위의 성질을 가지는 경우에는 항고소송을 제기할 수 있다고 보고 있다. 우리나라에서는 지방자치단체에 대한 국가의 감독처분에 대하여 대법원에 소를 제기할 수 있는 규정을 두고 있다. 즉 지방자치단체의 장이 국가의 시정명령이나 직권취소 또는 직무이행명령에 대하여 이의가 있으면, 이에 대해 대법원에 제소할 수 있다(지방자치법 제169조 및 제170조). 이러한 소송을 기관소송으로 보는 견해, 특수한 행정소송(항고소송)으로 보는 견해 등이 있으나, 광의의 기관소송으로 파악하더라도 그 본질은 항고소송의 성질을 가지고 있다. 그러한 점에서 학설상 견해 대립은 매우 상대적이다. 국가의 시정명령이나 직권취소는 행정처분의 성질을 가진다고 볼 수 있으며, 지방자치단체의 자치권은 넓은 의미의 권리 내지 행정소송에 있어서 법률상 이익의 하나로 충분히 볼 수 있다.

3. 대법원 판례의 분석과 문제점

근래에 지방자치단체 또는 그 기관이 다른 지방자치단체 또는 그 기관을 상대로 취소소송을 제기할 수 있는지가 문제된다. 이와 관한 대표적 사례는 서울특별시장이 다른 지방자치단체의 장인 강원도 양양군수를 상대로 취소소송을 제기한 사건이다. 서울특별시장과 강원도 양양군수 사이에 건축협의가 진행되는 도중에 양양군수가 이를 취소한 사건에서, 서울특별시장이 이를 취소하는 소송을 제기하였다. 대법원은 이러한 건축협의 취소가 행정처분이라고 판단하였으나,[79] 수긍하기 어렵다.

78) Margarete Mühl-Jäckel, a.a.O., S. 1046.
79) 대법원 2014. 2. 27. 선고 2012두22980 판결.

이러한 건축협의가 허가로 간주 내지 의제되더라도, 이러한 협의가 이루어지지 않은 상황에서 허가로 볼 수 있는 실체가 없다. 또한 이러한 건축협의는 공법상 계약에 가깝다. 권리구제수단이 없다고 하여 법률해석의 한계를 넘어 행정처분을 인정하는 것은 타당하지 않다. 또한 지방자치단체가 국가기관의 지방교부세감액결정을 다투는 사건에서 이를 행정처분으로 보고 본안판단으로 들어간 경우도 있다.[80] 즉 기초 지방자치단체(A郡)가 학교법인을 설립하고 사립 고등학교의 형태로 외국어고등학교를 설립한 후 학교법인에 348억여 원을 출연금으로 지출하였다. 행정자치부장관(현 행정안전부장관)은 A郡의 출연행위가 '법령위반 지출'에 해당한다는 이유로 지방교부세 161억여 원을 감액한다고 결정·통지를 하였다. 이에 A郡은 행정자치부장관을 상대로 위 지방교부세감액결정의 취소를 구하는 소를 제기한 것이다. 원고는 A郡으로 지방자치단체이며, 피고는 국가기관인 행정자치부장관이다. 피고는 행정청이 될 수 있으나, 지방자치단체가 취소소송의 원고적격이 될 수 있는지가 문제된다. 전술한 바와 같이 지방자치단체의 자치권(재정고권)을 침해할 수 있다는 점에서 원고적격은 인정될 수 있다. 지방교부세감액결정이 행정처분인지가 문제되나, 일종의 감독처분에 해당하고 특정한 지방자치단체에 대한 구체적 사실에 관한 법집행으로서 공권력의 행사로 볼 수 있다. 이러한 지방교부세감액결정은 지방자치단체의 재정에 불이익을 줄 수 있다는 점에서 행정처분으로 인정하기에 충분하다. 다만, 대법원 판례에서는 이러한 적법요건에 관한 문제를 적극적으로 논증하지 않고 있다.

---

80) 대법원 2017. 9. 21. 선고 2014두43073 판결,

V. 법규범에 의한 자치권 침해와 지방자치단체 헌법소원제도의 신설

1. 법규범에 의한 지방자치단체의 자치권 침해와 공법상 권리구제

법규범에 의한 자치권 침해의 경우에 지방자치단체의 헌법소원제도가 도입될 필요성이 있다.[81] 헌법재판소의 판례에 의하면, 지방자치단체는 원칙적으로 기본권 능력이 인정되지 않기 때문에 국가의 공권력 행사에 의한 기본권 침해를 이유로 일반적인 헌법소원을 제기하기가 어렵다. 법률이나 법률하위규범에 의해 지방자치단체의 자치권이 침해될 수 있지만, 현행법상 이에 대한 효과적인 권리구제수단이 거의 없다. 중요한 입법적 공백이라고 하지 않을 수 없다. 전술한 바와 같이 기관소송이나 권한쟁의심판도 매우 제한적이다. 이러한 문제는 실질적으로 '규범통제'의 성격을 가진다. 규범통제의 통일성 관점에서 법률이나 시행령·시행규칙 등이 제정되는 경우에 조례는 이를 위반하여서는 아니 된다. 헌법 제117조 및 지방자치법 제22조에 의하면 '법령의 범위 안에서' 조례를 제정할 수 있다고 명확히 규정하고 있기 때문에 조례가 상위법령을 위반하기는 쉽지 않다. 그러한 이유에서 자치권을 침해당한 지방자치단체가 법규범 자체의 위헌·위법 여부를 다툴 수 있는 기회가 보장되어야 한다. 또한 한국의 판례에서는 행정규칙에 대해서도 법규적 효력을 매우 광범위하게 인정하고 있다. 이러한 법령보충적 행정규칙의 헌법적 문제에 대해서는 별론으로 하더라도, 고시·훈령 등에 의해 지방자치단체의 자치권이 침해되는 경우에는 그 권리구제가 쉽지 않다. 자치권을 침해받은 지방자치단체가 해당 고시·훈령 등에 대해 무효를 다투기 어렵기 때문이다. 이러한 고시나 훈령 등에 근거한 행정

---

81) 이에 대해서는 졸고, "항고소송과 헌법소원의 대상: 공법소송 대상의 재구성을 위한 시론을 중심으로", 법조 통권 제734호(2019. 5), 28-29면 참조.

작용이 처분에 해당하는 경우에 이에 대해 항고소송을 제기하면서 선결 문제로서 그 수권근거인 고시나 훈령 등의 무효를 주장하는 것이 고려될 수 있다. 이러한 경우에도 지방자치단체의 원고적격과 처분성 등은 여전히 문제된다. 가사 적법요건을 충족하여 본안판단에서 해당 고시나 훈령 등이 위법으로 인정되더라도 당해 사건에 대해서만 적용이 배제될 뿐 해당 고시나 훈령 등의 폐지를 인정할 수는 없다.

따라서 법규범에 의해 지방자치단체의 자치권이 침해된 경우에 헌법소원을 제기할 수 있는지, 이러한 헌법소원을 제기할 수 없는 경우에 어떠한 방식으로 권리구제를 도모하는지를 살펴보는 것은 의미 있는 일이다. 이와 관련하여 지방자치단체의 헌법소원을 인정하고 있는 독일의 입법례뿐만 아니라, 이와 다른 제도를 가진 오스트리아 및 스위스의 입법례를 함께 비교·고찰하기로 한다.

2. 비교법적 고찰

(1) 독일의 입법례

독일에서는 일반적인 헌법소원을 제기하는 것이 어렵지만, 별도로 전술한 바와 같이 지방자치단체 헌법소원 제도를 마련하고 있다. 독일 기본법 제93조 제1항 제4b호에는 "게마인데나 게마인데단체(Gemeindeverbände)가 기본법 제28조에 의한 자치권의 침해를 이유로 한 헌법소원"에 관한 연방헌법재판소의 관할을 규정하고 있다. 이러한 지방자치단체 헌법소원의 법적 성격에 대해 다양한 견해가 소개되고 있으나, 주위적 규범통제의 특별한 사례로 보는 견해가 지배적이다.[82] 또한 일부

82) 이에 대한 학설로는 주위적 규범통제의 특별한 사례로 보는 다수설 외에도 일반적 헌법소원과 동등한 유형으로 보는 견해(Sachs), 소송상 특별한 규범 내지 독자적 유형으로 보는 견해(Hoppe), 연방과 주의 쟁송으로 보는 견해(Burmeister) 등이 있다. 이에 대한 독일 학설의 소개는 Zuck, Das Recht der Verfassungsbeschwerde, 5. Aufl., 2017, Rn. 121 참조.

견해는 지방자치단체 헌법소원이라는 용어가 오해의 소지를 주고 있지만, 그 본질은 '규범통제'라는 점을 강조하고 있다.[83] 이에 대해 지방자치단체 헌법소원은 법규범에 의한 자치권 침해를 대상으로 한다는 점에서 규범통제의 성격을 부인할 수 없으나 지방자치단체 헌법소원과 경합할 수 있어 독자적 유형으로 보는 견해도 유력하다.[84]

지방자치단체 헌법소원의 청구인은 게마인데와 게마인데단체이지만, 이를 대표하는 지방자치단체의 기관도 각 주(란트)의 지방자치법에 따라 소송능력을 가질 수 있다. 독일 기본법 제93조 제1항 제4b호에는 '법률(Gesetze)'에 의한 자치권 침해를 이유로 지방자치단체 헌법소원을 제기할 수 있다고 규정하고 있다. 그러나 형식적 의미의 법률에 제한되지 아니하고, 모든 유형의 연방 또는 주(란트)의 '법규범'이 지방자치단체 헌법소원의 대상이 된다고 보는 견해가 유력하다. 따라서 여기에는 법규명령이나 자치법규도 포함된다.[85] 연방헌법재판소의 입장도 동일하다.[86] 그러나 집행권의 구체적인 조치나 법원의 판결 등은 여기에서 제외된다.[87] 행정규칙이 이러한 '법률'에 속하는지가 문제되고 있지만, 부정적으로 보는 견해가 다수설이다. 그러나 행정규칙의 법규적 효력을 주장하는 소수설은 행정규칙도 지방자치단체 헌법소원의 대상이 될 수 있다고 보고 있다.[88] 다만, 관습법이나 판례가 여기에 속하는지에 대해

83) Bethge, in: Maunz/Schmidt-Bleibtreu/Klein/Bethge(Hg.), BVerfGG, (54. EL Juni 2018), § 13 Nr. 8a Rn. 49.
84) Zuck, a.a.O., Rn. 311.
85) Burgi, a.a.O., § 9 Rn. 3; Röhl, in: Schoch(Hg.), Besonderes Verwaltungsrecht, Kap. 2, Rn 54; Bethge, in: Maunz/Schmidt-Bleibtreu/Klein/Bethge(Hg.), BVerfGG, § 13 Rn. 54. 한편, 자치조례나 주법의 하위규범에 해당하는 법규정 등은 헌법소원의 대상이 아니라고 보는 견해도 있다(석종현, 전게논문, 358면). 그러나 오늘날에는 지방자치단체 헌법소원의 대상을 실질적 의미의 법률로 이해하고 있으며, 여기에는 자치조례도 포함된다.
86) BVerfGE 71, 25/34; 107, 1/15.
87) Jarass/Pieroth, GG, 10. Aufl., Art. 93 Rn. 74.
88) 예컨대 Sauerland, Die Verwaltungsvorschrift im System der Rechtsquellen, Berlin 2005, S. 439 f. 참조.

서는 여전히 다툼이 있다.[89] 행정법원법 제47조에 의한 규범통제절차의 가능성이 열려 있는 경우에는 보충성의 원칙을 준수하여야 한다. 또한 주(란트)의 법률에 의해 보장된 지방자치단체의 자치권이 침해되었음을 이유로 주 헌법재판소에 제소할 수 있는 경우에는 지방자치단체 헌법소원이 배제된다.

(2) 오스트리아의 입법례

오스트리아의 최고사법기관은 헌법재판소(Verfassungsgerichtshof), 행정사건을 담당하는 행정재판소(Verwaltungsgerichtshof), 그리고 민·형사 사건을 담당하는 최고법원(Oberster Gerichtshof)으로 구성되어 있다.[90] 헌법재판소와 행정재판소가 대등하게 구성되어 있다는 점이 특징이다. 2012년의 헌법 개정에 의해 행정사건을 담당하는 제1심 행정법원(VwG; Verwaltungsgericht)이 신설되었다.[91] 제1심 행정법원이 설치되기 전에는 각 주(란트)에 합의제 행정기관으로서 독립성이 보장된 '독립행정심판원(UVS; UnabhängigeVerwaltungssenat)'이 있었다.[92] 각 주(란트)마다 하나의 행정법원이 설치되어 있고, 연방에는 연방행정법원과 연방재정법원이 있다(오스트리아 헌법 제129조). 이와 같이 행정재판소의 하급심법원으로는 각 주(란트)의 행정법원들과 연방행정법원 및 연방재정법원이 있다. 행정법원은 행정청의 결정이나 명령의 위법, 강제력의 직접적 행사의 위법, 결정의무(작위의무)의 위반 등을 결정한다(동법 제130조). 연방행정법원은 연방의 집행 사무에 관한 사안을 다룬다는 점이 주(란트) 행정법원과 다르다. 연방행정법원은 직접적인 연방행정의 집행에 관한 법적

---

89) Pestalozza, Verfassungsprozessrecht, 3. Aufl., 1991, § 12 Rn. 58.

90) 김태호, 오스트리아 사법제도 연구: 최고재판소, 행정재판소 및 헌법재판소의 상호 관계에 대한 헌법 규정 분석을 중심으로, 대법원 사법정책연구원, 2014, 21면 이하.

91) 이에 따라 개정된 오스트리아 행정소송절차법(VwGVG; Verwaltungsgerichtsverfahrensgesetz)이 2014. 1. 1.에 발효되었다.

92) Adamovich/Funk/Holzinger/Frank, Österreichisches Staatsrecht Bd. 2, 2. Aufl., 2013, 273 ff.

문제, 공공위탁의 사무, 연방의 근무관계에 관한 사무 및 환경에 중대한 영향을 미치는 사업계획안에 대한 환경영향평가 등을 다룬다.[93)]

헌법재판소와 행정재판소의 권한은 구분되어 있으며, 헌법재판소의 관할에 속하는 법적 문제는 행정재판소의 관할에서 제외된다(오스트리아 헌법 제133조 제5항). 행정재판소는 위법한 행정법원 판결에 대한 상고, 행정법원을 통한 결정의무(작위의무) 위반의 기간설정에 대한 신청, 행정법원간이나 행정재판소와 행정법원간 관할분쟁에 대해 재판한다(동조 제1항). 이와 달리 헌법재판소는 법원과 행정청 사이, 통상법원과 행정법원 또는 행정재판소 사이 및 헌법재판소와 다른 모든 법원 사이의 관할분쟁에 대해 결정한다(오스트리아 헌법 제138조). 또한 헌법재판소는 위헌 법률뿐만 아니라 위법한 (법규)명령에 대해서도 결정한다(오스트리아 헌법 제139조 제1항 참조). 오스트리아 헌법재판소는 법원의 제청에 의해 명령의 위법성을 심사하고, 법규명령이 재판에 계류 중이고 법적 사안에 적용되는 경우에는 직권으로 그 위법 여부를 심사한다. 또한 오스트리아 헌법재판소는 주정부 또는 의회옴부즈만인 호민관(Volksanwaltschaft)의 신청이 있는 때에도 연방행정청의 법규명령이 법률에 위반하였는지 여부를 결정한다. 그리고 지방자치단체(게마인데)가 자신의 사무범위 내에서 제정한 '명령'은 감독청에 지체 없이 통지하여야 한다. 이 경우 감독청은 해당 지방자치단체의 명령이 법률에 위반된다는 것을 이유로 청문 후에 다시 (법규)명령을 제정하여 지방자치단체의 명령을 폐지할 수 있다(오스트리아 헌법 제119a조 제6항). 또한 지방자치단체는 헌법재판소에 감독청의 법규명령에 대한 위법 여부의 심사를 청구할 수 있다(오스트리아 헌법 제119a조 제6항 및 제139조 제1항 제7호 참조).[94)] 이러한 심사방식은 추상적 규범통제제도에 기초하고 있다.[95)] 이와 같이 오스트리아에서는 법규명

93) Kneihs/Urtz, Verwaltungsgerichtliche Verfahren, Wien 2013, 17.

94) 이에 대해서는 허완중, 오스트리아 헌법재판제도에 관한 연구, 헌법재판소 헌법재판연구원, 2016, 40-41면 참조.

95) Walter/Mayer/Kucsko-Stadlmayer, Bundesverfassungsrecht, 10. Aufl., Rz 1114.

령에 대한 규범통제권을 모두 헌법재판소에 귀일시키고 있고, 법규범에 의한 지방자치단체의 자치권 침해를 헌법소원의 방식이 아니라, 위법한 법규명령에 대해 일종의 '규범통제'의 방식으로 다투고 있다. 헌법재판소가 법규명령이 위법하다고 결정하는 그 결정을 선고한 때로부터 해당 법규명령은 효력이 없다. 오스트리아에서는 독일과 달리 폐지무효설을 채택하고 있다.

한편, 오스트리아 헌법재판소는 일정한 경우 '특별행정재판권'을 가지고 있다. 즉 오스트리아 헌법재판소는 행정법원의 판결(Erkenntnis), 또는 일정한 경우에 행정법원의 결정(Bescheide)에 대한 헌법소원(재판소원)을 심사한다. 즉 소원청구인은 판결을 통해 헌법이 보장하는 권리, 또는 위법한 명령의 적용 등에 의해 자신의 권리가 침해되었다고 주장하여야 한다(오스트리아 헌법 제144조 제1항).[96] 오스트리아 헌법에서 직접 행정법원의 전체 판결을 소원의 대상으로 확정하고 있다.[97] 그러나 예외적으로 행정법원의 판결이나 결정이 상고의 허용을 내용으로 하는 경우에는 헌법재판소에 소원을 제기할 수 없다(동조 제5항). 또한 통상법원이나 행정재판소의 판결에 대한 헌법소원을 허용하지 않는다.[98] 행정법원의 판결에 대해서만 예외적으로 '재판소원'이 인정되고 있는 것이다. 지난 2014년 1월 1일 행정소송의 개혁에 의해 이러한 변화가 생긴 것이다. 이러한 재판소원을 제기하기 위해서는 쟁송의 대상인 재판을 통해 자신의 주관적 권리가 침해되어야 하고, 헌법이 보장하는 권리는 이러한 주관적 권리에서 제외된다.[99]

---

96) 이러한 제도의 연혁 및 행정작용에 대한 사법적 통제의 이원화 등에 대해서는 김태호, 전게보고서, 47면 이하.

97) Mayer/Muzak, B-VG, 5. Aufl., Art. 144. 520.

98) Admovich/Funk/Holzinger/Frank, Österreichisches Staatsrecht, Bd. 2, 3. Aufl., 303.

99) Admovich/Funk/Holzinger/Frank, a.a.O.(Fn. 98), 319.

(3) 스위스의 입법례

스위스에서는 독일이나 오스트리아와 달리 헌법재판소가 설치되어 있지 않고, 최고법원에 해당하는 연방대법원(Bundesgericht, Federal Supreme Court of Switzerland)이 헌법재판을 담당하고 있다. 2000년에 들어와서는 연방형사법원과 연방행정법원(Bundesverwaltungsgericht; Federal Administrative Court)이 설립되었다.[100] 스위스 연방대법원은 연방법, 국제법, 각 주(칸톤)간의 법(interkantonales Recht), 주(칸톤)의 헌법적 권리 등을 비롯해서 지방자치단체의 자치권 침해도 심사하고 있다(스위스 헌법 제189조 제1항 참조). 게마인데자치 내지 지방자치(Gemeindeautonomie)는 주(칸톤)의 헌법적 권리로 이해된다.[101] 또한 연방과 주(칸톤), 주와 주 사이의 권한쟁의도 스위스 연방대법원의 관할이다(스위스 헌법 제189조 제2항). 이와 같이 스위스 연방대법원은 연방행정청과 주(칸톤) 행정청간의 권한충돌, 연방과 주(칸톤) 사이 또는 주(칸톤) 사이의 공법상 쟁송, 국가배상 등에 대해 단심으로 심사한다(스위스 연방대법원법 제120조 참조). 그러나 지방자치단체(게마인데) 사이의 권한분쟁은 행정법원의 관할이다.[102]

한편, 스위스 헌법 제189조 제1항 e호에는 공법상 사단법인(공공단체)을 위한 지방자치단체(게마인데) 자치권이나 주(칸톤)의 기타 보장(존립보장)의 침해에 대해서도 연방대법원의 관할로 규정하고 있다. 특히 전자의 경우에 해당하는 게마인데의 자치권 보장을 특별한 소원의 하나로서 '自治訴願(Autonomiebeschwerde)'이라고 부르고 있다.[103] 전자는 후자(주

100) Walter Haller, The Swiss Constitution in a Comparative Context Second Edition, 2016, 149.

101) Biaggini, in: Niggli/Uebersax/Wiprächtiger/Kneubühler(Hg.), BSK BGG, Art. 116 N 30.

102) Tobias Jaag/Markus Rüssli, Staats- und Verwaltungsrecht des Kantons Zürich, 5. Aufl., RZ. 2932.

103) Ehrenzeller/Mastronardi/Schweizer/Vallender, Die Schweizerische Bundesver-

의 기타 보장)의 예시로 해석되며, 어떠한 사항에 대해 자치가 보장되는지는 주(칸톤)의 헌법과 법률에 의해 결정된다고 보고 있다.[104] 지방자치단체(게마인데)나 기타 공공단체는 주(칸톤) 헌법이나 연방헌법이 보장하는 자치권이 침해된 경우에 자치소원을 제기할 수 있는 당사자적격(원고적격)을 가진다(스위스 연방대법원법 제89조 제2항 참조).[105] 이 경우 지방자치단체(게마인데)는 사인의 권리(기본권) 침해와 유사한 방식으로 관련성이 있어야 한다.[106]

자치소원은 대부분 연방행정청의 처분에 의해 주(칸톤)이나 지방자치단체(게마인데)의 자치권이 침해되는 경우에 제기된다.[107] 지방자치단체의 자치권은 주(칸톤)의 법에 맡겨져 있다(스위스 헌법 제50조 제1항). 스위스 연방대법원법(BGG; Bundesgerichtsgesetz)은 보충적인 헌법소원제도를 보장하고 있다(제5장). 연방대법원은 다른 구제수단이 없는 한 주(칸톤) 차원의 최종 결정에 대한 헌법소원을 심사할 수 있다(스위스 연방대법원법 제113조).[108] 헌법소원의 사유는 헌법상 권리의 침해이다(스위스 연방대법원법 제116조). 그러나 스위스 연방대법원이 심사하는 지방자치단체의 자치권은 주(칸톤)의 명령(Erlasse)에 의해 침해되는 경우도 포함하고 있다.[109]

---

fassung, 2. Aufl., Art. 189 Rz. 35. 이를 '자치상고'라고 부르는 견해도 있다(신교식, "스위스 헌법재판제도에 관한 연구, 외국사법연수논집(30), 재판자료 제122집, 2011, 98면). 통상적으로 독일어 'Beschwerde'를 '소원(訴願)'으로 번역하는 것이 일반적이지만, 오스트리아나 스위스에서는 흔히 '소송'의 의미로 사용되고 있다.

104) Ehrenzeller/Mastronardi/Schweizer/Vallender, a.a.O.

105) 신교식, 전게논문, 107면.

106) Häfelin/Müller/Uhlmann, Allgemeines Verwaltungsrecht, 7. Aufl., § 27 Rz. 1992.

107) Waldmann, in: Niggli/Uebersax/Wiprächtiger/Kneubühler(Hg.), BSK BGG, Art. 89 N. 68.

108) 이에 대해 법령이 아닌 결정만이 헌법소원의 대상이라고 소개하는 문헌도 있다(신교식, 전게논문, 111면).

109) Häfelin/Müller/Uhlmann, Allgemeines Verwaltungsrecht, 7. Aufl., § 27 Rz. 1992.

3. 입법부작위에 대한 지방자치단체 헌법소원의 허용 여부

입법정책적 사항은 원칙적으로 입법자의 형성적 자유에 맡겨져 있지만, 입법의 '부작위'는 예외적으로 일반적인 헌법소원의 대상이 될 수 있다.[110] 즉 "기본법의 명시적 위임에 의해 청구인과 관련이 있을 수 있고, 입법의무의 내용과 범위가 본질적인 부분에 있어서 정해져 있어야" 한다.[111] 다만, 입법자의 '부작위'에 대해서도 지방자치단체 헌법소원이 제기될 수 있는지에 대하여는 독일의 학설에서도 견해대립이 있다. 부정설[112]이 다수설이다. 이는 법률의 제정 없이 지방자치의 보장 및 실현이 어려운 경우에 주로 문제된다. 긍정설은 헌법소원의 이유와 결정내용을 규정하고 있는 연방헌법재판소법 제92조 및 제95조 제1항 제1문이 지방자치단체 헌법소원에도 적용되고 있으며,[113] 이를 이례적(異例的)으로 부정하고, 작위에 제한하는 견해에 대해 설득력 있는 논거를 찾을 수 없다고 비판하고 있다.[114] 나아가 연방헌법재판소가 지방자치보장을 위한 권리구제기능의 관점에 근거하고 있는 한, 입법부작위도 헌법소원의 대상이 되어야 한다고 보는 견해도 있다.[115] 또 다른 견해는 권력분립원리의 관점에서 입법부작위에 대해 지방자치단체 헌법소원을 제기할 수 없고, 지방자치단체 헌법소원은 규범제정요구소송(Normerlaßklage)이 아니라고 보고 있다.[116]

---

110) Schlaich/Korioth, a.a.O., Rn. 229 f.

111) BVerfGE 56, 54/70.

112) Bethge, in: Maunz/Schmidt-Bleibtreu/Klein/Bethge(Hg.), BVerfGG, § 13 Nr. 8a Rn. 55; Sachs, Verfassungsprozessrecht, 3. Aufl., 570.

113) 독일 연방헌법재판소법 제92조에서는 "헌법소원의 이유에는 침해되는 권리와 헌법소원 청구인이 침해된다고 여겨지는 기관이나 행정청의 작위나 부작위가 표시되어야 한다"고 규정하고 있다. 또한 동법 제95조 제1항 제1문에는 "헌법소원이 허용되면, 그 결정에는 기본법의 어떠한 규정이, 그리고 어떠한 작위나 부작위가 침해하고 있는지를 확정하여야 한다"고 규정하고 있다.

114) Pestalozza, a.a.O., § 12 Rn. 58.

115) Magen, in: Umbach/Clemens/Dollinger(Hg.), Bundesverfassungsgerichtsgesetz, 2. Aufl., § 90 Rn. 54

한편, 한국 헌법재판소는 입법부작위에 대한 지방자치단체의 헌법소원을 인정하고 있지 않다. 헌법재판소는 국민이 법률의 제정을 구할 권리를 원칙적으로 인정할 수 없다고 보면서도 일정한 요건 하에 헌법소원을 인정하고 있다. 즉 기본권 보장을 위해 법령에 명시적인 입법위임을 하였음에도 이를 방치한 경우, 헌법해석상 특정인에게 구체적인 기본권이 생겨 이를 보장하기 위한 국가의 행위의무 내지 보호의무가 발생하였음이 명백함에도 아무런 입법조치를 취하지 아니하는 경우에 인정된다.[117] 이러한 입법부작위에는 헌법적 의무가 있음에도 불구하고 규범을 전혀 제정하지 않는 '진정입법부작위'와 기본권의 보호의무를 법률에 의해 구체화하는 경우에 규범제정의무를 충분히 이행하지 않는 '부진정입법부작위'가 있다.[118] 헌법재판소도 진정입법부작위와 부진정입법부작위를 구별하고 있다. 즉 "넓은 의미의 입법부작위에는, 입법자가 헌법상 입법의무가 있는 어떤 사항에 관하여 전혀 입법을 하지 아니함으로써 입법행위의 흠결이 있는 경우와 입법자가 어떤 사항에 관하여 입법은 하였으나 그 입법의 내용·범위·절차 등이 당해 사항을 불완전, 불충분 또는 불공정하게 규율함으로써 입법행위에 결함이 있는 경우가 있는데, 일반적으로 전자를 진정입법부작위, 후자를 부진정입법부작위라고 부르고 있다"라고 보고 있다.[119] 그러나 진정입법부작위와 부진정입법부작위의 구별은 현실적으로 쉽지 않다.

진정입법부작위는 헌법상 입법의무가 있음에도 불구하고 입법자가 입법을 전혀 하지 않은 경우를 말한다. 즉 헌법에서 명시적으로 위임하여 입법의무의 내용과 범위를 정하거나, 또는 입법자에게 기본권보장의 권한을 부여한 경우 등이 그러하다. 그러나 부진정입법부작위에 대해서

116) Thorsten Ingo Schmidt, Die Kommunalverfassungsbeschwerde, JA 2008, S. 766.
117) 헌재 1989. 3. 17. 88헌마1, 판례집 1, 9, 16; 헌재 2001. 6. 28. 2000헌마735, 판례집 13-1, 1431, 1437.
118) Schlaich/Korioth, a.a.O., Rn. 213.
119) 헌재 1996. 10. 31. 94헌마108, 판례집 8-2, 480, 489.

는 "입법자가 어떤 사항에 대하여 입법은 하였으나, 그 입법의 내용·범위·절차 등의 당해 사항을 불완전·불충분 또는 불공정하게 규율함으로써 입법행위에 결함이 있는 경우"라고 이해하고 있을 뿐이다.[120] 이와 달리 독일에서는 부진정입법부작위를 단순히 불완전하고 불충분한 입법이 아니라, 입법자가 특정한 인적 범위에 대해 수익적 내용을 규율함으로써 여기에서 배재된 것으로 인해 불이익을 입는 경우를 전제하고 있다.[121] 독일 연방헌법재판소의 입장도 대체로 그러하다.[122]

헌법소원에서 문제되는 부진정입법부작위는 수익적 내용의 입법적 규율에 의해 수혜를 입는 인적 범위라는 비교 대상이 있어야 하고, 이러한 인적 범위에 속하지 않음으로써 기본권이 침해되는 것을 주장해야 한다. 부진정입법부작위를 단순히 내용이나 절차 등이 불완전하고 불충분한 것만을 기준으로 판단할 경우에는 진정입법부작위와 부진정입법부작위의 구별이 어려워질 수 있다. 예컨대 특정한 법률조항에서 의료급여의 대상이 되는 질병을 규정하면서 특정한 희귀병이 흠결된 경우를 상정하면, 그 기준의 설정에 따라 진정입법부작위가 되기도 하고, 부진정입법부작위가 되기도 한다. 즉 의료급여의 대상은 이미 규정되었으므로 이를 기준으로 하는 경우에는 부진정입법부작위가 되지만, 그 특정한 희귀병에 관한 규정 그 자체를 기준으로 하는 경우에는 진정입법부작위가 될 수 있다. 따라서 전술한 바와 같이 양자의 구별기준을 구체화하고 부진정입법부작위의 요건을 좀 더 보완해야 한다. 전술한 바와 같이 지방자치단체는 기본권 침해를 이유로 하는 헌법소원을 제기할 수 없다. 따라서 진정입법부작위나 부진정입법부작위를 망론하고, 지방자치단체가 일반적인 헌법소원을 제기하는 길은 봉쇄되어 있다. 독일에서도 입법부작위에 대한 지방자치단체 헌법소원이 허용되는지 여부에 대

120) 헌재 1996. 11. 28. 95헌마161; 헌재 1998. 7. 16. 96헌마246.

121) Zuck, Das Recht der Verfassungsbeschwerde, 5. Aufl., 2017, Rn. 604; Lechner/Zuck, BVerfGG, 7. Aufl., 2015, § 90 Rn. 106 참조.

122) BVerfGE 18, 257/273; 23, 1/11; 25, 236/252; 57, 335/346; 62, 256/288 등.

해 부정설이 지배적이다.

4. 지방자치단체 헌법소원제도의 도입필요성과 개선방안

법규범에 의한 지방자치단체의 자치권 침해에 대한 공법상 권리구제수단은 각국의 입법례에 따라 다양하다. 독일에서는 지방자치단체 헌법소원제도를 통해 이러한 문제를 해결하고 있다. 오스트리아에서는 법규범에 대한 지방자치단체 자치권의 침해를 규범통제의 방식으로 다루고 있으며, 그 관할권은 헌법재판소에 귀일되어 있다. 또한 지방자치단체는 헌법재판소에 감독청의 법규명령이 위법한지 여부에 대해 심사를 청구할 수 있다. 스위스에서는 헌법재판소가 없고, 연방대법원이 연방과 주(칸톤), 주(칸톤) 사이의 권한쟁의뿐만 아니라 주의 헌법적 권리나 지방자치단체(게마인데)의 자치권 침해 등에 대해서도 심사한다.

우리나라에서도 법규범에 의한 지방자치단체의 자치권 침해를 구제할 수 있는 제도적 장치를 보완할 필요가 있다. 규범통제의 방식이 핵심적이지만, 독일과 같이 지방자치단체 헌법소원 제도를 적극적으로 도입하는 것이 바람직하다. 즉 법률이나 법규명령 등 법규범에 의한 지방자치단체의 자치권 침해에 대해서는 헌법소원을 제기할 수 있도록 해야 한다. 여기에서 입법(법률)의 부작위와 달리 권력분립원칙의 위반은 문제되지 아니한다. 국회가 제정한 법률 또는 정부의 행정입법(시행령, 시행규칙)에 의해 지방자치단체의 자치권이 침해되는 경우에 지방자치단체 헌법소원제도가 유용하다. 이러한 지방자치단체 헌법소원제도는 기본권 침해를 전제로 하는 일반적인 헌법소원제도와 구별되며, 그 본질은 규범통제에 있음을 알 수 있다. 이러한 지방자치단체 헌법소원제도를 도입함에 있어서 개헌이 필요한지가 문제될 수 있다. 가장 바람직한 것은 개헌을 통해 독일과 같이 이러한 새로운 유형의 헌법소원 제도를 헌법에 규정하는 것이지만, 개헌 없이도 헌법재판소법에 이러한 헌법소원제도를 도입할 수도 있다. 헌법 제111조 제1항 제5호에는 "법률이 정하는 헌법소원에 관한 심판"을 규정하고 있고, 구체적인 헌법소원 제도의 내용은 법률에 유보되어 있다고 볼 수 있다. 따라서 지방자치단체 헌법소원제도를 법률의 개정에 의해 도입하는 것이 전혀 불가능한 것은 아니다.[123] 헌법재판소법 제2조 제5호에는 '헌법소원(憲法訴願)에 관한 심판'만을 규정하고 있지만, 헌법재판소법 제2조 제6호에 '지방자치단체 헌법소원'을 신설할 수 있다. 또한 헌법재판소법 제68조 제3항에는 "법령에 의해 헌법 제117조 제1항의 자치권을 침해받은 지방자치단체 또는 그 기관은 헌법재판소에 헌법소원심판을 청구할 수 있다"는 규정을 마련할 수 있다.

나아가 법률의 부작위로 인한 지방자치단체의 자치권 침해에 대해서는 현행법상 효과적인 권리구제수단이 없다. 이러한 입법부작위에 의한 자치권 침해는 권한쟁의심판의 대상이 될 수 없을 뿐만 아니라, 지방자치단체는 일반적인 헌법소원을 제기할 수도 없다. 또한 행정입법의 부작위에 대해서는 행정소송의 방식으로 제기하는 것이 바람직하며, 이에 대해서는 독일의 규범제정요구소송이나 규범보충소송을 참고할 수 있다. 항고소송에서는 자치권 침해를 이유로 지방자치단체의 원고적격이 인정될 수 있으나, 이러한 항고소송은 국가기간의 감독처분에 제한되어야 한다.

Ⅵ. 맺음말

이상의 고찰에서 살펴본 바와 같이 우리나라에서는 지방자치단체의 자치권 보장을 위한 공법상 권리구제수단이 매우 미흡하다는 점을 알 수 있다. 국가기관과 지방자치단체 사이의 분쟁이 대표적이다. 우리나

123) 이에 대한 논의로는 졸고, "항고소송과 헌법소원의 대상: 공법소송 대상의 재구성을 위한 시론을 중심으로", 29면 참조.

라에는 독일과 달리 헌법재판소에 의한 권한쟁의심판 외에 행정소송법상 기관소송이 보장되어 있다. 독일에서 헌법기관 사이의 분쟁은 기관쟁의(Organstreit)의 방식으로 하고 있으며 연방헌법재판소의 관할이지만, 지방자치단체의 기관소송(Organklage)은 대체로 행정소송에 의해 해결되고 있음을 알 수 있다. 독일의 기관쟁의는 한국의 권한쟁의심판과 완전히 일치하지는 않는다. 권한쟁의심판의 대상에는 국가기관과 지방자치단체, 지방자치단체 상호간의 권한쟁의도 포함되므로 독일의 기관쟁의보다 넓다고 볼 수 있다. 그러한 이유로 우리나라에서는 지방자치단체나 그 기관의 권한 분쟁과 관련하여 헌법재판소와 대법원의 관할이나 권한이 충돌할 수 있다. 또한 권한쟁의심판과 기관소송의 대상은 매우 제한적이어서 지방자치단체의 권리구제에는 일정한 한계가 있다. 이와 관련하여 행정소송(항고소송)의 길을 열어 놓을 필요가 있다. 다만, 실정법의 해석범위를 넘어 지방자치단체의 기관에 원고적격을 인정하는 것은 신중할 필요가 있다. 적어도 지방자치단체의 자치권 침해에 대해서는 항고소송을 제기할 수 있도록 지방자치단체의 원고적격을 인정할 필요가 있다. 이러한 경우에도 기관 간의 쟁송이 아니라 국가기관의 감독처분 내지 고권적 조치 등에 대한 항고소송에 제한되어야 한다. 지방자치단체의 기관 사이에 고권적 작용이 이루어지기 어렵고, 행정처분의 개념을 확대하더라도 이러한 유형을 포함시키는 것은 바람직하지 않다. 행정처분의 핵심적 요소는 '행정행위'이라는 점을 간과할 수 없다. 그러나 지방자치단체의 장은 지방자치단체를 대표한다는 점에서 그 기관이라고 하더라도 원고적격을 예외적으로 인정할 수 있을 뿐이다. 그 밖의 지방자치단체를 비롯한 공공단체의 '기관'에 대해 원고적격을 인정하기 위해서는 행정소송법이나 개별법에 기관의 당사자능력에 관한 예외규정을 명시해야 한다. 나아가 지방자치단체의 자치권 보장을 위한 규범통제의 성격을 가지는 헌법소원 제도를 적극적으로 도입하여야 한다. 오스트리아와 같이 규범통제의 방식을 고려할 수 있지만, 이를 위해서는 개헌이 필요하다. 국가의 공권력에 의한 권리구제의 흠결은 법치국가원리와 민주주의원리의 근간을 위협하는 것이다. 국민의 기본권 보장뿐만 아니라 지방자치단체의 자치권 보장에도 마찬가지로 적용된다. 향후 지방분권의 강화와 더불어 지방자치단체의 권리구제수단도 충실히 보장되기를 기대한다.

제5장

공유수면 매립지 분쟁의 관할권 및 심사범위에 관한 법적 쟁점

— 대상판례: 헌재 2020. 7. 16. 2015헌라3 —

[사실관계 및 소송경과]

(1) 평택지방해양항만청은 2003. 12. 12.부터 2009. 10. 1.까지 평택시 포승읍 신영리 일원 앞 공유수면에 평택・당진항 외항 및 내항 매립지 축조사업을 시행하여, 총면적 902,350.5㎡의 매립지가 조성되었다. 위 매립 준공 후 청구인 당진시는 신규 매립지 일부를 자신의 관할 구역으로 지적등록하였다.

(2) 2009. 4. 1. 법률 제9577호로 개정된 지방자치법(이하 '개정 지방자치법'이라 한다)에 의하면, 공유수면매립법(2010. 4. 15. 법률 제10272호로 '공유수면 관리 및 매립에 관한 법률'로 명칭이 변경되었다)에 따른 매립지나 지적법(2011. 7. 14. 법률 제10827호로 '측량・수로조사 및 지적에 관한 법률'로, 2014. 6. 3. 법률 제12738호로 '공간정보의 구축 및 관리 등에 관한 법률'로 명칭이 변경되었다) 제2조 제1호의 지적공부에 등록이 누락되어 있는 토지의 관할이 문제된 경우, 행정안전부장관이 면허관청이나 관련 지방자치단체의 장 등의 신청에 의하여 지방자치단체중앙분쟁조정위원회의 심의・의결에 따라 관할 지방자치단체를 결정하도록 하였다(제4조 제3항, 제4항, 제6항). 이에 평택시장은 2010. 8. 24. 행정안전부장관에게 '청구인 당진시가 등록한 평택・당진항 매립지의 일부와 미등록 매립지가 속할 지방자치단체를 평택시로 결정해 달라'는 취지의 신청을 하였다.

(3) 지방자치단체중앙분쟁조정위원회는 2015. 4. 13. 지리적 연접관계, 주민 편의성, 국토의 효율적 이용, 행정 효율성 및 경계구분의 명확성과 용이성 등을 종합적으로 고려할 때 평택・당진항 매립지의 서부두의 제방선 위쪽은 당진시로, 아래쪽은 평택시로 나누어 귀속시키는 것이 타당하다고 판단하였

다. 이에 (1) 2009. 4. 1. 지방자치법 개정 이후에 청구인 당진시가 자신의 관할로 등록한 당진시 신평면 매산리 976-11 잡종지 52,140㎡와 976-12 제방 2,289.2㎡, 976-13 도로 68,454.4㎡, 976-14 제방 31,949.7㎡, 976-16 잡종지 161,459㎡, 976-18 잡종지 316,711㎡(이하 '이 사건 등록 매립지'라 한다) 및 (2) 미등록토지로서 해상경계선에 따를 경우 관할 지방자치단체가 청구인 아산시인 도로 및 제방 14,783.9㎡(이하 '이 사건 미등록 매립지'라 하고, 이 사건 등록 매립지와 합하여 '이 사건 매립지'라 한다)에 대하여 피청구인 평택시의 관할 구역으로 의결하였고, 피청구인 행정안전부장관은 2015. 5. 4. 위 의결과 같은 내용의 '매립지 등이 속할 지방자치단체 결정'을 경기도지사와 충청남도지사, 당진시장, 평택시장, 아산시장, 평택지방해양수산청장에게 통보하였다.

(4) 피청구인 국토교통부장관은 위 결정에 따라 2015. 5. 8. 이 사건 매립지에 대하여 '평택시 포승읍 신영리'의 지번을 부여하여 토지대장 변경등록을 하였다. 이에 청구인들은 2015. 6. 30. 이 사건 등록 매립지에 대한 관할권한이 청구인 충청남도 및 청구인 당진시에, 이 사건 미등록 매립지에 대한 관할권한이 청구인 충청남도 및 청구인 아산시에 있다는 확인을 구하고, 피청구인 행정안전부장관의 2015. 5. 4.자 '매립지 등이 속할 지방자치단체 결정'의 취소와, 피청구인 국토교통부장관의 2015. 5. 8.자 토지대장 변경등록의 취소를 구하는 이 사건 권한쟁의심판을 청구하였다.

[결정 요지]

(1) 2009년 개정 지방자치법에서는 제4조 제3항을 신설하여 공유수면 매립지가 속할 지방자치단체를 행정안전부장관이 결정하도록 하고, 이러한 결정을 위한 신청을 의무로 규정하며, 개정 지방자치법 시행 전에 이미 준공검사를 받은 매립지라 하더라도 법 시행 후에 지적공부에 등록하려면 그 전에 행정안전부장관에의 신청 및 결정 절차를 반드시 거치도록 하였다.

(2) 한편, 공유수면의 매립은 막대한 사업비와 장기간의 시간 등이 투입될 뿐 아니라 해당 해안지역의 갯벌 등 가치 있는 자연자원의 상실 내지 환경의 파괴를 동반하는 등 국가 전체적으로 중대한 영향을 미치는 사업이고, 일반적으로 공유수면은 인근 어민의 어업활동에 이용되는 반면, 매립지는 주체와 목적이 명확하게 정해져 있어 매립지의 이용은 그 구체적인 내용에 있어서도

상당히 다르다. 따라서 공유수면의 경계를 그대로 매립지의 '종전' 경계로 인정하기는 어렵다.

(3) 이와 같이 개정 지방자치법의 취지와 공유수면과 매립지의 성질상 차이 등을 종합하여 볼 때, 신생 매립지는 개정 지방자치법 제4조 제3항에 따라 같은 조 제1항이 처음부터 배제되어 종전의 관할구역과의 연관성이 단절되고, 행정안전부장관의 결정이 확정됨으로써 비로소 관할 지방자치단체가 정해지며, 그 전까지 해당 매립지는 어느 지방자치단체에도 속하지 않는다 할 것이다. 그렇다면 이 사건 매립지의 매립 전 공유수면에 대한 관할권을 가졌을 뿐인 청구인들이, 그 후 새로이 형성된 이 사건 매립지에 대해서까지 어떠한 권한을 보유하고 있다고 볼 수 없으므로, 이 사건에서 청구인들의 자치권한이 침해되거나 침해될 현저한 위험이 있다고 보기는 어렵다.

재판관 이종석의 별개의견

(1) 공유수면 매립지의 관할과 관련하여 권한쟁의심판이 청구된 경우, 매립지가 어느 편의 관할구역에 속하는지 여부는 본안판단에서 확정될 문제이므로, 적법요건 단계에서는 그 매립지에 대한 자치권한이 어느 일방에 부여될 가능성이 존재하기만 하면 자치권한이 침해되거나 침해될 현저한 위험이 있다고 볼 수 있다. 이 사건 청구인들은 매립 이전 공유수면을 관할하던 지방자치단체로서, 새로운 관할 획정으로 인하여 기존의 공유수면에 대한 자치권한을 상실하면서도 새 매립지에 대한 자치권한을 얻지 못하게 될 가능성이 있으므로, 행정안전부장관의 결정 등으로 청구인들의 자치권한이 침해되거나 침해될 현저한 위험이 있다.

(2) 한편, 지방자치법 제4조 제8항이 행정안전부장관의 결정에 대하여 대법원에 소송을 제기할 수 있도록 규정하여 매립지 경계 획정에 관한 헌법재판소의 권한쟁의심판 관할권을 배제한다 하더라도, 이는 권한쟁의심판에 대한 헌법재판소의 원칙적 관할권을 부정하는 것이 아니어서 헌법에 위반된다고 볼 수 없다. 그렇다면 이 사건 매립지가 청구인들에게 속하는지 여부, 피청구인 행정안전부장관의 결정, 피청구인 평택시의 장래처분에 대한 심판청구는, 헌법재판소가 관장하는 권한쟁의심판에 속하지 않으므로 부적법하다.

재판관 이선애, 재판관 이영진의 반대의견

(1) 공유수면이나 공유수면 매립지에는 지방자치단체의 관할구역 경계가

존재하며, 그 경계가 불분명하여 분쟁이 발생한 때에는 지방자치법 제4조 제1항의 실체법적 기준에 의한 확인이 요청된다. 지방자치법 제4조 제3항은 관할권 확인처분의 형식을 정한 것일 뿐, 지방자치법 제4조 제1항이 규정하는 '종전'에 따른 경계가 존재하는 공유수면과 바로 그 매립지를 완전히 단절시켜 관할권 진공상태에서 행정안전부장관이 관할권을 창설하도록 한 것이 아니다.

(2) 지방자치법 제4조 제3항 소정의 행정안전부장관의 결정은 공유수면 관할 경계상 매립지에 대하여 관할구역 경계의 존재 및 그 구체적인 형태에 대한 확인을 통해 매립지의 전부 또는 일부가 연접하여 위치한 지방자치단체들 중 어느 지방자치단체에는 속하고, 어느 지방자치단체에는 속하지 않는지를 확인하는 처분에 불과하다. 공유수면에 대하여 자치권을 행사해 온 지방자치단체는 행정안전부장관의 결정과 관련하여 공유수면 매립지의 전부 또는 일부에 대하여 자치권을 보유한 지방자치단체로 확인받기를 기대하는 중대한 이해를 가진 당사자에 해당한다.

(3) 이 사건에서 공유수면 매립지의 전부 또는 일부가 청구인들 또는 피청구인 평택시 중 어느 편의 관할구역에 속하는지는 본안판단 단계에서 확정되어야 할 것이고, 이 사건 심판청구의 적법요건 충족 여부를 판단하는 단계에서는 이 사건 매립지에 대한 자치권한이 어느 일방에 부여될 수 있는 가능성이 존재하면 족하다. 청구인들이 기존의 공유수면에 연접한 지방자치단체들로서 매립 전 공유수면에 관하여 자치권한을 가지고 있었던 이상 청구인들이 이 사건 매립지의 전부 또는 일부에 대한 헌법상 및 법률상 자치권한을 가질 수 있는 가능성은 충분히 인정된다고 할 것이므로 매립 전 공유수면에 관하여 관할권을 가진 청구인들의 이 사건 매립지에 대한 관할권한 확인 청구, 이 사건 미등록 매립지에 대한 관할권한 확인 청구 및 피청구인 행정안전부장관의 이 사건 결정을 다투는 심판청구는 모두 권한침해의 가능성이 인정되는 경우로서 적법하다.

(4) 피청구인 평택시의 장래처분에 관한 청구는 장래처분이 확실하게 예정된 경우로서 적법하고, 피청구인 국토교통부장관에 대한 청구는 등록권한이 국가의 권한인 것에 대하여 다투는 것이 아니라, 이 사건 매립지에 대한 등록권한 행사의 선결문제로서 청구인들에게 자치권한이 있음을 주장하면서, 토지대장 변경등록이 자치권한을 침해한다고 주장하는 것이어서 적법하다.

(5) 나아가 지방자치법 제4조 제8항의 소송과 이 사건 권한쟁의심판은 소송물이 다를 뿐 아니라 결정의 기속력에 있어서도 차이가 있으므로 지방자치법 제4조 제8항에 의하여 헌법재판소의 권한쟁의심판 관할권이 배제된다고 볼 수 없다. 따라서 헌법재판소는 본안판단으로 나아가 이 사건 매립지에 대한 청구인들의 자치권한의 유무 및 범위에 관하여 판단하여야 한다.

재판관 이은애, 재판관 김기영의 법정의견에 대한 보충의견

(1) 2009. 4. 1. 개정된 지방자치법은 구 지방자치법 제4조 제1항과 같은 취지의 조항을 그대로 둔 채, 제4조 제3항을 개정하여 공유수면 매립지가 속할 지방자치단체를 위 '제1항에도 불구하고' 행정안전부장관이 결정하도록 하였다. 관련규정을 종합하여 보면, 제4조 제3항은 제1항 전부를 배제하고 향후 공유수면 매립지가 속할 지방자치단체는 행정안전부장관의 결정에 의해서만 비로소 정해진다는 의미로 해석된다. 따라서 행정안전부장관의 결정이 확정되기 전까지 공유수면의 신생 매립지는 어느 지방자치단체에도 속하지 않게 된다.

(2) 한편, 법정의견에서 설시한 것처럼, 공유수면과 공유수면 매립지는 성질상 차이가 있어서 공유수면의 해상경계선을 그대로 신생 매립지의 관할경계선으로 삼아 그 매립지가 속할 지방자치단체를 결정하기는 어렵다. 헌법재판소가 2019. 4. 11. 2015헌라2 결정에서 구 지방자치법 제4조 제1항에 따라 공유수면 관할경계선을 매립지의 관할경계선으로 인정하던 기존법리를 변경한 것도 양자 사이의 성질상 차이 등을 고려한 것이다.

(3) 헌법재판소가 종래 공유수면 매립지를 둘러싼 권한쟁의사건에서 '지방자치단체의 관할구역에 경계가 없는 부분이 있다는 것을 상정할 수 없다', '매립지에 대한 자치권한이 어느 일방에 부여될 수 있는 가능성이 존재하기만 하면 적법요건은 충족된다'고 한 법리는 행정안전부장관의 결정이 효력을 갖기 전에는 어느 지방자치단체도 신생 매립지의 관할권을 가질 수 없도록 지방자치법이 개정됨으로써 더 이상 적용될 수 없게 되었다.

(4) 결국 이 사건의 경우, 매립 전 공유수면에 대한 관할권을 가졌던 청구인들이 새로 형성된 매립지에 대해서까지 어떠한 권한을 보유하고 있다고 볼 수 없으므로, 청구인들의 자치권한이 침해되거나 침해될 현저한 위험이 있다고 보기는 어렵다.

Ⅰ. 문제의 소재

지방자치단체 구역의 획정과 관련하여 특수한 문제 중의 하나는 매립지의 관할구역 결정이다. 대상판결은 매립지의 관할구역 분쟁에 관한 것이다. 이 사건의 매립지는 2003. 12. 12.부터 2009. 10. 1.까지 평택시 포승읍 신영리 일원 앞 공유수면에 평택 당진항 외항 및 내항 매립지 축조사업을 시행하여 조성된 것이다. 헌법재판소는 충청남도 등과 행정자치부 장관 등 간의 권한쟁의 사건에서 청구인들(충청남도 등)의 자치권한이 침해되거나 침해될 현저한 위험이 없다고 결정하였다. 신생매립지는 지방자치법 제4조 제3항에 따라 행정안전부장관의 결정이 확정됨으로써 비로소 관할 지방자치단체가 정해지므로 그 이전까지 해당 매립지는 어느 지방자치단체에도 속하지 아니한다고 본 것이다.

이 사건에서 청구인들은 매립 전 공유수면에 대한 관할권을 가졌던 청구인들이 새로이 형성된 공유수면 매립지에 대한 관할구역 변경결정으로 자치권이 침해되었다고 주장하고 있다. 헌법재판소는 권한의 침해 또는 현저한 침해위험이 없음을 이유로 각하결정을 내렸지만, 이 사건에는 그 밖에도 다양한 법적 쟁점이 다투어지고 있다. 즉 공유수면에 대한 관할권이 매립지에 대해서도 유지될 수 있는지, 매립지에 관한 행정안전부의 결정이 어떠한 성질과 효력을 가지는지, 그리고 이러한 매립지에 관한 권한분쟁이 헌법재판소의 권한쟁의심판 대상이 되는지 등이 쟁점이 되고 있다.

헌법재판소는 종전에 당진군과 평택시 간의 권한쟁의사건에 공유수면에 매립된 토지에 대한 관할권이 해당 공유수면을 관할하는 지방자치단체에 귀속된다고 보았다.[1] 그러나 대상판례에서는 공유수면에 대한 관할권과 매립지에 관한 관할권은 서로 구별된다고 보고 있다.[2] 이러한

1) 헌재 2004. 9. 23. 2000헌라2, 판례집 16-2상, 404.

점은 이미 경상남도 사천시와 경상남도 고성군 간의 권한쟁의 사건에서도 인정된 바 있다. 헌법재판소는 청구인이 매립 전 공유수면을 관할하였다고 하더라도 매립지에 대한 관할권을 당연히 인정하여야 한다고 볼 수는 없고, 종전 공유수면의 해상경계선을 매립지의 관할경계선으로 인정해 온 선례(헌재 2011. 9. 29. 2009헌라3 결정 등)는 이 결정의 견해와 저촉되는 범위 내에서 변경된다고 결정하였다.[3)]

공유수면의 매립지 귀속, 지적공부 등록누락 등을 둘러싼 국가기관과 지방자치단체, 지방자치단체 간의 권한 분쟁이 늘고 있으며, 헌법재판소와 대법원 간의 관할 경합이나 판결의 중복이 발생할 우려가 있다. 지방자치법 제4조 제8항에는 매립지의 관할 분쟁에 관한 행정안전부장관의 결정에 대해 이의가 있는 경우에 대법원에 제소할 수 있도록 규정하고 있다. 즉 지방자치법 제4조 제3항은 '공유수면 관리 및 매립에 관한 법률'에 따른 매립지, '공간정보의 구축 및 관리 등에 관한 법률' 제2조 제19호의 지적공부에 등록이 누락되어 있는 토지가 속할 지방자치단체를 지방자치법 제4조 제4항부터 제7항까지의 규정에 따라 행정안전부장관이 결정한다고 규정하고 있다(동조 제3항). 지방자치단체의 경계구역에 관한 분쟁이 증가하자, 2009. 4. 1. 법률 제9577호로 지방자

2) 종전에는 공유수면의 매립지에 대한 경계가 공유수면의 경계와 일치되어야 하는지에 대하여 학설상 견해 대립이 있었다(이에 대한 상세한 논의는 최우용, 지방자치법의 주요 쟁점, 382면 이하 참조).

3) "대규모 공유수면의 매립은 막대한 사업비와 장기간의 시간 등이 투입될 뿐 아니라 해당 해안지역의 갯벌 등 가치 있는 자연자원의 상실 내지 환경의 파괴를 동반하는 등 국가 전체적으로 중대한 영향을 미치는 사업이다. 그러한 사업으로 새로이 확보된 매립지는 본래 사업목적에 적합하도록 최선의 활용계획을 세워 잘 이용될 수 있도록 하여야 할 것이어서, 매립지의 귀속 주체 내지 행정관할 등을 획정함에 있어서도 사업목적의 효과적 달성이 우선적으로 고려되어야 한다. 매립 전 공유수면을 청구인이 관할하였다 하여 매립지에 대한 관할권한을 인정하여야 한다고 볼 수는 없고, 공유수면의 매립 목적, 그 사업목적의 효과적 달성, 매립지와 인근 지방자치단체의 교통관계나 외부로부터의 접근성 등 지리상의 조건, 행정권한의 행사 내용, 사무 처리의 실상, 매립 전 공유수면에 대한 행정권한의 행사 연혁이나 주민들의 사회적·경제적 편익 등을 모두 종합하여 형평의 원칙에 따라 합리적이고 공평하게 그 경계를 획정할 수밖에 없다."(헌재 2019. 4. 11. 2015헌라2)

치법을 개정하여 행정안전부장관이 그 관할구역을 결정하도록 한 것이다. 이러한 행정안전부장관의 결정이 형성적 성질인지, 아니면 확인적 성질인지에 대해서도 견해가 대립하고 있다.

지방자치법이 개정되기 전에는 공유수면이나 매립지 등 지방자치단체의 경계구역에 관한 많은 논쟁이 있었다.[4] 법제처의 개정 이유에서도 이러한 개정이 "매립지나 지적공부 미등록지가 지적 등록과정에서 자치단체 간 분쟁이 자주 발생함에 따라 이를 예방할 수 있는 제도적 장치를 마련한 것"이라고 밝히고 있다. 지방자치법 제4조 제8항은 이러한 행정안전부장관의 결정에 이의가 있으면 관계 지방자치단체의 장이 그 결과를 통보받은 날부터 15일 이내에 대법원에 소송을 제기할 수 있다고 규정하고 있다. 이러한 규정은 분쟁해결의 구체적 절차를 마련하였다는 점에서 긍정적으로 평가될 수 있다. 그러나 이러한 규정으로 공유수면이나 매립지 등의 분쟁에 대하여 헌법재판소의 권한쟁의심판 권한을 배제하고, 대법원의 배타적 관할권만을 인정한 것인지가 논란이 되고 있다.

한편, 헌법재판소의 결정이 내려진 후에 2021. 1. 12. 지방자치법이 개정되었고, 2022. 1. 13.부터 그 시행을 앞두고 있다. 매립지 관할구역 결정과 관련하여 공유수면 관리 및 매립에 관한 법률 제28조에 따른 면허관청 또는 관련 지방자치단체의 장은 준공검사 전에 행정안전부장관에게 해당 지역이 속할 지방자치단체의 결정을 신청하여야 하고, 매립지의 매립면허를 받은 자는 면허관청에 해당 매립지가 속할 지방자치단체의 결정 신청을 요구할 수 있다(동조 제4항). 2021년에 개정된 지방

4) 강재규, "지방자치단체의 구역: 바다 및 공유수면매립지의 귀속을 중심으로", 공법연구 제31집 제1호(2002. 11), 529-554면; 남복현, "공유수면 매립지의 경계획정을 둘러싼 법적 분쟁에 있어 실체법적 사항: 당진군과 평택시 간의 권한쟁의를 중심으로", 공법연구 제38집 제1호 제2권(2009. 10), 207-236면; 조정찬, "지방자치단체의 구역과 경계분쟁: 바다 및 공유수면매립지에 관한 분쟁을 중심으로", 법제 제522호(2001), 16-34면; 김동복, "공유수면매립지에 대한 지방자치단체간의 관할구역확정: 율촌제1지방산업단지 관할권 다툼을 중심으로", 토지공법연구 제22집(2004), 87-108면.

자치법 제5조 제5항은 이러한 신청을 위해 각각 해당 지역의 위치, 귀속 희망 지방자치단체(복수인 경우를 포함함) 등을 명시하여 행정안전부장관에 신청하도록 규정하고 있다. 매립지 귀속관할 결정을 위한 절차적 규정을 보완하고 있지만, 이러한 규정만으로는 관할 결정에 관한 근본적인 문제가 모두 해결되었다고 보기 어렵다.

행정안전부장관은 이러한 신청을 받은 후 지체 없이 그 사실을 20일 이상 관보나 인터넷 등의 방법으로 널리 알려야 한다. 이 경우 알리는 방법, 의견의 제출 등에 관하여는 행정절차법의 관련 규정을 준용한다(동조 제5항). 행정안전부장관은 이러한 공고기간이 끝난 후 지방자치단체중앙분쟁조정위원회의 심의·의결에 따라 매립지가 속할 지방자치단체를 결정하고, 그 결과를 면허관청과 관계 지방자치단체의 장 등에게 통보하고 공고하여야 한다(동조 제6항). 그러나 2021년에 개정된 지방자치법 제5조 제7항은 위 공고 기간 내에 신청 내용에 이의가 제기된 경우에는 종전처럼 지방자치단체중앙분쟁조정위원회의 심의·의결을 거쳐 해당 지역이 속할 지방자치단체를 결정하지만, 이의가 제기되지 아니하면 지방자치단체중앙분쟁조정위원회의 심의·의결을 거치지 아니하고 신청내용에 따라 해당 지역이 속할 지방자치단체를 결정하도록 규정하였다. 이러한 내용은 절차의 간소화·신속화를 위한 것이지만, 지방자치법 제4조의 소송이 주관소송의 성격을 가진다는 것을 보여주고 있다.

이러한 지방자치법의 개정과 헌법재판소의 결정으로 공유수면 매립지 분쟁해결의 관할권이 대법원으로 일원화되었다고 보아야 하는지는 핵심적 쟁점이다. 공유수면 매립지의 관할 분쟁은 지방자치단체의 자치권(특히 지역고권)을 침해하는 사안일 뿐만 아니라 지방자치단체의 권한 유무나 범위를 다투고 있다는 점에서 헌법재판소의 권한쟁의심판에 해당한다(헌법 제111조 제4호, 헌법재판소법 제62조 및 제66조 참조). 이러한 문제를 해결하기 위해서는 헌법재판소의 권한쟁의심판과 지방자치법 제4

조의 소송과의 관계를 자세히 검토할 필요가 있다. 대상판결은 향후 매립지 분쟁의 관할권 소재 및 범위 등과 관련하여 중요한 의미가 있다. 이하에서는 매립지 분쟁해결에 관한 법적 쟁점을 검토하기로 한다.

Ⅱ. 매립지 분쟁의 법적 쟁점

1. 권한의 침해 또는 현저한 침해위험의 존재 여부

대상판결에서는 매립 전 공유수면에 대한 관할권을 가졌던 청구인들이 행정안전부장관의 결정으로 새로이 형성된 공유수면 매립지에 관한 관할권을 상실한 것이 청구인들의 자치권한을 침해한 것인지가 중요한 쟁점의 하나였다. 헌법재판소법 제61조 제2항은 피청구인의 처분 또는 부작위가 "청구인의 권한을 침해하였거나 침해할 현저한 위험이 있는 경우에만" 권한쟁의심판을 제기할 수 있다고 규정하고 있다.

법정의견은 행정안전부장관의 결정이 확정됨으로써 신생 매립지에 대한 관할 지방자치단체가 정해지므로 청구인은 새로이 형성된 이 사건 매립지에 대하여 어떠한 권한을 보유하고 있다고 볼 수 없다고 보고 있다. 이를 근거로 청구인들의 자치권한이 침해되거나 침해될 현저한 위험이 있다고 보기 어렵다고 판단하고 있다. 그러나 반대의견(재판관 이선애, 재판관 이영진)은 청구인들이 이 사건 매립지의 전부 또는 일부에 대한 헌법상 및 법률상 자치권한을 가질 가능성은 충분히 인정된다고 보고 있다. 또한 별개의견(재판관 이종석)은 적법요건 단계에서는 그 매립지에 대한 자치권한이 어느 일방에 부여될 가능성이 존재하기만 하면 자치권한이 침해되거나 침해될 현저한 위험이 있다고 보고 있다. 또한 이 사건 청구인들은 매립 이전에 공유수면을 관할하던 지방자치단체로서 새로운 관할 획정으로 기존의 공유수면에 대한 자치권한을 상실하면서 새 매립지에 대한 자치권한도 상실할 가능성이 있으므로 자치권한이 침해되거나 침해될 현저한 위험이 있다고 보고 있다.

한편, 독일에서는 기관쟁의(Organstreit)의 적법요건으로 '권리보호필요'가 있어야 한다.[5] 독일 연방헌법재판소법 제64조 제1항은 기관쟁의의 청구인이나 그 소속 기관이 피청구인의 처분(조치)이나 부작위에 의해 기본법이 보장하는 자신의 권리나 의무를 침해하거나 '직접적'인 위험을 주어야 한다고 규정하고 있다. 여기에서 직접적인 위험(unmittelbare Gefährdung)은 "피청구인의 다른 행위의 필요 없이 장래에 권리침해가 예견되는 경우"를 의미한다.[6] 기관쟁의의 당사자는 헌법기관(연방대통령 · 연방의회 · 연방참사원 및 연방정부 등)이 대부분이며, 지방자치단체의 권한쟁의는 제외된다.[7] 지방자치단체 내부의 기관소송은 대체로 행정소송으로 해결하고 있다.[8] 국가와 지방자치단체의 분쟁에서 법률로 지방자치단체의 자치권이 침해된 경우 지방자치단체는 이에 대해 지방자치단체헌법소원(Kommunalverfassungsbeschwerde)을 제기할 수 있지만, 국가기관의 감독처분에 대해서는 항고소송을 제기하는 것이 보통이다.[9] 권한쟁의심판과 독일의 기관쟁의가 완전히 동일하다고 보기는 어렵다. 그러나 독일 연방헌법재판소 제64조 제1항의 해석은 적어도 권한쟁의심판의 적법요건에 해당하는 '침해위험'의 해석에 참고가 될 수 있다.

매립지의 관할구역 결정은 본안판단의 단계에서 확정될 수 있지만, 별개의견이 적절히 지적하고 있는 바와 같이 매립지에 대한 관할권이 다른 지방자치단체에 귀속될 가능성 그 자체만으로도 청구인들의 자치권을 침해할 가능성이 있다. 특히 청구인들은 매립 이전에 공유수면을 관할하고 있었기 때문에 행정안전부장관의 위법한 결정으로 기존의 공

---

5) 허영, 한국헌법론, 전정14판, 899면 참조.
6) Schlaich/Korioth, Das Bundesverfassungsgericht, 9. Aufl., S. 68 f.
7) Lechner/Zuck, BVerfGG, 7. Aufl., § 63 Rn. 5 ff.
8) Hufen, Verwaltungsprozessrecht, 7. Aufl., § 21 Rn. 3; Würtenberger, Verwaltungsprozessrecht, 3. Aufl., § 38 Rn. 662 ff.
9) Burgi, Kommunalrecht, 6. Aufl., § 9 Rn. 2 ff.

유수면에 대한 관할권이 박탈될 수 있다. 실무에서 '침해' 요건은 청구인의 권한이 구체적으로 관련되어 침해할 가능성이 있으면 충분하다고 보고 있다.[10] 헌법재판소법 제61조 제2항의 "침해할 현저한 위험이 있는 경우"란 침해발생의 개연성이 높은 경우를 말한다. 이러한 "침해의 현저한 위험성"을 "경험칙에 비추어 장래에 권한침해가 발생할 가능성이 높은 것"으로 보면서, 시간적 요소를 고려하는 견해도 있다.[11] 그리고 경험칙에 비추어 권한 침해의 개연성이 높고 임박한 경우로 이해하는 견해도 있다.[12] 그러나 침해가 현실적으로 발생하는 시점에 임박하지 않더라도 이러한 침해의 위험성이 객관적으로 명백하여 침해발생이 충분히 예견될 수 있는 경우도 포함될 수 있다. 매립지는 공유수면과 차이가 있지만, 행정안전부장관의 결정으로 청구인들은 종전에 관할하던 공유수면에 대한 지배권을 상실할 가능성이 있고, 지방자치단체의 자치권한(지역고권)의 침해 위험이 큰 경우에는 현저한 침해위험이 있다고 판단된다.

2. 지방자치법 제4조 제8항에 따른 행정소송의 특징

지방자치법 제4조에 따른 소송을 기관소송으로 이해하는 견해도 있을 수 있다. 그러나 동일한 행정주체(국가 또는 공공단체)의 기관 상호간에 있어서 권한의 존부 또는 그 행사에 관한 다툼만을 기관소송으로 보는 견해가 다수설이다.[13] 이러한 입장에 의하면, 외형상 지방자치단체의 장이 국가기관(행정안전부장관)의 결정(처분)을 대상으로 소송을 제기한다는 점에서 지방자치법 제4조의 소송은 '기관소송'에 해당한다고 볼 수 없다. 지방자치법 제4조의 소송은 지방자치단체의 장이 국가기관

10) 헌법재판소, 헌법재판실무제요, 제2개정판, 429면.
11) 김하열, 헌법소송법, 제3판, 644-645면.
12) 허영, 헌법소송법론, 제2판, 316-317면.
13) 김남진 · 김연태, 행정법 II, 제24판, 210면.

의 결정에 불복하는 소송이므로 본질적으로 '항고소송'의 성질을 가진다.[14] 지방자치법 제4조의 소송은 매립지의 관할에 대한 국가기관(행정안전부장관)의 결정이 위법한지 여부를 다투는 것이 핵심적 요소이며, 이러한 결정은 광범위한 재량이 부여되어 있다고 보고 있다. 대법원의 심사대상은 지방자치단체의 기관 간의 권한의 존부 또는 그 행사에 관한 다툼에 관한 것이 아니라, 행정안전부장관 결정의 위법 여부이다. 대법원은 매립지 관할구역에 관한 행정안전부장관의 결정이 재량권 일탈·남용에 해당하는지를 심사할 뿐이다.[15] 물론 이러한 행정안전부장관의 결정은 지방자치단체의 구역 관할에 관한 것이고 매립지의 귀속 확정에 큰 영향을 미치고 있다.

지방자치법 제4조에는 이러한 재량권 행사의 요건에 관하여 아무런 규정을 두고 있지 않다. 다만, 매립지나 등록이 누락되어 있는 토지에 대하여 "행정안전부장관이 결정한다"라고 규정하고 있을 뿐이다. 대법원은 이러한 행정안전부장관의 결정이 위법한지를 심사한다. 후술하는 바와 같이 대법원은 행정안전부장관 및 지방자치단체중앙분쟁조정위원회가 광범위한 재량을 가진다는 점을 인정하고 있으며, 행정안전부장관 결정의 재량권의 일탈·남용만을 심사하고 있다. 이처럼 지방자치법 제4조의 소송은 지방자치단체의 장이 행정안전부장관의 결정이 위법한지를 다투는 소송이라는 점에서 특수한 행정소송에 해당한다.

지방자치법 제4조의 개정 이유에서 알 수 있는 바와 같이, 매립지나 지적공부의 등록 누락 등에 관한 분쟁이 증가하자 입법자는 이에 관한 제1차적 판단권을 주무관청인 행정안전부장관에 부여한 것이다. 지방자치법 제4조 제3항은 행정안전부장관이 지방자치단체중앙분쟁조정위원회의 심의·의결에 따라 매립지 등이 귀속할 지방자치단체를 결정한다

14) 국내의 [illegible] 중에도, 이러한 소송을 특수한 소송으로서 항고소송의 일종으로 보는 견해가 유력하다(홍정선, 신지방자치법, 제3판, 박영사, 2015, 121면).

15) 대법원 2013. 11. 14. 선고 2010추73 판결 참조.

고 규정하고 있다. 매립지가 귀속되는 관할 지방자치단체에 관한 최종 결정권은 행정안전부장관에 속하지만, 행정안전부장관은 지방자치단체중앙분쟁조정위원회의 심의 · 의결에 따라 그대로 결정하도록 규정되어 있다. 행정안전부장관이 지방자치단체중앙분쟁조정위원회의 심의 · 의결과 다른 자의적인 결정을 내리면, 재량권의 일탈 · 남용에 해당할 수 있다. 행정안전부장관의 결정이 매립지 분쟁이 있는 지방자치단체의 관할구역에 미치는 영향은 크지만, 그 결정에 광범위한 재량이 인정된다고 보기는 어렵다.

관계 지방자치단체의 장은 매립지 귀속 관할에 관한 행정안전부장관의 제1차적 판단권의 위법 여부에 대해서는 대법원에 제소할 수 있고, 대법원의 인용결정이 있으면 행정안전부장관이 그 기속력에 따라 재결정을 내려야 한다(지방자치법 제4조 제9항). 그러나 이러한 행정안전부의 재결정에 대해 다시 불복하는 것은 현실적으로 쉽지 않다. 행정안전부장관 결정이 재량권의 일탈 · 남용에 제한되지 아니하고 지방자치단체의 자치권 침해를 포괄적으로 다투기 위해서는 헌법재판소에 의한 권한쟁의심판이 봉쇄되어서는 아니 된다.

3. 행정안전부장관 결정의 법적 성질

이 사건에서 지방자치법 제4조에 따른 행정안전부장관의 결정이 창설적 효력을 가지는지는 또 다른 쟁점사항이다. 법정의견의 보충의견(재판관 이은애, 재판관 김기영)은 "향후 공유수면 매립지가 속할 지방자치단체 행정안전부장관의 결정에 의해서만 비로소 정해진다는 의미로 해석"하고 있다. 매립지 귀속에 관한 행정안전부장관의 결정에 창설적 효력을 부여하고 있다. 그러나 이 결정의 반대의견(재판관 이선애, 재판관 이영진)은 지방자치법 제4조 제3항의 규정이 관할권 확인처분의 형식을 정한 것일 뿐, 관할권 진공상태에서 행정안전부장관이 관할권을 창설하도록 한 것은 아니라고 보고 있다. 반대의견은 행정안전부장관의 결정이 매립지의 전부 또는 일부가 연접하여 위치한 지방자치단체들 중 어느 지방자치단체에 속하는지를 확인하는 처분에 불과하다고 보고 있다.

학설 중에도 행정안전부장관의 결정을 '형성적 결정'으로 이해하는 견해가 있다.[16] 그러나 지방자치법 제4조에 의한 행정안전부장관의 결정은 창설적이고 형성적인 것이 아니라 공유수면 매립지의 경계 내지 관할권 소재를 '확인'하는 처분으로 보는 것이 타당하다.[17] 행정안전부장관의 결정은 사실상 지방자치단체중앙분쟁조정위원회의 심의・의결에 따라야 할 뿐, 광범위한 재량이 인정된다고 보기는 어렵다. 설사 지방자치단체중앙행정분쟁조정위원회와 행정안전부장관에 광범위한 재량이 인정된다고 하더라도 이에 의하여 비로소 매립지의 관할 지방자치단체가 형성된다고 볼 수는 없다. 그러므로 행정안전부장관이 지방자치단체의 지역고권을 창설한다고 해석할 수는 없다. 지방자치법 제4조 제3항에서 행정안전부장관이 매립지의 관할 구역을 '결정'한다고 규정한 것을 지나치게 확대하여 해석해서는 아니 된다. 법제처의 입법이유에서 알 수 있는 바와 같이 매립지 분쟁의 합리적 해결을 위해 행정안전부장관이 지방자치단체중앙분쟁조정위원회의 심의・의결에 따라 매립지 등이 귀속할 지방자치단체를 확인하고 이를 결정하는 것일 뿐이다. 행정안전부장관은 지방자치단체의 지역고권을 시원적으로 창설할 권한을 가지고 있지 않다. 또한 행정안전부장관의 결정은 '재량행위'에 불과하며, 후술하는 바와 같이 대법원 판례에서 사용하는 "광범위한 형성의 재량", "계획재량" 등의 표현은 부적절하다. 행정안전부장관은 매립지 귀속에 관한 지방자치단체중앙분쟁조정위원회의 심의・의결을 바탕으

16) 박진영, "공유수면 매립지의 행정구역 귀속과 관련한 권한쟁의심판청구의 적법성 고찰", 헌법학연구 제24권 제4호(2018. 12), 200면.

17) 졸고, "자치쟁송의 구조 변화와 지방자치단체 권리구제체계의 재구축", 법조 제69권 제2호(통권 제740호), 2020. 4, 91면.

로 적절히 재량을 행사하여 이를 최종적으로 결정할 뿐이다. 이러한 결정도 대부분 지방자치단체중앙분쟁조정위원회가 심의·의결한 내용을 그대로 따라 경계확인을 하는 것이 보통이다. 그러한 점에서 행정안전부장관의 결정에 지나친 권한을 부여하는 해석은 신중할 필요가 있다.

지방자치법 제4조 제6항은 매립지의 귀속에 관한 결정 주체만 규정하고 있을 뿐, 그 결정의 기준이나 고려 사항 등을 전혀 규정하고 있지 않다. 이러한 상황에서 대법원의 소송만으로 지방자치단체의 자치권 침해나 매립지 관할 귀속의 문제를 종국적으로 해결할 수 있는지는 의문이다. 지방자치법 제4조 제8항에 따른 행정소송에서 매립지를 둘러싼 행정안전부장관과 지방자치단체 또는 그 장 사이의 분쟁은 경계설정의 확인행위가 위법한지를 다툴 뿐이다. 행정안전부장관의 확인행위(결정)로 인해 지방자치단체의 지역고권(자치권)이 침해당하는지를 포함하여 관할 구역에 대한 권한의 유무나 범위 등을 포괄적으로 심사할 수 있어야 한다.

4. 지방자치법 제4조 제8항의 소송과 권한쟁의심판의 관계

지방자치법 제4조 제8항의 행정소송과 헌법재판소에 의한 권한쟁의심판의 관계가 규명될 필요가 있다. 매립지 분쟁해결과 관련하여 양자는 유사점을 가진다. 우선 지방자치법 제4조 제8항의 소송을 기관소송으로 이해하면 권한(지역고권)의 존부에 관한 분쟁을 대상으로 하고 있다고 볼 수 있다. 헌법재판소의 권한쟁의심판도 "국가기관과 지방자치단체간 및 지방자치단체 상호간의 권한쟁의"를 대상으로 하고 있다(헌법 제111조 제1항 제4호 및 헌법재판소법 제62조 제1항). 그러나 지방자치법 제4조에 따른 소송을 항고소송으로 보는 입장은 이러한 소송이 국가기관(행정안전부장관)의 결정에 의한 지방자치단체의 자치권 침해를 다툴 수 있다고 해석할 수 있다. 다만, 이러한 소송은 법률에 의해 단심제로 규정하고 있어 일반적인 3심제의 행정소송과 달리 대법원에만 제소할 수 있다. 항고소송에 의할 때 이러한 소송은 자치권 침해를 다룬다는 점에서 권한쟁의심판과 유사하다. 행정안전부장관의 매립지 귀속결정에 불복하는 지방자치단체가 권한쟁의심판을 제기할 경우 행정안전부장관을 피청구인으로 하여 권한쟁의심판을 제기할 수 있다. 즉 피청구인인 행정안전부장관의 처분(결정)에 의하여 청구인인 지방자치단체의 권한(자치권)을 침해하였거나 침해할 현저할 위험이 있으면 권한쟁의심판을 제기할 수 있다(헌법재판소법 제61조 제2항). 앞에서 언급한 새만금방조제 사건에서 대법원은 처분의 위법 여부만을 심사하고 있을 뿐 이러한 지방자치단체의 자치권 침해를 전면적으로 다루고 있지는 않다. 나아가 헌법재판소나 대법원은 모두 행정안전부장관의 처분(결정)이 위법한지를 판단할 수 있다. 헌법재판소의 권한쟁의심판에서는 처분의 취소를 확인할 수 있고(헌법재판소법 제66조 제2항), 지방자치법 제4조의 소송에서도 행정안전부장관의 결정에 대해 취소판결을 내릴 수 있다.

이러한 유사성에도 불구하고 헌법재판소의 권한쟁의심판과 지방자치법 제4조의 소송 사이에는 중요한 차이점이 있다. 첫째, 헌법재판소의 권한쟁의심판에서는 국가기관이나 지방자치단체의 권한 유무나 범위를 포괄적으로 심사할 수 있지만, 지방자치법 제4조의 소송에서는 원칙적으로 행정안전부장관 결정의 위법 여부만을 심사할 수 있을 뿐이다. 대법원은 매립지가 귀속할 지방자치단체에 대한 행정안전부의 결정이 재량권을 일탈·남용하였는지를 심사한다. 이에 반해 헌법재판소의 권한쟁의심판에서는 권한의 유무나 범위 등을 적극적으로 결정할 수 있다. 예컨대 권한쟁의심판의 주문에서는 "…… 조성된 공유수면 매립지 ○○㎡ 중 □□에 대한 권한은 청구인에 있고, △△에 대한 피청구인에 있음을 확인한다"는 식으로 관할 권한의 귀속 여부를 적극적으로 판단할 수 있다.[18]

둘째, 권한쟁의심판과 지방자치법 제4조의 소송 사이에는 소송당사자에도 차이가 있다. 권한쟁의심판에서는 해당 국가기관 또는 지방자치단체가 모두 청구인이 될 수 있다. 그러나 지방자치법 제4조의 소송에서는 지방자치단체의 장이 원고가 된다.[19] 또한 권한쟁의심판에서는 국가기관이나 지방자치단체가 모두 피청구인이 되지만, 지방자치법 제4조의 소송에서는 행정안전부장관만이 피고가 될 수 있다.

셋째, 헌법재판소의 권한쟁의심판은 처분 또는 부작위를 심판대상으로 하고 있지만, 지방자치법 제4조의 소송은 국가기관(행정안전부장관)의 적극적인 결정만을 대상으로 하고 있다. 지방자치법 제4조의 소송에서 행정안전부장관의 결정에 기간 제한은 없다. 행정안전부장관의 부작위에 대해 지방자치단체 또는 그 장이 부작위위법확인소송을 제기할 수 있는지는 견해대립이 있을 수 있다. 이러한 소송을 제기할 경우 지방자치법 제4조의 규정은 무용지물(無用之物)이 될 수도 있으므로 법률 문언의 해석상 소극적으로 해석하는 것이 바람직하다. 그러나 이론적으로는 지방자치단체나 이를 대표하는 지방자치단체의 장이 이러한 부작위에 대해 일반적인 항고소송으로서 부작위위법확인소송을 배제할 이유는 없다. 다만, 이 소송의 제1심 관할 법원은 행정법원이다.

넷째, 양자는 청구기간이나 제소기간의 제한에 차이가 있다. 권한쟁의심판의 청구기간은 그 사유가 있음을 안 날부터 60일 이내에, 그 사유가 있은 날부터 180일 이내에 청구하여야 한다(헌법재판소법 제63조 제1항). 그러나 지방자치법 제4조의 소송은 행정안전부장관으로부터 그 결

18) 헌재 2004. 9. 23. 2000헌라2, 판례집 16-2(상), 404, 413.

19) 한편, 김제시와 부안군은 구 안전행정부장관(현 행정안전부장관)을 상대로 새만금방조제의 매립지가 속할 지방자치단체를 군산시로 정한 결정을 취소하는 소송을 제기하였다. 이에 대법원은 안전행정부장관(현 행정안전부장관)이 매립지가 속할 지방자치단체를 정하는 결정에 대하여 대법원에 소송을 제기할 수 있는 주체는 지방자치단체가 아니라 지방자치단체의 장이며(지방자치법 제4조 제8항), 매립지가 속할 지방자치단체를 결정할 때 관계 지방의회의 의견청취 절차를 반드시 거칠 필요는 없다고 판시하였다(대법원 2013. 11. 14. 선고 2010추73 판결). 이 사건에서 김제시, 부안군과 같은 지방자치단체의 소는 각하하고, 김제시장이나 부안군수의 청구를 기각하였다.

과를 통보받은 날부터 15일 이내에 대법원에 소송을 제기할 수 있다. 지방자치법 제4조에 따른 소송의 제소기간은 헌법재판소의 권한쟁의심판에 비해 현저히 짧다.

다섯째, 권한쟁의심판에서는 종국결정의 선고 시까지 피청구인의 처분의 효력을 정지하는 결정을 할 수 있다(헌법재판소법 제65조). 그러나 지방자치법 제4조의 소송에서는 집행정지에 관한 명문의 규정이 없어 집행정지를 신청하기가 어렵다고 판단된다.

마지막으로 헌법재판소의 권한쟁의심판에서는 관할권의 귀속 자체가 소송물이 되며 그 판단은 모든 국가기관을 구속하는 기속력을 가진다(헌법재판소법 제67조 제1항).[20] 그러나 행정소송의 기속력은 당사자인 행정청(처분청)과 관계 행정청에 대해서만 미친다(행정소송법 제30조 제1항).

5. 권한쟁의심판의 보충성 여부

매립지 분쟁의 해결을 전적으로 대법원의 권한으로 보고 이에 대한 권한쟁의심판이 배제되는지가 다투어지고 있다. 이는 소위 "권한쟁의심판의 보충성" 문제로 논의되고 있다. 학설 중에는 2009. 4. 1. 지방자치법의 개정으로 헌법재판소의 권한쟁의심판권이 배제되었다고 보는 견해도 있다.[21] 그러나 권한쟁의심판의 '보충성'이라는 용어 자체는 논란의 여지가 있으며 부적절하다. 지방자치법의 개정으로 헌법상 보장된 권한쟁의심판이 배제되었다고 볼 수는 없다. 헌법재판소법에는 헌법소원과 달리 권한쟁의심판의 보충성에 관한 명문의 규정이 없다(헌법재판소법 제

---

20) 헌법재판소, 헌법실무제요, 제2개정판, 415면. 한편, 2009. 4. 1. 지방자치법의 개정으로 공유수면 매립지의 관할구역획정과 관련하여 권한쟁의심판결정의 기속력이 어느 범위까지 미치는지가 다투어진 바 있다(이에 대해서는 박진영, "공유수면매립지 행정구역 귀속에 관한 권한쟁의심판 결정의 기속력: 헌재 2004. 9. 23. 200헌라2 결정과 개정된 지방자치법 제4조 제3항 내지 제9항을 중심으로", 헌법재판연구 제3권 제1호(2016. 6), 3면 이하 참조).

21) 박진영, 전게논문, 189면 이하.

68조 제1항 단서 참조). 지방자치법의 관련 규정이 정비되기 이전에 지방자치단체의 경계에 관한 사법적(司法的) 분쟁해결은 헌법재판소의 권한쟁의심판에 의하는 것이 일반적이었다.[22] 개정된 지방자치법에는 절차적 규정만 있고 경계구분에 관한 실체적 기준이 없어 매립지 귀속에 관한 문제는 여전히 헌법재판소의 관할로 보아야 한다는 견해도 있다.[23]

권한쟁의심판을 배제하자는 견해는 매립지 귀속을 결정하는 사무를 국가사무로 이해하고 있다.[24] 지방자치법 제9조 제2항 제1호는 지방자치단체의 구역에 관한 사무를 자치사무로 규정하고 있다. 또한 매립지 귀속에 관한 행정안전부장관의 결정 그 자체를 국가사무로 보는 경우에도 매립지의 귀속과 같은 지방자치단체의 경계구역 결정은 '자치권'과 밀접한 관련이 있다. 지방자치법상의 행정소송은 지방자치단체의 자치권 침해를 요건으로 하지 아니하며, 이러한 문제는 권한쟁의심판에서 다투어질 수 있다.

지방자치법 제4조의 소송대상은 행정안전부장관의 결정 그 자체가 위법한지에 제한된다. 따라서 대법원은 절차적 하자와 재량권의 일탈·남용과 같은 실체적 하자를 심사해야 한다. 실제 대법원도 새만금방조제의 매립지 사건에서 보는 바와 같이 행정안전부장관의 결정이 위법한지 여부만을 판단하였다.[25] 대법원은 이 판결에서 안전행정부장관(행정

---

22) 김도창, 일반행정법론(하), 제4전정판, 147면; 이상규, 신행정법론(하), 신판, 143-144면.

23) 조재현, "법률의 개정과 권한쟁의심판 결정의 기속력: 공유수면의 경계와 매립지의 관할결정에 관한 헌법재판소 결정을 중심으로", 헌법재판연구 제3권 제1호(2016. 6), 27면 이하.

24) 박진영, 전게논문, 197면.

25) "지방자치법 제4조 제3항, 제5항, 제6항, 제7항, 제8항, 제9항 등 관계 법령의 내용, 형식, 취지 및 개정 경과 등에 비추어 보면, 2009. 4. 1. 법률 제9577호로 지방자치법이 개정되기 전까지 종래 매립지 등 관할 결정의 준칙으로 적용되어 온 지형도상 해상경계선 기준이 가지던 관습법적 효력은 위 지방자치법의 개정에 의하여 변경 내지 제한되었다고 보는 것이 타당하고, 안전행정부장관은 매립지가 속할 지방자치단체를 정할 때에 상당한 형성의 자유를 가지게 되었다. 다만 그 관할 결정은 계획재량적 성격을 지니는 점에 비추어 위와 같은 형성의 자유는 무제한의 재량이 허용되는 것이 아니라 여러 가지 공익과 사익 및 관련 지방자치단체의 이익을 종합적으로 고려하여 비교·교

안전부장관)의 결정이 '계획재량적' 성격을 가진다고 보고 있지만, 이러한 결정은 계획의 형성과 관련된 것이 아니라 매립지의 관할 판단에 관한 것이다. 이를 "형성의 자유"라고 부르는 것도 적절하지 않다. 그 위법을 판단함에 있어 형량하자의 법리를 재량하자와 혼동하여 판단하고 있는 점도 법리적으로 타당하지 않다. 이러한 점은 학계의 비판을 받았으며, 근래의 판례 주류는 형량하자와 재량하자를 대체로 구분하고 있다.[26] 그러나 일부 판례에서는 형량하자와 재량하자를 명확히 구분하지 못한 경우도 있다.[27] 지방자치법 제4조의 소송을 항고소송으로 이해할 경우 해당 소송의 소송물은 처분의 위법성 일반에 한정된다.

이와 같이 지방자치법 제4조의 소송과 권한쟁의심판 사이에는 유사한 점도 있지만, 그 심사의 대상이나 범위, 당사자, 제소기간, 집행정지, 주문의 내용 등에서 차이가 있다. 지방자치법 제4조의 소송은 매립지나 지적공부의 등록 누락 등의 분쟁에 대처하기 위한 입법적 조치이기는 하지만, 이 소송에서 대법원의 심사범위는 국가기관인 행정안전부장관의 결정에 위법이 있는지에 제한된다고 보아야 한다. 이에 반해 권한쟁의심판은 국가기관에 대해 지방자치단체의 권한(자치권) 유무나 범위 등을 적극적 또는 소극적으로 다툰다는 점에서 헌법재판소는 비교적 포괄적인 심사권을 가진다. 국가기관에 의해 매립지 관할권 내지 자치권이 침해되었다고 주장하는 지방자치단체는 지방자치법의 규정에 관계없이 헌법과 헌법재판소법에 따라 권한쟁의심판을 제기할 수 있다. 따라서

량해야 하는 제한이 있다. 따라서 안전행정부장관이 위와 같은 이익형량을 전혀 행하지 않거나 이익형량의 고려 대상에 마땅히 포함시켜야 할 사항을 누락한 경우 또는 이익형량을 하였으나 정당성·객관성이 결여된 경우에는 그 매립지가 속할 지방자치단체 결정은 재량권을 일탈·남용한 것으로서 위법하다고 보아야 한다."(대법원 2013. 11. 14. 선고 2010추73 판결)

26) 대법원 2006. 9. 8. 선고 2003두5426 판결; 대법원 2007. 4. 12. 선고 2005두1893 판결; 대법원 2011. 2. 24. 선고 2010두21464 판결 등.

27) 대법원 2012. 1. 12. 선고 2010두5806 판결; 대법원 2015. 12. 10. 선고 2011두32515 판결 등.

분쟁해결절차에 헌법재판소가 개입할 수 없다고 보는 견해는 타당하지 않다. 국가기관(행정안전부장관)이 매립지에 관한 결정을 통해 지방자치단체의 자치권을 본질적으로 침해할 경우 그러한 국가기관의 처분에 대한 취소나 무효를 확인하거나 지방자치단체의 권한 유무나 범위 등을 다투기 위해서는 헌법재판소에 권한쟁의심판을 제기할 수 있는 길이 열려져 있어야 한다.

Ⅲ. 관련 대법원 판결에 대한 분석

1. 사건의 쟁점

청구인들의 단체장인 충청남도지사, 당진시장, 아산시장은 이 사건 심판청구와는 별개로 2015. 5. 18. 피청구인 행정안전부장관의 2015. 5. 4. 자 결정의 취소를 구하는 소송을 제기하였고, 이 사건이 결정될 때까지 소송이 계속 중이었다. 이 사건에 대한 헌법재판소의 결정이 있고 난 뒤에 대법원은 원고(충청남도 지사 외 2인)들의 청구를 모두 기각하였다.[28] 원고들이 주장한, 이 판결의 주요 쟁점은 다음과 같다. 첫째, 원고들은 지방자치법 제4조 제3항부터 제7항이 종전의 해상경계선 기준을 배제하는 취지라면 이는 아무런 기준 없이 피고가 자의적으로 지방자치단체의 관할구역을 결정할 수 있도록 한 것이므로 지방자치제도의 본질을 침해하고, 헌법재판소의 권한쟁의심판 권한을 침해하며, 명확성원칙과 법률유보원칙에 위배된다고 주장한다. 둘째, 평택시장의 관할 귀속 결정신청이 부적법하다고 주장한다. 특히 지방자치법 제4조 제4항에서 매립지 관할 구속 결정의 신청권자로 규정한 "관련 지방자치단체의 장"은 '시 · 도지사'만을 의미하며, 기초 지방자치단체의 장인 평택시장은 포함되지 아니한다고 주장한다. 셋째, 지방자치단체중앙분쟁조

28) 대법원 2021. 2. 4. 선고 2015추528 판결.

정위원회의 심의 · 의결에 절차적 하자가 있다고 주장한다. 즉 심의 · 의결 당시에 관련 지방자치단체인 충청남도 소속 공무원을 퇴장시켜 의견진술의 기회를 박탈하고, 원고들의 사전동의 없이 전자문서로 이 사건 결정을 통보하였으며, 그 불복방법을 고지하지 않았다고 주장한다. 넷째, 피고의 매립지 관할 귀속결정이 재량권을 일탈 · 남용하여 위법하다고 주장한다.

2. 대법원 판결의 요지

지방자치법 제4조 제3항부터 제7항에서 행정안전부장관 및 그 소속 지방자치단체중앙분쟁조정위원회의 매립지 관할 귀속에 관한 의결 · 결정의 실체적 결정기준이나 고려요소를 구체적으로 규정하지 않았다고 하더라도 지방자치제도의 본질을 침해하였다거나 명확성원칙, 법률유보원칙에 반하다고 볼 수 없다.

지방자치법 제4조 제4항은 매립지 관할 귀속에 관하여 이해관계가 있는 매립면허관청이나 관련 지방자치단체의 장이 준공검사 전까지 행정안전부장관에게 관할 귀속 결정을 신청하도록 함으로써 행정안전부장관으로 하여금 가급적 신속하고 적절한 시점에 매립지 관할 귀속 결정을 하도록 촉구하고 있다. 이를 통해 행정안전부장관의 매립지 관할 귀속 결정 전에 토지소유자 또는 매립면허취득자가 임의로 특정 지방자치단체의 장에게 토지 신규등록을 신청하여 당연무효인 지적공부 등록이 이루어지는 상황을 예방하려는 데에 입법 취지가 있다. 따라서 매립면허관청이나 관련 지방자치단체의 장이 준공검사 전까지 관할 귀속 결정을 신청하지 않았다고 하더라도 그것이 행정안전부장관의 관할 귀속 결정을 취소하여야 할 위법사유는 아니라고 보아야 한다.

2009. 4. 1. 지방자치법 제4조의 개정 전에는 공유수면 매립지의 관할 귀속이 주로 '기초 지방자치단체들 상호간'의 권한쟁의심판 절차를

통해 결정되었고, 이러한 문제점을 해소하기 위하여 지방자치법의 개정에 의해 행정안전부장관의 매립지 관할 귀속 결정 절차가 신설되었다. 지방자치법 제4조 제4항에서 매립지 관할 귀속 결정의 신청권자로 규정한 '관련 지방자치단체의 장'에는 해당 매립지와 인접해 있어 그 매립지를 관할하는 지방자치단체로 결정될 가능성이 있는 '기초 및 광역 지방자치단체의 장'을 모두 포함한다.

피고가 이 사건 결정을 하면서 관련된 제반 이익의 비교·형량을 전혀 하지 않았거나 이익형량의 고려 대상에 마땅히 포함시켜야 할 사항을 누락한 경우 또는 이익형량을 하였으나 정당성·객관성이 결여된 경우에 해당한다고 보기 어려우므로, 이 사건 결정이 재량권을 일탈·남용한 위법한 처분이라고 할 수 없다.

3. 검 토

대법원은 지방자치법 제4조가 지방자치제도의 본질을 침해하거나, 명확성원칙이나 법률유보원칙에 반한다는 원고의 위헌 주장을 받아들이지 아니하였다. 학설 중에도 지방자치법 제4조의 규정이 "체계정당성에 위반될 뿐만 아니라 합리성·비례성 및 형평성에 어긋나는 자의적 입법으로 위헌"이라는 견해도 있다.[29] 그러나 지방자치법 제4조를 위헌으로 보기는 어렵다.[30] 또한 대법원판결의 결론에 있어서는 대체로 동의하지만, 이 판결에서 명확성원칙이나 법률유보원칙의 심사는 미흡한 점이 있다. 원고의 주장이 모호하고 불명확하므로 이 부분에 대한 심사가

29) 남복현, "지방자치법 제4조와 권한쟁의심판", 국가법연구 제13권 제1호(2017), 136-137면.

30) 이론적으로 지방자치법 제4조의 규정에 의해 지방자치단체의 자치권이 침해되었다고 보아 권한쟁의심판을 제기할 수 있는지가 논의될 수 있다. 헌법재판소법 제62조 제2호는 국가기관과 지방자치단체간의 권한쟁의를 규정하면서, 국가기관 중 '정부'만을 규정하고 있다. 이와 관련하여 정부에 국회도 포함된다고 보면서, 법률에 의한 구역의 효력을 헌법재판을 통해 다툴 수 있다고 보는 견해도 있다(이기우·하승수, 지방자치법, 77면).

충분하지 않은 점도 있다. 그러나 행정소송에는 민사소송과 달리 직권탐지주의가 보완적으로 적용되므로 이러한 위헌 주장에 대해서도 충분히 논증할 필요가 있다(행정소송법 제26조 참조). 지방자치법 제4조 제6항은 지방자치단체중앙분쟁조정위원회의 심의 · 의결이나 행정안전부장관의 결정에 광범위한 재량을 부여하면서도, 그 구체적인 결정기준이나 고려요소를 규정하고 있지 않다.

한편, 대법원은 판결의 이유 부분에서 "공유수면 매립지의 경우 종전에 헌법재판소의 권한쟁의심판 절차를 통해 해상경계선을 기준으로 관할 지방자치단체가 결정됨에 따라 발생하는 문제들을 해소하기 위하여 특별히 행정안전부장관으로 하여금 일정한 의견청취절차를 거쳐 신중하게 관할 귀속 결정을 할 수 있는 권한을 위임하고 있는 것"이라고 밝히고 있다. 대법원은 해상경계선을 기준으로 한 헌법재판소의 권한쟁의심판이 문제가 있다고 지적하고 있지만, 개정된 지방자치법에서도 이러한 문제는 미해결의 상태로 남아 있다. 헌법재판소는 공유수면에 대한 지방자치단체의 관할구역 경계획정을 정할 때에 이에 관한 명시적인 법령상의 규정이 존재한다면 그에 따르고, 명시적인 법령상의 규정이 존재하지 않는다면 불문법상 해상경계에 따라야 하며, 이에 관한 불문법상 해상경계마저 존재하지 않는다면, 형평의 원칙에 따라 해상경계선을 획정할 수밖에 없다고 보고 있다.[31] 이러한 형평의 개념이라는 기준도 포괄적이고 모호하다는 비판이 있는 것이 사실이다.[32]

이러한 문제는 매립지의 경우에도 마찬가지이다. 2009. 4. 1. 지방자치법의 개정으로 지방자치단체중앙분쟁조정심의위원회의 심의 · 의결을 거쳐 행정안전부장관(당시 행정자치부장관)이 결정하도록 한 것만으로 이

31) 헌재 2019. 4. 11. 2016헌라8 등, 판례집 31-1, 329; 헌재 2021. 2. 25. 2015헌라7, 공보 제293호, 364.

32) 승이도, "지방자치단체 사이의 해상경계 획정에 관한 헌법재판소 권한쟁의심판 연구: 인접 · 대향한 지방자치단체 사이에 존재하는 섬의 영향과 해상경계 획정의 새로운 대안 모색을 중심으로", 헌법학연구 제26권 제2호(2020. 6), 205면 이하.

러한 제반 사항을 모두 고려해야 한다고 해석하는 견해도 있다.[33] 그러나 지방자치법에는 지방자치단체중앙분쟁조정위원회의 심의·의결이나 행정안전부장관의 결정 등의 절차에 관한 규정을 두고 있을 뿐, 매립지의 관할 귀속결정에 관한 구체적 기준을 정하고 있지 않다. 법률의 규정만으로는 지방자치단체중앙분쟁조정위원회나 행정안전부장관에 어떠한 재량을 구체적으로 부여하고 있는지를 파악하기도 어렵다. 재량하자에 대한 사법적 통제를 위해서도 재량의 적정한 행사에 관한 자세한 기준을 규정하는 것이 바람직하다. 재량의 남용은 재량권을 수권한 입법자의 의도, 즉 법률상의 목적에 위배되는지 여부를 검토하는 것이다. 대법원은 전술한 바와 같이 재량하자를 형량하자와 혼동하고 있는데, 이러한 점은 적절히 수정될 필요가 있다. 대법원 판결에서 적절히 제시하고 있는 바와 같이, 매립지의 귀속 결정을 위해서는 교통의 편의성 및 지리적 인접성, 전기·통신·가스·가스 등의 공급 효율성, 소관 행정청의 소재 및 행정의 효율성 등을 고려하여야 한다. 이러한 내용은 입법정책적 문제이지만, 이를 지방자치법 제4조 제6항의 각호에 구체적으로 규정하는 것이 바람직하다. 이와 관련하여 "공유수면 및 그 매립지의 관할권(내지 경계) 결정 기준 내지 원칙의 명확화(법제화)가 필요하다"는 주장도 대체로 동일한 입장이다.[34]

Ⅳ. 맺음말

대상판례는 향후에 매립지 분쟁에 대한 헌법재판소의 권한쟁의심판 권한의 행사와 관련하여 중요한 의미를 던져 주고 있다. 헌법재판소는

33) 이일세, "지방자치단체의 관할구역에 관한 법적 고찰: 판례를 중심으로", 법학연구 제27권 제3호(충남대학교 법학연구소), 2016. 12, 93-94면.

34) 김희곤, "당진·평택 공유수면 매립지 관련 2015헌라3 결정과 지방자치법적 과제", 지방자치법연구 제20권 제3호(통권 제67호), 2020. 9, 106면.

청구인들(충청남도 등)의 자치권한이 침해되거나 침해될 현저한 위험이 없다고 보아 각하결정을 내렸다. 이러한 결정으로 매립지 관할권 분쟁에 대한 헌법재판소와 대법원의 관할권 충돌은 피하였지만, 헌법재판소의 권한쟁의심판 권한을 배제할 우려가 있다. 대상판결에서 지방자치단체의 자치권 침해위험이 부인된 것은 아쉬운 점이다. 매립지에 관한 분쟁에 대한 사법통제의 일원화도 중요하지만, 헌법상 보장된 권한쟁의심판 권한을 배제하는 해석은 바람직하지 않다. 대법원 판결에서 보는 바와 같이, 지방자치법 제4조 제8항의 행정소송의 심사범위는 제한적이고 소극적일 수밖에 없다. 즉 행정안전부장관의 확인결정에 절차적 하자가 있는지, 또한 실체적 하자와 관련하여 재량의 일탈·남용이 있는지를 심사한다. 이에 반해 권한쟁의심판은 지방자치단체의 자치권 침해를 비롯한 지방자치단체의 관할권 유무나 범위 등을 포괄적으로 심사할 수 있다. 지방자치법 제4조 제8항은 완결된 규정이 아니다. 행정안전부장관의 결정을 위한 구체적인 판단기준이나 고려요소 등을 전혀 규정하지 않고 있으며, 그 재량하자의 판단은 전적으로 법원의 해석에 맡겨져 있을 뿐이다. 지방자치단체의 자치권 침해에 대한 공법상 권리구제수단이 미흡하며, 그 구제수단도 대부분 권한쟁의심판과 기관소송을 통해 실현되고 있다. 기관소송은 법률의 규정이 있는 경우에 한하여 제한적으로 인정된다(기관소송 법정주의). 다각적인 이해관계와 관련이 있는 매립지 분쟁에서 국가기관이 지방자치단체의 자치권(지역고권)을 침해할 경우 권한쟁의심판을 통해 이를 구제할 수 있는 길을 남겨두어야 한다. 지방자치법 제4조의 규정만으로 대법원의 관할로 일원화되었다고 속단해서는 아니 된다. 헌법재판소의 권한쟁의심판 결정과 대법원의 판결이 서로 모순되는 결정을 피하기 위해서는 상호 권한과 입장을 존중하면서 신중한 결정을 내려야 할 것이다. 따라서 지방자치법 제4조 제8항의 소송에서는 행정안전부장관의 결정이 위법한지를 심사하고, 지방자치단체의 자치권 침해를 비롯한 매립지의 관할 귀속 결정이나 지방자치단체의 권한 유무나 범위 등을 다투는 경우에는 헌법재판소의 권한쟁의심판에 의하도록 하는 것이 바람직하다. 그러한 점에서 헌법재판소의 권한쟁의 심판과 지방자치법 제4조의 행정소송은 여전히 병존할 수 있다.

제6장

헌법재판소의 공유수면 해상경계 확정에 따른 어업면허처분의 법적 효력

Ⅰ. 서 론

지방자치단체는 자신의 관할구역 안에서 자치권이 미치는 지역적·공간적 범위에 관한 '지역고권'을 가진다. 지역고권(Gebietshoheit)은 지방자치단체의 영토적 관할을 의미한다.[1] 게마인데고권(Gemeindehoheit), 즉 지방자치단체고권이라는 명목 하에 자기책임적으로 수행하는 과제와 관련된 것을 말하는데, 여기에는 인사고권, 계획고권, 법제정고권, 재정고권 등이 논해지고 있다.[2] 지방자치의 활성화와 자치권의 강화로 인해 지방자치단체의 경계에 관한 분쟁이 점차 늘고 있다. 이와 관련하여 지방자치법은 관할구역과 그 변경에 관한 규정을 두고 있다. 관할구역에 관한 분쟁이 있으면 지방자치단체 간의 협의로 해결해야 하지만, 이러한 해결이 어려울 경우에 다른 법률에 특별한 규정이 없으면 행정안전부장관이나 시·도지사가 당사자의 신청을 받아 조정할 수 있다(지방자치법 제148조 제1항). 지방자치단체의 관할구역 변경에는 폐치·분합과 경계변경이 있다. 즉 지방자치단체의 설치와 폐지, 분할 및 병합 등이 그러하다. 그러나 관할구역과 생활권과의 불일치로 인한 주민생활의 불편을 해소하기 위해 2021년 1월 12일 지방자치법의 전부개정에 따라

1) Röhl, in: Schoch, Besonderes Verwaltungsrecht, Kap. 2 Rn. 43.
2) Schmidt Aßmann, in: Schmidt-Aßmann(Hg.), Besonderes Verwaltungsrecht, 11. Aufl., 1. Abschn. Rn. 23

행정안전부장관에게 관할구역 경계변경에 관한 조정을 신청을 하는 규정을 마련하였다(개정 지방자치법 제6조). 개정 법률은 2022년 1월 13일부터 시행되고 있다. 이에 따라 행정안전부장관은 그 신청내용을 관계 지방자치단체의 장에게 통지하거나 공고하고 경계변경자율협의체를 구성·운영하도록 관계 지방자치단체의 장에게 요청하도록 하고 있다.

이러한 규정에도 불구하고 경계구역의 확정이 문제가 되는 것은 공유수면의 경계획정 외에 공유수면 관리 및 매립에 관한 법률에 따른 '매립지'와 공간정보의 구축 및 관리 등에 관한 법률 제2조 제19호의 지적공부(地籍公簿)에 등록이 누락되어 있는 토지이다.[3] 이러한 해상경계의 획정에 대해서는 적지 않은 논란이 있었고, 이에 대해 다수의 선행연구가 있다.[4] 현행 지방자치법 제4조는 행정안전부장관이 매립지와 지적공부에 등록이 누락된 토지가 속할 지방자치단체의 관할구역을 정하도록 하고 있다. 행정안전부장관은 이러한 공고기간이 끝난 후 지방자치단체중앙분쟁조정위원회의 심의·의결에 따라 매립지가 속할 지방자치단체를 결정하고, 그 결과를 면허관청과 관계 지방자치단체의 장 등에게 통보하고 공고하여야 한다(지방자치법 제4조 제6항). 그러나 공유수면의 해상경계에 대해서는 이러한 규정이 적용되지 아니한다.[5]

헌법재판소는 충청남도 등과 행정안전부장관(종전의 행정자치부장관) 등

3) 공유수면도 지방자치단체의 관할구역에 속하는지에 대해서도 논란이 있었으나, 근래에는 긍정적으로 보는 견해가 지배적이다(홍정선, 신지방자치법, 제3판, 박영사, 2015, 117면).

4) 예컨대 김희곤, "새만금지역의 해상경계에 대한 공법학적 고찰", 토지공법연구 제56집(2012), 49-94면; 김재광, "지방자치단체의 구역과 해상경계획정에 관한 소고", 토지공법연구 제18집(2003), 431-452면; 김성호, "지방자치단체 해상경계설정의 법적 쟁점에 관한 연구", 공법연구 제32집 제2호(2003), 365-392면; 김교창, "매립지의 귀속에 관한 지방자치법의 규정과 새만금매립지의 귀속에 관한 대법원판결", 인권과 정의 제445호(2014), 105-115면; 남복현, "공유수면 매립지의 경계획정을 둘러싼 법적 분쟁에 있어 실체법적 사항: 당진군과 평택시 간의 권한쟁의를 중심으로", 공법연구 제38집 제1호 제2권(2009), 207-236면 등.

5) 경계획정에 관한 지방자치법의 규정이 제한적이라는 비판도 있다(최우용, 지방자치법의 주요쟁점, 동방문화사, 2014, 379면).

간의 권한쟁의사건에서 지방자치법 제4조 제3항에 따라 행정안전부장관이 결정함으로써 비로소 신생매립지에 대한 관할 지방자치단체가 정해진다고 보고 있다. 즉 이 사건의 다수의견은 행정안전부장관의 결정에 사실상 창설적 효력을 인정하고 있다.[6] 그러나 행정안전부장관의 결정에 창설적 효력을 인정하는 것은 지나치며, 그 결정은 공유수면 매립지의 경계 또는 관할권 소재를 확인하는 효력을 가질 뿐이다.[7] 오히려 이 사건의 반대의견에서 적절히 지적하고 있는 바와 같이 공유수면 매립지가 소속될 지방자치단체를 '확인'하는 처분에 불과하다.[8] 이러한 특성은 불확실성 아래에 있는 공유수면이나 그 매립지도 마찬가지이다. 이 사건에서 헌법재판소는 공유수면에 대한 관할권 결정과 매립지에 관한 관할권 결정은 서로 다르다고 판단하고 있다. 즉 "공유수면의 매립은 막대한 사업비와 장기간의 시간 등이 투입될 뿐 아니라 해당 해안지역의 갯벌 등 가치 있는 자연자원의 상실 내지 환경의 파괴를 동반하는 등 국가 전체적으로 중대한 영향을 미치는 사업이고, 일반적으로 공유수면은 인근 어민의 어업활동에 이용되는 반면, 매립지는 주체와 목적이 명확하게 정해져 있어 매립지의 이용은 그 구체적인 내용에 있어서도 상당히 다르다. 따라서 공유수면의 경계를 그대로 매립지의 '종전' 경계로 인정하기는 어렵다"고 결정하고 있다. 그러나 이 결정은 공유수면과 매립지에 대한 각 관할권 결정기준이 다르다는 의미일 뿐, 그 결정의 특성이 다르다는 의미는 아니다.

---

6) 행정안전부장관의 결정에 창설적・형성적 효력을 인정하는 견해로는 박진영, "공유수면 매립지의 행정구역 귀속과 관련한 권한쟁의심판청구의 적법성고찰", 헌법학연구 제24권 제4호(2018. 12), 200면. 한편, 홍성군과 태안군의 권한쟁의 사건에서 '등거리 중간선원칙'에 따라 해상경계선을 결정하는 것은 지방자치법의 규정을 넘어 "헌법재판소가 새로이 경계를 창설하는 것이라는 비판을 면하기 어렵다"는 지적도 있다(이일세, "지방자치단체의 관할구역에 관한 법적 고찰", 법학연구 제27권 제3호(2016. 12), 충남대학교 법학연구소, 112-123면).

7) 헌재 2020. 7. 16. 2015헌라3.

8) 이에 대해서는 졸고, "공유수면 매립지 분쟁의 관할권 및 심사범위에 관한 법적 쟁점", 행정판례연구 제26권 제1호(2021. 6), 178-179면 참조.

한편, 헌법재판소는 경상남도 사천시와 경상남도 고성군 간의 권한쟁의사건에서 종전에 공유수면의 해상경계선을 매립지의 관할경계선으로 인정해 온 선례(헌재 2011. 9. 29. 2009헌라3 등)를 변경하고 있다.[9] 즉 이 결정에서 매립지에 대한 경계확정은 '형평의 원칙'에 따른다고 밝히고 있다. 나아가 헌법재판소는 고창군과 부안군 간의 권한쟁의 사건에서 해상경계의 획정과 관련하여 법령상의 규정이 있으면 그에 따르고, 이러한 규정이 없으면 불문법상의 해상경계에 의하며, 이러한 불문법상의 해상경계가 없으면 형평의 원칙에 따라 헌법재판소가 해상경계선을 획정할 수밖에 없다고 보고 있다.[10]

이러한 해상경계의 획정에 관한 명확한 기준이 없는 것도 문제이지만, 이러한 해상경계의 확정으로 종전의 법률관계는 매우 불확실한 상태에 놓일 수 있다. 예컨대 고창군과 부안군 간의 권한쟁의 사건에서도 청구인의 관할권한을 침해한 피청구인의 공유수면 점용·사용료 부과처분이나 청구인의 어업면허처분 등의 효력이 문제되고 있다. 권한쟁의 심판에서 헌법재판소의 결정으로 관할권이 없게 된 지방자치단체로부터 받은 모든 행정처분을 무효로 본다면 어업면허처분을 받고 양식어업을 하고 있는 어민들의 법적 지위는 불안정할 수 밖에 없다. 지방자치법은 이에 대하여 아무런 규정을 두고 있지 않다. 다만, 지방자치법 제5조에는 지방자치단체의 구역변경, 폐치·분합을 할 경우에 그 지역을 관할하게 된 지방자치단체가 그 사무와 재산을 승계하는 규정을 두고 있을 뿐, 여기서 헌법재판소의 결정에 따른 공유수면의 경계획정에 대하여

9) 헌재 2019. 4. 11. 2015헌라2.

10) "공유수면에 대한 지방자치단체의 관할구역 경계획정은 이에 관한 명시적인 법령상의 규정이 존재한다면 그에 따르고, 명시적인 법령상의 규정이 존재하지 않는다면 불문법상 해상경계에 따라야 한다. 그리고 이에 관한 불문법상 해상경계마저 존재하지 않는다면, 주민·구역·자치권을 구성요소로 하는 지방자치단체의 본질에 비추어 지방자치단체의 관할구역에 경계가 없는 부분이 있다는 것은 상정할 수 없으므로, 권한쟁의심판권을 가지고 있는 헌법재판소가 형평의 원칙에 따라 합리적이고 공평하게 해상경계선을 획정할 수밖에 없다."(헌재 2019. 4. 11. 2016헌라8 등)

규정하고 있는 것은 아니다.

이처럼 헌법재판소의 해상경계결정에 따라 종전에 발급된 어업면허의 법적 효력을 어떻게 보아야 하는지는 입법적 흠결상태이며, 결국에 개별 사건에서 이를 다투어야 한다. 이 문제는 권한쟁의심판에서 헌법재판소 결정의 기속력과 관련하여 논의되고 있지만, 헌법재판소법에 규정된 기속력의 효력과 범위에 대해서는 해석상 적지 않은 견해 대립이 있는 것이 사실이다. 공유수면의 해상경계 분쟁에서 헌법재판소 결정의 기속력이 관할권이 없게 된 지방자치단체가 발급한 어업면허에 미친다고 보아 이를 전부 무효로 해석하는 것은 어업면허를 받은 어민들의 법적 안정성과 제3자의 신뢰보호 등을 크게 훼손할 수 있다. 이하에서는 이러한 법적 문제와 관련하여 헌법재판소의 권한쟁의심판 결정의 기속력에 관한 문제를 상세히 조망하고, 이를 바탕으로 헌법재판소의 해상경계확정 전에 취득한 어업면허의 효력을 논하도록 한다. 나아가 지방자치법 제4조의 규정이 이러한 종전의 어업면허에 대해서도 유추해서 적용될 수 있는지, 또한 동일한 어업면허구역 내에 신규어업면허를 발급한 경우 이를 어떻게 판단해야 하는지를 검토하기로 한다.

Ⅱ. 헌법재판소 결정의 기속력 범위

1. 기속력의 내용 및 범위

헌법재판소법 제67조 제1항은 "헌법재판소의 권한쟁의심판의 결정은 모든 국가기관과 지방자치단체를 기속한다"고 규정하고 있다. 헌법재판소의 결정에 따라 권한이나 관할의 귀속 결정이 내려지면, 모든 국가기관이나 지방자치단체는 이러한 판단에 기속된다. 또한, 헌법재판소법 제67조 제1항에 규정된 이러한 헌법재판소 결정의 기속력은 인용결정뿐만 아니라 기각결정의 경우에도 모두 미친다고 보는 것이 지배적인 견해이다.[11] 이러한 점은 위헌결정이나 인용결정에만 기속력이 미치는 위헌법률심판이나 헌법소원과 구별된다.

헌법재판소 결정의 기속력에 따라 피청구인의 권한을 침해하는 행위를 반복해서는 아니되며, 기존의 위헌·위법적 상태를 제거하여 합헌·합법적 상태를 회복해야 한다고 보는 것이 일반적이다.[12] 또한, 헌법재판소가 부작위에 대해 심판청구를 인용하는 결정을 한 때에는 피청구인은 그 결정 취지에 따른 처분을 할 의무를 부담한다(헌법재판소법 제66조 제2항 후단). 여기서 "기존의 위헌·위법 상태를 제거하여 합헌·합법적 상태를 회복해야 할 의무"가 무엇을 의미하는지는 중요한 해석의 문제이다. 권한쟁의심판에서 헌법재판소의 결정에 배치되는 국가기관이나 지방자치단체의 종전 처분을 모두 무효로 보거나 국가기관이나 지방자치단체의 처분을 적극적으로 폐지하는 조치를 할 의무를 부담하는 것으로 확대해서 이해해야 하는지가 핵심적 쟁점이다.

한편, 헌법재판소는 권한쟁의심판 결정을 하면서 권한침해의 원인이 된 피청구인의 처분을 취소하거나 무효확인을 할 수도 있는데(헌법재판소법 제66조 제2항 전단), 이러한 취소나 무효확인을 하지 않는 경우에도 피청구인이 자신이 행한 처분을 적극적으로 폐지하거나 소멸시켜야 하는지가 명확하지 않다. 헌법재판소법 제66조 제2항 전단에 따른 처분의 취소나 무효확인은 전적으로 재판부의 재량에 달려 있다고 보고 있으므로 재판부가 해상경계의 관할범위만을 정하고 권한을 침해하는 처분의 취소나 무효확인을 하지 않을 수도 있다.

헌법재판소법 제66조 제2항의 취소나 무효가 어떤 의미를 가지는지, 양자는 어떻게 구별되는지에 대해서도 헌법학계에서 의견의 일치를 보지 못하고 있다. 또한, 행정소송과 달리 위 무효와 취소의 구분은 상대적이며, 그 통일된 구별기준은 존재하지 않는 상태이다. 이와 관련하여

11) 김하열, 헌법소송법, 제3판, 664면.
12) 헌법재판소, 헌법재판실무제요, 제2개정판, 443면.

헌법재판소의 선례 중에는 행정소송과 마찬가지로 행정행위의 무효와 취소의 구별기준을 원용하고 중대명백설에 따라 무효를 선언한 경우도 있다.[13] 그러나 권한쟁의심판은 행정소송과 구별되어야 한다는 관점에서 이러한 헌법재판소의 결정에 비판적인 견해도 있다.[14] 또한, 입법론으로 권한쟁의심판의 청구기간 제한을 고려하여 무효확인에 관한 규정을 삭제하는 것이 바람직하다고 보는 견해도 있다.[15]

헌법소송의 실무에서는 권한쟁의심판의 청구인 주장을 고려하거나 헌법적으로 중요한 피청구인의 권한침해인지를 고려하여 무효확인을 선언하거나 취소를 하고 있다. 헌법재판소법 제67조 제2항은 처분을 취소하는 결정은 그 처분의 상대방에 대하여 이미 발생한 효력에 영향을 미치지 아니한다고 규정하고 있다. 이는 취소 결정의 소급효를 제한한 것이다. 그러나 무효확인의 경우에는 이러한 효력상의 제한이 없다고 보아야 한다.[16] 참고로 독일 연방헌법재판소법에는 기관쟁의(Organstreit)에서 처분을 취소하거나 그 무효를 확인하는 규정을 두고 있지 않다. 즉 독일 연방헌법재판소는 후술하는 바와 같이 문제가 된 조치(Maßnahme)나 부작위가 독일 기본법의 규정에 위배되는지를 결정할 뿐이며, 피청구인이 처분을 취소하거나 그 무효를 확인할 수 있는 규정을 두고 있지 않다(독일 연방헌법재판소법 제67조 참조).

이와 관련하여 학설 중에는 헌법재판소가 피청구인의 처분을 취소하거나 무효확인을 하지 않더라도 피청구인의 처분을 철회하거나 처분의 법적 효력을 소멸시키는 적극적인 조치를 하여야 한다고 보는 견해도 있다.[17] 이 견해는 행정소송법상 취소판결의 기속력에 따른 결과제거의무를 근거로 들고 있다. 그러나 행정소송법상 취소판결의 기속력에 따

---

13) 헌재 1999. 7. 22. 98헌라4, 판례집 11-2, 51, 69
14) 허영, 헌법소송법론, 제2판, 328면.
15) 이에 대해서는 김하열, 전게서, 662면.
16) 김하열, 전게서, 667면.
17) 김하열, 전게서, 665면.

른 원상회복의무 또는 결과제거의무는 위법한 처분에 대한 취소판결로 발생한 구체적인 위법상태를 제거하여 원상으로 회복하는 것을 의미한다. 예컨대 공무원의 파면처분에 대한 취소판결에 따라 원고를 복직시키는 것을 말한다. 그러나 공무원의 승진 거부에 대한 취소판결로 인해 그 승진이 곧바로 인정된다고 보기는 어렵다. 이러한 승진을 곧바로 인정하는 것은 인사권을 가진 행정청의 권한을 침해하는 것으로서 원상회복의무의 범위를 넘어서는 것이다.[18] 이처럼 원상회복의무는 일의적(一義的)으로 판단될 수 없고 당연히 인정된다고 볼 수도 없다. 이는 개별적인 사안에 따라 판단해야 한다.

따라서 권한쟁의심판 결정에서 부가적으로 또는 선택적으로 처분을 취소하거나 그 무효를 확인할 수 있지만, 이러한 구체적인 취소나 무효확인이 없는 경우에도 적극적인 원상회복의무가 당연히 발생한다고 보기는 어렵다. 그러나 헌법재판소의 권한쟁의심판 결정에 모순되거나 저촉되는 행위를 할 수 없음은 물론이다. 예컨대 권한쟁의심판에서 헌법재판소의 결정으로 해상경계가 확정된 후에도 다른 지방자치단체의 관할구역에 해당하는 지역에 대해 어업면허를 계속해서 발급하면 이러한 어업면허처분은 헌법재판소 결정의 기속력에 위배된다.

어민들이 취득한 종전의 어업면허처분이 모두 권한쟁의심판의 직접적인 대상은 아니며, 헌법재판소의 권한쟁의심판 결정 중 경계구역의 확인에 관한 부분만 관련이 있다고 보아야 한다. 해당 어업면허처분을 발급한 지방자치단체가 헌법재판소의 결정에 따라 종전의 어업면허를 직접 취소하거나 철회하는 것은 별론이며, 이를 적극적으로 하지 않았다고 하더라도 해당 어업면허가 당연무효라고 볼 수는 없다.

헌법재판소는 위에서 언급한 고창군과 부안군 간의 권한쟁의심판 사건(2016헌라8 등)에서 청구인인 고창군의 관할권한을 침해한 피청구인(부

18) 졸저, 한국행정법론, 제2판, 법문사, 2021, 646면.

안군)의 '공유수면 점용·사용료 부과처분'에 대해서만 일부 무효를, 그리고 피청구인의 관할권한을 침해하지 아니한 청구인의 어업면허처분이 무효가 아니라고 선언하였다. 이처럼 고창군과 부안군 간의 해상경계 획정에 관한 권한쟁의심판에서 헌법재판소는 종전에 고창군이 발급한 어업면허처분을 모두 취소하거나 그 무효확인을 결정하지 아니하였으므로 권한쟁의심판 결정의 기속력이 고창군이 발급한 어업면허처분 모두에 미친다고 보기는 어렵다.

2. 권한쟁의심판 대상과 어업면허처분의 구분

권한쟁의심판 결정의 기속력과 기존에 발급된 어업면허처분의 효력을 이해하기 위해서는 헌법재판소법 제67조의 규정을 상세히 검토할 필요가 있다. 헌법재판소법 제67조의 '처분'을 헌법재판의 실무에서 행정쟁송법상 '처분'개념보다 넓게 이해하는 것이 헌법학계의 다수설이다.[19] 헌법재판소도 대통령령 제정행위,[20] 조례개정행위뿐만 아니라 사

19) 여기에 개별적인 법률행위뿐만 아니라 법규범정립행위나 사실행위도 포함된다고 보는 견해도 있었다(허영, 전게서, 313면). 그러나 이러한 견해도 처분이 심판의 대상이 되기 위해서는 법적인 효과를 갖는 것이어야 한다고 보고 있다(동인, 전게서, 314면). 이러한 견해는 상호모순된 것으로서 타당하지 아니하다. 헌법재판소도 법률안 제출행위에 대해서는 부정적으로 보고 있다(헌재 2005. 12. 22. 2004헌라3).

20) 강남구와 대통령간의 권한쟁의 사건에서 대통령령의 제정행위가 권한쟁의심판의 대상이 되었다. 이 사건은 피청구인은 2001. 1. 29. 대통령령 제17113호로 "시간외근무수당의 지급기준·지급방법 등에 관하여 필요한 사항은 행정자치부장관이 정하는 범위 안에서 지방자치단체의 장이 정한다"라는 내용의 지방공무원수당등에관한규정 제15조 제4항을 신설, 제정하였는데 이로 말미암아 청구인은 그 소속 지방공무원들의 시간외근무수당의 지급기준·지급방법 등을 정함에 있어서 '행정자치부장관이 정하는 범위'내에서 이를 하여야 하는 제약을 받게 되었다. 청구인은 헌법 제117조, 제118조 및 지방자치법에 근거하여 설립된 지방자치단체로서 자치입법권, 인적고권 및 재정고권의 헌법상의 지방자치권한을 가지며 지방자치법 제9조 제2항 제1호 마목 및 사목에 의하여 청구인 소속 지방공무원의 수당에 관한 지급기준, 절차, 방법 등을 구체화하는 규칙의 제정 및 시행에 관한 권한과 이에 관련된 예산의 편성 및 집행에 관한 권한을 가지는데, 피청구인이 위와 같은 규정을 제정하여 청구인의 이 권한들을 침해하였다고 청구인은 주장하면서 그 침해의 확인과 위 규정의 무효확인 또는 취소를 구하는 권한쟁의심판을 제기하였다. 그러나 해당 청구는 기각되었다. 그러나 이러한 내용을 권한쟁의심

실행위나 내부적인 행위도 청구인의 권한에 부정적인 영향을 줄 때 헌법재판소법 제67조의 처분 개념에 포함하고 있다.[21] 예컨대 건설교통부장관의 고속철도역 명칭 결정행위, 지방자치단체에 대한 감사원의 감사행위 등이 그러하다.[22] 그러나 이러한 해석은 헌법재판의 실무에서 독일의 입법례를 참고하여 권한쟁의심판의 대상을 확대한 것으로 보인다.[23] 그 밖에 단순한 기관 내부의 행위나 사전 준비 또는 단순한 견해표명은 이러한 처분에서 제외되고 있다.[24] 이러한 내용을 종합적으로 살펴보면, 헌법재판소법 제61조 제2항, 제66조 제2항 및 제67조 제2항에서 사용되는 '처분'의 개념은 행정소송법의 '처분' 개념보다는 넓게 이해되지만, 그 윤곽이나 범위가 명확히 확정되어 있다고 보기는 어렵다.

한국 헌법재판소법 제66조 제2항은 '처분'과 '부작위'를 규정하고 있지만, 독일 연방헌법재판소법 제64조 제1항은 기관쟁의의 대상으로 '조치(Maßnahme)'와 '부작위'를 규정하고 있다. 독일에서는 법적으로 중요한 조치를 기관쟁의의 대상으로 삼고 있다(예컨대 법률의 제정행위 내지 입법행위, 규범제정에의 협력 등).[25] 부작위도 헌법적 실행의무를 이행하지 않

판의 대상으로 삼는 것이 적절한지는 의문이다. 이러한 사건은 주위적 규범통제나, 독일에서 인정되는 지방자치단체 헌법소원(Kommunalverfassungsbeschwerde)의 방식으로 다투어야 한다(졸고, "항고소송과 헌법소원의 대상", 법조 통권 제734호(2019. 4), 28-29면).

21) 법률 그 자체도 처분에 해당한다고 보는 견해도 있다(정종섭, 헌법소송법, 제4판, 447면). 그러나 헌법재판 실무에서는 법률의 제·개정행위만을 권한쟁의의 심판대상으로 보고 있다(헌법재판소, 헌법재판실무제요, 제2개정판, 426면).

22) 헌법재판소, 헌법재판실무제요, 제2개정판, 427면.

23) 한편, 독일의 기관쟁의심판과 우리나라의 권한쟁의심판은 당사자적격에서도 차이가 있다. 독일에서는 연방최고기관, 즉 연방의회, 연방대통령, 연방정부(연방수상 포함) 및 연방상·하원합동회의와 공동위원회가 기관쟁의의 당사자능력을 가진다(독일 기본법 제93조 제1항 제1호). 다만, 근래에는 연방최고기관의 직무규칙에 따라 독자적인 권리를 부여받는 그 기관의 일부(연방국회의장, 연방국회의원, 연방수상, 연방장관 및 교섭단체 등)도 기관쟁의의 당사자능력이 인정된다(Jarass/Pieroth, GG, Art. 93 Rn. 5 f.). 이처럼 독일에서는 헌법기관이 기관쟁의의 당사자이다. 이에 반해 우리나라에서는 지방자치단체도 권한쟁의심판을 제기할 수 있는 당사자적격을 가진다.

24) 김하열, 전게서, 625면.

25) Schlaich/Korioth, Das Bundesverfassungsgericht, 9. Aufl., Rn. 93.

을 때에 인정된다. 다만, 독일에서는 입법부작위가 기관쟁의의 대상인지에 대해 논란이 있으나, 부정적으로 보는 견해가 지배적이다.[26)]

한편, 헌법재판소법 제66조 제2항의 부작위 개념에 대해서는 학설상 논란이 있다. 헌법재판의 실무에서는 헌법재판소법 제66조 제2항의 '부작위'는 단순한 사실상의 부작위가 아니라 헌법상 또는 법률상의 작위의무가 있음에도 이를 이행하지 아니하는 것을 말한다.[27)] 그러나 헌법재판소법 제66조 제2항은 헌법재판소가 부작위에 대한 심판청구를 인용하는 결정을 할 경우 피청구인은 그 결정취지에 따라 일정한 처분을 해야 한다고 규정하고 있다. 사실행위나 행정주체 내부의 행위에 대한 부작위에 대해서도 이러한 의무를 부여할 수 있다고 보기는 어렵다. 그러한 점에서 처분의 부작위로 해석할 여지가 있다. 헌법재판소법 제66조 제2항의 '부작위'에 사실행위나 법률제정의무의 부작위, 행정입법부작위 등을 망라할 수 있는지는 의문이며, 권한쟁의심판 대상에 사실행위나 행정입법 등을 포함하는 것도 수긍하기 어렵다.[28)] 권한쟁의심판은 헌법상의 분쟁뿐만 아니라 법률상의 분쟁도 포함하고 있다는 것이 지배적이다. 이러한 점은 헌법상의 분쟁에 한정하고 있는 독일의 기관쟁의와 구분된다.[29)]

헌법재판소법 제61조 제2항은 처분 또는 부작위가 헌법뿐만 아니라 법률에 의하여 부여받은 청구인의 권한을 침해하였거나 침해할 현저한 위험이 있는 경우에도 권한쟁의심판을 할 수 있다고 규정하고 있다. 이러한 해석에 의할 경우 행정소송의 관할권과 충돌하거나 경합할 우려가 있다. 결국, 이 문제는 구체적 사건에서 관할권의 해석문제로 귀착된다. 이와 관련하여 헌법재판소법 제61조의 '처분'과 동법 제66조 제2항의

---

26) Lechner/Zuck, BVerfGG, Kommentar, 7. Aufl., § 64 Rn. 9.
27) 헌재 1998. 7. 14. 98헌라3; 헌재 2006. 8. 31. 2004헌라2.
28) 졸고, "자치쟁송의 구조변화와 지방자치단체 권리구제체계의 재구축", 법조 통권 제740호(2020. 4), 81면.
29) 헌법재판소, 헌법재판실무제요, 제2개정판, 397면.

'처분'의 개념을 구별해야 한다는 견해가 있다. 즉 후자는 취소소송이나 무효확인소송의 대상이 되는 행정행위로 보아야 한다는 입장이다.[30] 동일한 법률에 규정된 처분의 개념을 달리 해석하는 것은 이해하기 어렵지만, 헌법재판소법 제66조 제2항의 '처분' 개념은 행정소송법상 '처분' 개념으로 제한적으로 해석하는 것이 타당하다. 만약 헌법재판소법 제61조 및 제66조에서 사용하는 처분의 개념을 넓게 해석할 경우에는 결정의 기속력 범위가 넓게 확대될 수 있고, 이러한 해석은 국가기관이나 지방자치단체의 행정적 부담을 가중시킬 수 있다. 나아가 이해관계 있는 제3자의 법률관계를 매우 불확실한 상태로 만들 우려도 있다.

권한쟁의심판의 대상을 넓게 이해하고 있는 것이 헌법학계의 통설이다. 따라서 권한쟁의심판 결정으로 이와 배치되는 이전의 법률관계나 처분 등을 모두 당연무효라고 해석하는 것은 더욱 타당하지 않다. 권한쟁의심판에서 헌법재판소가 특정한 어업면허처분을 직접 취소하거나 그 무효를 선언한 것이 아니라면 그 밖의 어업면허처분은 존속력(특히 불가변력)을 가지며 여전히 유효하다고 보아야 한다.

3. 소 결

헌법재판소법 제66조 제2항에 따라 헌법재판소가 부가적으로 피청구인의 처분을 취소하거나 그 무효를 확인한 경우에는 권한쟁의심판 결정의 기속력이 미친다고 볼 수 있다. 이러한 규정은 행정청의 독자적 판단권을 침해할 우려가 있지만, 헌법재판소법 제66조 제2항에 따라 처분을 취소하거나 그 무효를 확인하는 것은 헌법재판소의 재량사항으로 보고 있다. 따라서 권한쟁의심판 결정의 기속력이 미치는 것은 적극적으로 해당 '처분'을 취소하거나 그 무효를 확인한 부분에 미치고, 이를 판단하지 아니한 어업면허처분에는 영향을 미치지 아니한다. 권한쟁의심

30) 한수웅, 헌법학, 제7판, 1515면.

판의 대상인 '처분'을 행정쟁송법상의 처분 개념보다 넓게 이해하는 것이 헌법학계의 지배적 견해인데, 피고 부안군의 주장과 같이 헌법재판소의 결정으로 원고들의 어업면허처분을 포함한 고창군이 행한 종전의 행정작용을 모두 당연무효로 보거나 헌법재판소 결정의 기속력을 확대하는 것은 법적 안정성과 제3자의 보호를 위태롭게 하는 것이다.

Ⅲ. 해상경계선 확정 전에 취득한 어업면허의 효력

1. 관할구역의 확정과 종전의 법률관계

권한쟁의심판에서 헌법재판소의 결정으로 관할구역이 확정되지만, 그 관할구역이 언제부터 인정되는지는 분명하지 않다. 헌법재판소도 앞에서 언급한 고창군과 부안군 간의 해상경계 획정에 관한 권한쟁의심판 결정에서 이러한 점을 명확히 밝히고 있지 않다. 권한쟁의심판 결정은 원칙적으로 국가기관 또는 지방자치단체의 권한의 존부 또는 범위를 대상으로 하며, 헌법재판소의 재량에 따라 권한침해의 원인이 된 피청구인의 처분을 취소하거나 그 무효를 확인할 수 있다. 고창군과 부안군 간의 권한쟁의 사건에서는 공유수면에 대한 지방자치단체의 관할구역, 즉 권한의 유무나 범위만을 결정한 것으로 보아야 한다.

이 경우 헌법재판소는 권한쟁의심판의 결정으로 관할구역의 귀속시기를 언제까지 소급해야 하는지를 명확히 언급하고 있지 않다. 위 고창군과 부안군간의 권한쟁의심판 결정에 의하면, 고창군은 1988년경부터 소속 주민들에게 해조류 양식에 관한 어업면허를 발급하였고, 1995년경부터 주민들에게 패류 양식에 관한 어업면허를 발급하였다. 지방자치법 제4조 제1항은 "지방자치단체의 명칭과 구역은 종전과 같이하고, 명칭과 구역을 바꾸거나 지방자치단체를 폐지하거나 설치하거나 나누거나 합칠 때에는 법률로 정한다"고 규정하고 있다. 공유수면에 대한 지방자치단체의 관할구역 획정의 원칙과 관련하여, 헌법재판소는 지방자치법 제4조 제1항의 규정을 근거로 하여 최초로 제정된 법률조항, 즉 1948. 8. 15. 당시 존재하던 경계를 원칙적인 기준으로 보고 있다. 그러나 이에 관한 명시적인 법령상의 규정이 없으면 불문법에 따라야 하고, 이러한 불문법마저 없다면 소위 '형평의 원칙'에 따라 합리적이고 공평하게 해상경계선을 획정할 수밖에 없다고 보고 있다.[31] 생각건대 해상경계선의 확정을 '형평의 원칙'에 따라 1948. 8. 15.로 소급하여 인정하는 것은 법적 안정성을 크게 침해할 수 있다. 특히 고창군으로부터 1988년경부터 해조류 양식에 관한 어업면허를 발급받거나 1995년경부터 패류양식에 관한 어업면허를 발급받은 어민들에게 기존의 법률관계를 불안정하게 만들 수 있다.

헌법재판소의 취소 결정에는 소급효를 제한하는 규정을 두고 있지만, 권한쟁의심판 결정 모두에 대해서도 원칙적으로 소급효를 인정하는지는 명확하지 않다.[32] 헌법재판소는 충청남도 등과 행정자치부장관(현 행정안전부장관) 등 간의 권한쟁의사건에서 공유수면의 매립지에 대하여 행정안전부장관의 결정으로 관할 지방자치단체가 확정된다고 보고 있다.[33] 이러한 결정이 있기 전까지 해당 매립지는 어느 지방자치단체에도 속하지 아니한다고 보고 있다. 헌법재판소는 공유수면의 관할 구역 결정을 매립지와 구별하고 있다. 그러나 권한쟁의심판에서 헌법재판소의 결정이 있기 전까지 공유수면의 관할 구역도 여전히 불명확한 상태

---

31) 헌재 2015. 7. 30. 2010헌라2; 헌재 2019. 4. 11. 2016헌라8 등; 헌재 2021. 2.25. 2015헌라7, 공보 제293호, 364.

32) 한편, 헌법재판소법 제47조 제2항은 위헌법률심판에서 위헌으로 결정된 법률 또는 법률의 조항은 그 결정이 있는 날부터 효력을 상실한다고 규정하고 있다. 즉 폐지무효설을 규정한 것으로 보는 것이 다수설이다. 이에 대해 당연무효설을 주장하면서, 위헌결정의 소급효를 주장하는 견해도 있다(윤진수, "헌법재판소 위헌결정의 소급효", 판례의 무게, 박영사, 2020, 173면 이하). 취소의 소급효를 제한하는 규정은 있지만, 권한쟁의심판 결정에 대해 원칙적으로 소급효를 인정해야 하는지는 명확하지 않다.

33) 헌재 2020. 7. 16. 2015헌라3.

에 있다. 해당 공유수면의 경계를 1948. 8. 15.까지 소급하여 이미 존재하던 것으로 보는 것은 합리적이라고 보기 어렵다. 또한, 이후의 새로운 상황의 변화, 이 사건도 '위도'라는 섬이 영광군에서 부안군으로 변경된 사실을 모두 고려하여 해상경계선이 획정되었고, 이러한 해상경계선의 획정이 있기 전까지는 불확실한 법률관계에 놓여 있었다. 따라서 사후적으로 결정된 경계구역을 무제한으로 소급하는 것은 종전에 이루어진 처분을 신뢰한 처분 상대방의 권리를 중대하게 침해할 수 있다.

헌법재판소 제67조 제2항은 그러한 취지에서 국가기관 또는 지방자치단체의 처분을 취소하는 결정이 그 처분의 상대방에 대하여 이미 발생한 효력에 영향을 미치지 아니한다고 규정하고 있다. 취소결정의 효력을 제한하는 이 조항은 이해관계 있는 제3자의 신뢰보호와 법적 안정성을 위한 규정이라고 볼 수 있다. 전술한 바와 같이 이러한 헌법재판소의 권한쟁의심판결정에 의한 기속력이 장래에 이와 모순되는 동일한 행위를 반복하는 것을 금지하는 것에 그치는 것인지, 아니면 위헌적인 상태를 적극적으로 제거해야 할 의무를 부담하는지가 다투어지고 있다. 후자에 관한 판단은 헌법재판소의 재판부가 개별적 사건에서 고려해야 할 부분이다.

이와 관련하여 취소결정이나 무효확인결정과 같은 형성적 결정을 내리는 것을 자제해야 한다는 견해도 있다. 즉 피청구인의 처분 효력에 관하여 이러한 결정을 하는 것은 헌법재판소가 스스로 독자적인 정치적 형성행위를 함으로써 정치적 헌법기관의 형성권을 침해할 수 있다는 견해가 그러하다.[34] 그러나 헌법재판소법 제66조 제2항은 헌법재판소가 권한침해의 원인이 된 피청구인의 처분을 취소하거나 그 무효를 확인할 수 있는 특별한 규정을 마련하고 있다. 권한쟁의심판은 객관적인 권한질서를 유지하고 국가기관이나 지방자치단체에 부여된 권한을 보호하는

34) 한수웅, [illegible], 1616면

기능을 수행해야 한다. 따라서 헌법재판소는 권한침해의 원인이 된 피청구인의 처분이 위헌적이고 헌법적으로 중대하여 이를 제거해야 할 필요가 있을 때 적극적으로 이를 취소하거나 그 무효를 확인하는 것이 바람직하다.

헌법재판소가 이러한 피청구인의 처분을 취소하거나 그 무효를 확인하지 아니할 때에도 위헌적인 상태를 적극적으로 제거할 의무를 부과하는 것으로 해석하는 것은 지나칠 수 있다. 주의할 점으로 독일 연방헌법재판소의 기관쟁의는 객관적 소송절차가 아니라, 신청인과 피신청인 사이의 대심적(對審的) 구조의 당사자쟁송(kontradiktorische Parteistreitigkeit)으로 이해된다.[35] 이러한 점은 객관적 소송을 핵심으로 하고 있는 권한쟁의심판과 구별되는 점이다.[36] 그러한 점에서 헌법재판소법 제66조 제2항은 예외적이라고 볼 수 있다.

또한, 헌법재판소법 제61조 제2항 및 제66조 제2항의 '처분' 개념을 넓게 해석하는 헌법학계의 다수설에 의하면, 헌법재판소에 의한 관할구역의 경계획정으로 종전의 법률관계를 모두 무효로 만들거나 취소할 수 있게 된다. 이러한 해석은 전술한 바와 같이 법치국가원리에서 파생된 법적 안전성과 신뢰보호원칙 등에 위배되므로 바람직하지 않다고 판단된다. 헌법재판소가 권한쟁의심판에서 구체적으로 피청구인의 처분을 취소하거나 그 무효를 확인하지 않은 경우 그 밖의 관할구역 내의 처분과 관련된 분쟁은 별도의 행정소송으로 다투도록 하는 것이 바람직하다.

2. 기존에 취득한 어업면허처분의 효력

권한쟁의심판에 대한 헌법재판소의 결정에 따라 종전의 어업면허처분과 관련된 면허구역이 다른 지방자치단체에 속하게 되었다고 하더라

35) Schlaich/Korioth, Das Bundesverfassungsgericht, 9. Aufl., Rn. 79.
36) 졸고, "자치쟁송의 구조변화와 지방자치단체 권리구제체계의 재구축"(각주 28), 95-96면.

도 종전의 어업면허처분을 당연히 무효로 볼 수 있는지가 문제이다. 권한쟁의심판에서 권한의 유무 또는 범위에 관한 결정은 해당 공유수면에 속하는 어업면허처분에도 기속력을 가진다고 보아야 한다. 이 경우 해당 공유수면에 속하는 종전 어업면허처분의 효력이 문제인데, 해당 처분이 당연무효에 해당하는지 또는 취소사유에 불과한지가 중요하다. 헌법상 권한질서를 회복하고자 하는 권한쟁의심판의 목적을 실현하기 위해서는 위헌적인 상태를 제거해야 한다고 보는 견해도 있다.[37] 그러나 권한쟁의심판은 분쟁의 대상이 되는 권한의 유무 또는 범위를 확정함으로써 객관적 권한질서의 회복을 목적으로 할 뿐, 종전의 법률관계를 모두 무효로 되돌리는 것이라고 보기는 어렵다. 헌법재판소의 권한쟁의심판은 '객관소송'의 성질을 가진다.[38]

어업면허처분의 법적 성질이 문제이지만, 이는 행정처분에 해당한다. 즉 어업면허처분은 예방적 금지를 해제하는 강학상 '허가'(통제허가)가 아니라 설권적 행위로서 강학상 '특허'에 해당한다.[39] 판례의 입장도 그러하다.[40] 또한, 어업면허처분은 재량행위의 성질을 가지며, 이에 대해

37) 한수웅, 전게서, 1517면.

38) 헌법재판소, 헌법재판실무제요, 제2개정판, 398면.

39) 이상규, 신행정법론(상), 신판, 369면.

40) "어업면허는 면허를 받은 사람에게 장기간에 걸쳐 권리를 설정하여 주는 이른바 특허로서 그 유효기간이 만료됨으로써 당연히 소멸되고, 면허기간의 갱신은 실질적으로 권리의 설정과 동일한 점, 구 수산업법(1990. 8. 1. 법률 제4252호로 전문 개정되기 전의 것) 제75조 제1항은 공익상 필요에 의한 면허어업의 제한과 어업면허의 취소만을 보상사유로서 규정하고 면허기간의 연장이 허가되지 아니하는 경우는 이를 보상의 대상에서 제외하다가, 1990. 8. 1. 법률 제4252호로 전문 개정된 수산업법 제81조 제1항 제1호에 의하여 비로소 보상의 대상에 포함되었으나, 그 보상사유를 같은 법 제34조 제1항 제1호 내지 제5호의 사유로 인한 처분으로 한정하여 규정하고 있는 점, 해당 수면이 다른 법령에 의하여 어업행위가 제한 또는 금지되는 경우는 같은 법 제34조 제1항 제1호 내지 제5호의 사유와는 달리 이를 근거로 하여 면허기간 내의 어업을 제한하거나 어업면허를 취소할 수 없도록 하되, 다만 이를 사유로 면허기간의 연장을 허가하지 아니할 수 있도록 하여(같은 법 제14조 제2항, 제4조 제3항) 기존 어업면허의 유효기간을 보장하는 반면, 이를 보상사유에 포함시키지 아니한 점에 비추어 보면, 해당 수면이 다른 법령에 의하여 어업행위가 제한 또는 금지되는 사유로 내수면어업개발촉진법에 의한 어업면허에 대한 면허기간의 갱신이 거부되었다는 사정만으로 같은 법 제81조

서는 부관을 붙일 수도 있다.[41] 이처럼 해상경계획정 전에 취득한 어업면허처분도 강학상 '특허'이며 형성적 행정행위에 속하므로 공정력, 존속력, 구성요건적 효력 등의 효력을 가진다. 헌법재판소의 결정에 의하여 관할권이 인정된 지방자치단체가 다른 지방자치단체가 발급한 기존 어업면허구역에 새로이 어업면허처분을 발급할 수 있다. 이 경우 동일한 해수면에서 어업면허가 중복되어 양식어업인 상호 간에 분쟁이 발생할 수 있다. 관할권이 없게 된 지방자치단체가 발급한 종전의 어업면허는 권한 있는 행정청에 의해 취소되거나 철회되기 전까지 여전히 유효하다고 볼 수 있다. 또한 이 경우 권한 있는 행정청이 누구인지도 명확하지 않다. 이 사건의 경우와 같이 공유수면에 관한 해상경계의 분쟁이 있는 경우에 해당 처분을 무효로 보는 것은 행정처분의 상대방을 비롯한 이해관계 있는 제3자에게 예측하기 어려운 불이익을 줄 수 있다.

헌법재판소는 논란 끝에 해상경계선 획정에 관한 기준을 성문법에 의한 해상경계 확인, 불문법에 의한 해상경계 확인, 그리고 형평의 원칙에 의한 해상경계 획정의 순서로 하고 있다. 특히 "등거리 중간선"을 형평의 원칙의 기준으로 해상경계를 확정하는 것에 대해 재판부 내에서도 이견(異見)이 있었던 것이 사실이다.[42] 이러한 경계구역의 획정을 제

제1항 제1호를 준용 또는 유추적용하여 어업면허권자에게 손실보상청구권을 인정할 수는 없다."(대법원 1999. 5. 14. 선고 98다14030 판결)

41) 대법원 1986. 8. 19. 선고 86누202 판결.

42) 홍성군과 태안군 등의 권한쟁의사건에서는 이러한 형평의 원칙을 적용하여"등거리 중간선 원칙에 따라 획정한 선"을 기준으로 해상경계를 확정하였다(헌재 2015. 7. 30. 2010헌라2). 그러나 이러한 법정의견에 대해 재판관 3인의 기각의견이 있었다.
[재판관 강일원, 재판관 조용호의 반대의견] : 지방자치단체의 경계를 획정하기 위해서는 주민들의 생활권역에 대한 종합적 고려가 있어야 한다. 따라서 해상경계를 확정할 때에는 분쟁 대상 해역의 해저 지형이나 해류 등의 자연조건이 주민들의 생활에 어떤 영향을 미치는지 확인할 필요가 있다. 그러나 법정의견은 등거리 중간선 원칙이라는 획일적인 척도로 공유수면의 해상경계선을 획정하고 있다는 문제가 있다. 이 사건에서 청구인이 피청구인과 그 지역 주민들이 관리하고 있는 해역을 자신의 관할구역으로 주장하기 위해서는, 위와 같은 전반적 상황에 기초하여 이 사건 쟁송해역이 청구인 주민들의 생활권역과 밀접한 관련이 있다는 점을 구체적으로 증명하여야 하는데, 제출한 증거를 모두 살펴보아도 이 사건 쟁송해역이 청구인의 관할에 속한다는 점을 인정하기

출된 자료만을 가지고 헌법재판소가 결정하는 것은 한계가 있으며, 그러한 점에서 반대의견은 기각의견을 제시한 것이다. 또한 '형평의 원칙'이라는 것은 성문법뿐만 불문법도 없는 경우에 고려되는 기준이며, 유동적이고 가변적인 측면이 있다고 하지 아니할 수 없다. 이러한 형평의 원칙에 따른 해상경계 획정에 대해서는 그러한 측면에서 비판적 견해도 있다.[43] 이러한 방법에 따른 해상경계 획정으로 인해 공유수면과 관련된 어업면허나 인허가 등을 받은 사람들은 매우 불확실한 법적 상태에 놓이게 되며, 예측하지 못하는 불이익을 감내해야 하는 문제가 발생할 수 있다. 해상경계의 획정이 있었다고 하더라도 지방자치단체의 자치권 침해를 이유로 적극적으로 취소하거나 그 무효를 확인하지 아니할 때에는 기존의 관할 행정청으로부터 취득한 어업면허는 여전히 유효하다고 보아야 한다.

한편, 피고 부안군은 원고들의 어업면허처분이 권한쟁의심판 결정에 따라 권한 없는 자에 의한 처분으로서 무효라고 주장하지만, 행정조직상의 권한분배는 외부에서 쉽게 알기 어려운 경우가 적지 않다. 특히 공유수면의 경계획정이라는 분쟁에서 권한쟁의심판을 통해 헌법재판소가 결정할 때에 비로소 관할의 귀속은 결정된다. 학설 중에는 사항적 무권한에 대해서는 원칙적으로 무효로 보면서도 지역적 무권한은 반드시 무효가 아니라고 보는 견해도 있다.[44] 또한, 이러한 구분 없이 권한

에는 부족하다. 따라서 이 사건 심판청구는 기각되어야 한다.
[재판관 이진성의 반대의견] : 공유수면을 지방자치단체의 관할구역으로 인정하려면 법률로 정해야 하는데, 정부 수립 이후 그 동안 법령으로 바다에 대한 지방자치단체의 구역을 확정한 적도 없으며 이에 관한 행정관습도 없다. 또한 국가가 바다에 관하여 지방자치단체의 일반적인 관할구역을 정하여야 하는 것은 아니다. 법정의견은 분쟁 해결의 필요성에만 의존하여 정부수립 당시 지방자치법의 기준에 따라 존재하던 종전의 구역 경계를 확인하지 아니한 채 확인이라는 명목으로 법령상의 근거도 없이 등거리 중간선을 그어 새롭게 지방자치단체의 일반적 관할구역을 창설하고 있다. 그러나 헌법재판소는 근거법령이 없는데도 지방자치단체의 자치권한을 새로 창설하는 방법으로 입법기능이나 행정기능을 수행할 수는 없다. 따라서 이 사건 심판청구는 기각되어야 한다.

43) 송이도, "지방자치단체 사이의 해상경계 획정에 관한 헌법재판소 권한쟁의심판 연구", 헌법학연구 제26권 제2호(2020. 6), 205면 이하.

유월의 행위를 무권한적 행위로서 무효로 보는 것이 원칙이라고 보면서도 해당 처분의 권한에 오인의 소지가 있을 때는 단순 위법사유로 본다고 이해하는 견해도 있다.[45]

대법원은 지역적·대인적 한계를 유월하는 행위에 대해서는 원칙적으로 무효로 보고 있다.[46] 그러나 위임이나 관할권에 대한 오인 등에는 취소사유로 본 사례도 있다. 예컨대 서울특별시장의 적법한 권한의 위임 없이 구청장이 택시운전자격정지처분을 한 경우,[47] 적법한 권한 위임 없이 세관출장소장에 의하여 행하여진 관세부과처분,[48] 관할권이 없는 세무서장이 소득세 부과·징수 처분을 한 경우[49]에 당연무효가 아니라고 판단한 사례도 있다.

판례의 주류는 종전부터 중대명백설에 따라 무효와 취소를 구별하고 있다. 즉 "행정처분이 당연무효라고 하기 위해서는 처분에 위법사유가 있다는 것만으로는 부족하고 그 하자가 법규의 중요한 부분을 위반한 중대한 것으로서 객관적으로 명백한 것이어야 하며 하자가 중대하고 명백한 것인지 여부를 판별함에 있어서는 그 법규의 목적, 의미, 기능 등을 목적론적으로 고찰함과 동시에 구체적 사안 자체의 특수성에 관하여도 합리적으로 고찰함을 요한다"라고 판단하고 있다.[50] 그러나 법률관계나 사실관계에 관하여 그 법률의 규정을 적용할 수 없다는 법리가 명백히 밝혀지지 아니하여 그 해석에 다툼이 있는 경우에 행정청이 이를 잘못 해석하여 행정처분을 할 때는 그 처분 요건사실을 오인한 것에 불과하여 그 하자가 명백하다고 볼 수 없다는 것이 확고한 판례의

44) 김남진/김연태, 행정법 I, 제24판, 법문사, 2020, 326면; 졸저, 한국행정법론, 제2판, 174-175면.
45) 김중권, 행정법, 제2판, 294-295면.
46) 대법원 1996. 6. 28. 선고 96누4374 판결.
47) 대법원 2002. 12. 10. 선고 2001두4566 판결.
48) 대법원 2004. 11. 26. 선고 2003두2403 판결.
49) 대법원 2001. 6. 1. 선고 99다1260 판결.
50) 대법원 1995. 7. 11. 선고 94누4615 판결.

입장이다.[51)]

공유수면에 대한 해상경계의 획정은 일정한 사건이나 사실관계에 의하여 비로소 분쟁으로 발전하게 되고, 그 이전까지는 관할권의 소재를 명확히 판단하기 어려우므로 인근 지역을 자신의 관할이라고 판단한 행정청이 어업면허를 발급할 수밖에 없다. 이러한 점을 고려하면 비록 헌법재판소의 결정으로 관할권이 없게 된 지방자치단체가 발급한 어업면허처분은 비록 중대한 하자일지라도 명백한 하자라고 볼 수는 없다.

한편, 택시운전자격취소처분취소에 관한 판결에서 보는 바와 같이, 대법원은 구청장이 서울특별시 조례에 의한 적법한 위임 없이 택시운전자격정지처분을 한 경우에 그 하자가 비록 중대하다고 할지라도 객관적으로 명백하다고 할 수는 없으므로 당연무효가 아니라고 판단하였다.[52)] 이처럼 행정청이 관할권을 오인하여 행정처분을 발급하는 경우에는 당연무효라고 볼 수 없다는 것이 판례의 경향이다. 관할권 없이 발급된 원고들의 어업면허처분도 중대한 하자라고 볼 수 있지만, 해상경계의 분쟁이 있으므로 권한쟁의심판에서 헌법재판소의 결정이 내려지기 전까지는 불확실한 법률관계에 있었다고 볼 수 있다. 따라서 이러한 하자를 객관적으로 명백한 하자라고 단정할 수는 없다.

그 밖에 법률에 근거하여 행정처분을 한 후 헌법재판소가 그 처분의 근거가 된 법률을 위헌으로 결정한 경우 그 행정처분은 결과적으로 법률의 근거 없이 행해진 것이지만 법률이 헌법에 위반된다는 사정은 헌법재판소의 위헌결정이 있기 전까지는 객관적으로 명백하다고 볼 수 없다. 이러한 경우에 대법원은 특별한 사정이 없으면 그러한 하자를 취소사유에 해당한다고 보고 있다.[53)] 공유수면과 관련된 해상경계의 분쟁에

---

51) 대법원 2009. 9. 24. 선고 2009두2825 판결.

52) 대법원 2002. 12. 10. 선고 2001두4566 판결.

53) "행정청이 어떠한 법률조항에 근거하여 행정처분을 한 후 헌법재판소가 그 조항을 위헌으로 결정하였다면 그 행정처분은 결과적으로 법률의 근거 없이 행하여진 것과 마찬가지로 되어 하자 있게 된다 할 것이다. 그러나 일반적으로 법률이 헌법에 위반된다는

서도 헌법재판소가 관할구역의 경계획정을 함으로써 원고들의 어업면허처분도 무권한의 행위가 되어 중대한 하자이지만, 헌법재판소가 그 관할권을 결정하기 전까지는 객관적으로 명백하다고 볼 수 없다. 따라서 원고들의 어업면허처분은 무효사유에 해당하지 아니한다. 취소사유에 해당한다고 하더라도 원고들의 어업면허처분에 대한 원고들의 신뢰이익이 우월한 경우에는 그 취소에는 제한이 따른다고 볼 수 있다. 이러한 학설상의 논의는 2021. 3. 23. 제정된 「행정기본법」에도 그대로 반영되어 있다. 즉 행정기본법 제18조 제2항은 "행정청은 제1항에 따라 당사자에게 권리나 이익을 부여하는 처분을 취소하려는 경우에는 취소로 인하여 당사자가 입게 될 불이익을 취소로 달성되는 공익과 비교·형량(衡量)하여야 한다"고 규정하고 있다. 또한 행정기본법 제18조 제1항 단서는 "당사자의 신뢰를 보호할 가치가 있는 등 정당한 사유가 있는 경우에는 장래를 향하여 취소할 수 있다"고 규정하고 있다. 이상의 규정에 비추어 피고 부안군은 원고들의 어업면허처분에 대한 취소에도 일정한 제한을 받고 있다.

3. 소 결

지방자치단체 간에 발생하는 해상경계의 획정에 관한 분쟁은 어민들의 생활영역과 경제활동에 심각하고 중대한 영향을 미치고 있다. 권한쟁의심판에서 헌법재판소 결정에 따라 종전의 법률관계를 모두 무효로 돌리는 것은 법적 안전성과 예측가능성을 현저히 침해하는 것이며 법치국가원리에도 위배된다. 헌법재판소의 권한쟁의심판 결정에 따라 지역적 관할권이 없는 행정청에 의해 발급된 어업면허처분은 그 하자가 중대하다고 할지라도 객관적으로 명백하다고 볼 수는 없다. 따라서 권한

사정은 헌법재판소의 위헌결정이 있기 전에는 객관적으로 명백한 것이라고 할 수는 없으므로, 특별한 사정이 없는 한 그러한 하자는 행정처분의 취소사유일 뿐 당연무효사유라고 할 수 없다."(대법원 2009. 5. 14. 선고 2007두16202 판결)

있는 기관에 의해 취소되거나 철회되기 전까지 원고들의 어업면허처분은 여전히 유효하다.

Ⅳ. 기존 어업면허에 대한 사무의 승계

헌법재판소의 해상경계획정에 의해 관할권이 없게 된 지방자치단체가 발급한 어업면허처분의 효력이 상실될 수 있는데, 이는 어업면허를 얻고 양식업을 운영하는 어민들의 재산상 이익에 예측할 수 없는 중대한 피해를 줄 수 있다. 이 경우 관할권이 인정된 지방자치단체가 기존 어업면허처분에 대한 관할권을 승계할 수 있는지를 검토할 필요가 있다.

지방자치법 제5조 제1항은 "지방자치단체의 구역을 변경하거나 지방자치단체를 폐지하거나 설치하거나 나누거나 합칠 때에는 새로 그 지역을 관할하게 된 지방자치단체가 그 사무와 재산을 승계한다"라고 규정하고 있다. 공유수면과 관련된 해상경계의 분쟁은 헌법재판소의 권한쟁의심판 결정으로 그 관할구역이 획정된다. 불확실하고 모호한 상태에 있는 해상경계의 관할구역에 대한 헌법재판소의 확인 결정으로 해당 지방자치단체는 사실상 새로이 그 지역의 관할권을 부여받게 된다. 이러한 상황의 변화는 수년간 양식업을 운영해 온 어민들로서는 사실상 지방자치단체의 '구역변경'에 해당한다고 볼 수 있다. 따라서 지방자치법 제5조를 유추적용하여 헌법재판소가 관할권을 인정한 지방자치단체는 기존의 어민들이 취득한 어업면허처분과 관련된 사무와 재산을 모두 승계한다고 유추해석하는 것이 타당하다.

지방자치법 제4조는 지방자치단체의 구역변경, 폐치·분합 등으로 발생할 수 있는 자치행정의 공백이 발생하지 않기 위해 새로 그 지역을 관할하게 된 지방자치단체가 종전의 사무와 재산을 승계하도록 보장한 규정이다. 「수산업법」이나 「양식산업발전법」 등 관계 법령에는 헌법재판소의 권한쟁의심판 결정으로 인한 공유수면의 해상경계 획정으로 관할권이 없게 된 지방자치단체로부터 어업면허를 발급받은 어민들을 보호할 수 있는 규정을 두고 있지 않다. 또한, 헌법재판소의 권한쟁의 심판 결정에 따라 종전의 어업면허처분이 무효이거나 취소될 수 있다고 보는 경우 관할권이 없게 된 지방자치단체가 발급한 행정처분을 신뢰하고 양식업을 운영해 온 원고는 재산상 손실을 입을 수밖에 없다. 그러나 「수산업법」이나 「양식산업발전법」 등에는 이에 대해 아무런 보상규정을 두고 있지 않다. 따라서 종전의 지방자치단체로부터 어업면허를 발급받아 양식업을 운영해 온 어민들의 권리를 보호하기 위해서는 지방자치법 제4조를 직접 적용하거나 유추적용하여 관할권이 인정되어 사실상 새로 그 지역을 관할하게 된 지방자치단체가 종전의 어업면허처분에 대한 사무와 재산을 승계하는 것으로 해석하여야 한다.

입법정책적인 관점에서는 헌법재판소의 결정에 따른 해상경계획정으로 관할권이 인정된 지방자치단체가 다른 지방자치단체가 발급한 종전의 어업면허에 관한 사무를 승계할 수 있는 규정을 마련할 필요가 있다. 지방자치법은 매립지나 지적공부에 등록이 누락되어 있는 토지에 대해서만 행정안전부장관이 지방자치단체중앙분쟁조정위원회의 심의·의결에 따라 결정하도록 규정하고 있다(동법 제4조 제6항). 이러한 행정안전부장관의 경계구역 결정은 사실상 경계구역의 '변경'에 해당하고, 그 결정에 따라 새로 그 지역을 관할하게 된다고 볼 수 있다. 특히 행정안전부장관의 결정에 창설적 효과가 부여된다고 보는 헌법재판소의 결정과 일부 학설에 따르면 더욱 그러하다. 이를 확인적 효력이 부여된 것으로 보더라도 종전부터 존재하던 경계에 관한 확정으로 최초로 제정된 법률조항, 즉 1948. 8. 15. 당시 존재하던 경계선으로 소급해서 그 효력을 부여하는 것은 비현실적이다. 이러한 해석에 의할 경우 종전에 형성된 법률관계의 효력을 불안정하게 만들 우려가 있다. 이러한 확인적 효력은 소극적 의미의 공유수면의 해상경계확정에 제한될 뿐이다.

V. 동일한 구역 내의 중복된 어업면허의 위법성

(1) 헌법재판소의 해상경계의 확정으로 인해 새로이 관할권이 인정된 지방자치단체는 종전에 다른 지방자치단체가 권한을 행사하던 어업면허구역에 대해 신규로 어업면허를 발급할 수 있다. 이 경우 종전의 어업면허와 새로이 발급한 어업면허 사이에 충돌이 발생할 수 있다. 이러한 신규면허의 발급은 종전에 어업면허를 취득해서 양식어업을 운영하던 어민들에게 큰 피해를 줄 수 있다. 이 경우 신규로 발급된 어업면허의 위법성을 어떻게 판단할 것인지는 중요한 문제이다. 이를 절차적 하자와 실체적 하자로 구분하여 그 위법성을 검토하기로 한다.

수산업법 제8조 제2항은 "시장 · 군수 · 구청장은 제1항에 따른 어업면허를 할 때에는 어장이용개발계획(이하 '개발계획'이라 한다)의 범위에서 하여야 한다"라고 규정하고 있다. 이러한 개발계획은 시장(특별자치도의 경우에는 특별자치도지사를 말한다. 이하 같다) · 군수 · 구청장(자치구의 구청장을 말한다. 이하 같다)이 관할 수면을 종합적으로 이용 · 개발하기 위해 수립하는 것이다(동법 제4조 제1항). 이 규정은 어업면허의 자의적인 발급이나 남발(濫發) 등으로 인해 어민 간에 어업분쟁이 발생하는 것을 방지하거나 조정하는 것을 목적으로 하고 있다.

시장 · 군수 · 구청장이 이러한 개발계획을 세운 때에는 특별시장 · 광역시장 또는 도지사의 '승인'을 받아야 할 뿐만 아니라 개발하려는 수면에 대하여 기본조사를 실시하고, 해양수산부장관이 정하는 '개발계획기본지침'에 따라 특별시장 · 광역시장 · 도지사 또는 특별자치도지사가 지역여건과 특성을 고려하여 정한 '개발계획세부지침'을 따라야 한다(동조 제3항). 또한, 다른 법령에 따라 어업행위가 제한되거나 금지되고 있는 경우에는 미리 관계 행정기관의 장의 승인을 받거나 협의를 하여야 하며, 수산조정위원회의 심의 등을 절차를 거쳐야 한다(동조 제4항 및

제5항).

이러한 개발계획의 절차를 거치지 아니하거나 개발계획의 범위를 벗어나는 어업면허를 발급할 경우 해당 어업면허는 위법이라고 보아야 한다. 개발계획의 승인은 일종의 감독처분에 해당한다고 볼 수 있다. 종전에는 이러한 감독처분을 행정소송법상의 행정처분이 아니라 단순히 행정청 내부의 감독수단으로 보았으나, 근래에 들어와서 지방자치단체의 주관적 지위가 강조되면서 이러한 국가기관의 감독처분에 대해서도 항고소송을 제기할 수 있다는 견해가 유력해지고 있다.[54] 이러한 개발계획 승인의 법적 성질을 명확히 규명한 학설이나 판례는 없지만, 대체로 강학상 '인가'에 가까운 것으로 볼 수 있다. 따라서 개발계획(결정)이라는 기본행위를 보충하는 성격의 인가라고 보는 것이 타당하다.

개발계획은 해양수산부장관이 정하는 개발계획기본지침에 따라 특별시장·광역시장·도지사 또는 특별자치도지사가 지역여건과 특성을 고려하여 정한 개발계획세부지침을 따라야 한다(수산업법 제4조 제3항). 이러한 개발계획을 수립할 때는 개발하려는 수면에 대하여 반드시 '기본조사'를 실시하고 사회적·경제적 여건을 고려하여야 한다. 현장조사를 제대로 실시하지 않은 채 개발계획을 수립하고 이를 근거로 신규 어업면허처분을 하면 그 처분은 절차상 하자에 해당한다. 수산업법 제4조 제3항에 의하면, 개발계획의 절차에서 기본조사의 실시는 반드시 거쳐야 하는 중요한 절차적 요건에 해당하며, 이러한 기본조사를 제대로 실시하지 않고 개발계획을 작성한 것은 위법하다.

새로이 공유수면 관할권이 인정된 지방자치단체가 신규 어업면허처분을 발급할 경우 이 사건 처분에 대해 동일한 공유수면에서 이미 어업면허를 얻은 어민들은 이해관계 있는 제3자에 해당한다고 볼 수 있다. 행정절차법 제22조 제3항은 "행정청이 당사자에게 의무를 부과하거

54) 졸고, "공유수면 매립지 분쟁의 관할권 및 심사범위에 관한 법적 쟁점", 행정판례연구 제26집 제1호(2021. 6), 175면.

나 권익을 제한하는 처분을 할 때 제1항 또는 제2항의 경우 외에는 당사자등에게 의견제출의 기회를 주어야 한다"고 규정하고 있다. 새로이 관할권을 얻은 지방자치단체가 신규로 발급한 어업면허처분은 기존에 어업면허를 취득하고 있는 어민들의 권익을 제한하는 처분이므로 행정절차법에 따라 이해관계인에게 반드시 의견제출의 기회를 부여해야 한다(행정절차법 제22조 제3항). 따라서 당사자나 이해관계인 등에게 의견제출의 기회를 전혀 제공하지 아니한 신규 어업면허처분은 절차상 하자로 위법하다.[55)]

한편, 종전에는 양식업이 이루어지는 수면이 해수면인지 내수면인지에 따라 「수산업법」과 「내수면어업법」에서 각각 규율하고 있었는데, 양식업의 규모화, 양식산업 관련 기술개발, 전문인력 배양 등 종합적인 발전 기반 조성과 육성에 어려움을 겪고 있었다. 이를 해결하기 위해 2019. 8. 27. 「양식산업발전법」을 제정하여 2020. 8. 28.부터 시행하고 있다. 이 법률을 제정하여 「수산업법」과 「내수면어업법」으로 이원화되어 있는 양식산업의 지원·육성 및 관리체계를 통합하는 한편, 양식업 면허의 체계적 관리를 위한 양식업 면허 심사·평가 제도를 도입하는 등 현행 제도의 운영상 나타난 일부 미비점을 개선·보완하고 있다. 양식산업발전법에 따라 양식업을 하려는 자는 시장·군수·구청장(서울특별시 한강의 경우에는 한강 관리에 관한 업무를 관장하는 기관을 말한다. 이하 같다)의 면허를 받아야 한다(양식산업발전법 제10조 제1항). 이 경우 시·도지사 또는 시장·군수·구청장(이하 이 장에서 "면허권자"라 한다)은 양식산업발전법 제10조 제1항 각 호에 따른 면허를 발급하는 경우에는 면허양식장이용개발계획(이하 "양식장개발계획"이라 한다)의 범위에서 하여야 한다(동조 제2항).

또한 시장·군수·구청장은 개발계획을 수립하려면 미리 관할구역의

55) 대법원 2017. 9. 21. 선고 2017도7321 판결; 대법원 1983. 6. 14. 선고 83누14 판결.

해수면 또는 내수면에 대한 기본조사를 실시하고, 사회적 · 경제적 여건을 고려하여 개발계획을 세우되, 해양수산부장관이 정하는 '개발계획기본지침'에 따라 시 · 도지사가 지역여건과 특성을 고려하여 정한 '개발계획세부지침'에 따라야 한다(양식산업발전법 제9조 제2항). 그리고 시장 · 군수 · 구청장은 개발계획을 수립하려면 수산업법 제88조에 따라 해당 특별자치시 · 특별자치도 · 시 · 군 · 구에 두는 수산조정위원회의 심의를 거쳐야 한다. 이러한 내용은 수산업법의 어장이용개발계획의 수립절차와 대단히 유사하게 규정되어 있으며, 이러한 절차를 거치지 아니한 채 양식업면허를 발급하는 것은 절차상 하자로서 위법하다.

(2) 새로 제정된 「양식산업발전법」은 어업분쟁을 사전에 조정 · 해소할 수 있는 제도적 장치를 마련하고 있다. 즉 시장 · 군수 · 구청장은 개발계획의 대상이 되는 해수면 또는 내수면이 어업의 조업구역에 해당하여 개발계획에 따라 양식장으로 이용 · 개발되면 분쟁이 발생할 우려가 있는 경우에는 분쟁을 사전에 합리적으로 조정 · 해소한 후 개발계획을 수립하여야 한다(동법 제9조 제5항). 이러한 규정에 비추어보면, 시장 · 군수 · 구청장이 어업면허나 양식업면허를 발급하기 전에 어업분쟁이 발생하고 있는지를 자세히 살펴보고 개발계획을 수립하도록 하고 있으며, 또한 어업분쟁이 있는 경우에는 이를 해소하거나 조정하도록 규정하고 있다. 따라서 개발계획에 따라 양식업 신규면허를 발급할 경우 어업분쟁이 발생할 수 있음을 충분히 예상할 수 있음에도 불구하고 분쟁을 사전에 합리적으로 조정하거나 해소하지 아니한 채 자의적으로 신규 어업면허를 발급하면 재량권의 일탈 · 남용에 해당한다.

나아가 대법원은 동일한 업무구역 안의 중복된 어업면허를 발급한 것은 당연무효에 해당한다고 보고 있다. 즉 "지구별 어업협동조합 및 지구별 어업협동조합 내에 설립된 어촌계의 어장을 엄격히 구획하여 종래 인접한 각 조합이나 어촌계 상호 간의 어장한계에 관한 분쟁이나 경업을 규제함으로써 각 조합이나 어촌계가 각자의 소속 어장을 배타적으로 점유 관리하게 하였음에 비추어 특별한 경우가 아니면 같은 업무 구역안에 중복된 어업면허는 당연무효이다"라고 판시하고 있다.[56] 또한, 대법원은 어업권을 배타적인 독점적 권리로서 파악하고, 먼저 설정된 어업권의 목적인 어장과 위치가 중복되는 어장에 관하여 뒤에 발급된 어업권 면허 및 그에 관한 어업권설정등록의 효력은 모두 무효라고 보고 있다.[57]

Ⅵ. 맺음말

이상의 고찰에서 헌법재판소가 특정한 어업면허처분을 직접 취소하거나 그 무효확인을 하는 결정을 하지 않는 한 권한쟁의심판에 대한 헌법재판소 결정의 기속력은 미치지 아니한다. 따라서 기존의 어업면허처분은 권한 있는 기관에 의해 취소되지 않는 한 여전히 효력을 가지고 있다. 전술한 바와 같이 무권한의 행정처분이 모두 무효사유에 해당되는 것도 아니다. 공유수면에 대한 해상경계의 확정과 같이 사실관계나 법률관계가 매우 불확실하고 행정권한의 소재를 명확히 판단하기 어려운 경우에는 더욱 그러하다. 관할권이 있다고 판단한 지방자치단체(행정청)가 발급한 어업면허처분은 권한쟁의심판 결정으로 관할권을 상실하여 중대한 하자에 해당할지는 모르지만 명백한 하자가 있다고 보기

56) 대법원 1978. 4. 25. 선고 78누42 판결.

57) "어업권은 어장(면허를 받아 어업을 하는 일정한 공유수면)을 전용하면서 그 수면에서 배타적으로 수산동식물을 채포할 수 있는 독점적인 권리로서, 구 수산업법(2007. 4. 11. 법률 제8377호로 전문 개정되기 전의 것) 제15조 제2항은 어업권은 물권으로 하고 민법 중 토지에 관한 규정을 준용한다고 정하고 있고, 같은 법 제16조는 어업권의 설정, 보존, 이전, 변경, 소멸 등에 관한 사항은 어업권원부에 등록하도록 하고 이러한 등록은 등기에 갈음한다고 정하고 있는바, 이러한 어업권의 목적이 되는 어장에 관해서는 1물1권주의의 원칙이 적용된다 할 것이므로, 먼저 설정되어 있는 어업권의 목적인 어장과 위치가 중복되는 어장에 관하여 뒤에 이루어진 어업권 면허는 당연무효가 되고, 그에 관한 어업권설정등록은 중복등기에 해당하므로 원인무효로 귀착된다."(대법원 2007. 5. 10. 선고 2007다8211 판결)

는 어렵다. 권한쟁의심판에서 헌법재판소의 결정에 따라 새로이 관할권이 인정된 지방자치단체의 관할구역 내에 속하게 된 어민들의 어업면허처분의 효력을 당연무효라고 보는 것은 논리의 비약이며, 법치국가원리에서 파생되는 예측가능성과 법적 안정성을 침해할 수 있다. 전술한 고창군과 부안군 간의 권한쟁의사건에서 헌법재판소의 결정으로 무효가 된 것은 고창군의 관할권을 침해한 피청구인(부안군)의 공유수면 점용·사용료 부과처분의 일부이며, 위 권한쟁의심판에서 피청구인의 관할권한을 침해하였다고 주장한 고창군의 어업면허처분은 고창군의 관할구역에 속하는 구역으로 판단하고 있을 뿐이다. 따라서 고창군과 부안군 간의 권한쟁의심판에서 헌법재판소가 원고들의 어업면허처분에 대해 직접 취소하거나 그 무효를 확인하지 않았으므로 헌법재판소 결정의 기속력은 기존의 어업면허처분 모두에 미치지 아니한다. 따라서 어민들이 권한이 부인된 지방자치단체로부터 받은 패류양식 어업면허처분은 권한 있는 기관에 의해 취소되거나 철회되기 전까지 여전히 유효하다.

새로이 관할권이 인정된 지방자치단체가 어업분쟁의 발생을 충분히 예상할 수 있음에도 불구하고 기본조사를 제대로 하지 않은 채 개발계획을 수립하고 이를 근거로 이 사건 처분을 발급한 것은 중대한 절차상 하자에 해당한다. 또한, 양어업분쟁이 발생할 수 있음을 충분히 예상할 수 있음에도 불구하고 분쟁을 사전에 합리적으로 조정하지 않고 신규어업면허를 자의적으로 발급하는 것은 재량권의 일탈·남용에 해당한다. 나아가 배타적으로 점유·관리하는 것을 특징으로 하는 어업권과 관련하여 동일한 업무구역 안에 중복된 어업면허를 발급한 것은 당연무효에 해당할 수 있다.

이러한 현실적인 문제가 발생하지 않도록 하기 위해서는 입법적 개선방안이 강구되어야 한다. 해상경계확정에 의하여 기존의 어업면허를 모두 무효로 보는 것은 어민들의 재산권이나 영업의 자유 등 기본권을 중대하게 침해하는 것이며, 이는 법치국가원리의 신뢰보호원칙에도 위배된다. 이러한 문제를 개선하기 위해서는 지방자치법 제5조 제3항에 "해상경계의 확정에 따라 그 지역을 새로이 관할하게 된 지방자치단체는 종전에 다른 지방자치단체가 발급한 어업면허처분에 관한 사무와 재산을 모두 승계한다"는 규정을 신설할 필요가 있다.

제3편

재산권보장과 손실보상

제1장

수용의 요건으로서 공익성 판단과 수용조항의 개헌과제

Ⅰ. 서 론

최근 개헌 논의에 있어서 토지공개념이 다시 강조되고 있다.[1] 행정법학에 있어서 '공익'개념은 추상적이며 불확정개념이다. 그러나 공익개념은 행정작용을 비롯하여 행정절차, 행정강제 및 행정구제 등 행정법의 모든 영역에서 매우 광범위하게 사용되고 있다.[2] 토지재산권의 수용에 있어서 공익성은 중요한 판단기준이 된다. 헌법 제23조 제3항에는 "공공필요에 의한 재산권의 수용·사용 또는 재산"이라고 규정하여 수용 요건의 하나로서 '공공필요'의 개념을 사용하고 있다. 개별 법률에서는 공용수용의 요건을 명확히 규정하고 있지 않기 때문에 헌법 제23조에 규정된 '공공필요' 개념의 해석은 수용의 요건을 판단함에 있어서 중요한 역할을 하고 있는 것이다. 공익성을 표현하는 유사한 개념에는 공공필요 외에 '공공복리', '공익', '공공의 안녕과 질서' 등이 사용되고 있다. 헌법 제23조 제2항에는 재산권의 행사가 '공공복리'에 적합하도록 하여야 한다고 규정하고 있다. 여기에서 사용되는 '공공복리'의 개념은 재산권의 사회적 기속성에 관련된 것이지만, 헌법 제23조 제3항의 '공

1) 성낙인, "재산권보장과 토지공개념 실천법제", 헌법과 기본권의 현황과 과제(금랑김철수선생팔순기념논문집), 경인문화사, 2012, 669-692면.

2) 이에 대해서는 졸고, "행정법학의 공익론", 유럽헌법연구 제19호(2015. 12), 407-443면; 졸저, 현대행정의 작용형식, 법문사, 2017, 44면 이하.

공필요'와 어떠한 관계에 있는지가 문제된다.

구 도시계획법 제21조에 대한 위헌소원 사건에서 개발제한구역의 지정에 의한 재산권의 제약이 공용수용 또는 공용제한에 해당하는지 여부가 다투어졌다. 이 사건에서 헌법재판소는 "토지재산권의 강한 사회성 내지는 공공성으로 말미암아 이에 대하여는 다른 재산권에 비하여 보다 강한 제한과 의무가 부과될 수 있다"라고 결정하였다.[3] 즉 개발제한구역 내의 건축제한 등은 재산권의 사회적 기속으로 보고 있다. 이러한 재산권의 사회적 기속성에 의해 재산권에 대한 제한과 의무는 원칙적으로 보상 없이 이루어질 수 있다. 개발제한구역의 지정은 도시의 무질서한 확산을 방지하고 도시주변의 자연환경 등을 보전하기 위한 규제라는 점에서 높은 공익적 성격을 가진다. 그러나 이러한 토지이용의 규제가 '의도된' 재산권의 박탈행위로 보기는 어렵다. 헌법상 중요한 기본권의 하나인 재산권을 박탈하는 경우에 이러한 수용의 요건을 논구하는 것이 중요하다. 이러한 접근방식은 재산권의 '방어'를 핵심적 요소로 하는 '존속보장'의 가치와 맥락을 같이 하는 것이다. 그러한 의미에서 보상을 요하는 공용수용의 요건으로서 '공공필요'는 논리필연적으로 엄격하게 해석해야 한다. 또한 기본권제한의 한계요건과 과잉금지의 원칙을 규정한 헌법 제37조 제2항에서도 '공공복리'를 위해 국민의 자유와 권리를 제한할 수 있다고 규정하고 있다. 이러한 공공복리의 개념이 헌법 제23조 제3항의 '공공필요'와 어떠한 관계에 있는지가 다투어지고 있다.[4] 그러나 재산권에

---

3) 헌재 1998. 12. 24. 89헌마214, 90헌바16, 97헌바78(병합).

4) 이와 관련하여 공공필요의 개념과 공공복리를 동일한 개념으로 이해하는 견해(김도창, 일반행정법론(상), 제4전정판, 652-653면; 허영, 한국헌법론, 전정3판, 487면), 공공복리를 공공필요의 개념보다 넓게 해석하는 견해(권영성, 헌법학원론, 개정판, 556면) 등이 있다. 그 밖에 공공필요의 개념을 "공공복리를 위하여 필요한 경우"라고 해석하는 견해도 있다(한수웅, 헌법학, 제7판, 879면). 이와 달리 공공필요는 재산권에 대한 강력한 제한을 위한 정당한 사유이므로 헌법 제37조 제2항의 기본권제한의 일반적 사유보다는 좁다는 견해가 있다(계희열, 헌법학(중), 신정판, 552면). 공용필요의 개념을 좁게 해석하는 견해가 타당하다.

대해서는 헌법 제23조 제3항에서 특별히 규정하고 있으므로 일반적인 재산권의 제한요건으로서 '공공복리'의 개념을 곧바로 적용할 수는 없다. 다만, 헌법 제37조 제2항에 규정된 과잉금지의 원칙은 조정적 보상부 내용한계규정(ausgleichspflichtige Inhalts- und Schrankenbestimmung)에 해당하는지를 심사하는 경우에도 적용될 수는 있다. 이러한 과잉금지의 원칙은 실제 공용수용의 '한계'에서도 중요한 기능을 한다.

한편, 헌법재판소는 구 「지역균형개발 및 지방중소기업 육성에 관한 법률」 제18조 제1항 등 위헌소원 사건[5]에서 '공공필요'의 개념을 새로이 해석하고 있다. 사기업인 甲 주식회사가 고급골프장의 건설을 위해 토지를 수용하는 사건에서 이러한 민간개발자의 지구개발사업은 공익적 필요성이 인정되기 어렵다고 결정하였다. 또한 '공공필요'의 개념을 "국민의 재산권을 그 의사에 반하여 강제적으로라도 취득해야 할 공익적 필요성"이라고 해석하고 있다. 나아가 공공필요의 개념을 '공익성'과 '필요성'이라는 요소로 구성되어 있다고 보면서, 공공필요의 개념을 엄격히 해석하고 있다. 이 사건은 사기업(사인)을 위한 공용수용에 관한 것이라는 점이 특징이지만, 공공필요의 개념 해석을 적극적으로 시도하고 있다는 점이 주목된다.[6] 무엇보다 종전의 헌법재판소 결정과 달리 공공필요성의 개념을 매우 엄격하게 해석하고 있는 것이다. 그러나 고유한 '공공필요'의 개념을 '공익성'과 '필요성'으로 구성된 가분적(可分的) 개념으로 이해하는 것에 대해서는 의문이다.[7] 공익성과 비례성은 밀접한 관련을 가지지만, 동일한 개념 내지 구성요소가 아니다. 비례의 원칙 내

---

5) 헌재 2014. 10. 30. 2011헌바172 등, 판례집 26-2상, 639.

6) 사인을 위한 공용수용과 관련하여 "사용수용(私用收用)"이라는 표현도 사용되고 있다. 이 견해는 소위 사용수용이 허용되는 사업이 모두 공공성을 충족한다고 보기는 어렵다고 보면서, 사업시행자인 민간기업이 추진하는 대지조성사업이나 관광단지조성사업 등이 사용수용을 허용할 정도로 공공성이 크다고 단정하기 어렵다고 보고 있다(류해웅, "사용수용과 그 법제에 관한 고찰", 토지보상법연구 제13집, 43-44면).

7) 이에 대해서는 졸고, "민간기업에 의한 공용수용의 위헌성 판단과 '공공필요'의 개념해석", 법률신문 제4312호(2015. 4. 20.자), 12면.

지 과잉금지의 원칙은 공용수용의 성립요건이 아니라 한계 내지 허용성 요건에서 검토된다.[8)]

이하에서는 공용수용에 있어서 쟁점이 되는 수용의 요건으로서 공공필요성의 개념 해석 및 판단기준, 헌법재판소 및 대법원 판례의 문제점, 공공필요성과 관련된 개별 사례 그리고 수용조항의 개헌과제 등을 중심으로 검토하기로 한다.

Ⅱ. 수용의 요건으로서 '공공필요'의 판단기준

1. 공공필요의 개념 해석 및 판단기준

종래의 헌법재판소는 공용수용의 개념을 "공공필요에 의한 재산권의 공권력적·강제적 박탈"이라고 간명하게 정의하고 있으며, '공공필요'를 수용의 허용요건으로 이해하고 있다.[9)] 이러한 공공필요의 개념은 전술한 헌법재판소 2011헌바172 등 사건에서 종전 보다 구체화되고 있다. 각국의 입법례에서도 수용의 요건으로서 공익개념을 다양하게 사용하고 있다. 예컨대 미연방 수정 헌법 제5조에는 "사유재산은 공적 사용을 위해 정당한 보상 없이 박탈당하지 아니한다(nor shall private property be taken for public use, without just compensation)"라고 규정하고 있다. 여기에서 수용을 정당화하기 위한 요건으로서 '공적 사용(public use)'이라는 용어를 사용하고 있다. 또한 독일 기본법 제14조 제3항 제1문에는 "수용(Enteignung)은 공공복리(Wohle der Allgemeinheit)를 위해 허용된다"라고 규정하고 있다. 나아가 일본 헌법 제29조 제3항에는 "사유재산은 정당한 보상 하에 이를 공공을 위해 사용할 수 있다"라고 규정하고 있다. 여기에서 말하는 "공공을 위해 사용할 수 있다"는 규정의 의미를

8) Maurer, Allgemeines Verwaltungsrecht, 18. Aufl., § 27 Rn. 57.
9) 헌재 1998. 3. 26. 93헌바12, 판례집 10-1, 226, 243 참조.

두고 견해가 대립하고 있다. “공공을 위해 사용”이라는 규정의 의미에 대해 공용수용 외에 공용제한에 한정한다는 협의설과 공공의 이익도 포함하여 넓게 해석하는 광의설이 대립하고 있으며, 후설이 통설이다.[10] 그러나 일본 헌법 제29조 제3항의 “공공을 위해 사용하다(公共のために用ひる)”는 의미를 공용사용이 아니라, 공용수용으로 파악하고 있다.[11] 즉 “공적 목적을 위해 수용하는(to take for public use)” 것으로 이해하고 있는 것이다.[12] 일본의 입법례에서는 법률에 보상규정이 흠결된 경우 직접 헌법에 근거하여 주장할 수 있다는 소위 ‘직접청구권설(直接請求權說)’이 통설이므로 일본 헌법 제29조 제3항의 규정은 중요한 의미를 가진다.[13] 그러나 우리 헌법 제23조 제3항에는 수용 및 보상을 법률로 규정하도록 하고 있으므로 직접청구권설(직접적용설, 직접효력설)은 우리 헌법의 해석상 받아들이기 어렵다.[14]

수용의 요건인 공공필요의 개념은 개별 법률에서 구체화되는 것이 바람직하다. 대표적인 입법례는 독일의 사례이다. 독일 건설법전 제87조 제1항에는 독일 기본법 제14조 제3항의 수용 요건을 보다 구체화하여 규정하고 있다. 즉 “수용은 개별 사례에서 공공복리를 위해 수용이 요구되고 다른 수인할 수 있는 방식으로 수용의 목적을 달성할 수 없는 경우에만 허용된다”고 규정하고 있다. 이와 같이 독일에서는 수용(Enteignung)의 개념만 사용되고 있으며, 수용 개념은 시대의 흐름에 따라 변하여 왔다. 수용의 목적이 공익에 기여하는지 여부는 원칙적으로

10) 이에 대해서는 佐藤幸治, 日本國憲法論, 成文堂, 2011, 316면.
11) 芦部信喜, 憲法, 第四版, 岩波書店, 2007, 224면.
12) 今村成和, 損失補償制度の研究, 有斐閣, 220면.
13) 田中二郎, 新版行政法上卷, 全訂第二版, 213면; 塩野 宏, 行政法 II, 第四版, 326면.
14) 박윤흔, 최신행정법강의(상), 개정29판, 753면. 한편, 유추적용할 법률규정이 없는 경우에 헌법 제23조 제3항을 근거로 하여 손실보상을 청구할 수 있다는 견해가 있다(박균성, 행정법론(상), 866-867면). 보상에 관한 규정이 없어 국민의 권익구제를 확대하기 위한 주장이라는 점에서 수긍할 수 있는 부분도 있다. 그러나 보상의 기준과 범위 등을 정한 법률의 규정이 없는 경우에 법원이 추상적인 헌법의 규정만을 근거로 보상을 확정하는 것은 현실적으로 쉽지 않다.

입법자가 결정한다.[15] 수용을 위한 공공복리의 요건은 독일 기본법 제14조 제1항 제1문의 존속보장에서 정당화되는 사익과 재산권 박탈을 위한 공익을 서로 형량하는 것을 요구하고 있다.[16] 독일 건설법전 제87조 제1항에 규정된 '공공복리'는 단순한 공익을 의미하는 것이 아니라, 재산권의 자유보장적 기능을 고려하여 "특별히 중대하고, 긴급한 공익(ein besonders schwerwiegendes, dringendes öffentliches Interesse)"이라고 해석되는 것이 지배적 견해이다.[17] 사인을 위한 공용수용(Enteignung zugunsten Privater)에 있어서는 수용권 남용의 위험성이 높아 보다 면밀한 심사가 요구된다. 따라서 이 경우에는 사적 이용을 고려하더라도 수용을 위해 "충분히 중대하고, 특별한 공익(ein hinreichend schwerwiegendes, spezifisches öffentliches Interesse)"이 있는지 여부를 검토해야 한다고 보고 있다.[18] 또한 이러한 방식에 의해 공익적 목적이 달성될 수 있고 지속적으로 보장되어야 한다.[19]

행정법학에서 공익개념은 다의성(多義性)을 가진다. 공익개념을 구체화하기 위한 이론적 분류를 위한 시도도 있었다. 대표적으로 독일의 한스 볼프(Hans J. Wolff) 교수는 공익 개념을 공공이익으로서 국가나 기타 공동체의 이익에 해당하는 '일반적 공익'과 특정한 지역이나 기능적인 국가 내부의 종합체의 공동이익과 같은 '특수한 공익'으로 대별하고 있다. 그는 일반적 공익을 다시 평화적인 사회질서의 유지, 인간의 존엄권 준수 등과 같은 '진정한 공공이익'과 행정주체 그 자체가 가지는 '사실상의 공익'으로 분류하고 있다.[20] 특히 한스 볼프 교수는 '규준적

---

15) Jarass/Pieroth, GG, Art. 14 Rn. 80.

16) Alfred Scheidler, Die Voraussetzungen der Enteignung nach den §§ 85 ff. BauGB, ZfBR 2017, S. 125.

17) BVerfGE 74, 264; BVerwGE 117, 135 (140); Battis, in: Battis/Krautzberger/Löhr (Hg.), BauGB, § 87 Rn. 2.

18) BVerfG, Urt. v. 17. 12. 2013, NVwZ 2014, 211.

19) BVerfGE 74, 264 (285).

20) Wolff/Bachof/Stober, Verwaltungsrecht I, 10. Aufl., § 29 Rn. 1 f. 이에 대한 상세는

(規準的) 공익(maßgebende öffentliche Interessen)'을 강조하고 있다. 그는 이러한 규준적 공익개념을 "헌법, 법률, 또는 자치법규 등에 구속적으로 확정된 것"으로 파악하고 있다.[21] 독일 건설법전 제87조 제1항의 규정과 같이 공공복리의 실체적 요건을 보다 구체화하여 규정하는 것은 개별 사건의 판단에 있어서 매우 유용하다.[22] 독일 기본법은 수용의 요건인 '공공복리'에 관한 규정을 민주적 정당성을 가진 의회의 입법자에게 맡겨 놓고 있는 것이다.[23]

이와 달리 우리나라에서는 공용수용의 요건으로서 공공필요의 개념을 구체화한 규정을 찾기 어렵다. 다만, 공익사업을 위한 토지 등의 취득 및 보상에 관한 법률(이하 '토지보상법'이라 한다) 제4조에 '공익사업'을 규정하고 있다. 이러한 규정은 공공필요성을 판단함에 있어서 중요한 기준이 되고 있다. 헌법재판소의 2011헌바172 등 사건의 영향으로 토지보상법의 해당 조항은 지금과 같이 개정되었다. 즉 2015. 12. 29. 개정으로 이 법에 따라 토지 등을 수용하거나 사용할 수 있는 사업은 제4조 또는 별표에 규정된 법률에 따르지 아니하고는 정할 수 없다고 규정되었다(토지보상법 제4조의2). 이러한 규정이 공용수용의 공공필요성 요건을 판단함에 있어서 중요한 역할을 하고 있지만, 공익사업을 포괄적으로 열거해서 규정하는 것이 입법기술적으로 합리적인지에 대해서는 재고할 필요가 있다.[24] 공공필요성 개념은 추상적인 개념이며, 결국 개별 사례에서 관계된 사익과의 형량에 의해 구체화될 수 있다. 독일의

졸저, 현대행정의 작용형식, 52-53면.

21) Wolff/Bachof/Stober, a.a.O., § 29 Rn. 13.

22) Maunz/Dürig, GG, Art. 14 Rn. 573.

23) Guckelberger, Denkmalschutz und Eigentum, NVwZ 2016, S. 19.

24) 이와 관련하여 포괄주의를 비판하고 '제한열거주의'로 전환해야 한다는 주장이 있다. 또한 이 견해는 토지보상법 제4조의 '공익사업'을 '토지를 수용·사용할 수 있는 사업'으로 변경하고 개별 법률의 사업명칭을 나열할 것을 제안하고 있다. 이에 대해서는 류해웅, "수용적격사업의 공공성 확보에 관한 법제적 고찰", 토지보상법연구 제1집(2001. 2), 37-39면 참조.

건설법전에는 공용수용의 요건만을 엄격히 규정하고 해석할 뿐, 공익사업을 열거하고 있지 않다. 사기업이 공용수용을 하는 경우에는 사익이 내포되어 있어 공익사업에 해당하더라도 공공필요성 여부를 개별적으로 해석할 수 밖에 없다. 사기업이 실시하는 사업이 공익사업에 해당한다고 하더라도 수용의 요건이 당연히 충족된다고 볼 수 없다.

2. 판례의 입장 및 문제점

공용수용의 공익성 요건은 불확정개념이지만 행정청의 재량사항이나 판단여지가 아니라, 법원에 의해 공익성 요건이 수용을 정당화하는지 여부를 판단할 수 있다.[25] 헌법재판소는 구 도시개발법 제21조 제1항 본문 등 위헌소원에서 "공익사업의 범위는 국가의 목표 및 시대적 상황에 따라 달라질 수 있는 것으로 입법정책적으로 결정될 문제라고 할 수 있다"라고 보고 있다. 이 사건에서 도시개발사업을 위한 수용과 관련된 조항들은 헌법 제23조 제3항이 요구하는 '공공필요성'을 갖추고 있다고 판단하고 있다.[26] 그러나 헌법재판소의 판례 중에 공공필요의 요건이 문제가 되는 것은 사인(사기업)을 위한 공용수용의 경우이다.

헌법재판소는 구 '산업입지 및 개발에 관한 법률' 제11조 제1항 등 위헌소원 사건에서 지역경제의 발전을 위해 사기업이 수용하는 것이 공공필요의 요건을 충족한다고 판단하였다.[27] 또한 국토의 계획 및 이용에 관한 법률(이하 '국토계획법'이라 한다) 제2조 제6호 등 위헌소원 사건에서 회원제 골프장의 건설을 위한 토지계획시설사업이 공공필요성의 요건을 결하지 아니하였다고 보고 있다.[28] 그러나 헌법재판소는 앞에서 언급한 2011헌바129 등 사건에서 공공필요성의 개념을 달리 해석하고

25) Maunz/Dürig, GG, Art. 14 Rn. 574.
26) 헌재 2010. 12. 28. 2008헌바57, 판례집 22-2하, 624.
27) 헌재 2009. 9. 24. 2007헌바114, 판례집 21-2상, 562.
28) 헌재 2011. 6. 30. 2008헌바166 등.

있다. 헌법재판소는 헌법 제23조 제3항의 공공필요성이 '공익성'과 '필요성'으로 구성되어 있다고 판단하고 있다. 즉 공익성은 "공용수용을 허용하고 있는 개별법의 입법목적, 사업내용, 사업이 입법목적에 이바지하는 정도"를 기준으로 판단하고 있다. 특히 그 사업이 대중을 상대로 하는 영업의 경우에 그 사업시설에 대한 대중의 이용가능성이나 접근가능성 등도 고려하고 있다. 또한 필요성은 재산권을 침해당하는 사익과의 형량을 통해 사인의 재산권침해를 정당화할 정도의 공익의 우월성이 인정되어야 한다고 보고 있다. 그러나 여기에서 언급하는 '필요성'은 비례의 원칙과 관련된 것이며, 공용수용의 한계에서 판단될 사항이다. 공익성과 비례성은 밀접한 관계를 가지지만, 서로 구별되어야 할 개념이다.[29]

한편, 대법원은 보상금증감청구소송[30]이나 실질적 당사자소송[31]이 인정된 일부 사례를 제외하고, 재결취소소송을 심사하는 경우가 대부분이다. 이 경우 재결의 위법성을 판단함에 있어서 수용의 요건을 충족하는지 여부를 면밀히 검토한 사례는 없다. 물론 토지수용위원회의 재결도 구성요건적 효력이 발생하므로 다른 국가기관이 그 판단을 존중할 필요는 있다. 그러나 행정법원은 재결의 실체적 · 절차적 위법성을 심사할 수 있다. 대부분 재산권의 제약이나 침해 등에 대해 손실보상을 청구할 수 있는지가 쟁점이다. 또한 손실보상에 해당하는지 여부는 '특별한 희

---

29) 이에 대한 논의는 졸저, 현대행정의 작용형식, 70면.

30) 한편, 대법원은 잔여지 수용청구를 받아들이지 않은 토지수용위원회의 재결에 대하여 토지소유자가 불복하여 제기하는 소송을 보상금의 증감에 관한 소송이라고 판시한 바 있다(대법원 2010. 8. 19. 선고 2008두822 판결).

31) "주거이전비는 당해 공익사업 시행지구 안에 거주하는 세입자들의 조기이주를 장려하여 사업추진을 원활하게 하려는 정책적인 목적과 주거이전으로 인하여 특별한 어려움을 겪게 될 세입자들을 대상으로 하는 사회보장적인 차원에서 지급되는 금원의 성격을 가지므로, 적법하게 시행된 공익사업으로 인하여 이주하게 된 주거용 건축물 세입자의 주거이전비 보상청구권은 공법상의 권리이고, 따라서 그 보상을 둘러싼 쟁송은 민사소송이 아니라 공법상의 법률관계를 대상으로 하는 행정소송에 의하여야 한다."(대법원 2008. 5. 29. 선고 2007다8129 판결)

생'이라는 기준에 의해 판단하고 있다.[32] 또한 대법원은 공용수용의 남용과 관련하여 비례의 원칙을 위반하였는지 여부를 심사하면서 공익성 여부를 고려하고 있다.[33] 특히 대법원은 공용수용이 헌법상의 재산권 보장의 요청상 불가피한 최소한에 그쳐야 한다고 전제하고, 사업시행자가 사업인정을 받은 후 그 사업이 공용수용을 할 만한 공익성을 상실하거나 사업인정에 관련된 자들의 이익이 현저히 비례의 원칙에 어긋나게 된 경우 등에 수용권을 행사하는 것은 수용권의 남용에 해당한다고 판시하고 있다.[34]

3. 비판 및 입법론적 제언

수용의 요건으로서 규정된 헌법 제23조 제3항의 '공공필요'의 판단기준은 단순한 공익이나 공공복리의 개념보다는 중요한 공익적 필요성의 의미를 가져야 한다. 따라서 수용에 의해 침해되는 사익보다 재산권을 박탈해야 할 "특별히 중대한 공익적 필요성"이 있어야 한다. 일반적인 수용의 경우에도 '공공필요'의 개념은 이러한 정도의 중요한 공익성이 인정되어야 한다. 또한 사인을 위한 수용의 경우에는 일반적인 수용보다 높은 정도의 공익성이 보장되어야 한다. 사인(사기업)의 사익을 감안하더라도, 해당 사업에 있어서 "충분히 중대하고도 특별한 공익"이 인정되어야 한다. 지역경제의 미명 하에 민간기업에 의해 이루어지는 공익사업은 수용권 남용에 해당할 우려가 높다.

이러한 공공필요의 개념은 재산권을 박탈하는 개별 법률에서 보다 구체적으로 규정되어야 한다. 그러한 의미에서 규준적 공익개념은 개별 사례의 해석과 판단에 있어서 중요한 역할을 할 수 있다. 독일 건설법전 제87조는 독일 기본법을 구체화하고 있으며, 그 요건을 상세히 규정

32) 대법원 2010. 12. 9. 선고 2007두6571 판결.
33) 대법원 1987. 9. 8. 선고 87누395 판결; 대법원 2014. 5. 29. 선고 2013두12478 판결.
34) 대법원 2011. 1. 27. 선고 2009두1051 판결.

하고 있다. 일반적인 공용수용에 있어서도 “특별히 중대하고, 긴급한 공익”이 있어야 한다고 해석하고 있다. 독일의 입법례와 비교하면, 수용의 요건으로서 공공필요의 개념은 보다 명확히 규정할 필요가 있다. 우리나라의 개별법에는 공공필요의 개념을 파악할 수 있는 법적 근거가 미흡하고, 그 개념을 명쾌하게 해석한 대법원 판례를 찾기는 어렵다. 구 「지역균형개발 및 지방중소기업 육성에 관한 법률」 제18조 제1항 등 위헌소원에서 공용수용의 요건을 엄격히 판단하고 있지만, 공공필요의 고유한 개념을 해석함에 있어서는 여전히 불충분하다. 토지보상법에 독일의 입법례와 같은 수용의 허용성 요건을 토지보상법에 신설할 필요가 있다. 예컨대 “수용은 특별히 중요한 공익적 필요(공공필요)를 위해 다른 방식으로 수용의 목적을 달성할 수 없는 경우에 허용된다”라는 규정을 명시하는 것을 제안한다. 이러한 규정은 공공필요의 개념을 구체화하고 엄격히 해석하는 데에 기여할 수 있다.

Ⅲ. 사업인정과 공익성

1. 사업인정의 지정과 공익성 판단

사업인정은 국토교통부장관이 행정주체 또는 사업시행자 등에게 수용권을 설정하는 형성적 행정행위이다(토지보상법 제20조 참조).[35] 사업인정은 그러한 의미에서 공법적 성질을 가지는 설권행위로서 재량행위에 해당한다.[36] 이러한 사업인정의 지정에 있어서 국토교통부장관은 해당

35) 대법원 1983. 9. 27. 선고 83누324 판결; 대법원 1988. 12. 27. 선고 87누1141 판결.

36) 대법원 1992. 11. 13. 선고 92누596 판결. 한편, 이에 대해 사업인정을 공공필요성 여부를 확인하는 행위로 보는 견해가 유력하다. 즉 “사업인정은 사업시행자가 추진하고자 하는 사업의 공공성을 확인하고, 사업의 규모, 사업추진에 필요한 타인 토지의 수용필요성 등을 잠정적으로 심사하여 토지수용의 요건의 성립 여부를 판단하는 확인적 행위”로 보아야 한다는 견해가 그러하다(김해룡, “현행 토지수용절차의 문제점과 개선방안”, 토지공법연구 제73집 제2호(2016. 2), 255면). 실제 사업인정에 있어서 공공필요성의 판단이 미흡하다는 점에서 매우 의미 있는 지적이라고 생각한다.

사업이 특별히 중요한 공익성을 갖는지 여부를 심사해야 하며, 사업시행자가 민간사업자인 경우에는 더욱 그러하다. 이와 관련하여 판례도 공익성을 다른 이익과 형량하여 판단하여야 한다는 점을 강조하고 있다.[37] 이 판결에서는 사업시행자에게 해당 공익사업을 수행할 의사와 능력이 있어야 한다는 것도 사업인정의 한 요건이라고 보고 있다. 또한 대법원은 사업시행계획인가처분 취소소송에서 구 국토계획법에서 사인(私人)을 도시·군계획시설사업의 시행자로 지정하기 위한 요건으로 '소유' 요건과 '동의' 요건을 갖추지 못하였음에도 불구하고 사업시행자로 지정한 경우 그 하자가 중대하다고 판단하였다.[38] 여기에서 대법원은 도시·군계획시설사업은 공공복리의 실현과 밀접한 관련이 있다고 전제한 후, 사인이 이러한 사업을 시행하는 때에는 행정청이나 공공단체가 시행하는 때와 비교하여 상대적으로 공공성이 약하기 때문에 소유 요건이나 동의 요건 등을 통해 도시·군계획시설사업의 공공성을 보완하고 사인에 의한 일방적인 수용을 제어하기 위한 것이라는 점을 지적하고 있다. 이러한 대법원의 판결은 사인을 위한 공용수용과 관련된 헌법재판소 2011헌바172 등 결정의 영향을 받았음을 배제하기 어렵다. 또한 사업인정에 있어서 이러한 판단이 '판단여지'에 해당한다는 견해도 있다.[39] 다만, 토지보상법 제20조에는 사업인정에 있어서 공익성을 판단할 수 있는 요건에 관한 내용이 명확히 규정되어 있지 않다.

---

37) "사업인정기관으로서는 그 사업이 공용수용을 할 만한 공익성이 있는지의 여부와 공익성이 있는 경우에도 그 사업의 내용과 방법에 관하여 사업인정에 관련된 자들의 이익을 공익과 사익 사이에서는 물론, 공익 상호간 및 사익 상호간에도 정당하게 비교·교량하여야 하고, 그 비교·교량은 비례의 원칙에 적합하도록 하여야 한다."(대법원 2011. 1. 27. 선고 2009두1051 판결)

38) 대법원 2017. 7. 11. 선고 2016두35120 판결.

39) 김남진/김연태, 행정법 II, 제21판, 597면.

2. 사업인정의 의제와 공용수용의 정당성 확보

다수의 개별 법령에는 사업인정의 의제에 관한 규정을 두고 있다. 이러한 경우에는 공익성을 판단하기가 쉽지 않다.[40] 예컨대 국토계획법 제91조에 따른 도시·군계획시설사업에 관한 실시계획을 고시한 경우에는 토지보상법 제20조 제1항과 동법 제22조에 따른 사업인정 및 그 고시가 있었던 것으로 간주한다(국토의 계획 및 이용에 관한 법률 제96조 제2항). 또한 도로구역의 결정 또는 변경과 도로구역의 결정 고시 또는 변경 고시는 토지보상법 제20조 제1항 및 제22조에 따른 사업인정 및 사업인정고시로 간주한다(도로법 제82조 제2항). 그리고 공공주택 특별법 제27조 제2항에 따르면 주택지구를 지정·고시한 때에 토지보상법에 따른 사업인정 및 사업인정의 고시가 있는 것으로 의제된다. 그 밖에 국토교통부장관이 아니라 산업통상자원부장관의 인정에 의해 사업인정이 의제되는 경우도 있다. 즉 광업권자나 조광권자는 광업법 제72조에 따라 타인의 토지를 사용하거나 수용하려면 산업통상자원부장관의 인정을 받아야 하며, 이러한 산업통상자원부장관의 인정은 토지보상법 제20조 제1항에 따른 사업인정으로 의제하고 있다(광업법 제73조 제2항). 그러나 이러한 사업인정의 의제에 있어서 의견청취에 관한 규정만 두고 있을 뿐 공공필요의 요건심사에 관한 규정이 없다.

사업인정의 의제가 인정되는 이유는 대체로 공익사업의 신속하고 원활한 진행을 위한 것에 있다. 또한 사업인정의 의제에 대해 토지보상법의 보상규정을 준용하도록 하는 것이 보통이다. 구 항만법(2012. 12. 18. 법률 제11594호로 개정되기 전의 것, 이하 '구 항만법'이라 한다)이 항만공사 시행절차에 따른 각종 의제규정과 손실보상에 관한 규정을 둔 취지 및

40) 유력설은 사업인정의 의제효를 인정하는 규정으로 인해 공공필요성을 판단하는 사업인정절차가 실질적으로 이루어지지 못한다고 있다고 비판하고 있다(김해룡, 전게논문, 255면 이하).

공유수면 매립을 수반하는 항만공사로 발생한 손실의 보상에 관하여 적용 내지 준용될 법률이 다투어진 사건에서 그러한 점을 인정하고 있다.[41] 이러한 입장은 존속보장의 이념보다는 가치보장의 가치에 바탕을 두고 있으며, 각종 개발사업에 있어서 보상만능주의로 흘러갈 우려도 있다. 또한 구속력 있는 행정계획(예컨대 실시계획이나 시행계획)을 고시하는 경우에 사업인정이 의제되는 경우도 적지 않다. 이러한 단계에서 수용의 요건으로서 공공필요성을 충분히 검토할 수 있는지 의문이다. 이와 같이 사업인정의 의제는 기본적으로 절차의 간소화와 신속화에 기초하고 있으므로 공용수용의 정당성을 확보하는 것이 더욱 어렵다. 그럼에도 불구하고 개별 법령에는 절차간소화를 목적으로 이러한 사업인정의 의제에 관한 규정을 확대하고 있다.

3. 사업인정과 수용재결 사이의 하자승계

판례는 사업인정과 수용재결의 하자승계를 부정하고 있다.[42] 이러한 사업인정은 수용권을 부여하는 형성적 행정처분으로 보는 견해가 지배적이다. 그러나 사업인정이 인정되거나 의제되는 경우에 토지소유자 등이 사업인정의 지정처분을 다투는 것을 기대하기는 어렵다. 또한 사업인정이 의제되는 경우에 의제된 행정처분을 다툴 수 있는지가 논란이 되고 있다. 한편, 독일에서는 의제적(擬制的) 행정행위(fiktiver Verwaltungsakt)의 취소를 구하는 소를 제기할 수 있지만,[43] 우리나라에서는 의제적

41) "구 항만법이 항만공사 시행절차에 따른 각종 의제규정과 손실보상에 관한 규정을 두고 있는 취지는, 공익사업을 위한 토지 등의 취득 및 보상에 관한 법률(이하 '공익사업법'이라 한다)상 '공익사업'으로 시행될 수밖에 없는 항만공사의 특성상 절차 진행에 따라 관련 인허가 및 사업인정이 곧바로 의제되도록 함으로써 항만공사의 원활한 진행을 도모하는 한편, 항만공사의 진행을 통하여 의사와 관계없이 손실을 입을 수밖에 없는 토지 소유자, 어업권자 등 권리자에 대한 정당한 보상을 보장하고자 함에 있다."(대법원 2014. 4. 24. 선고 2013두23607 판결)

42) 대법원 1993. 6. 29. 선고 91누2342 판결.

43) Kopp/Ramsauer, VwVfG, 13. Aufl., § 42a Rn. 20; Stelkens/Bonk/Sachs, VwVfG,

인·허가의 실체를 인정하여 이에 대해 취소소송을 제기할 수 있는지에 대해서는 여전히 논란의 여지가 있는 것이 사실이다. 독일 행정절차법 제42a조에는 허가의제(Genehmigungsfiktion)에 관한 규정을 두고 있어, 이러한 문제를 어느 정도 입법적으로 해결하고 있다고 평가할 수 있다.

사업인정은 수용권의 설정을 내용으로 하고, 이러한 사업인정은 그대로 수용재결의 신청으로 이어지게 마련이다. 그러한 점에서 사업인정과 수용재결은 동일한 효과를 목적으로 하고 있다고 볼 수 있다.[44] 사업인정의 의제가 통지되는 경우도 있지만, 이러한 사업인정의 의제에 대해 다투는 것은 전술한 바와 같이 실무상 쉽지 않다. 또한 사업인정의 경우에는 공용수용의 요건에 관한 심사가 충분히 이루어진다고 보기 어렵다. 그러한 상황에서 이후의 절차에서 대부분 소정의 기간 내에 재결을 신청하도록 하고 있다. 토지소유자가 재결의 하자를 다투는 소를 제기하는 경우에 사업인정의 하자를 주장하도록 허용할 필요가 있다. 소위 규준력설에 의하는 경우에도 사업인정의 지정에 대해 제소기간이 경과하여 불가쟁력이 발생한 경우에도 예외적 요건으로서 기대가능성이나 예측가능성의 법리를 적용할 필요가 있다. 다만, 판례는 선행처분인 도시계획시설사업 시행자 지정 처분이 처분 요건을 충족하지 못하여 당연무효인 경우에 후행처분인 도시계획시설의 시행자가 작성한 실시계획을 인가하는 처분도 당연무효라고 판단하였다.[45]

한편, 일본의 경우에는 사업인정과 수용재결 사이에 하자승계를 인정하고 있다.[46] 일본에서는 제소기간의 운영상 문제점과 권리구제의 기회확대 등을 위해 위법성 승계를 인정하고 있다. 우리나라의 하자승계

§ 35 Rn. 52a; BVerwGE 91, 7 (9).

44) 이와 관련하여 사업인정과 수용재결은 본질적으로 공용수용의 요건을 이루며 수용을 위한 일련의 행정절차에 해당한다고 보는 견해가 있다(김해룡, 전게논문, 259면).

45) 대법원 2017. 7. 11. 선고 2016두35120 판결.

46) 芝池義一, 行政救済法講義, 第3版, 73면

이론은 이러한 위법성 승계이론으로부터 영향을 받았다. 사업인정과 수용재결 사이에는 이러한 하자승계를 인정할 필요성이 있다. 이와 관련하여 향후 판례의 전향적 변화를 기대해 본다.

Ⅳ. 환매권과 공익성

공용수용의 요건을 갖추어 수용절차가 종료되었다고 하더라도 그 후에 수용의 목적인 공공사업이 수행되지 아니하거나 또는 수용된 재산권이 당해 공공사업에 필요 없게 된 경우, 수용의 헌법상 정당성과 공공필요에 의한 재산권 취득의 근거가 장래를 향하여 소멸한다.[47] 이 경우 수용 당시의 토지소유자 또는 그 포괄승계인은 사업시행자에게 보상금에 상당하는 금액을 지급하고 원소유권을 회복하는 환매권을 가진다. 대법원은 개별 법령의 규정에 의해 구체화되어야 한다고 보고 있지만,[48] 환매권은 헌법이 보장하는 재산권의 내용에 포함되는 권리이며 헌법상 재산권조항에서 직접 도출되는 것으로 보는 것이 타당하다.[49] 독일 연방헌법재판소의 입장도 동일하다.[50]

환매권이 인정되기 위해서는 "10년 이내의 해당 사업의 폐지·변경 또는 그 밖의 사유로 취득한 토지의 전부 또는 일부가 필요 없게 된 경우"에 해당하여야 한다. 이는 결국 해당 토지의 공익적 필요성이 상실된 경우를 의미한다.[51] 이러한 공익적 필요성의 상실 여부는 사업시행자의 주관적 판단이 아니라, 객관적 기준에 의해 결정되어야 한다.[52]

---

47) 헌재 1998. 12. 24. 97헌마87 등, 판례집 10-2, 978.
48) 대법원 1998. 4. 10. 선고 96다52359 판결.
49) 헌재 1994. 2. 24. 92헌가15 등.
50) BVerfGE 38, 175.
51) 대법원 1993. 12. 28. 선고 93다34701 판결.
52) "협의취득 또는 수용된 토지가 필요 없게 되었는지 여부는 사업시행자의 주관적인 의사를 표준으로 할 것이 아니라 당해 사업의 목적과 내용, 협의취득의 경위와 범위, 당해 토지와 사업의 관계, 용도 등 제반 사정에 비추어 객관적·합리적으로 판단하여야

그러나 환매권의 요건이 충족되는 경우도 관계 법령에 의해 다른 공익사업으로의 변환이 인정되는 경우에 일정한 제한을 받는다. 즉 국가, 지방자치단체 또는 공공기관의 운영에 관한 법률 제4조에 따른 공공기관 중 대통령령으로 정하는 공공기관이 사업인정을 받아 공익사업에 필요한 토지를 협의취득하거나 수용한 후 해당 공익사업이 토지보상법 제4조 제1호부터 제5호까지에 규정된 다른 공익사업(별표에 따른 사업이 제4조 제1호부터 제5호까지에 규정된 공익사업에 해당하는 경우를 포함한다)으로 변경된 경우에는 환매권행사가 제한된다. 이러한 공익사업의 변환은 환매권을 행사한 후 다시 해당 토지를 협의취득하거나 수용하는 번거로운 절차를 되풀이하는 것을 피하기 위한 것에 있다. 그러나 환매권 제도의 본질에 비추어 수용된 토지가 더 이상 공공사업에 필요 없게 된 경우에 원소유자에게 소유권을 회복할 기회를 주는 것이 공평의 이념과 헌법상 재산권보장의 내용에 부합하는 것이다.[53] 따라서 공익사업의 변환은 환매권을 제한하는 것이므로 엄격하게 해석해야 한다. 그럼에도 불구하고 대법원은 토지보상법 제91조 제6항에서 정한 공익사업의 변환은 변경된 공익사업의 시행자가 국가, 지방자치단체 또는 「공공기관의 운영에 관한 법률」 제4조에 따른 공공기관 중 대통령령으로 정하는 공공기관이 아니어도 된다고 판시하고 있다.[54] 즉 민간기업이 관계 법률의 인·허가 등을 받아 도로, 철도, 항만 등 공익성이 높은 건설사업을 하는 경우에도 공익사업의 변환이 허용된다고 보고 있다. 그러나 토지보상법 제91조 제6항은 환매권행사의 한계에 관한 규정이므로 공익사업의 변환에 있어서 사업시행자를 제한적으로 규정하고 있다고 보아야 한다. 변환되는 공익사업이 민간기업인 경우에는 소위 사기업을 위한 공용수용과 마찬가지로 공공필요성을 엄격히 심사해야 한다. 따라서 환

한다."(대법원 2010. 9. 30. 선고 2010다30782 판결)

53) 강길부, "수용재결의 문제점과 개선과제", 박윤흔(편), 행정상 손실보상의 주요문제, 461면.

54) 대법원 2015. 8. 19. 선고 2014다201391 판결.

매권 행사를 제한하는 공익사업의 변환에는 공익성 요건을 충족하는지 여부를 검토할 필요가 있다. 이와 관련하여 대법원은 사업인정을 받은 경우에 공익사업의 변환을 인정하고 있음은 주목된다.[55)]

V. 개헌논의에 있어서 수용조항의 개선과제

1. 수용조항의 공법적 쟁점과 문제점

근래에 수용법의 영역에서 판례가 수용의 요건인 '공공필요'의 개념을 면밀히 심사하고 있는 것은 수용이론의 발전을 반영하는 증좌(證左)이다. 지금 국회를 중심으로 개헌 논의가 한창이며, 내년 초까지 개헌안을 제시할 예정이라고 한다. 그러나 아직까지 구체적인 개헌안의 내용을 제시하지 않아 개헌안에 대한 이론적인 검토나 논의를 하기가 어려운 상황이다. 국민적 염원과 소망을 담은 새로운 개헌안을 만드는 것은 매우 어려운 과제이지만, 충분한 의견수렴이나 법리적 검토 없이 졸속으로 개헌이 이루어지는 것은 우려스러운 일이다.

헌법 제23조의 규정은 재산권 및 공용수용 등에 관한 중요한 내용을 담고 있으며, 헌정사에 있어서도 매우 의미 있는 역사적 발자취를 남기고 있다. 개헌논의와 관련하여 수용조항의 개선방안을 고려하는 것은 쉽지 않은 일이다. 다만, 현행 헌법조항의 해석으로도 충분하지만, 수용법의 이론 및 실무에서 쟁점이 되었던 사항을 염두에 두면서 개선해야 할 과제에 대해 살펴보기로 한다. 이미 제헌헌법에서 재산권의 수용 외에 '사용'과 '제한'을 규정하고 있다.[56)] 우리 헌법재판소는 구 도시계획

55) "적어도 새로운 공익사업에 관해서도 같은 법 제20조 제1항의 규정에 의해 사업인정을 받거나 또는 위 규정에 따른 사업인정을 받은 것으로 의제하는 다른 법률의 규정에 의해 사업인정을 받은 것으로 볼 수 있는 경우에만 공익사업의 변환에 의한 환매권 행사의 제한을 인정할 수 있다."(대법원 2010. 9. 30. 선고 2010다30782 판결)

56) 한편, 수용 외에 사용과 제한을 규정한 것은 유진오안(兪鎭午案)의 제1회 초고(草稿)에서도 발견된다. 즉 제1회 초안의 제15조에는 "公共必要에 의하여 人民의 財産權을

법 제21조 및 제6조에 대한 헌법소원 사건 이후 독일의 분리이론(Trennungstheorie)을 도입하여, 수용법의 이론을 체계화하고 있다.[57] 독일 연방헌법재판소가 확립한 분리이론의 장점은 '존속보장'의 가치를 추구한다는 점이다.[58] 또한 분리이론에서는 공용수용의 개념을 공식화하고 있다(소위 형식적 공용수용개념). 특히 분리이론은 보상부 공용수용과 무보상부 재산권의 내용한계를 엄별하고 있다. 이러한 독일의 분리이론의 특징을 간과하고 여전히 불명확한 구별기준에 의해 공용수용에 해당하는지 여부를 판단하고 있는 것은 지양해야 한다. 특별한 희생이라는 기준은 모호하며 결정적 구별기준이 될 수 없다. 이에 의할 경우 공용수용의 해당 여부는 전적으로 법원의 판단에 맡길 수 밖에 없다.

이와 관련하여 일부 견해는 분리이론에 대해 여전히 불명확성을 제기하고 있으며, 재산권의 내용한계에 있어서 또 다시 전통적인 경계이론의 기준을 통해 보상이 필요한지 여부를 판단하고 있다고 비판하고 있다.[59] 분리이론은 흠결이 없는 완결된 보상법 이론은 아니며, 일정한 부분에서는 취약점을 가진다. 예컨대 분리이론은 엄격한 이원론의 입장을 채택하고 있어 보상의 범위가 상대적으로 협소할 수밖에 없다. 이러한 문제점을 극복하기 위해 전술한 '조정적 보상부 내용한계규정'의 이론이 등장한 것이다. 헌법 제23조 제1항 제2문의 재산권의 내용한계에

收用, 使用 또는 制限함은 法律이 정하는 바에 의하여 相當한 補償을 支佛함으로써 行한다"라고 규정되어 있다. 현민 유진오 제헌헌법 관계 자료집(고려대학교박물관 편), 고려대학교출판부, 2009, 146면 참조. 그러나 정작 제헌헌법에 '사용'과 '제한'이 포함된 이유에 대해서는 상세한 언급이 없다(兪鎭午, 新稿憲法解義, 一潮閣, 1953, 78면 참조). 다만, 대한민국헌법 제안이유의 설명에서 "재산권을 하등의 조건 없이 몰수하는 제도는 채용하지 아니하였다"는 점을 소개하고 있을 뿐이다(兪鎭午, 憲法基礎回顧錄, 一潮閣, 1981, 237면).

57) 헌재 1998. 12. 24. 89헌마214, 90헌바16, 97헌바78(병합) 전원재판부.

58) 이에 대해 존속보장의 원칙은 분리이론과 필요적인 관련성이 없으며, 1차적 권리구제와 2차적 권리에서 나타난 요청으로 나타난 것이라고 비판하는 견해가 있다(정하중, "헌법상의 재산권보장체계에 있어서 경계이론과 분리이론", 서강법학연구 제5권(2003. 5), 86면).

59) 정하중, 전게논문, 81-82면.

서 보상이 필요한지 여부는 매우 예외적인 경우에 해당하며, 독일에서는 조정적 보상(Ausgleichsentschädigung)의 문제로 판단하고 있다. 이러한 영역에 대해 헌법 제23조 제3항의 정당한 보상, 즉 완전보상을 해야 할 필요는 없다. 그 보상의 기준과 범위는 입법자의 형성적 자유에 맡겨져 있다. 이러한 조정적 보상 여부의 판단은 예외적으로 가혹한 상황에서 비례의 원칙이나 평등원칙을 위반한 경우에 인정되며, 경계이론이 그대로 적용된다고 단정할 수도 없다. 물론 위에서 언급한 비판론이 지적하는 바와 같이 헌법재판소가 구 도시계획법 제21조에 대한 위헌소원사건에서 다소 오해의 소지가 있는 표현을 사용하고 있는 점도 없지 않다. 그러나 이러한 점이 분리이론의 본질적인 부분이라고 보기 어렵고, 경계이론이 분리이론보다 더 우월하다고 평가할 수는 없다. 특별한 희생에 바탕을 둔 경계이론은 그 본고장인 독일에서 이미 1980년대 이후 이론적 쇠퇴를 경험하고 있다. 경계이론의 핵심적 지주였던 수용유사적·수용적 침해이론도 타격을 입고 있음은 주지의 사실이다. 이러한 이론을 포기하지 않는 일부 학자들도 분리이론에서 확립한 형식적 수용개념을 따르고 있다. 무엇보다 경계이론의 선봉(先鋒)에 서 있던 연방통상법원(BGH)도 연방헌법재판소의 분리이론을 따르고 있다는 점을 간과해서는 아니된다. 그러나 분리이론뿐만 아니라 경계이론도 절대적인 수용법이론이 아님은 물론이다. 그러나 과거의 이론에 천착(穿鑿)해서 보다 발전된 새로운 수용법 이론을 소홀히 하고 외면하는 것도 바람직하지 아니하다. 나아가 이러한 수용법이론을 대체할 만한 새로운 이론을 제시하지도 않은 채 우리 현실에 맞지 않는다는 맹목적으로 혹평을 하는 것은 매우 무책임한 태도이다. 이러한 서구의 이론을 우리의 법체계와 현실에 부합하게 해석하는 노력을 기울여야 한다. 헌법재판소가 언급한 "사회적 제약을 넘는" 경우는 재산권의 내용한계에서 예외적인 상황이므로 이를 구체화하는 것은 개별적으로 판단할 수 밖에 없다. 구 도시계획법 제21조 및 제6조에 대한 헌법소원 사건을 '위헌'으로 해석하는 것은 타당하지 않다. 위 위헌소원사건에서 우리 헌법재판소는 위헌이 아닌 '헌법불합치' 결정을 내린 바 있고, 더불어 '입법촉구' 결정을 통해 입법자로 하여금 보상규정을 마련하도록 하고 있다.

독일 연방헌법재판소에 의해 발전된 '분리이론'은 공용수용의 요건을 확립하고 있는 반면, 우리 헌법재판소는 분리이론을 채택하고서도 그러한 노력을 기울이지 못하였다. 그러한 의미에서 독일의 분리이론은 불완전한 형태로 남아 있는 상황이다. 우리 헌법에는 수용 외에 '사용'과 '제한'을 규정하고 있지만, 대부분의 주요 선진국에서는 수용의 개념만을 규정하고 있는 것이 보통이다. 독일의 사례를 보더라도 수용의 개념은 역사적 변천에 따라 변화하고 있다. 고전적인 수용개념은 매우 좁게 이해되었고, 바이마르공화국을 거쳐 자갈채취판결 이전까지 수용개념은 확대되어 왔다. 그러나 자갈채취판결 이후 독일에서는 고전적인 수용개념으로 복귀하였다.[60] 최근 제2차 원전폐쇄에 관한 독일 연방헌법재판소의 결정에서 공용수용의 요건 중 하나인 '박탈'의 개념에 '재화조달' 내지 '재화획득'(Güterbeschaffung)이 필요한지 여부가 다투어졌다. 이 사건에서 독일 연방헌법재판소는 '재화획득'이 공용수용의 요건이 된다고 결정하였다. 이러한 결정은 고전적인 수용개념으로 다시 복귀하고 있음을 의미하는 것이다.[61]

이러한 현상들은 보상부 수용과 재산권의 사회적 기속을 엄격히 구분하고 있음을 보여주는 것이다. 보상부 공용수용에 해당하지 않는 재산권의 제약은 모두 재산권의 내용한계에 해당하여 보상을 요하지 아니한다. 그러나 분리이론에서는 협소한 공용수용과 엄격한 이분법을 극복하기 위해 소위 '조정적 보상부 내용한계규정'을 인정하고 있는 것이다. 현대국가에서 복잡다기한 형식의 재산권 제약을 모두 보상해야 한다는

60) 이에 대해서는 졸저, 행정구제의 기본원리, 제1전정판, 153면 참조.

61) Roller, Die Verfassungsrechtliche Bewertung des Atomausstiegs 2011, ZUR 2017, S. 287.

것은 비현실적이며, 이는 역설적으로 재산권의 침해를 더욱 용이하게 허용하는 것이다. 오히려 공용수용의 요건을 엄격히 규정하고 해석함으로써 재산권이 쉽게 침해되지 않도록 투텁게 보호해야 한다. "특별한 희생" 내지 "특별한 손실" 등으로 대변되는 경계이론(Schwellentheorie)은 법원의 판단에 의해 공용수용, 보다 정확히는 손실보상의 대상이 되는지 여부를 판단하고 있다. 그러한 점에서 경계이론은 존속보장보다 가치보장에 기반하고 있다고 평가할 수 있다. 또한 경계이론에서는 보상의 기준이 모호할 뿐만 아니라, 판례에서도 그 의미를 명확히 해석하고 있지 않다. 분리이론의 요체는 공용수용의 요건을 확립하고, 개별 사례의 재산권의 제약이 해석에 의해 이러한 요건에 해당하는지 여부를 판단하는 것에 있다. 공용수용의 요건은 헌법의 규정과 이를 구체화한 개별 법률의 규정에서 도출되어야 한다. 후자의 경우에는 민주적 정당성을 가진 입법자의 판단에 맡겨져 있는 것이다. 모호한 기준에 의해 법원이 개별적 그리고 유동적으로 판단하는 것보다는 법률에 의해 구체화된 공용수용의 요건을 통해 판단하는 것이 보다 타당하다. 그러한 이유만으로도 분리이론은 보상법이론에 충분한 기여를 하였다고 볼 수 있다. 가치보장 내지 보상만능주의가 아닌 존속보장의 가치에 근거한 수용법이론을 확립해야 한다.

2. 수용조항의 개선방안

보상부 공용수용과 무보상부 재산권의 내용한계의 구별에 어려움을 주는 '사용'과 '제한'은 삭제하는 것이 타당하다.[62] 또한 공용수용의 요건에서 '사실행위'에 의한 재산권의 침해는 인정되어서는 아니된다. 이와 관련하여 우리 헌법 제23조에는 "재산권의 수용·사용 또는 제한

62) 헌법 제23조에 규정된 '사용'과 '제한'의 문제점에 대해서는 이광윤, 신행정법론, 154-155면 참조.

및 그에 대한 보상은 법률로써"라고 규정하고 있을 뿐, 공용수용의 방식을 명확히 제시하고 있지 않다. 독일 기본법 제14조 제3항과 같이 '입법수용'과 '행정수용'의 방식을 규정하여야 한다. 사실행위에 의한 재산권 침해는 재산권의 내용한계의 문제에 해당한다. 헌법 제23조 제3항을 다음과 같이 개정할 것을 제안한다. 즉 "재산권의 수용은 공공필요를 위해 허용되며, 직접 법률에 의하거나 법률에 근거하여야 한다. 손실보상의 종류와 범위는 법률에 정하되, 정당한 보상을 지급하여야 한다"라고 개정되어야 한다. 이러한 개정안은 보상부 공용수용과 무보상부 재산권의 내용한계를 구별하고, 공용수용의 요건과 방식을 명확히 하는 장점을 가진다.

보상부 공용수용에 해당하지 아니하는 각종 재산권의 제약이나 제한은 입법자의 형성적 여지에 맡기는 것이 바람직하다. 설사 이러한 유형의 재산권 제약을 법률에서 규정하고 있는 경우 보상을 규정하지 아니하였다고 하여, 이 법률을 모두 위헌이라고 판단하는 것은 비현실적이다. 예컨대 부동산 가격공시에 관한 법률 제13조에는 관계 공무원 또는 부동산각격공시업무를 의뢰받은 자가 표준지각격의 조사·평가 또는 토지가격의 산정을 위해 타인의 토지에 출입할 수 있다고 규정되어 있다. 이 법률에는 이러한 조사행위를 위해 타인의 토지에 출입하여 재산상 손실이 발생하는 경우에 손실보상을 청구할 수 있는 규정은 없다. 종래 이러한 사실행위에 의한 재산상 침해에 대해서도 수용유사적·수용적 침해이론을 적용하여 손실보상이 가능하다는 견해가 유력하였다. 그러나 근래에 이러한 수용유사적·수용적 침해이론은 독일 연방헌법재판소의 판례에 의해 그 법적 근거를 상실함으로써 가사(假死)의 상태에 있다. 이러한 이론이 우리나라에 도입될 당시에는 참신한 수용법 이론으로 상당한 주목을 받았지만, 행정판례에 있어서 큰 기여를 하지 못한 것도 사실이다. 조사행위와 같은 사실행위는 공용수용의 요건에 해당하지 않아 수용행위로 볼 수 없다. 오늘날 독일에서는 사실행위가 법적 행위를 요건으로 하는 공용수용의 개념에 포함되지 않는다고 보고 있다. 부동산 가격공시에 관한 법률 제13조와 관련된 재산상 손실에 대해 손실보상에 관한 규정을 두지 않았다고 하여 이를 위헌으로 볼 수는 없다. 이러한 행위로 인한 재산상 손실에 대한 보상 여부는 입법자의 판단에 맡겨 두는 것이 바람직하다. 이와 달리 전기사업법 제88조에도 전기설비의 설치·유지 및 안전관리를 위해 타인의 토지를 출입할 수 있는 규정을 두고 있지만, 이러한 출입 행위로 인한 재산상 피해에 대해서는 전기사업법 제90조에 손실보상에 관한 규정을 두고 있다. 향후 개헌의 논의과정에서 수용법의 이론적 발전을 반영할 수 있는 개정안을 마련하도록 노력해야 한다.

Ⅵ. 결 론

지금까지 공용수용의 요건인 '공공필요'의 해석과 판단기준, 그리고 개헌논의와 관련된 수용조항의 개정방안 등을 검토하였다. 보상부 공용수용과 무보상부 재산권의 내용한계를 구별하기 위해 헌법 제23조 제3항의 '사용'과 '제한'에 관한 규정은 삭제하는 것이 타당하다. 이에 대한 보상 여부는 입법자의 판단에 맡겨야 한다. 수용의 요건인 공공필요의 개념은 불확정개념이며 정의하기가 쉽지 않다. 헌법 제23조 제3항의 '공공필요'의 개념을 구체화하기 위해서는 입법론적인 방안과 해석론적인 방안을 모두 모색해야 한다. 입법론적으로는 수용의 요건과 공공필요의 개념을 개별 법률에서 명확히 규정하도록 해야 한다. 더불어 해석론적으로도 공공필요의 개념은 중요한 기본권의 하나인 재산권을 박탈하는 요건이므로 일반적인 공익이나 공공복리의 개념보다 엄격히 해석해야 한다. 헌법상 공공필요의 개념은 "특별히 중대한 공익적 필요성"을 의미한다고 해석된다.

공공필요의 개념을 우리 헌법의 고유한 개념으로 파악하고, 이를 해석하는 노력을 해야 한다. 사인을 위한 공용수용의 경우에는 공익성 판단을 더욱 신중히 해야 한다. 그러나 공공필요의 개념은 명확히 정의되기보다, 개별 사안에서 제한되거나 침해되는 사익과의 형량을 통해 구현될 것이다. 따라서 토지보상법에서 공익사업의 종류를 광범위하게 열거하여 규정하는 입법방식은 비효율적이다. 공익사업에 해당한다고 하여 공용수용의 요건을 당연히 충족한다고 단정하기 어렵다. 수용과 밀접한 관련을 가지는 사업인정, 협의취득 및 환매권 등의 경우에 공공필요성의 요건을 면밀히 심사하여야 한다. 실시계획의 승인이나 처분 등에 의한 사업인정 의제의 경우에는 공익성을 판단하기가 쉽지 않다. 수용의 요건인 '공공필요' 개념의 해석과 판단은 존속보장(存續保障)의 가치를 실현할 수 있는 관문(關門)이다. '특별한 희생' 개념에 기초한 경계이론은 손실보상의 요건에 해당하는지 여부에 치중하고 있으며, 가치보상의 가치를 실현할 뿐이다. 특별한 희생이라는 개념은 그 기준이 여전히 모호하여, 수용 여부는 결국 법원의 판단에 맡겨져 있을 뿐이다. 헌법상 재산권을 '방어'하기 위해서는 공용수용의 요건에 관한 통일적인 기준을 체계화시켜 법적 명확성과 예측가능성을 확보하는 노력이 있어야 한다. 분리이론의 핵심은 공용수용의 '요건'을 확립하는 것이다. 향후 학계와 실무는 이러한 공용수용의 요건에 관한 이론의 체계화와 판례의 발전에 노력을 경주해야 한다.

최근 개헌 논의의 과정에서 거론되는 '토지공개념'의 도입은 헌법 제23조의 규정과의 관계에서 신중히 검토되어야 한다. 공익을 위한 토지재산권의 제한은 헌법 제23조 제3항의 사용 또는 제한에 해당할 수 있고, 보상 없는 재산권의 제한은 위헌 문제를 야기할 수 있다. 토지공개념의 도입이 없더라도 법률에 의한 재산권 제한은 대부분 헌법 제23조 제1항 제2문의 재산권의 내용한계에 포섭될 수 있다. 수용에 있어서 '공익' 개념의 해결은 공법학의 숙명(宿命)이자 난제(難題)의 하나이다.

제2장

문화재보호와 재산권보장에 관한 소고

– 특히 기념물보호와 관련된 독일 입법례와의 비교법적 고찰을 중심으로 –

Ⅰ. 서 론

문화재의 보호는 헌법상 '재산권' 보장과 매우 밀접한 관련을 가지고 있다. 문화재의 보호는 대체로 문화재의 제한이나 수용, 문화재보호를 위한 토지이용제한 등에서 재산권보장이 문제된다. 문화재보호법 제2조 제1항에서는 문화재를 "인위적이거나 자연적으로 형성된 국가적·민족적 또는 세계적 유산으로서 역사적·예술적·학술적 또는 경관적 가치가 큰 것"이라고 정의하고 있다. 이러한 문화재의 종류에는 유형문화재, 무형문화재, 기념물 및 민속문화재가 있다. 독일에서는 특히 문화재의 하나인 기념물보호와 재산권 보장에 대해 오래 전부터 논의가 있었다.[1] 혹자는 '기념물보호'와 '재산권보장'에 관한 문제를 "종식(終熄)되지 않은 논제(論題)" 중의 하나로 평가하고 있다.[2] 기념물보호의 목적을 위

1) 문화재보호법 제2조 제3호에는 '기념물'의 구체적 내용으로 "절터, 옛무덤, 조개무덤, 성터, 궁터, 가마터, 유물포함층 등의 사적지(史蹟地)와 특별히 기념이 될 만한 시설물로서 역사적·학술적 가치가 큰 것", "경치 좋은 곳으로서 예술적 가치가 크고 경관이 뛰어난 것", 그리고 "동물(그 서식지, 번식지, 도래지를 포함한다), 식물(그 자생지를 포함한다), 지형, 지질, 광물, 동굴, 생물학적 생성물 또는 특별한 자연현상으로서 역사적·경관적 또는 학술적 가치가 큰 것"을 열거하고 있다.

2) A. Guckelberger, Denkmalschutz und Eigentum, NVwZ 2016, S. 17.

해 재산권이 제한되는 것은 원칙적으로 정당화되지만, 이러한 제한이나 폐지로 인해 사적인 용도의 토지사용이 불가능하게 되거나 의미 있는 이용가능성이 전혀 남지 않는 경우에는 허용될 수 없다.[3)]

현행 헌법에는 '문화재'에 관한 명문의 규정을 두고 있지 않다. 그러나 헌법 전문에서 "유구한 역사와 전통"을 언급하고 있다. 또한 전문에는 "…문화의 모든 영역에서 각인의 기회를 균등히 하고, 능력을 최고도로 발휘하게 하며"라고 규정하여, 문화영역에서의 기회균등을 강조하고 있다. 그리고 헌법 제9조에는 "전통문화의 계승·발전과 민족문화의 창달 노력"에 관한 규정을 두고 있다. 이러한 조항들을 근거로 우리 헌법에서도 '문화국가원리'가 인정된다고 보는 견해가 지배적이다.[4)] 그러나 문화국가의 구체적인 내용에 대해서는 합의를 이루지 못하고 있다. 헌법재판소도 '문화국가원리'를 인정하고 있다.[5)] 또한 이러한 헌법상 '문화국가원리'의 이념에 따라 "문화재를 보존하여 민족문화를 계승"하기 위해 법률로써 「문화재보호법」, 「매장문화재 보호 및 조사에 관한 법률」, 「무형문화재 보전 및 진흥에 관한 법률」 등을 제정하고 있다. 이러한 문화재도 헌법 제23조의 재산권의 보호범위에 속하는지가 문제된다. 헌법상 재산권이란 "모든 재산적 가치 있는 사법상·공법상의 권

3) Wendt, in: Sachs(Hg.), GG, Kommentar, 3. Aufl., Art. 14 Rn. 131 f.

4) 김철수, 헌법학개론, 제17전정신판, 박영사, 2005, 90-91면; 권영성, 헌법학원론, 개정판, 법문사, 2005, 146-149면); 허영, 한국헌법론, 전정3판, 박영사, 2007, 165-167면 등. 한편, 문화국가원리를 우리 헌법의 기본원리의 하나로서 파악하고, "현대민주적 헌법의 과제인 정치적 통일을 형성하고 국가의 과제를 수행하는 데 있어서 그 준거가 되는 지도적 원리"로 이해하는 견해도 있다(계희열, 헌법학(상), 신정판, 박영사, 2004, 411면).

5) 헌재 2003. 12. 18. 2002헌가2, 판례집 15-2하, 367. 문화국가원리에는 문화의 자율성을 보장함과 동시에 문화의 지원과 육성 등이 내포되어 있다. 이와 관련하여 문화의 다양성·개방성 등을 보장해야 한다는 견해가 있다(한수웅, 헌법학, 제2판, 법문사, 2012, 352-353면 참조). 종전에 사회적 문제가 된 문화예술계 블랙리스트 사건에서 보는 바와 같이, 문화의 지원 및 육성에 있어서는 정치적 편향성을 가지고 차별적 조치를 취해서는 아니 된다. 그러한 의미에서 소위 문화적 평등권의 보장이 간과되어서는 아니 된다. 한편, 문화국가원리에 관해서는 김수갑, 헌법상 문화국가원리에 관한 연구, 고려대학교 박사학위논문, 1993 참조.

리"[6]를 의미한다. 따라서 비록 공법적 규제가 수반되나, 후술하는 바와 같이 문화재에 대해 사소유권이 인정된다는 점에서 문화재 중 사유공물은 헌법상 재산권의 보호가치 있는 권리에 속한다고 볼 수 있다.

한편, 문화의 개념은 매우 다의적이다.[7] 유력설은 "인간이 일정한 목적이나 생활이상을 실현하려는 활동의 과정과 그 과정에서 이룩해낸 모든 물질적·정신적 소득"[8]을 의미하는 것으로 이해하고 있다. 이러한 '문화' 개념의 포괄성은 문화국가원리의 내용을 확정하기 어렵게 하고, 열린 개념으로 이해해야 하는 한계도 있다.[9] 이와 관련하여 국내학설 중에는 문화국가원리를 근거로 법률 제·개정 등에 관한 입법자의 의무를 강조하는 견해도 있다.[10] 헌법재판소도 이와 유사하게 국가의 문화재보호의무를 인정하고 있다. 즉 "문화국가의 이념을 천명함과 동시에 국가에 전통문화의 계승·발전 및 민족문화의 창달을 위한 노력의무를 부과하고 있는바, 이러한 헌법적 요청에 따라 국가는 문화재를 보호할 의무가 있다"라고 결정한 바 있다.[11] 그러나 문화재보호를 위한 국가의 노력의무는 선언적일 뿐 구속력을 가질 수 없고, 문화개념의 포괄성으로 인해 그 구체적인 내용은 입법자의 형성적 자유에 맡겨져 있을 뿐이다. 문화국가원리로부터 어떠한 구체적인 국가(또는 입법자)의 의무가 도출될 수 있고, 이에 상응하는 공권을 인정할 수 있을지는 의문이다. 독일기본법에서도 기념물보호 그 자체에 대한 명시적 규정을 찾

---

6) 헌재 1992. 6. 26. 90헌바26.

7) 문화재라는 용어는 문화재보호법에서 유래하였다고 지적하면서, 유네스코가 규정한 '문화유산'이라는 개념을 사용할 것을 주장하는 견해도 있다(박정희, "문화재보호의 법리에 관한 연구", 법학연구 제31집(2008. 8), 92면).

8) 계희열, 전정판(상), 411면.

9) Benda/Maihofer/Vogel, Handbuch des Verfassungsrechts, 1995, § 25 Rn. 11 ff.

10) 예컨대 문화유산을 보호하기 위한 법령을 만들 입법자의 법률개선의무를 주장하는 견해(홍완식, "문화재 보호법제의 개선방안에 관한 연구", 토지공법연구 제44집(2009. 5), 237-239면), 또는 입법자가 문화유산의 보존·관리 등에 적합한 방향으로 제정이나 개정할 의무를 부담한다는 견해(우성기, "문화재의 지속가능한 보호를 위한 법제의 개선방안", 행정법연구 제31호(2011. 12), 6면) 등이 있다.

11) 헌재 2011. 7. 28. 2009헌바244, 판례집 23-2상, 33.

을 수 없지만, 기념물보호는 주(란트)의 문화고권(Kulturhoheit)에 속한다고 보는 것이 일반적이다. 따라서 기념물보호에 관한 입법권한은 전적으로 주(란트)에 맡겨져 있다.12) 다만, 연방에는 주로 독일 문화재의 해외 반출에 대한 보호에 대해서만 입법권한을 가지고 있다(독일 기본법 제73조 제1항 제5a호). 이와 관련하여 독일에서는 해외반출에 대한 국가문화재의 보호 외에 문화재의 반출·입, 문화재의 교류 등을 규율하기 위해 문화재보호법(KGSG; Kulturgutschutzgesetz)이 제정되어 있다.13) 그 밖에 토양권에 관한 규정을 근거로 건설법전(BauGB)이 제정되어 있다. 독일 건설법전에는 기념물 보호에 관한 규정을 다수 발견할 수 있다(독일 건설법전 제1조 제6항 제5호, 제35조 제3항 제1문, 제136조 제4항 제2문 제4호 및 제164b조 제2항 제1호 등 참조).14) 즉 지방자치단체의 건설기본계획의 수립에 있어서 기념물보호의 이익을 고려하여야 하며(건설법전 제1조 제6항 제5호), 사업계획안이 기념물보호의 이익을 침해하는 것은 공익을 침해하는 것으로 규정하고 있다(동법 제35조 제3항 제1문). 또한 도시계획법상 정화조치는 공익뿐만 아니라, 기념물보호의 필요성을 고려하도록 해야 한다(건설법전 제136조 제4항 제2문 제4호). 그 밖에 연방은 주(란트)와 행정협의의 방식으로 도시계획의 정화조치의 장려를 위해 지방자치단체에 대한 재정적 지원을 할 수 있고, 그러한 재정적 지원의 핵심 중의 하나에 기념물의 보호와 진흥에 관한 이익이 포함되도록 규정하고 있다(건설법전 제164b조 제2항 제1호).15)

이러한 문화재에 대해서는 사소유권을 가진 문화재의 소유자에 대한 각종 공법적 규제로 인해 재산적 가치가 제약되는 경우가 발생할 수

12) Guckelberger, a.a.O., S. 18.
13) 이에 대해서는 Elmenhorst/Heimann, Die Neuregelung des Kulturgutschutzrechts, NJW 2016, S. 3398 ff.
14) Guckelberger, a.a.O., S. 18.
15) 기념물보호와 국토공간계획에 관한 독일의 논의에 대해서는 Hönes, Denkmalschutz und Raumordnung, NVwZ 2008, S. 1299 ff. 참조.

있다. 이러한 재산권의 제약이 보상을 요하는 공용수용에 해당하는지가 문제된다. 이러한 문화재와 관련된 재산권의 제약은 구분해서 접근해야 한다. 즉 문화재의 소유자에 대한 제한이나 금지 등에 의해 재산권의 제약이 발생하는 경우가 발생할 수 있다. 예컨대 문화재보호법 제42조 제1호부터 제3호까지에 규정된 '행정명령'[16]을 이행하여 손실을 입은 경우에는 동법 제46조에 따라 보상을 청구할 수 있다. 이러한 손실보상의 정당성이나 그 헌법적 의미에 대해서는 후술하기로 한다(Ⅲ).

또한 문화재보호와 관련된 조치나 규제 등에 의해 그 해당 지역 또는 그 주변지역에 있는 토지소유자가 재산권의 제약을 받는 경우가 발생할 수 있다. 이러한 경우 제3자(인근주민)의 재산권의 제약이 보상부 공용수용에 해당하는지, 아니면 보상을 요하지 아니하는 재산권의 사회적 기속에 해당하는지가 문제된다. 예컨대 문화재보호를 위해 건축물의 고도를 제한하거나 건축물의 신축이나 재축을 제한하는 경우가 그러하다. 독일 연방헌법재판소는 1999년에 문화건축기념물의 제거와 관련하여 라인란트·팔츠 주(란트) 기념물 보호 및 진흥법(rheinland-pfälzisches Denkmalschutz- und-pflegegesetz)에 규정된 제한 요건이 소유자의 이익을 충분히 고려하지 않아 기본법 제14조에 합치되지 아니한다고 결정하였다.[17] 이에 관한 독일 연방헌법재판소의 기념비적 판례에 대해 살펴보고, 재산권보장과 관련된 연방헌법재판소의 최근 판례 및 독일의 문헌 등을 바탕으로 우리나라의 문화재보호와 관련된 재산권 보장에 대해 검토하기로 한다. 따라서 이하에서는 재산권의 보호대상으로서 문화재의 제한과 재산권보호(Ⅱ), 문화재보호를 위한 토지이용제한(Ⅲ), 그리

16) 문화재보호법 제42조 제1호에 규정된 행정명령에 관한 용어는 정비될 필요가 있다. 이러한 표현은 최근에는 거의 사용되지 않고 있다. 또한 종래 행정규칙을 행정명령으로 사용한 경우도 있어, 이를 명확히 표기할 필요가 있다. 문화재보호를 위한 금지나 제한, 수리, 시설의 설치나 장애물의 제거 및 원상회복 조치 등 문화재의 '보호조치'에 관한 것이다. 따라서 입법론적으로는 '보호조치' 정도로 표제를 변경하는 것이 바람직하다.

17) BVerfGE 100, 226; NJW 1999, 2877.

고 문화재의 공용수용과 손실보상(Ⅳ) 등에 대해 살펴보기로 한다.

Ⅱ. 문화재의 제한과 재산권 보호

1. 보존공물로서의 문화재의 특성

문화재는 보존공물의 하나로서 '공물'의 특성을 가지고 있다. 우리나라의 공물체계는 공물의 공공성을 중시하여 공물에 대한 사권을 부인하는 공소유권제가 아니라, 사인의 사소유권을 인정하면서도 공적 목적에 제공되는 한도에서 사소유권의 행사가 제한받는 '사소유권제'에 기반하고 있다. 공적 목적을 위한 공용지정을 통해 사유재산권은 제한을 받는다. 이러한 입법례는 독일이 대표적이다. 공물로 지정된 사유재산권은 원칙적으로 민법에 따라 통일된 법체계를 위한 형식을 구축하면서도, 공용지정을 통한 공법상 이용가능성에 의해 제한된 물권을 행사한다. 이와 같이 공물은 이원적 법구조의 법적 지위를 가지며, 이를 "야누스의 법구조"(januskopfige Rechts- konstruktion)라고 부르고 있다.[18] 우리나라의 문화재보호법에서는 소유자관리의 원칙을 규정하고 있으며, 국가지정문화재의 소유자는 선량한 관리자의 주의로써 해당 문화재를 관리·보호하여야 한다(문화재보호법 제33조). 따라서 사인도 문화재를 소유할 수 있으나, 공물의 특성상 일정한 제한을 받지 않을 수 없다.

이와 같이 보존공물은 국유나 공유인 경우도 있지만, 사유물인 경우가 적지 않다. 이러한 보존공물은 형체적 요소 외에 문화재 지정행위와 같은 공용지정 내지 공용개시(Widmung)가 있어야 성립한다. 예컨대 문화재청장은 문화재위원회의 심의를 거쳐 유형문화재 중 중요한 것을 보물로 지정하거나, 보물 중 인류문화의 관점에서 그 가치가 크고 유례가 드문 것을 국보로 지정할 수 있다(문화재보호법 제23조 제1항 및 제2항). 또

---

18) Papier, Recht der öffentlichen Sachen, 3. Aufl., S. 10.

한 사적, 명승, 천연기념물의 지정에 있어서도 대체로 동일하다(문화재보호법 제25조). 그리고 국가유형문화재도 무형문화재위원회의 심의를 거쳐 문화재청장이 지정할 수 있다(문화재보호법 제24조).

한편, 독일에서는 이러한 기념물의 보호가 "미래세대에 대해 정신적·문화적 유산을 보존"하는 것을 특징으로 하고 있다.[19] 기념물 목록에 등재하는 것은 공용수용이 아니라 "허용된 재산권의 기속"으로 파악하고,[20] 일관되게 보상을 요하지 않는다고 보고 있다. 그러나 이러한 기념물보호법상의 규율이 비례의 원칙을 위반하여 소유권자에게 재산권의 제약이나 부담을 주거나 그러한 제한을 피하기 위한 아무런 보호조치를 두지 않는 것은 허용되지 아니 한다.[21]

2. 보존공물의 공용지정과 공권

행정소송에서는 문화재의 지정 또는 그 취소를 구하는 사례가 적지 않다. 이 경우 취소소송의 원고적격이 인정되는지 여부가 다투어지고 있다. 문화재보호법에서는 국가지정문화재에 관한 규정을 두고 있다. 문화재청장은 문화재위원회의 심의를 거쳐 보물이나 국보를 지정할 수 있다. 이러한 지정 여부에 관한 판단은 문화재청장의 재량행위라고 볼 수 있다. 그러나 문화재위원회의 구체적인 심의에 있어서는 고도의 전문적·기술적 판단이 요구된다는 점에서 '판단여지'로 보아야 한다. 제3자가 문화재의 지정처분권에 대해 다툴 법률상 이익이 있는지가 쟁점사항이다. 경남 남해군 평산리에 있는 분묘 1기가 고려말 성리학자인 '백이정'의 묘로 구전되어 오던 중 학술상으로 원형보존의 가치가 있다는 이유로 경상남도 도지사는 구 문화재보호법 제55조 제1항, 제5항 및 구 경상남도문화재보호조례 제11조 제1항 등에 근거하여 이를 도문화

19) Guckelberger, a.a.O., S. 18.
20) Jarass, in: Jarass/Pieroth, GG, Art. 14 Rn. 62a.
21) BVerfGE 100, 226 (244 ff.).

재로 지정하는 처분을 내렸다. 이에 보령시에 백이정의 진묘가 별도로 존재한다고 주장하는 원고 종중이 해당 지정처분의 취소를 구하였다. 이에 대법원은 구 문화재보호법상의 도지정 문화재 지정처분으로 인하여 침해될 수 있는 특정 개인의 명예 내지 명예감정이 그 지정처분의 취소를 구할 법률상 이익에 해당한다고 볼 수 없을 뿐만 아니라, 그 지정처분으로 인하여 불이익을 입거나 입을 우려가 있다는 사정을 이유로 특정 개인에게 그 지정처분의 취소 또는 해제를 구할 조리상 신청권이 인정될 수 없다고 판시하고 있다.[22] 이와 같이 대법원은 도문화재 지정처분의 취소를 구하는 종중의 원고적격을 부인하였다.

또 다른 사례는 당사자가 문화재 지정행위를 요구한 경우이다. 즉 경기민요보유자 추가인정 거부처분에 대한 취소를 구하는 소송[23]에서도 이러한 입장을 확인할 수 있다. 이 사건에서 대법원은 중요무형문화재 보유자의 추가인정 여부는 문화재청장의 재량사항으로 보고, 특정개인에게 이러한 추가인정을 요구할 법규상 또는 조리상의 신청권이 인정되지 않는다고 보고 있다. 이러한 신청권은 일반적으로 대상적격과 관련된 것이지만, 이 사건에서 거부행위는 대체로 명백하다. 거부처분에 대해 법규상 또는 조리상의 신청권이라는 요건은 불필요하다. 이러한 신청권의 문제는 '원고적격' 내지 '본안판단'의 문제에서 논하는 것이 타당하다. 일련의 판결을 통해 문화재지정행위가 재량행위에 속하며 개인이 이를 요구할 법률상 이익 내지 공권을 인정하고 있지 않다는 점은 분명히 확인할 수 있다. 이와 관련하여 독일의 하급심은 대체로 주(란트)의 기념물보호법이 공익의 보호에 기여하고, 제3자의 보호가 부인된다고 보고 있지만, 일부 하급심[24]과 연방행정법원[25]에서 기념물보호법도 제3자 보호적이라는 점을 인정하여 제3자의 소권(원고적격)을 인정한 사

22) 대법원 2001. 9. 28. 선고 99두8565 판결.
23) 대법원 2015. 12. 10. 선고 2013두20585 판결.
24) VGH München, Beschl. v. 27. 3. 1992-26CS 91.3589.
25) BVerwGE 133, 347; BVerwG, NVwZ 2009, 1231.

례도 있다.[26)]

한편, 문화재보호에 있어서 긴급한 경우나 중대한 위험이 발생할 수 있는 경우에 재량의 감축을 통한 '행정개입청구권'의 법리가 적용될 수 있는지가 문제된다. 예컨대 무형문화재 보전 및 진흥에 관한 법률 제13조에는 국가긴급보호무형문화재의 지정에 관한 규정을 두고 있다. 즉 문화재청장은 무형문화재 중에서 위원회의 심의를 거쳐 특히 소멸할 위험에 처한 무형문화재를 긴급히 보전하기 위하여 국가긴급보호무형문화재로 지정할 수 있다. 이러한 경우에 제3자가 국가긴급보호무형문화재의 지정을 신청할 수 있는지가 문제된다. 그러나 대체로 문화재위원회의 심의에는 전문적 판단이 요구될 뿐만 아니라 행정청(문화재청장)에 비교적 광범위한 재량 내지 판단여지가 인정되어, 재량감축은 현실적으로 어려운 것이 사실이다. 다만, 이러한 재량감축이 어려운 경우에 행정청에 대해 '무하자재량행사청구권'의 법리를 통해 문화재의 지정을 적정하게 행사할 수 있도록 요구할 수 있다. 이와 같이 행정청에 재량행위 내지 판단여지가 인정되어 소의 '성숙성' 요건이 흠결된 경우에 독일에서는 무하자재량행사청구권이 고려되며, 행정청은 원고가 희망하는 적정한 재량결정을 해야 할 의무가 있을 뿐이다.[27)] 다만, 무하자재량행사청구권의 법리를 적용하기 위해서는 행정소송법에 의무이행소송의 특별한 유형인 재결정명령소송 내지 적정재량결정소송(Bescheidungsklage)이 규정되어 있어야 한다(독일 행정법원법 제113조 제5항 제2문 참조). 이와 관련하여 2013년 3월 20일 입법예고한 법무부 행정소송법 개정안에는 이러한 소송유형을 도입하고 있다. 행정소송법 개정안 제44조 제2호에는 의무이행소송의 특수한 유형으로 "행정청이 처분을 하지 않는 것이 재량권의 한계를 넘거나 그 남용이 있다고 인정하는 경우에는 행정청에게

26) 이에 대해서는 Hornmann, Drittschützende Wirkung des Denkmalschutzrechts, NVwZ 2011, S. 1235 ff.
27) Schmitt Glaeser/Horn, Verwaltungsprozeßrecht, 15. Aufl., Rn. 303.

판결의 취지를 존중하여 처분을 이행하도록 선고"할 수 있다는 내용을 규정하고 있다.[28] 이러한 소송유형이 도입될 경우 무하자재량행사청구권의 법리를 충분히 고려할 수 있고, 문화재 지정에 관한 제3자의 공권을 허용할 것인지 여부에 관한 논의도 더욱 활발히 전개될 수 있다고 판단된다.

3. 보존공물의 제한과 시효취득

문화재는 보존공물에 해당하므로 공물의 특성상 융통성이 제한되는 경우가 대부분이다. 특히 보존공물은 공적 목적에 제공되는 한에서 일정한 사항 대해 신고의무를 부과하는 경우가 적지 않다. 국가지정문화재의 소유자, 관리자 또는 관리단체는 그 관리자를 선임하거나 해임하는 경우, 국가지정문화재의 소유자가 변경된 경우 등에는 그 사실과 경위를 문화재청장에게 신고하여야 한다(문화재관리법 제40조 제1항). 또한 사유공물인 경우에는 융통성이 인정되는 경우에 한하여 강제집행이 허용된다.

이러한 공물은 시효취득에 있어서도 제한이 있다. 대법원은 행정재산에 대해서는 사법상 거래의 대상이 될 수 없다고 보고 있다.[29] 다만, 헌법재판소는 국·공유의 잡종재산(일반재산)에 대해 시효취득을 인정하지 않는 것은 위헌이라고 결정하였다.[30] 따라서 일반재산을 비롯해서 행정재산이 아닌 한, 시효취득을 인정할 수 있다고 해석할 수 있다. 민법상 시효취득에 관한 규정이 공물에도 인정되는지가 학설상 다투어지고 있다. 이와 관련하여 공용폐지가 없으면 시효취득의 대상이 될 수 없다는 부정설, 공적 목적에 제공하는 법적 제한이 붙은 한도에서 시효

28) 이러한 소송유형에 대해 "지령소송", "재량행위요구소송", "재결정명령" 등 다양한 용어를 사용하고 있으나, 용어의 통일적 사용이 필요하다. 용어상의 문제점에 대해서는 졸저, 행정구제의 기본원리, 제1전정판, 412-413면(각주 31) 참조.

29) 대법원 1983. 6. 14. 선고 83다카181 판결.

30) 헌재 1991. 5. 13. 89헌가97; 헌재 1992. 10. 1. 92헌가 6, 7.

취득이 제한적으로 인정된다는 견해, 그리고 묵시적인 공용폐지가 인정되므로 완전한 시효취득의 대상이 될 수 있다는 긍정설 등이 대립하고 있다.[31)]

한편, 국유재산법 제6조 제2항 제4호에는 행정재산의 하나로 '보존용재산'을 규정하고 있다. 이러한 보존용재산이 보존공물과 일치하는지는 분명하지 않다. 국유재산법에는 보존용재산을 "법령이나 그 밖의 필요에 따라 국가가 보존하는 재산"이라고 정의하고 있다. 그러나 이러한 보존용재산은 국유재산법의 입법취지나 규율범위 등을 고려하여 보존공물 중에서도 국유재산에 제한하여 이해해야 한다. 또한 보존재산은 국유나 공유인 경우도 있으나, 공용재산이나 공공용재산과 구별된다.[32)] 사유공물인 문화재에 대해서는 이론적으로 시효취득의 가능성이 열려있다. 그러나 실제 문화재의 지정해제행위가 없는 상황에서 명시적 공용폐지는 물론, 묵시적 공용폐지를 인정하기는 쉽지 않을 것이다.

Ⅲ. 문화재보호를 위한 토지이용제한

1. 문제의 소재

문화재 그 자체의 제한뿐만 아니라 문화재보호를 위해 타인(제3자)의 토지이용을 제한하거나 재산적 권리를 제약하는 경우가 있다. 이러한 재산권의 제한을 보상을 요하는 공용수용 또는 공용제한으로 이해할 것인지, 아니면 재산권의 내용한계로 보아야 할 것인지가 문제된다.[33)] 후자의

31) 이에 대한 자세한 학설 소개는 졸고, "행정재산의 시효취득가능성", 행정판례평선(한국행정판례연구회 편), 개정판, 2016, 1134면 이하 참조.

32) 김춘환, "문화재보호법에 있어서 문화재보호", 토지공법연구 제38집(2007. 11), 476면.

33) 일부학설은 문화재의 지정이 행정처분에 해당하고, 이를 공용제한으로 이해하는 경우도 있다(예컨대 김민섭, "문화재보호법상 손실보상", 법학논총 제26권 제2호(2013), 45면; 최철호, "문화재 보호와 손실보상", 공법학연구 제12권 제1호(2011. 2), 389면). 나아가 이러한 견해들은 이러한 제한으로 문화재 보호구역 내의 토지 소유자 등에게 특별한 희생이 발생할 경우 손실보상을 해야 한다고 주장한다. 손실보상이 없는 경우에

경우에는 예외적으로 비례의 원칙이나 평등원칙을 위반하여 조정적 보상부 내용한계규정(ausgleichspflichtige Inhalts- und Schrankenbestimmung)에 해당하는 것으로 보아야 하는 경우도 있다. 헌법 제23조 제3항에 의한 공용수용과 이에 따른 손실보상은 정당한 보상을 해야 하고 완전한 보상을 내용으로 하고 있다. 그러나 조정적 보상을 요하는 내용한계규정은 원칙적으로 실손의 보상에 그치고 있을 뿐만 아니라, 입법자가 보상규정을 마련하는 경우에 한하여 손실보상을 청구할 수 있다. 독일에서도 기념물보호와 관련하여 토지소유자의 재산권 제약의 문제가 발생하고 있다. 주(란트) 기념물보호법상 소정의 요건이 의무자의 이익(사익)에 반해서는 아니 되며, 강제적으로 통상적인 관례에 의한 정화조치보다 더 높은 비용이 드는 방식으로 요건을 규정해서도 아니 된다.[34]

한편, 「국토의 계획 및 이용에 관한 법률」(이하 "국토계획법"이라 한다) 제6조 제4호에 의하면, 문화재의 보전을 위하여 필요한 지역을 용도지역의 하나인 '자연환경보전지역'으로 지정할 수 있다. 또는 문화재보호를 위해 도시·군관리계획으로 보존지구를 지정할 수도 있다(국토계획법 제37조 제6호). 용도지역에서의 건축물이나 그 밖의 시설의 용도·종류 및 규모 등의 제한을 할 수 있으나, 문화재 또는 천연기념물과 그 보호구역에 대해서는 문화재보호법에 따르도록 하고 있다(국토계획법 제76조 제1항 및 제5항 제4호 참조). 이에 따라 문화재보호법 제42조에는 국가지정문화재 등의 보호를 위해 각종 제한에 관한 규정을 두고 있으며, 이에 대해 동법 제46조에는 손실보상에 관한 규정을 두고 있다. 국가지정문화재의 보호를 위한 강한 공익성이 인정됨에도 불구하고 이에 대해 손실보상을 규정한 것은 이례적이다. 다만, 이러한 손실보상에 관한 규

도 수용유사침해이론을 적용할 수 있다고 보고 있다. 그러나 이러한 주장은 헌법 제23조의 구조와 체계, 재산권보장의 이론적 내용에 비추어 타당하지 않다. 또한 후술하는 바와 같이 한국 헌법재판소나 독일연방헌법재판소의 판례에서도 이러한 재산권의 제약을 [illegible] 내용한계규정에 해당한다고 보고 있음에 주의할 필요가 있다.

34) Guckelberger, a.a.O., S. 19.

정을 헌법 제23조 제1항 제2문에 근거한 '조정적 보상'으로 해석해야 하는지도 논의가 필요하다. 이와 관련하여 베를린 주(란트) 기념물보호법(Gesetz zum Schutz von Denkmalen in Berlin) 제16조에는 "조정적 보상을 요하는 재산권 제한"을 규정하고 있다. 즉 동법 제8조 및 제9조에 따라 기념물의 보호와 이용을 위한 조치 명령을 통해 특별한 사용이 필요하고, 경제적으로 수인할 수 있는 정도를 넘어서는 경우 이로 인해 발생한 재산상 손실에 대해 이용권자는 상당한 보상을 금전으로 요구할 수 있다고 규정하고 있다. 다만, 여기에서 말하는 보상은 재산권의 내용한계규정에 근거한 '조정적 보상'을 의미한다. 이하에서는 헌법재판소의 판례와 독일 연방헌법재판소의 결정을 서로 비교해서 살펴보기로 한다.

2. 헌법재판소의 판례

헌법재판소는 구 국토계획법 제37조 제1항 제2호 등 위헌소원사건[35]에서, 국토해양부장관, 시·도지사가 '도시관리계획'으로 '역사문화미관지구'로 지정하고 이로 인해 해당 지구 내의 토지소유자들에게 건축제한과 같은 재산권제한을 하면서 아무런 보상조치를 규정하지 않고 있는 구 국토계획법의 관련 규정들이 비례원칙을 위반하지 아니한다고 결정하였다. 즉 "이 사건 법률조항들에 의하더라도 일정한 층수 범위 내에서의 건축은 허용되고, 기존 건축물의 이용이나 토지 사용에 아무런 제약을 가하고 있지 않다. 따라서 이 사건 법률조항들로 인하여 부과되는 재산권의 제한 정도는 사회적 제약 범위를 넘지 않고 공익과 사익 간에 적절한 균형이 이루어져 있으므로, 비례의 원칙에 반하지 아니 한다"라고 결정하였다.

이 사건에서 청구인 H건설 주식회사는 1978. 4. 26. 서울특별시 △

35) 헌재 2012. 7. 26. 2009헌바328, 판례집 24-2상, 64.

△구 ○○동 등의 토지 30,176㎡(이하 "이 사건 토지"라 한다)를 매수하여 지하 3층, 지상 12층 본관 건물 및 지상 5층의 별관 건물을 신축하여, 1986. 7. 31. 사용승인을 받고 다시 본관 건물을 15층으로 별관건물을 8층으로 증축하여 1996. 1. 13. 및 1997. 8. 22. 사용승인을 받았다. 그 후 H건설 주식회사는 다른 청구인들과 이 사건 토지와 건물의 일부 지분을 취득하여 공유하고 있다. 서울특별시장은 1983. 7. 22. △△구 주변지역 일대 645,000㎡를 서울특별시 고시 제375호로 제4종미관지구(2000. 7. 1. "역사문화미관지구"로 명칭이 변경됨)로 지정·고시하였다. 그러나 이 사건 토지는 여기에서 제외되어 '중심지미관지구'로 지정되었다. 그 후 서울특별시장은 2005. 5.경 문화적으로 보존가치가 큰 북촌과 경복궁, 창덕궁의 미관을 유지·관리하기 위하여 역사문화미관지구에서 제외된 이 사건 토지들을 역사문화미관지구로 포함시키는 등의 내용이 담긴 '북촌장기발전 추진계획'을 수립하여, 2007. 1. 23. 소정의 절차를 거쳐 역사문화미관지구로 추가 지정하는 내용의 도시관리계획 변경결정(이하 "이 사건 처분"이라한다)을 하였다. 청구인들은 2007. 11. 15. 이 사건 처분 중 이 사건 토지에 대한 부분의 취소를 구하는 소를 제기하였으나 기각되자, 항소를 제기하였다. 또한 이 소송의 계속 중 이 사건 처분의 근거가 되는 구 국토계획법 제37조 제1항 제2호 및 이 사건 처분에 다른 건축제한에 관하여 규정하고 있는 동법 제76조 제2항에 대하여 위헌법률심판 제청신청을 하였으나 기각되자, 이 사건 헌법소원심판을 청구한 것이다.

헌법소원의 청구인들은, 용도지구(역사문화미관지구)의 지정으로 토지재산권이 제한되어 종래 자신의 토지에 대해 합법적으로 사용해 오던 토지사용권 및 수익권 등 이미 형성된 재산권의 기능을 제대로 행사할 수 없게 되었다고 주장한다. 또한 청구인들은 재산권에 내재하는 사회적 제약범위를 넘는 제한을 받게 되었음에도 불구하고, 이 사건 처분 근거조항은 물론 이 사건 재산권 제한조항 어디에도 보상에 관한 규정을 두지 않은 것이 '사회적 수인한도'를 넘은 재산권 제한으로서 헌법에 위반된다고 주장한다. 청구인들은 경계이론의 실질적 기준의 하나인 '수인가능성설'에 근거하여 위헌이라고 주장하고 있다. 이에 대해 헌법재판소는 이 사건 법률조항들이 재산권의 내용한계에 해당한다고 판단하고 있다. 즉 헌법재판소는 이 사건 법률조항들이 "입법자가 토지재산권에 관한 권리와 의무를 일반·추상적으로 확정하는 재산권의 내용과 한계에 관한 규정이자 재산권의 사회적 제약을 구체화하는 규정"이라고 결정하고 있다. 나아가 이러한 재산권의 제약이 과잉금지의 원칙에 따라 소위 조정적 보상을 요하는 내용한계규정에 해당하는지 여부를 심사하고 있다. 여기에서 과잉금지의 원칙 내지 비례의 원칙을 다른 기본권의 제한 입법의 심사와 마찬가지로 매우 광범위하게 심사하고 있다.

3. 독일 연방헌법재판소의 기념물보호판결

독일 연방헌법재판소 제1재판부는 1999. 3. 2. 독일 건축기념물의 제거에 관하여 라인란트·팔츠 주(란트) 기념물 보호 및 진흥법 제13조 제1항 제1호의 규정이 독일 기본법 제14조 제1항의 재산권보장과 일치하지 않는다고 결정하였다.[36] 이 사건은 독일 건축기념물의 제거에 대한 결정의 경우 입법자가 토지소유자의 이익을 고려하는 것을 규정하지 않는 것이 헌법상 재산권 보장과 일치하는지가 쟁점이 된 것이다. 라인란트·팔츠 주(란트) 기념물 보호 및 진흥법 제13조 제1항 제1호에는 법률에 의해 보호되는 문화기념물의 파괴, 철거, 해체 및 제거의 경우에는 허가를 얻도록 규정하고 있다. 또한 허가는 문화재의 보호 및 진흥의 이익보다 더 우월한 다른 공익의 필요성이 있을 때에 발급된다(동조 제1항 제2문). 이 경우 소유자의 이익이 고려되지 않았는데, 라인란트·팔츠 주(란트) 기념물 보호 및 진흥법 제1항 제2문의 규정이 재산

36) BVerfGE 100, 226.

권보장의 규정과 합치되는지가 문제되었다. 라인란트 · 팔츠 주(란트) 기념물 보호 및 진흥법 제30조 제1항 제1문에는 다른 수인할 수 있는 방식으로 유지할 수 없는 경우에 문화기념물이 수용될 수 있다. 주(란트)는 소유자가 기념물보호법상의 조치로 인해 그의 토지를 더 이상 종전처럼 이용할 수 없고 경제적 이용가능성이 전체적으로 중대하게 제한될 수 있는 경우에 그 소유자에게 상당한 보상을 하여야 한다(동법 제31조 제1항 제1문). 그리고 기념물 보호법상의 조치가 그 밖의 방식으로 수용의 영향을 미치는 경우에도 상당한 보상을 하여야 한다.

애초의 소송에서 원고인 기업체 A주식회사는 19세기 후반에 건립된 문화기념물인 빌라(Villa)의 소유자인데, 해당 빌라는 원고의 공장지대의 인근에 위치하고 있었다. 관련 지방문화재청은 해당 빌라는 궁궐 형식의 호화 저택으로 건축되었고, 기업가정신과 건립시기의 문화진흥을 표현하고 있다고 보았다. 그러나 1981년 원고는 영업적 목적으로 사용을 할 수 없음을 이유로 해당 빌라의 철거를 위해 허가신청을 하였다. 그러나 해당 지방문화재청은 철거신청에 동의하지 않고 하급기관에 해당 빌라를 문화보호물로 보호조치를 하도록 하였다. 이에 원고는 행정심판을 제기하였으나 기각되었고, 행정법원과 고등행정법원도 전문가의 감정에 따라 기념물의 성질을 긍정하였다. 동시에 다른 지방문화재청도 원고의 철거허가 신청을 거부하였다. 그러나 해당 행정청은 원고의 허가신청을 정당화할 수 있는 공익적 이유가 없다고 판단하였다. 또한 원고가 건물에 대해 이용을 할 수 없고 유지비용이 비경제적으로 높다는 이유는 라인란트 · 팔츠 주(란트) 기념물 보호 및 진흥법 제13조 제1항 제2문에 따른 결정에 있어서 고려될 수 없다고 주장한다. 이에 대한 이의신청(행정심판) 및 소는 기각되었다. 상고심은 독일 기본법 제100조 제1항에 따라 독일 연방헌법재판소에 위헌법률심판을 제청하였다.

이에 대해 독일 연방헌법재판소는 해당 기념물보호법상의 규정이 재산권의 내용한계규정에 해당한다고 판단하였다. 그러나 이러한 결론에 이르기 전에 공용수용의 요건에 해당하는지를 면밀히 검토하고 있다. 즉 공용수용은 공적 과제의 이행을 위해 독일 기본법 제14조 제1항 제1문에 근거한 구체적인 법적 지위를 전면적 또는 부분적으로 박탈하는 것을 목적으로 한다는 것을 전제로 하여, 해당 규정이 이러한 요건에 해당하는지 여부를 심사하고 있다. 나아가 직접 법률에 의한 입법수용이나, 수권법률에 근거한 개별행위로 이루어지는 행정수용인지 여부를 검토하고 있다. 이러한 심사결과에 의해 기념물의 제거에 대한 허가의 무의 근거 규범이나 그 허가의 거부가 모두 공용수용의 요건에 해당하지 않는다는 결론에 이르고 있다. 이러한 심사를 바탕으로 라인란트·팔츠 주(란트) 기념물 보호 및 진흥법 제13조 제1항 제2문이 독일 기본법 제14조 제1항 제2문의 재산권의 내용한계에 해당한다고 판단한 것이다.[37]

독일 연방헌법재판소는 공용수용의 요건에 관한 심사를 한 후, 비례의 원칙을 위반하였는지 여부를 검토하고 있다. 즉 이러한 규정에 의한 토지소유자에 대한 부담이 비례의 원칙에 위반되는 것을 배제하지 않고, 그러한 재산권의 제한을 피하기 위한 보호조치도 포함하지 않는다면, 해당 규정은 독일 기본법 제14조 제1항에 일치하지 않는다고 결정하였다. 또한 당사자에게 금전보상만 허용하도록 제한하는 경우에 특별히 가혹한 사례에서 비례의 원칙을 준수해야 하는 조정적 보상에 관한 규정도 충분하지 않다고 보고 있다. 무엇보다 독일 기본법 제14조 제1항 제1문의 존속보장은 소유자에게 비례의 원칙을 위반한 재산권의 이용제한을 실제로 피하고 사적 이용을 최대한 보장하는 것을 내용으로 하는 보호조치를 취할 것을 요구하고 있다. 그리고 독일 연방헌법재판소는 규범적 차원에서 재산권의 내용과 한계에 관한 규정에 조정적 보상의 요건, 종류 및 범위를 어떻게 규율할 것인지가 입법자의 형성적

---

37) BVerfGE 100, 226(239 f).

자유에 맡겨져 있다고 보고 있다. 이러한 논거로 독일 연방헌법재판소는 라인란트·팔츠 주 기념물 보호 및 진흥법 제13조 제1항 제2문이 독일 기본법 제14조 제1항의 재산권보장의 규정에 합치되지 아니한다고 결정하였다.

그 밖에 독일 연방헌법재판소는 헌법합치적 해석을 통해, 또한 기념물보호 판결에서 기념물 소유자의 허용된 재산권 제약의 한계에 대해 규범적으로 정하고 있는 "경제적 수인불가능성"이라는 일응의 판단기준을 적용하고 있다.[38] 즉 독일 연방헌법재판소는 종전처럼 이용할 수 없고 경제적 이용가능성이 전체적으로 중대하게 제한될 수 있는 경우에 상당한 보상을 해야 한다고 보고 있다. 이러한 기준은 조정적 보상의 판단기준으로 작용하고 있다고 볼 수 있다. 분리이론에 따르면 재산권의 제약이 재산권의 내용한계규정에 해당하더라도 예외적으로 가혹하여 비례원칙이나 평등원칙 등을 위반한 경우 입법자에 의해 조정적 보상에 관한 규정이 마련되어야 한다.

4. 검토 및 비판

헌법재판소는 공용수용의 요건에 대한 검토 없이 곧바로 이 사건 법률조항들이 재산권의 내용한계에 해당한다고 판단하고, 다른 기본권의 제한 입법에 대한 심사와 마찬가지로 비례의 원칙에 관한 심사를 하고 있다. 그러나 이 사건은 논증방식에 있어서 문화재보호를 위한 건축제한 등에 의한 재산권의 제한이 헌법 제23조 제3항의 공용수용에 해당하는지를 면밀히 검토해야 한다. 이 사건 토지를 역사문화미관지구로 추가 지정하는 내용의 도시관리계획 변경결정으로 인한 재산권의 제약이 공용수용의 요건에 해당하는지 여부를 검토하였어야 했다. 이러한

38) Raimund [illegible], Denkmalschutz und Eigentumsschutz: Neues aus der Rechtsprechung, LKV 2013, S. 60.

결정이 공적 과제의 달성을 위해 이미 형성된 구체적인 재산권 권리를 전면적 또는 부분적으로 '박탈'하거나 '제한'하고 있는지를 검토하는 것이 선행되어야 한다. 물론 이러한 도시계획변경결정이 재화획득을 목적으로 한 의도된 재산권의 박탈에 해당한다고 보기 어렵다. 다만, 이러한 재산권의 제약이 보상을 요하는 재산권의 '제한'에 해당하는지 여부는 면밀히 검토할 필요가 있다. 이러한 제한은 공용수용의 요건 중 '재화획득'을 반드시 필요로 하는 것은 아니다. 이 부분에 대한 해석은 여전히 학설상 미궁(Labyrinth)이다. 재산권보장의 특성을 감안하지 않고 일반적인 기본권 제한과 같이 곧바로 비례원칙 내지 과잉금지원칙의 위반 여부만을 심사하고 있는 것이다. 이러한 점은 후술하는 독일 연방헌법재판소의 기념물보호에 관한 대표적인 판례와 대비되고 있다.

독일 연방헌법재판소는 라인란트·팔츠 주(란트) 기념물 보호 및 진흥법 제13조 제1항 제1호의 규정이 공용수용과 상당한 보상에 관한 독일 기본법 제14조 제3항이 아니라 재산권의 내용한계를 규정한 독일 기본법 제14조 제1항과 관련되었다고 판단하고 있다. 이러한 심사에 있어서 공용수용의 요건을 심사하면서, 문화기념물의 제거를 위한 허가의 무나 허가거부가 독일 기본법 제14조 제3항의 공용수용에 해당하지 않는다고 판단하였다. 나아가 입법자는 재산권의 내용한계에 관한 규정과 관련하여 토지소유자의 이익과 공익을 서로 정당하게 조정하여야 하고, 비례의 원칙이나 평등원칙에 기속된다고 보았다. 나아가 독일 연방헌법재판소가 조정적 보상의 판단에 있어서 법령에 근거하여 "경제적 수인불가능성"이라는 기준을 적용하고 있는 점도 특기할 만하다. 다만, 이러한 요건은 경계이론에서 주장하는 수인가능성설과는 구분된다.

이상의 검토를 통해 헌법재판소가 2009헌바328 결정에서, 공용수용의 요건을 정면으로 심사하지 않고 곧바로 이를 재산권의 내용한계로 판단한 것은 재고될 필요가 있다. 이러한 수용이 비록 행정수용이 아니라 입법수용인 경우에도 이러한 과정을 통해 논증해야 하고, 공용수용의 요건에 해당하지 아니한 경우에 비로소 재산권의 내용한계로 판단하여야 한다. 또한 이러한 경우 비례의 원칙에 관한 심사는 일반적인 기본권 제한 심사와 구별을 하여야 한다. 재산권의 내용한계에 있어서 비례의 원칙을 심사하는 것은 조정적 보상에 해당하는지 여부를 판단하기 위한 것이다. 따라서 문화재보호법 제46조의 손실보상에 관한 규정은 조정적 보상에 관한 규정으로 해석해야 한다. 특히 측량, 발굴, 장애물의 제거, 그 밖에 조사행위로 인해 발생한 손실에 대해서도 보상을 규정하고 있다(문화재보호법 제46조 제3호). 이러한 사실행위로 인한 재산권의 제약은 분리이론에 근거한 공용수용의 요건(고권적 법률행위)에 포함되지 않는다.

Ⅳ. 문화재의 공용수용과 손실보상

1. 보존공물과 공용수용

공물은 공적 목적에 제공된 재산이므로 공용수용의 대상이 될 수 없는 것이 원칙이지만, 일정한 경우에는 다른 공적 목적을 위해 수용을 해야 하는 경우도 있다. 대법원은 지방문화재로 지정된 토지도 공용수용의 대상이 된다고 판시하고 있어,[39] 보존공물도 공용수용의 대상이 된다. 문화재청장이나 지방자치단체의 장은 문화재의 보존·관리를 위해 필요한 경우 지정문화재나 그 보호구역에 있는 토지, 건물, 입목, 그 밖의 공작물을 「공익사업을 위한 토지 등의 취득 및 보상에 관한 법률」(이하 "토지보상법"이라 한다)에 따라 수용하거나 사용할 수 있다(문화재보호법 제83조 제1항). 따라서 문화재청장이나 지방자치단체의 장은 토지보상법에 따라 문화재의 소유자와 '보상협의'[40]를 할 수 있고, 이러한 보상

39) 대법원 1996. 4. 26. 선고 95누13241 판결.

40) 이러한 보상협의에 의한 취득에 대해 대법원은 사법상 계약으로 보고 있으나, 공법적 원인(공용수용권)에 의해 발생한 수용권리에 의한 것이므로 공법상 계약으로 보는 것

이 결렬된 경우 지방토지수용위원회나 중앙토지수용위원회에 수용재결을 신청할 수 있다. 다만, 대법원은 보존공물의 경우에는 공용폐지를 하지 아니하고도 공용수용의 목적물이 될 수 있다고 보고, 지정문화재로 지정된 토지가 공용수용의 대상이 된다고 판시하였다.[41] 문화재보호법 제83조 제1항에는 문화재 그 자체뿐만 아니라, 그 보호구역에 있는 토지·건물·입목 등에 대해서도 공용수용이나 공용사용을 할 수 있는 근거를 마련하고 있다. 이에 대해서는 토지보상법이 준용된다.

한편, 문화재청장은 국가지정문화재를 지정할 때 문화재보호를 위해 보호물 또는 보호구역을 지정할 수 있다. 이와 관련하여 문화재구역 내 토지소유자 甲이 문화재청장에게 토지수용법 제30조 제1항에 의한 재결신청을 청구하였으나, 문화재청장이 이를 거부하는 회신을 하였다. 이에 대해 甲이 문화재청장의 거부회신에 대해 취소소송을 제기한 사건에서, 대법원은 해당 '회신'이 항고소송의 대상이 아니라는 이유로 원심판결을 파기하고 원고의 항소를 기각하였다.[42] 이러한 경우와 같이 토지소유자에게는 재결신청을 할 권리가 보장되어 있지 않다는 점에서 보호구역 내의 재산권의 침해에 대하여 손실보상을 청구할 기회가 보장되지 않는다. 입법론으로는 문화재의 소유자를 보호하기 위해 일정한 경우에 매수청구권을 보장할 필요가 있다. 이와 달리 일본의 토지수용법에서는 토지소유자가 기업자(起業者)의 의사에 반하여 토지수용의 재결신청을 할 수 있다(동법 제39조 제2항).[43]

2. 공용수용의 요건과 판단기준

위에서 언급한 2009헌바328 사건에서 헌법재판소는 공용수용의 요

이 타당하다.

41) 대법원 1996. 4. 26. 선고 95누13241 판결.

42) 대법원 2014. 7. 10. 선고 2012두22966 판결.

43) 일본의 공용수용 절차에 대해서는 졸고, "잔여지수용청구의 소송법적 쟁점", 특별법연구 제9권(대법원 특별소송실무연구회 편), 사법발전재단, 2011, 198면.

건을 면밀히 검토하지 않고, 곧바로 비례의 원칙을 심사하였다. 이와 관련하여 헌법재판소는 향후 공용수용의 요건을 보다 명확히 확정하는 노력을 기울여야 한다. 헌법재판소의 판례에서도 보상부 공용수용과 무보상부 재산권의 내용한계 사이의 구별에 대해 일응의 기준을 제시하고 있다. 즉 헌법 제14조 제3항의 공용수용 및 공용제한은 "구체적인 공적 과제를 수행하기 위하여 이미 형성된 구체적인 재산권 권리를 전면적 또는 부분적으로 박탈하거나 제한하는 것"이라고 보고 있다. 이에 대해 재산권의 내용한계를 "입법자가 장래에 있어서 추상적이고 일반적인 형식으로 재산권의 내용을 형성하고 확정하는 것"이라고 파악하고 있다.[44] 그러나 이러한 구별기준도 의미가 있지만 개별 사건에서 공용수용의 요건을 단계적으로 검토하는 것이 중요하다. 재산권의 내용한계에 관한 정의는 '입법수용'과의 구별을 어렵게 하며, 보상부 공용제한과 재산권의 내용한계와의 구별도 쉽지 않은 일이다. 그 밖에 부분수용에 있어서도 양적으로 가분적(可分的)인 경우에는 큰 문제가 없지만, 질적으로 내용상 부분수용을 하는 경우에는 공용수용에 해당하는지, 아니면 보상부 공용제한에 해당하는지를 판단하기가 쉽지 않다.[45]

이와 관련하여 독일 연방헌법재판소는 공식화된 수용개념을 확립하고 있다. 즉 "특정한 공적 과제의 수행을 위해 독일 기본법 제14조 제1항의 구체적인 주관적, 재산적 지위를 전면적 또는 부분적으로 박탈하는 것을 목적으로 하는 것"이라고 이해하고 있다.[46] 이를 "형식적 수용개념"이라고 한다. 이러한 수용개념은 우리나라의 수용개념에 큰 영향을 주고 있음을 보여주는 것이다. 다만, 박탈 외에 '제한'을 언급하고

---

44) 이에 대해서는 헌재 1999. 4. 29. 94헌바37 등.

45) 한편, 후술하는 제2차 원전폐쇄 결정에서 연방헌법재판소는 질적인 부분수용(quantitative Teilenteignung)이 재산권 또는 분리할 수 있는 그 일부의 귀속에 변경을 가져오지 않는한, 공용수용이 아니라 이용제한에 해당한다고 판단하고 있다(BVerfG, Urt. v. 6. 12, 2016-1 BvR 2821/11, 1 BvR 1456/12, 1 BvR 321/12). 이에 대해서는 Entscheidung des BVerfG zum Atomausstieg, NVwZ · Beil. 1/2007, 16 f. 참조.

46) BVerfGE 58, 300; 66, 248; 70, 191; 72, 66, 101, 239 등.

있는 것은 '수용' 외에 '사용'과 '제한'을 규정한 헌법 제23조 제3항의 특수성을 반영하는 것이다. 이러한 개념의 해석에 대해서는 아직 명확한 기준을 제시한 사례가 없다.

한편, 언급한 수용개념을 통해 개별 사례에서 재산권 제약의 내용이 보상부 공용수용에 해당하는지 검토할 필요가 있다. 따라서 이러한 개념을 보다 세부적으로 분석하는 것이 요구된다. 공용수용이 되기 위해서는 먼저 재산권에 대한 전면적 또는 부분적 박탈행위에 해당하여야 한다. 이러한 박탈행위는 재산권의 이전 내지 이양을 요건으로 한다. 둘째, 재산권에 대한 의도된, 고권적 법률행위이어야 한다. 즉 직접 법률에 의한 '입법수용'에 의하거나, 법률에 근거한 '행정수용'에 의하여야 한다. 사실행위에 의한 재산권의 제약은 여기에서 제외된다. 셋째, 수용은 '공공필요'를 위한 것이어야 한다. 수용이 정당화되기 위해서는 공적 과제의 수행을 위한 것이어야 한다. 공공필요의 개념은 불가분(不可分)의 고유한 개념으로서 "특별히 중대한 공익적 필요성"으로 해석해야 한다. 그러나 법률에 의해 '공공필요'의 개념이 구체화되는 것이 더욱 바람직하다. 사인을 위한 공용수용을 위해서는 사기업의 이익을 고려하더라도 "충분히 중대하고, 긴요한 공익"이 있어야 한다. 그 밖에 공용'사용'과 공용'제한'은 공용수용에 준하는 재산권의 침해로 보아야 한다. 보상부 공용수용과 재산권의 내용한계를 구별하는 분리이론의 입장을 일관되게 유지하기 위해서는 이와 같이 제한적으로 해석하여야 한다. 이러한 공용수용의 요건에 해당하지 아니하는 그 밖의 재산권 제약은 모두 재산권의 내용한계에 해당한다. 다만, 예외적으로 비례원칙이나 평등원칙을 위반하는 경우에 조정적 보상부 내용한계에 해당할 수 있다. 그러나 이러한 부분의 판단은 입법자의 형성적 자유에 맡겨져 있다.[47]

---

47) 이에 대해서는 졸고, "공용수용의 요건과 한계", 법조 통권 제584호(2005. 5), 122-155면 참조.

이러한 요건 중 '박탈'의 개념에 '재화조달' 내지 '재화획득'(Güterbeschaffung)이 필요한지 여부가 다투어졌다. 이러한 요건은 고전적인 수용개념의 요건으로 이해되고 있다. 독일의 일부견해는 초창기 독일 연방헌법재판소의 판례에서 '재화획득'의 요건을 중시하였으나, 2001년 광산법상 선매권과 관련된 결정[48]에서 이러한 요건을 완화하여 박탈뿐만 아니라 이로 인한 권리나 재산의 손실에 대해서도 공용수용을 인정하였다고 보고 있다.[49] 그러나 제2차 원전폐쇄에 대한 결정에서는 다시 '재화획득'이 공용수용의 요건이 된다는 점을 명백히 밝히고 있다. 이 결정으로 독일 연방헌법재판소는 결국 고전적인 수용개념으로 다시 귀환하였음을 보여주고 있다.[50] 일부견해는 재화획득을 공용수용의 요건으로 확정된 이유에 대해 넓은 의미의 재산권이 훼손되고 다른 방식으로 공익적 부담으로 재산권이 이용되는 경우 재화획득이 없는 단순한 재산권 박탈에 대한 실제적 필요에서 인정되며, 또한 공용수용과 재산권의 내용한계를 명확한 구별하기 위한 것이라고 분석한다.[51]

그러나 헌법 제23조 제3항에는 공용수용 외에 공용제한 또는 공용사용에 관한 규정을 두고 있다. 예컨대 토지보상법 제73조 제1항에 규정된 '잔여지감가보상'은 보상부 공용제한에 해당한다. 잔여지의 가치감소에 대해서는 잔여지수용청구와 마찬가지로 토지보상법령에 따라 손실보상을 해야 한다. 이러한 잔여지감가보상은 동일한 소유자에게 속하는 일단의 토지의 일부가 취득되거나 사용됨으로 인하여 잔여지의 가격이 감소하거나 그 밖의 손실이 있을 때 인정된다. 즉 자신의 소유에 속하는 일단의 토지 일부에 대한 수용으로 인하여 잔여지의 가격이 감소하

48) BVerfGE 83, 201(211).

49) Fritz Ossenbühl, Verfassungsrechtliche Fragen eines beschleunigten Ausstieg aus der Kernenergie, 2012, 36 f.

50) Roller, Die Verfassungsrechtliche Bewertung des Atomausstiegs 2011, ZUR 2017, S. 287.

51) Ludwigs, Das Urteil des BVerfG zum Atomausstiegsgesetz 2011: Karlsruhe locuta, causa finita, NVwZ 2017, S. 4.

는 경우이다. 그러나 잔여지를 종래의 목적에 사용하는 것이 현저히 곤란할 때에는 해당 토지소유자는 사업시행자에게 잔여지를 매수하여 줄 것을 청구할 수 있으며, 사업인정 이후에는 관할 토지수용위원회에 수용을 청구할 수 있다(토지보상법 제74조). 따라서 잔여지감가보상은 단순한 가치의 감소에 불과한 것이 아니라 매수청구나 수용청구에 이르거나 이에 준할 정도로 현저히 가격이 하락한 경우로 제한해서 해석되어야 한다. 이러한 가격감소를 넘어 잔여지를 종래의 목적에 사용하는 것이 곤란한 경우에는 잔여지매수청구나 잔여지수용청구의 대상이 된다. 잔여지감가보상의 경우에도 비록 '재화획득'은 없지만, 공용수용에 준하는 재산권의 제한이 발생한다. 따라서 '재화획득'이라는 요건은 적어도 보상부 공용제한과 공용수용의 구별에 도움을 줄 수 있다. 이 경우에도 보상부 공용제한과 무보상부 재산권의 내용한계의 구별은 여전히 어려운 문제로 남는다. 그러한 이유에서 보상부 공용제한은 공용수용의 개념파악과 요건의 해석에 있어서 중대한 장애물이다.

독일은 1981. 7. 15. 소위 '자갈채취판결'(Nassauskiesungsurteil)[52] 이후 재산권보장 및 공용수용에 관한 이론에 있어서 중대한 "패러다임의 변화"가 생겼다.[53] 이러한 자갈채취판결에 의해 종전에 지배적이었던 경계이론(Schwellentheorie)에서 분리이론(Trennungstheorie)으로 전환된 것이다. 분리이론의 핵심은 공용수용과 재산권의 내용한계규정이 이종(異種)(aliud)이라는 점을 분명히 하였다.[54] 또한 이러한 분리이론에 따라 재산권의 내용한계에 해당하는 경우에도 보상이 가능하게 되었다. 이를 소위 '조정적 보상부 내용한계규정'이라고 부르고 있다. 경계이론에서 재산권의 내용한계에 대해 보상을 할 수 없다는 전제는 잘못되었다는 비판도 있다. 즉 단순한 재산권의 내용한계는 보상을 요하지 않지만,

---

52) BVerfGE 58, 300.

53) 다만, 공용수용과 재산권의 내용한계를 명확히 구분하는 이론의 단초는 이미 1979. 6. 29. 소정원(小庭園)결정(Kleinartenbeschluss)에서 찾을 수 있다(BVerfGE 52, 1(27)).

54) Rozek, Die Unterscheidung von Eigentumsbindung und Enteignung, S. 21 f.

자연보호법이나 기념물보호법 등에서 대체로 재산권의 사회적 기속에 해당하는 내용은 법률로 구체화하여 보상이 가능하다는 견해가 그러하다.[55] 종전에는 침해의 정도에 따라 공용수용과 재산권의 내용한계규정을 구별하였다. 즉 강한 침해는 수용으로 파악하여 보상을 해야 하는 반면, 약한 침해는 재산권의 내용한계규정으로 보상을 요하지 아니하는 것으로 파악하였다. 그러나 분리이론은 공용수용(독일 기본법 제14조 제3항)과 내용한계규정(독일 기본법 제14조 제1항 제2문)이 엄격히 구분된다고 본 것이다.[56] 그러한 의미에서 이를 '분리'(Trennung) 이론으로 부르고 있다. 독일 연방헌법재판소의 자갈채취판결에서 간과할 수 없는 것은 "법률 없이 보상은 없다"(Keine Entschädigung ohne Gesetz)는 사실이다. 이러한 법언(法諺)은 '보상법률주의'를 언급한 것이며, 또한 보상의 '법률' 형식을 함축하고 있는 것이다. 보상의 적법성 원칙(Grundsatz der Gesetzmäßigkeit), 엄밀히 말하자면, 보상의 '법률성' 원칙(Grundsatz der Gesetzlichkeit)이며, 이러한 원칙은 공용수용뿐만 아니라 재산권의 내용한계규정의 영역에서도 적용된다.[57] 그러한 점에서 대법원이 간접손실과 관련하여 법률에 전혀 보상에 관한 근거규정이 없음에도 불구하고 관계 법령의 시행규칙을 유추적용하여 보상을 인정한 사례가 있다. 이하에서는 공용수용의 요건과 관련하여 간접손실에 대해 유추적용을 통해 손실보상을 인정한 대법원 판례의 문제점에 대해 살펴보기로 한다.

3. 공용수용의 판단기준에 관한 대법원 판례의 입장 및 문제점

대법원은 공공사업의 시행 결과 공공사업의 기업지 밖에서 발생한 '간접손실'에 대하여 사업시행자와 협의가 이루어지지 않고 그 보상에

55) Lege, 30 Jahre Nassauskiesung: Wie das BVerfG die Dogmatik zum Eigentumsgrundrecht aus Art. 14 GG revolutioniert hat, JZ 2011, S. 1086.

56) 이에 관한 참고문헌은 Lege, a.a.O., S. 1087 참조.

57) Lege, a.a.O., S. 1087 f.

관한 명문의 법령이 없는 경우에 피해자는 공공용지의취득및손실보상에 관한특례법 시행규칙상의 손실보상에 관한 규정을 유추적용하여 사업시행자에게 보상을 청구할 수 있다고 판시하고 있다.[58] 이 사건에서 원고인 甲 수산업협동조합은 수산물 위탁판매장을 운영하면서 위탁판매 수수료를 지급받아 왔고, 그 운영에 대하여는 구 수산자원보호령(1991. 3. 28. 대통령령 제13333호로 개정되기 전의 것) 제21조 제1항에 의하여 원고(甲)에게 그 대상지역에서의 독점적 지위가 부여되어 있었다. 그러나 공유수면매립사업의 시행으로 그 사업대상지역에서 어업활동을 하던 조합원들의 조업이 불가능하게 되어 일부 위탁판매장에서의 위탁판매사업을 중단하게 되어 손실을 입게 되었다. 이로 인해 수산업협동조합이 상실하게 된 위탁판매수수료 수입은 사업시행자의 매립사업으로 인한 직접적인 영업손실이 아니고 간접적인 영업손실이라고 하더라도 피침해자인 수산업협동조합이 공공의 이익을 위하여 당연히 수인하여야 할 재산권에 대한 제한의 범위를 넘어 수산업협동조합의 위탁판매사업으로 얻고 있는 영업상의 재산이익을 본질적으로 침해하는 '특별한 희생'에 해당한다고 판단하였다. 대법원은 사업시행자가 공유수면매립면허 고시 당시 그 매립사업으로 인하여 위와 같은 영업손실이 발생한다는 것을 상당히 확실하게 예측할 수 있었고 그 손실의 범위도 구체적으로 확정할 수 있으므로, 위 위탁판매수수료 수입손실은 헌법 제23조 제3항에 규정한 손실보상의 대상이 된다고 보고 있다.

이러한 대법원 판례에는 몇 가지 관점에서 문제가 있다. 우선 '간접손실'에 대해 법률에 명문의 규정이 없음에도 불구하고 이를 인정하고 있다는 점이다. 또한 이러한 간접손실에 대해서도 손실보상을 해야 할 헌법적 정당성은 어떻게 도출할 수 있는지도 의문이다. 대법원도 언급하고 있는 바와 같이 "수산업협동조합이 상실하게 된 위탁판매수수료

58) 대법원 1999. 10. 8. 선고 99다27231 판결.

수입은 사업시행자의 매립사업으로 인한 직접적인 영업손실이 아니고 간접적인 영업손실"에 해당한다. 이러한 손실은 헌법재판소가 제시한 공용수용의 요건 중 "재산권에 대한 의도된, 고권적 법률행위"로 인한 것이 아니다. 이러한 침해는 적법하지만 "비전형적이고 예상하지 못한 부수적 효과로 인한 재산권침해에 해당하며, 후술하는 소위 '수용적 침해'에 해당한다. 그러나 이 사건에서 수용적 침해이론을 명백히 인정하였다고 단정하기는 이르다.

둘째, 대법원은 헌법재판소가 설시한 공용수용의 요건을 전혀 고려하지 아니한 채, 종전의 경계이론에 따라 '특별한 희생'에 해당하는지 여부만 검토하고 있다. 즉 대법원은 "공공의 이익을 위하여 당연히 수인하여야 할 재산권에 대한 제한의 범위를 넘어 수산업협동조합의 위탁판매사업으로 얻고 있는 영업상의 재산이익을 본질적으로 침해하는 특별한 희생에 해당한다"고 판단하였다. 이와 같이 대법원은 일부 판례에서 손실보상의 판단기준으로 헌법재판소의 기준과 달리 "특별한 희생", "특별한 손해" 등의 기준을 사용하고 있다.[59] 그러나 이러한 기준이 동일한지 여부가 불확실할 뿐만 아니라, 이러한 기준의 내용이 매우 추상적이다.

한편, 위 95다29161 판결에서 주목할 점은 '특별한 희생'의 기준으로 '수인가능성'을 사용하고 있다는 점이다. 그러나 구체적으로 누구를 기준으로 어떠한 정도의 수인이 가능한지 여부에 대해서는 명확히 밝히고 있지 않다. 종전의 대법원 판례 중에는 공용수용에 의한 영업손실에 관한 규정은 사업시행지(기업지) 밖에 미치는 간접손실에 대해서는 해당 공공용지의취득및손실에관한특례법 시행규칙의 관련 규정을 적용할 수 없다고 본 사례도 있다.[60] 따라서 어떠한 경우에 수인가능성이나 예측

59) 대법원 2002. 11. 26. 선고 2001다44352 판결; 대법원 2004. 4. 27. 선고 2002두8909 판결; 대법원 2014. 5. 29. 선고 2013두12478 판결 등.

60) "토지수용법 제51조가 규정하고 있는 '영업상의 손실'이란 수용의 대상이 된 토지・건

가능성을 기준으로 손실보상을 인정할 것인지가 여전히 문제로 남는다.[61)]

마지막으로 간접손실에 대하여 토지보상법 제79조 제2항에 직접 규정하지 않고 국토교통부령에 포괄적으로 위임하고 있다. 즉 토지보상법 제79조 제2항에는 "공익사업이 시행되는 지역 밖에 있는 토지 등이 공익사업의 시행으로 인하여 본래의 기능을 다할 수 없게 되는 경우에는 국토교통부령으로 정하는 바에 따라 그 손실을 보상하여야 한다"고 규정하고 있을 뿐이다. 헌법 제23조 제3항에는 "그에 대한 보상은 법률로써"라고 규정하고 있다. 재산권 침해에 관한 근거 법률에는 이에 관한 보상을 규정하여야 하며, 이를 규정하지 아니한 경우 해당 법률은 위헌・무효이다. 이러한 불가분조항(Junktimklausel)의 법리는 현행 헌법에도 적용되어야 한다. 불가분조항은 권리구제의 기능뿐만 아니라 입법자에 대한 경고 기능을 가진다는 점에서 이를 인정하는 것이 바람직하다.[62)]

4. 독일 연방헌법재판소의 원전폐쇄 결정 및 학계의 반향

최근 독일 연방헌법재판소는 제2차 원전폐쇄에 관한 결정에서 재산권보장 및 공용수용의 요건과 관련된 중요한 쟁점을 제시하고 있다. 이에 관한 독일 연방헌법재판소의 판례 및 학설의 반향에 대해서도 살펴하기로 한다. 독일 연방헌법재판소 제1재판부는 제2차 원전폐쇄 결정,

---

물 등을 이용하여 영업을 하다가 그 토지・건물 등이 수용됨으로 인하여 영업을 할 수 없거나 제한을 받게 됨으로 인하여 생기는 직접적인 손실, 즉 수용손실을 말하는 것일 뿐이고 공공사업의 시행 결과 그 공공사업의 시행이 기업지 밖에 미치는 간접손실을 말하는 것은 아니므로, 그 영업상의 손실에 대한 보상액을 산정함에 있어 같은 법 제57조의2에 따라 공공용지의취득및손실보상에관한특례법시행규칙 제23조의5, 제23조의6 등의 간접보상에 관한 규정들을 준용할 수 없고, 따라서 토지수용법 제51조에 근거하여 간접손실에 대한 손실보상청구권이 발생한다고도 할 수 없다."(대법원 1998. 1. 20. 선고 95다29161 판결)

61) 이러한 문제점에 대해서는 박윤흔, "간접손실의 보상가능성", 행정판례평선(한국행정판례연구회 편), 개정판, 628-631면.

62) 자세한 내용은 졸저, 행정구제의 기본원리, 제1전정판, 113면 참조.

즉 2011년 원자력법 제13차 개정 법률의 위헌 여부를 결정하였고, 이 사건에서는 여러 가지 헌법적 문제가 쟁점사항이 되었다. 가장 문제가 된 것은 원전폐쇄결정으로 인한 원전사업자의 재산권이나 직업의 자유를 침해하는지 여부였다. 그 중에 핵심적인 쟁점은 잔여전력량이 재산권의 보호대상에 해당하는지에 관한 것이었다. 또한 원전사업자에 따라 원전중단의 종료일이 서로 달라 평등원칙의 침해도 문제되었다. 그 밖에 추가적인 전력량의 폐지로 인해 신뢰보호원칙의 침해 여부도 제기되었다.[63]

이에 대해 독일 연방헌법재판소는 2016. 12. 6. 제13차 원자력법 개정 법률이 독일 기본법에 합치된다고 보았지만, 헌법소원 청구인 중 2개 에너지회사의 경우(Vattenfall, RWE) 콘체른(Konzern) 내부의 전력화가 불가능하게 된 것은 위헌이라고 판단하였다.[64] 이 부분은 결국 입법자의 판단에 따라 조정적 보상에 관한 규정을 마련해야 한다.[65]

또한 스웨덴 에너지회사인 Vattenfall(VENE; Vattenfall Europe Nuclear Energy GmbH)은 스웨덴의 지분이 100%이며, Krümmel 원자력발전소는 해외지분(Vattenfall)이 50%를 차지하고 있다. 이러한 에너지회사에 대해서도 기본권주체성(기본권능력)을 인정할 것인지가 문제되었다.[66] 이에 대해 Vattenfall은 기본권주체성이 없어 헌법소원이 각하될 것으로

---

63) 이에 대한 상세는 김중권, “독일 원전폐쇄의 공법적 문제점”, 행정법학 제6호(2014. 3), 89-124면; 김종천 · 왕승혜 · 정남철, 미래 특수분야의 재난으로부터 안전성 확보를 위한 법제전략연구(I), 한국법제연구원, 2015, 130-142면 참조.

64) BVerfG, Urt. v. 6. 12. 2016-1 BvR 2821/11, 1 BvR 1456/12, 1 BvR 321/12.

65) Roller, a.a.O, S. 282 ff.

66) 외국법인의 기본권주체성에 대하여 독일의 학설은 부정적 입장이 압도적이었다(Jarass/Pieroth, GG, Art. 19 Rn. 20). 독일 기본법 제19조 제3항에서도 “기본권은 그 본질상 적용될 수 있는 한, 내국법인에 대해서 적용될 수 있다”라고 규정하고 있어, 이에 관한 중요한 근거를 제시하였다. 이와 관련하여 근거가 충분하지는 않지만 국제 분규와 관련하여 외국법인에 대해서도 재산권 보장을 확대하여야 한다는 견해가 있다(Stern, Das Staatsrecht der Bundesrepublik Deutschland, Bd. IV/1, S. 2216 f). 국내 학설 등에도 외국법인에 대해서는 상호주의에 따라 인정할 수 있다는 견해도 있다(이에 대해서는 계희열, 헌법학(중), 신정판, [illegible]면 참조).

보는 견해가 유력하였다.[67] 그러나 독일 연방헌법재판소는 이와 관련하여 "국내에서 영업활동을 하는 사법상 법인이 유럽연합(EU) 회원국에 완전히 등록이 된 경우에 독일 기본법의 친(親)유럽법성(Europarechts-freundlichkeit)으로 인해 예외적으로 재산의 자유와 관련이 있고, 또한 헌법소원을 제기할 수 있다"라고 결정하였다.[68]

독일 연방헌법재판소는 2002년 법률을 통해 할당된 전력량이 재산권 보호의 대상이 되지 않는다고 결정하였다. 잔여전력량에 대해서는 재산권의 보호대상이 된다는 견해[69]와 이를 부정하는 견해[70]가 첨예하게 대립하였다. 독일 연방헌법재판소는 부정설의 입장을 따랐다. 즉 연방헌법재판소는 잔여전력량(Reststrommengen)은 개별 원자력발전소에 할당된 것으로서 독일 기본법 제14조 제1항에 규정된 독자적인 재산권 보호를 향유하지 못하고, 허가된 원자력시설에 대한 재산의 이용에 대해 보장하고 있는 재산권보호의 일부를 가질 뿐이라고 판단하였다. 또한 재산권의 보호범위와 관련하여 논란이 되었던 원자력법상 원자력발전소의 설치 및 운영 허가에 대해서도 재산권의 보호범위에 속하지 아니한다고 결정하였다.

그리고 재산권의 이전 내지 이양을 내용으로 하는 '재화획득'이 공용수용의 요건인지가 논란이 되었는데, 학계 일각의 주장과 달리 독일 연

---

67) Ludwigs, Der Atomausstieg und die Folgen: Fordert der Paradigmenwechsel in der Energiepolitik einen Paradigmenwechsel beim Eigentumsschutz?, NVwZ 2016, S. 2.

68) Ludwigs, NVwZ 2017, S. 4.

69) Huber, Restlaufzeiten und Strommengenregelungen, DVBl. 2003, S. 159; Bruch/Greve, Atomausstieg 2011 als Verletzung der Grundrechte der Kernkraftwerksbetreiber?, DÖV 2011, S. 795.

70) 이와 관련하여 부정설 중에는 "공적 경제재(öffentliche Wirtschaftsgüter)"로 보는 견해(Di Fabio, in: Di Fabio/Durner/Wagner(Hg.), Kernenergieausstieg 2011: Die 13. AtG-Novelle aus verfassungsrechtlicher Sicht, 2013, S. 25 f.), 원전운영자의 사적 이용권의 할당이라고 보는 견해(Ossenbühl, Eigentumsschutz von Reststrommengen beim Ausstieg, DÖV 2012, S. 697 f.) 등이 있다. 이에 대한 상세는 졸고, "원전폐쇄와 재산권보호", 헌법논총 제25집(2014), 215-216면.

방헌법재판소는 이를 공용수용의 요건으로 인정하였다. 제2차 원전폐쇄에 대한 독일 연방헌법재판소의 결정에서 '재화획득'과 '재산권의 법적 이양'의 요건은 공용수용을 판단하는 결정적 기준이 되었다. 재화획득이나 재산권의 법적 이양은 공용수용의 구성적 요소로 파악되었다.[71] 이러한 요건을 확정함으로써 제13차 원자력법 개정을 통한 재산권의 제한은 단순히 내용한계규정으로 파악되었다고 보면서, 이 사건에서 재화획득이 없는 재산권의 박탈이라는 새로운 유형이 만들어졌다고 보는 견해도 있다.[72] 이 견해는 재화획득을 요건으로 하는 구별기준이 조정적 보상이 필요한 내용한계와 조정적 보상이 필요 없는 내용한계의 구분에 있어서 결국 재산권 침해의 중대성에 의존할 수밖에 없고, 따라서 이러한 구별기준은 종래 연방행정법원이 채택한 '중대성설'로 복귀하는 것이라고 비판하고 있다.[73] 나아가 2010년 말 법률을 통해 원전의 가동을 12년 연장하는 것에 보상규정을 두지 않는 것이 이 추가적인 전력량에 대해 신뢰보호원칙을 위반한 것이라는 주장도 있었으나, 독일 연방헌법재판소는 여러 가지의 측면에서 제한된 신뢰와 관련된 것으로 보아 독일 기본법에 합치된다고 결정하였다.

5. 평가 및 과제

독일 연방헌법재판소는 기념물보호판결을 비롯한 일련의 판례를 통해 공용수용의 요건에 관한 이론적 체계를 확립해 나가고 있다. 특히 제2차 원전폐쇄에 관한 독일 연방헌법재판소의 결정은 대체로 고전적인 수용개념에 기초해서 공용수용의 요건을 엄격히 하고 있으며, 해당 결정을 앞두고 학계에서 다투어졌던 '재화획득'에 대해서도 이를 공용수

---

71) Roller, a.a.O., S. 280 f.

72) Judith Froese, Zur Rechtsprechung: Der Eigentumsentzug ohne Güterbeschaffung als Enteignung "light"?, NJW 2017, S. 444.

73) Froese, a.a.O., S. 446.

용의 요건으로 인정하여 공용수용을 좁게 해석하고 있음을 알 수 있다.

우리나라에서도 구 도시계획법 제21조에 관한 위헌소원 사건[74] 이후 독일의 분리이론의 영향으로 수용법제에 관한 이론을 발전시키고 있는 반면, 대법원의 판례이론은 이러한 새로운 흐름에 부응하지 못하고 있다. 수용법제의 기본적 구조와 체계에 있어서 헌법재판소와 대법원 사이에 어느 정도 상응함이 있어야 한다. 경계이론을 적용해 오던 독일 통상법원(BGH)도 독일 연방헌법재판소의 수용 개념을 따르고 있음은 주지의 사실이다. 공용수용에 관한 법리는 한국 헌법 제23조의 규정과 구조를 도외시할 수 없다. 헌법 제23조 제3항에는 다른 입법례와 달리 '사용'과 '제한'을 규정함으로써 해석상 혼란을 초래하고, 재산권의 내용한계와의 구별을 어렵게 한다. 나아가 공용사용과 공용제한에 관한 헌법 제23조 제3항의 규정은 공용수용의 요건을 확정하는 것을 어렵게 하고 있다. 근래에 국회를 중심으로 헌법 개정 논의가 한창인데, '사용'과 '제한'에 관한 규정을 정비하는 것이 필요하다. 역설적이지만, 이러한 규정은 법률에 근거할 경우 오히려 재산권의 침해를 쉽게 허용할 수 있다. 존속보장의 관점에서 재산권 침해는 공용수용의 경우에 제한해야 한다. 따라서 공용수용의 요건을 명확하고 엄격히 규정하고 해석하는 것은 오히려 헌법상 재산권을 보호하고 존속보장의 취지에 부합하는 것이다. 지금까지 학계는 재산권의 '방어'보다는 '보상'에 집중하다 보니 보상의 범위나 대상 등을 확대하는 것에 주안점을 두었다. 이러한 논리에 따라 침해행위의 유형을 수용뿐만 아니라, 제한이나 사용까지 확대하였다. 또한 법률행위(입법수용 또는 행정수용)뿐만 아니라 사실행위도 포함시키고 있다.

대법원 판결에서는 전술한 바와 같이 경계이론에 기초한 "특별한 희생", "특별한 손해" 등의 기준을 사용하여 공용수용을 판단하고 있으나,

---

74) 헌재 1998. 12. 24. 89헌마214 등.

그 실질적이고 구체적인 기준은 명확히 제시되어 있지 않다. 이러한 점은 개별 사례에서 결국 법원의 판단에 좌우될 수밖에 없을 뿐만 아니라, 설사 공용수용에 해당하는 경우에도 법률의 근거 없이 구체적인 보상의 기준과 범위 등을 확정하는 것은 현실적으로 어렵다. 또한 독일 연방통상법원의 판례와 같이 경계이론의 입장에 따라 경계이론에 가까운 입장을 취하고 있다. 독일에서도 위법한 재산권 침해에 대한 수용유사적 침해(enteignungsgleiche Eingriffe)뿐만 아니라, 적법하지만 "비전형적(이형적)이고 예상하지 못한 부수적 효과"로 인한 재산권침해에 대한 수용적 침해(enteignende Eingriffe)를 인정하는 견해가 있는 것이 사실이다. 이러한 법리가 국가책임의 간극(間隙)을 메우고 보상을 확대하여 국민의 권리구제 확대에 기여한 것은 부인할 수 없으며, 이론적으로도 우리나라 수용법제의 발전에 기여한 바가 적지 않다. 그러나 이러한 이론들은 판례에 크게 반영되지 못하고 사실상 유명무실한 법리로 남아 있다. 무엇보다 대법원 판례에서도 보상에 대한 법률적 근거 없이 손실보상청구권을 인정하는 것이 현실적으로 쉽지 않다.

독일에서는 수용유사적 침해이론이나 수용적 침해이론의 법적 근거를 자갈채취판결 이후 더 이상 독일 기본법 제14조 제3항에서 찾을 수 없고, 오히려 이러한 이론이 프로이센일반국법 제74조 및 제75조에 근거한 희생보상의 원칙에 의해 근거하고 있음을 인정하고 있다. 이러한 법적 근거의 상실은 이론적 근거가 매우 박약하다는 점을 보여주는 것이다. 이러한 희생보상의 전통을 보유하지 못한 우리의 보상법제에 있어서 수용유사적 침해이론 및 수용적 침해이론을 그대로 고수하는 것이 타당한지에 대해 숙고할 필요가 있다. 독일 연방통상법원도 이러한 독일 연방헌법재판소의 도그마틱(Dogmatik)을 따르고 있다.

따라서 헌법재판소는 분리이론의 핵심요소인 공용수용의 요건을 명확히 하여 향후 대법원 판결에서도 이를 적용할 수 있는 이론적 토대를 구축할 필요가 있다. 대법원 판례에서 제시하는 '특별한 희생' 내지

'특별한 손실' 등의 요건은 더 이상 수범자의 입장에서 예측가능성을 담보할 수 없다. 이러한 판단은 결국 개별 사례에서 법관의 재량에 달려 있고, 통일된 기준보다는 법관의 개별적 결정(ad-hoc decision)에 의할 수밖에 없다. 대법원 판례에서도 이러한 요건을 적극적으로 반영할 수 있도록 공용수용의 요건을 보다 구체적으로 확립해야 한다.

V. 결 론

문화재는 특정한 국가나 민족의 역사와 전통을 투영하고 있을 뿐만 아니라, 학술적 · 예술적인 가치가 있거나 인류 전체를 위해 보호해야 할 보편적 가치가 있는 경우에는 세계문화유산으로 지정되기도 한다. 또한 문화재는 흘러간 역사에 불과한 것이 아니라, E. H. Carr의 주장처럼 "과거와 현재의 끝임 없는 대화"를 할 수 있는 매개체이기도 하다. 문화재를 통해 우리는 현재의 시각으로 과거를 반추하면서 지나간 역사의 흔적을 느낄 수도 있다. 이러한 문화재는 현세대뿐만 아니라 미래세대를 위한 유산이기도 하다. 그러한 의미에서 문화재는 역사적 · 예술적, 그리고 학문적으로 이를 보호해야 할 중요한 공익적 가치를 가진다. 이러한 문화재는 사인의 소유권이 인정되는 사유공물인 경우에도 공물법의 영역에서 '보존공물'의 특징을 가지며, 여러 가지 공법적 규제를 받는다. 그러나 문화재의 보호가 중대한 공익에 기여하고 있는 것은 부인할 수 없는 사실이지만, 이와 충돌하는 사인의 재산권보장도 간과할 수 없는 중요한 기본권 중의 하나이다. 공익적 목적으로 문화재 그 자체의 수용이나 제한의 경우뿐만 아니라, 문화재 보호의 목적으로 토지이용을 규제하는 경우에 재산권보호의 문제가 부각된다. 따라서 이러한 충돌하는 공익과 사익을 어떻게 합리적으로 조율할 것인지는 입법정책적으로 매우 중요한 과제임에 분명하다.

종래 문화재보호와 재산권보장에 관한 문제에 대해 다양한 견해가 있었지만, 대체로 '가치보장'의 관점만 부각된 점이 없지 않았다. 학설은 손실보상의 확대를 주장하고 있지만, 헌법재판소가 기초하고 있는 분리이론의 입장에서 접근하는 노력은 부족하였다. 문화재의 보호를 위한 토지이용제한에 대해서도 공용수용으로 보고 손실보상을 청구할 수 있다는 견해가 대부분이다. 그러나 문화재의 강한 공익적 성격 때문에 의도된 고권적 박탈행위나 이에 준하는 재산권의 제한행위인 경우를 제외하고, 문화재 그 자체에 대한 규제, 또는 문화재보호를 위한 토지이용제한은 보상을 요하지 않는 재산권의 내용한계로 이해하는 것이 타당하다. 헌법재판소의 판례도 기본적으로 이러한 입장에 서 있지만, 그 논증과정에서 공용수용의 요건을 심사하는 것이 선행되어야 한다. 독일 연방헌법재판소의 기념물보호판결은 그러한 점에서 모범이 될 만하다. 헌법재판소 2009헌바328 결정에서 공용수용의 요건을 심사하지 않고 재산권의 내용한계로 단정한 것은 재고될 필요가 있다. 또한 이 결정에서 비례의 원칙에 관한 심사를 일반적인 기본권 제한 심사와 구별하지 못한 것도 문제점으로 지적할 수 있다. 문화재보호법 제46조의 손실보상에 관한 규정은 그 해석에 있어서 주의를 요하며, 헌법 제23조 제3항의 정당한 보상이 아니라 헌법 제23조 제1항 제2문에 근거한 '조정적' 보상에 관한 규정으로 해석해야 한다. 이러한 보상은 예외적인 것이며, 입법자의 형성적 자유에 맡겨져 있는 것이다.

대법원은 여전히 '특별한 희생'이라는 모호한 기준만을 사용하고 있으나, 헌법재판소의 공용수용 요건을 도입하는 것이 바람직하다. 이러한 접근은 국민들의 예측가능성을 높일 수 있을 뿐만 아니라 재산권의 방어에도 기여할 수 있다. 최근 독일의 학계에서는 제2차 원전폐쇄와 관련하여 공용수용의 요건을 둘러싸고 또 다시 큰 논쟁이 벌어졌다. 이에 대해 독일 연방헌법재판소는 '재화획득'을 공용수용의 요건으로 확정하여, 고전적인 수용개념의 입장을 더욱 분명히 하고 있다. 이러한 해석은 공용수용과 재산권의 내용한계를 엄별하고 있음을 의미하는 것이다. 이러한 새로운 변화와 동향을 반영하여 우리 헌법의 해석에 부합하는 공용수용의 요건을 확립하는 것이 절실히 요구된다. 독일 연방헌법재판소의 최근 판결은 공용수용의 요건에 대해 어려운 과제를 던져 주고 있다. 이와 관련하여 '재화획득'을 공용수용의 요건으로 인정할 것인지, 보상부 공용제한의 개념을 어떻게 확정할 것인지, 그리고 사실행위에 의한 재산권의 제약을 공용수용의 요건에 포함시킬 것인지 등의 문제는 여전히 남아 있다. 지금까지 헌법재판소는 재산권보장에 관한 판례이론을 진취적으로 발전시켜 왔고, 이러한 판례이론은 매우 선구적이라고 평가할 만하다. 그러나 근래에는 이 분야의 판례이론이 답보 상태에 놓여 있다. 독일에서는 재산권 분야에서 패러다임의 변화를 가져온 자갈채취판결 이후 약 30여년의 세월을 거치면서도 공용수용의 문제는 계속해서 활발하게 논의되고 있다. 앞에서 언급한 문제들은 향후 헌법재판소가 숙고해서 해결해야 할 어려운 과제임에 분명하다. 그러나 이러한 과제를 성공적으로 완수하는 것은 헌법재판소 판례이론의 성장과 발전에 있어서 중요한 원동력이 될 것이라고 기대해 본다.

제3장

사회보장수급권의 재산권적 성격에 관한 헌법적 판단

– 대상판례: 헌재 2019. 2. 28. 2017헌마432 –

[사건의 개요]

망인 丙은 1999. 4. 1.부터 국민연금에 가입하여 연금보험료를 납부하다가 2017. 1. 26. 불의의 사고로 인하여 사망하였다. 丙의 직계비속으로는 丙에 의하여 생계를 유지하지 않고 있던 청구인 甲(32세)과 乙(29세)이 있었고, 丙의 배우자는 없었다. 청구인들은 2017. 4. 3. 국민연금관리공단으로부터 청구인들이 국민연금법 제73조 제1항의 '유족'에 해당하지 아니하여 유족연금이 아닌 국민연금법 제80조의 사망일시금(예상지급액 5,164,520원)만을 받을 수 있다는 통보를 받았다. 이러한 통지를 받은 청구인들은 자신들이 국민연금법에 의한 유족연금을 받을 수 없을 뿐만 아니라 사망일시금 예상지급액이 국민연금법 제77조 제1항 제2호의 반환일시금(2017. 1. 26. 기준 20,304,000원)보다 현저히 적음을 알게 되었다. 이에 청구인들은 유족연금을 받을 유족이 되는 자녀의 범위를 정하고 있는 국민연금법 제73조 제1항 제2호와 사망일시금의 상한액을 정하고 있는 국민연금법 제73조 제1항 제2호와 사망일시금의 상한액을 정하고 있는 국민연금법 제80조 제2항이 청구인들의 평등권, 재산권을 침해한다고 주장하면서 2017. 4. 20. 헌법소원심판을 청구하였다.

청구인들은 이 사건 유족 범위 조항에 의하면 국민연금 가입자의 자녀 중 국민연금법 제72조 제1항 각 호의 사람(가입자)에 의하여 생계를 유지하고 있던 25세 미만의 자녀만이 유족연금을 받을 수 있는데, 생계유지는 유족연금수급권자를 나누는 정당한 기준이 될 수 없어 청구인들의 평등권을 침해한다고 주장한다. 또한 이 사건은 사망일시금 한도조항은 사망일시금의 한도액을 제한하고 있는데, 이로 인하여 청구인들은 유족연금이나 반환일시금에 비하여 현저히 적은 액수의 사망일시금을 받게 되므로 청구인들의 재산권을 침해한다고 주장한다. 한편, 국민연금법 제73조 제1항 제2호에서는 자녀는 국민연금의 가입자 또는 가입자이었던 자가 사망할 당시 그에 의하여 생계를 유지하고 있던 25세 미만이거나 장애등급 2급 이상인 경우에만 유족연금을 지급받을 수 있도록 규정하고 있다. 그러나 청구인 甲과 乙은 각 32세와 29세이며, 장애등급 2급 이상에 해당하지 아니한다. 따라서 청구인들은 유족연금의 수급권자에서 제외되었고, 국민연금법 제80조 제2항에 따른 기준소득월액의 4배에 해당하는 '사망일시금'만 수령하게 되었다.

[결정의 요지]

(1) 유족연금은 원래 가계를 책임진 자의 사망으로 생활의 곤란을 겪게 될 가족의 생계보호를 위하여 도입된 제도이다. 뿐만 아니라 유족연금은 자신이 보험료를 납부하여 그에 상응하는 급여를 받는 것이 아니라 결혼 또는 의존성 여부에 따라 결정되는 파생적 급여이고, 이 급여가 부모 등 가족의 기여에만 의지한다기보다는 전체 가입자가 불행을 당한 가입자의 가족을 원조하는 형태를 강하게 띠고 있다. 이는 유족연금의 급여기준을 보면 알 수 있는데, 유족연금은 가입기간에 비례하여 급여액이 결정된다기보다는 일정기간 가입을 조건으로 생활을 일부 보조할 수 있는 급여액을 지급하고 있어 가입기간과 소득수준에 비례하는 노령연금과는 지급기준이 다르다. 이와 같이 유족연금은 전체 가입자간 상호원조 및 소득재분배를 통하여 한 급여라고 할 수 있다(헌재 2008. 11. 27. 2006헌가1 참조). 또한 한정된 재원으로 유족연금 등 사회보장급부를 보다 절실히 필요로 하는 사람들에게 복지혜택을 주기 위해서는 그 필요성이 보다 절실하지 아니하는 사람들은 수급권자로부터 배제하지 않을 수 없다(헌재 2010. 4. 29. 2009헌바102 참조). 이러한 점을 고려할 때, 유족연금 수급권자를 가입자 등이 사망할 당시 그에 의하여 생계를 유지하고 있어 그 사망과 관련하여 보호가 필요한 자로 제한하는 것은 합리적인 이유가 있다. 이 사건 유족 범위 조항이 사망한 가입자 등에 의하여 생계를 유지하고 있지 않은 자녀 또는 25세 이상인 자녀를 유족연금을 받을 수 있는 자녀의 범위에 포함시키지 않았다고 하더라도, 그 차별이 현저하게 불합리하거나 자의적인 차별이라고 볼 수 없다. 따라서 이 사건 유족 범위 조항은 청구인들의 평등권을 침해하지 않는다.

(2) 사회보장수급권이 헌법상의 재산권보장의 보호를 받기 위해서는 다음의 요건을 갖추어야 한다. 첫째, 사회보장수급권이 권리주체에게 귀속되어 개인의 이익을 위하여 이용이 가능해야 하고(사적 유용성), 둘째, 국가의 일방적인 급부에 의한 것이 아니라 권리주체의 노동이나 투자, 특별한 희생에 의하여 획득되어 자신이 행한 급부의 등가물에 해당하는 것이어야 하며(수급자의 상당한 자기기여), 셋째, 수급자의 생존의 확보에 기여해야 한다(생존확보). 사회보장수급권은 이러한 요건을 통하여 그 사회법상의 지위가 자신의 급부에 대한 등가물로 볼 수 있는 경우에 한하여 재산권의 보호대상에 포함된다(헌재 2000. 6. 29. 99헌마289 참조).

(3) 사망일시금을 포함한 국민연금의 재원은 가입자와 사용자가 납부하는 보험료를 기반으로 하여 국가가 일부 비용을 부담하여 조성된다. 따라서 사망일시금은 수급자의 노동이나 투자, 특별한 희생에 의하여 그 권리를 획득한 것으로 보기 어렵고, 수급자의 생존확보를 위한 제도로 보기도 어렵다. 따라서 사망일시금은 헌법상 재산권에 해당하지 아니하므로, 이 사건 사망일시금 한도 조항이 청구인들의 재산권을 제한한다고 볼 수 없다.

[심판대상 조항]

국민연금법(2016. 5. 29. 법률 제14214호로 개정된 것)

제73조(유족의 범위 등) ① 유족연금을 지급받을 수 있는 유족은 제72조 제1항 각 호의 사람이 사망할 당시(「민법」 제27조 제1항에 따른 실종선고를 받은 경우에는 실종기간의 개시 당시를, 같은 조 제2항에 따른 실종선고를 받은 경우에는 사망의 원인이 된 위난 발생 당시를 말한다) 그에 의하여 생계를 유지하고 있던 다음 각 호의 자로 한다. 이 경우 가입자 또는 가입자였던 자에 의하여 생계를 유지하고 있던 자에 관한 인정 기준은 대통령령으로 정한다.

2. 자녀. 다만, 25세 미만이거나 장애등급 2급 이상인 자만 해당한다.

국민연금법(2007. 7. 23. 법률 제8541호로 전부개정된 것)

제80조(사망일시금) ② 제1항에 따른 사망일시금은 가입자 또는 가입자였던 자의 반환일시금에 상당하는 금액으로 하되, 그 금액은 사망한 가입자 또는 가입자였던 자의 최종 기준소득월액을 제51조 제1항 제2호에 따른 연도별 재평가율에 따라 사망일시금 수급 전년도의 현재가치로 환산한 금액과 같은

호에 준하여 산정한 가입기간 중 기준소득월액의 평균액 중에서 많은 금액의 4배를 초과하지 못한다.

I. 서 설

대상판결에서 청구인은 생계유지 여부, 25세 미만 여부 등을 이유로 차별하고 있다고 주장하고 있다. 평등권 침해 여부를 심사함에 있어서 엄격한 심사기준이 적용되어야 하는지가 문제되나, 대상판결의 경우에는 유족 범위 조항에 의한 차별은 결정문에서 적절히 지적하고 있는 바와 같이 헌법에서 특별히 평등을 요구하고 있는 경우나 차별적 취급으로 인하여 기본권에 대한 중대한 제한을 초래하는 경우에 해당하지 아니한다.[1] 따라서 완화된 심사기준에 따라 입법자의 결정에 합리적 차별이 있는지 여부만을 심사하면 된다. 유족연금이란 국민연금에 일정한 가입기간이 있는 사람, 노령연금이나 장애등급 2급 이상의 장애연금을 받던 사람이 사망하면 그에 의하여 생계를 유지하던 유족에게 가입기간에 따라 일정률의 기본연금액에 부양가족연금액을 합한 금액을 지급하여 그 유족의 생계보호를 위한 제도이다. 이러한 유족연금은 유족연금수급권자의 갑작스런 사망으로 인한 사회적 리스크(risk)를 방지하기 위한 사회보장의 일종이다. 따라서 제한된 재원으로 이러한 사회안전망을 확보하기 위한 제도라는 점에서 유족연금을 받을 수 있는 유족의 범위를 제한하는 것이 현저하게 불합리한 차별을 하는 것으로 볼 수는 없다. 따라서 청구인들의 평등권 침해에 대한 부분에 대해서는 이론(異論)이 없으므로 본고의 논의에서 제외하기로 하고, 재산권 침해 여부의 쟁점에 대해서만 검토하기로 한다.

오늘날 헌법상 사회국가원리에 기초한 사회보장수급권은 점차 확대되고 있다. 국민연금, 공무원연금 등 각 연금청구권이 모두 헌법상 재

1) 헌재 2014. 5. 29. 2012헌마515 등 참조.

산권의 보호범위에 속하는지가 논란이 된다. 헌법재판소는 후술하는 바와 같이 연금수급권이나 의료보험수급권이 사회보장수급권의 성격뿐만 아니라 재산권의 성격을 가진다고 보고 있다. 그러나 이러한 연금이나 사회보험 등과 관련된 청구권이 재산권을 완전히 가지고 있는지에 대해서는 의문이 있을 수 있다. 헌법재판소는 사학연금청구권이 사회보장수급권의 성격과 헌법 제23조의 재산권의 성격을 아울러 가지고 있다고 보면서도, 연금수급권의 재산권적 성격을 매우 제한적으로 보고 있다. 즉 "연금수급권이 재산권으로서의 성격을 일부 지닌다 하더라도 이는 사회보장법리에 의해 강하게 영향을 받을 수밖에 없으며, 입법자로서는 연금수급권의 구체적인 내용을 정함에 있어 이를 하나의 전체로 파악하여 사회보장수급권적인 요소에 보다 더 중점을 둘 수 있다"라고 보고 있다.[2] 이와 같이 연금청구권은 기본적으로 사회보장수급권으로서의 성격이 강하며, 재산권적 성격을 인정하더라도 매우 제한적으로 보고 있다. 이러한 헌법재판소 판례의 입장은 사회보장수급권의 재산권적 성격을 판단함에 있어서 매우 어려운 측면이 있는 것을 보여주는 것이다.

한편, 헌법재판소는 공법상의 권리가 헌법상 재산권의 보호를 받기 위해서는 세 가지 요건을 제시하고 있다. 즉 공법상의 권리가 권리주체에게 귀속되어 개인의 이익을 위하여 이용되며(사적 유용성), 둘째, 국가의 일방적인 급부에 의한 것이 아니라 권리주체의 노동이나 투자, 특별한 희생에 의하여 획득되어 자신이 행한 급부의 등가물에 해당하는 것이어야 하며(수급자의 상당한 자기기여), 셋째, 수급자의 생존의 확보에 기여해야 한다.[3] 이러한 헌법재판소의 입장에 의하면 사망일시금 수급권은 재산권의 보호범위에 포함되기 쉽지 않다. 대상판례(2017헌마432)의 결정에서도 이러한 입장은 그대로 유지되고 있다. 사망일시금의 수급권은 "사망에 대한 위로금, 연금보험료의 청산, 장제부조적 성격이 혼합

---

2) 헌재 2017. 12. 28. 2016헌바341, 판례집 29-2하, 357.

3) 헌재 2000. 6. 29. 99헌마289, 판례집 12-1, 948, 949.

된 급여"로서 자기가 납부한 것을 근거로 하여 지급받는 유족연금이나 사망에 따른 반환일시금과는 구별된다. 이 사건에서도 국민연금법상 연금수급권 내지 연금수급기대권을 사회보장적 급여로 보고 있다. 그러나 사망일시금에 대해서는 "사회보험의 원리에서 다소 벗어난 장제부조적·보상적 성격을 갖는 급여로서, 연금제도의 목적을 직접적으로 달성하기 위한 급여는 아니다"라고 보고 있다. 요컨대 사망일시금을 수급자의 상당한 자기기여를 내용으로 하는 연금수급권 내지 연금수급'기대권'과 구별하고 있다.

국민연금보험은 국민에게 발생하는 사회적 리스크에 대처하기 위한 사회보험의 일종이며, 그 급여에는 노령연금·장애연금·유족연금·반환일시금이 있다.[4] 사망일시금은 대상판결에서 적절히 설시하고 있는 바와 같이 가입자 등이 사망하였으나 유족연금 또는 반환일시금을 지급받을 수 있는 '유족'에 해당하는 자가 없는 경우에 사망한 국민연금 가입자가 일정한 '기여'를 하였음에도 불구하고 그 가족에게 아무런 혜택이 없는 문제점이 있어 이를 해결하기 위해 사망으로 소요되는 비용의 일부를 지급하기 위해 도입된 제도이다. 사망일시금은 가입자 또는 가입자였던 자가 사망한 때에 국민연금법 제73조에 따른 유족이 없는 경우에 그 배우자·자녀·부모·손자녀·조부모·형제자매 또는 4촌 이내 방계혈족(傍系血族)에게 사망일시금을 지급하도록 규정하고 있다(국민연금법 제80조 제1항 본문). 그러나 이러한 사망일시금과 같은 공법상 청구권을 헌법상 재산권의 보호범위에서 제외하는 것이 적정한지에 대해서는 검토가 요구된다.

재산권의 보호범위에 속하는지의 문제와 이를 청구할 수 있는 자격이 있는지의 문제는 별개로 파악해야 한다. 근원적으로는 위에서 제시한 재산권보장의 세 가지 요건은 공법상 법적 지위, 특히 주관적 공권

4) 김남진/김연태, 행정법 II, 제22판, 494-497면.

이 문제되는 경우에 인정되지만, 이러한 개념징표 내지 요건을 오늘날 그대로 유지하는 것이 적정한지에 대해 재고할 필요가 있다. 이러한 요건을 그대로 적용할 경우에 사회보장수급권이 헌법이 보호하는 재산권의 범위에 포함되기 어려운 경우도 발생할 수 있다. 이러한 요건은 주로 사회보장수급권과 관련된 것으로 보이지만, 유족인 자녀가 수급자인 경우와 같이 반드시 스스로 납부하지 않는 경우도 있으며, 생존의 확보가 아니라 사회구호적인 측면에서 지급되는 경우가 적지 않다. 대상판결에서는 사망일시금을 수급자의 생존확보를 위한 제도로 보기 어렵다고 판단하고 있다. 이러한 '생존확보'가 오늘날 재산권의 보호범위에 속하는지 여부를 판단한 기준 내지 요건으로 볼 수 있는지에 대해 살펴볼 필요가 있다.

Ⅱ. 헌법재판소 판례의 검토

1. 이혼배우자의 분할연금수급권

헌법재판소는 국민연금법 제64조 위헌소원사건에서 분할연금제도가 재산권적 성격과 사회보장적 성격을 모두 가진다는 점을 인정하면서 별거나 가출 등으로 실질적인 혼인관계가 존재하지 아니하고 연금 형성에 기여가 없는 이혼배우자에 대해 분할연금수급권을 인정하는 것은 재산권을 침해한다고 보고 있다.[5] 이 사건에서 헌법재판소는 국민연금법(2011. 12. 31. 법률 제11143호로 개정된 것) 제64조 제1항의 노령연금수급권도 혼인생활 중에 협력하여 이룬 부부의 공동재산이며, 이혼 후에는 그 기여분에 해당하는 몫을 분할하여야 한다는 점을 강조하고 있다. 이혼배우자의 분할연금수급권이란 부부공동생활을 통한 재산권 형성에 대한 기여이며, 실질적인 혼인관계가 해소된 경우에는 노령연금 수급권의

5) 헌재 2016. 12. 29. 2015헌바182, 판례집 28-2하, 391.

형성에 아무런 기여가 없었으므로 그 기간에 대한 노령연금의 분할을 청구할 수 없다고 보고 있다. 여기에서 부부공동생활의 '기여'란 직업을 갖지 않는 배우자의 가사나 육아 등을 의미한다고 보고 있다. 그러나 '기여' 그 자체는 노령연금분할청구권을 위한 요건일 뿐이지, 재산권의 요건을 판단하는 결정적인 기준일 수는 없다. 이 사건에서 헌법재판소는 분할연급수금권이 왜 재산권에 해당하는지에 대해서는 적극적으로 밝히고 있지 않다.

한편, 공무원과 이혼한 배우자가 소정의 요건을 갖춘 상대방 배우자에게 퇴직연금 또는 조기퇴직연금의 일부를 분할해 주는 공무원연금법상 분할연금제도에 대해서도 동일한 입장을 취하고 있다. 공무원연금법상 분할연금제도란 "공무원 또는 공무원이었던 사람의 이혼 시 법정 요건을 갖춘 상대방 배우자에게 퇴직연금 또는 조기퇴직연금의 일부를 분할"해주는 제도이다(공무원연금법 제46조의3). 여기에서 헌법재판소는 이러한 분할연금제도가 "이혼한 배우자가 혼인기간 중 재산 형성에 기여한 부분을 청산·분배하는 재산권적인 성격과 이혼배우자의 노후를 보장하는 사회보장적 성격을 함께 가진다"라고 결정하고 있다.[6] 재산 형성에 기여한 부분을 청산·분배하는 것을 재산권의 특성으로 파악할 뿐, 분할연금제도가 왜 재산권의 성격을 가지는지에 대해서는 명확히 언급하고 있지 않다. 여기에서의 '기여'란 재산의 청산·분배를 위한 기준일 뿐이지 헌법상 재산권의 판단기준이 될 수 없다.

전술한 2016헌바341 사건에서 사학연금은 "기여금의 납부를 통해 교직원 자신도 그 재원의 형성에 일부 기여한다는 점에서 후불임금의 성격도 가미되어 있다"라고 하여, 재산권적 성격이 인정되고 있다. 여기에서의 기여는 재산권의 형성과 관련이 있지만, 재산권의 개념과 밀접한 것은 자기'급부' 내지 자기'납부'에 있다. 헌법재판소는 기초생활보

6) 헌재 2018. 4. 26. 2016헌마54, 판례집 30-1상, 701.

장수급권이 공공부조의 일종으로 사회정책적인 목적에서 인정되는 권리이며, 개인의 노력과 금전적 기여를 통하여 취득되는 재산권의 보호대상에 포함되지 않는다고 보고 있다. 여기에서도 '기여'라는 표현을 사용하고 있으나, 매우 추상적인 개념이라고 하지 않을 수 없다. 다만, 금전적 기여라는 표현을 사용한 것은 자기급부를 하였는지를 의미한다고 볼 수 있는데, 기초생활보장수급권의 경우에는 이러한 '자기급부'가 없다. 그러한 이유에서 헌법재판소는 이를 재산권의 보호범위에 포함시키기 어렵다고 판단하고 있다. 나아가 헌법재판소는 공무원연금법 제3조 제2항 위헌확인사건에서 "공무원연금법상의 퇴직급여, 유족급여 등 각종 급여를 받을 권리, 즉 연금수급권에는 사회적 기본권의 하나인 사회보장수급권의 성격과 재산권의 성격이 불가분적으로 혼재되어 있다"라고 결정한 바 있다.[7] 헌법재판소는 독일 연방헌법재판소의 입장과 달리 '유족급여'에 대해서도 재산권의 성격을 인정하고 있다.

2. 의료보험수급권과 의료급여수급권

헌법재판소는 구 국민의료보험법에 의한 '의료보험수급권'에 대해서는 재산권의 성격을 인정하고 있다. 의료보험수급권의 재산권 성격을 인정한 논거는 재산권의 보장을 받는 공법상의 권리이며, 가입자가 납부하는 보험료에 의하여 의료보험의 재정이 형성된다는 점 등을 들고 있다.[8] 또한 국고의 일부지원이 있다고 하더라도 의료보험수급권의 재산권적 성질을 인정하는 데에 장애가 되지 않는다고 지적하고 있다. 이

7) 헌재 1999. 4. 29. 97헌마333, 판례집 11-1, 503.

8) "법률에 의하여 구체적으로 형성된 의료보험수급권에 대하여 헌법재판소는 이를 재산권의 보장을 받는 공법상의 권리로서 헌법상의 사회적 기본권의 성격과 재산권의 성격을 아울러 지니고 있다고 보므로, 보험급여를 받을 수 있는 가입자가 만일 이 사건 법률조항의 급여제한 규정에 의하여 보험급여를 받을 수 없게 된다면 이것은 헌법상의 재산권과 사회적 기본권에 대한 제한이 된다."(헌재 2003. 12. 18. 2002헌바1, 판례집 15-2하, 441)

사건에서 헌법재판소는 경과실에 의한 범죄행위에 기인하는 보험사고에 대해 의료보험급여를 제한하는 것은 기본권 제한에 있어서 최소침해의 원칙에 어긋나며, 보호되는 공익에 비해 침해되는 사익이 현저히 커서 법익균형의 원칙에도 어긋난다고 보고 있다. 이러한 제한은 재산권에 대한 과도한 제한으로서 헌법에 위반된다고 판단하고 있는 것이다. 그러나 헌법재판소는 의료급여법 시행령 별표 제1호 가목 등 위헌확인사건에서, 경제적 생활이 어려운 사람들의 '의료급여수급권'에 대해서는 재산권적 성격을 부정하고 있다. 즉 "의료급여수급권은 공공부조의 일종으로서 순수하게 사회정책적 목적에서 주어지는 권리이므로 개인의 노력과 금전적 기여를 통하여 취득되는 재산권의 보호대상에 포함된다고 보기 어려워, 이 사건 시행령조항 및 시행규칙조항이 청구인들의 재산권을 침해한다고 할 수 없다"라고 결정한 바 있다.[9)]

3. 국가유공자 등의 보상금수급권

헌법재판소는 국가유공자의 보상금청구권을 사회보장수급권의 일종이라고 보고 있을 뿐, 재산권적 성격을 명확히 인정하고 있지 않다. 즉 "국가유공자로서 일정한 보상을 받을 수 있는 권리는 헌법 제34조 제2항, 제32조 제6항에 기초하여 국가유공자법이라는 구체적 법률에 의하여 형성된 사회적 기본권인 사회보장수급권의 일종"이라고 보고 있는 것이다.[10)] 또한 헌법재판소는 상이군경이 상이를 입게 될 시점에 가지게 되는 보상금수급권에 관한 지위도 수급권 발생에 필요한 법정요건을 갖춘 후에 비로소 재산권인 보상금수급권을 취득할 수 있는 기대이익에 불과하다고 보고 있다.[11)]

---

9) 헌재 2009. 9. 24. 2007헌마1092, 판례집 21-2상, 765.
10) 헌재 2015. 6. 25. 2013헌마128; 헌재 2012. 5. 31. 2011헌마241.
11) 헌재 2011. 7. 28. 2009헌마27, 판례집 23-2상, 104.

한편, 대상판례(2017헌마432)의 재산권 개념에서도 '보상금'을 재산권의 보호범위에 포함시킬 수 있음을 보여주는 부분이 있다. 즉 이 사건에서 사회보장수급권이 재산권의 보호대상에 포함되기 위한 두 번째 요건으로 "국가의 일방적인 급부에 의한 것이 아니라 권리주체의 노동이나 투자, 특별한 희생에 의하여 획득되어 자신이 행한 급부의 등가물에 해당하는 것이어야 한다"는 점을 제시하고 있다. 여기에서 '특별한 희생에 의하여 획득되어'라는 부분은 보상금을 의미하는 것으로 보이는데, 이러한 보상금도 수급자의 상당한 자기기여에 해당하는 경우로서 재산권의 보호범위에 속할 수 있다고 보고 있다. 그러나 그 구체적인 의미나 범위 등은 여전히 불분명한 채로 남아 있다.

4. 공무원연금법에 의한 유족일시금

법령에서 정한 유족이 아닌 직계존비속의 수급권이 재산권의 보호대상에 속하는지가 문제된다. 헌법재판소는 공무원연금법 제2조 제2항 등 위헌확인사건에서 유족이 아닌 직계존비속이 수령하는 유족일시금 중에는 그 재원이 공무원의 기여금에 의하여 형성된 것이라는 점을 인정하고 있다.[12] 즉 공무원연금법(2011. 8. 4. 법률 제10984호로 개정된 것) 제30조 제1항 전단 및 구 공무원연금법 시행령(2011. 11. 1. 대통령령 제23276호로 개정되고, 2012. 3. 2. 대통령령 제23651호로 개정되기 전의 것) 제24조 제1항 전단 제4호 중 각 유족일시금에 관한 이 사건 수급권조항은 "한정된 재원으로 보다 많은 공무원과 그 유족의 생활안정과 복리향상을 도모하면서도 공무원연금의 급여 재원의 상당 부분이 공무원의 기여금에 의하여 형성되는 사정을 함께 반영하고자 하는 것이다"라고 보고 있다. 또한 이 사건 수급권조항은 유족일시금 중 그 재원이 공무원의 기여금

12) 헌재 2014. 5. 29. 2012헌마515.

에 의하여 형성된 부분은 적어도 유족 아닌 직계존비속에게 지급되기 위한 것이며, 유족 아닌 직계존비속은 이 사건 수급권조항에 따라 유족일시금의 2분의 1 상당액을 지급받는 것 외에도 공무원연금공단으로부터 국가 또는 지방자치단체가 그 비용을 부담하는 퇴직수당을 지급받는다. 이와 같이 헌법재판소는 유족 아닌 직계존비속의 급여수급권에 대해서도 재산권적 성격을 인정하고 있다.

한편, 헌법재판소는 원칙적으로 공무원연금법에 의한 각종 급여가 사회보장수급권으로서의 성격과 재산권의 성격을 모두 가진다고 보면서도, 퇴직일시금 및 퇴직수당 수급권은 후불임금 내지 재산권적 성격을 많이 띠고 있는데 비하여 퇴직연금 수급권은 상대적으로 사회보장적 급여로서의 성격이 강하다고 보고 있다.[13] 또한 군인연금법상 퇴직연금 수급권에 대해서도 사회보장수급권과 재산권이라는 두 가지 성격이 불가분적으로 혼화되어, 전체적으로 재산권의 보호 대상이 되면서도 순수하게 재산권만의 특성을 지닌 것은 아니라고 보고 있다.[14] 다만, 퇴역연금 수급권이 재산권으로서의 성격을 일부 지닌다고 하더라도 사회보장법리에 강하게 영향을 받을 수밖에 없다는 점을 강조하고 있다.

5. 공법상 인·허가 등

헌법재판소는 공법상 면허에 대해 재산권적 성격을 부여한 바 있다. 헌법재판소는 개인택시운송사업면허가 양도·상속할 수 있는 재산적 가치가 있는 권리로서 헌법 제23조에 의하여 보장되는 재산권에 속한다고 결정한 바 있다.[15] 대법원은 개인택시운송사업'면허'가 행정청이 행하는 행정처분으로서 강학상 '특허'에 해당하며, 또한 재량행위의 성

13) 헌재 2008. 2. 28. 2005헌마872 등, 판례집 20-1상, 279.
14) 헌재 2015. 7. 30. 2014헌바371, 판례집 27-2상, 256.
15) 헌재 2008. 5. 29. 2006헌바85 등.

질을 가진다고 보고 있다(대법원 1998. 4. 14. 선고 98두984 판결). 여기에서 재산권의 성격을 가지는 것은 면허 그 자체가 아니라 면허에 의해 얻게 되는 '택시운송사업권'이다. 면허는 행정청이 발급하는 행정처분에 불과하다. 한편, 독일에서도 이러한 문제가 다루어졌는데, 공법상 허가(Erlaubnisse)는 개인(시민)의 자기급부가 흠결되어 있고 처분권도 없다는 견해가 유력하다.[16] 또한 독일 연방헌법재판소도 인가(Genehmigung)에는 '자기급부'가 없을 뿐만 아니라 제한된 처분권으로 인해 독일 기본법 제14조에 의해 보호되는 범위에 속하지 않지만, 이러한 인가에 근거하여 형성된 사적(私的)인 재산적 지위는 재산권의 보호범위에 속한다고 보고 있다.[17] 이러한 사업권은 '영업권'을 의미할 수 있고, 이러한 영업권이 재산권에 속하는지, 아니면 직업수행의 자유에 속하는지가 문제될 수 있다. 이와 관련하여 설립·운영되는 영업에 대한 권리(Recht am eingerichteten und ausgeübten Gewerbebetrieb)가 재산권의 보호범위에 속하는지가 문제된 바 있다. 독일 연방헌법재판소는 이에 대해 유보적 입장을 취하고 있지만,[18] 독일의 학설을 비롯하여 연방통상법원(BGH) 및 연방행정법원은 '재산권'의 하나로 파악하고 있다.[19] 유력설은 영업의 활동에 관한 것은 직업의 자유와 관련된 것이지만, 영업의 존속에 관한 것은 재산권에 관한 것이라고 보고 있다.[20] 헌법재판소도 구 학교보건법 제6조 제1항 제11호 등 위헌소원사건에서 학교환경위생정화구역 내에서 여관시설을 금지한 것에 대해 직업의 자유 외에 재산권에 대한 침해 여부도 심사한 바 있다.[21] 또한 헌법재판소는 구 건설산업기본법 제83조 단서 중 제5호 위헌소원사건에서 건설업 '영업권'에

16) 이에 대해서는 Stern, Das Staatsrecht der Bundesrepublik Deutschland, Bd. Ⅳ/1, § 113 Ⅲ 3, S. 2210.
17) BVerfGE 143, 246.
18) BVerfGE 105, 252 (277).
19) 이에 대해서는 졸저, 행정구제의 기본원리, 제1전정판, 95면 이하.
20) Jarass/Pieroth, GG, 15. Aufl., Art. 14 Rn. 10.
21) 헌재 2004. 10. 28. 2002헌바41, 판례집 16-2하, 138.

대해 재산권적 성격을 인정한 바 있다.[22)]

Ⅲ. 독일의 판례 및 학설

1. 독일 연방헌법재판소의 입장

독일에서도 '주관적 공권'이 독일 기본법 제14조 제1항의 재산권 보호범위에 속하는지 여부가 문제되어 왔다. 독일 연방헌법재판소는 대체로 "재산권이 사적 유용성을 통해 재산의 대상에 대한 소유권자의 원칙적인 처분권으로 징표된다"라고 보고 있다.[23)] 종래 독일의 판례나 학설은 주관적 공권을 독일 기본법 제14조의 재산권에 포함시키는 것에 우호적이지 않았으나, 점차 이를 인정하고 있다. 독일 연방헌법재판소는 초창기 재산권보호에 주관적 공권을 편입시키는 것을 부정하였지만,[24)] 점차 자신의 노동과 능력을 통해 획득한 그러한 공법상의 법적 지위가 재산권의 보호범위에 속한다고 보고 있다.[25)] 초창기의 이러한 입장은 바이마르 시대의 유사한 헌법해석과 관련된 것이었고, 독일 연방헌법재판소의 초기 판례에 이러한 입장이 반영되어 있었다.[26)]

독일 연방헌법재판소는 이러한 주관적 공권, 특히 사회보장수급권이 재산권의 보호범위에 속하기 위해서는 첫째, 독점성(배타성) 내지 일신전속성의 성질에 따라 권리주체에게 사적인 효용이 있어야 하고, 둘째, 피보험자가 자기 스스로 납부하여야 하며, 셋째, 자신의 생존보호에 기여하여야 한다고 보고 있다.[27)] 이러한 요건을 충족하기 위해 자신의 급부가 '등가적'이라는 점을 증명하고 국가 제공이 압도적이지 않아야 한

22) 헌재 2001. 3. 21. 2000헌바27, 판례집 13-1, 665, 672 참조.
23) BVerfGE 104, 1 (8).
24) BVerfGE 2, 380 ff.
25) BVerfGE 64, 87 (97); 69, 272.
26) 이에 대해 Stern, a.a.O., S. 2209.
27) BVerfGE 53, 257 (290 f.).

다고 보고 있다. 즉 재산권의 보호를 받기 위해서는 중요한 자기급부와 관련 있는 '지위'를 가져야 한다는 것이다.[28] 독일 연방헌법재판소는 처음에 기여등가성(Beitragsäquivalenz)의 흠결을 이유로 연금수령권에 대한 재산권적 성격을 부정하였으나, 이후에 1980. 2. 28. 자 결정 및 1981. 7. 1. 자 결정을 통해 법률상 연금보장까지 재산권으로 인정하게 되었다. 이와 관련하여 독일 연방헌법재판소는 연금청구권과 실업급여청구권에 대해 "경미하지 않은 자기급부(nicht unerhebliche Eigenleistungen)"에 근거하고 생존보호(Existenzsicherung)에 기여하는 경우에 재산권의 보호대상에 속한다고 보고 있다.[29] 그러나 독일 연방헌법재판소는 1998. 2. 18. 유족연금(Hinterbliebenenversicherung)이 재산권의 보호범위에 속하지 아니한다고 결정하였다.[30] 이 결정에서 연방헌법재판소는 유족연금이 재산권의 성립요건을 충족하지 못한다고 보고 있다. 사적으로 효용 있는 법적 지위가 없으며, 유족연금은 피보험자에 귀착되는 '자기급부'의 요건이 충족되지 않았다는 점을 들고 있다. 그럼에도 불구하고 독일 연방헌법재판소는 위에서 설시한 요건을 그대로 유지하면서도 사회보장수급권의 재산권적 성격을 확대해 가고 있다. 예컨대 사회보장에 근거한 연금청구권 내지 연금승계권,[31] 실업급여 및 그 승계에 대한 청구권[32] 등에 대해서도 재산권적 성격을 인정하고 있다. 또한 독일 연방사회법원도 아동수당[33]이 재산권의 보호범위에 속한다고 보고 있다.

---

28) BVerfGE 72, 9 (18 f.); 116, 96 (121); Jarass, in: Jarass/Pieroth, GG, Art. 14 Rn. 11.
29) BVerfGE 69, 272 (300); 100, 1 (32).
30) BVerfGE 97, 271 (284 f.).
31) BVerfGE 53, 257 (289 ff.).
32) BVerfGE 72, 9 (18); 74, 203 (213).
33) BSGE 60, 18 (27).

2. 독일의 학설

독일의 학설도 대체로 이러한 독일 연방헌법재판소가 제시한 원칙을 그대로 따르고 있다. 즉 재산권은 법률에 의한 형성의 소산으로 보고, 재산적 가치 있는 사권의 총체가 원칙이지만, 자기급부를 통해 획득한 주관적 공권에 대해서만 예외적으로 포함될 수 있다고 보고 있다.[34] 사회부조청구나 자금조성청구 등과 같이 공법적 지위가 일방적인 국가의 보장에 근거하고 있는 경우에는 헌법상 재산권의 보호를 받을 수 없다고 보고 있다.[35] 또 다른 견해도 공법적 성질의 재산권은 소유권자의 법적 지위에 상응하여야 하고, 자신의 토지를 자신의 급부나 자본소비를 통해 얻어야 한다고 보고 있다.[36] 이와 같이 독일 연방헌법재판소의 판례에서는 자기급부와 관련하여 '경미하지 않은'이라고 표현하고 있으나, 어느 정도의 자기급부를 해야 등가성의 요건을 충족하여 재산권의 보호범위에 속하는지가 문제된다. 이와 관련하여 비례의 공식(Je-desto-Formel)에 따라 자신의 급부비중이 높을수록 재산권의 보호가 강해지고, 사회적 조정이나 연대성 부분이 강조될수록 재산권의 보호는 약해질 수 있다고 보는 견해가 있다.[37]

한편, 연방헌법재판소가 제시한 요건이 사유재산에 비교할 만한 엄격성과 급부등가성(Leistungsäquivalenz)을 요구하고 있다고 비판하는 견해가 유력하다.[38] 특히 전(前) 연방헌법재판소장 파피어(Hans J. Papier) 교수는 유족연금의 문제점을 신랄하게 비판하고 있다. 즉 부부관계의 해소나 배우자의 사별(死別) 등으로 인하여 피보험자가 연금을 청구할

34) Battis/Gusy, Einführung in das Staatsrecht, 6. Aufl., § 12 Rn. 575 f.
35) Zippelius/Würtenberger, Deutsches Staatsrecht, 32. Aufl., § 31 Rn. 23.
36) Badura, in: Benda/Maihofer/Vogel(Hg.), Handbuch des Vrefassungsrechts, 2. Aufl., § 10 Rn. 40.
37) 상세는 Zippelius/Würtenberger, a.a.O., § 31 Rn. 24.
38) Papier, in: Maunz/Dürig, GG, Art. 14 Rn. 131.

수 없다는 주장은 설득력이 없으며, 스스로 납부한다는 자기급부가 없다는 점도 유족연금이 기여에 의해 재정이 마련된 보험급부일 뿐만 아니라 피보험자가 납부한 기여금도 유족을 돌보기 위한 것으로서 승계에 의해 청구할 수 있다고 주장한다.[39] 고용보험의 경우와 같이 가입자인 근로자뿐만 아니라 사업주가 고용보험료를 부담하는 경우도 있는데, 비록 근로자의 자기급부가 있을지라도 그 재원에 있어서 '자기급부'의 요건을 엄격히 적용하기 어려운 점도 있다는 것이다. 또한 독일 연방헌법재판소가 설시한 요건 중 '자기급부' 외에 '생존보호' 부분에 대해서도 비판하는 견해가 있다. 즉 헌법상 재산권의 근거를 위해 법적 지위의 생존보장 기능을 도구화하고 있으며, 개인의 생존보장 필요성이 아니라 국민 대다수의 지위가 생존보장에 기여하는지가 중요하다는 것 등을 문제점으로 지적하고 있다.[40] 그리고 독일 연방헌법재판소가 공법상 법적 지위를 재산권의 보호범위에 포함시키기 위한 위 세가지 요건들은 자유 및 생존에 정향된 재산권보장의 기능규정과 연결하는 과도한 의미 해석을 적당한 정도로 후퇴시켜야 한다고 보는 견해도 있다.[41]

Ⅳ. 평가 및 과제

1. 헌법재판소 판례의 분석과 평가

한국의 헌법재판소는 '기여'라는 표현을 사용하고는 있지만, 기본적으로 자기납부를 전제로 하는 연금청구권이나 의료보험청구권에 대해서는 재산권의 성격을 인정하고 있다. 비록 국고(國庫)나 사립학교재단 등의 일부지원이 있는 경우에도 자기납부가 있는 경우에는 재산권의 성격

39) Papier, in: Maunz/Dürig, GG, Art. 14 Rn. 143.
40) Depenheuer, in: von Mangoldt/Klein/Stark, GG, 7. Aufl., Bd. I, Art. 14 Rn. 72 ff. 참조.
41) Wendt, in: Sachs(Hg.), GG, 3. Aufl., Art. 14 Rn. 29.

을 적극적으로 인정하고 있다. 그러나 사회정책이나 사회보험 등의 성격을 가지는 순수한 의미의 사회보장수급권에 대해서는 재산권적 성격을 부인하고 있다. 이와 관련하여 재산적 가치 있는 공권은 개인의 노력이나 희생에 근거하여야 하고, 국가가 생존대책의 차원에서 개인에게 부여하는 것은 재산권의 보호범위에 속하지 아니한다고 보는 견해도 있다.[42]

재산권의 판단기준으로 '사적 유용성'이 전제되어 있다고 하더라도 '생존확보'와 같은 요건은 오늘날 결정적 기준이 되지 않는다고 생각된다. 사회국가원리에 근거한 사회보장정책의 확대로 인해 이러한 기준은 사회보장수급권 전반에 걸쳐 작용할 수 있다. 재산권적 성격을 판단함에 있어서 판례가 가장 중요하게 판단하는 요건은 급부의 '등가성'으로 보인다. 자신이 납부하여 재산의 형성에 기여하고 있는지 여부가 중요한 기준인 것이다. 이러한 기준에 의할 경우 65세 이상의 노인의 생활안정을 지원하고 복지증진을 목적으로 하는 기초연금법상 '기초연금수급권'은 보험료를 납입하지 않는다는 점에서 자기급부의 요건을 충족하기 어렵고, 따라서 이러한 청구권은 재산권적 성격이 부인될 것이다. 그러나 법률이 정한 사회보장수급권의 요건을 충족하는 경우에는 재산적 가치가 있고, 사적으로 유용하게 사용할 수 있는 경우에는 재산권의 범주 내에 속하게 된다. 사회보장수급권을 청구할 단계에서는 재산적 가치가 확정되지 않아 배타적으로 사용·수익 또는 처분을 할 수 없는 경우도 있다. 예컨대 기초연금수급권을 수령하였거나 수령할 수 있는 경우에는 재산권의 보호범위에 속한다고 보아야 한다. 사회보장수급권은 사권(私權)과 달리 사회국가원리에 근거하여 인정되는 것이며, 엄격한 등가의 원칙을 적용하기 어려울 뿐만 아니라 사인이 납부한 기여금과 그 이자에 제한하는 것은 타당하지 않다는 비판이 제기되고 있다.[43]

---

42) 계희열, 헌법학(중), 신정2판, 554-555면.

43) 정하중, "헌법재판소의 판례에 있어서 재산권보장", 헌법논총 제9집(1998), 304-306

기초연금수급권의 범위는 법률에 의해 거의 확정될 수 있지만, 사회보장수급권의 지급범위가 구체적으로 확정되지 않고 다소 유동적이라고 하더라도 재산권의 보호범위에 포함시켜야 한다. 예컨대 기초연금법 제5조에 의하면, 기초연금 수급권자에 대한 기초연금의 금액이 예상된다. 즉 기초연금액은 기초연금법 제5조 제2항에 따른 기준연금액과 국민연금 급여액 등을 고려하여 산정하고, 기준연금액은 보건복지부장관이 그 전년도의 기준연금액에 대통령령으로 정하는 바에 따라 전국소비자물가변동률을 반영하여 매년 고시한다. 또한 기초연금법 제5조 제3항에 의하면, 2018년의 기준연금액은 25만원으로 규정하고 있다. 이러한 규정에 의하여, 기초연금을 수령할 수 있는 금액이 어느 정도 확정될 수 있는 경우에는 재산권의 보호범위 내에 포함된다. 나아가 이러한 기초연금 수급권자의 범위에 대해서는 기초연금법 제3조에서 규정하고 있다. 이와 같이 사회보장수급권에 대한 자기급부가 없더라도 수령할 수 있는 기대가능성이 있는 경우에는 재산권의 보호범위에 속한다고 보아야 한다. 또한 사회보장수급권을 청구하는 단계에서 이를 확정할 수 있는 경우에도 동일하게 판단하여야 한다. 이러한 사회보장수급권이 주관적 공권의 성격을 가지기 위해서는 사법적 권리구제의 가능성이 확보되어야 한다. 우선 당사자가 기초연급의 지급을 신청한 후 거부된 경우에는 그 거부처분의 취소를 다투어야 한다. 이 경우 원고적격의 인정과 관련하여 기초연금수급권의 재산권적 성격이 중요한 의미를 가진다. 기초연금법 제13조 제1항에 의하면 특별자치시장·특별자치도지사·시장·군수·구청장은 소정의 조사를 거친 후 기초연금 수급권의 발생·변경·상실 등을 결정할 수 있다. 이러한 발생, 변경 및 상실 등의 결정에 대해 이의신청 외에 어떠한 소송을 제기할 수 있는지에 대해서는 기초연금법에서 명확히 규정하고 있지 않다(기초연금법 제22조 참조). 기초연금의

면; 김광수, "사회보험 수급권과 재산권 보장", 행정법연구 제6호(2000. 11), 198면.

지급 정지에 대해서도 공법상 권리구제의 문제가 발생한다(기초연금법 제16조). 그리고 기초연금은 기초연금 수급권을 양도하거나 담보로 제공할 수 없으며, 압류 대상으로 할 수 없다(기초연금법 제21조 제1항). 이러한 제 문제를 고려할 경우 기초연금청구권에 대해서도 비록 자기급부의 요건이 없다고 하더라도 권리구제를 위해서는 재산권적 성격을 인정할 필요가 있다.

사회보장수급권을 사회적 기본권의 하나로 파악하는 견해가 있다.[44] 또는 사회보장수급권을 사회적 기본권이 법률에 의하여 구체화된 법률적 권리로 보면서도 사회적 기본권의 성격과 더불어 재산권의 성격을 함께 가진다고 보는 견해도 있다.[45] 사회보장수급권은 헌법 제34조 제1항의 인간다운 생활을 할 권리와 같은 사회적 기본권 중의 핵심적인 요소이지만,[46] 법률에 의해 구체화되는 권리이며 그 자체가 사회적 기본권의 성격을 가지는 것은 아니다.[47] 이와 관련하여 헌법재판소는 사립학교교직원 연금법의 연금수급권에 대해 사회적 기본권으로 파악한 경우도 있으나,[48] 사회보장수급권이 헌법적 차원의 권리라거나 사회적 기본권의 하나라고 볼 수 없다고 하여 이를 구별하는 사례도 있다. 즉 "사회보장수급권은 헌법 제34조 제1항 및 제2항 등으로부터 개인에게 직접 주어지는 헌법적 차원의 권리라거나 사회적 기본권의 하나라고 볼 수는 없고, 다만 위와 같은 사회보장·사회복지 증진의무를 포섭하는 이념적 지표로서의 인간다운 생활을 할 권리를 실현하기 위하여 입법자가 입법재량권을 행사하여 제정하는 사회보장입법에 그 수급요건, 수급

---

44) 차진아, "사회보장수급권의 헌법적 근거와 제한사유의 합헌성에 대한 검토", 사회보장법학 제2권 제2호, 2013. 10, 11면.

45) 이준일, "복지국가와 복지수급권의 보장: 신뢰보호원칙과 재산권보장을 중심으로", 헌법실무연구 제15권, 76면.

46) 김철수, 헌법학개론, 제17전정신판, 803면; 허영, 한국헌법론, 전정14판, 579면.

47) 사회보장수급권의 기본권적 성격을 인정하는 헌법재판소 판례의 문제점에 대해서는 한수웅, 헌법학, 제8판, 법문사, 1054면 참조.

48) 헌재 2010. 4. 29. 2009헌바102.

자의 범위, 수급액 등 구체적인 사항이 규정될 때 비로소 형성되는 법률적 차원의 권리에 불과하다 할 것이다"라고 결정하고 있다.[49] 법률에서 구체적인 권리를 규정한 경우에 국가가 급여의 의무를 부담한다고 보는 견해도 동일한 입장으로 여겨진다.[50] 사회보장수급권은 재산권의 보호범위에 속할 수 있으나, 사회보장수급권 전체가 재산권에 해당하는 것은 아니다. 사회보장수급권의 재산권적 성격을 파악함에 있어서 공법적 지위를 사법상의 재산권과 유사하게 엄격하게 파악하는 것은 재고되어야 한다.[51] 헌법상 재산권에는 사법상의 권리뿐만 아니라 공법상의 권리가 포함되며, 손해배상청구권과 같은 공법상의 권리는 대체로 일신전속적 성격을 가지며, 융통성에 있어서 여러 가지 제약을 받는다. 주관적 공권은 그 이전에 제한이 있는 경우가 적지 않다. 국가배상청구권이나 공무원의 연금청구권 등의 경우 양도금지나 압류제한 등이 그러하다(국가배상법 제4조, 공무원연금법 제39조 참조). 사회보장수급권에 대해 사회적 기본권으로 파악하고, 재원의 형성에 금전적 기여와 동시에 생활수단의 성격을 가지는 때에 재산권의 성격이 강화된다고 보는 견해도 있다.[52] 이러한 견해에 의할 경우 '재원형성에의 기여', '생활수단' 등의 개념적 표지가 중요한 기능을 하게 된다. 그러나 재산권 그 자체에 '생활수단'의 개념적 표지가 반드시 중요한 의미를 가질 이유가 없고, 사회국가원리나 사회적 기본권에 근거하여 법률에 의해 구체화된 사회보장수급권의 특성에 비추어 퇴직연금의 재원형성에 '기여'하는 부분을 지나치게 강조하는 것은 오히려 재산권의 보호범위를 좁히게 된다.

---

49) 헌재 2003. 7. 24. 2002헌바51.

50) 이헌석, "사회보장수급권과 사회보장청구권", 공법연구 제26집 제1호(1998), 232면.

51) 한편, "진료기관의 보호기관에 대한 진료비지급청구권은 계약 등의 법률관계에 의하여 발생하는 사법상의 권리가 아니라 법에 의하여 정책적으로 특별히 인정되는 공법상의 권리"라고 보는 견해도 대체로 유사한 입장으로 보인다(노호창, "사회보험수급권의 재산권적 성격에 관한 소고", 노동법연구 제31집(2011. 9), 315면).

52) 이준일, 전게논문, 76면.

2. 헌법상 재산권 개념과 공법상 권리

(1) 공법상 권리의 특성

헌법 제23조 보호되는 재산권이란 "재산적 가치 있는 사법상·공법상의 권리"라고 보는 입장이 확립되어 있다.[53] 공무원연금법상의 연금수급권을 비롯하여 군인연금법상의 퇴역연금수급권에 대해서도 재산권에 속한다고 보고 있다.[54] 다만, 반사적 이익이나 기대이익은 배제되며,[55] 법률에 의하여 '구체적'인 법적 권리가 인정되어야 재산권의 보호대상에 속하게 되는 것이 보통이다.[56] 한편, 철도청에서 퇴직하고 공사 또는 공단의 직원으로 임용된 자에 대한 공무원연금법의 적용에 관한 특례를 규정한 한국철도공사법 부칙 제8조의 위헌이 문제되었다. 철도산업의 경쟁력을 높이기 위해 철도시설과 철도운영을 분리하고, 통폐합 및 구조개혁을 단행하였다. 이에 따라 철도시설은 국가가 소유하고, 그 건설 및 관리를 한국철도시설공단이 담당하고, 그리고 철도경영은 한국철도공사가 담당하였다. 이러한 상황에서 공무원의 신분을 유지하는 사람과 철도공사의 직원으로 전화되거나 시설공단의 직원인 사람으로 구분되고, 후자에 속하는 사람들 중에 공무원연금법에 의한 재직기간이 20년 미만인 자가 철도공사 등의 직원으로 임용된 날부터 2월 이내에 공무원연금관리공단에 공무원연금법의 적용신청을 한 때에는 공무원연금법에 의한 재직기간이 20년이 될 때까지 공무원으로 보아 공무원연금법의 적용을 부분적으로 인정하는 특례규정을 마련하고 있었다. 이와 관련하여 헌법재판소는 시혜적인 법령조항의 적용에서 제외되었다고 하더라도 그러한 단순한 재산상 이익의 기대는 헌법이 보호하는 재산권의

53) 헌재 1992. 6. 26. 90헌바26.
54) 헌재 1994. 6. 30. 92헌가9, 판례집 6-1, 543, 548-553.
55) 헌재 1998. 7. 16. 96헌마246, 판례집 10-2, 283, 309.
56) 헌재 2000. 6. 29. 99헌마289, 판례집 12-1, 913, 949.

영역에 포함되지 않는다고 결정하였다.[57)]

전술한 헌법재판소 99헌마289 결정에서 제시된 요건을 일반적인 공법상의 권리에 모두에 확대적용하는 것이 타당한지에 대해서는 깊이 있게 검토할 필요가 있다. 종래의 헌법재판소의 입장에 의하면 제3자를 위하거나 제3자에게 지급되는 사회보장수급권은 재산권의 보호범위에 포함하기 어려울 수 있다. 헌법재판소는 대상판결에서 유족연금의 재산권적 성격을 명확히 밝히고 있지 않다. 다만, "유족연금은 자신이 보험료를 납부하여 그에 상응하는 급여를 받는 것이 아니라 결혼 또는 의존성 여부에 따라 결정되는 파생적 급여"라고 언급하고, 평등권 침해 여부만 판단하고 있다. 유족연금이나 사망일시금 등의 사회보장수급권은 한편으로 사회적 조정이나 사회부조의 성격을 가지며, 다른 한편으로 유족의 재산권으로서의 성격을 가지고 있다. 가입자의 자기급부로 형성된 재원을 기반으로 사회적 리스크를 방지하고 있는 것이며, 가입자의 유족이 부양을 하는지 여부는 사회보장수급권의 종류와 범위 등을 결정할 뿐이다. 이와 같이 사망일시금의 수급권이 헌법상 재산권의 보호범위 내에 속하는지 여부가 문제되지만, 수급자의 상당한 자기기여나 생존의 확보 등에 기여 등의 요건을 엄격히 적용할 수 있는지에 대해서는 재고할 필요가 있다. 근본적으로는 공법상의 특수성을 고려하지 않고, 공법적 지위를 "사법상의 재산권과 유사한 정도로 보호받아야" 한다고 보는 입장을 계속해서 유지하는 것은 현실에 부합하지 않다.

(2) 하천수 사용권의 재산권성에 대한 대법원 판례

최근 대법원은 하천법 제33조에 의한 하천의 점용허가에 대해 "특허에 의한 공물사용권의 일종으로서 하천의 관리주체에 대하여 일정한 특별사용을 청구할 수 있는 권리에 해당하고 독립된 재산적 가치가 있다"

57) 헌재 2007. 7. 26. 2004헌마914, 판례집 19-2, 112.

라고 판시하고 있다.[58] 하천의 점용허가에 대한 재산권적 성격을 인정하고 있는 것이다. 이 사건에서 원고는 하천공작물 설치공사허가를 받은 후, 공사착공을 하여 이 사건 토지 소재 수력발전용 댐 구조물을 준공하였고, X시장으로부터 이 사건 토지 일대의 한탄강 하천수에 대한 사용허가를 받아 하천수를 사용하여 이 사건 댐을 가동하며 소수력발전사업을 영위하였다. 피고(한국수자원공사)는 한탄강 홍수조절지댐 건설사업 등의 시행자로서 댐 건설에 필요한 이 사건 토지 등을 수용하면서 원고의 하천수 사용권에 대해서는 별도로 보상금을 산정하지 않았다. 또한 하천법 제50조에 의한 하천수 사용권(2007. 4. 6. 하천법 개정 이전에 종전의 규정에 따라 유수의 점용·사용을 위한 관리청의 허가를 받음으로써 2007. 4. 6. 개정 하천법 부칙 제9조에 따라 현행 하천법 제50조에 의한 하천수 사용허가를 받은 것으로 보는 경우를 포함)에 대해서도 하천법 제33조에 의한 하천 점용허가권과 마찬가지로 특허에 의한 공물사용권의 일종으로 파악하고 있다. 즉 이러한 하천수 사용권도 양도가 가능하고 민사집행법상 집행이 가능한 독립된 재산권 가치가 있는 구체적 권리에 해당하며, 공익사업을 위한 토지 등의 취득 및 보상에 관한 법률 제76조 제1항에서 정한 손실보상의 대상인 '물의 사용에 관한 권리'에 해당한다고 보고 있다. 하천법 제50조에 의하면, 생활·공업·농업·환경개선·발전·주운(舟運) 등의 용도로 하천수를 사용하려는 자는 대통령령으로 정하는 바에 따라 환경부장관의 허가를 받아야 한다. 대법원은 이러한 하천수의 사용허가를 하천점용허가와 같이 특허에 의한 특별사용으로 보며, 하천수 사용권에 대해서도 헌법상 재산권의 보호대상으로 보고 있다.[59]

이에 대해 하천수 사용권의 재산권적 성격을 부인하는 견해도 있다. 이 견해는 헌법상 재산권의 개념이 세부적으로 '사적 유용성', '임의적 처분권', '구체적 권리'라는 세 부분의 구성요건으로 이루어진다고 보면

58) 대법원 2014. 10. 10. 자 2014마1404 결정.
59) 대법원 2018. 12. 27. 선고 2014두11601 판결.

서, 이 사건의 하천수 사용권은 임의적으로 처분할 수 있는 대상이 아니라는 점에서 헌법상 재산권으로서의 개념적인 요건을 충족하지 못한다고 지적하고 있다.[60] 실제 헌법재판소는, 종래 "헌법상 보장된 재산권은 사적 유용성 및 그에 대한 원칙적인 처분권을 내포하는 재산적 가치 있는 구체적인 권리"라고 보고 있다.[61] 여기에서 강조하고 있는 것은 '구체적'인 권리이어야 한다는 점이며, 단순한 이익이나 재화획득의 기회는 여기에 포함되지 않는다.[62] 그러나 하천점용허가를 비롯한 하천수 사용권과 같은 공물의 특허사용은 오늘날 '재산권'으로 파악할 수 있다.[63] 하천의 점용허가권을 '채권'으로 보는 견해가 통설의 입장이나,[64] 점용허가기간 중에는 배타적 사용이 가능하다는 점에서 이를 '물권'으로 보는 견해도 유력하다.[65] 한편, 판례는 하천의 점용허가권이 특허에 의한 공물사용권의 일종으로 보면서도 하천의 관리주체에게 일정한 특별사용을 청구할 수 있는 채권에 불과하다고 보고 있다.[66] 이와 같이 하천점용허가도 원칙적으로 관리주체에 대한 채권의 성질을 가진다고 보는 것이 일반적이다. 그러나 수산업법 제16조에 의하면, 어업면허를 받은 자와 어업권을 이전받거나 분할받은 자는 동법 제17조의 어업권원부에 등록을 함으로써 어업권을 취득하는데, 이러한 어업권은 법

---

60) 김성수, "하천수 사용허가는 재산적 가치가 있는 권리인가: 대법원 2018. 12. 27. 선고 2014두11601 보상금 증액", 법률신문 제4674호(2019. 2. 11.), 11면.

61) 헌재 1996. 8. 29. 95헌바36, 판례집 8-2, 90, 103; 헌재 1997. 11. 27. 97헌바10, 판례집 9-2, 651, 664; 헌재 1998. 7. 16. 96헌마246, 판례집 10-2, 283, 309-310; 헌재 2002. 7. 18. 99헌마574, 판례집 14-2, 29 등.

62) 김중권, 행정법, 제3판, 904면.

63) 한편, 독일에서는 인접도로의 고양된 보통사용(일반사용)(gesteigerter Gemeingebrauch)에 대해서도 독일 기본법 제14조의 재산권의 보호범위에 속한다고 보고 있다(Zippelius/Würtenberger, a.a.O., § 31 Rn. 26).

64) 이상규, 신행정법론(하), 신판, 466면; 김동희, 행정법 II, 제21판, 292면; 박균성, 행정법론(하), 제14판, 401면.

65) 김남진/김연태, 행정법 II, 426면. 한편, 공공용물사용권이 채권으로서의 성질과 물권으로서의 성질을 아울러 가진다고 보는 견해도 있다(김철용, 행정법, 2017, 866면).

66) 대법원 2015. 1. 29. 선고 2012두27404 판결.

률에 명문으로 '물권'으로 규정하고 있다. 어업면허를 받아 어업권을 취득한 경우 이러한 어업권은 법률의 규정에 의해 '물권'으로 보아야 한다. 댐사용권도 동일하다. 댐건설 및 주변지역지원 등에 관한 법률 제29조에서 이러한 댐사용권을 물권으로 규정하고 있다.[67] 한편, 일본에서는 이러한 특허사용을 전통적으로 '일종의 채권'으로 파악하고, 제3자의 취득자에 대해 대항력을 가지는 것은 아니라고 보고 있다.[68] 또한 하천의 유수의 점용과 같은 특허사용의 경우에 배타적 이용이 인정되나 공공용물의 배타성에는 한계가 있다고 보고 있다.[69]

민법학에서도 권리의 하나인 재산권은 "경제적 가치 있는 이익을 누리는 것을 목적으로 하는, 따라서 금전으로 평가될 수 있는 권리를 통틀어서 일컫는 것으로서, 물권 · 채권 · 지적 재산권(지적 소유권 또는 무체재산권) 등이 이에 속(한다)"[70]라고 보고 있다. 따라서 하천점용허가나 하천수 사용허가 등과 같은 특허사용권은 적어도 하천관리청에 대해서는 '채권'의 성질을 가지므로, 그 재산권적 성격을 인정하기에 충분하다. 다만, 공법상 권리에는 여러 가지 제한이 수반된다는 점에서 사법상 권리와는 구별된다. 이와 같이 공법상 권리의 특수성에 비추어 이를 사법상 권리와 동일하게 파악하는 것이 어렵기 때문에 헌법상 재산권 개념을 파악함에 있어서 양도가능성이나 처분가능성 등 사법상의 권리를 중심으로 한 해석은 적절하지 않다.

3. 개선방안 및 향후과제

헌법에서 보호하는 재산권에는 사법상의 권리뿐만 아니라 공법상의 권리도 포함된다는 점에서 임의적 처분성의 요건을 너무 엄격하게 요구

67) 이에 대해서는 박윤흔, 최신행정법강의(하), 개정27판, 502-503면.
68) 田中二郎, 新版行政法中卷, 全訂第二版, 弘文堂, 1997, 322면.
69) 塩野 宏, 行政法 III, 제4판, 有斐閣, 2012, 391-392면.
70) 곽윤직, 민법총칙, 제7판, 49-50면.

하기 어려운 측면이 있다. 헌법에서 보호하는 재산권은 사유재산권에 제한되지 아니하며, 공법상의 권리는 융통성에 여러 가지 제약이 있다. 헌법상의 재산권은 독립적인 재산적 가치를 가지고 사적 유용성이 있으며, 구체적인 권리가 인정되는 경우에 인정되어야 한다. 또한 재산권에는 원칙적으로 처분권이 인정되어야 하나, 공법상의 권리는 이러한 처분권이 제한되는 경우가 있다. 또한 사회보장수급권과 같은 공법상의 권리가 헌법상 재산권의 보호범위 내에 속하기 위한 요건으로 수급자의 '상당한 자기기여'라는 요건과 '생존보호'의 요건을 유연하게 해석해야 한다. '자기급부' 내지 '기여등가성'을 강하게 요구하게 되면 이러한 사회보장수급권은 헌법상 재산권의 보호범위에 속하기 어렵게 된다. 전술한 독일 연방헌법재판소의 판례는 한국 헌법재판소의 판례이론에 직접적인 영향을 미쳤다고 볼 수 있다. 그러나 독일 연방헌법재판소가 제시한 "경미하지 않은 자기급부"를 헌법재판소의 대상판결에서는 '상당한' 자기급부로 이해하고 있다. 이러한 표현은 어감의 차이가 다소 있을 수 있는데, 대상판결의 표현은 자기급부의 요건을 엄격히 요구하고 있다는 인상을 주고 있다. 이와 같이 독일 연방헌법재판소의 영향으로 사회보장수급권에 대해 재산권적 성격을 인정하기 위한 요건으로 '자기급부'와 '생존보호' 등을 여전히 인정하고 있으나, 이러한 요건을 그대로 고수할 필요는 없다. 이러한 기준은 고전적으로 중요한 의미를 가지지만, 시대적 요청에 부합하지 않는 측면도 있다. 유족급여의 경우에는 자기급부의 요건을 엄격히 인정하기 어려운 점도 있다.

사적 효용을 향유할 수 있는 정도로 재산적 가치가 인정되는 사회보장수급권에 대해서는 재산권적 성격을 인정하는 것이 타당하다. 이러한 사회보장수급권은 재산권의 내용한계에 해당하며, 입법자의 형성적 여지에 맡겨져 있다. 비록 자기급부를 하지 않은 경우에도 유족이 연금을 청구하는 경우와 같이 법률에 의해 사회보장수급권의 보호범위에 속하는 사람들에 대해서는 헌법상의 재산권을 인정할 필요가 있다. 다만,

이러한 사회보장수급권이 재산권의 범주에 포함되기 위해서는 법령에 의해 그 수령이 확정되거나 구체적인 범위가 정해지는 경우에 해당하여야 한다. 다만, 법령에서 보호범위의 대상을 배제하고 있는 경우에는 헌법소원을 제기한 청구인이 기본권 침해를 주장하더라도 대체로 입법자의 형성적 자유에 속하므로 인용되기가 쉽지 않다. 결론적으로 공법상의 권리가 헌법상 재산권의 보호범위 내에 속하기 위한 요건으로 수급자의 '상당한 자기기여'라는 요건은 유연하게 해석할 필요가 있으며, 수급자의 '생존확보'라는 요건도 진부하다. 이러한 요건은 사회보장수급권의 특성에 해당할 뿐, 그 자체가 재산권의 판단기준이 되기 어렵다.

대상판례의 청구인들은 이미 25세 이상이며 장애등급 2급에도 해당하지 않으므로 국민연금법 제73조 제1항 제2호에 따른 유족연금의 수급권자의 범위에 속하지 아니한다. 대상판결에서는 사망일시금이 수급자의 '생존확보'에 기여하기 위하여 도입된 것이 아니라 가입자 등의 사망으로 인해 소요되는 비용을 일부 지급하여 주는 명목으로 도입된 급여라는 점을 이유로 재산권의 보호범위에 속하지 아니한다고 판단하고 있다. 전술한 바와 같이 '생존확보'라는 요건은 시대적 상황에 부합하는 요건으로 보기 어렵다. 사망일시금도 장제부조적·보상적 성격을 가지고 있으나 사망한 가입자 등이 국민연금에 가입하여 기금 내지 재정의 형성에 일정한 기여를 한 것에 바탕을 두고 있으므로 자기급부와 전혀 관련이 없다고 보기도 어렵다. 앞으로 헌법적으로 보호되는 재산권의 범위를 판단함에 있어서 엄격한 요건보다는 다소 유연한 입장이 필요하다. 주관적 권리가 헌법적으로 보호되는 재산권에 포함되기 위한 요건으로 독립적으로 경제적 가치를 가져야 하며, 구체적으로 정해지거나 정해질 수 있는 권리이어야 한다. 판례는 사회보장수급권의 재산권적 성격을 판단함에 있어서 자기급부의 요건을 엄격하게 보는 경향이 있다. 유족뿐만 아니라 유족이 아닌 직계비속의 경우에도 수급권자의 기여 내지 자기급부를 바탕으로 사회보장수급권을 청구한다는 점에서 이를 제한적으로 해석하는 것은 바람직하지 않다. 사망일시금과 같은 사회보장수급권도 유족이 아닌 직계비속에 지급된다는 점에서 그 재산권적 성격을 부인하는 것은 재고되어야 한다.

제4장

잔여지보상과 소송형식

– 잔여지감가보상의 문제를 중심으로 –

Ⅰ. 서 설

현행 공익사업을 위한 토지 등의 취득 및 보상에 관한 법률(이하 "토지보상법"이라 한다) 제73조 내지 제74조에는 잔여지 가격하락 및 공사비 보상, 잔여지수용청구 등 잔여지보상에 관한 일련의 규정을 두고 있다. 이러한 잔여지보상은 대체로 '간접손실'[1) 또는 '부대적 손실'[2) 등으로 다루어지고 있다. 그러나 지금까지 잔여지보상의 본질이나 헌법적 함의에 관한 법이론적 연구는 충분하지 않았다. 잔여지보상의 유형 모두를 간접손실이나 부대적 손실로 다루면서, 헌법 제23조 제3항의 '정당한 보상'에 근거를 둘 수 있는지도 문제이다.

또한 실무상 잔여지보상소송을 어떠한 소송형태로 제기해야 하는지도 다투어지고 있다. 대법원은 구 토지수용법 하에서 잔여지수용청구와 관련하여 민사소송을 제기한 사건에서, "그 수용재결 및 이의재결에 불복이 있으면 재결청과 기업자를 공동피고로 하여 그 이의재결의 취소 및 보상금의 증액을 구하는 행정소송을 제기하여야 하며, 곧바로 기업자를 상대로 하여 민사소송으로 잔여지에 대한 보상금의 지급을 구할

1) 김동희, 행정법 II, 제14판, 402면.
2) 박균성, 행정법론(상), 제8판, 786-787면.

수는 없다"고 판시하고 있다.[3] 그러나 여기에서 말하는 '행정소송'이 항고소송인지 (형식적) 당사자소송인지가 명확하지 않다. 앞으로 판례는 토지보상법 제85조 제2항의 소송형식을 개별 법률에서 인정되는 '형식적 당사자소송'임을 보다 분명히 밝힐 필요가 있다.[4]

한편, 대법원은 잔여지 가격감소에 대한 손실보상(殘餘地減價補償)에 대하여 토지보상법상의 관련규정을 근거로 토지수용위원회의 재결을 거치지 않은 채 사업시행자를 상대로 바로 손실보상을 청구할 수 없으며 재결을 거쳐 토지보상법 제83조 내지 제85조에 따른 행정소송으로 소를 제기하여야 한다고 판시하고 있다.[5] 그러나 여기에서 말하는 '행정소송'이 구체적으로 무엇을 의미하는지도 역시 명확하지 않다. 최근에는 간접보상 또는 생활보상에 해당하는 영업손실보상(토지보상법 제77조 제1항)이나 주거이전비보상(토지보상법 제78조 제5항) 등의 소송형식이 문제가 되고 있다. 본고(本稿)에서는 잔여지보상에 대한 종합적인 고찰과 더불어, 잔여지감가보상의 소송형식에 대해 중점적으로 검토하고자 한다. 이하에서는 잔여지보상의 본질과 헌법적 근거(Ⅱ), 잔여지보상에 관한 외국의 입법례(Ⅲ), 그리고 잔여지감가보상의 소송형식(Ⅳ) 등에 대해 살펴보기로 한다.

Ⅱ. 잔여지보상의 본질과 내용

1. 잔여지보상의 본질과 헌법적 근거

(1) 토지보상법에는 잔여지보상과 관련하여 잔여지감가보상, 잔여지공사비보상, 그리고 잔여지 매수 및 수용청구 등이 규정되어 있다. 즉

---

3) 대법원 2004. 9. 24. 선고 2002다68713 판결.
4) 잔여지수용청구의 소송형식에 대해서는 졸고, "잔여지수용청구의 소송법적 쟁점", 인권과정의 제397호(2009. 9), 19면 이하 참조.
5) 대법원 2008. 7. 10. 선고 2006두19495 판결.

동일한 토지소유자에 속하는 일단의 토지의 일부가 취득 또는 사용됨으로 인하여 잔여지의 가격이 감소하거나 그 밖의 손실이 있는 경우, 또는 잔여지에 통로·도랑·담장 등의 신설 및 그 밖의 공사가 필요한 때에는 그 공사의 비용을 보상하도록 하고 있다(토지보상법 제73조). 또한 동일한 토지소유자에 속하는 일단의 토지의 일부가 협의에 의하여 매수되거나 수용됨으로 인하여 잔여지를 종래의 목적에 사용하는 것이 현저히 곤란한 때에는 매수청구를 할 수 있으며, 사업인정 이후에는 수용청구를 할 수 있다(동법 제74조 제1항). 이러한 잔여지보상은 간접손실 또는 부대적 손실 등으로 파악되고 있으나, 잔여지보상이 헌법 제23조 제3항에 근거한 '정당한 보상'의 범위에 포함될 수 있는지 여부가 문제된다. 학설은 대체로 간접적 손실도 손실보상의 범위에 포함시키고 있다.[6] 판례도 사업시행자 밖의 재산권자에게 발생하는 간접손실의 헌법적 근거를 헌법 제23조 제3항에서 찾고, 사업시행자와 협의가 이루어지지 아니하고 그 보상에 관한 법령의 근거가 없는 경우에 피해자는 구 공공용지의취득및손실보상에관한특례법(이하 "공특법"이라 한다) 시행규칙상의 손실보상에 관한 규정을 유추적용할 수 있다고 보고 있다.[7]

(2) 학설에 따라서는 간접손실을 비전형적이고 예상하지 못한 부수적인 효과에 의한 재산권침해로서 소위 '수용적 침해'에 해당한다고 볼 수도 있으나,[8] 분리이론의 입장에서 수용적 침해이론에 반대하는 견해는 간접손실을 헌법 제23조 제3항의 손실보상에 포함시키기 어렵다. 특히 독일의 경우에도 '의도'된 재산권박탈만을 공용수용(Enteignung)의 개념에 포함시키고 있으므로, 간접손실을 독일 기본법 제14조 제3항의 손실보상에서 제외하고 있다.[9] 그러나 잔여지수용보상은 동일한 토지소유

6) 김동희, 전게서, 402면; 박균성, 전게서, 786-787면.

7) 대법원 1999. 10. 8. 선고 99다27231 판결.

8) Maurer, Allgemeines Verwaltungsrecht, 14. Aufl., Rn. 107. 한편, 수용적 침해가 간접손실보다 넓은 개념으로 보는 견해로는 박균성, 전게서, 785면 참조.

9) Rüfner, in: Erichsen(Hg.), Allgemeines Verwaltungsrecht, 12. Aufl., § 49 Rn. 27.

자에 속하는 일단의 토지의 일부가 수용됨으로써 더 이상 종래의 목적에 사용하는 것이 현저히 불가능하여 매수 또는 수용청구를 할 수밖에 없는 경우이므로, 일종의 '확대수용'으로서 토지소유자의 잔여지에 '직접' 발생하는 재산권침해로 볼 수 있다. 따라서 잔여지수용청구는 잔여지가 사실상 '무용지물(無用之物)'이 되어 매수 또는 수용에 의해 보상을 받을 수밖에 없는 것으로서, 사실상 재산권의 '박탈' 또는 박탈에 준하는 중대한 재산권의 '제한'에 해당한다. 또한 동일한 토지소유자에 속하는 일단의 토지의 일부가 수용됨으로써 가격이 하락하는 잔여지감가보상은 일종의 재산권의 '제한'행위에 대한 손실보상이다. 따라서 잔여지보상을 간접손실로 보는 것은 적절하지 않다.[10] 잔여지감가보상이나 잔여지수용보상은 헌법 제23조 제3항의 손실보상의 범주에 포함되며, 토지보상법에 법률로써 보상규정을 두고 있는 것이다. 이와 같이 잔여지보상은 '존속보장'보다는 '가치보장'의 성격을 가지며,[11] 재산권의 존속을 위한 재결의 취소보다는 보상금의 증액을 다투는 것이 핵심이다. 또한 잔여지는 공간적 · 경제적으로 밀접한 관련성을 가지는 '동일한 소유자에 속하는 일단의 토지'의 일부이기 때문에 이미 편입된 토지 밖에 위치한다고 하여 간접손실이나 사업손실 등으로 취급되어서는 아니 된다.

(3) 한편, 잔여지공사비보상은 잔여지감가보상과 함께 규정되어 있으나, 후술하는 바와 같이 헌법 제23조 제3항의 손실보상에 포함시키기가 어렵다. 분리이론에 의하면, 이러한 비용은 토지의 일부가 취득 또는 사용됨으로 인하여 발생하는 재산권의 사회적 기속에 해당하는 것으로서 원칙적으로 보상을 요하지 아니한다. 다만 예외적으로 사회적 제약의 범위를 넘는 가혹한 부담이 발생하는 경우에는 입법자가 보상규정을

10) 이와 관련하여 잔여지보상을 '간접'보상으로 표현하는 것에 대해 문제제기를 하는 견해가 유력하다. 박균성, "간접손실보상의 재검토", 토지보상법연구 제8집(2008. 2), 1-21면 참조.

11) 상세는 [illegible], [illegible] 20면 이하 참조.

둔 경우에 한하여 손실보상을 청구할 수 있다.[12] 공익사업법 제73조 제1항에는 잔여지공사비청구에 관한 근거규정을 두고 있으므로, 이에 근거하여 잔여지공사비에 대한 손실보상을 청구할 수 있음은 물론이다.

2. 잔여지보상의 유형 및 구체적 내용

(1) 잔여지감가보상

잔여지감가보상은 동일한 토지소유자에 속하는 일단의 토지의 일부가 취득 또는 사용됨으로 인하여 잔여지의 가격이 감소하거나 그 밖의 손실이 있는 경우에 청구하는 보상이다(토지보상법 제73조 제1항 본문 전단부). 즉 잔여지감가보상은 사업시행에 수반하여 잔여지의 가격이 감소한 것으로서, 토지보상법 제74조의 잔여지수용청구와 같이 종래의 목적에 사용하는 것이 현저히 곤란할 정도에 이르지 않는 경우이다. 판례도 대체로 동일한 입장이다.[13] 다만, 판례는 도시철도사업용지를 위한 수용으로 인해 주위가 다른 사람의 토지로 둘러싸여 도로에 접하고 있는 부분이 전혀 없는 '맹지'에 대해서도 잔여지감가보상을 인정한 바 있다.[14] 그러나 실제 잔여지수용청구가 부인되는 경우가 적지 않다.[15] 따라서 잔여지수용청구가 인정되지 않는 경우에 잔여지감가보상을 청구할 수 있고, 또는 잔여지수용청구 대신에 곧바로 잔여지가격감소를 이유로 손실보상을 청구할 수도 있다. 이와 같이 잔여지감가보상은 잔여지수용

---

12) 헌재 1998. 12. 24. 89헌마214214, 90헌바16, 97헌바78(병합) 전원재판부.

13) "토지수용법 제47조는 잔여지 보상에 관하여 규정하면서 동일한 소유자에 속한 일단의 토지의 일부 수용이라는 요건 외에 잔여지 가격의 감소만을 들고 있으므로, 일단의 토지를 일부 수용함으로써 잔여지의 가격이 감소되었다고 인정되는 한, 같은 법 제48조가 정하고 있는 잔여지수용청구에서와는 달리 잔여지를 종래의 목적에 사용하는 것이 현저히 곤란한 사정이 인정되지 않는 경우에도 그에 대한 손실보상을 부정할 근거가 없다."(대법원 1999. 5. 14. 선고 97누4623 판결)

14) 대법원 1998. 9. 8. 선고 97누10680 판결.

15) 대법원 2000. 2. 8. 선고 97누15845 판결; 대법원 1992. 11. 27. 선고 91누10688 판결; 대법원 1990. 12. 26. 선고 90누1076 판결.

청구와 매우 밀접한 관계를 가지고 있다.

잔여지감가보상은 사업시행지 내의 토지 등의 보상에 관한 협의절차, 재결절차(수용재결 및 이의재결)에서 잔여지에 대한 지가하락분에 대한 보상이 없음을 이유로 이의를 신청하거나 행정소송을 제기할 수 있다. 그리고 잔여지의 매수에 관한 협의가 이루어지지 않은 경우에 잔여지수용청구를 하고 그 수용재결 및 이의재결 등에서 잔여지수용청구가 받아들여지지 않는 경우에 보상금증감소송을 제기하면서 잔여지감가보상을 함께 주장할 수 있다. 이 경우에 잔여지수용청구의 기각재결이 있으면, 잔여지가격하락으로 인한 손실보상을 청구하기 위해 다시 토지수용위원회의 재결을 거치도록 하는 것은 무익하다. 그 밖에 잔여지의 소유자가 협의취득이나 수용재결에서 잔여지 수용청구나 잔여지감가보상을 주장하지 않다가, 이의재결이나 행정소송의 과정에서 잔여지 가격하락으로 인한 보상을 주장할 수 있는지가 문제된다.[16] 토지보상법에는 잔여지수용청구와 달리 잔여지감가보상청구의 행사방법에 대해 특별한 규정을 두고 있지 않으며, 이의재결은 사실상 잔여지의 가치하락에 대한 보상금의 증액을 요구하는 의미를 포함하는 것으로 볼 수 있다. 또한 잔여지감가보상은 잔여지수용청구와 마찬가지로 재결의 취소를 다투는 항고소송보다는 잔여지에 대한 보상금증액을 다툰다. 따라서 이의재결이나 행정소송에서도 잔여지의 가격하락을 이유로 손실보상을 주장할 수 있으며, 그 소송형식도 토지보상법 제85조 제2항의 보상금증감소송(형식적 당사자소송)에 의할 것이다.

보상의 기준은 토지보상법 시행규칙 제32조 제1항에서 정하고 있다. 즉 동일한 토지소유자에 속하는 일단의 토지의 일부가 취득됨으로 인하여 잔여지의 가격이 하락된 경우의 잔여지의 손실은 공익사업시행지구에 편입되기 전의 잔여지의 가격에서 공익사업시행지구에 편입된 후의

---

16) 김은유, 실무 토지수용, 2008, 340면.

잔여지의 가격을 뺀 금액으로 평가한다. 구 공특법 시행규칙 제26조 제2항에는 "동일한 토지소유자의 소유에 속하는 일단의 토지의 일부가 공공사업용지로 편입됨으로 인하여 잔여지의 가격이 하락된 경우의 손실액의 평가는 공공사업용지로 편입되는 토지의 가격으로 환산한 잔여지의 가격에서 가격이 하락된 잔여지의 평가액을 차감한 액으로 한다"라고 규정하고 있었다. 이와 관련하여 대법원은 가격이 하락된 잔여지의 평가액을 산정함에 있어서 당해 수용 또는 사용과 그 목적사업으로 인한 가격하락만을 반영하여야 한다고 판시하고 있다.[17] 요컨대 구 공특법 시행규칙 하에서는 전체적으로 잔여지를 공공사업용지로 편입되는 토지의 가격으로 환산·평가하여 보상금을 산정하였으나, 현행 토지보상법 시행규칙 하에서는 개별적으로 잔여지를 분리하여 평가하고 있는 것으로 보인다.[18] 한편, 대법원은 잔여지감가보상에 있어서 보상하여야 할 손실을 "수용재결 당시의 현실적 이용상황의 변경뿐만 아니라 장래의 이용가능성이나 거래의 용이성 등에 의한 사용가치 및 교환가치상의 하락 모두를 포함"하는 것으로 보고 있다.[19] 이는 헌법 제23조 제3항의 '정당한 보상'에 상응하는 것으로 볼 수 있다.

(2) 잔여지공사비보상

잔여지공사비보상은 잔여지에 통로·도랑·담장 등의 신설 그 밖의

---

17) "토지수용법 제45조 내지 제47조와 제57조의2, 공공용지의취득및손실보상에관한특례법 제4조와 위 특례법 시행규칙 제8조 제2항 및 제26조 제2항 등의 관련 규정에 의하면, 전선로의 설치를 위한 타인 토지의 일부 수용과 그 잔여지 상의 전선가설을 위한 공간사용에 있어 수용 대상 토지의 가격 및 잔여지 지상 공간의 사용료와 함께 손실보상의 대상이 되는 잔여지의 가격 감소에 따른 손실보상금은 위 특례법 시행규칙 제26조 제2항의 규정에 따라 수용 목적 사업의 용지로 편입되는 토지의 가격으로 환산한 잔여지의 가격에서 가격이 하락된 잔여지의 평가액을 차감하여 산정하여야 하고, 이 때 가격이 하락된 잔여지의 평가액을 산정함에 있어서는 당해 수용 또는 사용과 그 목적 사업으로 인한 가격 하락만을 반영하여야 한다."(대법원 2000. 12. 22. 선고 99두10315 판결)

18) 이에 관한 논의는 김은유, 전게서, 337면.

19) 대법원 1998. 9. 8. 선고 97누10680 판결.

공사가 필요한 때에는 그 손실이나 공사의 비용을 보상하는 것이다(토지보상법 제73조 제1항 본문 후단부). 토지보상법 시행규칙 제32조 제2항에는 “동일한 토지소유자에 속하는 일단의 토지의 일부가 취득 또는 사용됨으로 인하여 잔여지에 통로 · 구거 · 담장 등의 신설 그 밖의 공사가 필요하게 된 경우의 손실은 그 시설의 설치나 공사에 필요한 비용으로 평가한다”라고 규정하여, 그 비용에 대한 손실이란 실제 발생한 비용에 대한 전보(塡補)의 성격을 시사하고 있다.

잔여지공사비보상은 헌법 제23조 제3항의 손실보상에 포함시키기 어렵다. 즉 동일한 토지소유자에 속하는 일단의 토지의 일부가 수용 또는 사용된 후 부수적으로 잔여지에 비용이 소요되는 경우를 말한다. 따라서 법리적으로 이러한 손실은 재산권의 박탈이나 제한에 의한 것이 아니라, 부수적으로 발생하는 손실이다. 이에 대해서 입법자가 보상규정을 마련한 것은 헌법 제23조 제3항의 ‘완전보상’의 의미가 아니라 ‘실비’에 대한 전보(塡補)를 의미하는 ‘조정보상’(Ausgleichsentschädigung)이다.[20]

(3) 잔여지수용보상

동일한 토지소유자에 속하는 일단의 토지의 일부가 협의에 의하여 매수되거나 수용됨으로 인하여 잔여지를 종래의 목적에 사용하는 것이 현저히 곤란한 때에는 당해 토지소유자는 사업시행자에게 잔여지를 매수하여 줄 것을 청구할 수 있으며, 사업인정 이후에는 관할 토지수용위원회에 수용을 청구할 수 있다. 이를 잔여지수용청구라 한다. 이 경우에 수용의 청구는 매수에 관한 협의가 성립되지 아니한 경우에 한하되, 그 사업의 공사완료일까지 하여야 한다(토지보상법 제74조 제1항).

잔여지수용청구는 그 요건을 구비한 때에 토지수용위원회의 특별한 조치를 기다릴 것 없이 청구에 의하여 수용의 효과가 발생한다는 점에

20) Jarass, Schutzmaßnahmen und Ausgleichsentschädigung bei Planfeststellungen, DÖV 200[illegible], S. 633 ff.

서 형성권적 성질을 가진다.[21] 이러한 잔여지수용청구권이 성립하기 위해서는 우선 동일한 토지소유자에 속하는 일단의 토지의 일부가 협의매수되거나 수용되어야 한다. 일설은 '일단의 토지의 일부'를 "연속된 일체의 토지로서 단일한 경제적인 목적에 이용되고 있는 것"이라고 보고 있다.[22] 법문이 다소 불명확하게 규정되어 있기는 하나, 적어도 공간적 또는 경제적으로 밀접한 관련성을 가져야 한다. 둘째, 잔여지를 종래의 목적에 사용하는 것이 현저히 곤란한 경우에 해당하여야 한다. 즉 수용재결 당시에 당해 잔여지가 현실적으로 사용되고 있던 구체적인 용도에 비추어 그 이용이 물리적으로 불능일 뿐만 아니라 이용은 가능할지라도 많은 비용이 소요되어 사회적·경제적으로 사용하는 것이 현실적으로 곤란하게 된 경우도 여기에 포함된다.[23]

잔여지수용보상은 동일한 토지소유자에 속하는 일단의 토지의 전체 가격에서 공익사업시행지구에 편입되는 토지의 가격을 뺀 금액으로 평가한다(토지보상법 시행규칙 제32조 제3항). 한편, 잔여지수용청구권을 가진 자는 토지소유자에 한정된다. 그러나 토지공유자도 토지소유자가 되며, 지분도 토지소유권에 해당한다. 대법원도 토지수용법상 잔여지가 공유인 경우에 각 공유자가 그 소유지분에 대하여 각별로 잔여지수용청구를 할 수 있다고 판시하고 있다.[24]

---

21) 대법원 1993. 11. 12. 선고 93누11159 판결.

22) 임영호, "토지수용법상 잔여지가 공유인 경우, 각 공유자가 그 소유지분에 대하여 각별로 잔여지수용청구를 할 수 있는지 여부 및 잔여지수용청구권의 행사방법", 대법원판례해설, 2001년 상반기(통권 제36호), 353면 이하.

23) 대법원 2005. 1. 28. 선고 2002두4679 판결.

24) 대법원 2001. 6. 1. 선고 2001다16333 판결.

Ⅲ. 외국의 입법례

1. 일 본

(1) 잔여지보상제도의 개관

일본헌법 제29조 제3항에는 "사유재산은 정당한 보상 하에 이를 공공을 위하여 사용할 수 있다"라고 규정하고 있으며, '정당한 보상'의 의미에 대해 완전보상설과 상당보상설이 다투어지고 있다.[25] 그러나 일본 최고재판소는 농지매수에 관한 불복신청사건에서 '상당보상설'의 입장을 따르고 있다.[26] 즉 판례에 의하면 정당한 보상은 그 당시의 경제상태에 의하여 성립하는 것을 고려한 가격에 기하여 합리적으로 산출되는 상당한 액수를 말하는 것으로서 시장가격에 완전히 일치할 필요가 없다고 보았다.

일본의 토지수용법은 우리의 수용법제, 즉 구 토지수용법이나 현행 토지보상법에 적지 않은 영향을 준 것으로 보인다. 일본에서는 잔여지보상을 '잔지보상(殘地補償)'으로 표현하고 있다. 일본의 토지수용법에는 잔여지보상으로 '잔지보상', '잔지의 공사비용보상' 및 '잔지수용청구권'이 보장되어 있다(제74조 내지 제76조). 다만, 우리와 달리 잔지보상과 잔지의 공사비용보상을 구분해서 규정하고 있을 뿐, 대체로 동일한 내용으로 이루어져 있다. 이하에서는 잔여지보상의 유형에 대해 살펴보기로 한다.

(2) 잔여지보상의 종류 및 요건

a) 잔여지보상

일본 토지수용법 제74조에는 "동일한 토지소유자에 속하는 일단의

25) 이에 대한 상세는 今村成和, 損失補償制度の研究, 有斐閣, 2004, 38-39頁.
26) 最判昭二八・一二・二三 民集 七・一・二.

토지의 일부를 수용하거나 사용하는 것으로 인하여 잔지의 가격이 감소하거나 그 밖에 그 잔지에 관한 손실이 발생하는 때에는 그 손실을 보상하여야 한다"라고 규정하고 있다. 이러한 잔여지감가보상은 잔지보상의 원칙적인 모습이다. 즉 후술하는 잔지수용청구권의 단계 이전에 일반적인 '잔지보상'을 규정하고 있다.

여기에서 '잔지의 가격감소'라고 하는 것은 잔여지에 관한 객관적 시장가격이 감소하는 것을 말하며, 특수목적의 이용예정 등 주관적인 감정을 고려하는 것은 아니다. 또한 "그 밖에 그 잔지에 관한 손실이 발생한 때"란 이용가치의 감소와 관리비의 증가 등을 의미한다고 볼 수 있다.[27]

b) 잔여지의 공사비용보상

또한 동일한 토지소유자에 속하는 일단의 토지의 일부를 수용하거나 사용하는 것으로 인하여 잔지에 통로, 도랑, 담장 그 밖의 공작물의 신축, 개축, 증축 또는 수선이나, 성토(盛土) 또는 절토(切土)를 할 필요가 있는 경우에는 이에 필요한 비용을 보상하도록 하고 있다(일본 토지수용법 제75조). 그러나 잔지의 공사비용보상은 잔지의 가격감소와는 별개로 청구되는 것이며, 반드시 잔지의 가격감소에 의한 보상을 청구할 필요는 없다.[28]

c) 잔여지수용청구

일본 토지수용법 제76조 제1항에는 "잔지를 종래이용에의 목적에 제공하는 것이 현저히 곤란한 경우에는 토지소유자가 그 전부의 수용을 청구할 수 있다"라고 규정하여, 잔지수용청구를 규정하고 있다. 우리와 달리 '매수'청구를 반드시 전제조건으로 하고 있지 않다.

또한 여기에서 말하는 "종래이용에의 목적"이란 권리취득재결시의 당

27) 小澤道一, 土地收用法(下), 2003, きょうせい, 119頁.
28) 小澤道一, 前掲書(下), 123頁.

해 잔지가 현실적으로 제공하는 구체적 용도를 의미하며, "제공하는 것이 현저히 곤란하게 되는 경우"란 절대적 이용이 불능인 경우뿐만 아니라 이용에 많은 비용이 요구되는 경우를 포함하는 것으로 보고 있다.[29]

(3) 소송형식

일본 토지수용법에는 보상금청구소송에 관한 규정을 두고 있다. 즉 수용위원회의 재결에 의한 손실보상에 관한 소송은 재결서의 정본이 송달된 날부터 3개월 이내에 제기해야 하고, 이 소를 제기한 자가 기업자(起業者)인 경우에는 토지소유자 또는 관계인을, 토지소유자 또는 관계인인 경우에는 기업자를 피고로 하여 소를 제기해야 한다(제133조 제2항). 위 보상금청구소송의 성질을 두고 학설은 대립하고 있다. 즉 형식적으로는 당사자 사이의 분쟁이지만 실질적으로는 수용위원회의 재결의 취소·변경을 구하는 항고소송으로서 보상액도 수용위원회의 재결을 통해 확정되므로 이를 변경할 필요가 있다는 형성소송설, 보상금청구소송은 결국 보상금 증감에 관한 재결의 위법확인, 그리고 보상금증액 내지 감액을 청구하는 것이라는 점에서 확인·급부소송설, 감액청구의 경우에는 재결의 내용 중 보상금의 전부 또는 일부 취소를 구하는 소송으로서 형식적 당사자소송에 해당하나 증액청구의 경우에는 그 차액의 지불을 요구한다는 점에서 실질적 당사자소송이라는 절충설 등으로 나누어지고 있다.[30] 비록 최고재판소의 입장은 유보적이기는 하나 하급심판례는 확인·급부소송설의 입장이 다수이며,[31] 일본의 유력설도 확인·급부소송설의 입장에 서 있는 것으로 보인다.[32]

일본 토지수용법 제76조 제1항에 의하면, 토지소유자는 잔여지수용

---

29) 小澤道一, 前掲書(下), 146-147頁.
30) 이에 대한 상세한 소개는 拙稿, 前掲論文, 36면 참조.
31) 小澤道一, 前掲書(下), 683-684頁.
32) 塩野 宏, 行政法 II(行政救濟法), 第四版, 197-198頁; 村上裕章, 損失の補償に關する訴え, ジュリスト 行政判例百選 II (No. 182), 第5版, 有斐閣, 2006, 430-431頁.

청구를 위해 토지수용위원회에 재결을 신청하여야 하고, 토지수용위원회의 재결에 불복하는 경우에는 일본 토지수용법 제133조 제2항의 규정이 적용될 수 있다. 한편, 일본 토지수용법 제74조의 잔지보상에 관해서는 누구에게 청구해야 하는지, 또는 반드시 수용위원회의 재결을 거쳐야 하는지 등이 명확하지 않다.

2. 독 일

(1) 잔여지보상의 보장

독일 기본법 제14조 제3항에는 손실보상과 관련하여, "보상의 종류와 범위를 규율하고 있는 법률에 근거하거나 직접 법률에 의해 수용을 할 수 있다"라고 규정하고 있으며, 보상의 수위에 대해서도 "공익과 이해관계인의 이익을 정당하게 형량"하도록 하고 있다. 또한 독일 기본법 제14조 제3항의 손실보상은 대체로 '상당보상'으로 해석되고 있다.[33] 따라서 손실보상은 완전한 교환가치나 시장가치를 전보할 필요는 없다.[34] 즉 입법자가 보상수위에 대해 상세히 규율하지 않는 경우에 박탈된 교환가치의 보상 외에 이사비, 공장이전비, 잔여지(Restgrundstück)의 가치감소 등의 직접적인 결과비용도 포함된다.[35]

손실보상의 방식에는 금전보상 이외에도, 대토보상(代土補償)이나 채권보상이 가능하다(독일 건설법전 제99조, 제100조 및 제102조).[36] 한편, 독일의 건설법전(Baugesetzbuch)에도 잔여지수용청구를 '확장수용'의 하나로 규정하고 있다. 즉 동일한 토지소유자의 토지 일부가 수용되어 그 잔여지를 더 이상 상당한 정도로 건축하거나 경제적으로 이용할 수 없는 경우에, 그 토지소유자는 잔여지수용을 청구할 수 있다(독일 건설법전

33) Papier, in: Maunz/Dürig, GG, Art. 14 Rn. 601.
34) BVerfGE 24, 367/420 f.; 41, 126/161.
35) Jarass/Pieroth, GG, Art. 14 Rn. 88.
36) Jarass/Pieroth, a.a.O., Art. 14 Rn. 86.

제92조 제3항). 이러한 잔여지수용청구권은 대체로 '확장수용'의 하나로 다루어지고 있다.

(2) 잔여지수용청구의 요건

재산권의 제한은 수용의 목적을 실현하기 위해 필요한 정도로 이루어져야 한다(독일 건설법전 제92조 제1항). 이는 헌법상 과잉금지원칙의 표현이다. 따라서 필요성의 원칙은 토지의 일부에 대한 수용을 허용하고 있다.[37] 독일 건설법전 제92조 제3항에 의하면 잔여지수용(Enteignung auf das Restgrundstück)이 인정되기 위해서 다음과 같은 요건이 필요하다. 첫째, 해당 토지가 공간적으로나 경제적으로 관련성이 있어야 한다. 여기에서 '경제적 관련성'은 반드시 동일한 토지소유자에 속해야 된다는 의미가 아니라 경제적 통일체를 형성해야 함을 의미한다.[38] 둘째, 그 토지의 일부가 수용되어 잔여지가 더 이상 상당한 정도로 건축되거나 경제적으로 이용될 수 없는 경우이어야 한다.

(3) 소송형식

독일 기본법에서는 보상금소송에 관한 소를 통상법원에 제기할 수 있다고 규정하고 있다(독일 기본법 제14조 제3항 제4문). 따라서 토지수용과 관련된 보상의 수위에 대한 쟁송은 민사법원이 담당한다. 그러나 보상금소송에 관한 관할권이 민사법원에 있으나, 민사법원은 수용재결의 적법성과 같은 선결문제에 대해서는 행정법원의 판결에 기속된다(독일 법원조직법 제17a조 제2항 참조).

이와 같이 수용의 보상수준에 관한 소송은 통상법원이, 수용재결의 허용여부에 대한 판단은 행정법원이 담당하는 이원적인 대립구조로 구성되어 있다. 독일에서는 이러한 문제점을 합리적으로 해결하기 위해

37) 상세는 Battis/Krautzberger/Löhr, BauGB, 7. Aufl., § 92 Rn. 4.
38) Battis/Krautzberger/Löhr, a.a.O.

지방법원에 토지보상 전담재판부(Baulandkammern)를 두고 있다. 즉 수용재결과 관련된 보상금소송의 관할은 재결청이 소재하는 지방법원의 토지보상 전담재판부에 있다(독일 건설법전 제217조 제1항, 제219조 제1항 참조). 지방법원의 토지보상 전담재판부는 대체로 1명의 행정법원 판사(재판장 또는 전임법관)와 2명의 민사법원 판사로 구성되어 있다(독일 건설법전 제220조 제1항).[39]

Ⅳ. 잔여지보상의 소송형식

1. 문제의 제기

잔여지보상과 관련하여 토지수용위원회의 수용재결을 거치지 아니하고 당사자소송을 제기할 수 있는지가 문제된다. 판례는 대체로 잔여지보상에 관한 소송을 민사소송이 아닌 행정소송으로 보고 있다.[40] 그러나 잔여지보상에 관한 소송은 재결을 거친 후 항고소송 또는 보상금증감소송(형식적 당사자소송)은 제기해야 하는지, 아니면 곧바로 실질적 당사자소송으로 제기할 수 있는지 등이 다투어질 수 있다.

한편, 1994년 행정소송법의 개정으로 행정심판전치주의는 임의절차로 변경되었고, 다른 법률에 당해 처분에 대한 행정심판의 재결을 거치지 아니하면 취소소송을 제기할 수 없다는 규정이 있는 때에는 예외적으로 재결전치주의를 허용하고 있다(행정소송법 제18조 제1항 단서). 그러나 대법원은 개별 법령에 행정심판의 제기에 관한 근거 규정이 있는 경우에도 달리 그 행정심판의 재결을 거치지 아니하면 취소소송을 제기

39) 한편, 브레멘, 함부르크 등에는 토지보상 전담합의부(Senat)를 두고, 이는 2명의 행정법원 판사와 3명의 민사법원 판사로 구성되어 있다. 상세는 Brohm, Öffentliches Baurecht, 2. Aufl., § 25 Rn. 28.

40) 대법원 2004. 9. 24. 선고 2002다68713 판결; 대법원 2008. 7. 10. 선고 2006두19495 판결.

할 수 없다는 규정을 두고 있지 아니하는 한 그러한 행정심판의 재결을 거치지 아니하고도 취소소송을 제기할 수 있다고 보고 있다.[41] 또한 행정소송법 제3조 제2호에는 실질적 당사자소송이 규정되어 있으며, 토지보상법 제85조 제2항에는 보상금증감청구소송을 제기할 수 있도록 하고 있다. 따라서 소송형식을 반드시 항고소송으로 제한할 필요는 없는 것으로 보인다. 특히 잔여지 가격하락의 경우에는 이미 토지의 일부가 협의취득된 경우이므로, 토지소유자나 이해관계인이 사업시행자와 다시 협의하거나 별도의 수용재결을 거치도록 요구하는 것은 현실적으로 쉽지 않다. 이 경우에 당사자는 잔여지의 가격하락에 대한 보상을 사업시행자를 상대로 행정소송(실질적 당사자소송)을 통해 다툴 필요가 있다. 그리고 토지소유자 또는 관계인은 토지수용위원회에 수용을 청구하면서 잔여지가격하락을 이유로 토지보상법 제85조 제2항에 의해 보상금증액을 주장할 수 있다(형식적 당사자소송).

한편, 대법원은 주거이전비 보상청구소송을 행정소송법 제3조 제2호에 규정된 '당사자소송'에 의하여야 한다고 판시하고 있다.[42] 즉 재결이 없는 경우에 주거이전비 보상청구권은 실질적 당사자소송에 의하도록 하면서, 재결이 있는 후 보상금증감은 토지보상법 제85조 제2항에 의한 형식적 당사자소송, 그리고 보상금증감 이외의 다툼은 토지보상법 제85조 제1항에 의한 항고소송으로 다툴 수 있다고 보고 있다. 이 판결은 당사자에게 소송형식의 선택의 폭을 넓게 인정하였다는 점에서 의미가 있다. 이에 반해 잔여지감가보상청구에 관한 판결(2006두19495)은 '재결전치주의'를 강조하고 있을 뿐 아니라, 항고소송 내지 형식적 당사자소송(보상금증감청구소송)의 형식으로 소를 제기하도록 하여 당사자의 권리구제를 제한하고 있다. 이하에서는 판례의 입장을 검토한 후 유사사례(잔여지수용청구, 주거이전비보상 및 영업손실보상)를 비교・고찰하도록 한다.

41) 대법원 1999. 12. 20. 자 99무42 결정.
42) 대법원 2008. 5. 29. 선고 2007다8129 판결.

2. 판례의 입장

피고(한국수자원공사)가 한국수자원공사법 제9조 및 제10조에 근거하여 울산권광역상수도사업 실시계획을 수립하여 건설교통부장관의 승인을 얻은 후, 원고로부터 위 사업구역 내에 편입된 부분의 토지 일부를 협의취득하고 잔여지 33,862㎡만 남게 되었다. 이에 원고는 잔여지의 토지가격의 감소를 이유로 재결을 거치지 아니하고 피고를 상대로 손실보상을 청구하였다. 제1심 법원은 잔여지의 가격감소가 없었음을 이유로 원고의 청구를 기각하였다. 이에 원고는 부산고등법원에 항소하였으나, 원심은 수용재결의 절차를 거지치 않았음을 이유로 부적법각하를 하였다. 한편, 대법원은 원심을 수긍하여 재결절차를 거치지 않은 채 곧바로 사업시행자를 상대로 손실보상을 청구하는 것은 허용되지 않는다고 판시하였다.43)

당해 사건에서 대법원은 재결절차를 경유하도록 판시하고 있으나, 실질적 당사자소송의 형식으로 제기할 수 없음을 의미하는 것 이외에 구체적 소송형식을 확정하고 있지는 않다. 따라서 토지수용위원회의 재결에 대한 항고소송인지, 아니면 토지보상법 제85조 제2항의 실질적 당사자소송인지가 명확하지 않다. 적어도 이론적으로는 재결을 거친 경우에 형식적 당사자소송으로서 토지보상법 제85조 제2항에 근거한 보상금증감청구소송을 제기하거나, 또는 경우에 따라서는 재결의 취소를 구하는 항고소송을 제기할 수도 있을 것이다.

생각건대 토지보상법 제85조 제2항의 입법취지나 실무의 관행 등에

43) "공익사업법 제34조, 제50조, 제61조, 제73조, 제83조 내지 제85조의 규정 내용 및 입법 취지 등을 종합하여 보면, 토지소유자가 사업시행자로부터 공익사업법 제73조에 따른 잔여지 가격감소 등으로 인한 손실보상을 받기 위해서는 공익사업법 제34조, 제50조 등에 규정된 재결절차를 거친 다음 그 재결에 대하여 불복이 있는 때에 비로소 공익사업법 제83조 내지 제85조에 따라 권리구제를 받을 수 있을 뿐, 이러한 재결절차를 거치지 않은 채 곧바로 사업시행자를 상대로 손실보상을 청구하는 것은 허용되지 않는다고 봄이 상당하다."(대법원 2008. 7. 10. 선고 2006두19495 판결).

비추어보면 보상금증감소송이 통상적인 방법으로 여겨진다. 그러나 만약 재결을 거치지 아니하고 잔여지감가보상을 청구하는 경우에도 실질적 당사자소송의 형식으로 제기할 수 있는지가 문제된다. 이와 관련하여 대법원은 주거이전비 보상청구사건에서 '실질적 당사자소송'에 의한 권리구제가능성을 열어 놓고 있다.

3. 유사사례의 경우

(1) 잔여지수용보상의 경우

대법원은 구 토지수용법 하에서 잔여지수용청구와 관련하여, "구 토지수용법(2002. 2. 4. 법률 제6656호로 폐지되기 전의 것) 제48조 제1항은 공익사업을 위해 기업자에 의한 토지의 강제취득에 따라 남게 된 일단의 토지의 일부를 종래의 목적에 사용하는 것이 현저히 곤란한 경우에는 당해 토지소유자에게 형성권으로서 잔여지 수용청구권을 인정하고 있고, 이에 따라 잔여지에 대한 수용청구를 하려면 우선 기업자에게 잔여지매수에 관한 협의를 요청하여 협의가 성립되지 아니한 경우에 한하여 그 일단의 토지의 일부 수용에 대한 토지수용위원회의 재결이 있기 전까지 관할 토지수용위원회에 잔여지를 포함한 일단의 토지 전부의 수용을 청구할 수 있고, 그 수용재결 및 이의재결에 불복이 있으면 재결청과 기업자를 공동피고로 하여 그 이의재결의 취소 및 보상금의 증액을 구하는 행정소송을 제기하여야 하며, 곧바로 기업자를 상대로 하여 민사소송으로 잔여지에 대한 보상금의 지급을 구할 수는 없다"라고 하여,[44] 민사소송이 아닌 행정소송을 제기해야 함을 판시하고 있다. 그러나 구체적으로 그 '행정소송'이 항고소송인지, 아니면 형식적 당사자소송인지가 불명확하다.

종래 구 토지수용법 제75조의2에 규정된 보상금소송의 성질을 두고,

44) 대법원 2004. 9. 24. 선고 2002다68713 판결.

취소소송과 실질적 당사자소송의 병합제기설,[45] 법률이 정한 특수한 형태의 소송설,[46] 특수한 형태의 항고소송설 및 변형된 형식적 당사자소송설 등이 주장되었다. 판례는 재결청 외에 기업자를 공동피고로 한다는 의미에서 '필요적 공동소송'으로 보았다.[47] 그러나 현행 토지보상법 제85조 제2항에는 "행정소송이 보상금의 증감에 관한 소송인 경우 당해 소송을 제기하는 자가 토지소유자 또는 관계인인 때에는 사업시행자를, 사업시행자인 때에는 토지소유자 또는 관계인을 각각 피고로 한다"라고 규정하여, 구 토지수용법 제75조의2 제2항과 달리 보상금증감소송의 당사자에서 재결청이 제외되어 있다. 학설은 이러한 보상금증감청구소송을 형식적 당사자소송으로 보고 있다.[48]

(2) 주거이전비보상의 경우

주거이전비 보상청구권은 판례가 인정하고 있는 바와 같이 사회보장적인 차원에서 지급되는 금원의 성격을 가지며, 소위 '생활보상'의 일종으로 볼 수 있다. 따라서 주거이전비 보상청구소송은 민사소송이 아니라 행정소송에 의해야 한다. 대법원은 '주거이전비' 보상청구를 잔여지감가보상과 달리 행정소송법 제3조 제2호에 규정된 '당사자소송'에 의하도록 판시한 바 있다.[49] 이 사건에서 "행정소송법 제3조 제2호에 규

45) 이상규, 행정쟁송법, 제5판, 법문사, 2000, 306면.

46) 윤영한, "토지수용으로 인한 손실보상관계소송의 몇 가지 문제", 행정상손실보상의 주요문제(박윤흔 편), 1999, 475-477면.

47) 대법원 1991. 5. 28. 선고 90누8787 판결.

48) 김남진/김연태, 행정법 II, 제13판, 548면; 박윤흔, 최신행정법강의(상), 2004, 905면; 김동희, 전게서, 395면.

49) "구 공익사업을 위한 토지 등의 취득 및 보상에 관한 법률(2007. 10. 17. 법률 제8665호로 개정되기 전의 것) 제78조 제5항, 제7항, 같은 법 시행규칙 제54조 제2항 본문, 제3항의 각 조문을 종합하여 보면, 세입자의 주거이전비 보상청구권은 그 요건을 충족하는 경우에 당연히 발생하는 것이므로, 주거이전비 보상청구소송은 행정소송법 제3조 제2호에 규정된 당사자소송에 의하여야 한다. 다만, 구 도시 및 주거환경정비법(2007. 12. 21. 법률 제8785호로 개정되기 전의 것) 제40조 제1항에 의하여 준용되는 구 공익사업을 위한 토지 등의 취득 및 보상에 관한 법률 제2조, 제50조, 제78조, 제85조 등

정된 당사자소송"의 의미가 명확하지 않다. 즉 행정소송법 제3조 제2호의 전단부는 형식적 당사자소송을, 후단부는 실질적 당사자소송을 정하고 있어 "행정소송법 제3조 제2호에 규정된 당사자소송"의 의미를 보다 분명히 할 필요가 있다. 판결의 내용 중 형식적 당사자소송인 토지보상법 제85조의 보상금증감소송을 언급하고 있기 때문에 행정소송법 제3조 제2호에 규정된 당사자소송은 '실질적 당사자소송'을 의미하는 것으로 보아야 한다. 따라서 이 판결에 의하면 재결이 없는 경우에 세입자의 주거이전비 보상청구권은 실질적 당사자소송에 의하나, 재결이 있은 후에 보상금증감은 토지보상법 제85조 제2항에 의한 형식적 당사자소송, 그리고 보상금증감 이외의 다툼은 토지보상법 제85조 제1항에 의한 항고소송으로 다툴 수 있다고 보아 당사자의 소송형식의 선택의 폭을 넓게 인정하고 있다.

다만, 주거이전비 보상청구는 토지보상법 및 동법 시행규칙에 보다 구체적인 보상기준이 정해져 있다. 즉 구 토지보상법(2007. 10. 17. 법률 제8665호로 개정되기 전의 것) 제78조 제5항에서 "주거용 건물의 거주자에 대하여는 주거이전에 필요한 비용과 가재도구 등 동산의 운반에 필요한 비용을 산정하여 보상하여야"하고, 제7항에서는 "제5항 및 제6항의 규정에 의한 보상에 대하여는 건설교통부령이 정하는 기준에 의한다"라고 규정하고 있다. 또한 동법 시행규칙 제54조 제2항에는 "공익사업의 시행으로 인하여 이주하게 되는 주거용 건축물의 세입자로서 사업인정고시일 등 당시 또는 공익사업을 위한 사업법령에 의한 고시 등이 있은 당시 당해 공익사업시행지구 안에서 3월 이상 거주한 자에 대하여는 가구원수에 따라 4개월분의 주거이전비를 보상하여야 한다"라고 규정하

의 각 조문을 종합하여 보면, 세입자의 주거이전비 보상에 관하여 재결이 이루어진 다음 세입자가 보상금의 증감 부분을 다투는 경우에는 같은 법 제85조 제2항에 규정된 행정소송에 따라, 보상금의 증감 이외의 부분을 다투는 경우에는 같은 조 제1항에 규정된 행정소송에 따라 권리구제를 받을 수 있다."(대법원 2008. 5. 29. 선고 2007다8129 판결)

고 있다. 그리고 시행규칙 제54조 제3항에는 주거이전비를 통계법 제3조 제4호에 따른 통계작성기관이 조사·발표하는 가계조사통계의 도시근로자가구의 가구원수별 월평균 가계지출비를 기준으로 산정하며, 그 구체적인 산출방식을 상세히 규정하고 있다. 즉 주거이전비 보상의 경우에는 관계법령의 해석에 의해 손실보상의 범위가 사실상 확정되는 특징을 가진다.

(3) 영업손실보상의 경우

영업활동의 자유가 직업의 자유의 내용으로 파악될 수 있다는 점에서 영업권이 헌법상 재산권 보장의 범위에 포함되는지가 다투어지나, 독일에서는 영업권을 재산권의 내용으로서 파악하고 있다.[50] 특히 '설립·운영되는 영업'에 대한 권리는 독일 기본법 제14조의 재산권의 보호대상이 된다는 것이 독일 연방행정법원의 입장이다.[51] 영업활동의 권한이 아닌 영업의 존속에 관한 문제는 재산권의 보호범위에 속한다고 볼 수 있다.[52]

토지보상법 제77조 제1항에는 영업을 폐지하거나 휴업함에 따른 영업의 손실 등에 대한 보상을 규정하고 있다. 이러한 영업손실보상은 공용수용으로 인해 직접 발생한 손실에 대한 손실보상이라는 점에서, 간접손실에 해당하는 공익사업시행지구 밖의 영업손실(토지보상법 시행규칙 제64조)에 대한 보상과는 구별된다.[53] 따라서 토지보상법 제77조 제1항에서 정하고 있는 영업손실보상은 헌법 제23조 제3항의 재산권침해에

50) 이에 대한 상세한 독일의 문헌소개는 Papier, in: Maunz/Dürig, GG, Art. 14 Rn. 95. 독일 연방행정법원과 독일 연방통상법원도 그러한 입장이다. 상세한 소개는 정하중, "재산권의 보호대상으로서 개설된 영업: 독일 연방민사법원(BGH)의 판례를 중심으로", 행정상손실보상의 주요문제(박윤흔 편), 209면 이하.

51) BVerwGE 40. 157/165.

52) 상세는 졸고, "공용수용의 요건 및 한계에 관한 재검토", 법조 통권 제584호(2005. 5), 130-131면.

53) 박균성, 전게서, 780면.

따른 손실보상으로 볼 수 있다.

한편, 비닐하우스를 임차하여 화훼소매업을 영위하는 원고들이 재결을 거치지 아니하고 비닐하우스가 택지개발사업으로 편입되어 영업손실을 입었다고 하여 보상을 주장한 사건에서, 서울고등법원은 구 토지보상법 제77조 제1항 및 제4항, 구 토지보상법 시행규칙 제46조 및 제47조의 각 규정에 의해 "영업손실보상금은 요건을 충족하는 경우에 당연히 발생하고, 그 보상금청구소송도 행정소송법 제3조 제2호에 규정된 당사자소송에 의할 수 있다"라고 판시하였다.[54] 이 판결에 의하면 영업손실보상금은 재결을 거칠 필요 없이 바로 '실질적 당사자소송'을 제기할 수 있다.

영업손실보상과 관련하여 보상액의 구체적인 산정 및 평가방법과 보상기준, 제2항에 따른 실제 경작자 인정기준에 관한 사항은 국토해양부령으로 정하도록 하고 있으며(토지보상법 제77조 제4항), 이에 따라 동법 시행규칙 제45조 내지 제47조에는 영업손실의 보상대상, 영업의 폐지 및 휴업 등에 대한 손실평가 등이 상세히 규정되어 있다. 즉 영업손실보상의 대상이 되는 '영업'은 ① 사업인정고시일등 전부터 적법한 장소에서 인적·물적 시설을 갖추고 계속적으로 행하고 있는 영업, ② 영업을 행함에 있어서 관계법령에 의한 허가등을 필요로 하는 경우에 사업인정고시일 등 전(前)에 허가 등을 받아 그 내용대로 행하고 있는 영업 등이 해당한다(토지보상법 시행규칙 제45조). 또한 무허가건축물 등에서 임차인이 영업하는 경우에는 그 임차인이 사업인정고시일등 1년 이전부터 부가가치세법 제5조에 따른 사업자등록을 하고 행하고 있는 영업도 영업손실의 보호대상에 속한다. 공익사업의 시행으로 인하여 영업을 '폐지'하는 경우의 영업손실은 2년간의 영업이익에 영업용 고정자산·원재료·제품 및 상품 등의 매각손실액을 합산한 금액으로 평가하고,

---

54) 서울고등법원 2009. 6. 4. 선고 2008누20934 판결.

구체적인 영업이익의 산출방식은 동조 제3항에서 규정하고 있다(토지보상법 시행규칙 제46조 제1항, 제3항). 또한 공익사업의 시행으로 인하여 영업장소를 이전하여야 하는 경우의 영업손실은 휴업기간에 해당하는 영업이익에 ① 휴업기간중의 영업용 자산에 대한 감가상각비·유지관리비와 휴업기간 중에도 정상적으로 근무하여야 하는 최소인원에 대한 인건비 등 고정적 비용, ② 영업시설·원재료·제품 및 상품의 이전에 소요되는 비용 및 그 이전에 따른 감손상당액, ③ 이전광고비 및 개업비 등 영업장소를 이전함으로 인하여 소요되는 부대비용을 합한 금액으로 평가한다(토지보상법 시행규칙 제47조 제1항). 이 경우 휴업기간은 3월 이내로 하며, 영업이익의 평가에 관하여 영업의 폐지에 대한 손실평가 산식을 규정한 토지보상법 시행규칙 제46조 제3항을 준용하도록 하고 있다(동조 제2항, 제5항). 이와 같이 영업손실보상도 주거이전비 보상과 마찬가지로 관계 법령의 해석에 의해 대체로 확정될 수 있다.

4. 비판적 검토

위에서 살펴본 바와 같이 잔여지수용청구는 대체로 토지보상법 제85조 제2항의 보상금증감소송으로 제기할 수 있다. 한편, 잔여지감가보상에 관한 소송은 '재결'을 거치도록 하는 것이 대법원의 확고한 입장이다. 우선 주거이전비보상이나 영업손실보상은 관계 법령에 의해 보상의 수준이 확정될 수 있는 반면, 잔여지감가보상은 토지보상법 제73조 및 동법 시행규칙 제32조 제1항 등의 관계 법령만으로 손실보상액이 확정되기가 쉽지 않다. 그러한 이유에서 대법원이 위 2006두19495 사건에서 잔여지감가보상의 경우에 재결을 거친 후 토지보상법 제83조 내지 제85조에 따라 행정소송을 제기하도록 판시한 것은 실질적 당사자소송에 따른 법원의 부담경감과 토지수용위원회의 판단존중 등의 관점에서 충분히 수긍할 수 있다. 나아가 관련된 사건에서 소송형식을 통일적으로 확정함으로써 향후 소송당사자에게 예측가능성을 부여해 줄 수 있는 긍정적 측면도 있다. 이러한 판결은 토지보상법 제73조 제4항, 그리고 제9조 제6항 및 제7항의 규정내용에 상응한다. 즉 토지보상법 제9조 제6항 및 제7항의 규정을 준용하도록 한 동법 제73조 제4항의 규정에 의하면, 잔여지감가보상의 경우에도 손실 또는 비용의 보상이나 토지의 취득에 관하여 사업시행자와 보상협의를 거쳐야 하고, 이러한 협의가 성립되지 아니한 때에는 토지수용위원회에 재결을 신청하여야 한다. 이에 의하면 잔여지가격감소에 대한 손실보상청구를 기각하는 이의재결에 대해 항고소송을 제기하거나 형식적 당사자소송으로서 보상금증감청구소송을 제기할 수 있다.

그러나 잔여지감가보상은 수용재결을 구하는 것이 아니라 잔여지의 가격하락에 대한 금전적 보상을 다투는 것이 보통이다. 따라서 잔여지수용청구와 같이 수용재결을 반드시 거칠 필요가 없는 경우에도 토지수용위원회의 재결을 필수적 전치절차로 보아 항고소송 내지 형식적 당사자소송(보상금증감청구소송)의 형식으로 소를 제기하도록 하는 것은 잔여지보상소송(잔여지감사보상 및 잔여지공사비보상)의 본질에 부합하지 않는다. 또한 2006두19495 사건에서와 같이 사업구역내의 토지가 협의에 의해 취득된 경우, 즉 사업구역 내의 토지에 대해 재결을 거치지 아니하고 협의취득이 이루어진 경우에 잔여지부분에 대해서 토지수용위원회에 재결을 신청하는 것은 사실상 인용될 가능성이 높지 않다. 나아가 상고심에서 재결을 거치지 아니하였음을 이유로 상고기각을 하는 것은 소송당사자의 권리구제에 가혹(苛酷)할 수 있다.

한편, 잔여지가격하락으로 인한 손실보상은 대체로 사업시행지에 편입된 토지 등의 보상을 협의하거나, 그 토지의 수용재결이나 이의재결을 다투면서 잔여지가격하락으로 인한 보상이 없다는 것을 이유로 이의재결이나 행정소송을 제기하는 것이 보통이다. 또한 토지보상법 제74조에 근거하여 잔여지수용청구를 하고, 토지수용위원회의 재결(수용재결 또는 이의재결)에 불복하여 보상금증감소송을 제기하면서 잔여지가격하락에 대한 보상을 청구할 수도 있을 것이다.

생각건대 이론적으로 잔여지감가보상을 실질적 당사자소송으로 다투는 것을 배제할 이유가 없다. 실무상 잔여지감가보상은 협의절차, 수용재결 및 이의재결에서 잔여지가격하락에 대한 손실보상을 주장하는 것이 보통이다. 따라서 토지수용위원회의 재결이 정한 보상액이 잔여지가격하락에 대한 손실보상을 반영하지 못하면, 이에 불복하여 행정소송을 제기할 수 있다. 특히 사업시행지 내에 편입된 토지에 대해 손실보상금이 증액되고 잔여지의 가격하락 부분에 대한 손실보상이 반영되지 못한 재결에 대해서는 재결의 취소 또는 변경을 구하는 항고소송의 형태보다는 보상금의 증액을 구하는 보상금소송을 제기하여야 한다. 즉 이러한 잔여지의 가격하락 부분에 대한 손실보상은 대체로 토지보상법 제85조 제2항을 근거로 보상금증액청구소송을 제기하는 방식으로 이루어질 것이다.

V. 맺음말

최근 소송실무에 있어 잔여지보상의 요건 및 소송형식 등이 문제가 되고 있으나, 이에 관한 법리적 검토는 충분하지 않은 것으로 보인다. 잔여지보상은 재산권의 '존속보장'보다는 동일한 토지소유자에 속하는 일단의 토지의 일부가 이미 사업시행지에 편입된 후 잔여지가 재산적 가치가 감소 또는 불용(不用)의 상태에 이른 경우에 금전적 보상에 의한 '가치보장'을 위해 마련된 제도이다. 또한 일반적으로 '잔여지보상'으로 언급되는 것에는 잔여지감가보상, 잔여지공사비보상, 그리고 잔여지수용보상 등을 포함하고 있다. 잔여지수용보상이나 잔여지감가보상은 헌법 제23조 제3항의 '공용수용' 또는 '공용제한'에 해당한다고 볼 수 있으나, 잔여지공사비보상은 공용침해에 대한 손실보상의 헌법적 근거조항인 헌법 제23조 제3항의 '정당한 보상'에 속한다고 보기 어렵다.

또한 잔여지수용청구권을 보상금증감소송의 형식으로 제기될 수 있다는 점에서 이견(異見)이 없어 보이나, 잔여지감가보상의 소송형식에 대해서는 견해가 대립할 수 있다. 판례는 잔여지가격하락에 관한 손실보상청구소송의 경우에 반드시 토지수용위원회의 재결을 거치도록 하고 있다. 그러나 잔여지감가보상이나 잔여지공사비보상은 잔여지수용청구와 달리 잔여지의 수용이 아닌 금전적 보상을 목적으로 하고 있으며, 반드시 재결절차를 거칠 필요는 없다. 따라서 이론적으로는 잔여지가격하락이나 잔여지공사비에 관한 보상을 실질적 당사자소송(행정소송법 제3조 제2호 전단부)에 의할 수 있는 것으로 보인다. 또한 토지보상법 시행규칙 제32조 제1항에서 정하고 있는 잔여지가격감소에 관한 보상기준이 다소 불명확한 부분이 없지 않으나, 이 조항으로부터 잔여지감가보상청구권이 도출될 수 없다고 단정할 수 없다. 물론 사법정책적인 관점에서 관계 법령에 의해 손실보상금이 구체적으로 확정되기 어려운 경우에 재결을 거치도록 하는 것은 법원의 부담경감, 토지수용위원회의 판단권의 존중, 그리고 당사자의 예측가능성의 보장 등의 측면에서 충분히 수긍할 수 있다. 그러나 잔여지 가격감소에 따른 손실보상을 실질적 당사자소송에 의해 다투는 것을 배제할 필요는 없다. 현행 행정소송법에는 독일의 입법례와 달리 소송형식이 대단히 제한되어 있다. 독일 기본법에는 공권력에 의해 국민의 권리가 침해된 경우에 소송의 흠결이 없도록 하는 소위 '포괄적 권리구제'를 규정하고 있으며(제19조 제4항), 이에 근거하여 독일의 행정법원법에는 취소소송, 의무이행소송, 확인소송, 계속확인소송 및 일반이행소송 등 다양한 소송형식을 보장하고 있다. 따라서 판례가 당사자의 권리구제에 역행하여 소송형식을 획일적으로 제한하는 것은 바람직하지 않을 수 있다. 다만, 잔여지감가보상은 대체로 협의취득의 과정이나 재결절차(수용재결 및 이의재결)에서 잔여지 가격감소에 대한 손실보상이 반영되지 못함을 이유로 다투거나, 잔여지에 대해 수용청구를 먼저 한 후 수용재결이나 이의재결에서 기각된 경우에 토지소유자 및 관계인은 사업시행자를 피고로 하여 보상금증감소송의 형식으로 제기될 것이다.

지금까지 잔여지보상에 관한 이론적 논의가 충분하지 않은 상황에서 소송실무에 있어서 문제가 되는 잔여지감가보상의 소송형식에 관한 문제를 조망해 보았다. 이론적으로는 잔여지감가보상을 실질적 당사자소송의 형식으로 제기할 수 있으나, 당사자의 권리구제와 법원의 부담 그리고 감정평가실무 등의 제 사정도 간과할 수 없는 중요한 요소로 보인다. 향후 잔여지보상제도 전반에 대하여 학계의 깊이 있는 논의를 기대해 본다.

제5장 사회기반시설의 소음·진동 등에 의한 재산상 피해에 대한 권리구제

Ⅰ. 서 론

사회기반시설의 건설사업 시행 후에 그 운행에 따른 소음·진동 등으로 인해 인근 토지 등의 소유자에게 재산적 피해가 발생한 경우에 어떠한 권리구제수단을 강구해야 할 것인지가 문제된다. 예컨대 공익사업인 고속철도나 고속도로 등의 설치·운영이 적법한 경우에는 인근 토지 등의 소유자에게 발생한 재산상 피해에 대하여 손실보상이 고려될 수 있다. 손실보상청구권이 인정되기 위해서는 공용수용에 해당하여야 한다. 헌법 제23조 제3항에는 보상을 요하는 공용수용 내지 공용제한을 인정하고 있다. 헌법재판소는 이러한 공용수용 또는 공용제한을 "공공필요에 의한 재산권의 공권력적·강제적 박탈 내지 제한"이라고 이해하고 있다.[1] 소음·진동 등으로 인한 재산상 피해에 대해 손실보상을 청구하기 위해서는 공용수용에 해당하는지를 검토해야 한다. 공용수용의 '요건'을 충족하는지 여부를 판단하는 기준에 대해서는 견해대립이 있다. 대법원은 대체로 '특별한 희생' 또는 '특별한 손해' 등을 근거로 손실보상에 해당하는지 여부를 판단하고 있다.[2] 그러나 이러한 특별한

1) 헌재 1998. 3. 26. 93헌바12, 판례집 10-1, 227, 243.

2) "손실보상은 공공사업의 시행과 같이 적법한 공권력의 행사로 가하여진 재산상의 특별한 희생에 대하여 전체적인 공평부담의 견지에서 인정되는 것이므로, 공공사업의 시행으로 손해를 입었다고 주장하는 자가 보상을 받을 권리를 가졌는지의 여부는 해당 공공사업의 시행 당시를 기준으로 판단하여야 하고, 그와 같은 공공사업의 시행에 관한

희생 내지 특별한 손해가 무엇을 의미하는지에 대해서 논거는 명확히 제시되어 있지 않다. 후술하는 바와 같이 판례에서는 '수인가능성'이 부분적으로 고려되고 있을 뿐이다. 특별한 희생의 개념은 독일의 입법례에서 유래하고 있으며, 그 의미에 대해 다양한 학설이 소개된 바 있다.

국내학설은 공익사업의 시행 후 발생하는 소음·진동 등에 의한 재산적 피해를 이른바 '간접손실보상'의 문제로 다루고 있다. 이러한 '간접손실'을 헌법 제23조 제3항의 손실보상에 포함시킬 수 있는지에 대해서는 깊이 있는 이론적 검토가 필요하다. 전통적인 수용법리에 의하면 간접손실은 공용수용의 요건을 충족하기가 쉽지 않다. 또한 이러한 소음·진동 등에 의한 재산상의 피해에 대해 손실보상을 허용할 때에 어떠한 법리를 적용할 것인지, 그 보상의 기준 및 범위를 어떻게 확정해야 하는지 등이 문제된다. 그리고 공익사업을 위한 토지 등의 취득 및 보상에 관한 법률(이하 '토지보상법'이라 한다) 제79조 제2항, 동법 시행규칙 제50조, 제57조에 근거하여 사업시행자에게 손실보상을 청구할 수 있는지도 주요한 쟁점이다. 토지보상법에서는 "공익사업에 필요한 토지 등을 협의 또는 수용에 의하여 취득하거나 사용함에 따른 손실의 보상에 관한 사항"을 규정하고 있다. 소음·진동 등에 의한 피해를 동법의 적용대상으로 볼 수 있는지도 문제된다. 이러한 재산상 피해에 대해 손실보상을 직접 규정한 법률은 없다. 이와 관련하여 독일에서는 '수용유사적 침해이론'과 '수용적 침해이론'이 논의되고 있는데, 그 적용가능성에 대해서도 검토하기로 한다. 이러한 재산상 피해에 대해 손실보상청구권을 인정할 경우에 어떠한 소송을 제기해야 하는지도 문제된다. 종

실시계획 승인과 그에 따른 고시가 된 이상 그 이후에 영업을 위하여 이루어진 각종 허가나 신고는 위와 같은 공공사업의 시행에 따른 제한이 이미 확정되어 있는 상태에서 이루어진 것이므로 그 이후의 공공사업 시행으로 그 허가나 신고권자가 특별한 손실을 입게 되었다고는 볼 수 없다."(대법원 2014. 5. 29. 선고 2013두12478 판결. 동지 판례: 대법원 1991. 1. 29. 선고 90다6781 판결; 대법원 2006. 11. 23. 선고 2004다65978 판결; 대법원 2009. 6. 23. 선고 2009두2672 판결 등 다수)

래 학설은 손실보상청구권을 '사권설'로 일반화하여 설명하고 있지만, 실무적으로는 공법상 당사자소송(보상금증감소송 포함)이나 토지수용위원회의 재결에 대한 항고소송을 제기하는 경우도 적지 않다.

한편, 사업시행자의 법적 지위에 따라 민사상 손해배상 또는 국가배상이 고려될 수 있다. 사업시행자(한국철도시설공단, 한국도로공사 등)의 법적 지위에 따라 국가배상법 제5조에 따른 영조물의 설치·관리상의 하자에 관한 규정이나 민법 제758조의 공작물 등의 점유자, 소유자 등의 책임에 관한 규정이 적용될 수 있다. 이 경우 한국철도시설공단이나 한국도로공사의 법적 지위가 검토되어야 한다. 또한 환경정책기본법 제44조 제1항에는 환경오염 피해에 대해 '무과실책임'을 규정하고 있는데, 토지 등의 소유자가 이러한 조항에 근거하여 손해배상청구를 할 수 있는지도 문제된다. 소음·진동에 의한 피해는 환경정책기본법 제3조 제3호의 '생활환경'의 피해와 관련된 것일 뿐만 아니라, 이러한 피해는 '환경오염'에 해당한다(환경정책기본법 제3조 제4호). 이러한 환경오염 또는 환경훼손으로 피해가 발생한 경우에는 그 '원인자'가 그 피해를 배상하도록 규정하고 있다(환경정책기본법 제44조 제1항). 이러한 피해에 대해서도 환경정책기본법 제44조 제1항을 근거로 손해배상을 청구할 수 있는지, 이러한 배상청구를 할 수 있는 경우에 그 위법 여부를 어떠한 기준에 따라 판단할 것인지 등을 검토할 필요가 있다. 환경정책기본법 제44조의 무과실책임 조항을 확대하여 해석할 경우 배상책임의 대상이나 범위 등이 매우 넓게 적용될 여지가 있다. 그 밖에 무과실책임을 규정한 '환경오염피해 배상책임 및 구제에 관한 법률'에는 시설의 설치·운영에 관한 환경오염피해와 관련하여 그 사업자에 대한 배상책임을 규정하고 있다. 이 법률이 환경정책기본법과 어떠한 관계에 서 있는지에 대해서도 살펴볼 필요가 있다. 이하에서는 독일의 입법례(Ⅱ), 이른바 간접손실에 대한 보상가능성(Ⅲ), 환경정책기본법에 의한 손해배상 여부(Ⅳ)를 순서대로 살펴보도록 한다.

Ⅱ. 독일의 입법례

1. 독일의 수용이론의 변천과 특징

독일에서는 공용수용에 대한 손실보상의 판단기준으로 경계이론과 분리이론이 대립하고 있다. 경계이론(Schwellentheorie)은 독일 연방통상법원(BGH)의 판례에 의해 발전된 것이며, 특별희생(Sonderopfer)에 해당하는지 여부를 기준으로 손실보상 여부를 결정하고 있다. 그러나 특별희생의 개념이 무엇인지에 대해서는 여전히 학설상의 논란이 있으며, 그 결정적 기준이 제시되지 못하고 있다. 특별희생의 판단기준으로 개별행위설, 특별희생설과 같은 형식적 기준설이 등장하였으나, 판단기준으로서의 역할을 제대로 수행하지 못하였다. 이에 실질적 기준설로서 중대성설, 수인가능성설, 상황구속성설 등이 등장하였으나, 압도적으로 지배적인 학설이나 기준은 없는 상태이다.

이러한 독일 연방통상법원의 입장과 달리 독일 연방헌법재판소는 이른바 자갈채취판결(Nassauskiesungsbeschluss)[3] 이후 공용수용의 개념을 '공식화'하여 공용수용의 요건을 확립하고 있다. 이러한 독일 연방헌법재판소의 결정은 비교적 일관된 입장을 유지하고 있으며, 기본적으로 '분리이론'의 입장에 근거하고 있다. 분리이론(Trennungstheorie)에 의하면, 재산권의 공용수용과 재산권의 사회적 기속 내지 내용한계는 서로 엄격히 구별된다. 이러한 엄격한 이분법은 공용수용의 개념을 협소하게 만들지만, 역설적으로 재산권의 보장을 두텁게 한다. 이러한 분리이론은 재산권의 존속보장(Bestandsgarantie)의 이념에 충실한 것이다. 재산

3) BVerfGE 58, 300. 한편, 자갈채취결정은 상수도시설의 보호구역에서 자갈채굴 영업을 하던 원고 A가 수법(水法)에 따른 허가신청이 거부되자 전심절차에서 기각된 후 취소소송을 제기하지 않고 곧바로 연방통상법원에 수용적 침해를 이유로 보상청구를 한 것이다. 이에 독일 연방통상법원은 물관리법(WHG)의 관련 규정이 보상 없이 지하수이용을 배제하는 것을 위헌이라고 보아 독일 연방헌법재판소에 위헌법률심판을 제기하였다.

권 박탈 후의 '보상'보다는 재산권 침해에 대한 '방어'가 선행되어야 하는 것이다. 이를 위해서는 공용수용의 허용요건을 엄격히 해석해야 하며, 이러한 공용수용의 요건을 법률에서 구체적이고 명확하게 규정하는 것이 중요하다.

독일의 수용법 이론은 기본법 제14조에 근거하여 발전을 거듭하고 있을 뿐만 아니라, 입법적으로도 재산권을 침해하거나 제한하는 법률은 그 요건을 매우 상세하고 구체적으로 규율하고 있다. 공용수용의 요건은 독일 기본법 제14조 제3항에 근거하고 있다.[4] 독일 기본법 제14조의 규정은 우리 헌법 제23조 제3항의 규정과 유사한 점도 있지만, 보다 상세하고 유익하다. 독일 연방헌법재판소의 공식화된 수용개념은 형식적 수용개념(formeller Enteignungseingriff)이라고 부르고 있다. 이에 의하면, 수용은 "특정한 공적 과제의 수행을 위해 독일 기본법 제14조 제1항의 구체적이고 주관적인 재산적 지위를 전면적 또는 부분적으로 박탈하는 것을 목적으로 하는 것"이라고 파악되고 있다.[5] 이에 따라 공용수용의 요건은 첫째, 재산권에 대한 의도된 고권적 법률행위가 있어야 하며, 둘째, 독일 기본법 제14조에 의해 보호되는 재산권에 대한 전면적 또는 부분적 박탈행위이어야 하며, 셋째, 공적 과제의 수행을 위한 것이어야 한다.[6] 이러한 공용수용의 요건은 독일 연방헌법재판소뿐만 아니라 경계이론을 채택하였던 독일 연방통상법원도 따르고 있다.

이러한 공용수용의 요건은 매우 엄격하기 때문에 그 손실보상의 범위가 좁아질 수 있다. 그러나 재산권의 본질적 측면을 고려하면, 오히

4) 독일 기본법 제14조 제3항: 수용은 공공복리를 위해서만 허용된다. 수용은 보상의 종류와 범위를 규율하는 법률에 의하거나 법률에 근거하여서만 이루어져야 한다. 보상은 일반 공중과 당사자의 이익 사이의 정당한 형량을 통해 결정된다. 보상의 수위로 인한 쟁송의 경우에 권리구제는 통상법원에 있다.

5) BVerfGE 58, 300; 66, 248; 70, 191; 72, 66; 101, 239 등.

6) Jarass/Pieroth, GG, 15. Aufl., Art. 14 Rn. 76; Maurer/Waldhoff, Allgemeines Verwaltungsrecht, 19. Aufl., § 27 Rn. 41 ff.; 졸고, "공용수용의 요건과 한계", 법조 통권 제584호(2005. 5), 122-155면 참조.

려 재산권의 존속보장을 보다 더 강화하고 있다고 볼 수 있다. 손실보상의 범위가 넓다는 것은 역설적으로 재산권 침해, 특히 공용수용의 가능성이 더 높다는 것을 의미하기 때문이다. 독일의 수용개념은 시대적 변천에 따라 변해 왔다. 독일의 수용법제의 출발점은 프로이센일반국법 서문 제74조와 제75조에서 찾을 수 있다. 특히 동법 제75조에는 "국가는 공동체의 이익을 위해 그 특별한 권리와 이익의 희생이 요구되는 자에게 보상을 명할 수 있다"라고 규정하고 있다. 이러한 규정은 바로 '희생보상청구권'의 근거이기도 하다. 그러나 이후 19세기 후반에 들어와서 전통적 의미의 수용개념이 확립되었는데, 수용의 대상이 토지와 같은 부동산에 제한되었고 그 법형식도 행정행위로 한정되어 있었다. 또한 공익에 기여하는 구체적인 사업인 경우에 수용이 허용되었다. 전통적 의미의 수용개념은 매우 협소하였으나, 20세기 바이마르(Weimar) 공화국 시절에는 이러한 수용개념이 확대되기 시작하였다. 그러나 전술한 독일 연방헌법재판소의 자갈채취결정 이후 공용수용의 범위는 다시 좁아지게 되었고, 이러한 입장은 지금까지 크게 변함없이 유지되고 있다. 동일한 수용개념(Enteignung)을 그대로 사용하면서도 시대적 사정과 변천에 따라 그 의미가 변해온 것은 사실이다.

2. 임미시온에 의한 재산상 피해와 손실보상

독일 연방헌법재판소의 판례나 분리이론에 의할 경우 시설의 설치·운영으로 인해 발생하는 소음·진동 등에 의한 재산상의 피해는 공용수용의 요건에 해당하지 아니한다. 공용수용이 되기 위해서는 재산권에 대한 의도된, 전면적 또는 부분적 박탈행위이어야 한다. 또한 이러한 박탈행위는 고권적 '법률행위'이어야 한다. 또한 고속철도의 운영에 의한 소음·진동 등의 피해는 '의도적'인 재산권 침해가 아니기 때문에 이러한 공용수용의 요건을 충족하기 어렵다. 고권적 법률행위란 법적으로 중요한 의미를 가지는 구속력 있는 결정이어야 한다. 그러나 시설의 설치 · 운영으로 인한 소음 · 진동 등으로 발생하는 재산적 피해는 사실행위로 인한 것이 대부분이며, 고권적 법률행위에 속하지 아니한다.[7] 공용수용에는 직접 법률에 의한 '입법수용'과 법률에 근거한 행정행위나 법률하위규범 등에 의한 '행정수용'이 있다. 소음 · 진동 등에 의한 재산상의 피해는 양자 중 어디에도 속하지 아니한다.

이러한 재산상 피해는 재산권의 내용한계(Inhalts- und Schrankenbestimmung)에 해당된다. 이러한 재산권의 내용한계는 원칙적으로 손실보상이 필요하지 않지만, 해당 재산권의 제한이 비례의 원칙이나 평등원칙을 위반하는 경우에 입법자의 판단에 따라 보상규정을 마련할 수 있을 뿐이다. 이러한 보상을 독일에서는 '조정적 보상(Ausgleichsentschädigung)'이라고 이해하며, 공용수용에 대한 손실보상인 수용보상(Enteignungsentschädigung)과 구별하고 있다. 양자는 보상의 헌법적 근거뿐만 아니라 보상의 기준이나 범위 등에서도 차이가 있다. 이러한 조정적 보상은 재산권의 내용한계에 기초하고 있다는 점에서 이른바 조정적 보상부 내용한계(ausgleichspflichtige Inhalts- und Schrankenbestimmung)라고 부르고 있다.[8] 이러한 경우에는 불가분조항이 엄격히 적용되기 어렵다.[9] 조정적 보상부 내용한계규정의 경우에는 불가분조항이 아니라, 구제적(救濟的) 보상규정 또는 포괄적 보상규정(salvatorische oder pauscale Entschädigungsklauseln)이 고려된다.[10] 이러한 구제적(포괄적) 보상규정은 당사자에게 재산권의 중대한 이용제한이나 수용적 효과를 야기하는 경우 등과 같이 가혹한 경우에만 상당한 보상을 해 주어

7) 졸저, 행정구제의 기본원리, 제1전정판, 92면 참조.
8) 이에 대한 상세는 졸고, "재산권의 사회적 구속과 수용의 구별에 관한 독일과 한국의 비교법적 고찰: 이른바 조정적(조절적) 보상의무 있는 내용규정의 도입가능성", 공법연구 제32집 제3호(2004. 2), 363-386면 참조.
9) BVerwGE 84, 361/366 ff.; 94, 1/10 f.
10) Papier, in: Maunz/Dürig, GG, Art. 14 Rn. 569.

야 하는 것을 내용으로 한다. 이와 같이 독일에서는 소음 · 진동 등에 의한 재산적 피해는 이러한 '조정적 보상부 내용한계'의 관점에서 접근하고 있다.

이와 관련하여 독일 연방임미시온방지법(Bundes-Immissionsschutz-gesetz)에는 도로 · 철도 등에서 발생하는 소음 · 진동 등 유해한 환경영향에 의한 피해를 방지하기 위해 특별한 보상규정을 마련하고 있다. 독일 연방임미시온방지법에서는 사람, 동식물, 토양, 물, 대기 및 문화재 기타 물건 등에 영향을 미치는 대기오염, 소음, 진동, 빛, 온도, 광선 기타 유해한 환경피해를 '임미시온(Immissionen)'[11]이라고 정의하고 있다(동법 제3조 제2항). 또한 시설(Anlage)에서 나오는 대기오염, 소음, 진동, 빛, 온도 및 광선 등을 시설배출오염물질(Emissionen)이라고 한다(동조 제3항). 여기에서 말하는 '시설'은 작업장 기타 고정된 시설, 기계 · 장치 · 유동적 기술장치 및 차량, 시설오염물질을 가진 토지 등이다(독일 연방임미시온방지법 제3조 제5항 참조). 다만, '차량(Fahrzeug)'의 경우에는 독일 연방임미시온방지법 제38조에서 정하고 있는 차량의 제작과 운행과 관련된 임미시온을 제외한 것을 말한다.[12]

독일 연방임미시온방지법 제41조부터 제43조, 그리고 제50조에는 비교적 체계적이고 완결된 '교통소음방지조치'에 관한 특별규정을 두고 있다.[13] 우선 연방임미시온방지법 제50조에는 공간적으로 중요한 계획 및

11) 임미시온에 관한 법적 근거는 민법 제217조에서 찾을 수 있다. 즉 민법 제217조에는 "토지소유자는 매연, 열기체, 액체, 음향, 진동 기타 이에 유사한 것으로 이웃 토지의 사용을 방해하거나 이웃 거주자의 생활에 고통을 주지 아니하도록 적당한 조처를 할 의무가 있다"라는 규정을 두고 있다. 이를 '안온방해(安穩妨害)' 내지 '생활방해(生活妨害)'라고 부르기도 한다. 민법 제217조의 규정은 상린관계와 관련하여 민사상 방해배제청구권뿐만 아니라 발생한 손해에 대해서는 불법행위에 의한 손해배상청구의 근거조항이 된다고 보는 견해가 유력하다(이와 관련하여 곽윤직/김재형, 물권법, 제8판(전면개정)보정, 박영사, 2016, 243-247면 참조). 다만, 불법행위에 의한 손해배상청구에 있어서는 "위법성을 판단하는 지침으로서의 기능"을 가지는 것에 그친다고 보는 견해도 있다(유원규, 민법주해(Ⅴ), 292면).

12) 상세는 Jarass, BImSchG, 12. Aufl., § 41 Rn. 55.

13) Eifert, in: Schoch(Hg.), Besonderes Verwaltungsrecht, Kap. 5, Rn. 315 f.

조치를 하는 경우에 유해한 환경영향이나 중대한 사고 등을 피하기 위해 계획상의 원칙을 규정하고 있다. 이러한 임미시온방지법상의 계획원칙은 최적화명령(Optimierungsgebot)을 포함하고 있다고 보는 것이 지배적이다.[14] 제2단계로 독일 연방임미시온방지법 제41조에는 철로·전차궤도·도로 등의 건설이나 중대한 변경이 있는 경우에 교통소음을 통한 유해한 환경영향이 발생하지 않도록 한다. 이러한 경우에 기술의 수준(Stand der Technik)에 따라 회피할 수 있도록 하고 있다. 이를 적극적 소음방지조치(aktive Lärmschutzmaßnahme)라고 부른다.[15] 그러나 소음방지조치의 비용이 달성하고자 하는 소음방지의 목적에 적절히 비례하지 않고 과도하게 소요되는 경우에는 이러한 규정이 적용되지 아니한다. 제3단계로 독일 연방임미시온방지법 제42조에는 소극적 소음방지조치(passive Lärmschutzmaßnahme)와 관련된 보상규정을 두고 있다.

위 독일 연방임미시온방지법 제42조의 경우에 동법 제43조 제1항 제1문에 따라 연방정부의 법규명령에 정해진 임미시온의 허용치(Grenzwerte)를 넘으면 해당 건축시설의 소유권자는 건축부담의 주체인 사업시행자(Träger der Baulast)에게 상당한 금전보상을 청구할 수 있다. 임미시온의 허용치는 독일 연방정부의 법규명령에 위임되어 있으며, 이에 따라 교통소음방지령(Verkehrslärmschutzverordnung)이 제정되어 있다. 즉 적극적 소음방지조치를 집행하기 위해 구체적인 내용은 제16차 독일 연방임미시온방지령(16. BImSchV)에, 그리고 소극적 소음방지조치는 제24차 독일 연방임미시온방지령(24. BImSchV)에 위임하고 있다.[16] 이러한 법규명령은 공공의 도로 및 철로 등을 신설하거나 중대하게 변경하는 경우에 적용된다. 이러한 금전보상이 인정되기 위해서는 전술한 바와 같이 '교통소음방지령'의 허용치를 넘어야 할 뿐만 아니라 시설의 특별

---

14) Kloepfer, Umweltrecht, 4. Aufl., § 15 Rn. 718.
15) Jarass, BImSchG, § 41 Rn. 55.
16) Eifert, in; Schoch(Hg.), a.a.O., Kap. 5 Rn. 316.

한 이용으로 해당 침해가 수인할 수 없는 경우이어야 한다. 그러나 독일 연방임미시온방지법 제42조의 보상청구권은 종전부터 적용되던 수용법상의 수인한도(enteignungsrechtliche Zumutbarkeitsschwelle)를 넘었는지 여부와 관계없이 인정된다고 보고 있다.[17] 즉 특별한 희생과 관련하여 경계이론에서 주장하던 '수인가능성'이라는 기준과는 구별되고 있는 것이다. 이러한 금전보상은 교통소음을 수인하는 의무이행에 대한 조정적 보상이며, 이러한 교통소음 수인의 의무이행은 독일 기본법 제14조 제3항의 공용수용이 아니라 독일 기본법 제14조 제1항 제2문에 근거한 재산권의 내용한계에 해당한다.[18] 금전보상금의 수위나 범위는 실제 소요된 비용이며, 소음방지를 위한 건축조치의 비용으로 방음창문의 설치비용이나 발코니의 판유리 설치비용, 숙면을 하는 장소의 통풍장치 등이 여기에 속한다.[19] 이러한 금전보상은 독일 기본법 제14조에서 규정하고 있는 재산권의 박탈에 대한 손실보상(수용보상)과 구별된다.

3. 수용적 침해이론에 근거한 손실보상

독일에서는 개별 법률의 보상규정 외에 수용적 침해이론에 근거한 손실보상이 논의될 수 있다. 오늘날 간접손실은 독일 기본법 제14조 제3항에 의한 손실보상의 범위에서 제외되고 있다.[20] 그러나 독일 연방통상법원은 종래 보상의 범위를 확대하기 위해 수용유사적 침해이론과 수용적 침해이론을 발전시켜왔다. 수용유사적 침해(enteignungsgleiche Eingriffe)는 "고권적 처분을 통해 직접적으로 영향을 미치고 재산권으로 보호되는 법적 지위의 위법한 침해"를 의미한다.[21] 이와 달리 수용적 침해

17) Jarass, BImSchG, § 42 Rn. 3.
18) Jarass, BImSchG, § 42 Rn. 3. 이에 대한 상세는 졸저, 행정구제의 기본원리, 165-166면.
19) Jarass, BImSchG, § 42 Rn. 18.
20) Rüfner, in: Erichsen(Hg.), Allgemeines Verwaltungsrecht, 12. Aufl., § 49 Rn. 27.
21) Maurer/Waldhoff, a.a.O., § 27 Rn. 88.

(enteignende Eingriffe)는 적법한 행정행위의 "비전형적(이형적)이고 예상하지 못한 부수적 효과로 인한 재산권침해"를 의미하며, 수용법상의 희생의 한계를 넘어서는 경우에 보상을 해주어야 한다.[22] 이러한 수용적 침해의 전형적 사례로는 도로건설작업으로 인한 인근상점이나 주유소의 매상고의 손실 및 교통장애 등이 그러하다. 이는 독일 연방통상법원에 의해서 창안되었으며, 통상적인 경우에는 재산권의 사회적 구속에 해당하나 예외적으로 중대한 손해에 대해서만 보상(특별보상)할 수 있다고 보고 있다.[23]

독일 연방통상법원은 교량건설,[24] 도시에 설치된 폐기물처리장의 임미시온,[25] 그리고 후술하는 교통소음 등에 대해 '수용적 침해'를 인정한 바 있다. 또한 독일 연방통상법원은 종래 교통소음에 의한 재산적 가치 감소에 대한 보상은 수용적 침해이론에 근거하고 있다고 보았다.[26] 이러한 수용적 침해를 인정하기 위해서는 모든 재산권 침해를 망라하는 것이 아니라, 일정한 요건을 충족하여야 한다. 이와 관련하여 첫째, 수용적 침해의 대상이 독일 기본법 제14조 제1항의 재산적 가치가 있는 법적 지위이어야 하고, 둘째, 침해가 적법한 행정작용의 의도되지 않고 이형적(異形的)인 부수적 결과이어야 하며, 셋째, 이러한 부수적 결과는 수용유사적 침해와 마찬가지로 직접적인 재산권 침해가 되어야 하며, 마지막으로 이러한 침해가 이를 통해 특별한 손해, 따라서 특별희생(Sonderopfer)이 있어야 한다.[27] 적법한 행정작용에는 '사실행위'도 포함되며, '직접적' 침해의 사례로는 건물의 손상, 차량의 손괴 및 지속적인 영업상의 이용제한 등이 있다.

---

22) Maurer/Waldhoff, a.a.O., § 27 Rn. 107.
23) BGHZ 64, 220.
24) BGH, NJW 1965, 1907.
25) BGH, NJW 1980, 770.
26) BGHZ 97, 114/117.
27) Maurer/Waldhoff, a.a.O., § 27 Rn. 112.

독일 연방통상법원은 교통소음 사건에서 토지소유자가 수인할 수 있는 여부를 기준으로 보상 여부를 판단하고 있으며, 수인가능성을 연방임미시온방지법의 기준에 의하고 있다.[28)] 이 사건의 원고 K는 B市에 거주하는 사람으로 1938년 설치한 다층 임대주택의 소유자이며, 해당 주택은 R도로와 H도로의 모퉁이에 위치하고 있다. 이 지역을 관통하는 R도로는 1964년에 건설되었는데, 이 도로는 B市의 도심지역을 통해 대형화물운송을 포함하여 북서쪽 교통의 주요 부분을 차지하고 있다. 원고 K는 B市에 대해 확장된 R도로의 교통소음으로 인한 수인할 수 없고, 특정한 시간에 건강에 유해함을 주장하면서 금전적 조정보상을 주장한다. K는 이로 인해 수건의 임대계약이 해지되고 소음장해로 인해 임대를 더 이상할 수 없을 뿐만 아니라 주택의 재산적 가치도 감소되었다고 주장한다. 또한 31,000마르크(DM)의 설치비용으로 이중창을 설치하면 소음을 일부 줄일 수 있다고 보고, 피고에게 이자와 더불어 31,000마르크(DM)를 지불할 것을 신청하였다. 제1심 지방법원(Bonn 지방법원) 및 항소심(Köln 고등법원)은 원고의 청구를 기각하였다. 그러나 상고심(연방통상법원)은 항소심 판결을 파기환송하였다. 이 사건에서 독일 연방통상법원은 지급해야 할 보상을 원칙적으로 해당 토지 위에 필요한 소음방지시설을 설치하기 위한 금전비용이라고 보았다. 독일 연방통상법원은 독일 연방임미시온방지법 제42조의 보상도 독일 기본법 제14조 제3항의 수용보상이라고 보고 있다. 그러나 근래의 학설은 이러한 연방통상법원의 입장과 달리 조정적 보상의 문제로 이해되고 있음은 전술한 바와 같다.

한편, 수용유사적 침해이론이나 수용적 침해이론은 고전적 수용이론과 더불어 손해전보제도의 공백을 메우기 위해 발전된 것이다. 그러나 독일 연방헌법재판소의 자갈채취판결 이후 재산권 이론은 새로운 전환

28) BGHZ 64, 220.

을 맞이하였고, 수용유사적 침해이론 및 수용적 침해이론은 그 법적 근거를 상실하였다. 이후 독일 연방통상법원에 의하면, 이러한 이론들은 독일 기본법 제14조 제3항에서 법적 근거를 찾지 못하고 관습법상의 희생보상사상으로 회귀하게 된다.[29] 독일 연방통상법원은 이러한 수용유사적 · 수용적 침해이론을 완전히 포기하지 않았지만, 그 이론적 기반이 큰 타격을 받았음은 분명하다. 또한 독일 연방통상법원은 전술한 바와 같이 독일 연방헌법재판소가 확립한 '형식적 수용개념'을 따르고 있다. 이러한 변화는 수용유사적 · 수용적 침해이론의 이론적 기반이 매우 취약해졌음을 보여준다.[30] 특히 독일 연방헌법재판소는 분리이론을 채택함으로써 공용수용의 요건을 확립하고, 이러한 요건을 충족하지 못하는 경우에는 모두 재산권의 내용한계(독일 기본법 제14조 제1항 제2문)에 속하게 된다고 보고 있다. 그러나 이러한 재산권의 내용한계에 해당하더라도 예외적으로 비례원칙이나 평등원칙을 위반하는 경우에는 '조정적 보상'이 고려된다. 다만, 이러한 조정적 보상은 불가분조항이 적용되지 아니하여, 이러한 보상규정이 없더라도 해당 법률의 규정이 곧바로 위헌무효가 되지 아니한다. 이러한 보상규정을 전술한 바와 같이 '조정적 보상부 내용한계'라고 부르고 있는 것이다. 한국 헌법재판소는 이른바 '그린벨트' 사건인 개발제한구역의 지정에 관한 재산권 침해의 문제에 대해 위헌이 아니라 헌법불합치결정을 내린 바 있다.[31] 이러한 헌법재판소의 결정도 그 기본구조 및 특성에 있어서는 독일의 '분리이론'과 맥락을 같이하고 있다.

---

29) BGHZ 90, 17/31. 이에 대한 상세는 Ossenbühl, Staatshaftungsrecht, 5. Aufl., S. 225.

30) 수용유사적 · 수용적 침해이론의 문제점과 최근동향에 대해서는 졸저, 행정법의 특수문제(행정법연구 3), 법문사, 2018, 111-112면 참조.

31) 헌재 1998. 12. 24. 89헌마214 등.

4. 환경책임법 및 연방임미시온방지법에 근거한 손해배상

독일에서는 오래전에 '위험책임'을 규정한 환경책임법(Umwelthaftungsgesetz)이 제정되어 있다. 특히 독일 환경책임법 제6조 제1항에는 "어떤 시설이 개별 사건의 상황에 따라 손해를 야기하기에 적합한 경우에는 그 시설에 의해 손해가 발생한 것으로 추정한다"라고 규정하고 있다. 이는 인과관계의 추정책임을 규정한 것이며,[32] '적합성(Eignung)'이 인정되는 경우에는 피해자의 입증책임 부담을 경감해 주고 있다. 이러한 '적합성'의 판단은 운영과정, 사용된 설비, 투입되거나 배출된 물질의 종류와 농도, 기상여건, 손해발생의 장소 및 시간 등 모든 사정을 고려하여 판단하고 있다(독일 환경책임법 제6조 제2항). 또한 독일 연방임미시온방지법 제14조에도 환경상의 불리한 영향과 관련하여 손해배상에 관한 규정을 두고 있다. 독일 연방임미시온방지법상의 시설인가에 불가쟁력이 발생한 경우에는 특별한 권원을 가지고 있는 때를 제외하고 특정한 토지에서 다른 인근토지에 불리한 영향을 미치는 것을 방지하기 위해 사법상(私法上)의 권원에 근거하여 시설의 설치를 요구할 수 없다. 사법상의 방어청구권을 배제하고 있는 것이다. 이 경우에 불리한 환경상의 영향을 방지하는 장치의 설치를 요구할 수 있고, 기술수준에 따른 이러한 방지장치를 설치할 수 없거나 경제적으로 주장할 수 없는 경우에는 손해배상만 가능하다(독일 연방임미시온방지법 제14조 제2문). 이와 관련하여 쾰른(Köln) 고등행정법원은 원고 甲이 인근에 있는 화학정화시설을 운영하는 피고 乙에게 자신의 집 지하실에 있는 난방시설에 소위 4염화에틸렌 수치가 높아졌음을 이유로 손해배상을 청구한 사건에 해당 환경오염물질이 대기오염기술지침(TA Luft)에서 정한 허용치를 상회하고 가해행위와 손해 발생 사이에 인과관계가 추정된다고 판시하였

---

32) 졸고, "새로운 환경책임법제의 도입과 피해구제절차의 문제점", 환경법연구 제37권 제3호(2015. 11), 261면.

다.[33] 그러나 쾰른 고등행정법원은 독일 연방임미시온방지법 제14조 제2문에 의한 원고의 손해배상뿐만 아니라 민사상의 손해배상도 부인하였다.[34] 이러한 대기오염기술지침은 독일에서 '규범구체화 행정규칙'에 해당한다.

5. 검 토

독일에서는 입법적으로 이러한 문제를 해결하고 있음을 알 수 있다. 독일 연방통상법원의 판례에서 수용적 침해이론에 의한 보상을 인정한 일부 사례도 있으나, 이러한 이론에 근거한 판례는 점차 감소되고 있다. 분리이론의 입장에서는 소음·진동 등에 의한 재산상 피해는 원칙적으로 공용수용에 해당하지 아니하며, 예외적으로 평등원칙이나 비례원칙 등을 위반하여 상대방에게 가혹한 경우가 발생하는 경우에 개별 법률에 보상규정을 마련할 수 있다. 이러한 피해에 대해서는 개별 법률에 보상규정을 마련하는 것이 바람직하다고 보는 것이다. 소극적 소음방지조치로서 금전보상을 규정한 독일 연방임미시온방지법 제42조가 그 대표적 사례이다. 다만, 이러한 보상규정은 재산권의 내용한계에 관한 것임에 주의할 필요가 있다. 이를 독일 기본법 제14조 제3항의 수용보상으로 본 독일 연방통상법원의 판례가 있지만, 오늘날에는 이를 '조정적 보상부 내용한계'로 파악하는 견해가 지배적이다. 독일 연방헌법재판소의 자갈채취판결 이후 수용유사적 및 수용적 침해이론은 심각한 타격을 입었다. 이러한 이론들은 그 법적 근거를 상실한 후 관습법상의 희생보상청구권에 회귀하였고, 독일의 학설도 그 법적 근거에 대하여 의견의 일치를 보지 못하고 있다. 그러한 근거 규정이 없는 경우에 수용적 침해이론을 그대로 접목하는 것은 신중할 필요가 있다. 독일의 입

33) OLG Köln, Urt. v. 3. 12. 1992-1 U 17/91.
34) 상론은 졸저, 행정법의 특수문제, 242-243면.

법례는 소음·진동 등에 의한 재산상의 피해를 입법적으로 해결하고 있음을 보여주고 있다. 또한 비록 제한적이지만 일부 하급심에서 위험책임을 규정한 환경책임법이나 독일 연방임미시온방지법 및 독일 민법 등의 규정에 근거한 손해배상을 인정하고 있다.

Ⅲ. 간접손실의 보상가능성

1. 간접손실의 개념과 허용범위

사회기반시설에서 발생하는 소음·진동 등에 의한 재산상 손실을 '간접손실'이라고 부르기도 한다. '간접손실'이라는 개념은 실정법에 근거가 없지만, 일부 학설은 이를 손실보상의 하나로 다루고 있다. 간접손실의 개념은 통일되어 있지 않지만, 흔히 "공익사업으로 인하여 사업시행지 밖의 소유자 등에게 발생하는 손실"을 의미하고 있다.[35] 간접손실보상에 해당하는 것으로는 영업손실보상, 이전비보상, 그리고 잔여지보상(잔여지감가보상, 잔여지매수 및 수용청구 등) 등이 있다. 그러나 영업손실보상이나 이전비보상 등은 '생활보상'의 한 유형으로 다루어지고 있다.[36] 판례도 사업시행지(기업지) 밖의 소유자 등에게 발생하는 손실을 '간접손실'로 이해하고 있다.[37] 그러나 이러한 간접손실이라는 용어를 사용하는 것은 신중해야 한다. 간접손실을 인정하는 것은 존속보장의 취지에 기초한 수용법이론에 배치될 수 있다. 사업시행지 밖의 소유자 등에게 발생하는 손해나 부수적 손해 등에 대해 이러한 용어를 사용하는 것은 보상의 기준이나 범위 등을 판단하는데 어려움을 줄 수 있다.

---

35) 간접손실의 용어사용에 대한 문제점과 비판으로는 박균성, "간접손실보상의 재검토", 토지보상법연구 제8집(2008. 2), 1-21면.

36) 이에 대한 상론은 졸저, 행정구제의 기본원리, 291면.

37) 대법원 1999. 6. 11. 선고 97다56150 판결; 대법원 2002. 11. 26. 선고 2001다44352 판결.

이와 관련하여 토지보상법 시행규칙 제59조 이하에서는 사업시행지 밖의 손실보상에 대해 규정하고 있다. 그러나 이러한 보상규정이 헌법 제23조 제3항에 근거하고 있다면, 이 조항의 취지에 비추어 법률에서 직접 규율하는 것이 바람직하다. 토지보상법 제79조 제2항에서는 "공익사업이 시행되는 지역 밖에 있는 토지 등이 공익사업의 시행으로 인하여 본래의 기능을 다할 수 없게 되는 경우에는 국토교통부령으로 정하는 바에 따라 그 손실을 보상하여야 한다"라고 규정하고 있다. 해당 규정에서는 손실보상의 기준이나 범위 등이 명확히 규정되어 있지 않고, 이를 '부령'에 포괄적으로 위임하고 있다. 비록 침해적 규정에 해당하는 것은 아니지만 중요한 기본권의 하나인 재산권의 박탈 내지 제한에 대해 손실보상을 법률에서 규정하지 않고 이를 포괄적으로 하위법령(부령)에 규정하는 것은 포괄위임금지의 원칙에도 위반된다. 뿐만 아니라 이러한 손실에 대한 보상을 헌법 제23조 제3항과 연결하는 견해에 의할 경우에는 정당한 보상의 원칙에 반할 수 있다.

독일의 입법례에서 살펴본 바와 같이, 사업시행지 밖의 재산상 손실을 재산권의 내용한계(헌법 제23조 제1항 후문)에 해당하는 것으로 볼 경우에는 위헌의 문제가 발생하지 않는다. 그러나 예외적으로 비례원칙이나 평등원칙 등에 위배되는 경우에는 입법자가 보상규정을 마련하여야 한다. 이 경우 보상의 기준이나 범위 등은 입법자의 형성적 자유에 맡겨져 있다. 소음·진동 등에 의한 재산상 피해가 위법한 경우에는 손해배상의 문제이지만, 적법한 시설의 운영으로 재산상 손해가 발생한 경우에는 손실보상의 문제로 접근할 수 있다. 그러나 소음·진동에 의한 재산상의 피해는 원칙적으로 헌법 제23조의 요건을 충족한다고 보기 어렵다. 소음·진동으로 인하여 발생하는 재산적 피해뿐만 아니라 영업상 손실(폐업손실 등), 이전비용보상 등은 재산권에 대한 공용수용의 직접적 침해로 발생하는 것이 아니다. 이러한 침해가 헌법 제23조의 공용수용 내지 공용제한에 해당한다면, 그 근거 법률에서 이에 대한 보상규정을 마련해야 한다. 즉 불가분조항(Junktimklausel) 내지 결부(부대)조항을 엄격히 적용하면, 이러한 침해규정은 모두 위헌·무효가 될 수 있다. 고속철도의 운영으로 발생하는 소음·진동 등에 의한 재산적 피해는 고권적 법률행위에 의한 재산권 침해가 아니므로 공용수용의 요건을 충족하지 아니한다. 또한 공용수용에 준하는 공용제한으로 보기도 어렵다. 독일에서는 이러한 사실행위에 의한 재산권 침해는 모두 재산권의 내용한계규정으로 보고 있다.[38] 불가분조항은 독일 기본법 제14조 제3항의 공용수용에 대해서만 적용되고, 조정적 보상부 내용한계에 대해서는 적용되지 아니 한다.[39]

2. 간접손실보상의 판단

도로·철로 등에서 발생하는 소음·진동에 의한 재산상 피해는 대체로 사업시행지 밖에서 발생한다는 점에서 이른바 '간접손실'에 해당한다. 이러한 간접손실에 대해서도 손실보상을 인정할 수 있는지, 그리고 이를 인정할 경우에 그 논거 내지 기준은 무엇인지가 문제된다. 이러한 간접손실에 대해서는 보상규정이 없는 경우가 적지 않다. 대법원은 "특별한 희생", "특별한 손해" 등의 개념을 사용하고 있지만, 그 구체적인 판단기준을 제시하고 있지 않다. 실제 이러한 기준은 매우 모호하여 구체적인 사안에서 법원의 판단에 의할 수밖에 없다. 그러나 특별한 희생에 근거하여 보상을 판단하는 학설은 특정한 학설보다는 대체로 '절충설'을 채택하고 있으나 그 기준의 절충도 각양각색이다. 이와 달리 헌법재판소는 구 도시계획법 제21조의 위헌소원 사건(이른바 그린벨트 사건)[40] 이후에 이러한 분리이론의 입장에 서 있다. 분리이론의 입장에서

38) 대표적으로 Jarass, Inhalts- und Schrankenbestimmung oder Enteignung?, NJW 2000, S. 2841 ff.; Maurer/Waldhoff, a.a.O., § 27 Rn. 50 등 참조. 사실행위에 대한 재산권 침해의 문제에 대해서는 졸저, 행정구제의 기본원리, 139-140면 참조.

39) BGHZ 99, 24/29; 126, 379/381; Jarass, in: Jarass/Pieroth, GG, Art. 14 Rn. 94.

40) 헌재 1998. 12. 24. 89헌마214 등.

는 공용수용의 요건을 명확히 하고, 이러한 요건을 충족하지 않는 경우는 모두 재산권의 내용한계에 해당한다고 보고 있는 것이다.[41] 헌법재판소는 이미 공용수용의 요건을 제시한 바 있다. 즉 국민의 재산권을 그 의사에 반하여 강제적으로라도 취득해야 할 공익적 필요성이 있을 것, 법률에 의거할 것, 정당한 보상을 지급할 것 등이 그러하다.[42] 그러나 이러한 공용수용의 요건은 보다 더 구체적이고 정치하게 제시되어야 한다. 헌법 제23조 제3항을 기준으로 공용수용의 요건은 아래와 같이 구체화될 수 있다. 첫째, 재산권에 대한 고권적 법률행위가 있을 것, 둘째, 직접 법률에 의하거나 법률에 근거한 재산권의 박탈행위 내지 제한행위가 있을 것, 셋째, 공적 과제의 수행과 관련하여 공공필요성(특별히 중대한 공익적 필요성)이 있을 것을 요건으로 한다.[43] 이러한 헌법적 논의를 바탕으로 개별 법률에서 이러한 공용수용의 요건을 명확히 설시하는 것이 더욱 중요하다. 개별 법률에는 대부분 수용이나 사용에 관한 간략한 규정만을 두고 있을 뿐이다. 헌법상 재산권 보장의 취지에 비추어 공용수용의 허용요건을 보다 엄격히 규정할 필요가 있다. 이러한 공용수용에 해당하기 어려운 경우에 헌법 제23조 제3항의 '공용제한'에 해당하는지도 문제된다. 공용사용은 일종의 '사용제한'으로서 공용제한에 속한다. 판례에서 이러한 '공용제한'에 관한 해석을 찾기는 어렵다. 그러나 공용제한의 개념을 확대할 경우 재산권의 사회적 기속 내지 재산권의 내용한계와 충돌할 수 있다. 고속철도의 운행으로 인한 소음·진동의 피해는 이러한 공용수용이나 공용제한의 요건을 충족시키기가 쉽

41) 독일의 학설 및 판례의 변화에 대해서는 졸저, 행정구제의 기본원리, 122-127면 이하.

42) 헌재 1998. 3. 26. 93헌바12, 판례집 10-1, 226, 243. 그러나 이러한 요건은 헌법 제23조 제3항의 규정을 그대로 되풀이하고 있을 뿐, 구체적인 내용이 제시되어 있지 않다. 따라서 판례에서 이러한 요건을 보다 명확히 제시할 필요가 있다. 예컨대 사실행위에 의한 재산권 침해도 공용수용의 포함시킬 것인지도 분명하지 않다. 첫 번째 요건과 관련하여 독일 연방헌법재판소는 사실행위에 의한 재산권 침해는 공용수용의 요건에서 배제하고 있다.

43) 졸고, "공용수용의 요건과 한계", 122면 이하 참조.

지 않다.

독일에서는 교통소음에 의한 재산상의 피해를 수용적 침해이론을 통해 해결한 바 있다. 독일 연방통상법원은 전술한 바와 같이 이러한 재산상의 피해가 위법한 재산권 침해로 인하여 발생한 경우에는 수용유사적 침해이론을, 그리고 부수적이고 비전형적인 재산상 피해인 경우에는 수용적 침해이론을 적용하였다. 그러나 오늘날 이러한 이론을 그대로 적용할 수 있는지에 대해서는 견해 대립이 있다. 이에 대한 선구적 견해는 입법적 해결이 바람직하다고 전제하면서도 입법의 흠결이 있는 경우에는 헌법규정에 입각한 해석론이 필요하다고 보고 있다. 즉 공용침해를 통하여 특별한 희생을 입고 있으나 법률에 보상규정이 없는 경우에 이러한 수용유사적 침해 및 수용적 침해의 법리를 인정할 수 있다는 견해가 그러하다.[44] 이러한 견해는 수용법제가 충분히 발전되지 못한 척박한 상황에서 독일의 이론을 진취적으로 도입한 것이라는 점에서 학문적으로 높게 평가될 수 있다. 또 다른 견해도 독일의 학설과 판례를 통해 상당히 비중을 가진 것으로 평가하고 있다고 전제하면서, 한국의 상황에서 문제해결에 도움을 줄 수 있다고 보고 있다. 즉 "우리에게 중요한 것은 수용유사적 침해이론이 우리와 토양을 달리하는 독일법에서 성립하여 발전한 것이지만, 유사한 손해전보제도를 유지하는 한국의 법적 상황과 문제를 해결함에 있어서도 충분히 고려될 수 있는 실천적 측면을 가지고 있다"라는 주장이 그러하다.[45]

그러나 이러한 견해에 대해 비판적 견해도 유력하다. 즉 일설은 "수용유사침해이론은 이미 앞에서 반복한 바와 같이 독일식의 문제해결을 위한 특유한 방법이라고 보아야 하며, 그 상황이 여러 면에서 다른 우리 나라에서는 그 효력을 발휘하기 어려운 제도라고 평가할 수 있다"라고 보고 있다.[46] 또한 "이 법리의 일부(예컨대 수용유사침해이론)는 우리나

44) 김남진/김연태, 행정법 I, 694-695면.
45) 김성수, 일반행정법, 홍문사, 제7판, 2014, 751면.

라에도 적용될 수 있다고 보는 견해가 있기는 하나, 이들 법리가 실정법적 법원리로서 적용될 수 있는지에 대하여는 아직도 보다 많은 검토와 논의가 필요한 것으로 본다"라는 유보론 내지 신중론의 입장도 있다.[47] 또 다른 견해도 "수용유사적, 수용적 침해제도는 독일의 특유한 역사적인 배경속에서 발전된 제도로서 한국의 행정상의 손해전보제도의 발전에 하나의 참고는 될 수는 있으나 현실적인 수용을 위하여는 여러가지 법정책적이고 법방법론적인 문제점들을 안고 있다"라고 보고 있다.[48] 이 견해는 우리의 국가배상법의 과실책임주의를 극복하기 위하여는 과실 개념을 실무적으로 독일의 조직과실이나 프랑스의 공역무의 과실과 같이 객관화시켜야 하며, 스위스의 국가배상법과 같이 무과실책임제도를 도입하는 것이 바람직하다고 주장한다. 그 밖에 독일식의 헌법적 근거(희생사상)를 적용할 수 없지만, 헌법의 여러 조항(헌법 제10조, 제23조 제1항, 제23조 제3항, 제37조 제1항)을 유기적으로 해석하여 손실보상을 인정하자는 견해도 있다.[49] 그러나 수용유사적 침해이론에 근거하여 유추적용에 의한 손실보상을 인정함에 있어서 가장 큰 장애는 해당 사안에 적용할 보상의 기준과 방법 등에 관한 아무런 준거가 없다는 사실이다. 이와 관련하여 유력설은 "보상의 구체적인 기준과 방법에 관한 법규가 없는데도 불구하고 현실적으로 어떠한 기준과 방법에 의해 보상을 인정할 수 있는지에 대하여는 구체적인 해답이 없으며, 만일 보상의 기준과 방법을 달리 찾을 수 있다면 구태여 수용유사적 침해의 법리를 원용할 필요조차 없을 것이다"라고 지적하고 있다.[50]

이와 관련하여 판례의 입장을 살펴볼 필요가 있다. 1980년 6월 말경

46) 류지태, "수용유사침해이론의 비판적 검토", 박윤흔(편), 행정상 손실보상의 주요문제, 박영사, 1997, 539면.
47) 김동희, 행정법 I, 제21판, 박영사, 2015, 630면.
48) 정하중, 행정법개론, 제13판, 법문사, 2019, 603면.
49) 홍정선, 행정법원론(상), 제27판, 894면.
50) 이상규, 신행정법론(상), 신판, 644-645면.

비상계엄 당시 국군보안사령부 정보처장이 언론통・폐합 조치의 일환으로 문화방송(MBC) 소유의 방송사 주식을 강압적으로 국가에 증여하게 한 것이 '수용유사행위'에 해당되는지 여부가 문제되었다. 원심인 서울고등법원은 구 헌법 제22조 제3항을 근거로 수용유사적 침해이론을 인정하는 내용으로 판시하였다.[51] 그러나 대법원이 수용유사적 침해이론을 언급하고 있지만, 이러한 이론을 명확히 도입하고 있다고 보기는 어렵다.[52] 이후의 대법원 판결에서 수용유사적 침해이론을 명확히 적용한 사례도 발견하기 어렵다. 또한 수용적 침해이론을 명확히 적용한 사례도 대체로 동일하나, 후술하는 바와 같이 유추적용을 통한 보상을 인정한 사례가 있을 뿐이다.[53] 그러나 다른 법령에 규정된 보상조항의 유추적용이 수용적 침해이론을 적용된 것이라고 단정하는 것은 성급하다. 판례에서 '특별한 희생' 내지 '특별한 손해'라는 기준을 사용하고 있지만, 구체적으로 어떠한 기준에 근거하고 있는지에 대해서는 상세히 논증하고 있지 않다. 이와 달리 독일에서는 특별한 희생의 개념보다 연방헌법재판소의 자갈채취판결 이후에 확립된 형식적 수용개념에 의해 판단하고 있으며, 이른바 수용적 침해이론의 존속 여부도 문제되고 있다. 나아가 최근에는 이러한 수용적 침해이론을 '조정적 보상부 내용한계'로 대체시킬 수 있는지가 논의되고 있다.[54] 따라서 수용유사적 침해 및 수용적 침해이론의 도입여부에 대해서는 보다 신중해야 한다.

3. 간접손실보상의 실현방법

보상에 관한 직접적 근거 규정이 없는 경우에 어떠한 방식으로 이를 실현할 수 있는지가 문제된다. 이와 관련하여 헌법 제23조 제3항에 근

51) 서울고등법원 1992. 12. 24. 선고 92나20073 판결.
52) 대법원 1993. 10. 26. 선고 93다6409 판결.
53) 이러한 유추적용을 통해 결과적으로 판례에서 수용유사적 침해이론이 인정되었다고 평가하는 견해도 있다(김중권, 행정법, 제3판, 902면).
54) 졸저, 행정구제의 기본원리, 140-141면.

거하여 직접 보상을 주장할 수 있다는 견해(직접적용설),[55] 이러한 재산권 침해에 관한 법률에 보상 규정이 없는 경우에 그 법률을 위헌무효로 판단해야 한다는 견해(위헌무효설), 그리고 헌법 제23조 제1항 및 제11조를 근거로 유추적용이 가능하다는 견해(간접적용설 내지 유추적용설) 등이 있다. 그 밖에 법률에 보상규정이 없는 경우에는 보상이 불가능하며 입법적으로 해결되어야 한다는 견해도 있다.[56]

한편, 제3공화국 헌법 제20조 제3항의 보상규정과 독일 기본법의 보상규정과 헌법 제23조 제3항의 보상규정이 유사하다는 점을 근거로 직접효력설을 주장하면서도 수용유사적 침해 및 수용적 침해에 따른 보상이론이 적용될 수 있다는 견해도 있다.[57] 그러나 "보상은 법률로써 하되"라고 규정한 헌법 제23조 제3항에 모순되며, 독일에서는 불가분조항을 근거로 재산권을 침해하는 법률은 위헌무효로 본다는 점에서 위헌무효설이 지배적 견해이다. 그 밖에 보상규정의 흠결의 경우 입법부작위에 대한 헌법소원을 제기할 수 있다는 견해도 있다.[58] 헌법재판소는 조선철도 주식의 보상금청구에 대해 이를 인정한 바 있으나, 진정입법부작위에 대해 헌법소원을 인용한 경우는 드물다.[59] 이러한 헌법소원이 인용되더라도 현실적으로 보상입법을 구체적으로 하지 않는 한 권리구제의 실효성은 높지 않다. 조선철도(주) 주식의 보상금청구에 관한 헌법소원은 사설철도주식의 전 재산을 수용한 것에 대한 보상절차를 규정한 법률의 공백을 다투는 것이라는 점에서 형식상 입법부작위에 대한 것이

55) 박균성, 행정법론(상), 제15판, 883면. 그러나 법률에 아무런 보상규정이 없는 경우에 헌법의 규정만으로 손실보상을 인정하기는 어렵다. 헌법 제23조 제3항의 규정으로부터 구체적인 보상의 기준과 범위 등을 도출할 수는 없기 때문이다.

56) 박윤흔, 최신행정법강의(상), 개정29판, 798면.

57) 김남진, 행정법의 기본문제, 신판, 법문사, 1994, 457-458면. 한편, 헌법의 규정이 법률의 유추근거가 된다는 것은 논리적으로 타당하지 않다는 비판이 있다(이광윤, 일반행정법, 전면개정판, 439면).

58) 김문현, "재산권의 사회적 구속성과 공용수용의 체계에 대한 검토", 공법연구 제32집 제4호, 7면.

59) 헌재 1994. 12. 29. 89헌마2, 판례집 6-2, 395면 이하.

지만, 그 본질은 불가분조항과 밀접한 관련을 가진 것이다.

대법원은 위 간접적용설 내지 유추적용설의 논거로서 소개되는 헌법 제23조 제1항 및 제11조에 근거하지 아니하고, 곧바로 구 공공용지의취득및손실보상에관한특례법 시행규칙의 규정을 유추적용하여 보상을 인정하고 있다. 즉 산업기지개발사업의 시행에 따라 김양식이 불가능하게 되어 수산업협동조합이 상실하게 된 김위탁판매수수료의 손실보상과 관련하여, 구 공공용지의취득및손실보상에관한특례법 시행규칙 제23조의5, 6의 각 규정을 유추적용할 수 있다고 판시하고 있다.[60] 그러나 이러한 판례의 입장이 수용유사적 침해이론이나 수용적 침해이론을 직접 적용한 것으로 보기는 어렵다. 보상규정의 흠결로 인해 보상을 확대하기 위한 해석으로 이러한 유추적용의 방식을 따르고 있을 뿐이다. 그러나 이러한 유추해석을 함에 있어서도 법률이 아닌 시행규칙의 규정을 따르고 있다. 즉 토지보상법 시행규칙 제45조 이하에는 농업, 축산업 및 잠업 등과 관련된 영업손실에 관한 손실보상을 두고 있다.[61] 토지보상법 제77조에서 영업손실에 관한 근거 규정을 두고 있으며, 동조 제4항에는 보상액의 구체적인 산정 및 평가 방법과 보상기준, 제2항에 따른 실제 경작자 인정기준에 관한 사항을 국토교통부령에 위임하고 있다. 토지보상법 제77조 제4항에서 비교적 구체적인 사항을 부령에 위임하고 있으므로 포괄위임금지의 원칙 내지 명확성원칙에 위배되지는 아니한다. 또한 토지보상법 시행규칙 제46조부터 제48조까지는 영업손실에 관한 일반적 규정을 두고, 축산업과 잠업의 손실에 대해 준용하고 있다. 그러나 이러한 보상규정은 공익사업에 필요한 토지 등을 협의 또는 수용에 의하여 취득하거나 사용하는 경우에 적용되어야 한다(토지보상법 제1조 참조). 소음・진동 등에 의한 재산상 피해는 협의취득뿐만 아

60) 대법원 1995. 7. 14. 선고 94다38038 판결.

61) 이러한 영업손실의 근거에 대해서는 논란이 있으나, 헌법 제34조의 사회적 기본권에 근거하고 있다고 보는 것이 타당하다(졸저, 행정구제의 기본원리, 265-267면 참조).

니라 재산권의 강제적 박탈이나 제한인 공용수용 내지 공용제한에 의한 것이 아니다. 따라서 고속철도나 고속도로의 운행으로 발생하는 소음·진동 등에 의한 재산상 피해에 대해 토지보상법 제77조에 규정된 "영업을 폐지하거나 휴업함에 따른 영업손실"에 관한 규정을 적용하기 어렵다. 다만, 이러한 재산상 피해에 대해 토지보상법 제77조 및 동법 시행규칙 제46조부터 제48조까지의 규정을 유추적용할 수 있는지가 문제된다.

4. 간접손실에 대한 소송형식

이러한 영업손실이나 이전비 등의 보상에 대한 적합한 소송형식이 무엇인지에 대해 견해대립이 있다. 판례는 종래 공익사업으로 인하여 영업을 폐지하거나 휴업하는 자가 재결절차를 거치지 아니하고 곧바로 사업시행자를 상대로 영업손실보상을 청구할 수 없다고 판단하였다. 즉 영업손실에 대해 곧바로 공법상 당사자소송을 제기할 수 없고, 이에 대해서는 재결을 거친 후 항고소송을 제기해야 한다고 판단한 것이다. 그러나 소송형식이 매우 제한적인 한국 행정소송법의 구조나 특징에 비추어, 소송형식을 지나치게 엄격하게 판단하는 것은 권리구제의 관점에서 바람직하지 않다. 무엇보다 이러한 영업손실에 대해서 재결전치주의를 명시한 경우는 없으며, 상고심에서 소송형식을 이유로 부적법 각하를 하는 것은 재고할 필요가 있다. 당사자가 중앙토지수용위원회나 지방토지수용위원회에 재결을 신청하고, 이에 불복하여 항고소송을 제기할 수 있음은 물론이다. 또한 이러한 재결에 대해 경우에 따라서는 토지보상법 제85조 제2항에 근거한 보상금증감청구소송을 제기할 수도 있다. 그러나 매수청구에 대하여 항고소송을 제기할 수 없고 보상금증감청구소송만 제기할 수 있다는 판례의 입장도 이해하기 어렵다.[62]

---

62) 대법원 2015. 4. 9. 선고 2014두46669 판결.

대법원은 토지소유자인 원고(甲)가 지방토지수용위원회에 사업시행자인 구청장 乙이 3년 이상 토지를 사용하였음을 이유로 수용을 청구하였으나 각하재결을 받았다. 이에 甲은 위 각하재결의 취소를 구하는 소를 제기한 것이다. 대법원은 이에 대해 부적법각하를 하면서, 보상금의 증감에 관한 소송을 제기할 수 있다고 판시하였다. 그러나 보상금증감청구소송의 허용이 소송경제적 측면에서 효율적인 것은 사실이지만, 토지수용위원회의 각하재결에 대하여 취소소송을 제기하는 것을 불허하는 것은 이해하기 어렵다. 대법원은 오히려 이러한 수용청구권을 형성권으로 이해하고 있으나, 매수청구권의 상대방이나 절차 등도 잔여지수용청구권과 완전히 동일하다고 보기 어렵다(토지보상법 제74조 제1항 참조).

한편, 소송형식에 대한 명문의 규정이 없는 경우에는 국민의 권리구제의 관점에서 유연한 입장을 견지하는 것이 바람직하다. 주지하다시피 독일의 행정소송에서는 소송형식에 대한 명문의 규정이 없어도 기존의 소송형식은 물론이고, 해석을 통해 새로운 소송형식을 적극적으로 인정하고 있다. 항고소송 일변도의 접근방식은 오히려 국민의 권리구제를 취약하게 만들 뿐만 아니라 무리한 법리를 적용할 수 있다. 항고소송의 용량은 무한대가 아니다. 법률하위규범이나 (권력적)사실행위, 공법계약 등에 대해 무리하게 항고소송의 대상을 확대하는 경향은 이러한 문제점을 반영하는 것이다. 이러한 판례의 입장은 일본의 판례나 학설과 궤를 같이 하고 있으나, 이제는 이를 극복해야 한다. 위에서 언급한 바와 같이 재결을 거친 경우에는 항고소송이나 형식적 당사자소송으로서 보상금증감청구소송이 고려될 수 있으나, 재결을 거치지 아니한 경우에도 실질적 당사자소송을 제기할 수 있는 기회를 보장해야 한다.

5. 해결방안

이러한 문제에 대한 손실보상의 가능성은 아래와 같이 두 가지 관점에서 정리할 수 있다. 첫째, 사회기반시설(특히 교통시설)의 설치나 운영 등에 의해 발생하는 소음 · 진동 등에 의한 재산상 피해는 공용수용의 요건 중 '고권적 법률행위'에 해당하지 아니한다. 이러한 재산적 침해는 헌법 제23조 제3항에서 규정하는 의도된 재산권의 박탈 또는 제한에 해당하지 아니한다. 소음 · 진동 등에 의한 재산권 침해와 관련한 근거 법령이 없다는 점도 이러한 점을 보여 주는 것이다. 그러므로 분리이론에 근거한 공용수용의 개념에 의할 경우 이러한 재산적 피해는 손실보상을 요하지 아니하나 이러한 재산적 피해가 비례원칙이나 평등원칙을 위반하는 경우에는 입법자가 보상규정을 둘 수 있음은 물론이다. 현행 법령에는 독일 연방임미시온방지법 제42조와 같은 소음 · 진동 등에 의한 재산적 피해에 대한 보상규정을 찾기 어렵다. 따라서 이러한 분리이론에 의할 경우에는 소음 · 진동 등에 의한 재산상 피해에 대해 원칙적으로 손실보상을 청구할 수 없다.

둘째, 고속도로나 고속철도 등의 설치 · 운영에 의해 발생하는 소음 · 진동 등에 의한 재산적 피해의 경우 수용유사적 침해나 수용적 침해의 법리가 적용될 수 있다. 위법한 고권적 조치로 인하여 이러한 재산적 피해가 발생하는 경우에는 수용유사적 침해가 될 수 있다. 그 침해행위의 위법성을 판단함에 있어서 '특별희생'과 밀접한 관련을 가진다. 그러나 교통 소음 · 진동 등이 관계 법령상의 허용기준이나 규제기준을 초과하는 것은 그 침해행위의 위법을 판단하는 중요한 기준이다. 예컨대 소음 · 진동관리법 시행규칙 제26조 및 [별표 12]에 규정된 교통소음 · 진동의 관리기준은 매우 중요한 척도이다. 이러한 위법을 논증하는 것이 어려운 경우에, 즉 적법한 행정작용(고속철도의 운행)으로 인하여 발생하는 교통 소음 · 진동 등에 대해서는 수용적 침해이론이 고려될 수 있다. 이러한 이론이 적용되기 위해서는 앞에서 언급한 수용적 침해이론의 성립요건을 충족하여야 한다. 즉 침해의 직접성, 이형적(異形的)이고 부수적 결과 및 특별한 희생 등이 문제된다.

수용유사적 및 수용적 침해이론을 통해 손실보상이 인정될 경우에도 보상규정이 흠결되어 있다. 이 문제를 해결하기 위해서 전술한 바와 같이 학설상 견해대립이 있다. 수용유사적·수용적 침해이론을 주장하는 견해는 유추적용을 통해 해결하고 있다.[63] 이와 관련하여 영업상 손실에 대해서는 토지보상법 제77조에 영업손실의 보상에 관한 근거규정을 두고 있으며, 그 위임에 따라 토지보상법 시행규칙 제45조 이하에서도 농업, 축산업 및 잠업 등과 관련된 영업손실에 관한 손실보상을 규정하고 있다. 그러나 여기에서 규정하는 영업손실은 "영업을 폐지하거나 휴업함에 따른 영업손실에 대하여는 영업이익과 시설의 이전비용 등"에 관한 것이다. 또한 이러한 영업손실은 공익사업의 시행을 위한 협의취득이나 공용수용 또는 공용제한에 의한 경우이어야 한다. 소음·진동 등에 의한 재산적 피해(영업손실)는 사업시행지 밖에 위치한 경우가 대부분이다. 토지보상법 시행규칙 제64조에 의한 영업손실보상이 되기 위해서는 배후지의 3분의 2 이상이 상실되어 그 장소에서 영업을 계속할 수 없는 경우, 진출입로의 단절, 그 밖의 부득이한 사유로 인하여 일정한 기간 동안 휴업하는 것이 불가피한 경우에 해당하여야 한다. 그러나 소음·진동 등에 의한 재산상의 피해는 이러한 요건을 충족하기 어렵다. 이와 같이 관계 법령의 유추적용에 있어서도 어려운 점이 적지 않다. 다만, 수용적 침해이론을 적용할 경우에 토지보상법 제77조 제4항의 위임에 따라 동법 시행규칙 제46조부터 제48조까지에서 영업손실의 평가 등에 관한 규정을 두고 있으므로 손실보상의 기준과 범위 등을 판단하는 데에 좋은 준거가 될 것이다.

원칙적으로 분리이론에 의할 경우에 소음·진동 등에 의한 재산적 피해에 대해서는 헌법 제23조 제3항의 공용수용 내지 공용제한의 요건을 충족하기 어렵지만, 이른바 특별한 희생에 근거한 경계이론에 의할

---

63) 김남진/김연태, 행정법 I, 2018, 662면.

경우에는 손실보상의 가능성이 열려 있다. 전자의 경우에는 독일과 같이 보상규정의 근거가 있어야 하나, 후자의 경우에는 해석에 의해 손실보상이 인정될 수 있다. 이와 같이 분리이론에 의할 경우에는 소음·진동 등에 의한 재산상의 피해에 대한 보상규정이 없는 상황에서 손실보상을 청구할 길이 없다. 이러한 재산상 피해는 재산권의 내용한계에 해당할 뿐, 원칙적으로 수용보상의 대상이 아니다. 이와 달리 경계이론에 의할 경우에 수용적 침해이론이 고려될 수 있다. 다만, 수용적 침해이론을 명확히 확립하고, 그 요건의 충족 여부를 면밀히 검토해야 한다. 주의할 것은 수용적 침해이론이 그 법적 근거를 상실한 후 점차 쇠퇴하고 있다는 점이다. 그러한 점에서 이러한 이론을 적용하는 것은 신중해야 하며 재고의 여지도 많은 것이 사실이다. 사견으로는 분리이론의 입장에서 접근하는 것이 타당하며, 이에 대한 손실보상의 문제도 입법적 해결이 가장 바람직하다고 본다.[64]

Ⅳ. 환경정책기본법에 의한 손해배상의 허용 여부

1. 문제의 소재

위법한 시설의 설치·운영 등에 의해 발생하는 소음·진동 등의 재산상 피해에 대해서는 손해배상의 가능성이 고려될 수 있다. 이러한 손해배상에는 민사상 손해배상과 국가배상을 고려할 수 있다. 공익사업을 시행하는 사업시행자의 법적 지위에 따라 소송형식이나 법적 근거가 달라질 수 있다. 예컨대 한국철도시설공단은 한국철도시설공단법에 근거하여 철도시설의 건설 및 관리와 그 밖에 이와 관련되는 사업을 효율적으로 수행하기 위해 설립된 공법인이다(한국철도시설공단법 제3조). 또한 한

64) 근래에 행정법학계에서도 분리이론을 지지하는 견해가 늘고 있음은 고무적이다(김중권, 전게서, 902면).

국철도시설공단은 '위탁집행형 준정부기관'에 해당한다(공공기관의 운영에 관한 법률 제5조 제3항 제2호 참조). 한국철도공사는 철도운영에 관한 사업의 전문성과 효율성을 제고하여 철도산업과 국민경제의 발전에 기여하기 위해 설립된 법인이다(한국철도공사법 제2조). 공공기관 경영정보 공개시스템(ALIO)에 의하면, 한국철도공사는 '준시장형 공기업'에 해당한다.

이러한 경우에 국가배상법 제5조에 따라 영조물의 설치·관리상의 하자에 의한 손해배상이 인정될 수 있는지가 문제된다. 여기에서 말하는 영조물은 강학상 '공물'로 이해된다. 이러한 공물은 형체적 요소와 더불어 공용지정(또는 공용개시)이 있어야 성립한다. 도로나 철도 등은 이러한 요건을 충족하는 경우에 '공물'에 해당할 수 있다. 또한 영조물의 설치·관리상의 하자가 무엇을 의미하는지에 대해서는 견해가 대립하고 있으나, 판례의 주류는 객관적 안전성을 근거로 한 객관설의 입장에 서 있다. 다만, 판례는 객관설의 입장을 원칙으로 하면서도, 그 책임의 제한을 위해 '예견가능성'과 '회피가능성'의 기준을 사용하고 있다. 이는 객관설의 입장이 대체로 무과실책임을 주장하고 있기 때문에 그 책임을 합리적으로 제한하기 위해 주관적 요소를 고려하고 있는 것이다. 따라서 주관설(의무위반설)의 근거판례 중에서 대법원 1997. 4. 22. 선고 97다3194 판결은 객관설의 입장을 기본적으로 취하고 있다.[65] 다만, 대법원 2000. 2. 25. 선고 99다54004 판결은 원칙적으로 객관설의 입장에 서 있으면서도 책임제한을 위해 주관적 요소를 추가한 것이

65) "도로의 설치 또는 관리의 하자는 도로의 위치 등 장소적인 조건, 도로의 구조, 교통량, 사고시에 있어서의 교통사정 등 도로의 이용상황과 그 본래의 이용목적 등 제반 사정과 물적 결함의 위치, 형상 등을 종합적으로 고려하여 사회통념에 따라 구체적으로 판단하여야 할 것인바, 도로의 설치 후 제3자의 행위에 의하여 그 본래 목적인 통행상의 안전에 결함이 발생한 경우에는 도로에 그와 같은 결함이 있다는 것만으로 성급하게 도로의 보존상 하자를 인정하여서는 안되고, 당해 도로의 구조, 장소적 환경과 이용상황 등 제반 사정을 종합하여 그와 같은 결함을 제거하여 원상으로 복구할 수 있는데도 이를 방치한 것인지 여부를 개별적, 구체적으로 심리하여 하자의 유무를 판단하여야 한다."(대법원 1997. 4. 22. 선고 97다3194 판결)

다.[66] 그러나 배상책임자가 국가 또는 지방자치단체를 제외한 기타 공공단체인 경우에도 국가배상법이 적용될 수 있는지에 대해서는 견해가 대립하고 있다. 이에 대해서는 민법 제758조 제1항의 규정을 적용해야 한다는 견해가 다수설이다.

소음·진동 등에 의한 재산상 피해는 환경정책기본법 제44조 제1항과 밀접한 관련을 가진다. 국가배상법 제5조의 요건과 관련하여 위법·무과실책임을 주장하는 견해를 제외하고는 대체로 별도로 위법성 여부를 논하지 않으며, 영조물의 설치·관리상의 하자만을 검토하고 있을 뿐이다. 또한 민법 제758조 제1항의 공작물책임도 공작물의 '설치·보존의 하자'만 논할 뿐 별도로 위법 여부를 검토하지는 않는다. 그 하자도 "공작물 자체가 그 용도에 따라 통상 갖추고 있어야 할 객관적 안전성"으로 이해하고 있다.[67] 그러나 민법 제758조 제1항의 배상책임자는 1차적으로 '점유자'이고, 제2차적으로 '소유자'이다.[68] 이와 같이 배상책임의 주체나 면책가능성 등에 있어서 다소 차이가 있으나, 국가배상법 제5조와 민법 제758조 제1항의 적용대상은 서로 중첩적일 수 있다. 영조물(공물)의 개념이 '공작물'의 개념보다 더 넓다고 보는 것이 일반적이나 도로·철로 등도 공작물의 개념에 포함된다. 한편, 환경정책기본법

---

66) "국가배상법 제5조 제1항 소정의 영조물의 설치 또는 관리의 하자라 함은 영조물이 그 용도에 따라 통상 갖추어야 할 안전성을 갖추지 못한 상태에 있음을 말하는 것으로서, 영조물이 완전무결한 상태에 있지 아니하고 그 기능상 어떠한 결함이 있다는 것만으로 영조물의 설치 또는 관리에 하자가 있다고 할 수 없는 것이고, 위와 같은 안전성의 구비 여부를 판단함에 있어서는 당해 영조물의 용도, 그 설치장소의 현황 및 이용 상황 등 제반 사정을 종합적으로 고려하여 설치 관리자가 그 영조물의 위험성에 비례하여 사회통념상 일반적으로 요구되는 정도의 방호조치의무를 다하였는지 여부를 그 기준으로 삼아야 할 것이며, 객관적으로 보아 시간적·장소적으로 영조물의 기능상 결함으로 인한 손해발생의 예견가능성과 회피가능성이 없는 경우 즉 그 영조물의 결함이 영조물의 설치관리자의 관리행위가 미칠 수 없는 상황 아래에 있는 경우에는 영조물의 설치관리상의 하자를 인정할 수 없다."(대법원 2000. 2. 25. 선고 99다54004 판결)

67) 곽윤직, 채권각론, 제6판, 423면; 주석민법(편집대표 박준서), 채권각칙(8), 제3판, 468-469면.

68) 민법학자들은 점유자의 책임을 입증책임을 전환할 '중간적 책임'으로, 소유자의 책임을 '무과실책임'으로 이해하고 있다(곽윤직, 채권각론, 422면).

제44조 제1항에는 “환경오염 또는 환경훼손으로 피해가 발생한 경우에는 해당 환경오염 또는 환경훼손의 원인자가 그 피해를 배상하여야 한다”라고 규정하고 있다. 환경오염피해에 대한 무과실책임을 규정하고 있는데, 사회기반시설의 소음·진동 등의 재산상 피해에 대해서도 이 조항이 적용되는지 여부를 검토하기로 한다.

2. 환경정책기본법 제44조 제1항에 의한 손해배상책임 여부

소음·진동 등에 의한 피해가 환경정책기본법의 적용대상인지가 문제된다. 환경정책기본법 제3조 제4호에서는 ‘환경오염’을 “사업활동 및 그 밖의 사람의 활동에 의하여 발생하는 대기오염, 수질오염, 토양오염, 해양오염, 방사능오염, 소음·진동, 악취, 일조 방해, 인공조명에 의한 빛공해 등으로서 사람의 건강이나 환경에 피해를 주는 상태”라고 정의하고 있다. 따라서 소음·진동 등에 의한 피해도 이러한 환경오염의 범위에 속한다. 환경정책기본법 제44조 제1항의 표제는 ‘무과실책임’이라고 되어 있지만, 그 내용에는 환경오염이나 환경훼손의 원인자가 배상책임을 진다는 것만을 규정하고 있을 뿐이다. 엄밀한 의미에서 이를 무과실책임에 관한 규정으로 해석할 수 있는지에 대해서도 논란의 여지가 있다. 그 내용도 매우 추상적이고 포괄적인데, 모든 환경오염이나 환경훼손에 대해 배상책임을 인정할 수 있는지는 의문이다. 이 조항은 환경법의 기본원칙 중의 하나인 ‘원인자책임의 원칙’을 강조한 것이다. 그러나 대법원은 환경정책기본법 제44조 제1항을 동법 제7조의 원인자책임 원칙을 연결하여 파악하면서도 이를 사업자 등에 제한하지 않고 모든 환경오염에 확대하여 적용하고 있다. 즉 2011. 7. 21. 법률 제10893호로 개정된 환경정책기본법 제44조 제1항에서 ‘사업자 등에서 발생되는’이라는 부분이 삭제되어 사업장 등에서 발생되는 것에 한정되지 않고 모든 환경오염으로 확대된 것으로 이해하고 있는 것이다. 구 환경정책기본법(2011. 7. 21. 법률 제10893호로 전부 개정되기 전의 것) 제31조 제1항에서는 "사업장 등에서 발생되는 환경오염 또는 환경훼손으로 인하여 피해가 발생한 때에는 당해 사업자는 그 피해를 배상하여야 한다"라고 규정하고 있었다.[69)]

한편, 대법원은 방사능에 오염된 고철에 대해 아무런 조치를 취하지 않고 타인에게 매도하는 등 이를 유통시켜 거래 상대방이나 전전 취득한 자가 방사능오염으로 피해를 입게 되는 경우에 그 원인자가 방사능오염 사실을 모르고 유통시켰더라도 환경정책기본법 제44조 제1항에 따라 피해자에게 피해를 배상할 의무가 있다고 판시하고 있다.[70)] 판례에서는 환경오염 또는 환경훼손으로 인한 책임이 인정되는 경우에 사업장에서 발생되는 것에 한정하지 않고, 원인자가 사업자인지 여부와 관계없이 그로 인한 피해에 대해 환경정책기본법 제44조 제1항에 따라 귀책사유를 묻지 않고 배상할 의무가 있다고 보고 있다. 환경정책기본법 제44조 제1항을 민법의 불법행위 규정에 대한 특별 규정으로 파악하고 있는 점도 주목된다. 그러나 환경정책기본법 제44조 제1항의 규정이 매우 모호하게 규정되어 있어 이러한 해석이 불가피한 점도 있지만, 이 조항을 확대해서 적용하는 것은 신중해야 한다.

또한 대법원은 B신(新)항만의 배후철도의 건설·운행 등으로 인해 K시(市) 목장용지에서 한우를 사육하는 농장에 피해를 준 사건에서 한국철도시설공단과 한국철도공사에 대해 구 환경정책기본법 제31조 제1항의 사업자와 환경정책기본법 제44조 제1항에서 정한 오염원인자에 해당한다고 보아 연대하여 손해배상책임을 인정하고 있다.[71)] 나아가 철도

69) 대법원 2017. 2. 15. 선고 2015다23321 판결 참조.

70) 대법원 2018. 9. 13. 선고 2016다35802 판결.

71) "이 사건 소음·진동이 1차적으로는 열차로부터 발생하지만, 열차의 운행에는 철로가 필수적이고 소음과 진동이 철로를 통해서도 생긴다. 이 사건 철로를 통한 열차 운행으로 원고에게 참을 한도를 넘는 소음·진동이 생긴 경우에 피고 공단과 피고 공사는 구 환경정책기본법 제31조 제1항의 사업자와 환경정책기본법 제44조 제1항에서 정한 오염원인자에 해당하여 그 손해를 배상할 책임이 있다."(대법원 2017. 2. 15. 선고 2015

를 설치하고 이를 보존·관리하는 자는 그 하자로 인하여 피해가 발생한 경우에 민법 제758조 제1항에 따라 이를 배상할 의무가 있다고 판시하고 있다. 피고(한국철도시설공단)에 대해 철로건설 후에도 이를 관리하면서 열차운행으로 인하여 참을 한도를 넘는 소음·진동 피해가 발생하지 않도록 하여야 할 주의의무가 있다는 것이다. 그리고 피고 공단이 이러한 주의의무를 다하지 않아서 이 사건 철로를 통한 열차 운행으로 인해 참을 한도를 넘는 피해가 발생한 경우에는 민법 제758조 제1항에 따라 그 손해를 배상할 책임이 있다고 판시하고 있다. 즉 공작물이 용도에 따라 갖추어야 할 안전성은 물리적·외형적 결함이나 하자뿐만 아니라 이용자에게 위해를 끼칠 위험성이 있는 경우를 망라하여, 본래의 목적 등으로 이용하는 과정에서 일정한 한도를 초과하여 제3자에게 사회통념상 일반적으로 참아내야 할 정도를 넘는 피해를 입히는 경우까지 포함하고 있다.

이러한 대법원 판례의 입장에 의할 경우에 교통 소음·진동 등에 의한 재산상 피해에 대해서도 환경정책기본법 제44조 제1항에 따라 무과실책임에 의한 배상책임을 물을 수 있다. 그러나 환경정책기본법 제44조 제1항의 규정은 매우 이례적인 입법례이며, 이를 확대하여 해석·적용하는 것은 신중해야 한다. 침해행위의 위법성 판단에 있어서도 환경기준의 초과만을 근거로 참을 한도를 넘는 위법한 침해행위로 단정해서는 아니 된다. 대법원도 행정법규에서 정하는 환경기준을 위반하더라도 곧바로 민사상 불법책임이 성립하는 것은 아니라고 보고 있다. 즉 "철도소음·진동을 규제하는 행정법규에서 정하는 기준을 넘는 철도소음·진동이 있다고 하여 바로 참을 한도를 넘는 위법한 침해행위가 있어 민사책임이 성립한다고 단정할 수 없다"라고 판시하고 있다.[72] 이 판결에서 대법원은 환경정책기본법의 소음환경기준을 초과하더라도 공동주

다23321 판결)

72) 대법원 2015. 9. 24. 선고 2011다91784 판결.

택에 거주하는 사람들에 대하여는 일상생활이 실제 이루어지는 실내에서 측정된 소음도에 따라 '참을 한도' 초과 여부를 판단하는 등 실제적인 사정을 종합적으로 고려하여 판단하고 있다.

3. 환경오염피해구제법에 의한 손해배상 여부

환경오염으로 인한 무과실책임과 관련하여 주의해야 할 것은 '환경오염피해 배상책임 및 구제에 관한 법률'(이하 환경오염피해구제법'이라 한다)의 관련 규정이다. 환경오염피해구제법 제6조에도 사업자의 환경오염피해에 대한 무과실책임을 규정하고 있다. 즉 "시설의 설치·운영과 관련하여 환경오염피해가 발생한 때에는 해당 시설의 사업자가 그 피해를 배상하여야 한다"라고 규정하고 있는 것이다. 다만, 환경오염피해구제법 제6조 제1항 단서에는 환경정책기본법 제44조 제1항과 달리, "전쟁·내란·폭동 또는 천재지변 등" 불가항력적 사유로 인한 면책규정을 두고 있다. 환경오염피해구제법 제6조의 규정은 시설의 설치·운영에 관한 환경오염피해와 관련이 있으며, 이러한 환경오염피해는 "대기오염, 수질오염, 토양오염, 해양오염, 소음·진동, 그 밖에 대통령령으로 정하는 원인으로 인하여 다른 사람의 생명·신체(정신적 피해를 포함한다) 및 재산에 발생된 피해(동일한 원인에 의한 일련의 피해를 포함한다)"를 의미한다(환경오염피해구제법 제2조 제1호). 이 법률의 목적은 "환경오염피해에 대한 배상책임을 명확히 하고, 피해자의 입증부담을 경감하는 등 실효적인 피해구제 제도를 확립함으로써 환경오염피해로부터 신속하고 공정하게 피해자를 구제하는 것"에 있다. 또한 환경오염피해구제법 제9조에는 인과관계의 추정에 관한 규정을 두고 있다. 즉 "시설이 환경오염피해 발생의 원인을 제공한 것으로 볼 만한 상당한 개연성이 있는 때에는 그 시설로 인하여 환경오염피해가 발생한 것으로 추정한다"라는 규정이 그러하다.

이 경우 '상당한 개연성' 시설의 가동과정, 사용된 설비, 투입되거나 배출된 물질의 종류와 농도, 기상조건, 피해발생의 시간과 장소, 피해의 양상과 그 밖에 피해발생에 영향을 준 사정 등을 고려하여 판단한다(동조 제2항). 그러나 이러한 인과관계 '추정'의 요건은 판례에 의해 확립된 개연성이론보다 인과관계의 입증책임이 어려운데 입법취지에 부합하지 않는 측면도 있다. 대법원은 이른바 관상수 사건[73] 이후 개연성이론을 일관되게 적용하고 있다. 개연성이론은 대체로 3단계(환경오염물질의 배출→환경 매체에 의한 환경물질의 도달→손해발생)의 과정을 통해 인정된다.[74] 대법원이 이에 대해 어떠한 입장을 취할 것인지에 대해서는 향후 환경오염피해구제법이 적용되는 구체적 사례를 통해 판례의 형성과 발전추이를 지켜볼 수밖에 없다. 환경오염피해구제법은 "환경오염피해에 대한 배상책임을 명확히 하고, 피해자의 입증부담을 경감하는 등 실효적인 피해구제 제도를 확립함으로써 환경오염피해로부터 신속하고 공정하게 피해자를 구제하는 것을 목적으로" 제정된 것이다(제1조). 본래 환경오염피해구제법은 대형화학안전사고에 대한 배상책임을 위해 제정된 것으로서 독일의 환경책임법을 모델로 제정된 것이다.

시설의 설치·운영과 관련하여 발생한 환경오염피해(특히 소음·진동 등)에 대해서는 환경오염피해구제법의 적용대상이 되지만, 이 법률은 사업자가 야기한 환경오염피해가 발생한 경우에 배상책임 및 구제를 규정하고 있다. 여기에서 말하는 '사업자'는 "해당 시설에 대한 사실적 지배관계에 있는 시설의 소유자, 설치자 또는 운영자"를 말한다(환경오염피해구제법 제2조 제3호). 한국철도시설공단이나 한국도로공사 등이 여기에 속하는지, 그리고 '시설'에 도로나 철도 등과 같은 공물도 포함하는지 등이 문제된다. 그러나 환경오염피해구제법의 적용대상이 되는 시설은 매우 제한적이다. 환경오염피해구제법 제3조에서는 그 적용의 대상이

73) 대법원 1991. 7. 23. 선고 89다카1275 판결.
74) 이에 대해서는 졸저, 행정법의 특수문제, 235-238면.

되는 '시설'을 규정하고 있다. 환경오염피해구제법 제3조 제8호에 소음・진동관리법 제2조 제3호에 따른 '소음・진동배출시설'이라고 규정하고 있다. 소음・진동관리법 제2조 제3호에 의하면, 소음・진동배출시설은 "소음・진동을 발생시키는 공장의 기계・기구・시설, 그 밖의 물체로서 환경부령으로 정하는 것"이라고 정의하고 있다. 교통소음이나 진동 등의 환경오염피해를 야기하는 사회기반시설이 소음・진동관리법 시행규칙 제2조의2 [별표 1]에 규정된 '소음・진동배출시설'에 속하는 경우에는 환경오염피해구제법이 적용될 수도 있다. 소음・진동관리법 시행규칙 제2조의2 [별표 1]에는 소음배출시설과 진동배출시설로 구분하여 상세히 열거하고 있다. 그러나 여기에 규정된 기준은 기술적이다. 예컨대 해당 소음배출시설이 동력기준시설 및 기계・기구 중 7.5kW 이상의 기계체인지, 37.5kW 이상의 공작기계에 해당하는지를 판단하여야 한다.

4. 검 토

국가배상법 제5조에는 배상책임의 주체로 국가와 지방자치단체만을 규정하고 있다. 따라서 한국철도시설공단에 의한 설치된 고속철도의 운영으로 인해 발생하는 소음・진동 등에 의한 재산상 피해에 대해서는 국가배상법을 그대로 적용하기가 쉽지 않다. 국가 또는 지방자치단체를 제외한 기타 공공단체에 대해서도 국가배상법 제5조를 유추적용할 수 있는지에 대해서는 견해대립이 있다. 실무에서는 오히려 민법 제758조 제1항의 규정이 적용되고 있다. 더불어 이러한 사례에 대해서는 환경정책기본법 제44조 제1항에 근거하여 배상책임을 인정한 선례가 있다. 즉 철로의 건설 후에도 이를 관리하면서 열차 운행으로 인하여 참을 한도를 넘는 소음・진동 피해가 발생한 경우에 환경정책기본법 제44조 제1항에 근거하여 배상책임을 인정하고 있다. 그러나 이 조항은 매우 포괄적이고 추상적이어서 그 적용에 신중해야 한다. 환경정책기본법 제44조 제1항에 따라 모든 환경오염이나 환경훼손에 대해 배상책임을 인정하는 것이 타당한지에 대해서는 심사숙고해야 한다. 특히 환경소송에서 판례는 위법성의 판단기준으로 대체로 '수인가능성'을 고려하고 있다. 이러한 수인가능성 공식은 환경소송의 손해배상책임을 확대하기 위해 유용하지만, 그 판단기준이 반드시 명확하다고 보기 어렵다. 수인가능성('참을 한도')의 기준은 기본적으로 주관적 측면을 간과할 수 없어 객관적으로 판단되기 어려운 점도 있다. 이를 객관화하기 위한 노력이 필요한데, 대법원은 이를 판단함에 있어서 침해되는 권리나 이익, 침해의 정도, 침해행위가 갖는 공공성이나 그 지역환경의 특수성이나 환경기준 등을 고려하고 있다.[75] 이를 객관화하기 위해서는 '환경기준'이 중요한 척도가 될 수 있지만, 이러한 환경기준은 절대적 요소가 아니라 판단의 고려요소에 불과하다.[76] 그러나 법규적 효력이 인정되는 환경기준을 위반하고 중대하고 수인한도를 넘는 경우에는 그 침해의 위법성을 인정할 수 있을 것이다. 환경정책기본법 제44조 제1항에 의해 무과실책임이 인정되는 상황에서 수인가능성만을 가지고 위법성을 판단하여 손해배상책임을 확대할 수 있는지에 대해서는 사려 깊은 고민이 필요하다. 환경피해로 인한 손해배상책임의 입증을 완화하기 위한 제도가 오히려 손해배상책임의 기본구조와 체계를 무너뜨릴 수 있는 위험도 가진다. 이러한 무과실책임은 일반적인 환경오염피해에 적용하기보다 방사능과 같이 환경피

75) "수인한도의 기준을 결정함에 있어서는 일반적으로 침해되는 권리나 이익의 성질과 침해의 정도뿐만 아니라 침해행위가 갖는 공공성의 내용과 정도, 그 지역환경의 특수성, 공법적인 규제에 의하여 확보하려는 환경기준, 침해를 방지 또는 경감시키거나 손해를 회피할 방안의 유무 및 그 난이 정도 등 여러 사정을 종합적으로 고려하여 구체적 사건에 따라 개별적으로 결정하여야 할 것이다."(대법원 2010. 11. 25. 선고 2007다20112 판결)

76) "도로변 지역의 소음에 관한 환경정책기본법의 소음환경기준을 초과하는 도로소음이 있다고 하여 바로 민사상 '참을 한도'를 넘는 위법한 침해행위가 있다고 단정할 수 없다."(대법원 2015. 9. 24. 선고 2011다91784 판결)

해의 리스크(risk)가 높은 영역에 한하여 제한적으로 인정하여야 한다.

V. 결 론

(1) 현행 법령에는 공익사업으로서 사회기반시설의 설치 또는 건설 후에 그 시행으로 발생하는 소음·진동 등에 의한 재산상 피해에 대해서는 아무런 보상 규정이 없다. 독일 연방헌법재판소가 발전시킨 '형식적 수용개념'에 의하면, 이러한 침해는 독일 기본법 제14조 제3항의 공용수용에 해당하지 아니 한다. 이러한 소음·진동 등에 의한 침해행위는 고권적 '법률행위'가 아니며, 직접적이고 의도적인 재산권 침해로 볼 수 없다. 독일에서도 명문의 규정이 없는 한, 이러한 유형의 이른바 '간접손실'에 대해 보상을 인정하지 않고 있다. 독일 연방임미시온방지법 제42조에는 소극적 소음방지와 관련하여 금전보상에 관한 규정을 두고 있을 뿐이다. 이러한 금전보상은 독일 기본법 제14조 제3항의 수용보상이 아니라 조정적 보상에 해당한다. 종전에 연방통상법원이 발전시킨 수용적 침해이론이 적용될 여지가 있다. 그러나 앞에서 자세히 설명한 바와 같이 수용적 침해이론은 그 법적 근거의 상실로 인해 존립 여부가 다투어지고 있으며, 이를 인정하는 판례도 현저히 감소하는 추세이다. 따라서 독일의 입법례에서 보는 바와 같이 손실보상과 관련하여서는 입법적 해결이 가장 바람직하다.

우리의 현실을 반추(反芻)해 보면, 독일에 비해 상대적으로 수용법이론은 여전히 낙후된 상태일 뿐만 아니라, 관계 법령에 소음·진동 등의 피해구제를 위한 보상규정도 흠결되어 있다. 체계적인 소음방지조치와 관련된 법제도가 미흡한 실정이다. 이러한 현실적 제약과 여건 속에서 개별사건의 구체적 타당성을 위해 부득이 보상을 해 주어야 하는 경우도 있다. 이러한 경우에 대법원은 해석(유추적용)을 통해 보상을 인정한 바가 있다. 이러한 유추적용은 신중해야 하며, 이에 적용되는 규정도

소음·진동 등에 의한 피해에 대한 손실보상에 관한 것이 아니다. 독일연방행정법원은 손해전보(국가배상·손실보상)의 간극을 보전하고 손실보상을 확대하기 위해 수용유사적 침해이론과 수용적 침해이론을 발전시켰다. 이에 대해 단순히 유추적용의 방식으로 접근하는 것은 설득력이 약하다. 수용적 침해이론을 도입하여 향후 일관되게 적용할 것인지 고민할 수도 있으나, 수용적 침해이론을 인정할 경우에는 개별적 요건을 면밀히 검토해야 한다. 예컨대 재산권의 제약행위가 왜 특별한 희생에 해당하는지, 그 판단의 근거가 무엇인지, 그리고 직접적인 침해에 해당하는지 등이 면밀히 심사되어야 한다. 판례에서는 보상 여부 및 범위 등과 관련하여 유추적용만 하고 있을 뿐, 그 이론적 근거에 대해서는 충분히 논증하고 있지 않다. 유추적용의 법적 근거는 법률이 아니라 시행규칙이다. 이러한 시행규칙에 규정된 내용을 유추적용하는 것은 헌법 제23조 제3항에 규정된 '보상법률주의'나 '정당보상원칙'에 비추어 여러 가지 문제점을 가진다. 궁여지책으로 개별 사안마다 이러한 규정들을 유추적용하여 보상을 인정하는 것이 적정한지에 대해서는 근본적인 성찰이 필요하다.

(2) 이러한 유형의 보상금청구는 공익사업의 시행에서 연원하고 있으므로 공법적 성질을 가지고 있다고 판단되며, 이러한 보상금소송은 '행정소송'으로 제기하는 것이 바람직하다. 다만, 독일에서는 이러한 보상금소송을 민사소송의 방식으로 하고 있다(독일 기본법 제14조 제3항 제4문 참조). 재결전치주의를 고수할 필요는 없으며, 이미 재결을 거친 경우에는 공법상 당사자소송을 통해 해결할 수 있다. 실무에서 재결전치주의의 근거로 제시하는 토지보상법 제34조는 재결의 '형식'에 관한 규정이다. 행정심판도 임의절차화되어 있는 상황에서 반드시 재결전치주의에 집착할 이유도 없다. 재결을 거치는지 여부는 상대방의 선택사항이며, 수용재결 없이 보상금을 청구하는 것이 불가능한 것도 아니다. 보상금의 증액을 구하는 것이 목적인 경우에는 재결의 위법성 확인과 더

불어 보상금의 증액을 구하는 소송을 활용할 수도 있다(토지보상법 제85조 제2항). 이 경우에는 사업시행자를 상대로 보상금증감청구소송을 제기할 수 있다. 나아가 지방토지수용위원회 또는 중앙수용위원회의 재결(기각재결) 그 자체의 위법을 다투는 항고소송도 허용하는 것이 바람직하다. 이 경우에는 재결의 취소판결에 따라 해당 토지수용위원회가 다시 수용재결을 내릴 수도 있다.

판례는 대체로 소송형식에 대해 매우 엄격한 입장을 취하고 있다. 예컨대 실무계에서 손실보상과 관련하여 항고소송과 당사자소송 중 택일하여 가장 적합한 소송형식을 정해야 한다는 견해가 그러하다. 그러나 보상금소송에서 소송형식을 획일적으로 정하는 것이 바람직한가? 실무적 편의를 위해 국민의 권익구제를 후퇴시키는 것이 옳은 일인지에 대해서는 의구심을 가지지 않을 수 없다. 법리적으로 큰 문제가 없다면 다양한 권리구제의 가능성을 열어두는 것이 오히려 사법개혁의 올바른 길이라고 생각한다. 지난 수십년 동안 한국 행정소송법의 개혁은 정체상태이며, 법원은 제한된 소송형식만으로 국민의 권리구제를 하고 있을 뿐이다. 행정소송의 전문가는 매우 부족한 실정이다. 독일 행정법원법(VwGO)에는 한국의 행정소송법보다 다양한 소송형식을 인정하고 있지만, 독일의 학설과 판례는 명문의 소송형식이 아니더라도 해석에 의해 이를 적극적으로 인정하고 있다. 법정외항고소송에 대해 부정적 입장을 취하는 국내학설의 입장과 대조적이다. 상고심에서 소송형식을 엄격히 판단하는 것은 국민의 권리구제를 근원적으로 제약할 수 있으므로 탄력적이고 유연한 해석이 필요하다. 수년간 지속된 소송절차에서 소송형식을 이유로 상고심에서 파기되거나, 각하 또는 기각하는 것은 소송경제적 측면에서도 바람직하지 않다. 이러한 소송형식의 판단은 실제 법률전문가들도 쉽지 않고, 하급심판결에서도 상반된 입장을 보이는 경우가 많다. 명백히 법리가 잘못된 경우가 아닌 한, 원고가 제기한 행정소송의 형식을 가능한 한 적극적으로 해석하여 본안에서 처분의 위법성과 원고의 권리침해, 공법상의 법률관계 등을 올바르게 판단하는 것이 보다 중요하다.

(3) 독일의 입법례에서는 환경상 피해에 대해 환경책임법에 위험책임의 법리가 적용되고 있으며, 독일 연방임미시온방지법 등에는 조정적 보상을 규정하고 있다. 전술한 바와 같이 대법원은 근래에 들어와서 고속전철의 소음·진동 등에 의한 재산상 피해에 대해 환경정책기본법 제44조 제1항에 의한 손해배상을 적극적으로 인정한 바 있다. 독일 환경책임법에서는 특정한 시설에서 배출되는 환경피해에 대해 인과관계의 추정을 인정하고 있다. 이에 반해 환경정책기본법 제44조 제1항의 규정은 매우 포괄적이고 추상적이며, 이러한 무과실책임 규정을 확대해서 적용하는 것이 타당한지에 대해서는 신중할 필요가 있다. 위법성의 인정도 수인가능성을 기준으로 판단하는 경우가 적지 않다. 이 조항을 확대해석하는 경우에는 모든 환경피해에 대해 손해배상이 인정될 것이다. 환경정책기본법 제44조의 규정을 원인자책임의 원칙을 강조하는 규정으로 이해하고, 무과실책임의 원칙은 환경피해가 중대하고 리스크(risk)가 높은 경우에 한하여 매우 제한된 사례에 한하여 인정하여야 한다. 이러한 무과실책임은 위험책임에 가깝게 해석하는 것이 바람직하다.

(4) 나아가 손실보상과 손해배상을 중복해서 적용하는 것이 적정한지도 문제된다. 손실보상은 적법한 재산권 침해에 대해 공평부담의 견지에서 인정되는 것인 반면, 손해배상은 위법한 행위로 인하여 발생한 손해를 보전하기 위한 것이다. 양자의 구별에 있어서 '위법성'은 중요한 의미를 가진다. 환경기준이나 수인가능성 등을 기준으로 위법성을 어떻게 도출할 것인지를 명확히 논증해야 한다. 환경기준이 일응 위법성 판단에 중요한 척도가 되지만, 이러한 환경기준 외에 상대방이 중대하고 수인할 수 없는 환경피해를 입은 경우에 손해배상을 인정하는 방안이 바람직하다.

모두(冒頭)에 제시한 사안의 해결에 있어서 손실보상보다는 '손해배상'의 방법이 더 현실적이고 실현가능성도 높다. 손실보상에 의한 해결이 어려운 이유는 수용법이론이 보다 정치하게 확립되지 못하였고, 개별법에 손실보상에 관한 입법적 흠결이 있기 때문이다. 최근 발전된 수용법이론에 의할 경우에 소음·진동 등에 의한 재산상 피해에 대해 손실보상을 인정하기 쉽지 않다. 개별 사례에서 보상이 필요한 공용수용의 해당 여부를 판단하는 것이 중요하지만, 그 구별기준에 대해서는 아직 확립된 이론이 없다. 이에 대한 철저한 논증 없이 손실보상의 허용여부를 검토하는 것은 자가당착(自家撞着)이다. '가치보장'을 전제로 한 보상만능주의보다는 재산권의 '방어'를 위한 이론을 발전시켜야 한다(존속보장). 이러한 관점이 헌법상 재산권 보장의 취지에 부합한다. 독일의 분리이론이나 경계이론이 절대적인 기준일 수는 없지만, 비교법적인 관점에 이를 참고할 만한 가치는 충분하다. 입법적 해결 없이 해석만으로 보상문제를 해결하는 것은 한계가 있다. 이러한 이론들은 국내에서도 어느 정도 정착되어 있고, 이를 바탕으로 우리 현실에 적합한, 독창적인 수용법이론을 확립시켜야 한다. 그 밖에 입법정책적으로는 독일의 입법례를 참조하여 단계적인 소음방지조치에 관한 규정을 법률에 마련하거나, 노선의 지정이나 계획의 수립단계에서 이러한 환경피해가 발생하지 않거나 저감시킬 수 있도록 법령을 체계적으로 정비해야 한다.

제4편

민주주의와 기본권보장

제 1 장

국가배상법의 현안과 과제

Ⅰ. 국가배상법의 도전과 현안

1. 국가배상법의 연혁과 발전

국가배상법은 1951년에 처음 제정되어 1967년 개정 법률에 의해 구법(舊法)을 대체하고, 그 후 배상절차의 통합을 통한 신법(新法)의 제정과 수차례의 개정을 거쳤으나, 그 기본적 골격은 그대로 유지되고 있다. 그러나 국가과제의 민영화 내지 사화(Privatisierung) 등 공법분야에서의 패러다임 전환으로 인하여 낙후된 국가배상법은 새로운 도전에 직면하고 있다. 국가작용으로 사인(私人)에게 피해를 입힌 경우에 이에 대한 국가책임의 이론적 근거는 '법치국가원리'에서 찾고 있다.[1] 다만, 이러한 피해에 대해 어떠한 방식으로 보전(補塡)할 것인지의 문제는 각국의 사회적 상황과 역사적 배경에 따라 다양한 방식으로 전개되고 있다. 이와 관련하여 독일에서는 "국가책임", "공법상 손해배상 및 손실보상법", "국가작용의 책임" 등 다양한 명칭으로 논의되어 왔다. 여기에는 일반적으로 공무원의 위법·유책한 행위에 대한 손해배상(국가배상)과 재산권의 침해에 대한 손실보상이 중심을 이루고 있다.[2] 그러나 독일에서는 직무책임과 손실보상 외에 양자의 간극을 메울 수 있는 위험책임,

---

1) Maurer, Allgemeines Verwaltungsrecht, 18. Aufl., § 25 Rn. 9.
2) 이에 대해서는 Maurer, a.a.O., § 25 Rn. 1 f.

희생보상청구권 등 다양한 이론들이 소개되고 있다. 또한 일본의 문헌에서도 오래 전부터 국가배상과 손실보상의 이분론(二分論)을 전제로 하여, 양자를 포괄하는 개념으로 '국가보상법(國家補償法)'이라는 용어를 사용하고 있다.[3] 이에 따라 위법한 활동에 대해서는 국가배상으로, 토지수용을 중심으로 하는 적법한 재산권 박탈에 의한 손실에 대해서는 손실보상이라는 이원적 구조로 발전되어 왔다.[4] 특히 국가배상책임은 위법한 국가 활동으로 인하여 사인(私人)에게 손해가 발생한 경우에 누구에게, 또한 어떠한 요건 하에 책임을 물을 것인가 하는 것이 중요한 문제가 되고 있다.[5]

역사적으로 국가무책임사상(國家無責任思想)이 지배하던 시절도 있었으나, 오늘날에는 국가책임을 인정하는 입법례가 대부분이다. 일찍이 프랑스에서는 1873년 블랑코(Blanco) 판결을 통해 그 관할권을 국참사원(國參事院)(Conseil d'État)에 귀속시키게 되었고, 국참사원(國參事院)의 판례를 중심으로 국가배상제도가 발전하였다.[6] 이에 비해 독일에서는 민법 제839조를 근거로 소위 위임계약의 이론에 따라 공무원의 개인책임에 기초하고 있었으나, 바이마르(Weimar) 헌법 제131조에서 직무책임(대위책임)을 인정하였다.[7] 현재 독일 기본법 제34조에서는 "제3장에 대

3) 일본의 학계에서는 1957년 今村成和 박사의 저서 '國家補償法'이 출간된 후, 대부분의 문헌에서는 이러한 표현이 정착된 것으로 보고 있다. 그러나 '國家補償'이라는 용어는 田中二郎 교수가 처음 사용한 것으로 보고 있다. 이 개념의 유래에 대해서는 小幡純子, "國家補償の體系の意義", 行政法の新構想 III(磯部 力・小早川光郎・芝池義一 編), 279면 참조.

4) 塩野 宏, 行政法 II, 第五版補訂版, 有斐閣, 258면.

5) 한편, 우리나라에서도 "행정상의 손실보전"(이상규, 신행정법론(상), 신판, 580면 이하), "행정상의 손해전보"(김도창, 일반행정법론(상), 제4전정판, 606면 이하; 김철용, 행정법 I, 제12판, 김동희, 행정법 I, 제18판, 538면 이하), 또는 "국가책임법"(홍정선, 행정법원론(상), 683면 이하) 등의 제하(題下)에 국가배상과 손실보상의 문제를 논하고 있다.

6) 특히 프랑스의 국가배상제도에 관하여는 김남진, 행정법의 기본문제, 신판, 423면; 김동희, "한국과 불란서의 행정상 손해배상제도의 비교고찰", 서울대 법학 제16권 제1호(1975. 6), 57면 이하.

7) Ossenbühl, Staatshaftungsrecht, 5. Aufl., S. 9; Papier, in: Maunz/Dürig, GG, Art.

한 직무상 의무"를 위반하여 손해를 야기한 경우에 국가 또는 공공단체가 책임을 진다고 규정하고 있는데, 이를 직무책임(Amtshaftung)이라고 부르고 있다. 이러한 직무책임은 공무원이 부담하는 것이 원칙이지만, 국가가 대위하여 책임을 진다고 보고 있다.[8] 이에 비하여 영미법계국가에서는 "국왕은 악(불법)을 행할 수 없다"(The King can do no wrong)는 법언(法諺)과 같이 오랫동안 소위 주권면책(sovereign immunity) 내지 무책임사상이 지배하고 있었다. 그러나 영국에서는 1947년 국왕소추법(Crown Proceedings Act)을 제정하기 전까지 국왕은 단지 공무원의 행위에 대해 기껏해야 간접적인 책임을 졌으나, 국왕소추법의 제정 후 공무원의 불법행위에 대하여 통상의 사용자책임을 부담하게 되었다.[9] 공법적 의미의 불법은 주로 월권법리(ultra vires)에 의하고 있다.[10] 또한 미국에서는 1946년 연방불법행위청구권법(Federal Tort Claims Act)[11]을 제정하였으나, 광범위한 면책으로 인해 매우 제한적인 범위 내에서 국가의 배상책임을 인정하고 있다.[12] 그 밖에 각국에서는 국가배상책임을 확대하기 위한 '위험책임', '무과실책임' 등의 논의를 전개된 바 있고, 프랑스의 입법례와 같이 매우 제한적이기는 하나 위험책임이나 무과실책임을 인정한 경우도 있다.[13]

우리나라의 국가배상법은 1951. 9. 8. 법률 제231호로 제정되었는데, 전문 5개조로 된 간단한 법률이었다. 그 제정이유는 단지 헌법에 규정

---

34 § 1 ff.

8) 졸저, 행정구제의 기본원리, 30-31면; 졸고, "국가배상소송과 선결문제", 저스티스 제116호(2010. 4), 122-123면.

9) P. P. Craig, Administrative Law, 3rd ed. (London, 1994) 634-635.

10) Peter Cane, An Introduction to Administrative Law, 3rd ed. (Oxford, 1996) 241-242.

11) 28 U.S.C. §§ 1346, 2671-2680.

12) 한편, 미국에서는 법관, 입법자 및 검사 등에 대해서는 불법행위책임으로부터 절대적으로 면제해 주고 있다. 이에 대해서는 Richard J. Pierce, Jr., Administrative Law Treaties, Volume III, 1398-1410 (4th ed. 2001) 참조.

13) 김동희, 전게서(I), 제18판, 540-541면.

된 국가배상청구권을 보장하기 위한 것이었으나, 그 내용은 일본의 국가배상법을 그대로 계수한 것이었다. 1948년 건국헌법 제27조에서는 "공무원의 직무상 불법행위로 인하여 손해를 받은 자는 국가 또는 공공단체에 대하여 배상을 청구할 수 있다. 단 공무원 자신의 민사상이나 형사상의 책임이 면제되는 것은 아니다"라고 규정하고 있었다. 이에 근거하여 제정된 1951년 국가배상법 제2조에서는 "공무원이 그 직무를 행함에 당하여 고의 또는 과실로 법령에 위반하여 타인에게 손해를 가하였을 때에는 국가 또는 공공단체는 그 손해를 배상할 책임이 있다"라고 규정하였다. 1951년 국가배상법에서는 배상책임의 주체를 국가 또는 공공단체로 헌법과 동일하게 규정하였고,[14] "고의 또는 과실"이라는 요건을 규정함으로써 과실책임주의(유책주의)를 인정하였다. 당시 국가배상법에는 국가에 대한 손해배상금의 청구절차가 없었기 때문에, 이를 규정하기 위해 1962. 12. 24. '국가배상금청구에관한절차법'이 제정되었다. 그러나 그 후 국가 또는 지방자치단체의 손해배상책임과 그 배상절차를 통합하여 규정하기 위해 구법을 폐지하고, 1967. 3. 3. 법률 제1889호로 국가배상법을 새로이 제정하였다. 1967년 국가배상법 제2조 제1항 단서에는 독일의 특별권력관계 이론에 근거하여 군인·군속에 대한 이중배상금지조항을 도입하였는데,[15] 1971. 6. 22. 대법원의 전원합의체 판결에 의하여 위 조항이 위헌 선언되었다.[16] 특히 이 판결에서 대법원은 특

14) 한편, 유진오 박사가 사법부 법전편찬위원회에 제출한 헌법초안의 제26조에서는 "공무원의 직무상 불법행위로 인하야 손해를 받은 자는 國會 또는 公共團體에 대하야 배상을 청구할 수가 있다"라고 규정하여, 국회를 배상책임의 주체로 규정하고 있는 점이 특징이다. 그러나 이 헌법초안은 행정연구회의 토의를 거쳐 국회헌법기초위원회에 제출된 헌법초안에서는 국회를 국가로 변경하였다. 이에 대해서는 유진오, 헌법기초회고록, 일조각, 1981, 부록 184, 211면 참조.

15) 그러나 군인 등에 대한 특례규정은 이론적 근거에 따라 도입된 것이 아니라, 당시 월남전 참전으로 인한 배상금의 지출이 급증한 것에서 찾을 수 있다는 견해도 있다(이에 대해서는 김남진, 행정법 I, 제6판수정판, 560-561면).

16) "다른 공무원의 고의 또는 과실 있는 직무상의 위법행위로 인하여 군인 또는 군속이 공무중에 입은 손해는 군인 또는 군속이 복종하는 특별권력관계의 내용이나 근무임무에 당연히 포함되는 희생은 아니므로 특별권력관계를 이유로 그 배상청구권을 부인할

별권력관계를 이유로 국가배상청구권을 부인할 수 없음을 강조하고 있다. 그러나 위헌판결을 받은 국가배상법은 개정되지 못하고, 1972. 11. 24. 헌법의 개정에 의하여 군인·군속의 배상청구를 배제하는 특례규정을 도입하는 방식으로 해결되었다. 그러나 이러한 특례규정에 대해서 위헌이라는 주장이 계속해서 제기되고 있다.[17] 그리고 1967년 국가배상법에는 신체·생명에 대한 배상금지급, 필요적 배상결정 전치주의, 배상결정의 효력 등을 규정하였다. 그 후 1972년 헌법의 개정으로 이중배상금지대상이 "경찰공무원 기타 법률로 정하는 자"까지 확대되었고, 1973. 2. 5. 국가배상법의 개정에서도 국가배상을 청구할 수 없는 자에 경찰공무원과 향토예비군 대원을 추가하였다. 1980. 1. 4. '자동차손해배상보장법'에 의하여 국가에 손해배상의 책임이 있을 때에도 국가배상법의 적용을 받도록 하였다. 또한 모든 배상사건은 지구심의회의 심의를 거치도록 하고, 이에 불복하는 자는 본부심의회 또는 특별심의회에 재심을 청구할 수 있도록 하였다. 그 후 배상결정절차의 중복으로 인한 배상결정의 지연을 방지하기 위하여 1981. 12. 17. 국가배상법을 개정하여, 배상금의 개산액이 일정가액 이상인 사건 등 중요사건에 대하여는 종전의 이중심의 구조를 본부심의회 또는 특별심의회의 단심구조로

수 없을 뿐 아니라 위험근무임무에 당하거나 특별권력관계에 있음은 비단 군인 또는 군속에 국한되지 않고 경찰공무원이나 다른 위험근무에 당하는 기타 공무원도 다를 바 없다 할 것이므로 유독 군인 또는 군속에 대하여서만 차별을 할 하등의 합리적 이유도 없다 할 것이니 군인 또는 군속이 공무원의 직무상 불법행위의 피해자인 경우에 그 군인 또는 군속에게 이로 인한 손해배상청구권을 제한 또는 부인하는 국가배상법 제2조 제1항 단행은 헌법 제26조에서 보장된 국민의 기본권인 손해배상청구권을 헌법 제32조 제2항의 질서유지 또는 공공복리를 위하여 제한할 필요성이 없이 제한한 것이고 또 헌법 제9조의 평등의 원칙에 반하여 군인 또는 군속인 피해자에 대하여서만 그 권리를 부인함으로써 그 권리자체의 본질적 내용을 침해하였으며 기본권제한의 범주를 넘어 권리 자체를 박탈하는 규정이므로 이는 헌법 제26조, 같은 법 제8조, 같은 법 제9조 및 같은 법 제32조 제2항에 위반한다."(대법원 1971. 6. 22. 선고 70다1010 전원합의체 판결)

17) 이상철, "국가배상법 제2조 제1항 단서의 위헌성", 안암법학 창간호(1993. 9), 259면 이하

변경하여 배상금결정절차를 간소화하였다. 배상심의회의 배상결정에 신청인이 동의한 경우에는 재판상 화해로 본다는, 국가배상법 제16조의 규정이 국민의 재판청구권을 과도하게 제한한다는 것을 이유로 헌법재판소의 위헌결정[18]이 내려짐에 따라, 1997. 12. 31. 국가배상법이 개정되어 국가배상법 제16조를 삭제하였다. 또한 2000. 12. 29. 국가배상법을 개정하여 배상결정 전치주의를 폐지함으로써 배상심의회에 배상신청을 하지 않고도 곧바로 소송을 제기할 수 있도록 하였다. 그리고 2005. 7. 13. 국가배상법의 개정에서는 전투·훈련 등 직무집행과 관련한 경우에만 국가나 지방자치단체를 상대로 한 손해배상청구를 제한하고, 그 외의 경우에는 배상청구를 가능하도록 하였다. 이러한 개정은 배상대상에서 제외되어서 불합리한 차별을 받아오던 경찰공무원 등의 보상체계를 부분적으로 개선하기 위한 것이었다. 그 후 2009. 10. 21. 국가배상법의 개정으로 공무위탁사인의 위법행위에 대한 국가배상책임을 명시적으로 인정하였다.

국가배상법의 연혁과 발전에 관한 내용을 살펴보면, 국가배상법은 배상책임의 기본구조나 유형 등에 대한 근본적인 개혁이나 패러다임의 전환 없이 시대상황의 변화에 따라 주로 국가배상청구의 절차와 인정범위(이중배상금지의 대상) 등을 중심으로 개정하여 왔음을 알 수 있다. 이와 달리 학계에는 국가배상에 관한 많은 연구 성과를 축적해 왔다. 근래에는 주로 직무행위의 주체와 범위, 직무행위의 위법성의 개념, 위법성과 책임의 관계 등의 문제를 중심으로 깊이 있는 논의가 전개되고 있다. 또한 근본적으로 낙후된 국가배상법의 기본구조를 개혁해야 한다는 필요성이 계속해서 제기되고 있다.

---

18) 헌재 1995. 5. 25. 91헌가7, 판례집 7-1, 598면.

2. 국가배상법의 현안문제

국가배상법의 현안이 되는 문제 중 우선적으로 고려해야 할 점은 국가배상법의 규율범위 내지 보호범위이다. 우리 국가배상법은 전통적으로 위법성-책임(고의 또는 과실)-손해발생(인과관계)의 구조로 되어 있고, 특히 과실책임주의를 채택하고 있다. 이러한 기본구조는 민사법상 일반 불법행위의 경우와 대체로 유사하다.[19] 국가배상법의 영역에서도 이러한 구조를 그대로 유지하는 것이 국민의 권익구제보장과 국가의 책임범위를 적절하게 조화시킬 수 있는 최적의 방안인지에 대하여 신중히 검토할 필요가 있다. 이러한 구조가 적절하지 못한 경우에는 이를 대신할 수 있는 새로운 구조로 변경하거나 새로운 법리를 발전시킬 필요할 수도 있다. 이를 위해서는 민사법상의 손해배상제도의 구조와 비교하여, 국가배상법과 민사상 손해배상제도와의 차이점을 면밀히 검토할 필요가 있을 것이다. 중요한 차이점은 국가배상법의 불법행위는 직무행위를 전제로 하며, 공무원의 경과실로 인해 발생한 손해에 대해서는 면책을 인정할 수 있다.[20] 이에 관한 깊이 있는 연구는 지면관계상 차제로 미루고, 국가배상법에 관한 공법적 법리를 중심으로 고찰하도록 한다.

먼저 헌법 제29조 제2항의 군인·군무원·경찰공무원 등의 이중배상 금지규정은 낙후된 법리에 기초한 것으로서 개정의 필요성이 있다. 유력설은 "헌법 제29조 제2항이 헌법의 최고 가치이고 최고원리인 그리고 기본권의 핵인 제10조, 제11조에 대해서 기본권 제재적 가치체계 구성상 위헌"이라고 주장하고 있다.[21] 또 다른 견해는 "이중배상 금지

---

19) 다만, 민사상 불법행위의 일반적 요건으로는 그 외에 책임능력을 들고 있고, 민법 제753조와 제754조에 따라 행위의 책임을 변식(辨識)할 지능이 없는 때 또는 심실상실 중에 행한 행위에 대하여는 불법행위책임을 지지 않는다(주석 민법(편집대표 박준서), 채권각칙(6), 제3판, 105면; 곽윤직, 채권각론, 제6판, 393면).

20) 박균성, 행정법론(상), 제13판, 699면 참조.

21) 이상철, 전게논문, 274-276면.

규정이 헌법적 사안으로 보기 어렵고 위헌으로 판결 된 내용을 헌법에 직접 규정하는 것은 유래를 찾기 어렵다"는 점에서 비정상적임을 지적하면서도, "헌법 개정의 한계인 자유민주적 기본질서에 위배되지 않는다"라고 보고 있다.[22] 또한 헌법재판소에서도 수차례에 걸쳐 이중배상금지조항의 위헌 여부가 문제되었으나, 헌법의 개별조항 자체에 대한 위헌심사를 허용하기 어렵고 헌법의 조항 사이의 효력상의 우열을 가리기가 쉽지 않다는 점을 이유로 헌법 제29조 제2항 그 자체에 대한 심판청구는 각하되었다.[23] 그러나 오늘날 특별권력관계이론이 비판받고 있으며, 군인·군무원·경찰공무원 등의 특수성을 고려하더라도 국가배상청구권 그 자체를 원천적으로 배제하는 것은 자유민주적 기본질서의 핵심적 내용인 기본권의 보장이나 사법권의 보장 등 법치국가적 요소에도 반한다고 생각한다. 또한 이미 위헌판결을 받은 내용을 헌법에 직접 명시하여 위헌적 내용을 회피하는 개정은 보기 드문 일로서 국가무책임사상에 근거한 것이며, 전근대성을 벗어나지 못하고 있다고 비판할 수 있다. 이러한 입법례는 유례를 찾을 수 없는 것으로서, 차제에 헌법 개정에 있어서 전향적인 검토가 필요하다고 생각한다.[24] 오늘날 군부대의 각종 의문사나 구타사고 기타 안전사고 등이 빈발하고 있는데, 헌법에서 이러한 국가배상청구권을 금지하는 것은 법치국가원리(특히 법률유보원칙)의 관점에서 재고될 필요가 있다.

한편, 국가배상법의 성립요건에 있어서 논의가 필요한 부분이 적지 않다. 먼저 2009년 국가배상법의 개정에서 직무행위의 주체인 공무원 외에 '공무수탁사인'을 명시하고 있다. 그러나 이러한 개정은 후술하는 바와 같이 국가배상책임의 인정범위와 관련이 있고, 국가배상법의 '공

22) 한수웅, 헌법학, 제2판, 920-921면.
23) 헌재 1995. 12. 28. 95헌바3, 판례집 7-2, 841.
24) 이와 관련하여 국가배상법 제2조 제1항 단서를 폐지하여 헌법 제29조 제2항을 무력화시키는 소위 (헌법존중적) 헌법침훼(Verfassungsdurchbrechung)의 방법을 제안하는 견해도 있다(김중권, 행정법기본연구 Ⅳ, 257-258면).

무원'개념의 해석에 있어서 간과한 점이 있다. 이러한 개정이 오히려 국가배상법의 '공무원'개념을 좁게 해석할 여지를 두고 있으며, 행정보조인 또는 사기업체의 직원에 대해서도 공무원개념을 인정할 수 있는지가 문제된다. 또한 행정주체인 공공단체도 공무원의 지위를 가질 수 있는지 등이 검토될 필요가 있다. 국가배상법상 직무행위와 관련된 몇 가지 특수한 문제가 있다. 특히 부작위에 대한 국가배상책임에 있어서 직무상 의무위반과 사익보호성 등의 요건은 법리적으로 문제가 있다. 또한 법제정행위와 사법작용에 대한 국가배상의 문제는 해석론에 의존하고 있는 것이 현실인데, 국가배상법의 개정에 의해 도입가능성을 검토할 필요가 있다. 이와 관련하여 비록 추상적 규범통제에 의해 관할권의 문제로 위헌판결[25]을 받았으나, 독일의 국가책임법(Staatshaftungsgesetz)을 참고할 만하다. 1981년 국가책임법에는 국가배상 외에도 손실보상청구권이나 희생보상보상권 등에 관해서도 규율하고 있었다. 최근에는 소송지연으로 인한 사법상(司法上) 불법에 관한 문제가 논의되고 있다. 그 밖에 우리 판례는 입법상(규범상) 불법의 문제에 대해서는 여전히 소극적인데, 위법한 법률하위규범(법규명령, 조례)에 대한 국가배상책임을 어떻게 접근해야 할 것인지, 이를 인정할 경우 어떠한 요건이 필요한지 등을 검토할 필요가 있다. 특히 국내 학설 및 판례는 법령보충적 행정규칙을 인정하고 있는데, 고시(告示)에 의해 특정되거나 특정할 수 있는 인적 범위의 사람들이 구체적인 손해에 대해서는 국가배상을 청구할 수 있는지를 검토할 필요가 있다.

그 밖에 직무행위의 '위법성' 판단에도 학설 및 판례가 서로 대립하고 있는데, 판례가 채택하는 위법성의 판단기준이 적정한지 여부를 검토할 필요가 있다. 또한 취소판결의 기판력과 관련하여 국가배상법상의 위법개념과 항고소송의 위법개념이 동일한지 여부가 다투어지고 있다.

---

25) BVerfGE 61, 149.

이러한 논의와 관련하여 일본의 학설에서 보는 바와 같이 위법성과 과실의 관계를 바라보는 시각에 따라 서로 다른 결론에 이른다는 것을 알 수 있다. 또한 국가배상법 제5조에서 규정하고 있는 영조물의 설치·관리상의 하자에 관한 해석도 논란이 있다. 이러한 논의는 주로 일본의 입법 및 학설의 영향을 크게 받고 있는데, 위험책임의 관점에서 새로이 접근할 수 있는지에 대해 검토하도록 한다. 나아가 국가배상의 확대와 관련하여, 손실보상과 국가배상의 간극(間隙)이 문제되고 있다. 예컨대 국가배상법을 적용하기 어려운 위법·무책임의 직무행위로 인한 손해발생, 또는 잠재적 위험성이나 리스크(risk, Risiko)로 인한 손해발생, 국가의 공권력에 의한 비재산적(非財産的) 권리의 침해 등에 대해 어떠한 법리를 적용할 것인가 하는 문제가 그러하다. 이에 대하여 독일에서는 전통적으로 수용유사적 침해이론, 위험책임, 희생보상청구권 등의 법리가 적용되어 왔다. 국가배상과 손실보상의 이원적 구조의 한계를 극복하기 위한 해석론적 시도나 입법정책적 방안을 모색할 필요가 있다. 마지막으로 최근 일본에서는 공사협력(민관협력)과 국가배상의 관계를 논의하는 문헌들이 적지 않은데, 이하에서는 이에 대해서도 고찰하도록 한다.

Ⅱ. 공무위탁과 국가배상

1. 공사협력(민관협력)과 국가배상책임

국가 또는 지방자치단체 등 행정주체의 사무를 민간단체에 위탁하여 실시하는 경우가 적지 않다. 이러한 민간위탁의 경향에 대한 이유를 국가의 행정부담의 경감, 민간단체의 전문지식의 활용, 재정조달 등에서 찾고 있다.[26] 그러한 이유에서 공법의 민영화(民營化) 내지 私(法)化(Privatisie-

26) 공무위탁에 관한 상세는 졸고, "사인의 행정과제 참여와 공무위탁", 법조 제681호

rung des öffentlichen Rechts) 현상은 더욱 가속되고 있는 실정이다.[27] 이러한 경우에 민간단체가 공적 과제를 수행하면서 타인에게 손해가 발생한 경우에 국가배상을 물을 수 있을 것인가 하는 문제가 논의될 필요가 있다. 최근 일본문헌에서 공사협력 내지 민관협력(PPP; Public Private Partnership)[28]의 문제를 국가배상과 관련하여 논의하고 있음은 주목할 만하다.[29] 실제 문제가 된 경우는 아동보호시설에 입소된 아동을 양육·보호하는 시설의 직원이 폭력을 행사하여 피해가 발생한 경우, 시립도서관의 경비를 위탁받은 민간회사의 종업원(경비원)의 행위로 손해가 발생한 경우 등이 있다. 아동보호시설의 장이나 직원의 행위는 지방자치단체(현)의 공권력행사에 해당하고, 시설의 장이나 직원의 주의의무의 위반으로 국가배상책임이 인정된다고 보고 있다.[30] 이와 같이 국가 또는 공공단체가 공권력 행사를 사인에게 위탁한 경우 사인의 행위에 의해 손해가 발생할 경우 국가배상책임을 누가 부담할 것인가가 문제될 수 있다(소위 배상책임의 분담). 일본에서는 국가나 공공단체가 책임을 부담해야 한다는 견해와 권한을 위탁받은 사인(민간단체)이 책임을 진다는 견해가 대립하고 있다.[31] 다만, 일본에서는 "공권력 행사"에 해당하는지 여부가 문제되고 있으며, 국가배상법상 '공무원'의 지위에 관한 논의는 불충분한 것으로 보인다. 공무위탁의 다양성을 고려하여 국가배상법상 공무원의 지위에 초점을 맞추고 있는 국내의 논의와는 다소 차이가 있다. 앞으로 공법(公法)의 '사화(私化)', 민영화 내지 위탁 등에 의해 사인

(2013. 6), 75면 이하.

27) Leisner, "Privatisierung" des Öffentlichen Rechts, S. 341 ff.

28) 공사협력 내지 민관협력은 일반적으로 "공적인 손과 사인이 협력하는 경우"를 말하는데, 기능적 민영화와 밀접한 관련을 가진다. 이에 대한 상세는 졸고, "민관협력(PPP)에 의한 공적과제수행의 법적 쟁점", 공법연구 제37집 제2호(2008. 2), 341면 이하.

29) 大橋洋一, 行政法 II(現代行政救濟論), 有斐閣, 2013, 364면 이하; 美丸恒治, "行政の多元化と行政責任", 行政法の新構想 III(磯部 力·小早川光郎·芝池義一 編), 305면 이하 참조. 다만, 일본에서는 이를 "公私協働"이라고 부르고 있다.

30) 大橋洋一, 前揭書(II), 364면.

31) 大橋洋一, 前揭書(II), 365면.

에 의한 행정과제의 수행 등이 두드러질 경우 이러한 논의는 더욱 활기를 띨 것으로 보인다.

2. 사인의 공행정 수행과 국가배상법상 공무원 개념의 문제점

(1) 국가배상법 제2조에는 2009. 10. 21. 국가배상법의 개정으로 "공무원"의 개념 외에 "공무를 위탁받은 사인"을 별도로 규정하고 있다. 물론 이러한 개정 이전에도 국가배상법 제2조의 "공무원" 개념은 비교적 넓게 해석되었다. 즉 공무원법상의 공무원의 지위를 가진 자뿐만 아니라, 공무수탁사인(Beliehene)도 포함하고 있었다. 그러나 공무수탁사인이 아닌 행정보조인이나 사기업도 국가배상법상의 공무원에 속하는지가 문제된다. 예컨대 민간업체가 사법상 도급계약을 체결하고 불법주차 차량을 견인하거나 지장물의 철거하명을 이행하지 않아 대집행 실행을 함에 있어서 철거를 하는 경우가 그러하다. 이러한 경우에 견인을 하거나 철거를 하는 민간업체를 공무원으로 볼 수 있는지가 문제된다. 대체로 이러한 경우에 민간업체는 행정주체(행정청) 또는 그 소속 공무원이 입회하는 경우도 있고, 행정청 또는 공무원의 지시를 받는 경우가 보통이다. 그러나 근래에는 도급계약을 체결한 후 어느 정도의 독립성을 부여받은 경우도 적지 않아 공무수탁사인과의 구별을 어렵게 하고 있다. 이와 같이 2009년 국가배상법의 개정에 의해 "공무원"의 개념 외에 공무수탁사인의 위법행위에 대한 국가배상책임을 인정한 것이 무의미한 것은 아니나, 오히려 국가배상법의 '공무원'개념은 더욱 협소해질 우려도 있다. 즉 국가배상법 제2조의 "공무원"개념이 공무원법상의 공무원의 지위나 신분을 가지는 자에 국한되는 것인지, 아니면 공무수탁사인의 개념이 특별히 강조된 것에 불과한 것인지 등이 여전히 불투명하다.

공무수탁사인의 개념 및 법적지위 등도 학설상 논란이 있는 것이 사실이다. 즉 공무수탁사인은 종래 행정주체로서의 지위를 가진다는 것이

지배적 견해이었으나, 근래에는 독일에서도 행정기관 또는 행정청의 지위를 가진다는 견해가 유력하다.[32] 우리 행정절차법 제2조에서도 행정청을 "국가 또는 지방자치단체의 기관"뿐만 아니라 "법령 등에 따라 행정권한을 위탁받은 공공단체나 그 기관, 또는 사인"이라고 정의하고 있는데, 여기에서 말하는 '사인'은 공무수탁사인으로 보는 것이 지배적 견해이다. 전술한 바와 같이 이러한 공무수탁사인은 또한 국가배상법상 공무원의 지위를 가진다. 이러한 공무수탁사인은 사법상 자연인 또는 법인으로서 독립적으로 특정한 과제를 자신의 책임으로 수행하는데, 행정청의 명령과 지시에 따라 행정과제를 수행하는 행정보조인(Verwaltungshelfer)과 구별된다. 그러나 최근에는 독립적 행정보조인이 등장하여 공무수탁사인과의 구별을 어렵게 하고 있다. 독일의 유력설에 의하면, 행정보조인은 단지 준비적인 행위를 하거나 집행적으로 활동을 할 뿐 결정적인 권한을 가지지 못한다는 점에서 공무수탁사인과 구별된다고 강조하고 있다.[33]

(2) 한편, 독일에서는 민간업체가 행정주체(또는 행정기관)와 사법상 계약을 체결하고 공적인 과제를 수행하는 도중에 사인에게 피해를 발생시킨 경우, 이에 대해 공법적 이론구성을 시도하는 견해가 있었다.[34] 그러나 독일의 연방통상법원(BGH)은 소위 도구이론(Werkzeugtheorie)을 통해 사기업(사인)에 대하여 국가배상책임을 인정하였는데, 사기업체는 공적 과제의 수행에 있어서 '공적인 손'의 도구이며 행정주체가 사실상

32) Ulrich Stelkens, Die Stellung des Beliehene innerhalb der Verwaltungs-organisation-dargestellt am Beispiel der Beleihung nach § 44 III BHO/LHO, NVwZ 2004, S. 305; 이에 대해서는 졸고, "전게논문, 90-93면 참조.

33) Wolff/Bachof/Stober, Verwaltungsrecht III, 5. Aufl., § 90a Rn. 21.

34) 예컨대 행정기관과 차량견인업체 사이의 도급계약을 "동의에 의한 행정행위"로 이해하는 견해가 그러하다(Burmeister, Die Ersatzvornahme im Polizei- und Verwaltungsvollstreckungsrecht, JuS 1989, S. 261 ff.). 그러나 계약체결의 의사를 간과하고 있다는 비판을 받고 있다. 이에 대해서는 졸고, "행정대집행과 국가배상책임", 행정판례연구 제15집 1호(2010. 6), 199면.

사인을 조정할 수 있다고 보았다.[35] 그러나 이러한 도구이론에 의할 경우 고권력의 주체와 사기업체 사이의 내부관계를 이유로 사법(私法)으로 도피할 수 있고, 고권력(高權力)의 주체는 명령이나 지시를 하지 않았음을 이유로 국가책임(직무책임)을 면할 수 있게 된다는 비판이 제기되었다.[36] 이러한 문제점을 극복하기 위해 "수정된 도구이론"이 등장하게 되었다. 연방통상법원은 1978년의 견인차 사건에서 이에 대한 결정을 유보하였으나, 1993. 1. 21.자 판결에서는 종래의 도구이론을 포기하지 않았다. 오히려 이에 대한 새로운 기준을 제시하였다. 즉 사법관계(도급관계)에 근거한 사기업이 고권적 과제를 수행하기 위해 행정청이 의무를 부담하는 범위 안에서 사기업과 행정청 사이의 연관성 정도뿐만 아니라 고권적인 성격의 활동에 관련된 경우에는 국가책임을 인정할 수 있다는 것이다. 이 경우 사기업(사인)은 책임법상 도구로서, 즉 민법 제839조 제1항 제1문 및 기본법 제34조 제1항의 의미에서 국가배상법상 공무원으로 볼 수 있다고 판시하였다.[37]

(3) 우리 판례에서는 국가배상법상 공무원에 해당한다는 점만 인정하고 있을 뿐, 공무원의 개념에 내포될 수 있는 다양한 유형을 인식하지 못한 경우가 적지 않다. 특히 사인이 공적 과제의 수행을 하면서 타인에게 손해를 발생시킨 경우에 그 법적 지위를 명확히 구분하지 않거나 공무수탁사인으로 판단한 경우도 있다. 예컨대 대법원은 지방자치단체(강서구)가 '교통할아버지 봉사활동계획'을 수립한 후 관할 동장에 의해 교통할아버지 봉사원으로 선정되어 교통안내나 어린이 보호 등의 공무를 위탁하여 집행하던 중 위탁의 범위를 넘어 교차로 중앙에서 교통정리를 하다가 교통사고가 발생한 경우에 해당 지방자치단체에 국가배

35) BGH, NJW 1980, 1679.

36) Ossenbühl, Probleme der Amtshaftung bei Versagen von Ampelanlagen, JuS 1973, 421(423).

37) BGHZ 121, 161; Ossenbühl, Staatshaftungsrecht, S. 22; Hartmann/Tieben, Amtshaftung, JA 2014, S. 401.

상책임을 인정한 바 있다.[38] 여기에서 대법원은 공무의 위탁이 일시적이고 한정적인 사항에 관한 활동이라도 공무원의 지위를 인정할 수 있다고 보고 있다. 이 사건에서 소위 '교통할아버지'를 공무수탁사인이라고 보고 있다고 볼 수 있는데, 공무위탁의 근거를 명확히 제시하고 있지 않다. 이러한 판례에 영향을 미친 것으로 보이는 독일의 유사한 사건에서는 등·하교시 교통안내를 하는 학생을 행정보조인으로 판단하고 있다.[39] 따라서 판례는 앞으로 국가배상의 영역에서 공무위탁과 관련하여, 공무수탁사인과 행정보조인 그리고 사기업의 구별에 관한 기준을 설시할 필요가 있다.

한편, 관계 법령에 근거하여 대집행권한을 위탁받은 구 한국토지공사(현 한국토지주택공사)가 국가공무원법 제2조의 '공무원'에 해당하는지가 문제된 사건에서, 원심은 한국토지공사를 대집행권한을 위탁받은 자로서 그 위탁범위 내에서 공무원이 될 수 있다고 보았으나, 대법원은 이를 부인하였다.[40] 그러나 한국토지공사는 수용된 토지 위의 지장물에 대한 행정대집행의 실행과 관련하여 사기업인 S산업개발(주)과 철거도급계약을 체결하였고, 한국토지공사의 직원의 지휘·감독 하에 S산업개발(주)과 그 소속 직원들이 이를 집행하면서 토지소유자 등에게 손해를 발생시켰다. 대법원은 한국토지공사의 직원은 물론, S산업개발(주)과 그 소속 직원들도 공무인 대집행에 실질적으로 종사한 자로 보아 국가배상법의 공무원에 해당한다고 밝히고 있다. 이 사건에서 S산업개발(주)과

---

38) 대법원 2001. 1. 5. 선고 98다39060 판결.

39) OLG Köln, NJW 1968, S. 655.

40) 대법원 2010. 1. 28. 선고 2007다82950, 82967 판결. 이러한 판례의 입장에 대하여 공무를 위탁받은 자가 법인인 경우에는 국가배상법상 공무원으로 볼 수 있다는 견해가 있다. 즉 "실제로 공무를 수행하는 것은 공무수탁법인의 직원이지만, 직원은 자연인으로서가 아니라 수탁법인을 대표하는 기관으로서 공무를 수행하는 것"이라고 보고 있다(박균성, 전게서(상), 710면). 그러나 이 견해는 공무수탁법인을 공무수탁사인으로 이해하고 있으나, 당해 사안에서 공무수탁법인인 한국토지공사는 공법인으로서 사법상의 법인이 아니다.

그 소속 직원들은 한국토지공사와 사법상 도급계약을 체결하였으나 모두 행정주체의 직원의 지시 하에 공무를 집행하였다. 이러한 점은 '공적인 손'의 도구로서의 기능을 수행하였음을 충분히 인정할 수 있다. 그러나 도구이론에 대한 비판을 감안하여, 사법으로 도피하는 것을 차단하기 위해서는 행정주체의 의무 범위 안에서 대집행 실행의 고권적인 성격, 한국토지공사와 S산업개발(주) 사이의 기능적 관련성 등이 고려될 수 있다. 이 판결과 관련하여 충분한 논거를 제시하지 않고 국가배상법상 공무원으로 인정하기보다, 독일의 (수정된) 도구이론에 관한 논의를 참고하여 공법적 법리를 접목할 수 있는 새로운 판례이론의 구축을 시도해 볼 수 있다고 생각한다.[41]

Ⅲ. 국가배상법상 위법 판단

국가배상법상 위법개념과 관련하여 결과불법설, 행위불법설 및 상대적 불법설 등 다양한 학설이 소개되고 있다. 다수설 및 판례[42]는 대체로 법령 위반 외에도 신의칙·인권존중 등 조리에 위반되거나 행위 양태 등도 고려하는 광의의 행위불법설을 따르고 있다. 그러나 이러한 위법성 판단기준은 다소 포괄적이고 광범위하다. 이러한 위법성 판단기준들은 전술한 바와 같이 위법성 그 자체의 판단기준이라기보다 행정청에 재량이 부여된 경우에 부작위의 위법을 도출하면서 인정된 경우가 적지 않다. 사견으로는 법령 위반 외에, 헌법원리(적법절차)나 행정법의 일반원칙을 위반하거나 헌법상 기본권 조항 등을 근거로 위법성을 도출하는 것이 바람직하다고 본다. 실제 '인권존중'은 인간의 존엄권이나 인격권, 또는 헌법 제37조 제2항 등을 근거로 인정될 수 있다. 또한 '신의칙'이나 '신의성실'은 행정절차법(제4조)이나 국세기본법(제15조) 등에서 그 법

41) 이와 관련하여 졸고, "행정대집행과 국가배상소송", 189-221면 참조.
42) 대법원 2009. 12. 24. 선고 2009다70180 판결.

적 근거를 도출할 수 있다. 이와 관련하여 국가배상법상 위법개념과 행정소송법 등 위법개념이 동일한지 여부가 다투어지고 있다. 이 문제는 특히 취소판결의 기판력이 국가배상소송의 선결문제에 영향을 미치는지와 밀접한 관련을 가진다. 이와 관련하여 국가배상소송의 위법개념이 취소소송의 위법개념보다 넓다고 이해하는 입장은 인용판결(취소판결)의 기판력은 국가배상소송에 미치나 기각판결의 기판력은 미치지 않는다고 보고 있다. 그러나 국가배상소송과 취소소송의 위법개념을 달리 판단할 이유가 없으며, 국가배상과 취소소송의 위법이 애초에 각각 다르게 설계된 것도 아니다. 이러한 점은 분쟁의 1회적 해결이나 모순금지라는 취소판결의 기판력이론에 근거할 경우 청구인용판결(취소판결)이나 청구기각판결의 경우에도 마찬가지이다. 다만, 국가배상의 대상은 직무행위로서 행정행위 외에도 사실행위, 입법작용 및 사법작용 등도 포함된다는 점에서 항고소송의 대상보다는 넓다. 이와 관련하여 판례는 "어떤 행정처분이 뒤에 항고소송에서 취소되었다고 할지라도 그 자체만으로 그 행정처분이 곧바로 공무원의 고의 또는 과실로 인한 불법행위를 구성한다고 단정할 수 없다"라고 판시한 바 있다. 이 부분만을 피상적으로 판단하여 항고소송의 위법과 국가배상의 위법을 달리 판단한 것으로 속단해서는 아니 된다. 이 판결의 이유에서 명확히 설시하고 있는 바와 같이, 위법성의 개념보다는 과실의 판단에 관한 것이다.[43)]

한편, 독일의 입법례에서는 제1차적 권리구제수단으로 취소소송을 통해 위법한 행정처분을 제거한 후 잔존하는 침해의 사실상의 결과제거 및 원상회복을 하고, 그 후에 제2차적 권리구제수단으로 손실보상 또는

43) "어떠한 행정처분이 뒤에 항고소송에서 취소되었다고 할지라도 그 자체만으로 그 행정처분이 곧바로 공무원의 고의 또는 과실로 인한 불법행위를 구성한다고 단정할 수는 없는바, 그 이유는 행정청이 관계 법령의 해석이 확립되기 전에 어느 한 설을 취하여 업무를 처리한 것이 결과적으로 위법하게 되어 그 법령의 부당집행이라는 결과를 빚었다고 하더라도 처분 당시 그와 같은 처리방법 이상의 것을 성실한 평균적 공무원에게 기대하기 어려웠던 경우라면 특별한 사정이 없는 한 이를 두고 공무원의 과실로 인한 것이라고는 볼 수 없기 때문이다."(대법원 2001. 3. 13. 선고 2000다20731 판결)

국가배상을 고려하고 있다. 이러한 구조에서는 국가배상소송의 위법을 취소소송의 위법보다 넓게 해석할 수 있다고 보는 견해도 있다. 즉 제1차적 권리구제수단을 통해 처분의 취소를 구하지 못하는 경우에 국가배상소송에서 '보완적'으로 위법을 다툴 수 있다는 것이다.[44] 독일의 통설 및 독일 연방통상법원은 항고소송에서 불가쟁력이 발생한 경우에도 국가배상의 선결문제인 행정행위의 위법을 인정할 수 있다고 보고 있으나, 이러한 사정만으로 행정행위의 위법을 넓게 해석할 필요적 이유는 없다.[45] 또한 독일에서는 항고소송에서 행정행위가 취소되면 국가배상소송에서 더 이상 행정행위의 위법을 다툴 수 없는 선결적 효력을 인정하고 있다.[46]

상대적 위법성설은 행위 자체의 위법뿐만 아니라, 피침해이익의 성질이나 가해행위의 태양 및 손해의 정도 등을 모두 고려하고 있다.[47] 이 견해는 일본의 학설로부터 큰 영향을 받았다고 볼 수 있는데, 객관적 판단기준인 위법성을 주관화하고 있을 뿐만 아니라 과실의 문제와 결부하여 유연한 판단을 할 수 있다는 장점을 가진다. 이 견해에 의하면, "해당 공무원이 통상의 공무원을 기준으로 할 경우에 비해 객관적 주의의무를 결하여 그 처분이 객관적 정당성을 상실할 때에" 국가배상책임이 인정되고 있다.[48] 그러나 상대적 위법성을 인정한 것으로 소개되는 판례[49]에서는 이러한 판단이 위법성의 판단인지 공무원의 '과실'에 대한 판단인지 여부가 명확하지 않다는 점에서 비판이 제기될 수 있

44) 이에 대해서는 朴正勳, 행정소송의 구조와 기능, 387-388면 참조.

45) Ossenbühl, a.a.O., S. 122; Maurer, a.a.O., § 26 Rn. 47a.

46) 이에 대해서는 졸저, 행정구제의 기본원리, 18면.

47) 우리나라 판례가 '상대적 위법성설'에 근거하고 있다는 견해로는 이일세, "국가배상에 관한 주요판례분석: 법령위반(위법성)을 중심으로", 안암법학 제43호(상), 2014. 1, 463면.

48) 이러한 "객관적 정당성"이라는 기준에 대하여 엄격한 기준적용에 의해 국가배상이 협소해 질 수 있고, 위법성을 상대화·주관화하고 있고, 그리고 배상책임을 배제하는 요소로 작용하고 있다는 비판이 제기되고 있다(이에 대하여는 최계영, "처분의 취소판결과 국가배상책임", 행정판례연구 제18집 1호(2013. 6), 289면 이하 참조).

49) 대법원 2000. 5. 12. 선고 99다70600 판결.

다.[50] 대법원 판례는 기본적으로 위법성과 유책을 구별하는 입장을 유지하고 있다. 그러나 공무원의 유책성을 입증하기는 쉽지 않다는 점에서 주관적 요소(고의 또는 과실)의 완화 내지 객관화에 관한 논의가 있다. 특히 소위 자기책임설(국가책임설)[51]의 관점에서 가해공무원의 주관적 책임요소를 완화해서 이해할 필요가 있다는 주장이 그러하다.[52] 그 밖에 위법성과 유책을 통합하는 시도도 이러한 관점에서 이해될 수 있는데, 상대적 위법성설도 이러한 시도와 관련이 있다고 볼 수 있다.

한편, 일본에서는 위법성과 과실의 관계에 대하여 양자를 별개의 분석하는 違法性二元說과 직무상 요구되는 주의의무를 충족하였는지를 기준으로 위법 여부를 판단하는 違法性一元說(직무행위기준설)이 대립하고 있다.[53] 일본의 판례는 후자의 견해를 따른 경우가 많다고 한다.[54] 일본에서는 취소소송과 국가배상소송의 위법성 판단에 있어서도 위법성 개념의 광협(廣狹)에 의한 것이 아니라, 위 구분설에 따르고 있다. 즉 違法性二元說은 취소소송과 국가배상의 위법을 동일하다고 보는 違法性同一說과 일치하고, 違法性一元說은 양자를 구분하는 違法性相對說과 일치한다고 본다.[55] 그러나 일본의 유력설은 이러한 위법성일원설에 대하여 별칭으로 사용되는 '직무행위기준설'과 같이 공무원 중심의 이론구성을 하고 있으며 피해자의 입장을 경시할 수 있다고 비판하고 있다. 그리고 이 견해는 위법성이원설에 따라 취소판결의 기판력에 의해 청구기각판결이나 청구인용판결(취소판결) 모두 위법이 인정될 수 있으나, 후자

50) 이에 대해서는 졸고, "국가배상책임과 선결문제", 118면.
51) 자기책임설이라는 표현은 일본 학계에서 주로 사용되고 있는데, 향후 이러한 국가중심적 표현에서 벗어나 '국가책임설'로 표기하는 것이 옳다고 생각한다. 독일에서는 오히려 공무원의 개인책임에 대해 '자기책임(Eigenhaftung)'이라고 표현하고 있다. 이에 대해서는 졸고, "국가배상책임과 선결문제", 122면.
52) 김중권, "국가배상법상 과실책임주의의 이해전환을 위한 소고", 법조 제635권(2009. 8), 75면.
53) 이에 대해서는 大橋洋一, 前掲書(II), 344면 이하.
54) 大橋洋一, 前掲書(II), 345면.
55) 大橋洋一, 前掲書(II), 349면.

(취소판결)의 경우에는 국가배상소송의 요건 중 유책(고의 또는 과실)에 관한 판단을 별도로 해야 한다는 이유로 당연히 국가배상청구가 인용되는 것은 아니라고 보고 있다.56) 나아가 취소소송의 위법보다 국가배상의 위법을 넓게 해석하여 취소판결의 기판력이 미치지 않는다는 주장은 위법성상대설(위법성일원설)에 가까운 해석으로 보고 있다.

Ⅳ. 직무행위의 특수한 문제

1. 문제의 소재

국가배상법상 "직무행위"에는 행정행위 외에도 사실행위, 부작위 등이 속함은 물론이다. 국가배상법에는 명문의 규정을 두고 있지 않지만, 이러한 직무행위에 해석상 입법작용이나 사법작용(司法作用)도 포함되는지가 문제되고 있다. 1981년의 독일 국가책임법은 일부 주(란트)의 추상적 규범통제절차에 의해 입법권의 관할권 문제로 위헌판결을 받은 후, 1994년 헌법 개혁에 의해 독일 기본법 제74조 제1항 제25호에 경합적 연방입법권의 대상으로 "국가책임"에 관한 근거를 마련하였다. 1981년 독일 국가책임법 제5조에서는 입법상 불법과 사법상 불법을 규정하고 있었고, 독일 연방헌법재판소의 위헌판결 후 법무부의 국가책임법위원회의 초안에서도 입법에 의한 권리침해(제6조), 사법에 의한 권리침해(제7조)를 규정하고 있다.57) 이와 관련하여 향후 낙후된 국가배상법의 개혁을 위한 학계의 논의가 시작되어야 할 것으로 생각된다. 그리고 이에 대한 개선방안을 모색하기 위해 부작위로 인한 국가배상, 입법상 불법 및 사법상 불법 등의 특수한 문제에 대해 살펴볼 필요가 있다.

---

56) 大橋洋一, 前揭書(II), 350면 참조.
57) Maurer, a.a.O., § 25 Rn. 4 ff.

2. 부작위에 대한 배상책임 논거의 문제점

(1) 직무상 의무위반과 부작위의 위법성

헌법 제29조에서는 국가배상의 대상을 공무원의 '직무행위'라 규정하고 있고, 국가배상법 제2조에서는 "직무를 집행하면서"라는 표현을 사용하고 있다. 그러나 우리 판례에서는 종종 "직무상 의무의 위반"이라는 요건을 인정하고 있다. 특히 행정청에 재량행위가 부여된 경우에 부작위의 위법성을 도출하기 위해 "직무상 의무위반"을 요건으로 하고, 이를 위반한 손해에 대해서는 국가배상책임을 인정하고 있다.[58] 이러한 점은 국가배상소송의 판결에 있어서 적지 않은 혼선을 주고 있다. 직무상 의무(Amtspflicht)라는 개념은 독일의 입법례에서 유래하고 있으며, 일본의 학설에서도 종종 발견할 수 있다. 그러나 우리 국가배상법에는 이에 관한 규정을 두고 있지 않다. 즉 독일에서 국가배상이 인정되기 위해서는 공무를 수행 중인 자가 제3자에 대한 직무상 의무를 유책하게 위반하여 타인에게 손해가 발생해야 하고, 이에 대한 책임의 배제사유가 없어야 한다.[59] 이와 같이 독일의 국가배상청구에 있어서는 독일 기본법 제34조 및 독일 민법 제839조에 근거하여 제3자에 대한 직무상 의무를 요건으로 하고 있다.

한편, "직무상 의무위반"의 내용과 범위에 있어서 다툼이 있다. 즉 부작위의 위법성을 도출하기 위해 이러한 직무상 의무가 법령에 규정된 작위의무(법적 의무)에 해당하는지, 아니면 법령의 작위의무뿐만 아니라 관련 법규 및 조리를 고려하여 인정되는 직무상 손해방지의무에 대한 위반을 포함하는 것인지가 문제가 되고 있다. 종래 대법원은 '직무상 의무'를 인정하면서 그러한 점을 명확히 설시하지 않은 경우도 있고,

58) 대법원 2001. 3. 9. 선고 99다64278 판결.
59) Maurer, a.a.O., § 26 Rn. 11 ff.

법령상 '작위의무'와 명확히 구별하지 않은 것도 있다. 또한 단순히 행정개입청구권의 법리에 의해 설명될 수 있는 부분을 직무상 의무로 판단한 경우도 적지 않다. 예컨대 군산시 윤락가 화재사건[60]에서 재량권 행사를 하지 않은 것이 현저하게 합리성을 잃어 사회적 타당성이 없는 경우에는 소방공무원의 '직무상 의무'를 위반한 것으로 판단하였다. 또한 소위 '미니컵 젤리'사건에서도 재량권의 수권취지와 목적에 비추어 식품의약품안전청장의 부작위가 현저하게 합리성을 잃어 사회적 타당성이 없는 경우에는 '직무상 의무'를 위반하게 되어 위법이라고 판단하고 있다.[61] 위 군산시 윤락가 화재사건은 재량권의 행사의 부작위를 도출하기 위해서 행정개입청구권의 법리를 충분히 접목할 수 있음에도 불구하고 '직무상 의무'라는 개념을 매개로 위법을 인정하고 있는 점이 특징이다. 이 경우에 '직무상 의무'란 재량이 감축하여 개입의무가 발생하는 경우를 말한다고 볼 수 있다. 소위 '미니컵 젤리'사건에서도 대체로 동일한 입장을 보이고 있다. 즉 법령에 의해 수권된 재량을 행사하지 않는 것이 소극적인 형태의 재량권의 남용에 해당한다고 보는 것인지, 아니면 재량감축에 의해 발생한 작위의무(직무상 의무)를 위반한 것인지는 여전히 분명하지 않다.

특히 대법원의 '종립 사립고교 종교교육사건'[62]에서는 직무상 의무의 개념을 두고 견해가 첨예하게 대립하였다. 다수의견은 직무상 의무가 법률의 규정에 정하여진 것으로서 법적 의무라고 보았으나, 반대의견(대법관 박시환, 대법관 이홍훈, 대법관 전수안)은 법령에 명문으로 정해진 작위의무의 위반뿐만 아니라 관련 "법규 또는 조리를 종합적으로 고려할

---

60) 대법원 2008. 4. 10. 선고 2005다48994 판결.

61) 대법원 2010. 9. 9. 선고 2008다77795 판결. 한편, 부작위의 위법성과 관련하여, 수권규정을 전제로 한 경우를 합리성 차원에서의 접근방식이라고 보고, 재량축소론적 접근방식과 구별하는 견해로는 김중권, "미니컵젤리로 인한 질식사와 국가배상책임의 문제", 행정법기본연구 Ⅳ, 337-339면.

62) 대법원 2010. 4. 22. 선고 2008다38288 판결.

때 인정되는 공무원의 직무상 손해방지의무에 대한 위반"을 포함한다고 보고 있다. 그러나 반대의견이 근거로 제시하는 종전의 대법원 판례는 직무상 의무 그 자체보다는, 국가배상법상의 "법령의 위반하여"라는 개념에 관한 것이다. 즉 국가가 초법규적, 일차적으로 그 위험배제에 나서지 아니하면 국민의 생명 · 신체 · 재산 등을 보호할 수 없는 경우에는 법령에 직접 근거가 없더라도 그러한 위험을 배제할 법령의 작위의무를 인정할 수 있다고 보고 있었다.[63] 판례는 법령에 명시적으로 규정된 경우 이외에도 일정한 경우에 위험방지를 위한 작위의무를 인정하여 부작위의 위법성을 인정하고 있다.[64] 그러나 판례가 조리상의 작위의무를 인정하였는지는 단정할 수 없다. 다만, 대법원은 법령에 명시적으로 공무원의 작위의무가 규정되어 있지 않은 경우에도, "침해된 국민의 법익이나 손해가 심각하고 절박한 경우"에는 공무원의 부작위로 인한 국가배상을 인정할 수 있다고 한다.[65] 이러한 판례의 내용은 '위법성'의

63) 대법원 1998. 10. 13. 선고 98다18520 판결; 대법원 2001. 4. 24. 선고 2000다57856 판결.

64) "공무원의 부작위로 인한 국가배상책임을 인정하기 위하여는 공무원의 작위로 인한 국가배상책임을 인정하는 경우와 마찬가지로 '공무원이 그 직무를 집행함에 당하여 고의 또는 과실로 법령에 위반하여 타인에게 손해를 가한 때'라고 하는 국가배상법 제2조 제1항의 요건이 충족되어야 할 것인바, 여기서 '법령에 위반하여'라고 하는 것이 엄격하게 형식적 의미의 법령에 명시적으로 공무원의 작위의무가 규정되어 있는데도 이를 위반하는 경우만을 의미하는 것은 아니고, 국민의 생명, 신체, 재산 등에 대하여 절박하고 중대한 위험상태가 발생하였거나 발생할 우려가 있어서 국민의 생명, 신체, 재산 등을 보호하는 것을 본래적 사명으로 하는 국가가 초법규적, 일차적으로 그 위험 배제에 나서지 아니하면 국민의 생명, 신체, 재산 등을 보호할 수 없는 경우에는 형식적 의미의 법령에 근거가 없더라도 국가나 관련 공무원에 대하여 그러한 위험을 배제할 작위의무를 인정할 수 있을 것이나, 그와 같은 절박하고 중대한 위험상태가 발생하였거나 발생할 우려가 있는 경우가 아닌 한, 원칙적으로 공무원이 관련 법령대로만 직무를 수행하였다면 그와 같은 공무원의 부작위를 가지고 '고의 또는 과실로 법령에 위반'하였다고 할 수는 없을 것이므로, 공무원의 부작위로 인한 국가배상책임을 인정할 것인지 여부가 문제되는 경우에 관련 공무원에 대하여 작위의무를 명하는 법령의 규정이 없다면 공무원의 부작위로 인하여 침해된 국민의 법익 또는 국민에게 발생한 손해가 어느 정도 심각하고 절박한 것인지, 관련 공무원이 그와 같은 결과를 예견하여 그 결과를 회피하기 위한 조치를 취할 수 있는 가능성이 있는지 등을 종합적으로 고려하여 판단하여야 한다."(대법원 2001. 4. 24. 선고 2000다57856 판결)

판단에 관한 것으로서 직무상 의무가 아니라 '작위의무'에 관한 것으로 보는 것이 타당하다. 또한 종전의 대법원 판례에서 말하는 '조리'에 의해 인정되는 공무원의 직무상 '손해방지의무'가 무엇을 의미하는지도 명확하지 않다. 헌법원리 또는 행정법의 일반원칙에 제한하는 것이 바람직하다. 종전의 판례에서 언급하는 내용은 위법성보다는 작위의무를 도출하는 것과 밀접한 관련을 가지며, 법령에 의해 재량이 수권된 경우에 행정개입청구권의 법리를 접목하는 것이 타당하다. 행정개입청구권은 독일의 경찰법에서 유래하고 있는데, 독일에서는 이를 특히 경찰개입청구권(Anspruch auf polizeiliches Einschreiten)이라고 부르고 있다.[66] 경찰개입의무는 행정권의 발동 여부(Ob)에 관한 결정재량만을 감축하며, 이에 의해 작위의무가 발생한다. 행정개입청구권은 주로 개인의 생명 · 신체에 대한 중대한 위험이나 중대한 재산상의 손해에 대한 위험이 발생하는 경우에 검토되고 있으며, 이러한 경우에 직무상 의무를 위반할 수 있다고 보고 있다.[67] 독일의 연방행정법원은 행정개입청구권을 "특별히

---

65) "공무원의 부작위로 인한 국가배상책임을 인정하기 위하여는 공무원의 작위로 인한 국가배상책임을 인정하는 경우와 마찬가지로 '공무원이 그 직무를 집행함에 당하여 고의 또는 과실로 법령에 위반하여 타인에게 손해를 가한 때'라고 하는 국가배상법 제2조 제1항의 요건이 충족되어야 할 것인바, 여기서 '법령에 위반하여'라고 하는 것이 엄격하게 형식적 의미의 법령에 명시적으로 공무원의 작위의무가 규정되어 있는데도 이를 위반하는 경우만을 의미하는 것은 아니고, 국민의 생명, 신체, 재산 등에 대하여 절박하고 중대한 위험상태가 발생하였거나 발생할 우려가 있어서 국민의 생명, 신체, 재산 등을 보호하는 것을 본래적 사명으로 하는 국가가 초법규적 · 일차적으로 그 위험 배제에 나서지 아니하면 국민의 생명, 신체, 재산 등을 보호할 수 없는 경우에는 형식적 의미의 법령에 근거가 없더라도 국가나 관련 공무원에 대하여 그러한 위험을 배제할 작위의무를 인정할 수 있을 것이나, 그와 같은 절박하고 중대한 위험상태가 발생하였거나 발생할 우려가 있는 경우가 아닌 한, 원칙적으로 공무원이 관련 법령대로만 직무를 수행하였다면 그와 같은 공무원의 부작위를 가지고 '고의 또는 과실로 법령에 위반'하였다고 할 수는 없을 것이므로, 공무원의 부작위로 인한 국가배상책임을 인정할 것인지 여부가 문제되는 경우에 관련 공무원에 대하여 작위의무를 명하는 법령의 규정이 없다면 공무원의 부작위로 인하여 침해된 국민의 법익 또는 국민에게 발생한 손해가 어느 정도 심각하고 절박한 것인지, 관련 공무원이 그와 같은 결과를 예견하여 그 결과를 회피하기 위한 조치를 취할 수 있는 가능성이 있는지 등을 종합적으로 고려하여 판단하여야 한다."(대법원 2005. 6. 10. 선고 2002다53995 판결)

66) Gusy, Polizeirecht, 4. Aufl., § 6 Rn. 310.

높은 정도의 장해 또는 위험성"[68] 또는 "특히 중대한 위험상황"[69] 등 제한된 경우에 인정하고 있다. 요컨대 우리 판례에서 언급하고 있는 '직무상 의무'의 위반이라는 요건은 독일에서도 그 내용을 둘러싸고 논란이 적지 않은데, 이를 그대로 우리나라의 입법례에 차용하는 것은 문제가 있다. 한국 국가배상법은 직무상 의무를 매개로 할 필요가 없으며, 이와 관련된 판례의 전반적인 내용을 재검토하여 수정하거나 보완할 필요가 있다.

(2) 부작위와 사익보호성

부작위로 인한 손해에 대해 국가배상을 인정하기 위해 법적 보호이익(사익보호성)이 필요한지가 문제된다. 우리 판례는 직무상 의무의 내용이 단순히 공익뿐만 아니라, "사회구성원 개인의 안전과 이익을 보호하기 위하여 설정된 경우"에 직무상 의무를 위반하면, 손해배상책임이 인정될 수 있다고 보고 있다.[70] 이러한 사익보호성의 요건은 두 가지 관점에서 파악될 수 있다. 우선 사익보호성을 직무상 의무와 관련하여 논

---

67) Götz, Allgemeines Polizei- und Ordnungsrecht, 15. Aufl., § 12 Rn. 41.

68) BVerwGE 11, 95/97.

69) BVerwG, DVBl. 1969, 586.

70) "일반적으로 공무원이 그 권한을 행사함에 있어서는 국민에 대하여 손해를 방지하여야 할 의무 내지 국민의 안전을 배려하여야 할 직무상의 의무를 부담하고, 공무원이 직무를 수행함에 있어 그 근거되는 법령의 규정에 의하여 구체적으로 공무원에게 부과된 의무 가운데 국민의 이익과는 관계없이 순전히 행정기관 내부의 질서를 유지하기 위한 것이거나 또는 그 직무상 의무가 국민의 이익을 위한 것이라도 개개의 국민을 염두에 둔 것이 아니라 오로지 공공 일반의 전체적인 이익을 조장하기 위한 경우에 불과할 때에는 공무원이 그 직무상의 의무에 위반하여 국민에게 손해를 가하였다고 하더라도 이에 관하여 그 공무원이 소속된 국가나 지방자치단체의 손해배상책임이 인정되지 않는 반면에, 그 직무상 의무의 내용이 전적으로 또는 부수적으로라도 사회구성원 개인의 안전과 이익을 보호하기 위하여 설정된 것이라면 공무원이 그와 같은 직무상 의무를 위반함으로써 피해자가 입은 손해에 대하여는 상당인과관계가 인정되는 범위 내에서 국가나 지방자치단체가 배상책임을 지는 것이고, 이 때 상당인과관계의 유무를 판단함에 있어서는 일반적인 결과 발생의 개연성은 물론이고 더 나아가 직무상 의무를 부과하는 법령 기타 행동규범의 목적이나 가해행위의 태양 및 피해의 정도 등 구체적인 사정을 종합적으로 고려하여야 한다."(대법원 1998. 5. 8. 선고 97다36613 판결)

의할 수 있는데, 이 경우 사익보호성은 독일의 입법례에서 책임을 제한하기 위해서 제3자 정향성(Drittrichtung) 내지 제3자 관련성(Drittbezogenheit)을 연결시키고 있다. 즉 직무상 의무위반으로 인한 손해배상이 인정되기 위해서는 위반된 직무상 의무가 피해자에 대해, 그리고 피해자의 보호를 목적으로 하고 있어야 한다.[71] 또 다른 관점은 사익보호성을 행정개입청구권(공권)의 성립요건과 관련하여 이해하는 것이다. 이 경우에 직무상 의무는 행정개입청구권의 작위의무와 관련이 될 수 있다. 행정개입청구권이 성립하기 위해서는 강행법규에 의해 개입의무가 발생해야 하고, 공익뿐만 아니라 사익에도 기여해야 한다. 생각건대 사익보호성을 제3자 관련성과 연결해서 이해하는 것은 우리 국가배상법의 규정과 어울리지 않는다. 따라서 사익보호성을 공권의 성립요건의 하나로서 이해하는 후설이 타당하다. 그러나 이를 인정한다고 하여 곧바로 부작위의 위법성을 도출할 수 있는 것은 아니다.

3. 위법한 법률하위규범에 대한 배상책임

직무행위에도 입법작용(법제정행위)이 포함되는지가 논란이 되고 있다. 특히 위헌법률을 제정하거나 위헌적인 입법부작위로 인하여 개인에게 손해를 발생시키는 경우를 말한다. 이를 일반적으로 입법상 불법(legislatives Unrecht)이라 부르고 있다. 여기에는 형식적 의미의 법률 외에도 법령명령이나 조례를 포함시키는 경우도 있다. 그러나 독일에서는 대체로 형식적 의미의 법률에 의한 경우를 입법상 불법이라 부르고, 법규명령·조례 등 법률하위규범에 의한 경우를 규범상 불법(normatives Unrecht)이라 부르고 있다.[72] 그러나 언어논리적으로 이러한 구분은 옳지 않다

71) Maurer, a.a.O., § 26 Rn. 11 ff.

72) Boujong, Staatshaftung für legislatives und normatives Unrecht in der neueren Rechtspechung des Bundesgerichtshofes, in: FS für Geiger, 1989, S. 430; Maurer, a.a.O., § 26 Rn. 51.

는 지적이 있다.[73] 실제 법률하위규범에 대한 국가책임은 집행작용이라는 점에 착안하여 행정불법(Verwaltungsunrecht)이라고 부르기도 한다. 그러한 이유로 상위개념에 해당하는 '규범상 불법'이라는 용어를 사용하고, 여기에 위헌적인 법률뿐만 아니라 위법한 법률하위규범도 포함하는 것이 타당하다고 생각한다.[74] 다만, 행정규칙의 직접적 외부효를 주장하는 Ossenbühl 교수는 법률하위규범에 행정규칙을 포함하여 설명하고 있다. 행정규칙은 원칙적으로 법규적 효력을 부인하는 것이 지배적 견해라는 점에서 규범상 불법의 논의에서는 제외하는 것이 타당하다. 그러나 국내학설 및 판례에서는 예외적으로 법규적 효력이 인정되는 법령보충적 행정규칙을 인정하고 있으므로 위법한 고시·훈령 등에 의한 상대방에게 손해를 발생시킨 경우에 국가배상청구권을 인정할 수 있는지를 검토할 필요가 있다. 이 문제에 대해서는 아직 충분한 논의가 없으나, 이론적으로 전혀 불가능한 것은 아니다.

한편, 위헌적인 법률을 제정하거나 위헌적인 입법부작위로 인하여 개인에게 손해가 발생한 경우에 국가배상을 인정할 수 있는지에 대하여 국내에서도 많은 논의가 있었다. 입법상 불법에 대해서는 이론적으로는 가능할 수 있으나, 현실적으로는 국가배상책임을 인정하기가 쉽지 않다는 견해가 다수설이다. 이러한 가운데 입법상 불법에 대해서도 국가배상책임을 인정해야 한다는 견해가 유력하게 제기되고 있고,[75] 헌법재판소는 입법부작위에 대한 헌법소원을 인정하고 있다.[76] 이와 관련하여 독일에서는 입법상 불법을 인정하는지를 두고 논란이 있는 것이 사실이다. 이를 부인하는 견해도 있으나, 입법상 불법을 인정하는 견해가 유력하다.[77] 부정설은 법률이 특정한 개인이나 특정한 집단에 규율이 아

73) Ossenbühl, Staatshaftungsrecht, S. 104.
74) 졸고, "규범상 불법에 대한 국가책임", 공법연구 제33집 제1호, 545-546면.
75) 정하중, 행정법의 이론과 실제, 법문사, 2012, 357면. 다만, 이 견해는 비록 집행적 법률에 의하여 직접 손해가 발생한 경우에 제한하여 국가배상책임을 인정하고 있다.
76) 헌재 1996. 6. 13. 93헌마276.

니고 일반 공중에 대한 규율이라는 점에서 '제3자 관련성'이라는 요건을 관철하기가 쉽지 않다고 지적하고 있다.[78] 특히 위헌 법률에 대한 국가책임은 법정책적 관점에서 입법적으로 해결하는 것이 타당하다는 견해도 있다.[79] 독일의 판례도 다양한 관점을 보이고 있다. 즉 종래 독일의 제국법원(RG)은 입법상 불법에 대해 국가책임을 부인하였으나, 독일 연방통상법원(BGH)은 독일 연방건설법전 제10조에서 규정하고 있는 도시계획조례(Bebauungspläne)에 대해서는 국가배상책임을 인정한 바 있다.[80] 이러한 도시계획조례는 공간적으로 제한된 계획지역에서 제한된 인적 범위와 관련되어 있다. 그러나 연방통상법원은 위헌인 법률이나 위법한 법규명령에 대하여는 국가책임을 부인하고 있으나, 위헌적인 처분적 법률이나 개별적 사례에 관한 법률에 대해서는 긍정하고 있다.[81]

법규명령(시행령 또는 시행규칙)에 대한 국가배상의 문제는 행정기관이 의도적으로 법규명령에 법률의 위임범위를 벗어나서 규율하거나, 또는 법률에 직접적 규율이 없거나 명시적 위임이 없음에도 법규명령에 규정하여 개인에게 손해를 발생시키는 경우를 생각할 수 있다. 절차규정을 위반하여 제정된 법규명령도 여기에 해당할 수 있으나, 현실적으로 발생하기는 어렵다. 다만, 대법원은 행정입법부작위로 인한 손해에 대해서는 국가배상책임을 인정하고 있다.[82] 국가배상법상 공무원의 위법한

---

77) Fetzer, Die Haftung des Staates für legislatives Unrecht, 1994, S. 49 ff.; Dagtoglou, Ersatzpflicht des Staates bei legislativem Unrecht?, Tübingen 1963; Schenke, Die Haftung des Staates bei normativem unrecht, DVBl. 1975, S. 121 ff.; Schenke/Guttenberg, Rechtsprobleme einer Haftung bei normativem Unrecht, DÖV 1991, 945/949 ff.; Scheuing, Haftung für Gesetz, FS für Bachof, 1984, S. 343 ff. 이에 대한 상세는 졸저, 행정구제의 기본원리, 47면 참조.

78) Ossenbühl 교수도 제3자 관련성이 흠결되어 있고, 국회의원의 유책성을 인정하기가 곤란하다고 지적하고 있다(Ders, a.a.O., S. 107).

79) Maurer, a.a.O., § 26 Rn. 52.

80) BGH, JZ 1989, 1122/1124.

81) Maurer, a.a.O., § 26 Rn. 51.

82) 대법원 2007. 11. 29. 선고 2006다3561 판결. 이에 대한 판례평석으로는 황창근, "행정입법부작위로 인한 국가배상", 행정판례평선(한국행정판례연구회), 558면 이하.

직무행위가 있어야 하는데, 법규명령의 제정권자(대통령, 총리 또는 행정각부의 장관)는 국가배상법상 공무원에 해당한다. 그러나 부령의 제정권자는 행정각부의 장관이지만, 실질적으로 입안에 참여하는 것은 각 부처의 공무원이다. 이러한 공무원의 고의 또는 과실로 인해 법규명령이 입안되고, 법규명령 제정권자에 의해 최종 공포되는 경우에도 유책성을 인정하는 것이 어렵지는 않을 것이다. 따라서 위법한 법규명령에 대한 국가배상책임을 전적으로 부인할 이유는 없다. 특히 독일과 달리 직무상 의무의 위반이나 제3자 관련성 등이 필요하지 않다.[83] 다만, 일반적인 법규명령에 의해 공간적으로 제한되거나 인적인 범위가 확정될 수 있는 경우에는 국가배상책임의 가능성이 높아질 수 있을 것이다. 또한 추상적 규범통제가 인정되지 아니하므로, 이러한 법규명령에 근거한 과징금부과처분 등과 같은 집행행위에 의하여 사인에게 손해를 발생시키는 경우가 여기에 해당한다. 물론 이러한 경우에 집행행위인 과징금 부과처분 그 자체를 대상으로 항고소송을 제기할 수도 있으나, 이러한 항고소송을 제기하면서 그 수권의 근거인 법규명령의 위헌·위법성을 다투어 승소한 후 다시 국가를 상대로 국가배상을 청구하는 것을 고려할 수 있다. 그러나 국가배상소송의 수소법원인 민사법원은 법규명령 그 자체가 선결문제로서 행정법원의 관할권을 침해하는 것도 아니며, 법규명령에 대한 규범통제에 관한 규정이 흠결되어 있기 때문에 이를 판단하지 못할 이유도 없다. 또한 헌법 제107조 제2항에 위반한다는 주장도 제기될 수 있으나, "재판의 전제가 된 경우"에 관한 해석을 '구체적 사건성'으로 파악하는 경우에는 (법규)명령이 재판의 전제가 된 것으로 보아 대법원이 이에 대해 최종적인 판단을 내릴 수도 있다.

한편, 우리 판례 및 학설은 행정규칙에 예외적으로 법규적 효력을 인정하는 법령보충적 행정규칙을 인정하고 있다. 법령보충적 행정규칙

83) Ossenbühl, a.a.O., S. 107; Maurer, a.a.O., § 26 Rn. 53.

의 법적 성질에 대해서는 학설상 여전히 다툼이 있는 것이 사실이지만, 법규적 효력을 인정하는 입장에서는 규범상 불법(입법상 불법)의 문제가 발생할 수 있다. 예컨대 고시 등에 '위임'을 하고 상위법령과 결합하여 '법령보충적 행정규칙'을 제정하고, 이를 통해 특정한 범위의 사람이나 특정한 지역의 사람들에게 손해를 발생시키는 경우를 고려할 수 있다. 독일에서는 전술한 바와 같이 행정규칙을 입법상 불법(규범상 불법)에 포함하여 논하는 견해도 있는데, 우리나라에서는 법규적 효력이 인정되는 '법령보충적 행정규칙'이 현실적으로 문제될 수도 있다. 따라서 이를 포함하여 논의하는 것은 의미 있을 것으로 보인다. 특히 고시는 대체로 인적 범위 또는 지역적 범위가 특정되는 경우가 적지 않다는 점에서 더욱 그러하다. 나아가 독일에서는 도시계획조례에 대한 국가배상책임이 인정된 바 있다. 따라서 조례에 대한 국가책임의 문제는 충분히 고려할 수 있다. 다만, 종래 독일에서는 위법한 조례에 의한 재산상 손실은 대부분 손실보상의 법리로 접근하였다(예컨대 수용유사적·수용적 침해). 이에 반해 미국에서는 도시계획조례(zoning ordinance)에 의한 재산상 손실에 대해서는 거의 손실보상을 인정하지 않고 있다.[84)]

4. 사법작용(재판)에 대한 국가배상책임

사법작용에 대해서도 국가책임이 인정될 수 있는지가 문제되는데, 재판(裁判)은 기판력 있는 판결을 통해 분쟁에 대해 종국적 결정을 내린다는 점에서 종래 소극적인 입장을 보였다. 그러나 최근에는 사법상 불법에 대해서도 국가배상책임을 인정하는 견해가 압도적이다. 대법원은 사법상 불법과 관련하여 주목할 만한 판례를 내놓고 있다. 즉 "법관

84) 미연방대법원은 Euclid v. Amber Realty Co. 사건 이후 도시계획조례가 수용이라는 주장을 대체로 기각하고 있다. 이에 대한 상세는 졸고, "미연방헌법상 수용과 규제", 토지공법연구 제59집(2012. 11), 96면; 졸저, 행정구제의 기본원리, 제1전정판, 218면 이하.

의 재판에 법령의 규정을 따르지 아니한 잘못이 있다고 하더라도 이로써 바로 그 재판상 직무행위가 국가배상법 제2조 제1항의 위법한 행위로 되어 국가배상책임이 발생하는 것은 아니다"라고 전제하면서, 사법상 불법에 대한 배상책임의 요건을 제한적이나마 설시하고 있다. 대법원판례에 의할 경우 국가배상책임이 인정되기 위해서는 당해 법관이 위법 또는 부당한 목적을 가지고 재판을 하였거나, 법이 법관의 직무수행상 준수할 것을 요구하고 있는 기준을 현저하게 위반하는 등 법관이 그에게 부여된 권한의 취지에 명백히 어긋나게 이를 행사하였다고 인정할 만한 특별한 사정이 있어야 한다고 보고 있다. 나아가 재판에 대하여 불복절차 내지 시정절차 자체가 없는 경우에 부당한 재판으로 인하여 불이익 내지 손해를 입은 사람이 국가배상 이외의 방법으로는 자신의 권리 내지 이익을 회복할 방법이 없는 경우에는, 배상책임의 요건이 충족되는 한 국가배상책임을 인정하지 않을 수 없다고 판시하고 있다.[85] 이와 같이 법관의 재판(사법작용)에 의한 국가배상책임에 대해서 종래 부정적인 견해가 압도적이었으나, 상기 대법원판례에서 보는 바와 같이 보충성의 원칙 등 매우 엄격한 요건 하에서 이를 인정할 수 있는 가능성이 열려져 있는 것으로 보인다. 특히 대법원은 헌법재판소 재판관이 청구기간 내에 제기된 헌법소원심판청구사건에서 청구기간을 오인하여 각하결정을 한 경우에 본안판단을 하였더라도 어차피 청구가 기각되었을 것이라는 사정이 있다고 하더라도, 잘못된 판단으로 인하여 헌법소원심판 청구인의 위와 같은 합리적인 기대를 침해한 것이고 이러한 기대는 인격적 이익으로서 보호할 가치가 있다고 하여 국가배상책임(위법성)을 인정할 수 있다고 판시한 바 있다.[86] 그 밖에 독일 및 유럽연합(EU)에서는 근래에 소송지연으로 인한 국가책임의 문제가 논의되고 있

85) 대법원 2003. 7. 11. 선고 99다24218 판결; 대법원 2001. 3. 9. 선고 2000다29905 판결 등.

86) 대법원 2003. 7. 11. 선고 99다24218 판결.

다.[87] 이러한 국가책임을 인정함에 있어서 소송절차의 지연이 법관 개인의 과실에 기인하고 있음을 입증하는 것이 관건이다. 이러한 논의가 이론적으로는 충분히 가능할 수 있으나, 소송이 범람하고 과중한 업무를 부담하는 법관의 사정 등 우리의 사법현실을 고려할 때 이러한 법리를 적용함에 있어서는 신중한 접근이 필요하다.

V. 공물의 관리책임과 위험책임

1. 국가배상법 제5조 해석상 문제점

경주의 리조트 체육관 붕괴사고, 판교 야외공연장 환풍시설의 붕괴사고 등 사회전반에 걸친 각종 안전사고가 빈번히 발생하고 있다. 그러한 점에서 공법학의 영역에서 영조물(공물)의 안전관리에 대한 국가책임은 점차 중요한 의미를 가지고 있다. 국가배상법 제5조에서는 일본 국가배상법 제2조의 영향으로 "영조물의 설치·관리상의 하자"에 대해 규정하고 있다. 이 조항은 민법 제758조의 공작물 등의 점유의 배상책임에 상응하는 것이나, 민법 제758조 제1항에는 점유자에 대한 면책이 인정되고 있으며, 국가배상법상 영조물은 민법 제758조의 공작물보다는 넓은 개념이라는 점에서 차이가 있다. 국가배상법 제5조의 '영조물'은 강학상 '공물'을 의미하고 있다. 그러나 국가배상법 제5조의 "영조물의 설치·관리상의 하자"에 대한 해석을 둘러싸고 학설상 논란이 있는 것이 사실이다. 즉 학설은 영조물 자체가 통상 갖추어야 할 객관적 안전성이라고 이해하는 객관설, 영조물에 대한 관리자의 안전확보의무위반 내지 사고방지의무위반 등으로 해석하는 주관설(의무위반설),[88] 그리고

87) Dieter Remus, Amtshaftung bei verzögerter Amtstätigkeit des Richters, NJW 2012, S. 1403 ff.; Christoph Brüning, Staatshaftung bei überlanger Dauer von Gerichtsverfahren, NJW 2007, S. 1094 ff.; Hellwig/Moss, Problemfelder der unionsrechtlichen Staatshaftung für judikatives Unrecht, JA 2011, S. 196 ff.

행정주체의 교통안전의무 위반에 대한 행위책임이자 위법·무과실책임으로 보는 견해[89] 등으로 구분되고 있다.[90]

한편, 대법원 판례의 입장은 일관적이지 않으며, 판례에 대한 학설의 평가도 다르다. 판례의 주류는 객관설의 입장이나,[91] 주관설(의무위반설)의 입장에 따른 것으로 볼 수 있는 경우도 있다.[92] 주관설의 입장을 따른 판례로는 국도를 운행 중인 원고가 반대방향 1차선에 떨어져 있는 쇠파이프가 다른 차량에 튕기어 원고를 사망케 한 사건이다. 이 사건에서 대법원은 사고 발생 약 22분 전 순찰 중에 발견하지 못하였고 이러한 낙하물을 일일이 제거하는 것은 불가능하다는 점을 이유로 국가배상책임을 부인하였다.[93] 그러나 이 판례가 주관설을 채택하고 있다는 점은 명확하지 않다. 또 다른 판례는 교차로의 진행방향 신호기의 정지신

---

88) 김동희, 전게서(I), 580면.

89) 정하중, 행정법의 이론과 실제, 400면.

90) 그 밖에 객관설의 입장을 유지하면서, 댐 관리요원의 명백한 의무위반으로 갑문을 열지 못해 수해가 발생한 경우에 설치·관리상의 하자의 개념을 작동상의 결함으로까지 확대해야 한다고 보면서, 이러한 주장을 절충설에 근접한 것이라고 소개하는 견해도 있다(홍준형, 행정법, 2011, 636면). 절충설은 객관설을 기본으로 하면서 배상책임을 제한하는 경우에 주관적 요소를 절충한다. 그러나 설시된 사례의 경우는 국가배상법 제5조가 아니라 오히려 국가배상법 제2조와 관련된 것으로 볼 수 있다.

91) 대법원 1967. 2. 21. 선고 66다1723 판결; 대법원 1994. 11. 22. 선고 94다32924 판결; 대법원 1998. 10. 23. 선고 98다17381 판결; 동지판례: 대법원 1997. 5. 16. 선고 96다54102 판결 등.

92) 대법원은 김포공항의 인근주민이 소음피해를 주장하면서 국가배상을 청구한 사건에서 영조물의 설치·관리상의 하자를 판단하면서, 공물(공항)의 객관적 안전성 외에 피해자의 수인한도를 기준으로 '위법성'을 판단하였다. 그러나 이러한 판례는 무과실책임에 근거한 국가배상법 제5조의 본질을 간과하고 있다.

93) "도로의 설치 또는 관리하자는 도로의 위치 등 장소적인 조건, 교통량, 사고시에 있어서의 교통사정등 도로의 이용상황, 그 본래의 이용목적 등 제반 사항과 물적 교량의 위치, 형상 등을 종합적으로 고려하여 사회통념에 따라 구체적으로 판단하여야 할 것인바, 도로의 설치 후 제3자의 행위에 의하여 그 본래의 목적인 통행상의 안전에 결함이 발생한 경우에는 도로에 그와 같은 결함이 있다는 것만으로는 성급하게 도로의 보존상 하자를 인정하여서는 안 되고, 당해 도로의 구조, 장소적 환경과 이용상황 등 제반 사정을 종합하여 그와 같은 결함을 제거하여 원상으로 복구할 수 있는데도 이를 방치한 것인지 여부를 개별적·구체적으로 심리하여 판단하여야 한다."(대법원 1997. 4. 22. 선고 97다3194 판결)

호가 단선으로 소등되어 있는 상태에서 그대로 진행하다가 다른 방향의 진행신호에 따라 교차로에 진입한 차량과 충돌한 사건이다. 이 사건에서 대법원은 신호기의 적색신호가 소등된 기능상 결함이 있었다는 사정만으로는 신호기의 설치 또는 관리상의 하자를 인정할 수 없다고 판시하였다.[94] 이 판례에서는 주관적 요소를 앞의 판례보다 분명히 고려하고 있음을 알 수 있다. 그러나 이 판례에서도 기본적으로는 객관설의 입장을 유지하면서 배상책임의 제한을 위해 주관적 요소를 고려하고 있다고 볼 수 있다.

객관설은 설치·관리자의 과실유무와 관계없이 객관적인 안전성만을 기준으로 삼아 당사자의 권리구제를 넓게 보호할 수 있으나, 배상책임이 지나치게 확대될 가능성도 있다. 이에 반해 주관설은 국가배상법이 무과실책임의 원칙에 서 있음에도 불구하고 객관적 안전성이 없는 공물의 하자책임을 주관적 요소에 의해 설치관리자의 책임제한 내지 회피의 논거를 제공할 수도 있다.[95] 생각건대 국가배상법 제5조의 규정은 헌법에 근거한 것이 아니라는 점에서, 국가배상법 제2조의 공무원의 직무상 불법행위로 인한 배상책임과는 달리 보아야 할 것이다. 따라서 원칙적으로는 공공시설이 갖추어야 할 객관적 안전성의 하자로 인한 무과실책임으로 보는 것이 타당하다. 그러나 영조물의 설치 또는 관리책임의 귀

94) "국가배상법 제5조 제1항 소정의 영조물의 설치 또는 관리의 하자라 함은 영조물이 그 용도에 따라 통상 갖추어야 할 안전성을 갖추지 못한 상태에 있음을 말하는 것으로서, 영조물이 완전무결한 상태에 있지 아니하고 그 기능상 어떠한 결함이 있다는 것만으로 영조물의 설치 또는 관리의 하자가 있다고 할 수 없는 것이고, 위와 같은 안정성의 구비여부를 판단함에 있어서는 당해 영조물의 용도, 그 설치장소의 현황 및 이용상황 등 제반 사정을 종합적으로 고려하여 설치관리자가 그 영조물의 위험성에 비례하여 사회통념상 일반적으로 요구되는 정도의 防護措置義務를 다하였는지 여부를 그 기준으로 삼아야 할 것이며, 객관적으로 보아 시간적·장소적으로 영조물의 기능상 결함으로 인한 손해발생의 豫見可能性과 回避可能性이 없는 경우, 즉 그 영조물의 결함이 영조물의 설치 관리자의 관리행위가 미칠 수 없는 상황아래에 있는 경우에는 영조물의 설치 관리상의 하자를 인정할 수 없다."(대법원 2000. 2. 25. 선고 99다54004 판결)

95) 이에 대해 의부위반설은 안전확보의무를 고도화·객관화된 의무로 파악할 경우 이러한 문제점이 완화 내지 해결될 수 있다고 반론을 제기하고 있다(김동희, 전게서(I), 580면).

속을 위해서는 당해 영조물의 용도, 그 설치장소의 여건 및 이용 상황 등 제반사정 등을 고려하여 방호조치의무를 다하였는지를 살펴볼 필요가 있다. 이 경우 손해발생의 예견가능성과 회피가능성 등이 있었는지 유무를 판단하여 엄격한 요건을 설시하고 제한된 범위에서 책임배제를 허용하는 것이 '피해자의 권리구제'와 '국가의 배상책임의 적정한 제한'을 조화시킬 수 있는 합리적 해결방안이라고 생각한다.

2. 공물의 관리책임과 위험책임의 관계

국가배상법 제5조에 규정된 영조물의 설치·관리의 하자에 대한 책임, 즉 공물의 관리책임을 위험책임(Gefährdungshaftung)'으로 구성할 수 있는지가 고려될 수 있다. 왜냐하면 독일에서는 한국 국가배상법 제5조와 같은 규정을 두지 않고, 개별법에서 '위험한' 물건의 운영이나 유지에 대해 규정하고 있는 것이 보통이기 때문이다. 오늘날 현대사회는 리스크사회(Risikogesellschaft)라고 불리어지고 있는데, 기술법이나 안전법의 영역이나 유전공학의 영역 등에서는 이러한 리스크(risk, Risiko)가 문제되고 있는데, 리스크행정의 영역에서는 국가배상책임과 관련하여 책임귀속에 어려움이 있다. 리스크행정에 있어서는 그 불확실성으로 인해 인과관계의 입증도 쉽지 않으며, 예견가능성이나 수인가능성 등의 법리에 의해 책임귀속이 좌절될 수도 있다. 이와 같이 국가배상책임을 묻기 어려운 경우에 소위 공법상 위험책임의 법리가 적용될 수 있는지가 논의될 필요가 있다. 결국 위험책임과 무과실책임의 관계가 문제된다. 유력설은 국가배상법 제5조를 "행위책임"으로 이해하고, "위법한 행위에 대한 책임이기 때문에 허용된 행위에 대한 위험책임은 아니다"라고 보고 있다.[96] 또 다른 견해는 무과실책임을 공법상 위험책임보다 넓게 파악하고 공법상 위험책임을 무과실책임의 일유형(一類型)으로 파악하기도

96) 정하중, 전게서, 400면.

한다.[97] 그러나 양자의 차이가 항상 명확히 구분되는 것은 아니다.

위험책임은 대체로 전형적인 위험상황과 관련하여 거론되는 것으로 위험상황을 초래한 자에게 무과실책임을 묻는 것을 말한다.[98] 공법상 위험책임의 기원은 프랑스 입법례에 있으나, 독일에서도 19세 중반부터 위험책임의 법리를 발전시켜 왔다. 독일에서는 각 개별법에 일반적 위험책임에 관한 명문규정을 두고 있다. 예컨대 독일 도로교통법 제7조에서는 차량운영을 통해 사람의 신체 및 건강을 해하거나 재산상 손해를 발생한 경우에는 위험책임을 진다고 규정하고 있고, 독일 민법 제833조의 동물소유자의 책임도 위험책임의 사례로 소개되고 있다. 그러나 이러한 위험책임은 환경법분야에서 두드러지고 있다. 즉 독일 수자원관리법 제22조의 유해물질의 하천유입에 대한 책임, 독일 원자력법 제25조의 원자력핵분열시설에 대한 책임, 독일 환경책임법 제1조의 시설의 환경영향에 대한 책임 등이 대표적이다.

한편, 공법분야에서 위험책임의 법리가 인정될 수 있는지에 대해서 독일의 학설은 대체로 부정적이다. 공법상 위험책임을 비판하는 논거로는 우선 책임의 근거가 불명확하고, 구성요건에 대한 합의가 없으며, 일반적인 위험책임은 불필요하다는 것 등이다.[99] 공법영역에서 위험책임의 옹호자는 Ernst Forsthoff 교수였다. 그는 위험책임의 성립요건으로 '위험상태'가 중요한 의미를 가지고 있음에 착안하였는데, 이러한 위험상태는 통상적인 위험상태를 말하는 것이 아니라, 고양(高揚)된 위험(erhöhte Gefahrenlage)[100] 또는 특별한 위험상태(besondere Gefahrenlage)이어야 한다고 보았다.[101] 그러나 이러한 특별한 위험상태의 판단은 쉬

97) 류지태, 행정법신론, 제9판, 451면. 이 견해는 위험책임의 요건으로서 ① 특별한 위험상태가 존재할 것, ② 행정기관의 직접적인 권리제약 행위가 존재하지 아니할 것, ③ 손해가 발생할 것을 제시하고 있다(동인, 전게서, 452면).

98) Maurer, a.a.O., § 29 Rn. 15.

99) 이에 대해서는 Ossenbühl, a.a.O., S. 371 f.

100) Forsthoff, Lehrbuch des Verwaltungsrechts, Band I, S. 361.

101) Olivet, NVwZ 1986, 431/439; Ossenbühl, a.a.O., S. 368. m.w.N.

운 일이 아니며, 각각의 물건이나 행위의 위험상황을 고려해야 한다. 독일에서는 위험책임과 국가배상청구는 그 성립요건이 서로 다르므로, 양자를 병렬적으로 주장할 수 있다고 보고 있다.[102] 다만, 독일에는 영조물의 설치·관리상의 하자에 관한 배상책임이 없다. 독일 원자력손해배상법 제3조 제1항 본문에서는 “원자로의 운전 등으로 인하여 원자력손해가 생긴 때에는 당해 원자력사업자가 그 손해를 배상할 책임을 진다”라고 규정하여, 무과실책임을 인정하고 있다. 이 규정은 위험책임의 사례로 볼 수 있다. 그러나 위험 내지 리스크의 정도에 있어서 차이가 있을 뿐, 기본구조에 있어서는 국가배상법 제5조와 매우 유사하다. 독일에서도 국가가 운영하는 시설에 의해 행정의 리스크에 대한 무과실책임에 관한 규정을 두고 있다. 시설의 운영이 고권적인지 여부와 상관없이 독일 민법 제839조 제1항 제2문의 사법상 위험책임 규율에 따라 책임을 부담하는데, 개별법률에도 국가의 시설책임(Anlagenhaftung)을 규정하고 있다. 예컨대 군용항공기에 대한 책임(독일 항공교통법 제53조 및 제54조), 원자력핵분열시설에 대한 책임에 관한 독일 원자력법 제25조 이하에 따라 발생하는 연방과 주(란트)의 책임(독일 원자력법 제36조) 등이 그러하다. 국가책임법의 개혁을 위한 국가책임법위원회의 초안에서는 시설책임과 관련하여 이러한 위험책임의 근거를 두고 있다(제16조 참조).

국가배상법 제5조를 행위책임으로 이론을 구성할 경우에는 과실책임주의의 예외라는 점을 충분히 납득시킬 수 있어야 하고, 또한 위법과 위험(또는 리스크)은 구별되므로 위법성을 전제로 한 논리구성도 설득력을 반감시킨다. 그러나 위험책임은 고도의 위험성을 전제로 하기 때문에 국가배상법 제5조를 위험책임으로 이해할 경우 배상책임의 범위를 오히려 좁힐 우려도 있다. 따라서 국가배상법 제5조는 시설(공물)의 설치·관리에 따른 위험과 리스크에 대한 국가의 무과실책임을 특별히

102) BGHZ 1, 388/391; 50, 271/273; 113, 164/165. 이에 대한 상세는 Maurer, a.a.O., § 29 Rn. 16.

규정한 것으로 볼 수 있다. 그러나 국가배상법 제5조의 해석을 둘러싸고 여전히 논란이 예상되므로, 향후 국가배상법을 개정함에 있어서 일본의 입법례를 탈피하여 새로운 시각에서 접근할 필요가 있다.

Ⅵ. 국가배상과 손실보상의 간극(間隙)

종래 국가배상은 위법한 국가작용에 대하여 과실책임주의를 이념으로 하고 있고, 손실보상은 단체주의사상에 근거한 사회적 공평부담의 이념에 근거하고 있다고 보는 것이 일반적이었으나, 그 중간영역으로 위험책임이나 무과실책임 등의 등장으로 양자의 "일원화",103) "융합화"104) 등이 강조된 바 있다. 다원적인 현대행정에서 국가배상과 손실보상이라는 국가책임의 이원적 구조에 의해서는 국가작용으로 인하여 발생한 개인의 권리침해나 재산상 손실을 충분히 보전해 줄 수 없다는 것을 실감하게 되었다. 이러한 문제점의 보완책으로서, 입법적 해결론을 주장하는 유력설도 있다. 즉 이 견해는 "침해의 적법·위법에 불구하고 피해자에게 간이·신속한 구제를 부여하는 것이 바람직한 영역에 있어서는 통일보상이론에 의거하여 행위규범성을 묻지 않는 행정상의 보상입법을 개별적으로 제정해 가는 것이 타당하다"105)라고 주장한다.

한편, 독일에서는 일찍이 위법한 행위에 대한 국가배상과 적법한 재산권 침해에 대한 손실보상이라는 이원주의를 극복하고, 양자의 틈을 메울 수 있는 새로운 국가책임의 법리를 발전시켜 왔다. 앞에서 언급한 위험책임의 법리, 비재산적 권리의 손실에 대한 희생보상청구권(Aufopferungsanspruch), 위법·무책한 재산권침해에 대해 수용유사침해이론, 수용으로 인한 이형적(異形的)·비의욕적인 부수적 결과에 의한 침해를

103) 김도창, 전게서(상), 606-607면.
104) 이상규, 전게서(상), 581면.
105) 김철용, 전게서(I), 543면.

보상하는 수용적 침해이론 등이 그러하다. 그러나 독일 연방헌법재판소의 자갈채취판결 이후 수용유사 및 수용적 침해이론은 독일 기본법 제14조 제3항과 단절하고, 판례에 투영된 관습법상의 '희생보상사상'으로 회귀하였다.[106] 그 대신 보상부 공용수용과 무보상부 내용한계규정의 엄격한 이분법의 문제점을 극복하기 위해 등장한, 소위 조정적 보상부 내용한계규정(ausgleichspflichtige Inhalts- und Schrankenbestimmung)이라는 새로운 이론이 있다. 즉 원칙적으로 재산권의 내용한계에 해당하는 경우에도 예외적으로 중대하고 감내할 수 없는 과도한 재산권침해에 대해서는 재정적 조정을 통해 해결하고 있다.

국가작용으로 인해 개인의 권리나 이익이 침해되는 경우에도 국가가 손해전보의 책임을 지지 않는 것은 정의나 형평에 위배됨은 물론, 법치국가원리에 비추어 보아도 타당하지 않다. 따라서 국가배상과 손실보상의 이원적 구조로는 다원적인 현대행정에 수반하여 발생하는 국가책임의 문제를 적절히 대처할 수 없다. 이와 관련하여 우리의 법제에 적합한 국가책임의 법리를 개발하여 국가배상과 손실보상의 간극을 보전할 수 있도록 노력을 경주해야 할 것이다. 다만, 현행 국가배상법에서는 국가배상책임의 확대를 위해서는 해석론(解釋論)에 의해 '위법성'과 '유책'의 요건을 완화하거나 통합하여 고찰하는 방법이 있다.[107] 그러나 '위법성'보다는 주관적 책임요소(고의 또는 과실)를 완화하는 것이 보다 용이할 것이다. 독일과 일본의 입법례의 영향으로 국가배상을 대위책임적 구조로 이해하는 경향도 있으나, 국가배상의 본질은 각국의 역사적 상황과 사회사정 등에 달려 있다. 따라서 우리 국가배상법의 본질을 국가책임설(소위 자기책임설)로 파악하는 방향으로 개편해야 하며, 해석론에

106) 이에 대해서는 졸저, 행정구제의 기본원리, 126면. 수용유사 및 수용적 침해이론을 유지해야 하는지에 대해서는 독일에서도 여전히 다투어지고 있으며, 이를 지지하는 견해도 그 법적 근거를 달리 판단하거나 어느 정도의 수정을 하고 있다고 한다(이에 대해서는 Maurer, a.a.O., § 27 Rn. 33 f.).

107) 예컨대 위법성과 과실의 융합현상을 강조하는 견해로는 이상규, 전게서(상), 605면.

있어서도 주관적 책임요소를 완화할 수 있도록 해야 한다. 예컨대 일응추정(一應推定)의 법리나 과실의 객관화 등도 맥락을 같이 하는 것으로 볼 수 있다. 다만, 공무원의 경과실의 경우에는 면책가능성이 있으므로, 이에 대해서는 해당 공무원이 경과실을 입증할 수 있도록 할 수 있다. 입법정책적인 방안으로는 리스크행정이 부각되고 있음을 고려할 때, 위험책임의 근거 규정을 마련할 필요가 있다.

Ⅶ. 개선방안과 향후과제

모두(冒頭)에서 언급한 바와 같이 국가배상법은 1951년 제정되고 1967년 개정 법률에 의해 대체된 후 수차례 개정을 거쳤으나, 근본적인 변화 없이 기본적인 골격을 그대로 유지한 채 오늘에 이르고 있다. 그러나 공법영역에서 민영화·공무위탁 등으로 인하여 '공법의 사(법)화' 현상이 두드러지고 있는데, 이러한 새로운 패러다임의 도전과 변화에 직면한 국가배상법의 개혁은 앞으로 새로운 변화를 모색해야 할 시점이다. 이미 60여년의 풍상(風霜)을 겪은 우리 국가배상법은 구태를 벗고 새로운 모델을 정립해야 한다. 그러한 점에서 헌법 제29조 제2항 및 국가배상법 제2조 단서조항은 폐지되는 것이 바람직하다. 또한 국가배상법 제2조의 해석에 있어서도 배상책임의 성립요건은 재검토해야 될 내용이 적지 않다. 우리 입법례에는 명문의 규정이 없음에도 불구하고 외국의 이론을 차용함으로써 해석상 혼선이 초래된 경우도 적지 않다. 국가배상법 전체를 관류(貫流)하는 위법성과 과실의 개념은 국가배상법의 해석에 있어서 최대의 난제이다. 종래에는 위법성과 과실의 구분을 전제로 한 해석이 지배적이었으나, 근래에는 양자가 교착하거나 융합하는 경향을 보이고 있다. 이러한 경향을 국가배상법 제2조와 조화를 이루면서 어떻게 합리적으로 해석할 것인가를 고민해야 할 것이다. 잠재적 위험성 내지 리스크가 상존하는 현대사회에서 시설의 안전을 담보하고, 이로부터 파생되는 문제에 대해 국가책임을 어떻게 물을 수 있을 것인가도 중요한 과제이다. 국가배상법 제5조의 "영조물의 설치・관리상 하자"에 관한 해석은 여전히 다투어지고 있는데, 국가의 시설물(공물)에서 파생되는 위험과 리스크를 담보할 수 있도록 무과실책임을 보다 명확히 규정할 필요가 있다. 그리고 공사협력(민관협력)으로 인하여 행정주체의 사무가 사인(민간업체)에게 위탁되는 경우가 증가하고 있다. 공무위탁의 양상은 매우 다양하므로 위임・위탁의 형식이나 수탁자의 지위 등에 대해서도 깊이 있는 연구가 수반될 필요가 있다. 국가배상법의 영역에서 공무위탁, 민영화 및 공사협력(민관협력) 등은 사법관계와 공법관계가 교호작용을 할 수 있고, 이에 대해 공법적 법리를 어떻게 접목할 것인가도 숙고해야 할 문제이다. 이와 관련하여 국가배상법 제2조에 신설된 "공무를 위탁받은 사인"이라는 부분은 도급계약을 체결하여 집행행위를 하는 행정보조인이나 사기업체 등을 배제할 수 있어, 국가배상법의 공무원개념을 오히려 협소하게 만들 수 있다. 이에 대해서는 학계의 좀 더 깊이 있는 논의가 있어야 하겠으나, 사견으로는 재검토를 통해 해당 부분을 삭제하고 종전과 같이 규율하는 것이 바람직하다고 생각한다. 또한 국가배상법 제2조에 규정된 배상책임의 주체를 "지방자치단체"에서 "공공단체"로 변경하여, 헌법 제29조와 일치시킬 필요가 있다. 그리고 2013년 법무부의 행정소송법 개정안에는 행정상 손해배상(국가배상)과 손실보상을 모두 공법상 당사자소송으로 제기할 수 있다고 규정하고 있다. 이러한 점들은 손해배상을 더욱 공법적 관점에서 접근하고 논의할 수 있는 전기(轉機)를 마련할 것이다. 향후 국가배상소송이 공법소송으로 전환될 경우, 종래의 민사법적 접근에서 벗어나서 공법적인 시각과 이론에 바탕을 두고, 완결된 국가책임의 모델을 점진적으로 개발하고 발전시켜야 할 과제가 남겨져 있음은 물론이다.

제2장

행정과 사법(司法)의 민주적 정당성 확보를 위한 공법적 과제*

Ⅰ. 서 설

지난 정부에서 발생한 대통령의 측근 및 민간인에 의한 국정농단(國政壟斷) 의혹과 이를 규명하기 위한 특별검사의 임명과 수사, 대통령 퇴진을 요구하는 국민들의 촛불집회, 그리고 헌법재판소의 탄핵결정은 대한민국 헌정사에 있어서 초유의 사건이었다. 촛불집회는 비폭력 평화집회로 진행되어 국제사회에 한국의 성숙한 민주주의를 보여주었다. 또한 규범적으로도 군주주권에 대항하던 시절에 창안된 '국민주권주의'의 중요성을 다시 한 번 각인시켰다. 촛불시위를 통해 국가권력은 국민으로부터 나온다는 사실을 체험하게 된 것이다. 특히 '세월호' 사건은 국민의 생명과 안전에 대한 국가의 책임이 얼마나 중요한지를 인식할 수 있었다. 또한 문화예술계의 블랙리스트 사건은 국가권력의 적극적인 개입에 의해 헌법에 보장된 표현의 자유나 예술의 자유 등을 중대하게 훼손하는 문제를 야기하였다. 대통령의 측근들에 의한 국정농단과 비리, 청와대 비서실 조직의 전횡 등 일련의 사건으로 국민들은 제왕적 대통령제의 개선과 권력분산이 필요하다는 점에 공감하게 되었다.

최근 국회를 중심으로 개헌 논의가 한창 진행되고 있다. 이러한 개

---

* 이 논문은 2017. 11. 29. 개최된 한국행정학회－한국공법학회 공동 기획세미나에서 "行政의 民主的 正當性 確保와 法治主義의 實現을 위한 公法的 課題: 改憲論議에 있어서 몇가지 爭點을 중심으로"라는 주제로 발표한 글을 수정·보완한 것입니다.

헌 논의에서 권력집중의 문제를 개선할 수 있는 제도적 방안이 강구되어야 한다. 수직적·수평적 권력분산이 필요하다는 점도 부인할 수 없는 사실이다. 통치구조는 오랫동안 개헌논의의 중심적 화두(話頭)였다. 그러나 통치구조의 문제보다는 국가권력의 민주적 정당성을 확보하는 것이 더욱 중요하다. 국가권력의 남용과 부패는 대부분 이러한 민주적 정당성을 확보하지 못한 국가권력의 행사에서 연유한다. 따라서 국가권력에 대한 적법성 통제가 작동하고 민주적 정당성을 확보할 수 있도록 국가권력을 제어해야 하며, 국가시스템의 전반적인 개혁이 요구된다. 그러나 국가권력의 일탈과 부패가 만연하고 있음에도 불구하고 의회의 통제와 대의민주주의가 제대로 작동하지 않고 있었다는 사실을 간과할 수 없다. 국회는 2016. 12. 3. 탄핵소추안을 발의하였으며, 같은 해 12. 9. 본회의에서 재적의원 300명 중 299명이 참여하여 탄핵소추를 가결하였다(찬성 234표, 반대 56표, 무효 7표, 기권 2표). 국회는 탄핵소추의결서에서 대통령이 국민주권주의(헌법 제1조)와 대의민주주의(헌법 제67조 제1항)의 본질을 훼손하고 있음을 주장하고 있다. 대의민주주의는 국가권력을 통제하고 민주주의원리를 구체적으로 실현할 수 있는 제도적 장치이다. 치자(治者)와 피치자(被治者)의 동일성을 전제로 하는 민주주의의 본질에 비추어 직접민주주의가 가장 이상적이지만, 현실적으로 대의민주주의는 불가피한 측면이 있다.[1)] 그러나 대의민주주의는 여러 가지 한계를 노정하고 있어 직접민주주의에 의한 보완이 필요하며, 오늘날에는 참여민주주의(partizipatorische Demokratie)가 강조되고 있다.[2)]

비선조직에 의한 국정농단에 의해 국민주권주의와 법치국가원리가 침해된 상황에서 행정의 민주적 정당성 확보와 적법성 통제의 문제는 중요한 공법적 쟁점사항이다. 민주적 정당성 확보에 관한 국내 공법학계의 논의는 '행정조직'을 중심으로 전개되고 있다.[3)] 민주적 정당성 확

1) 대의민주주의의 불가피성에 대해서는 계희열, 헌법학(상), 신정판, 221-222면 참조.
2) Zippelius/Würtenberger, Deutsches Staatsrecht, 32. Aufl., § 10 Rn. 20.

보의 문제는 사법부의 독립이나 지방자치 등의 문제와도 밀접한 관련을 가진다.[4] 독일에서는 오래 전부터 민주적 정통화(demokratische Legitimation) 이론을 발전시켜오고 있다. 민주적 정통화론은 국가지배의 정당성 확보를 의미하며, 국가권력의 행사는 민주적 정통화의 주체인 국민에 귀속되어야 한다는 점이 핵심이다.[5] 비선실세라고 불리는 대통령의 측근들이 사사로이 국가권력을 행사하여 국가의 중요정책사항에 영향을 미치는 사건은 국민들에게 큰 충격을 주었다. 헌법재판소는 2017. 3. 10. 대통령(박근혜) 탄핵 결정에서 대통령의 측근에게 공무상 비밀이 포함된 국정에 관한 문건을 전달하고 비밀리에 국정운영에 반영하도록 한 점, 국민으로부터 위임받은 권한을 사적 용도로 남용하여 적극적·반복적으로 측근의 사익추구를 도운 점 등의 행위가 대의민주제의 원리와 법치주의의 정신을 훼손하고 있다고 지적하고 있다.[6] 이러한 문제가 다시 발생하지 않고 선진국가로 나아가기 위해서는 이러한 국가권력의 부패구조를 제어하고, 국가지배의 민주적 정당성을 확보할 수 있는 제

3) 국내에서도 민주적 정당성에 관한 논의가 진행되고 있다. 김남진, "행정의 민주적 정통화론", 대한민국학술원통신 제290호(2017. 9. 1.), 9-13면; 허완중, "민주적 정당성", 저스티스 통권 제128호(2012. 2), 132면 이하; 이현수, "합의제 중앙행정관청의 조직법적 쟁점", 공법연구 제41집 제3호(2013. 2), 53면 이하; 이재훈, "행정청의 민주적 정당성", 공법연구 제45집 제4호(2017. 6), 189면 이하 등.

4) Rennert, Legitimation und Legitimität des Richters, JZ 2015, S. 529 ff.

5) Trute, in: Hoffmann-Riem/Schmidt-Aßmann/Voßkuhle(Hg.), GVwR I, § 6 Rn. 1.

6) "피청구인은 최○원에게 공무상 비밀이 포함된 국정에 관한 문건을 전달했고, 공직자가 아닌 최○원의 의견을 비밀리에 국정 운영에 반영하였다. 피청구인의 이러한 위법행위는 피청구인이 대통령으로 취임한 때부터 3년 이상 지속되었다. 피청구인은 국민으로부터 위임받은 권한을 사적 용도로 남용하여 적극적·반복적으로 최○원의 사익추구를 도와주었고, 그 과정에서 대통령의 지위를 이용하거나 국가의 기관과 조직을 동원하였다는 점에서 법 위반의 정도가 매우 중하다. 대통령은 공무 수행을 투명하게 공개하여 국민의 평가를 받아야 한다. 그런데 피청구인은 최○원의 국정 개입을 허용하면서 이 사실을 철저히 비밀에 부쳤고, 그에 관한 의혹이 제기될 때마다 이를 부인하며 의혹 제기 행위만을 비난하였다. 따라서 권력분립원리에 따른 국회 등 헌법기관에 의한 견제나 언론 등 민간에 의한 감시 장치가 제대로 작동될 수 없었다. 이와 같은 피청구인의 일련의 행위는 대의민주제의 원리와 법치주의의 정신을 훼손한 것으로서 대통령으로서의 공익실현의무를 중대하게 위반한 것이다."(헌재 2017. 3. 10. 2016헌나1, 판례집 29-1, 1, 6)

도적 장치를 마련해야 한다. 보다 중요한 사실은 국가권력의 민주적 정당성을 어떠한 방식으로 확보할 것인지에 달려 있다.

한편, 정세균 국회의장은 지난 2017년 7월 17일 국회 제3회의장에서 개최된 제헌절을 기념하는 '국가원로 개헌 대토론회'에 참석하여 개헌에 관한 적극적 입장을 밝히고 있다. 여기에서 "국민에 의한 개헌", "미래를 향한 개헌", 그리고 "열린 개헌"을 강조하고 있다.[7] 여기에서 "개헌을 관통하는 시대정신은 분권"이라는 점을 분명히 하고 있으며, 내년 지방선거를 앞두고 개헌이 되어야 한다는 점을 밝히고 있다. 그러나 개헌논의에 관한 구체적 내용은 아직 소개된 바 없고, 부분적인 쟁점만 소개되고 있을 뿐이다. 이러한 개헌 논의에서는 통치구조의 결정은 중요한 사안이지만, 현실적으로 짧은 기간 내에 여야의 합의를 도출하기는 매우 어려울 것으로 보인다. 이와 관련하여 한국공법학회를 비롯한 여러 학회에서 개헌과 관련된 공법적 쟁점들을 논의한 바 있다. 이하에서는 행정의 민주적 정당성 확보와 행정의 책임(Ⅱ), 지방자치와 민주적 정당성 확보(Ⅲ), 사법부의 독립과 민주적 정당성 확보(Ⅳ)의 순으로 검토하기로 한다.

Ⅱ. 행정의 민주적 정당성 확보와 행정의 책임

1. 민주적 정당성 확보의 근거와 실현방식

(1) 민주적 정통화론의 이론적 기초

독일의 민주적 정통화론을 살펴보기 전에 유사한 개념을 먼저 구별할 필요가 있다. 규범적인 정통화(Legitimation) 개념은 국가지배의 사회적 승인으로서 정통성(Legitimität) 개념과 구별된다.[8] 전자는 국가지배의

7) 대한민국국회, 2017. 7. 17. 보도자료 참조.
8) Trute, in: Hoffmann-Riem/Schmidt-Aßmann/Voßkuhle(Hg.), GVwR I, § 6 Rn. 2.

정당성 확보의 '과정'으로서 '절차'에 해당하는 반면, 후자는 국가지배의 특징 내지 성질로서 국가지배의 정당성이 확보된 '상태'이며 '결과'에 해당한다.[9] 다만, 양자 모두 국가지배의 정당성(Rechtfertigung staatlicher Herrschaft)을 대상으로 하고 있다는 점에서 공통점을 가진다.[10] 또한 행정의 민주적 정통화론은 국가지배의 정통화론의 중요한 쟁점 중의 하나이다.

독일 공법학에서는 제2차 대전 당시의 나치에 대한 반작용으로 법치국가원리가 상대적으로 중시되었지만, 1960년대에 들어와서 민주적 정통화론이 중심적 테마로 부상하게 되었다고 한다.[11] 그 후 행정의 민주적 정통화론에 관한 문제는 독일 공법학계에서 1980년대 후반부터 활발한 논의가 전개된 것으로 보인다. 민주적 정통화론에 관한 논의는 법학 분야 외에 사회학 분야에서도 오래전부터 전개되고 있었다. 특히 Max Weber는 정당한 지배(legitime Herrschaft)의 세 가지 유형으로 합법적 지배(Legale Herrschaft), 전통적 지배(Traditionale Herrschaft) 카리스마적 지배(Charismatische Herrschaft)를 제시하고 있다.[12] 그는 지배의 유형을 주로 정통성(Legitimität) 문제와 관련하여 논하고 있다. 독일 공법학계에서는 민주적 정통화의 헌법적 근거를 "모든 국가권력은 국민으

행정의 민주적 정당성의 문제는 독일 공법학계에서 1980년대 후반부터 본격적으로 논의가 된 것으로 보인다. 물론 E.-W. Böckenförde가 "법관선발의 헌법적 문제"라는 저서에서 이러한 문제를 다루었고, 1990년대에 접어들면서 이와 관련된 다양한 논의가 전개되었다.

9) Voßkuhle/Sydow, Die demokratische Legitimation des Richters, JZ 2002, S. 674. 일본에서는 Legitimation을 '정통화(正統化)'로 번역하고 있지만, 우리나라에서는 '정당성(正當性)'이라는 용어가 일반적이다. 본고(本稿)에서는 '정통화'라는 용어 외에 과정 내지 절차가 개념의 본질적 요소라는 점에서 '정당성 확보'라는 용어를 함께 사용하기로 한다.

10) Voßkuhle/Sydow, a.a.O., S. 674.

11) Ossenbühl, Gedanken zur demokratischen Legitimation der Verwaltung, Hans-Detlef Horn(Hg.), Recht im Pluralismus, FS für Walter Schmitt Glaeser zum 70. Geburtstag, 2003, S. 110.

12) 이에 대해서는 Max Weber, Wirtschaft und Gesellschaft, 5. Aufl., S. 122 ff.

로부터 나온다"라고 규정된 독일 기본법 제20조 제2항에서 찾고 있다. 우리나라에서도 민주적 정통화의 근거를 헌법 제1조 제2항의 '국민주권주의'에서 도출할 수 있다. 모든 국가권력의 원천은 국민에게 있고, 이러한 국가권력의 행사를 정통화하는 것도 국민이다.

(2) 고전적인 민주적 정통화론

국가권력을 국민에게 귀착시키기 위한 고전적인 민주적 정통화론은 세 가지 유형으로 분류되고 있다. 초기에 이러한 이론을 체계화한 것은 E.-W. Böckenförde 교수(前 연방헌법재판관)이다. 그는 민주적 정통화를 제도적・기능적 민주적 정통화, 조직적・인적 민주적 정통화, 그리고 사항적・내용적 민주적 정통화로 분류한다. 우선 제도적・기능적인 민주적 정통화(institutionelle und funktionelle demokratische Legitimation)는 헌법제정권자가 권력분립원리에 기초하여 국가권력을 입법부・집행부 및 사법부로 분리하고, 주권자인 국민이 국가권력을 행사한다고 본다.[13] 제도적・기능적 민주적 정통화의 방식은 헌법적 정통화의 문제이다. 이러한 정통화의 방식은 제도와 권한에 관한 것으로서 추상적인 정통화의 방식이라고 볼 수 있다. 따라서 제도적・기능적 정통화는 구체적으로 조직적・인적으로 민주적 정통성을 확보하거나 사항적・내용적으로 민주적 정통성이 매개되어야 한다.

조직적・인적인 민주적 정통화(organisatorisch-personelle demokratische Legitimation)는 공무원을 포함한 공직자 내지 공무담당자가 중심이며, 국가사무의 실행이 부여된 공직자의 개인적 정통성 확보에 관한 방식이다.[14] 인적으로 정통화를 확보하는 대표적 사례는 '선거'이다. 독일 연방헌법재판소는 국가의 과제가 부여된 기관과 공직자 사이에 중단 없는

13) E.-W. Böckenförde, in: Isensee/Kirchhof(Hg.), Handbuch des Staatsrechts, Bd. II 2004, § 24 Rn. 15.
14) E.-W. Böckenförde, in: Isensee/Kirchhof(Hg.), a.a.O., § 24 Rn. 16.

정통화 사슬이 있어야 한다는 점을 강조하고 있다.[15] 궁극적인 국가권력의 원천인 국민과 이러한 공직자 사이에 정통화의 연결고리가 있어야 하며, 공직자는 간접적으로 민주적 정통성이 부여된다.[16] 예컨대 독일과 같이 연방국가로서 의원내각제 국가인 경우에는 국민으로부터 그 대표기관(의회)으로, 그리고 연방수상과 연방장관 등으로 연결고리가 이어져야 한다. 이러한 연결고리에 의해 인적으로 정통화된 기능주체로서 연방공무원이 임명되어야 한다. 예컨대 합의제 행정기관에 정당하지 않은 사람이 참여하는 것은 인적 정통화가 결여되어 있는 것이다.

실질적으로 중요한 의미를 가지는 것은 내용적으로 정당성을 확보하는 것이다. 사항적 · 내용적인 민주적 정통화(sachlich-inhaltliche demokratische Legitimation)에서는 의회의 우위가 명확히 부각된다. 국가작용은 내용적으로도 국민의 의사에 구속되어야 하며, 국가작용의 정통화를 판단하는 중요한 척도는 국민으로부터 민주적 정통화가 이루어진 대표기관으로서 의회가 제정한 법률이다.[17] 이와 관련하여 법률유보의 원칙과 법률우위의 원칙이 중요한 의미를 가진다. 이러한 '법률' 외에도 '예산'이나 '감독'도 사항적 · 내용적 민주적 정통화를 위한 중요한 도구이다.[18] 사항적 · 내용적 민주적 정통화 문제에 있어서 행정의 '책임'도 중요하다. 이러한 문제는 정치적으로 선거를 통해 책임을 묻거나, 행정부에 대한 의회의 통제수단이 사용될 수 있다.[19] 국민으로부터 국가작용의 정통화를 확보하기 위해서는 사항적 · 내용적 민주적 정통화와 조직적 · 인적 민주적 정통화가 상호보완적으로 작동되어야 한다.[20] 이와 관

15) BVerfGE 47, 253(275); 52, 95(130); 93, 37(66); 107, 59(87).
16) Andreas Voßkuhle/Anna-Bettina Kaiser, Grundwissen: Öffentliches Recht: Demokratische Legitimation, JuS 2009, S. 804.
17) E.-W. Böckenförde, in: Isensee/Kirchhof(Hg.), a.a.O., § 24 Rn. 21.
18) Schmidt-Aßmann, Das allgemeine Verwaltungsrecht als Ordnungsidee, 2. Aufl., S. 90.
19) Andreas Voßkuhle/Anna-Bettina Kaiser, a.a.O., S. 804.
20) E.-W. Böckenförde, in: Isensee/Kirchhof(Hg.), a.a.O., § 24 Rn. 23.

련하여 헌법상 민주주의원리는 "충분한" 정통화가 이루어져야 한다. 일정한 '수준'의 민주적 정통화를 요구하고 있는 것이다.[21] 특히 독일 연방헌법재판소는 헌법적으로 중요한 것은 국가작용에 대한 민주적 정통화의 형식이 아니라 '효율성'이라고 강조하고 있다.[22] 어느 정도의 정통화수준(Legitimationsniveau)이 확보되어야 하는 것이다. 이러한 민주적 정통화의 효율성은 국민주권주의를 규정한 독일 기본법 제20조 제2항에서 요구된다고 보고 있다.[23]

(3) 새로운 민주적 정통화론의 등장

고전적인 민주적 정통화론에 대한 비판론과 새로운 정통화 이론들이 등장하고 있다. 고전적 민주적 정통화론에 대해 행정의 독자성을 강조하는 견해가 등장하고 있다. 독일의 대표적 행정법 학자인 Schmidt-Aßmann 교수는 완전히 조종되거나 통제되기 어려운 행정의 독자성으로 인해 제도적 민주적 정통화는 거의 작동하지 않는다고 비판하고 있다.[24] 그는 비계층적(非階層的) 구조를 전제로 민주적 정통화의 새로운 요소로서 수용(Akzeptanz), 참여(Partizipation) 및 공개(Öffentlichkeit) 등을 강조하고 있다. '수용(受容)' 개념은 종종 '정통화'와 동의어로도 사용된다.[25] 이 개념은 민주적 정통화론의 도그마틱 개념이 아닌 절차의 경과와 관련되어 있으며, 적법성을 망라하는 옳음 내지 타당함(Richtigkeit)을 의미한다.[26] 절차의 취약성은 수용의 흠결로 이어지게 된다. 또한 '참여'는 일정한 결정에 이해관계인이 특별한 방식으로 관여하는 것을 말한다.[27] 예컨대 대규모공공사업과 같은 환경계획법의 영역에서 이해

21) BVerfGE 93, 37 (66 f.); 107, 59 (87).
22) BVerfGE 83, 60 (72); 93, 37 (67).
23) E.-W. Böckenförde, in: Isensee/Kirchhof(Hg.), a.a.O., § 24 Rn. 23.
24) Schmidt-Aßmann, Verwaltungslegitimation als Rechtsbegriff, AöR 116 (1991), S. 363 f.; Ossenbühl, a.a.O., S. 110.
25) Schmidt-Aßmann, Das allgemeine Verwaltungsrecht als Ordnungsidee, S. 103.
26) Schmidt-Aßmann, Das allgemeine Verwaltungsrecht als Ordnungsidee, S. 102 f.

관계인의 참여나 국가와 사회의 조직적 협력에 있어서도 중요한 의미를 가진다. 그리고 '공개'는 다의적이지만, 일반이 열람할 수 있는 공동체의 이해관계를 가진 것을 함축하고 있다. 이러한 공개성은 문서열람이 중요한 의미를 가진다. 행정문서에 대한 자유로운 접근이 보장되어야 하며, 정보행정법의 중요한 내용을 이루고 있다. 그 밖에 공개는 포럼(Forum)으로 공개토론의 장을 통해 합리적 결정을 이루고 결정의 질을 개선할 수 있다.

한편, Trute 교수는 정통화 방식 사이에 효과적인 연결성을 위해 정통화의 방식을 새로이 분류하고 있다. 그는 정통화의 유형으로 조직적 정통화, 인적 정통화, 절차적 정통화, 그리고 사항적·내용적 정통화로 구분하고 있다. 전통적 정통화론 외에 거론되는 절차적 정통화(prozedurale Legitimation)[28]는 광의로는 정통화 그 자체가 절차의 성격을 가지지만, 협의로는 법률이나 행정으로 형성된 절차를 통해 민주적 정통화가 매개된다.[29] 그는 국가권력의 행사가 추구하는 목적을 달성하는 Output 정통화를 통해 보충할 것을 주장한다. Output 정통화는 사실상의 결과가 아닌 소망하는 결정의 질이 중요한 의미를 가진다.[30] 이러한 Output 정통화는 결과의 정통화 또는 합목적성을 통한 정통화를 의미한다.[31]

2. 다원화된 행정의 민주적 정통화와 의회에 대한 행정의 책임

근래에 민주주의를 일원적으로 이해하는 고전적 정통화론에 대해 의

27) Schmidt-Aßmann, Das allgemeine Verwaltungsrecht als Ordnungsidee, S. 104.

28) 절차를 통한 정통화에 관한 논의는 루만(N. Luhmann)에서도 찾을 수 있다. 루만은 절차를 통한 정통화를 법적 규율이 포함된 절차법에 의한 정당화가 아니라, 사실적인 의사소통의 과정을 통한 기대의 구조변화의 문제라고 보고 있다. 그는 규범적 의미관련성이 아닌 사실적인 발생으로 보고 있다. 이에 대해서는 Luhmann, Legitimation durch Verfahren, 1983, S. 37.

29) Trute, in: Hoffmann-Riem/Schmidt-Aßmann/Voßkuhle(Hg.), GVwR I, § 6 Rn. 47.

30) Trute, in: Hoffmann-Riem/Schmidt-Aßmann/Voßkuhle(Hg.), GVwR I, § 6 Rn. 453.

31) Ulrich Jan Schröder, Das Demokratieprinzip des Grundgesetzes, JA 2017, S. 813.

문이 제기되고 있으며, 다원적인 정통화가 중시되고 있다. 민주적 정통화의 주체는 종래 집합적 통일체로서 국민이었으나, 근래에는 차별화된 국민개념을 강조하는 견해가 등장하고 있다. 그 구체적 사례는 지방자치단체의 주민이다. 이러한 지방자치단체의 주민에 대해서도 후술하는 바와 같이 민주적 정통화의 주체가 된다는 점이 인정되고 있는 것이다(이에 대해서는 Ⅲ 참조). 특히 Trute 교수는 국민을 능동적 국민, 귀속주체로서의 국민, 그리고 수범자로서의 국민으로 분류하고 있다. 능동적 국민은 선거를 통해 의회에 정통화를 매개하고, 귀속주체로서의 국민은 지배 권력의 행사를 민주주의에 귀결시키며, 수범자로서의 국민은 영토 내에 행사되는 지배의 수범자 총체를 의미한다.[32] Trute 교수는 이러한 정통화의 주체가 수직적 또는 기능적으로 다원화될 수 있다고 보고 있다.[33] 그리고 독일 연방헌법재판소는 정통화의 대상인 '국가권력'에 대해 결정의 성격을 가지는 모든 작용으로 이해하고 있다.[34] 그러나 학설 중에는 이에 한정되지 아니하고 국가권력을 포괄적으로 파악하는 견해가 있다.[35] 따라서 국가권력을 위탁한 경우에 대해서도 정통화가 필요하다고 보고 있다. 근래에 국가의 공적 과제가 사인에 위탁되는 경우가 적지 않다. 이와 관련하여 사인(私人)에 의한 행정(Verwaltungs durch Private)에서도 민주적 정통화가 문제되기도 한다.[36]

독일에서는 종래 행정의 지시기속성(Weisungsgebundenheit)이 민주적 정통화를 위해 매우 중요한 의미를 가지는 것으로 이해하였다. 위에서 언급한 민주적 정통화의 사슬고리는 '지시'를 통해 실현된다. 예컨대 장관의 '지시'에 대해 행정기관이 기속되어야 한다는 것이다.[37] 전통적인

32) 이에 대한 상세는 Trute, in: Hoffmann-Riem/Schmidt-Aßmann/Voßkuhle(Hg.), GVwR I, § 6 Rn. 22 참조.
33) Trute, in: Hoffmann-Riem/Schmidt-Aßmann/Voßkuhle(Hg.), GVwR I, § 6 Rn. 23.
34) BVerfGE 83, 60 (73).
35) Trute, in: Hoffmann-Riem/Schmidt-Aßmann/Voßkuhle(Hg.), GVwR I, § 6 Rn. 27.
36) 이에 대해서는 Ossenbühl, a.a.O., S. 106 f.
37) 독일에서는 이러한 민주적 정당성과 관련하여 지시기속성으로부터 자유로운 행정청이

정통화 이론에 의하면 행정은 법률에 기속되어 정부나 장관의 지시 하에 놓여야 중단 없는 민주적 정통화의 사슬이 있다고 보고 있다. 이에 따라 엄격하게 계층화된 행정조직이 가장 이상적인 민주적 행정으로 이해되기도 한다.[38] 이러한 지시권에 관한 논의 외에 행정규칙, 법규명령 및 그 밖의 감독수단은 의회에 대한 책임을 도구화하는 수단으로 작용하고 있다.[39] 다만, 이러한 장관의 '지시'는 적법한 것을 전제로 하여야 하며, 헌법이나 법률에 위배되어서는 아니 된다. 그러나 오늘날 이러한 지시기속성은 행정의 독자성에 비추어 민주적 정통화 개념에 포함시킬 수 없다는 견해도 있다.[40]

3. 행정입법에 대한 적법성 통제와 민주적 정당성 확보

행정의 법률적합성 원칙은 법치국가원리뿐만 아니라 민주주의원리와 밀접한 관련을 가진다. 사항적·내용적 정통화에 있어서 의회가 제정한 법률이 중요한 척도가 되고 있음을 알 수 있다. 지난 정부에서 행정입법에 대한 의회의 수정요구권이 헌법상 허용되는지가 논란이 된 바 있다. 국회법 개정안 제98조의2 제3항에서 "상임위원회는 대통령령·총리령·부령 등 행정입법이 법률의 취지 또는 내용에 합치되지 아니한다고 판단되는 경우에 중앙행정기관의 장에게 수정·변경을 요구할 수 있다"라고 규정하였다. 그러나 이러한 국회의 수정·변경 요구권이 위헌이라는 주장이 있었다. 그 주장의 논거로 권력분립원칙에 반하며, 법원과 헌법재판소의 위헌·위법 심사권을 침해한다는 점 등이 제시되었다.[41] 권력분립원칙에 비추어 행정입법에 대한 의회의 통제는 지극히

허용될 수 있는지가 논의되고 있다(이재훈, 전게논문, 208-209면).

38) Zippelius/Würtenberger, a.a.O., § 10 Rn. 17.

39) Trute, in: Hoffmann-Riem/Schmidt-Aßmann/Voßkuhle(Hg.), GVwR I, § 6 Rn. 13.

40) Vosskuhle/Kaiser, a.a.O., S. 803

41) 이에 대한 상론은 졸고, "행정입법에 대한 행정적·입법적 통제", 공법연구 제44집 제4호(2016. 6), 85-89면 참조.

당연한 일이며, 외국의 입법례에서도 이러한 의회의 통제는 허용된다. 독일에서는 오히려 법률에 의한 법규명령의 변경을 허용하는 견해가 지배적이다. 비본질적 영역에서 행정입법의 시원적 명령제정권을 주장하는 견해도 있으나,[42] 유력설은 시원적 명령제정권을 주장하는 견해에 반대하며 법률의 기속을 특징으로 하는 법규명령의 본질에 반하다고 비판한다.[43] 민주적 정당성 확보의 관점에서도 행정작용은 법률에 기속되어야 한다. 비록 행정입법이라고 하더라도 법률유보의 원칙과 법률우위의 원칙을 위반하여서는 아니 된다. 법규명령은 파생적 법제정에 해당하며, 포괄위임금지의 원칙(헌법 제75조 및 제95조)과 행정의 법률적합성 원칙 등에 의해 통제된다. 헌법 제107조에도 명령·규칙 또는 처분이 헌법이나 법률에 위반되는지 여부를 심사할 수 있도록 규정하고 있다.

한편, 법규명령에 대한 의회의 수정요구권을 인정하는 것이 사법권을 침해한다는 견해는 찬동하기 어렵고, 행정부가 이러한 의회의 수정요구권을 거부하더라도 위헌 소지가 있는 시행령이나 시행규칙 등에 대한 사법적 통제는 가능하다. 다만, 우리나라에서는 재판의 전제성을 요건으로 하는 구체적 규범통제를 인정하고 있다(헌법 제107조 제2항 참조). 따라서 행정입법에 대한 사법적 통제는 매우 미흡한 실정이다. 법규명령에 대한 사법적 통제는 부수적 규범통제의 방식으로 이루어진다. 이 경우 처분의 수권근거인 법규명령의 위헌·위법이 인정되더라도 당해 사건의 적용배제에 그친다.[44] 그러나 위헌·위법성이 있는 법규명령은 근원적으로 제거되지 못하고 여전히 유효하게 남아 있게 된다. 물론 이후의 사건에서 사실상 선결적 효력을 미칠 수는 있다. 행정입법에 대한 헌법소원의 가능성은 일정한 요건(직접성, 현재성, 자기관련성 및 보충성)을

42) Ossenbühl, in: Isensee/Kirchhof(Hg.), Handbuch des Staatsrecht, Bd. V, 2007, § 103 Rn. 19 참조.

43) Schmidt-Aßmann, Aufgaben und Perspektiven verwaltungsrechtlicher Forschung, S. 153

44) 대법원 1994. 4. 26. 자 93부32 결정,

충족한 경우에 인정된다. 따라서 개헌 논의에서 행정입법에 대한 사법적 통제를 강화하는 것이 요구된다. 행정입법은 헌법과 법률에 위배되어서는 아니 되고, 포괄위임금지의 원칙 내지 명확성 원칙에 비추어 법률유보의 원칙도 준수해야 한다. 이와 관련하여 행정입법에 대한 직접적 통제를 할 수 있는 추상적 규범통제제도를 도입해야 한다. 다만, 개헌을 통해 행정입법에 대한 주위적 규범통제를 도입하더라도 헌법재판소와 대법원 사이에 규범통제의 기능적 분배가 필요하다. 원칙적인 규범통제권은 헌법재판소에 맡기되, 행정입법에 대한 통제의 특성에 비추어 일부 법규명령이나 조례 등에 대해서는 대법원의 관할로 기능을 분할하는 것이 고려되어야 한다. 후자의 규범통제는 2심제로 하는 것이 바람직하다. 대통령제의 특성을 고려하여 대통령령에 대한 규범통제는 헌법재판소의 관할로, 부령에 대해서는 대법원의 관할로 기능분배를 하는 것이 타당하다.

Ⅲ. 지방자치와 민주적 정당성 확보

1. 지방자치와 민주적 정통화

오늘날 자치적 정통화(autonome Legitimation)가 강조되고 있다. 독일 기본법에는 지방자치단체의 민주적 정통화가 직접 명시된 것은 아니지만, 또 다른 정통화 주체에 귀착되도록 규정되어 있다. 독일 기본법 제20조 제2항에서 국가권력의 보유자이자 원천은 '국민(Volk)'이다. 그러나 '국민'은 원칙적으로 총체적 개념으로서의 독일 국민을 의미하지만, 부분국민(Teilvölker)도 고려될 수 있다. 독일 기본법 제28조 제1항 제2문에는 "주(란트), 군(Kreise) 및 게마인데(Gemeinde)에서 국민은 일반·직접·자유·평등·비밀 선거를 통해 대표를 가질 수 있다"라고 규정하고 있다. 나아가 지방자치단체 차원의 선거에서 유럽연합(EU)의 시민

도 부분국민에 포함될 수 있다.[45)]

이와 같이 독일 기본법 제28조 제1항 제2문의 지방자치단체의 주민도 정통화할 수 있는 '부분인민(部分人民)'에 해당한다고 보는 견해가 유력하다.[46)] 지방자치단체는 민주적 정통화에 있어서 이중적 귀속관련성(duale Zurechnungszusammenhang)이 있어야 한다. 개별 결정이 한편으로는 국민에 대한 귀속이고, 또 다른 한편으로는 그들이 선출한 대표기관에 대한 귀속이다. 후자의 경우에는 집행기관의 일부를 이룬다고 보는 것이 지배적 견해이다. 전자의 경우에는 주로 의회의 법률에 대한 구속을 의미한다.[47)] 이러한 문제는 결국 지방자치단체의 조례와 의회에서 제정한 법률 사이의 문제로 귀착된다.

이와 관련하여 헌법 제117조 제1항에서 "법령의 범위 안에서 자치에 관한 규정을 제정할 수 있다"는 규정을 두고 있으며, 지방자치법 제22조 본문에서도 "지방자치단체는 법령의 범위 안에서 그 사무에 관하여 조례를 제정할 수 있다"고 규정하고 있다. 즉 조례제정의 범위와 한계에 관한 문제가 발생한다. 지방자치법 제22조 단서에서는 "다만, 주민의 권리 제한 또는 의무 부과에 관한 사항이나 벌칙을 정할 때에는 법률의 위임이 있어야 한다"고 규정하고 있다. 이러한 법률유보에 관한 규정으로 인해 자치입법권이 침해될 수 있다는 비판이 오래 전부터 제기되고 있다. 독일에서는 지방자치단체의 대표기관은 의회가 아니며 '집행기관'의 일부로 보는 것이 지배적 견해이며, 조례제정에 있어서도 법률유보의 원칙과 법률우위의 원칙을 준수해야 한다.[48)] 의회도 지역적으로 축소된 '부분국민'과 연결하도록 해야 하며, 법률상 조정프로그램의 구성에 있어서 지방자치단체에 부여된 자치행정의 형성여지를 존중해야 한다.[49)] 지방자치단체의 주민은 이중으로 사항적·내용적 정통화

45) Sachs, in: Sachs(Hg.), GG, 3. Aufl., Art. 20 Rn. 27a.
46) Schmidt-Aßmann, Verwaltungslegitimation als Rechtsbegriff, S. 349 f.
47) 이에 대해서는 Schmidt-Aßmann, Verwaltungslegitimation als Rechtsbegriff, S. 359.
48) Burgi, Kommunalrecht, 5. Aufl., § 15 Rn. 31 ff.

가 요구되고 있다. 주민은 의회가 제정한 법률에 구속되어야 할 뿐만 아니라 지방자치단체의 조례에도 구속되어야 한다. 민주적 정통화론에서 절차참여의 요소가 강조되고 있어 지방자치단체의 민주적 정통화론도 중요하게 다루어지고 있다. 예컨대 지방자치단체의 도시계획에 있어서 참여는 이러한 민주적 정통화와 밀접한 관련이 있다.[50)]

2. 기능적 자치행정과 민주적 정통화

지방자치의 문제와 구별할 것으로 기능적 자치행정(funktionale Selbst-verwaltung)이 있다. 독일에서는 대학, 사회보장단체 및 직업대표단체 등의 영역에 대해서도 민주적 정통화가 논의되고 있다. 이러한 영역을 '기능적 자치행정'으로 부르고 있다. 기능적 자치행정은 지방자치단체의 자치행정과 달리 지역과 관련된 것이 아니라, 앞에서 언급한 사례와 같이 특정한 기능과 관련된 과제와 연관이 있다. 기능적 자치행정은 국민으로부터 국가권력이 나오는 것이 아니라는 점에서 구조적으로도 차이가 있다. 이러한 영역에서도 '자치적 정통화'가 문제되며, 자율적 결정이 중요하다.[51)] 따라서 기능적 자치행정도 자치적 정통화에 포함되며, 의회가 제정한 법률을 매개하여 국가감독을 받도록 하고 있다.[52)] 이 경우 의회의 법률은 자치단체가 자기책임을 부담하면서 공적 과제의 수행에 대해 한계를 정해야 하며, 기능적 자치행정에서는 이익에 정향된 구성원의 참여에 의한 정통화가 중요한 의미를 가진다.[53)]

---

49) Schmidt-Aßmann, Verwaltungslegitimation als Rechtsbegriff, S. 359 f.
50) Schmidt-Aßmann, Verwaltungslegitimation als Rechtsbegriff, S. 380 f.
51) E.-W. Böckenförde, in: Isensee/Kirchhof(Hg.), a.a.O., § 24 Rn. 33.
52) Schmidt-Aßmann, Das allgemeine Verwaltungsrecht als Ordnungsidee, S. 95.
53) Schmidt-Aßmann, Das allgemeine Verwaltungsrecht als Ordnungsidee, S. 95.

3. 지방분권에 관한 개헌 논의와 민주적 정당성 확보

모두(冒頭)에 언급한 바와 같이 지방분권은 개헌 논의의 핵심적 요소로서 시대적 화두가 되고 있다. 그러나 지방자치단체에 관한 개헌 논의에 있어서 민주적 정당성이 확보되어야 한다는 점도 부인할 수 없다. 지방자치는 흔히 '풀뿌리 민주주의(Wurzeldemokratie)'라고 부를 정도로 민주주의원리와 밀접한 관련을 가진다. 지방자치법에는 주민투표, 조례의 제정과 개폐 청구, 주민의 감사청구 등 다양한 주민의 권리를 보장하고 있다. 이러한 주민의 권리에는 '참여'와 '협력'과 같은 절차의 핵심적 요소가 투영되어 있다. 개헌과 관련하여 지방분권에 관한 다양한 논의가 진행되고 있다. 예컨대 통일시대를 대비한 연방제를 바탕으로 한 지방분권을 헌법에서 보장하자는 견해,[54] 서구의 연방제를 성급히 도입하기 보다 한국적 지방자치를 발전시켜 제도적으로 정착시키자는 견해[55] 등이 그러하다. 다만, 여기에서는 자치입법의 문제와 민주적 정당성 확보에 관한 문제만 살펴보기로 한다.

지방자치 4개 단체안에는 국회의 입법권 이외에 지방자치단체에도 입법권을 부여하자고 주장하고 있다. 연방국가에서의 주(란트)의 입법권을 전제로 한 것이다. "법률과 같은 효력을 가지는 조례"와 같은 주장도 등장하고 있다. 그러나 입법권과 조례제정권은 구별되어야 한다. 자치입법권을 헌법에서 보장하는 고유한 입법권으로 해석하는 견해도 있다.[56] 그러나 조례는 파생적 법원(abgeleitete Rechtsquellen)으로 보는 견해가 지배적이며, 현행 헌법의 해석상 이러한 주장을 받아들이기도 어렵다. 이러한 자치입법권을 충분히 보장해야 하지만, 자치적 정통화를

54) 홍정선, "지방분권강화를 위한 헌법개정의 방향: 통일한국에 적합한 지방분권을 생각하면서", 경기도 · 한국지방자치법학회 주최 학술대회 발표집(2017. 3. 14), 1-11면.

55) 최우용, "지방분권형 헌법개정에 관한 연구", 지방자치법연구 제17권 제3호(통권 제55호), 13면.

56) 이기우 · 하승수, 지방자치법, 2007, 313면.

확보하는 것도 간과해서는 아니된다. 자치입법권의 확대를 위해 "법령의 범위 안에서"라는 문구를 "법률을 위반되지 아니하는 범위내에서"라고 개정할 것을 제안하는 견해도 있다.[57] 그러나 규범체계적으로 조례는 형식적 의미의 법률 외에 법규명령(시행령, 시행규칙 등)을 위반할 수 없다. 독일 기본법 제28조 제2항 제1문에는 "지방자치단체에게는 지역공동체의 모든 사무를 법률의 범위 내에서(im Rahmen der Gesetze) 자신의 책임하에 규율할 권리가 보장되어야 한다"라고 규정하고 있다. 여기에서 말하는 '법률의 범위 내에서'라는 규정은 독일 기본법 제20조 제3항에 근거하고 있다. 즉 "집행권은 법률이나 법에 기속된다"라고 규정하고 있다. 여기에서 말하는 '법률'은 형식적 의미의 법률에 제한되지 아니하며, 헌법이나 법률 외에도 법규명령 등을 포함하는 실질적 의미의 법률을 의미한다. 법률의 우위와 관련하여 조례는 의회가 제정한 형식적 의미의 법률뿐만 아니라, 유럽법상의 지침 외에 연방이나 주의 법규명령 등도 포함하고 있다.[58] 독일 기본법 제28조 제2항의 규정은 법률유보의 원칙과 관련이 있다고 보는 견해가 지배적이다.[59] 해당 문구는 한국 헌법 제117조 제1항의 "법령의 범위 안에서"라는 부분과 유사하다. 위에서 살펴본 바와 같이 조례제정은 법률유보의 원칙을 준수해야 하며, 입법자는 기본적 제한과 관련된 규정을 스스로 결정해야 한다.[60] 지방자치법 제22조 단서규정의 삭제를 주장하는 견해도 유력하다.[61] 이 조항을 엄격하게 해석하는 것은 조례제정권을 위축시킬 우려가 있는 것이 사실이다. 그러나 해당 조항이 삭제되더라도 헌법 제37조 제2항에 따른 법률유보의 원칙과 과잉금지의 원칙에 의해 조례제정의

57) 최우용, 전게논문, 23면.

58) Burgi, a.a.O., § 15 Rn. 32.

59) Pieroth, in: Jarass/Pieroth, GG, Art. 28 Rn. 20; Nierhaus, in. Sachs(Hg.), GG, 3. Aufl., Art. 28 Rn. 48; BVerfGE 56, 298 (309 f); 79, 127 (143).

60) Maurer, Allgemeines Verwaltungsrecht, 18. Aufl., § 4 Rn. 27.

61) 조성규, "직접민주주의와 조례제정권의 한계", 행정판례연구 제11집, 363면; 최우용, 전게논문, 43면.

범위는 심사될 수 있다.

우리나라의 지방자치제도는 1995. 6. 27. 제4대 지방선거에 의해 광역 및 기초자치단체의 장 및 의원의 동시 선거 등에 의해 본격적으로 시작되었다고 볼 수 있다. 따라서 지방자치제도는 이제 20여년의 세월 동안 비교적 성공적이었고, 우여곡절 끝에 괄목한 성장을 이룬 것이 사실이다. 앞으로 지방자치제도가 서구(西歐)나 일본과 같이 선진국 반열에 올라서기 위해서는 눈 앞에 많은 개선과제가 남아 있다. 그러나 이러한 제도개선도 민주적 정당성이 충분히 확보되어야 함은 자명하다. 독일의 새로운 정통화론 중에서 참여와 수용 등이 중시되는 절차적 정통화론은 참고할 만하다. 혐오시설이나 대규모공공사업과 관련하여 지방자치단체의 이해관계가 관련된 경우가 적지 않다. 아직 개별법에는 이에 관한 절차적 규정이 정비되어 있지 못하며, 지방자치단체의 이익이 충분히 반영되도록 하는 규정도 흠결되어 있다. 행정절차법의 개정 논의가 진행 중이지만, 이에 관한 절박성을 찾기 어렵다. 국민참여라는 추상적 담론보다 구체적인 현안을 해결할 수 있는 제도개선방안이 강구되어야 한다.

Ⅳ. 사법부의 독립과 민주적 정당성 확보

1. 법관의 독립과 민주적 정당성 확보

법관은 사항적으로나 인적으로 독립되어 있어, 입법부나 행정부에 비해 민주적 정당성 확보가 취약하다. 법관은 임기와 정년 등 신분보장이 되어 있으며, 행정부·입법부뿐만 아니라 사회의 모든 세력으로부터도 직무상 독립이 보장된다.[62] 헌법 제103조에는 "법관은 헌법과 법률에 의하여 그 양심에 따라 독립하여 심판한다"라고 규정하여, 법관의

62) 김철수, 헌법학개론, 제17전정신판, 1346-1352면.

독립을 보장하고 있다. 또한 법관은 양심에 따라 심판하므로 지시나 기속으로부터 독립되어 있다. 그리고 헌법 제101조 제1항에는 "사법권은 법관으로 구성된 법원에 속한다"라고 규정하여 권력분립원리에 따라 법원조직 내지 사법기능의 독립도 보장하고 있다. 사법권은 "법치국가의 본질적 요소"로 파악되고 있지만, 민주적 정당성을 어떻게 확보할 것인지에 대해서는 충분히 검토하고 있지 않다.[63]

이와 관련하여 독일에서는 1970년대부터 법관의 선발 내지 임명과 관련하여, 법관의 민주적 정통화에 관한 문제가 논의되었다.[64] 특히 법관선발위원회(Richterwahlausschuß)의 법관 선발이 민주적 정당성을 확보하는지가 문제된 것이다. 법관의 제도적·기능적 정통화에는 큰 어려움이 없다. 독일 기본법 제20조 제2항에는 사법(司法)에 대해서도 국민으로부터 연원하는 국가권력이라는 점을 명시하고 있으며, 독일 기본법 제92조에서 이러한 사법권이 법관에 위탁되어 있음을 규정하고 있기 때문이다.[65] 삼권분립에 의해 사법부도 국가기능의 구성요소를 이루고 있으므로 사법권도 제도적으로 정통화가 이루어지고 있다.[66] 사법부의 제도적 정통화에 있어서는 인적 정통화 또는 사항적 정통화가 중요하다. 이미 1970년대에 독일의 법관선발위원회는 입법부와 집행부, 판사단 및 외부전문가 등으로 구성되었다. 집행부에 의해 법관이 임명되는 것은 민주주의원리나 권력분립원리에 반한다는 비판이 있었고, 지시로부터의 독립도 민주적 정통화에 배치되는 것으로 이해하였다. 따라서 사법의 민주적 정통화를 위해 의회나 법관선발위원회 등에 의한 참여가 중요한 의미를 가진다.[67]

---

63) 한수웅, 헌법학, 제7판, 1336면.

64) E.-W. Böckenförde, Verfassungsfragen der Richterwahl, 1. Aufl., 1974 / 2. Aufl., 1997.

65) Voßkuhle/Sydow, a.a.O., S. 676.

66) Rennert, a.a.O., S. 531.

67) Voßkuhle/Sydow, a.a.O., S. 677.

사항적·내용적 정통화에서 법률에의 구속은 핵심적 요소이다. 독일에서는 이에 대한 헌법적 근거로 "사법의 법률 및 법에의 기속"을 규정한 독일 기본법 제20조 제3항과 법관의 법률기속성을 규정한 독일 기본법 제97조 제1항에서 찾고 있다. 한국 헌법 제103조에도 법관의 독립과 관련하여 '헌법과 법률에의 기속'을 규정하고 있다. 이러한 규정은 사항적·내용적 민주적 정통화와 밀접한 관련을 가진다. 이와 같이 법관의 인적·사항적인 독립성으로 인해서 법관의 민주적 정통화는 미약하지만, 이러한 법관의 독립성은 사법활동을 기능적으로 정당하게 수행하기 위한 것이다. 그럼에도 불구하고 법관은 인적으로나 사항적으로 국민의 '의지'에 귀착되며, 민주적 정통화를 위해 수용, 전문화 및 참여 등이 중요한 요소로 작용한다는 견해도 있다.[68]

한편, 독일 연방행정법원장인 Klaus Rennert 교수는 법률에 구속된 사항적·내용적 민주적 정통화 외에 정의(Gerechtigkeit)의 이념을 정향(定向)하는 것에서 나오는 실체적 법치국가적 정통화(materiell-rechts-staatliche Legitimation)를 강조한다.[69] 그는 법률의 불완전성이 불가피하여 법률이 옳은 판결을 위한 유일한 척도가 아니라고 보고 있다. 형식적 의미의 법률 외에 '정의'의 이념에 근거한 옳은 '법'에 기속되어야 한다고 주장한다. 이러한 정당한 법의 이념은 내용상 기본권이나 인권과 연결된다고 보고 있다.[70] 나아가 Rennert 교수는 실체적 법치국가적 정통화뿐만 아니라 절차적(소송적) 법치국가적 정통화(prozedurale rechts-staatliche Legitimation)도 주장한다. 그는 파괴된 법적 평화를 회복하고 유지하는 것이 사법의 핵심이라고 보면서, 결정(법관)의 독립성, 당사자의 법적 심문(특히 구술심리), 법발견의 담론적·대화적 구조를 특별한 법치국가적 정통화와 관련이 있다고 보고 있다.[71]

68) Voßkuhle/Sydow, a.a.O., S. 682.
69) Rennert, a.a.O., S. 533 f.
70) Rennert, a.a.O., S. 534.
71) Rennert, a.a.O., S. 534 f.

사법의 본질상 민주적 정통화가 흠결되거나 부족한 점은 부인할 수 없는 사실이다. 그러나 사법도 헌법에서 제도적 · 기능적 민주적 정통화는 인정되지만, 법관의 독립성으로 인해 인적 민주적 정통화가 문제된다. 헌법 제104조 및 법원조직법 제41조에 의하면 대법원장은 국회의 동의를 받아 대통령이 임명하고, 대법관은 대법원장의 제청으로 국회의 동의를 받아 대통령이 임명한다. 또한 판사는 인사위원회의 심의를 거치고 대법관회의의 동의를 받아 대법원장이 임명한다(법원조직법 제41조 제3항). 또한 대법원장이 제청할 대법관 후보자의 추천을 위하여 대법원에 대법관후보추천위원회를 두고 있다. 위원장 1명을 포함하여 10명의 위원으로 구성된다. 여기에는 선임대법관, 법원행정처장, 법무부장관, 대한변호사협회장, 사단법인 한국법학교수회 회장, 사단법인 법학전문대학원협의회 이사장, 대법관이 아닌 법관 1명, 그리고 학식과 덕망이 있고 각계 전문 분야에서 경험이 풍부한 사람으로서 변호사 자격을 가지지 아니한 사람 3명으로 구성된다(법원조직법 제41조의2 제3항). 그 구성원에 법조계 및 법학계의 전문가 외에 각계 전문가를 포함하고 있는 점은 매우 긍정적이다. 그러나 최종적으로는 대법관의 임명에 대법원장의 선택과 판단이 결정적인 역할을 한다. 대법관 임명의 민주적 정당성을 확보하기 위해서는 의회의 참여가 보완되어야 한다. 이러한 부분은 대법관의 '인사청문회'나 국회의 동의절차를 통해 어느 정도 보완될 수 있지만, 의회의 참여를 확대하여야 한다.

법관의 임명절차에서도 '인사위원회'의 심의를 거치도록 하고 있다. 그리고 인사위원회의 구성도 법관 3명, 법무부장관이 추천하는 검사 2명(다만, 제2항 제2호의 판사의 신규 임명에 관한 심의에만 참여한다), 대한변호사협회장이 추천하는 변호사 2명, 사단법인 한국법학교수회 회장과 사단법인 법학전문대학원협의회 이사장이 각각 1명씩 추천하는 법학교수 2명, 그리고 학식과 덕망이 있고 각계 전문 분야에서 경험이 풍부한 사람으로서 변호사의 자격이 없는 사람 2명(이 경우 1명 이상은 여성이어야 함)으로 구성되어 있다(법원조직법 제25조의2 제4항). 이러한 인사위원회의 심의에 대해서도 대체로 동일한 문제가 있다. 국회의 동의절차를 비롯한 민주적 정당성의 확보가 부족하지만, 법관의 독립성이라는 특수성으로 인한 기능적 측면을 고려해야 한다.

한편, 독일 기본법 제95조 제2항에는 연방최고법원(독일 연방통상법원, 독일 연방행정법원, 독일 연방재정법원, 독일 연방노동법원 및 독일 연방사회법원)의 판사 임명과 관련하여 해당 분야의 연방장관뿐만 아니라 법관선발위원회가 함께 결정한다고 규정하고 있다. 이러한 법관선발위원회에는 연방의회가 선발한 동수의 의원들로 구성하도록 하고 있다. 독일에서는 이러한 규정이 법관의 민주적·연방국가적 정통화를 강화하는데 기여한다는 견해가 유력하다.[72] 그 밖에 우리나라에는 「국민의 형사재판 참여에 관한 법률」이 제정되어 국민참여재판제도가 도입되어 있다. 이러한 국민참여재판제도의 '배심원' 제도를 통해 민주적 정당성을 보완하고 있다. 동법 제1조의 목적조항에서도 "사법의 민주적 정당성과 신뢰를 높이기 위하여 국민이 형사재판에 참여하는 제도를 시행"한다는 점을 명확히 밝히고 있다. 그러나 국민참여재판제도는 법관에 의한 사법행위(판결)와는 구별된다.

2. 헌법재판관의 추천과 민주적 정당성 확보

헌법 제111조 제2항에서 헌법재판소는 법관의 자격을 가진 9인의 헌법재판관으로 구성되며, 헌법재판관은 대통령이 임명하도록 하고 있다. 헌법재판관 중 3인은 국회에서 선출하는 자를, 그리고 3인은 대법원장이 지명하는 자를 임명한다(헌법 제111조 제3항). 헌법재판소장은 국회의 동의를 얻어 재판관 중에서 대통령이 임명한다. 헌법재판소장의 자격과 임기에 관한 규정은 논란이 되고 있다. 헌법재판소장의 임기에

---

72) Pieroth, in: Jarass/Pieroth, GG, 10. Aufl., Art. 95 Rn. 4.

관한 규정이 헌법에 명시되어 있지 않다. 헌법재판관이 소장에 임명될 경우 잔여 임기로 할 것인지, 아니면 다시 6년의 새로운 임기가 시작된다고 보는 것이 타당한지가 문제되고 있는 것이다. 헌법재판관의 잔여 임기로 해석하는 견해도 있지만, 이러한 논란을 없애기 위해서는 헌법에서 헌법재판소장의 임기를 직접 규정하는 것이 타당하다. 그러나 이러한 임기규정을 명시하는 것은 헌법재판소장의 권한을 강화시켜 헌법재판소장과 헌법재판관의 위상과 관련하여 문제가 있을 수 있다. 대법원장은 대법관의 제청권을 가지고 있어 대법관의 인사에 큰 영향을 미치고 있다. 이러한 상황에서 대법원장과 대법관의 위상을 동등하다고 보기는 어렵다. 이에 반해 헌법재판소장은 헌법재판관의 인사에 영향을 미칠 수 없고, 동등한 헌법재판관 중의 한 사람으로 헌법재판소를 대표하며 헌법재판소의 사무를 총괄적으로 관리하고 있다. 따라서 헌법재판소의 자율적 판단을 존중한다는 점에서 헌법재판소장은 헌법재판관 중에서 '호선'을 하는 방안이 바람직하다. 또한 헌법재판관의 임명에 있어서 인사청문회 절차를 거쳤으므로 대통령의 임명절차로 충분하며, 헌법재판소장의 인사청문회를 번복하여 할 필요는 없다. 헌법재판관 중 3인을 대법원장이 지명하는 것에 대해서도 비판이 제기되고 있다. 이 문제는 민주적 정당성 확보와 밀접한 관련이 있다. 이와 관련하여 독일이나 오스트리아의 사례를 살펴보기로 한다.

독일 기본법 제94조 제1항에는 독일 연방헌법재판소 재판관의 법적 지위에 대해 규정하고 있다. 연방헌법재판소는 각 8명의 헌법재판관을 가진 두 개의 부(Senat)로 구성된 쌍둥이재판소(Zwillingsgericht)이다.[73] 연방헌법재판소는 연방법관과 그 밖의 구성원으로 구성된다. 연방헌법재판소의 구성원은 연방의회 및 연방참사원에 의해 각각 1/2씩 선출된다(독일 연방헌법재판소법 제5조). 연방헌법재판관 중 연방법관 외의 구성

73) 독일연방헌법재판소의 조직에 관한 연혁에 대해서는 유타 림바흐(저)/정남철(역), 독일 연방헌법재판소, 고려대학교출판부, 2001, 43-46면.

원은 대학교수이다. 연방헌법재판소의 소장은 연방하원에 의해 선출된다(독일 연방헌법재판소법 제9조). 연방법관법(DRiG; Deutsches Richtergesetz) 제69조에는 독일 기본법이나 연방헌법재판소법에 따른 연방헌법재판관의 특별한 법적 지위에 관한 내용과 일치하는 한, 연방법관법의 적용을 받도록 규정하고 있다. 또한 연방법관법 제7조에는 대학의 법학분야 정교수에 대해 법관의 자격을 인정하고 있다. 한편, 오스트리아의 연방헌법(Bundes-Verfassungsgesetz)에는 오스트리아 연방헌법재판소의 구성과 재판관의 자격에 대해 규정하고 있다. 오스트리아 연방헌법 제147조 제1항에 의하면 소장과 부소장, 재판관 12명, 그리고 예비재판관 6명으로 구성하도록 규정하고 있다. 이 중에서 소장과 부소장, 재판관 6명, 그리고 예비재판관 3명은 연방대통령이 연방정부의 제청으로 임명한다. 그리고 재판관 3명과 예비재판관 2명은 국민의회의 제청으로, 나머지 재판관 3명과 예비재판관 1명은 연방참사원 제청으로 연방대통령이 임명하도록 하고 있다(오스트리아 연방헌법 제147조 제2항). 재판관이나 예비재판관은 법관, 행정공무원이나 대학의 법학전공 교수 중에서 임명한다. 재판관이나 예비재판관은 대학에서 법학이나 국가학을 이수하여야 하고, 10년 이상 법학 관련 직업에 종사하여야 한다고 규정하고 있다(오스트리아 연방헌법 제147조 제3항). 재판관 6명과 예비재판관 3명은 국민의회나 연방참사원이 제청하도록 하고 있다.[74]

생각건대 헌법재판소는 기본권 보장기관이자 헌법수호기관이다. 따라서 헌법재판소는 정치적 사법기관이며, 다원적인 이해관계를 반영해야 한다. 헌법재판소 재판관의 임명절차는 민주적 정당성을 충분히 확보하여야 한다. 외국의 사례에 비추어 보면 우리 헌법재판관의 임명절차의 민주적 정당성 확보는 상대적으로 부족한 편이다. 향후 개헌을 통해 의회의 제청 내지 선발 비중을 높이도록 해야 한다. 국회의 논의과

74) 이에 대한 상세는 허완중, 오스트리아 헌법재판제도에 관한 연구, 헌법재판소 헌법재판연구원, 2016, 15-17면.

정에서 충분히 검증된 헌법전문가를 헌법재판소장 또는 헌법재판관으로 임명하는 것이 바람직하다. 그러나 국회가 정략적으로 법관 선발에 관여하는 경우에는 헌법재판소와 헌법재판관의 독립성이 침해될 수 있다는 사실을 주의해야 한다.

V. 개선방안 및 공법적 과제

지금까지 행정의 민주적 정당성 확보에 관한 문제를 살펴보았다. 독일에서 전개된 민주적 정통화론은 행정의 민주적 정당성을 확보하기 위한 이론적 초석(礎石)을 제공하였다. 독일 베를린 훔볼트(Humboldt) 대학교의 Ulrich Battis 명예교수는 법과대학 200주년을 기념하는 논문집에 "행정법의 미래(Die Zukunft des Verwaltungsrechts)"라는 주제의 논문을 게재한 바 있다. 여기서 Battis 교수는 대의민주제의 원칙, 직접민주주의, 참여민주주의 등이 미래 행정법의 매력적인 과제라고 평가하였다. 또한 동아시아국가의 행정문화와 행정법이 독일의 전민주적(前民主的)인 관료제(vordemokratische Bürokratie)에 정향하고 있음을 지적하고 있는 점은 흥미롭다.[75] 실제 독일에서는 2차 세계대전 후 나치시대의 반성으로 법치국가원리를 강조하여 왔지만, 그 후 민주적 정통화론이 전개되고 있다. 이러한 변화의 근저에는 영미행정법은 물론이고 유럽행정법의 영향이 크다. 한국 행정법의 미래도 이러한 세계적인 흐름을 감안하여, 민주적 정당성 확보에 관한 논의를 활발히 전개할 필요가 있다. 정당정치의 위기로 인해 의회의 위상과 기능은 퇴보하고 있다. 민주적 정당성 확보를 위해서는 먼저 의회의 기능이 제고되어야 한다. 지난 정부에서 행정부의 비위사실에 대해 수사 및 재판이 진행되고 있다.

---

75) Battis, Die Zukunft des Verwaltungsrechts, in: Grundmann/Kloepfer/Paulus/Schröder/Werle(Hg.), Festschrift 200 Jahre Juristische Fakultät der Humboldt-Universität zu Berlin, 2010, S. 1332 참조.

그러나 행정부에 대한 통제와 관련하여 의회가 제 역할을 수행하였는지에 대해서는 의회의 자성(自省)이 전제되어야 한다. 의회는 한 국가의 민주주의 수준을 가늠하는 척도이다.

지난 박근혜 정부에서 발생한 국정농단 사건은 민주적 정당성을 전혀 확보하지 못하였고, 그 측근이나 민간인 등에 의해 주요한 국가정책의 결정 및 집행이 이루어진 것이었다. 이러한 현상은 독일에서 전개되는 전통적 민주적 정통화론의 관점에서 파악될 수 있다. 청와대의 비서실 조직과 측근에 의한 국가의 주요한 정책 결정, 국무총리와 국무위원으로 구성된 '국무회의'의 형해화 등은 헌법상 보장된 제도적·기능적 정통화를 충분히 확보하지 못하였음을 보여주는 것이다. 또한 조직적·인적 민주적 정통화의 측면에서도 헌법상 공무원의 신분과 정치적 중립성도 충분히 보장되지 못하였다. 이러한 조직적·인적 민주적 정통화에 있어서는 의회에 대한 책임이 중요한 의미를 가진다. 이러한 민주적 정통화의 관점에서 공무원은 궁극적으로 국가권력의 원천인 국민에 대한 봉사자이며, 국민에 대해 책임을 져야 한다(헌법 제7조 참조). 그럼에도 불구하고 대통령이나 장관의 부당한 지시에 의해 선거개입이나 여론조작 등을 하는 것은 불법적이며, 사항적·내용적 민주적 정당성도 전혀 확보되지 못한 것이었다. 이러한 선거개입이나 여론조작 등은 결과적으로 국민의 의지와는 동떨어진 것이다.

개헌 논의에서는 제도적·기능적 민주적 정통화의 관점에서 국가권력이 효율적으로 분배되어 지나친 국가권력의 집중이나 독점이 발생하지 않도록 해야 한다. 이와 같이 조직적·인적 민주적 정통화는 사항적·내용적 민주적 정통화와 상호보완적으로 작용하여야 한다. 의회가 제정한 법률을 비롯한 예산이나 감독수단 등을 활용하여 행정의 적법성 통제를 강화하여야 한다. 다만, 행정의 독자성이 인정되는 영역에 대한 민주적 정당성 확보도 사항적·내용적 정통화가 중요한 의미를 가진다. 독일에서 발전된 고전적인 민주적 정통화이론은 오늘날에도 무의미하지는 않다. 다만, 고전적인 정통화이론 중 조직적·인적 정통화는 계층제를 전제로 하여 기계적으로 적용되는 '지시기속성'을 요건으로 하고 있다. 이러한 요건을 엄격히 적용하는 전통적인 민주적 정통화론은 다원적인 행정구조, 행정의 독자성, 그리고 수평적 패러다임 등을 특징으로 하는 현대 행정법학에 부합하지 않는 점도 있다. 전통적인 민주적 정통화론과 달리 새로운 민주적 정통화 요소로서 '절차적' 정통화가 강조되고 있다. 이러한 절차적 정통화는 참여와 협력 등을 내용으로 하는 참여민주주의, 절차민주주의 등과 맥을 같이 한다. Schmidt-Aßmann 교수가 추가적인 요소로 주장한 수용, 참여 및 공개도 '절차'와 밀접한 관련을 가진다. 최근 신고리 원전 5, 6호기의 중단 및 탈원전과 관련된 공론화위원회의 숙의과정도 이러한 참여와 공개의 구체적 사례로 볼 수 있다. 그러나 이러한 중대한 문제가 의회에서 깊이 있게 논의되지 못하는 점은 매우 안타까운 일이다. 공론화과정이 민주적 정당성을 얻기 위해서는 의회의 법률에서 이에 대한 법적 근거를 마련해야 한다. 그러나 위 공론화위원회는 2017. 7. 17. 제정된 국무총리훈령 제690호(「신고리 5·6호기 공론화위원회 구성 및 운영에 관한 규정」)에 근거를 두고 있을 뿐이다. 공론화위원회에 관한 규정은 방사성폐기물관리법 제6조의2 제2항에도 두고 있다. 국민의 생명과 안전과 밀접한 관련을 가지는 대규모공공사업에 대해서는 절차적 정당성을 확보할 수 있도록 관계 규정을 정비해야 한다.

한편, 개헌 논의에서 지방분권이 강조되고 있으며, 조례의 규범적 위상을 법률과 동등하게 해야 한다는 주장도 있다. 지방자치는 민주적 정통화의 관점에서 특별한 의미를 가지며, 지방자치단체의 주민은 '부분국민'의 성격을 가진다. 그러나 지방자치단체의 주민은 의회가 제정한 법률뿐만 아니라 지방자치단체의 조례에도 구속되는 이중적 귀속관련성을 가진다. 규범의 체계에 비추어 파생적 법원인 조례의 위상을 법령보다 강화하는 것은 이러한 민주적 정통화론에 비추어도 타당하지 않다.

지방자치제도는 태생적으로 민주주의원리와 밀접한 관련을 가진다. 지방자치제도의 역사는 선진국에 비해 매우 짧으며, 지방자치단체의 재정이나 독립성은 여전히 취약한 점이 없지 않다. 지방자치제도의 민주적 정당성을 확보할 수 있도록 수용, 참여와 공개 등에 관한 절차규정을 강화해야 한다. 나아가 사인(私人)에 대한 공적 과제의 위임·위탁이 점차 증가하고 있다. 사인에 의한 공무수행에 있어서 민주적 정당성을 어떻게 확보할 것인지에 대해서도 고민할 필요가 있다. 이러한 영역에 있어서 민주적 정당성을 확보하기 위해서는 구성원의 참여와 자율규제의 강화, 그리고 의회의 법률을 통한 국가의 효과적인 감독과 통제가 필요하다.

제3장

전교조 법외노조통보처분 취소소송의 법적 쟁점과 문제점

– 대상판례: 대법원 2020. 9. 3. 선고 2016두32992 전원합의체 판결 –

[사실관계 및 소송경과]

(1) 원고는 교원 노동조합이 허용되지 않던 1989. 5. 28. 전국의 국·공립 학교와 사립학교의 교원을 조합원으로 구성되어 설립되었다. 설립 당시의 A의 규약에는 현직 교원뿐만 아니라 해직 교원도 포함하고 있었다. 이후 교원의 노동기본권을 보장하기 위해 1999. 1. 29. 「교원의 노동조합 설립 및 운영 등에 관한 법률」(이하 '교원노조법'이라 한다)이 제정되어 같은 해 7. 1. 시행되었고, 교원 노동조합의 설립이 허용되었다.

(2) 교원노조법은 교원의 노동조합에 관한 일부 특례에 관한 규정이 있지만, 그 밖의 사항은 「노동조합 및 노동관계조정법」(이하 '노동조합법'이라 한다)의 규정에 의하도록 되어 있다(제14조 제1항). 노동조합법 제2조 제4호 단서(라. 목)에서는 '근로자가 아닌 자의 가입을 허용하는 경우'에는 노동조합으로 보지 아니한다고 규정하고 있다.

(3) 원고는 1999. 6. 27. 전국대의원대회를 개최하여 규약 제6조에서 제1항은 기본적으로 유지하고, 제2항은 삭제하기로 의결하였다. 또한 원고는 1999. 7. 1. 피고(당시에는 '노동부장관'이었으나, 2010. 6. 4. 법률 제10339호로 정부조직법이 개정되어 '고용노동부장관'으로 변경됨)에게 설립신고를 하면서 위와 같이 개정된 규약을 제출하였다. 피고는 원고가 제출한 개정규약을 기초로 원고가 교원노조법 및 노동조합법상 설립요건에 위배되는 점이 없다고 판단하여 1999. 7. 2. 설립신고를 수리하고 원고에게 '신고증'을 교부하였다.

(4) 위 설립신고의 수리 이후 피고는 원고의 규약 부칙 제5조에 "규약 제6

조 제1항의 규정에 불구하고 부당 해고된 교원은 조합원이 될 수 있다"(제1항), "종전 규정에 의거 조합원 자격을 갖고 있던 해직교원 중 복직되지 않은 조합원 및 이 규약 시행일 이후 부당 해고된 조합원은 규약 제6조 제1항의 규정에 불구하고 조합원 자격을 유지한다"(제2항)라는 조항이 포함되어 있다는 사실을 확인하였다. 이에 피고는 2010. 2. 12. 서울지방노동위원회에 원고의 규약 중 노동관계법령에 위반된다고 판단되는 사항에 대하여 시정명령 의결을 요청하였고, 서울지방노동위원회는 2010. 3. 10. 원고의 규약 중 제9조, 부칙 제5조 등이 교원노조법 제2조에 위반된다고 의결하였다(서울2010의결6호).

(5) 이에 피고는 2010. 3. 31. 원고에 대하여 교원노조법 제14조 제1항, 노동조합법 제21조 제1항, 제3항에 따라 원고의 규약 중 제55조 제4항과 부칙 제5조 등 일부를 2010. 5. 3.까지 시정할 것을 명하였다(제1차 시정명령). 원고는 2010. 6. 29. 제1차 시정명령이 위법하다고 주장하면서 그 취소를 구하는 소를 제기하였으나, 법원은 제1차 시정명령 중 원고의 규약 제55조 제4항에 관한 부분만 취소하고, 부칙 제5조를 비롯한 나머지 부분에 관한 청구를 기각하는 판결을 선고하였다(서울행정법원 2010. 11. 5. 선고 2010구합27110 판결). 이후 항소와 상고가 모두 기각되어 그대로 확정되었다(서울고등법원 2011. 9. 9. 선고 2010누43725 판결, 대법원 2012. 1. 12. 자 2011두24231 판결).

(6) 이후 원고는 2010. 8. 14. 규약을 개정하면서 부칙 제5조의 제1항을 삭제하고, 제2항을 "부당하게 해고된 조합원은 규약 제6조 제1항의 규정에 불구하고 조합원 자격을 유지한다"라고 개정하였다(개정된 부칙 제5조를 이하 '이 사건 부칙 조항'이라 한다). 피고는 2012. 8. 3. 서울지방노동위원회에 원고의 규약에 대한 시정명령 의결을 요청하였고, 서울지방노동위원회는 2012. 9. 3. 원고의 규약 중 이 사건 부칙 조항 부분이 교원노조법 제2조에 위반된다고 의결하였다(서울2012의결7호). 이에 피고는 2012. 9. 17. 원고에 대하여 제1차 시정명령과 같은 이유로 이 사건 부칙조항을 2012. 10. 18. 까지 시정할 것을 명하였다(제2차 시정명령).

(7) 피고는 2013. 9. 23. 원고에 대하여 '두 차례에 걸쳐 해직자의 조합원 가입을 허용하는 규약을 시정하도록 명하였으나 이행하지 않았고, 실제로 해직자가 조합원으로 가입하여 활동하고 있는 것으로 파악된다'는 이유로 교원

노조법 제14조 제1항, 노동조합법 제12조 제3항 제1호, 제2호 제4호 라.목 및 「교원의 노동조합 설립 및 운영 등에 관한 법률 시행령」(이하 '교원노조법 시행령'이라 한다) 제9조 제1항, 「노동조합 및 노동관계조정법 시행령」(이하 '노동조합법 시행령'이라 한다) 제9조 제2항에 의하여 2013. 10. 23.까지 이 사건 부칙 조항을 교원노조법 제2조에 맞게 시정하고 조합원이 될 수 없는 해직자가 가입·활동하지 않도록 조사할 것을 요구하였다(이하 '시정요구'라 한다).

(8) 그러나 원고는 이러한 시정요구에 따른 이행을 하지 않았고, 이에 피고는 2013. 10. 24. 교원노조법 제14조 제1항, 노동조합법 제12조 제3항 제1호, 제2조 제4호 라.목 및 교원노조법 시행령 제9조 제1항, 노동조합법 시행령 제9조 제2항에 근거하여 '교원노조법에 의한 노동조합으로 보지 아니함'을 통보하였다(이하 '이 사건 법외노조 통보'라 한다).

(9) 원고는 이 사건 법외노조 통보가 위법하다고 주장하면서 행정소송을 제기하였으나, 제1심 및 원심은 이 사건 법외노조 통보가 적법하다고 판단하였다. 이에 대해 대법원은 이 사건 시행령 조항이 유효함을 전제로 이에 근거한 이 사건 법외노조 통보를 적법하다고 판단한 원심을 파기하였다.

[판결요지]

(1) 법외노조 통보는 이미 법률에 의하여 법외노조가 된 것을 사후적으로 고지하거나 확인하는 행위가 아니라 그 통보로써 비로소 법외노조가 되도록 하는 형성적 행정처분이다. 이러한 법외노조 통보는 단순히 노동조합에 대한 법률상 보호만을 제거하는 것에 그치지 않고 헌법상 노동3권을 실질적으로 제약한다. 그런데 노동조합법은 법상 설립요건을 갖추지 못한 단체의 노동조합 설립신고서를 반려하도록 규정하면서도, 그보다 더 침익적인 설립 후 활동 중인 노동조합에 대한 법외노조 통보에 관하여는 아무런 규정을 두고 있지 않고, 이를 시행령에 위임하는 명문의 규정도 두고 있지 않다.

(2) 법외노조 통보 제도는 입법자가 반성적 고려에서 폐지한 노동조합 해산명령 제도와 실질적으로 다를 바 없다. 결국 이 사건 시행령 조항은 법률이 정하고 있지 아니한 사항에 관하여, 법률의 구체적이고 명시적인 위임도 없이 헌법이 보장하는 노동3권에 대한 본질적인 제한을 규정한 것으로서 법률유보원칙에 반한다.

(3) 피고는 이 사건 시행령 조항이 유효함을 전제로 이에 근거하여 이 사건 법외노조 통보를 하였다. 앞서 본 바와 같이 이 사건 시행령 조항은 헌법상 법률유보원칙에 위반되어 그 자체로 무효이다. 따라서 이 사건 시행령 조항에 기초한 이 사건 법외노조 통보는 그 법적 근거를 상실하여 위법하다고 보아야 한다.

(4) 위와 같은 다수의견에 대하여, (1) 원고에 대한 법외노조 '통보'의 당부를 판단하기에 앞서 원고를 '법외노조'로 보는 것에 잘못이 있다는 대법관 김재형의 별개의견, (2) 이 사건 법외노조 통보가 위법한 것은 이 사건 시행령 조항이 무효이기 때문이 아니라 원고의 위법사항에 비하여 과도한 것이기 때문이라는 대법관 안철상의 별개의견, (3) 이 사건 법령의 규정은 매우 일의적이고 명확하므로 다른 해석의 여지는 없고, 따라서 이러한 법령의 규정에 따른 이 사건 법외노조 통보는 적법하다는 대법관 이기택, 대법관 이동원의 반대의견이 있다. 또한 (4) 다수의견에 대한 대법관 박정화, 대법관 민유숙, 대법관 노정희, 대법관 김상환, 대법관 노태악의 보충의견이 있다.

[참고조문]

노동조합 및 노동관계조정법

제2조(정의) 이 법에서 사용하는 용어의 정의는 다음과 같다.

4. "노동조합"이라 함은 근로자가 주체가 되어 자주적으로 단결하여 근로조건의 유지·개선 기타 근로자의 경제적·사회적 지위의 향상을 도모함을 목적으로 조직하는 단체 또는 그 연합단체를 말한다. 다만, 다음 각목의 1에 해당하는 경우에는 노동조합으로 보지 아니한다.

라. 근로자가 아닌 자의 가입을 허용하는 경우. 다만, 해고된 자가 노동위원회에 부당노동행위의 구제신청을 한 경우에는 중앙노동위원회의 재심판정이 있을 때까지는 근로자가 아닌 자로 해석하여서는 아니 된다.

제12조(신고증의 교부) ① 고용노동부장관, 특별시장·광역시장·특별자치시장·도지사·특별자치도지사 또는 시장·군수·구청장(이하 "행정관청"이라 한다)은 제10조제1항의 규정에 의한 설립신고서를 접수한 때에는 제2항 전단 및 제3항의 경우를 제외하고는 3일 이내에 신고증을 교부하여야 한다.

② 행정관청은 설립신고서 또는 규약이 기재사항의 누락등으로 보완이 필요한 경우에는 대통령령이 정하는 바에 따라 20일 이내의 기간을 정하여 보

완을 요구하여야 한다. 이 경우 보완된 설립신고서 또는 규약을 접수한 때에는 3일 이내에 신고증을 교부하여야 한다.

③ 행정관청은 설립하고자 하는 노동조합이 다음 각호의 1에 해당하는 경우에는 설립신고서를 반려하여야 한다.

1. 제2조제4호 각목의 1에 해당하는 경우

2. 제2항의 규정에 의하여 보완을 요구하였음에도 불구하고 그 기간내에 보완을 하지 아니하는 경우

④ 노동조합이 신고증을 교부받은 경우에는 설립신고서가 접수된 때에 설립된 것으로 본다.

노동조합 및 노동관계조정법 시행령

제9조(설립신고서의 보완요구) ② 노동조합이 설립신고증을 교부받은 후 법 제12조제3항제1호에 해당하는 설립신고서의 반려사유가 발생한 경우에는 행정관청은 30일의 기간을 정하여 시정을 요구하고 그 기간 내에 이를 이행하지 아니하는 경우에는 당해 노동조합에 대하여 이 법에 의한 노동조합으로 보지 아니함을 통보하여야 한다.

Ⅰ. 쟁점의 정리

이 사건은 박근혜 정부 당시 고용노동부장관이 해직 교사를 조합원으로 둔 전국교직원노동조합(이하 '전교조'라 한다)에 대해 '법외노조' 통보를 하였고, 이에 대해 전교조가 법외노조 통보의 취소를 구하고 있는 소를 제기한 것이다. 대법원은 전원합의체 판결로 원심판결을 파기하고 원심법원인 서울고등법원으로 환송하였다. 이 판결에는 별개의견(대법관 김재형, 대법관 안철상)과 반대의견(대법관 이기택, 대법관 이동원) 등이 있다. 대상판결에서 몇 가지 쟁점에 대해서는 중요한 견해 대립이 있었다. 이 사건에서 문제되는 쟁점은 노동조합 설립신고의 수리와 반려, 법외노조 통보의 법적 성격, 이 사건 시행령조항의 위헌성 여부, 그리고 위헌 법률에 대한 법원의 해석과 그 한계 등이다.

이 사건의 심판대상과 관련된 법적 근거는 노동조합 및 노동관계조정법(이하 "노동조합법"이라 한다) 제2조 제4호 라목 및 동법 시행령 제9조 제2항이다. 노동조합 및 노동관계조정법 제2조 제4호 라목에는 '근로자가 아닌 자의 가입을 허용하는 경우' 등 결격사유가 있는 경우에는 노동조합으로 보지 아니한다고 규정하고 있다(이하 "이 사건 법률 규정"이라 한다). 동법 시행령 제9조 제2항에서는 설립신고를 마친 노동조합에 결격사유가 발생한 경우 행정관청은 30일의 기간을 정하여 시정을 요구하되, 시정되지 않는 경우 노동조합법에 의한 노동조합으로 보지 아니함을 통보하여야 한다고 규정하고 있다(이하 "이 사건 시행령 조항"이라 한다). 교원의 노동조합 설립 및 운영에 관한 법률 및 동법 시행령은 위와 같은 이 사건 법률 규정 및 이 사건 시행령 조항을 교원 노동조합에도 그대로 적용하도록 규정하고 있다.

이 사건의 다수의견은 이 사건 시행령 조항이 원고(전교조)의 노동 3권에 대한 본질적인 제한을 하고 있으며 법률유보원칙에 위배된고 보고 있다. 이 사건 시행령 조항은 법률이 정하고 있지 아니한 사항에 관하여 법률의 구체적이고 명시적인 위임도 없이 기본권(노동 3권)을 제한한다고 보는 것이다. 이에 대해 별개의견(대법관 김재형)은 "이 사건 시행령 조항은 이 사건 법률 규정에 직접 근거를 두고 법률의 취지와 의미를 구체화하는 것으로 적법 · 유효하다"라고 보고 있다. 근로자가 아닌 자의 가입을 허용하는 경우 노동조합으로 보지 아니 한다는 노동조합법 제2조 제4호 라목에 본질적 문제가 있다고 보고 있으며, 이를 전제로 한 이 사건 법외노조 통보는 위법하다고 보고 있다. 이 별개의견은 다수의견과 달리 시행령 조항이 적법하며, 그 의미도 명백하다고 보고 있다. 또 다른 별개의견(대법관 안철상)은 "이 사건 법외노조 통보가 위법한 것은 이 사건 시행령 조항이 무효이기 때문이 아니라 원고의 위법사항에 비하여 과도한 것 때문"이라고 보고 있다. 이 견해는 법외노조 통보를 수익적 행정처분의 철회로 보고 있다. 이에 대해 반대의견(대법관 이기택, 대법관 이동원)은 이 사건 시행령 조항이 명확하고 일의적인 법령을 달리 해석할 여지가 없고 시정요구를 이행하지 아니한 원고에게 법외노조 통보를 한 것은 적법하다고 보고 있다. 반대의견은 이 사건 시행령 조항뿐만 아니라 이에 근거한 법외노조 통보도 적법하다고 보고 있는 것이다.

다수의견은 노동조합법 시행령 제9조 제2항에 의한 '이 사건 법외노조 통보'를 형성적 처분으로 이해하고 있다. 이러한 통보를 행정처분으로 볼 수 있는지, 또한 이를 형성적 처분으로 보는 것이 적정한지 등이 문제된다. 별개의견(대법관 안철상)은 전술한 바 와 같이 이를 "수익적 행정처분(수리처분)의 취소·철회"의 법리로 접근하고 있다. 또 다른 별개의견을 낸 김재형 대법관은 이러한 통보가 단순히 법외노조의 사실을 알려주는 것에 지나지 않아 특별한 형성적 의미가 없고, 이를 확인적 행정행위로 이해하고 있다. 이러한 문제를 이해하기 위해서는 노동조합 설립신고와 그 반려의 구조와 법적 의미를 전체적으로 검토하여야 한다.

그 밖에 별개의견을 낸 김재형 대법관은 법외노조 통보의 당부를 판단하기에 앞서 원고를 '법외노조'로 보는 것 자체가 잘못이므로 이를 전제로 한 이 사건 법외노조 통보가 위법하다고 판단하고 있다. 이러한 별개의견은 위헌의 의심이 있는 법률에 대해서도 법원이 직접 판단할 수 있다는 것을 전제로 하고 있다. 법외노조로 보는 법률 그 자체가 문제이며, 이를 근거로 한 법외노조 통보도 위법하다고 보고 있는 것이다. 이 문제는 법원의 해석범위와 한계에 관한 문제로서 중요한 의미를 가진다.

Ⅱ. 노동조합 설립신고의 수리와 반려

1. 노동조합 설립신고의 의의 및 유형

이 사건에서 중요한 의미를 가지는 법외노조 통보의 법적 성질을 검토하기 전에 노동조합 설립신고와 반려에 관한 문제를 살펴보기로 한다. 노동조합법 시행령 제9조 제2항에 규정된 법외노조 '통보'는 설립신고증을 교부받은 노동조합이 사후에 노동조합법에서 정한 사유(설립신고서의 반려사유)로 인해 시정요구를 받고, 이를 소정의 기간 내에 이행하지 아니하는 경우에 노동조합이 아니라는 내용을 알려주는 것이다. 이 사건에서 노동조합 설립 신고가 '수리를 요하는 신고'에 해당하는지가 문제된다.

노동조합법 제12조 제3항에는 설립신고에 대해 반려를 할 수 있는 법적 근거를 마련하고 있다. 다수의견은 이러한 노동조합 설립신고를 '수리'를 요하는 신고로 파악하고 있다. 다수의견은 "행정관청은 법상 설립요건을 갖추지 못한 단체의 설립신고서를 반려하는데, 이러한 반려는 설립신고의 수리를 거부하는 것"이라고 보고 있다. 나아가 이러한 수리를 수익적 행정행위로 보고 있다. 즉 "노동조합 설립신고의 수리는 법에서 정한 설립요건을 갖춘 노동조합을 법상 노동조합으로 인정함으로써 노동조합법이 정한 권리와 혜택을 향유할 수 있는 법적 지위를 부여하는 것"이라고 보고 있다. 물론 종전에도 대법원은 노동조합설립신고증 교부(수리)처분 취소사건에서 노동조합의 신고를 수리처분이 필요한 것으로 본 사례가 있다. 이 사건에서 대법원은 노동조합의 '수리' 처분만으로 원고(사용자)가 이를 다툴 당사자적격은 없다고 판단하고 있다.[1] 다만, 신고증을 교부받은 노동조합이 부당노동행위구제신청을 하는 등으로 법이 허용하는 절차에 구체적으로 참가한 경우에는 노동조합

1) 대법원 1997. 10. 14. 선고 96누9829 판결.

의 무자격을 다툴 수 있다고 보고 있다.

노동조합법 제12조 제3항에는 설립신고서의 '반려'에 관한 근거 조항을 두고 있지만, 이러한 조항만을 근거로 반려의 처분성을 인정하고, 노동조합 설립신고를 '수리를 요하는 신고'로 단정할 수 없다. 수리를 요하지 않는 신고에서도 반려는 인정되고, 그 처분성이 부정될 뿐이다. 근래의 판례에서는 이러한 구분 없이 반려의 처분성을 인정하는 사례도 적지 않다.[2] 노동조합법 제12조 제3항에서는 동법 제2조 제4호 각목의 1에 해당하는 경우(노동조합에 해당하지 않는 경우), 제12조 제2항의 규정에 의하여 설립신고서의 누락 등에 대한 보완을 요구하였음에도 그 기간 내에 보완을 하지 아니하는 경우에 설립신고서를 반려하도록 규정하고 있다. 대법원은 이러한 설립신고서의 반려를 처분으로 보고 있다. 특히 다수의견은 이러한 반려를 "설립신고서의 수리를 거부하는 것이므로 해당 단체의 법적 지위에 직접적인 영향을 미치는 행정처분"으로 이해하고 있다. 노동조합의 설립에 따른 수혜는 헌법 제33조 및 노동조합법의 관계 조항에 의해 발생하는 것이지 이러한 소극적인 신고 수리에 의해 발생한다고 단정하기는 어렵다. 대상판례는 노동조합법 제12조에 의한 설립신고가 '수리를 요하는 신고'에 해당한다고 보고 있다는 전제에서 논의를 전개하고 있지만, 수리를 요하는 신고의 허용에 대하여 근래에 비판적인 견해가 늘고 있다.

2. 수리를 요하는 신고의 허용 여부

신고제도는 규제완화의 대표적 수단이자, 사인의 공법행위에 해당한다.[3] 또한 행정청의 '개시통제' 수단의 주요한 도구이기도 하다. 신고는

2) 대법원 2010. 11. 18. 선고 2008두167 판결; 대법원 2011. 7. 28. 선고 2005두11784 판결 등.

3) 이미 신고에 관한 국내의 선행연구가 적지 않다. 예컨대 김중권, "건축법상의 건축신고의 문제점에 관한 소고", 저스티스 제34권 제3호(2001. 6), 150면 이하; 송동수, "행정법상 신고의 유형과 법적 효과", 토지공법연구 제60집(2013. 2), 285면 이하; 윤기중,

대체로 정보제공적 신고, 수리를 요하지 않는 신고(자기완결적 신고), 수리를 요하는 신고(행위요건적 신고)로 구분된다. 정보제공적 신고는 법령에서 그 신고의무의 위반에 대한 제재에 관한 특별한 규정이 없는 한 큰 의미가 없다. 실무에서 문제가 되는 것은 수리를 요하지 않는 신고와 수리를 요하는 신고의 구분이다.[4] 후자에 대해서는 실직적 심사를 할 수 있지만, 후자에 대해서는 형식적 심사만 할 수 있다. 또한 전자의 경우에 반려는 처분성이 없지만, 후자의 경우에 반려는 처분성이 인정된다. 이러한 이론적 구분이 명쾌한 것처럼 보이지만, 형식논리적이며 기계적이다. 실질적 심사와 형식적 심사의 구분도 명확하지 않다.[5] 또한 실무상 수리를 요하는 신고와 수리를 요하지 않는 신고의 구분은 쉽지 않다. 이러한 논란이 계속되던 와중에 대법원은 건축신고의 반려에 대해 종전 판례와 달리 처분으로 인정한 바 있다.[6] 그러나 이 판결에서 해당 건축신고를 '수리를 요하는 신고'로 언급하지는 않았다. 이후 대법원은 인허가의제의 효과를 수반하는 건축신고에 대해 비로소 '수리를 요하는 신고'로 판단하였다.[7] 여기에서 "종전 판례와 달리" 인허가

"수리를 요하는 신고의 독자성", 공법연구 제43집 제4호(2015. 6), 189면 이하; 졸고, "건축신고와 인인보호: 독일 건축법제와의 비교법적 고찰을 겸하여", 법조 통권 제645호, (2010, 6), 250면 이하; 최계영, "건축신고와 인허가의제", 행정법연구 제25호(2009. 12), 165면 이하; 홍강훈, "소위 자체완성적 신고와 수리를 요하는 신고의 구분가능성 및 신고제의 행정법 Dogmatik을 통한 해결론", 공법연구 제45집 제4호(2017. 6), 93면 이하; 홍준형, "사인의 공법행위로서 신고에 대한 고찰: 자기완결적 신고와 수리를 요하는 신고에 관한 대법원판례를 중심으로", 공법연구 제40집 제4호(2012. 6), 333면 이하 등.

4) 정보제공적 신고와 행위개시통제적 신고로 구분하는 견해도 있다(강현호, "신고의 본질에 대한 법적 고찰", 행정판례연구 제24집 2호(2019. 12), 61-63면). 이 견해는 행위개시통제적 신고가 정보제공적 신고의 의미도 가진다고 보고 있다. 그러나 전술한 바와 같이 정보제공적 신고는 행정법적 의미가 크지 않다. 신고는 전통적으로 허가와 더불어 개시통제의 수단으로 이해될 수는 있지만, 정보제공적 신고와 행위개시통제적 신고가 중첩될 여지는 적다.

5) 수리 여부에 의한 신고의 유형구분에 대한 문제점에 대해서는 졸저, 현대행정의 작용형식, 502면 이하.

6) 대법원 2010. 11. 18. 선고 2008다167 판결.

7) 대법원 2011. 1. 20. 선고 2010두14954 판결.

의제의 효과를 수반하는 건축신고에 대해서만 수리를 요하는 신고로 판단함으로써, 건축신고의 법적 성질에 대하여 또 다시 혼란을 준 것이 사실이다. 이러한 판례의 변경에도 불구하고 양자의 구별기준은 아직 명확히 제시되지 못하고 있다.

이에 법제처가 중심이 되어 개별법에 신고의 수리에 대해 '통지의무'를 부과하는 규정이 대폭 도입되었다. 예컨대 건축법 제14조 제3항에서도 "특별자치시장 · 특별자치도지사 또는 시장 · 군수 · 구청장은 제1항에 따른 신고를 받은 날부터 5일 이내에 신고수리 여부 또는 민원 처리 관련 법령에 따른 처리기간의 연장 여부를 신고인에게 통지하여야 한다"라고 규정하고 있다. 이러한 통지의무를 규정한 신고에 대해서는 '수리를 요하는 신고'로 판단할 수 있다는 것이다. 일응 수리를 요하는 신고와 수리를 요하지 않는 신고의 구별기준을 제시하고, 국민들에게 수리 여부를 알림으로써 국민의 권익구제에 기여하는 측면이 있는 것은 사실이다. 그러나 이러한 통지의무의 규정이 없는 경우에도 수리를 요하는 것으로 해석할 가능성은 상존하고 있다. 대상판결과 같이 '통지의무'에 관한 규정이 없음에도 불구하고, 수리를 요하는 신고로 인정될 여지는 있다.

한편, 학설 중에는 수리를 요하는 신고의 독자성을 인정하는 견해도 있다.[8)] 이 견해는 신고증 교부시에 노동조합이 설립된 것으로 보고 있다.[9)] 이러한 신고증 교부는 반드시 수리를 요하는 신고에만 제한되는 것은 아니다. 노동조합법 제12조 제4항에서 규정하고 있는 바와 같이 신고증의 교부시가 아니라 설립신고서가 접수된 때에 설립된 것으로 보고 있다. 이 규정은 수리를 요하는 신고로 보는 견해나 판례에 대해 반론을 제기할 수 있는 근거이기도 하다. 수리를 처분으로 이해하는 경우에는 논리적으로 신고증의 교부시로 보는 것이 타당하다. 이러한 신고

8) 윤기중, 전게논문, 189면 이하 참조.
9) 윤기중, 전게논문, 206면.

증의 교부를 수리의 효과가 발생하는 것으로 볼 수 있기 때문이다. 그러나 헌법상 노동3권의 보장에 따른 노동조합 설립자유의 기본취지에 비추어 설립신고서가 접수된 때에 설립된 것으로 보는 것이다. 이러한 규정이 원칙적으로 신고의 본질에 부합하는 것이다. 사인의 공법행위인 신고에 의해 그 효력이 발생하는 것이 원칙이기 때문이다.

무엇보다 노동조합 설립신고를 이와 같이 신고 본연의 제도에 부합하게 해석할 여지도 있다. 수리를 요하는 신고라고 보지 않고 본래 신고제도의 본질과 기능에 부합하게 규정된 것으로 해석할 수 있다. 노동조합법 제12조에 의하면 노동조합 설립신고를 한 때에는 특별한 경우(제2항, 제3항)를 제외하고 3일 이내에 신고증을 교부하도록 하고 있다. 3일의 기간은 일종의 '숙려(熟慮)기간' 내지 '유예기간'으로 볼 수 있다. 이러한 기간 동안에는 형식적 심사뿐만 아니라 실질적 심사도 유보되어 있다. 물론 반대의견(대법관 이기택, 대법관 이동원)이 주장하는 바와 같이 노동조합 설립신고가 수리된 이후, 즉 신고의 효력에 의해 노동조합이 설립된 이후에도 이러한 실질적 심사권은 행사될 수 있다. 종전에 대법원은 이러한 숙려기간을 절대적 기간이 아니라고 본 사례도 있다. 이러한 접수증 교부기간이 경과한 후에도 설립신고서에 대하여 보완지시 또는 반려처분을 할 수 있다고 보고 있다.[10] 그러나 이러한 해석은 '수리'를 행정처분으로 이해하는 입장에서는 수긍할 수 있지만, 수리를 단순히 사실행위로 이해하는 입장에서는 받아들이기 어렵다. 입법자의 의도는 이러한 기간 내에 명시적으로 거부처분을 하지 않으면, 노동조합의 설립신고는 효력이 발생한다고 보는 것이다. 수리를 요하는 신고를 비판하는 입장에서는 더욱 그러하다. 노동조합의 설립행위는 헌법 제33조에서 보장하는 노동3권 중 '단결권'의 핵심적 내용의 하나이기 때문이다. 이러한 노동조합의 조직 및 설립을 주요한 내용으로 하는 단결권은

10) 대법원 1990. 10. 23. 선고 89누3243 판결.

국가로부터 부당한 방해나 침해를 받지 아니한다는 의미에서 '자유권'의 성격을 가진다. 근래에는 노동3권을 "사회권적 성격을 띤 자유권"으로 보는 견해가 유력하다.[11] 헌법재판소의 입장도 대체로 그러하다.[12]

3. 행정기본법안의 내용 및 문제점

입법예고가 된 행정기본법안에도 수리를 요하는 신고제도를 명문으로 규정하고 있다. 행정기본법안 제29조 제1항에는 "법령등으로 정하는 바에 따라 행정청에 일정한 사항을 통지하여야 하는 신고로서 법률에 신고의 수리가 필요하다고 명시되어 있는 경우(행정기관의 내부 업무 처리 절차로서 수리를 규정한 경우는 제외한다)에는 행정청이 수리하여야 효력이 발생한다"라고 규정하고 있다. 수리를 요하는 신고를 판단하는 기준으로 '통지'를 해야 하는 신고이어야 하고, 또한 신고의 수리가 필요하다고 명시되어 있는 경우도 제시되고 있다. 이러한 문제점으로 인해 행정기본법의 제정필요성이 거론된 상황임에도 불구하고, 수리를 요하는 신고를 일반법의 성격을 가지는 행정기본법에 규정하는 것은 재고할 필요성이 있다. 전술한 바와 같이 '통지의무'가 수리를 요하는 신고의 결정적 기준은 될 수 없다. 신고의 수리가 필요하다고 명시된 경우에는 당연한 내용이지만, 개별법에 수리가 필요하다고 명시되어 있는 경우는 그리 많지 않다.

건축법 제14조 제3항에는 "특별자치시장 · 특별자치도지사 또는 시장 · 군수 · 구청장은 제1항에 따른 신고를 받은 날부터 5일 이내에 신

---

11) 계희열, 헌법학(중), 신정2판, 786면; 한수웅, 헌법학, 제7판, 1020면. 한편, 근로3권을 원칙적으로 생존권적 기본권으로 보면서도 자유권적 측면을 간과할 수 없다고 보는 견해도 있다(김철수, 헌법학개론, 10전정신판, 847-848면). 그밖에 자유권적 성질과 생활권적 성질이 혼합된 복합적 성질의 기본권으로 보는 견해도 있다(허영, 한국헌법론, 전정14판, 560-561면).

12) 헌법재판소도 근로3권을 "사회적 보호기능을 담당하는 자유권" 내지 "사회권적 성격을 띤 자유권"이라고 파악하고 있다(헌재 1998. 2. 27. 94헌바13, 판례집 10-1, 32).

고수리 여부 또는 민원 처리 관련 법령에 따른 처리기간의 연장 여부를 신고인에게 통지하여야 한다"고 규정하고 있다. 종전에는 이러한 건축신고가 수리를 요하지 아니하는 신고로 보았지만, 개정된 건축법에 의하면 수리 여부의 통지 대상이 되고 있어 행정기본법에 의하면 수리를 요하는 신고로 보게 된다. 그러나 이러한 규정이 없는 경우에도 법원은 대상판결과 같이 해석에 의해 수리를 요하는 신고로 판단할 수 있다. 행정기본법에 제시된 '통지의무'에 관한 규정이 수리를 요하는 신고를 판단하는 절대적 기준이라고 보기 어렵다. 이러한 기준을 통해 수리를 요하는 신고로 볼 수는 있지만, 이러한 기준이 없더라도 법령의 '해석'을 통해서도 충분히 수리가 필요한 신고로 판단할 수도 있다. 그러한 이유에서 수리 여부를 기준으로 신고의 유형을 구분하는 것은 적지 않은 문제점을 노정(露呈)하고 있는 것이다. 건축법 제14조 제3항에서 수리처분에 의해 신고의 효력이 발생한 것인지, 아니면 통지에 의해 그 효력이 발생한 것인지 여부도 문제된다. 수리거부의 통지에 대해서는 무엇을 대상으로 항고쟁송을 제기해야 하는지도 모호하다. 이러한 입법은 결국 개별법에서 문제된 쟁점을 일반법의 차원에서 통칙 규정을 두는 것 외에는 큰 의미가 없다. 오히려 신고 제도의 본래적 기능을 고려한 입법이 중요하다.

4. 비판 및 검토

노동조합 설립신고를 '수리를 요하는 신고'로 단정하는 것이 적정한지에 대해서는 의문이다. 수리를 요하는 신고의 독자적 유형을 인정하는 것도 신고제도의 본질에 비추어 타당하지 않다. 행정기본법안의 제정이유나 논리대로라면, 여기에는 수리 여부에 관한 통지 규정도 없다. 종전의 판례에 입장에 따라 '수리를 요하는 신고'로 판단한 것이다. 노동조합법 제12조 제3항에서는 경미한 기재사항의 누락과 같은 설립신고의 형식적 하자에 대해 보완을 요구하였으나 이를 소정의 기간 내에 보완하지 않는 경우, 그리고 동법 제2조 제4호 각목의 1에 해당하는 바와 같이 노동조합의 개념에 포섭되지 않는 경우에는 설립신고서를 반려하여야 한다. 이러한 특별한 사유가 없는 한 원칙적으로 노동조합 설립신고를 하는 경우에는 3일의 숙려기간 내에 특별한 사정이 없는 한 그 신고의 효력이 발생하도록 설계되어 있다고 해석할 수도 있다. 이러한 해석은 수리가 필요 없는 본래적 의미의 신고제도로 이해하는 견해에 의한 것이다. 독일의 입법례도 대체로 이러한 방식으로 건축신고를 규정하고 있다.[13] 수리 여부나 통지의무에 관한 명문의 규정도 없는 것이다.

사견으로는 노동조합 설립신고를 수리를 요하는 신고로 이론구성하지 않더라도 신고의 제도적 기능과 취지를 충분히 반영할 수 있는 해석이 가능하다. 수리를 요하는 신고를 인정할 필요적 논거가 되는 것도 아니다. 노동조합법상 규정하고 있는 반려사유에 따라 거부처분을 한 것으로 보고, 이에 대해 행정쟁송을 제기할 수 있는 것이다. 노동조합 설립신고를 하는 경우에는 법률에서 정하고 있는 반려사유에 해당하지 않는 한, 이러한 기간이 경과하면 원칙적으로 신고의 효력이 발생하는 것으로 이해할 수 있다. 물론 이러한 해석은 종전의 대법원 판례(대법원 1990. 10. 23. 선고 89누3243 판결)와 다른 입장이다. 노동조합법에는 설립신고를 접수받고 3일의 숙려기간 동안에 반려사유에 해당하는지 여부를 검토하고, 이에 해당하는 경우에는 반려해야 한다. 그러나 노동조합법에는 이러한 설립신고를 받아 접수증을 교부한 후에 설립신고서의 반려사유에 해당하는 경우가 발생하는 것에 대해 아무런 규정을 두고 있지 않다.

이에 대해서는 노동조합법 시행령 제9조에 규정하고 있다. 이 시행령 조항의 이해를 위해서는 노동조합 설립신고 제도의 취지나 본질을

---

13) 이에 대해서는 졸고, "건축신고제도의 법적 문제: 간소화제도의 개선방안을 위한 모색을 중심으로", 법제 통권 제657호(2012. 2), 58면 이하 참조.

검토할 필요가 있다. 대법원은 노동조합 설립신고 제도의 취지에 대해 "소관 행정당국으로 하여금 노동조합에 대한 효율적인 조직체계의 정비 관리를 통하여 보호, 육성 내지 지도, 감독에 철저를 기하게 하기 위한 노동정책적인 고려에서 마련된 것"으로 이해하고 있다.[14] 이러한 관점은 대체로 노동3권을 생존권적 측면에서 접근한 것으로 볼 수 있지만, 노동조합을 행정청의 감독 내지 관리의 대상으로 파악하는 측면도 있다. 노동조합법 시행령 제9조의 해석은 노동조합의 설립신고증을 교부한 후 설립신고서의 반려사유가 있는 경우에 그 시정을 요구하고 이를 이행하지 않는 경우에 법외노조 통보를 하도록 규정하고 있는 것이다.

노동조합 설립신고를 수리를 요하는 신고로 이해하는 것은 사실상 허가제와 같이 운영한다고 볼 수 있어, 이러한 해석 또한 문제가 있다고 하겠다. 이러한 점은 오히려 다수의견의 보충의견에서 지적되고 있다. 노동조합법 제12조 제3항의 '반려'처분은 거부처분의 형식으로 규정되어 있지만, 그 본질은 노동조합법 제2조 제4호 각목에 해당하는 경우에 노동조합으로 보지 않는다는 규정에 따라 노동조합 설립행위를 중지시키는 처분으로 보아야 한다. 후술하는 바와 같이 이러한 통보의 법적 성질은 중요한 쟁점의 하나이다.

전술한 수리를 요하는 신고의 독자성을 인정하자는 견해는 새로운 주장이 아니라, 종래 국내 학설이 발전시킨 신고의 유형 구분에 기초한 것이다. 근원적으로 수리 여부에 의한 구별기준이 매우 낙후된 것이고, 규제완화의 본질에 비추어 수리를 요하는 신고는 허가의 구별을 상대화시키고 있다. 이와 관련하여 판례가 수리를 요하는 신고를 "(완화된) 허가"로 이해하고 있다고 지적하면서, 이러한 신고 유형에 대해 비판적으로 고찰하는 견해도 있다.[15] 허가와 신고의 이원적 구조도 매우 낡은 제도이며, 새로운 형식의 규제완화제도가 도입될 필요가 있다. 허가면

---

14) 대법원 1993. 2. 12. 선고 91누12028 판결.

15) 강현호, "신고의 본질에 대한 법적 고찰", 행정판례연구 제24집 제2호(2019. 12), 79면.

제절차, 허가의제, 집중효 등 새로운 절차간소화 제도를 새로이 검토할 필요가 있다. 신고제도의 본래적 기능을 복원시키는 제도개선이 필요하다. 수리는 일본의 입법례에서 유래한 것이며, 신고제도의 본질에 부합하지 않는다. 그 자체는 법적 행위가 아니라 사실행위에 불과하다. 신고에 의해 법적 효과는 발생하고 수리 여부는 중요하지 않다. 그럼에도 불구하고 신고의 내용이 실체법상 강행규정에 위배되는 경우에는 행정청의 권한이 중지명령 등을 통해 개입할 수 있도록 하는 것이다. 수리를 요하는 신고로 이론구성을 하지 않더라도 신고제도의 본래적 기능을 인정하면서 행정의 법률적합성 원칙을 준수하도록 해야 한다. 이러한 행정청의 권한에 대해서는 명확한 근거 규정을 두고 그 위법에 대해서는 행정쟁송을 통해 다투도록 설계해야 한다. 이러한 과제는 입법의 개선에 의해 실현되어야 한다. 노동조합법 제12조도 이러한 구조에 기반하고 있어, 이를 굳이 수리를 요하는 신고로 이론을 구성할 필연적 이유는 없다.

나아가 대상판결의 다수의견은 전술한 바와 같이 노동조합 설립신고의 수리를 "노동조합법이 정한 권리와 혜택을 향유할 수 있는 법적 지위를 부여하는 것"이라고 보아 '설권적' 처분과 같이 이해하고 있다. 대상판결의 반대의견도 노동조합 설립신고를 수익적 행정처분으로 보고 있다. 그러나 수리는 소극적인 성질을 가지므로 특허와 같이 설권적 효력을 인정하는 것은 이론적으로 타당하지 않다. 노동조합법이 정한 권리와 혜택을 향유하는 것은 수리가 아니라 헌법과 법률의 규정에 의한 것이다. 소극적인 수리행위에 의해 허가나 특허와 같은 권리를 부여하거나 설정하는 것은 이론적으로도 타당하지 않다. 이러한 법리적 문제는 노동조합 설립신고를 수리를 요하는 신고를 인정하는 것에서 연유하고 있는 것이다. 신고와 수리 제도를 올바로 자리매김하는 것이 중요하다.

Ⅲ. 법외노조 통보의 법적 성질

법외노조 통보는 처분인가? 대상판결의 다수의견은 법외노조 통보의 법적 성질에 대해 형성적 (행정)처분으로 보는 견해, 확인적 행정행위로 보는 견해, 수익적 행정행위의 취소·철회로 보는 견해가 대립하고 있다.[16] 다수의견은 모두 행정처분으로 보고 있다. 이에 대해 반대의견의 입장은 명확하지 않다. 다만, 통보를 규정한 시행령 조항이 법외노조의 법적 효과가 발생하였다는 것을 공식적으로 알려주기 위한 조치의 일환 정도라고 보고 있다. 반대의견은 노동조합에 해당하지 않는다는 효력은 이러한 통보에 의해서가 아니라 이 사건 법률조항의 간주규정에 의해 발생하는 것으로 보고 있다. 즉 노동조합법 제2조 제4호에서 각목에서 정한 사유에 해당하는 때에는 "노동조합으로 보지 아니한다"라는 간주규정에 의해 법외노조의 효력이 발생한다는 것이다.

다수의견은 노동조합 설립신고의 반려를 행정처분으로 보고 있으며, 법외노조 통보에 대해서도 "형성적 처분"으로 보고 있다. 즉 "노동조합이 아님을 고권적으로 확정하는 행정처분"으로서 그 통보로써 법외노조가 되도록 하는 "형성적 행위"로 보고 있는 것이다. 노동조합의 설립신고의 수리에 의해 노동조합법상 다양한 혜택이 보장된다. 법인격 취득(제6조), 노동쟁의의 조정 및 부당노동행위의 구제신청(제7조 제1항), 노동조합의 명칭사용(제7조 제3항), 조세의 면제(제8조) 등이 그러하다. 다수의견은 이러한 법외노조 통보에 의해 노동조합법에 의해 보장된 권리나 이익이 박탈된다고 보고 있다. 그러나 통보 그 자체를 형성적 처분

---

16) 한편, 교원의 노동조합 설립 및 운영 등에 관한 법률 제2조 위헌확인 등에서 헌법재판소는 "법외노조통보라는 별도의 집행행위를 예정하고 있으므로, 법외노조통보 조항에 대한 헌법소원은 기본권 침해의 직접성이 인정되지 아니한다"라고 결정하였다(헌재 2015. 5. 28. 2013헌마671 등, 판례집 27-1하, 336). 이 결정에서 헌법재판소는 법외노조통보에 대해 "별도의 집행행위"라고만 언급하고, 구체적인 행정작용이나 그 법적 성질을 명확히 언급하지 아니한 채 시행령 조항의 [illegible] 부정하고 있다.

으로 보는 것은 타당하지 않다. 현실적으로 법외노조 통보에 의해 이러한 불이익이 발생하는 점을 부인할 수는 없다. 그러나 이러한 불이익은 노동조합법의 규정에 의해 발생하는 것이다. 이러한 법외노조 통보는 시정 요구와 더불어 일종의 '절차'규정에 해당한다. 반대의견이 적절히 지적하고 있는 바와 같이 시행령에 규정된 '통지'라는 절차에 의해 헌법상 보장된 노동3권이 제한될 수는 없다. 이러한 노동3권은 헌법에서 직접 제한하거나, 적어도 법률로 제한해야 한다. 노동조합법은 헌법 제33조에서 보장하는 노동3권의 취지에 부합하게 노동조합의 조직 및 가입 자유를 보장하고 있으며, 노동조합의 설립요건도 허가나 등록의 방식이 아니라 간소화된 '신고'의 방식으로 보장하고 있는 것이다. 이와 같이 헌법상 보장된 노동 3권 중 단결권은 근로자가 노동조합에 조직하거나 가입하여 활동하는 개인적 단결권뿐만 아니라, 노동조합이 존립하고 활동할 수 있는 집단적 단결권도 포함하는 것이다.[17]

노동조합법 시행령 제9조 제2항은 노동조합법 제2조 제4호 라.목에 해당되어 설립신고서의 반려사유에 해당한다는 점과, 이러한 반려사유에 해당하는 경우에는 시정요구를 하고 이에 의하지 아니할 경우에는 법외노조 '통보'를 한다는 절차를 규정한 것에 불과하다. 이러한 통보제도는 종전의 노동조합 해산명령을 폐지한 후 도입된 것이다. 적어도 법률의 규정상 노동조합에 해당하지 않는다는 사실을 행정청이 고지하는 것에 불과하다. 물론 이러한 통지를 남용할 소지가 있다는 주장도 이해할 수 있으나, 노동조합법 제2조 제4호 라.목의 규정은 명확하다. 이와 관련하여 시정요구의 절차를 마련하고, 이 사건에서 행정청은 해당 규약의 개정 기회를 부여한 것이다. 원고가 주장하는 사항은 법률의 위헌 여부를 통해 다투어야 할 사항이다. 입법자는 근로자가 아닌 자의 가입을 허용하는 경우에는 노동조합이 될 수 없음을 원칙적으로 규정하면서

17) 계희열, 전게서(중), 773-774면; 헌재 1999. 11. 25. 95헌마154.

도, 해고된 자가 노동위원회에 부당노동행위의 구제신청을 한 경우에는 예외적으로 중앙노동위원회의 재심판정이 있을 때까지 근로자가 아닌자로 해석하는 유예규정을 두고 있는 것이다. 노동조합의 성립요건에 관한 입법자의 의지는 명확하다.

이러한 통보를 형성적 처분으로 보는 경우에는 노동조합법 제9조 제3항의 '통보'를 달리 해석해야 한다는 것을 설명하기가 어려운 점도 있다. 동일한 사실의 '통보'에 해당함에도 불구하고 설립신고증을 교부받은 노동조합에 대해서는 '형성적' 처분으로 보면서, 관할 노동위원회와 당해 사업 또는 사업자의 사용자나 사용자단체에 통보를 동일하게 해석할 수 없는 딜레마에 봉착(逢着)하게 된다. 후자의 경우에는 이론적으로 행정처분으로 보기가 어렵다. 이러한 해석의 모순에 대해 다수의견은 설명하고 있지 않다. 이와 같이 법외노조의 통보는 법령의 해석에 의해 법외노조에 해당한다는 점을 '고지'하는 것이다. 이러한 통보는 법령에 의해 원고가 노동조합에 해당되지 아니한다는 사실을 알려주는 것일 뿐, 결코 '형성적' 처분으로 볼 수 없다. 통상적으로 형성적 처분이 되기 위해서는 '신청'을 요건으로 하고 있다. 형성적 행정행위에 속하는 특허나 인가 등이 그러하다.

이에 대해 별개의견(대법관 안철상)은 이러한 법외노조 통보를 '수익적 행정처분의 취소·철회'의 문제로 보아야 한다고 보고 있다. 이 견해는 노동조합 설립신고의 수리를 수익적 행정행위라고 전제하고, 사후에 그 효력을 존속시킬 수 없는 수리처분의 철회로 파악하고 있는 것이다. 나아가 이 견해는 시행령 조항을 법외노조 통보의 근거 조항이 아니라, 수리처분 철회의 절차 규정으로 파악하고 있다. 이러한 노동조합 설립신고를 '수리를 요하는 신고'로 이해하는 경우에는 '수리처분'에 의해 노동조합의 법적 지위가 부여되고, 또한 수리처분 이후에 노동조합에 결격사유가 발생한 경우에는 이러한 행정처분(수리처분)의 취소·철회로 접근할 수 있다. 그러나 이러한 수리에 의해 상대방에게 법적 효과(노동조합의 설립)가 발생하는 것은 사실이지만, 소극적 성격의 수리를 적극적 성격의 수익적 행정처분으로 보는 것이 적정한지에 대해서는 의문이다. 또한 수익적 행정행위의 철회라는 법리로 접근하는 경우에는 이 별개의견에서 언급한 바와 같이 법령의 근거가 없더라도 일정한 사유에 의해 노동조합의 설립신고의 수리가 철회될 수 있다는 것을 의미한다. 헌법상 보장된 노동3권에 근거하여 법률에 구체화된, 노동조합의 존립은 법적으로 불확실한 상태에 놓일 수도 있다. 철회의 법리를 적용할 경우에는 법령에 명시된 철회사유뿐만 아니라, 또 다른 사유로서 사실관계의 변화 내지 사정변경이나 중대한 공익상의 요청 등에도 수리처분의 철회가 인정되어야 한다. 일반적인 수익적 행정행위의 취소나 철회의 법리를 적용하기 어려운 점이다. 그리고 또 다른 별개의견이 지적하고 있는 바와 같이 통보를 재량행위로 보기 어려운 점도 있다. 노동조합으로 보지는 않는 경우, 즉 법외노조는 노동조합법 제2조 제4호에서 명확히 규정하고 있는 것이다.

또 다른 별개의견(대법관 김재형)은 이러한 법외노조 통보를 '확인적 행정행위'로 보고 있다. 그러나 국내 학설은 이러한 유형구분에 익숙하지 않다. 대체로 법률행위적 행정행위는 명령적 행정행위와 형성적 행정행위로 구분되는 것이 일반적이다. 근래에 준법률행위적 행정행위를 폐지하고, 명령적 행정행위와 형성적 행정행위 외에 '확인적' 행정행위를 별도로 구분하는 견해도 있다. 즉 "그 자체로 수범자에게 현재의 법상황, 즉 현행법상으로 무엇이 통용되는지만을 알려주는" 행위로 보는 견해,[18] "사인의 권리 존부나 법적으로 중요한 사실을 확정하는 행위"를 확인적 행정행위로 파악하는 견해 등이 그러하다.[19] 독일에서 확인적 행정행위로 소개되는 행위는 국적의 확인, 선거권의 확인 등이 있다.[20] 그러나 법외노조 통보는 이러한 확인적 행정행위의 성질을 가진

18) 김중권, 행정법, 제3판, 235면.
19) 졸저, 한국행정법론, 126면.

다고 보기 어렵다. 국가시험의 합격자결정이나 행정심판의 재결 등이 확인적 행정행위에 속하는데, 이러한 확인적 행정행위도 대부분 신청을 전제로 하는 것이다. 이러한 별개의견에 대해 다수의견은 통보가 사후적으로 법외노조를 고지하거나 확인하는 행위가 아니라고 보고 있다. 즉 "이러한 통보가 적법하게 설립되어 활동 중인 노동조합에 대하여 행정관청이 더 이상 노동조합법상 노동조합이 아님을 고권적으로 확정하는 행정처분"으로 보고 있는 것이다. 그러나 강학상 형성적 행정행위(처분)라 함은 대체로 "행정청이 상대방에게 새로운 권리나 능력 등의 법적 지위를 설정, 변경, 또는 박탈하는 행위"를 말한다.[21] 여기에는 특허, 인가, 대리 등이 속한다. 법외노조의 통지를 이러한 형성적 행위행위에 귀속시킬 수 있는지에 대해서는 의문이다.

다수의견은 법상 노동조합에 결격사유가 발생한 경우에, 이 사건 법률규정에 의하여 곧바로 법외노조가 되는 것이 아니라 이러한 법외노조 통보가 있을 때 비로소 법외노조가 된다고 보고 있다. 그러나 원고는 이미 노동조합 설립신고에 의해 설립되었고, 이후에 법령의 규정에 의해 노동조합의 자격에 결격사유가 발생하여 법외노조가 된 것이다. 입법정책적으로는 이러한 신고의 효력이 발생한 후 결격사유가 사후에 발생한 경우에는 노동조합의 자격을 박탈하거나 정지시키는 행정처분을 명확히 규정하는 것이 바람직하다. 이러한 문제점은 안철상 대법관의 별개의견에서도 적절히 지적되고 있다. 즉 법률에 규정되어 있으면 그에 따라 법외노조 통보가 가능할 수 있다는 것이다. 그러한 문제점을 인식해서 노동조합법 시행령에는 시정요구와 통보의 절차를 마련한 것이다.

결론적으로 이 사건에서 법외노조 통보를 형성적 처분으로 보는 것

---

20) Maurer/Waldhoff, Allgemeines Verwaltungsrecht, 19. Aufl., § 9 Rn. 47. 한편, 포르스트호프(E. Forsthoff)는 확인적 행정행위와 증명적(공증적) 행정행위를 구분하고 있다(Forsthoff, Lehrbuch des Verwaltungsrechts I, 10. Aufl., S. 209 f.).

21) 김남진/김연태, 행정법 I, 제24판, 259면; 박균성, 행정법론 제14판, 338면.

은 타당하지 않다. 통보에 대해 과도한 의미를 부여하게 되면, 이러한 통보에 의해 법외노조가 되고, 이는 사실상 노동조합 해산명령과 동일한 의미를 가지게 된다. 소관 행정청이 노동조합에 결격사유가 있다는 판단을 하고, 이에 대해 시정명령을 내렸음에도 불구하고 원고가 이를 이행하지 않자 그 사실을 법령의 규정에 따라 원고에게 알려준 것에 불과하다. 해당 규정을 살펴보면 시정명령에도 불구하고 원고가 이를 이행하지 않아 법령에 따라 자동적으로 법외노조에 해당한다는 사실을 통보한 것이다. 일종의 특정한 사실에 대한 '관념의 통지'에 불과하다. 법외노조에 해당하는지 여부는 법령의 해석에 의해 이미 결정되며, 이러한 통지는 단순히 이를 알려주는 것일 뿐이다. 물론 법외노조 통보를 종래 '준법률행위적 행정행위'의 하나인 '통지'로 볼 여지도 있다. 예컨대 사업인정의 고시나 대집행의 계고 등이 그러하다.[22] 이러한 준법률행위적 행정행위를 인정하는 것 자체가 문제일 뿐만 아니라, 사업인정 그 자체가 행정처분이며 그 고시는 행정처분에 해당하지 아니한다.[23] 또한 대집행의 계고는 상당한 이행기간을 정해 그 기한까지 행정상 의무(대체적 작위의무)를 이행하라는 명령이다. 이러한 계고를 이행하지 않는 경우에 대집행영장을 통지하는 것이다. 이러한 통지도 준법률행위적 행정행위로 다루고 있는 것이 일반적이다. 그러나 이러한 통지는 대집행을 실행할 시기, 대집행책임자의 성명 및 대집행비용의 개산액 등이 포함된 내용을 알려주는 것에 불과하다.

종래 통설은 통지가 모두 준법률행위적 행정행위에 속하는 것은 아니고, 법률에 의하여 일정한 법률적 효과가 발생하는 경우에 한하여 인정된다고 보고 있다.[24] 노동조합법 시행령 제9조 제2항에 의한 통보는

22) 김남진/김연태, 행정법 I, 제24판, 271-272면.

23) "사업인정이란 공익사업을 토지 등을 수용 또는 사용할 사업으로 결정하는 것으로서 공익사업의 시행자에게 그 후 일정한 절차를 거칠 것을 조건으로 일정한 내용의 수용권을 설정하여 주는 형성행위이다."(대법원 2019. 2. 28. 선고 2017두71031 판결)

24) 김도창, 일반행정법론(상), 제3전정판, 418면.

노동조합법 제12조 제3항 제1호의 요건을 충족하지 않는 경우에 30일의 기간을 정하여 시정요구를 하고, 이를 이행하지 않는 경우에 법외노조로 통보하는 것이다. 법외노조의 통지 여부에 대해 해당 행정청은 사실상 선택의 여지를 갖지 못한다. 이러한 법외노조 통보를 행정행위로 이해하는 견해는 재량행위로 보고 있지만, 이러한 해석은 타당하지 않다. 법률의 요건에 대한 해석에 따라 반드시 통보를 해야 하는 것이다. 노동조합법 제12조 제3항 제1호에 해당하는 경우에는 원칙적으로 설립신고서를 반려하여야 한다. 그러나 동법 시행령 제9조에는 이에 대한 시정의 기회를 부여하고 있으며, 이를 하지 않는 경우에는 이러한 법령의 규정에 따라 노동조합으로 보지 아니한다고 통보하는 구조로 되어 있다. 이러한 통보에 어떠한 법률적 효과가 부여되어 있다고 보기도 어렵다. 따라서 법외노조 통보를 재량사항으로 보거나, 이를 형성적 처분으로 해석하는 견해는 법문의 해석에 반한다. 이러한 통보는 거부처분을 알려주는 관념의 통지에 불과하다. 통보의 고권적 성격을 인정하게 되면, 시행령 조항의 위헌성이 점차 높아지게 된다. 다수의견은 통보에 대해 형성적 처분으로 보아 고권적 성격을 강하게 보고 있고, 대법관 김재형의 별개의견은 그러한 문제점을 인식해서 '확인적' 행정행위로 파악한 것이다.

Ⅳ. 이 사건 시행령 조항의 위헌성 여부

법외노조 통보를 규정한 이 사건 시행령 조항이 법률유보원칙에 위배되는지가 문제된다. 다수의견은 법률의 위임 없이 법률이 정하지 아니한 법외노조 통보에 관하여 규정한 이 사건 시행령 조항이 기본권(노동3권)을 본질적으로 제한하고 있으므로 그 자체가 무효라고 보고 있다. 전술한 바와 같이 법외노조 통보를 형성적 처분으로 보고, 이러한 처분에 의해 기본권의 중대한 제한이 발생한다고 보고 있다. 무효인 시행령

조항에 근거한 이 사건 법외노조 통보도 그 법적 근거를 상실하여 위법하다고 보고 있다. 이 사건 시행령 조항이 법률유보원칙에 위배되는지 여부가 쟁점인 것이다.

다수의견에 의하면, 이러한 '통보' 조항의 근거를 법률에 두어야 한다고 볼 수 있다. 그러나 이러한 통보조항을 법률에 규정한다고 하여, 법률유보원칙에 위배되는 것이 해소된다고 볼 수 있는지는 의문이다. 노동조합에 해당하지 아니하는지 여부가 중요한 것이고, 시정요구나 통보는 노동조합에 해당하지 않는다는 사실을 알려주는 절차 내지 통지에 불과하다. 비노동조합 내지 법외노조에 해당하는 경우에 발생하는 불이익은 법률의 규정에 의하고 있다. 이러한 통보에 의해서 기본권(노동3권)이 침해되는 것은 아니며, 노동조합법 시행령이 이러한 기본권의 내용을 본질적으로 침해하는지가 문제된다. 별개의견이나 반대의견이 적절히 지적하고 있는 바와 같이 '통보'를 법령에 규정한다고 하여, 법외노조가 법내노조로 전환되는 것은 아니다. 근본적인 문제는 여전히 남아 있는 것이다. 이와 관련하여 별개의견을 낸 안철상 대법관도 "다수의견에 따라 이 사건 처분이 취소된다고 하더라도 교원노조법 제2조가 위헌이 아닌 이상 원고의 법률 위반 문제는 해소되지 아니한 채 그대로 남아 있게 된다"라고 지적하고 있다.

법률유보원칙에 비추어 보더라도 이러한 절차규정에 해당하는 통보를 반드시 법률에 규정할 이유는 없다. 문제는 해직 해고된 소수의 노조원으로 인해 노동조합으로 보지 않는다는 법률의 규정이 헌법에 위반되는지가 핵심이다. 이러한 문제는 위헌법률심판제청을 통해 판단될 수 있다. 하위법령에 대해서는 부수적 규범통제만 허용되므로, 대법원의 심사범위는 매우 제한적이다. 따라서 이 사건의 법외노조 통지를 시행령에 둔 것을 이유로 해당 시행령 조항이 법률유보원칙에 위배된다고 법리를 구성하는 것은 설득력이 약하다. 근본적인 문제는 시행령이 아니라 법률 그 자체에 있다. 이러한 점은 김재형 대법관의 별개의견에서 적절히 지적되고 있다. 다만, 위헌법률에 대한 법원의 해석이 허용되는지가 문제된다.

Ⅴ. 위헌법률에 대한 법원의 해석과 그 한계

이 사건에서 위헌법률에 대한 법원의 판단이 어느 범위까지 허용되는지가 중요하다. 별개의견 중 김재형 대법관은 이 사건의 어려움이 시행령이 아닌 법률에 있다고 지적하고 있다. 법원노조 통보의 당부가 아니라, 노동조합법상 근로자가 아닌 자의 가입을 허용하는 경우 노동조합으로 보지 아니한다고 규정한 이 사건 법률 규정을 문제의 핵심으로 보고 있는 것이다. 이 견해는 원고를 '법외노조'로 보는 법률 규정 그 자체가 잘못이므로 이를 전제로 한 이 사건 법외노조 통보는 위법하다고 판단하고 있다. 그러나 이러한 법률 그 자체에 대한 위헌판단은 헌법재판소의 관할이다. 헌법 제107조 제1항에는 "법률이 헌법에 위반되는 여부가 재판의 전제가 되는 경우에는 법원은 헌법재판소에 제청하여 그 심판에 의하여 재판한다"라고 규정하고 있다. 이 조항은 위헌법률심판제청의 헌법적 근거이기도 하다. 위 별개의견의 해석은 헌법 제107조 제2항에 반할 수 있다.

이 견해는 법원이 법의 문언을 넘어서는 해석이나 법의 문언에 반하는 정당한 해석도 가능하다는 입장을 밝히고 있다. 이러한 해석이 가능할까? 법률의 위헌 판단을 하지 아니한 채 법원이 스스로 위법으로 전제하고, 이를 근거로 한 처분의 위법을 판단하는 것이 옳은지에 대해 고민할 필요가 있다. 이러한 해석은 교원노조법 제2조에 대해 합헌이라고 결정한 헌법재판소의 선례에 반할 수도 있다. 헌법재판소는 이미 해직 교원을 교원 노동조합의 조합원에서 배제하는 교원노조법 제2조를 합헌이라고 결정하였다.[25] 이 사건은 병합사건으로 교직에서 해고된 청구인 등의 전교조 가입・금지하도록 하면서 시정요구나 법외노조 통보를 한 것이다. 이 사건에서도 교원노조법 제2조와 노동조합법 시행령 제9조 제2항, 고용노동부장관의 법외노조통보 등이 심판대상이다. 당시 전교조는 위 통보의 취소소송을 제기하였으나 기각되었고, 항소심에서 위헌법률심판제청을 신청한 것이다.[26)]

김재형 대법관의 별개의견은 위헌법률에 대한 법원의 해석범위와 관련하여 중대한 문제를 던지고 있다. 이러한 쟁점에 대해서는 많은 논의가 없지만, 법원의 해석범위와 그 한계에 관한 문제로서 중요한 의미를 가진다. 법원은 시행령(법규명령)에 대한 부수적 규범통제를 행사할 수 있다. 위 별개의견은 시행령 조항 그 자체가 명확하며, 법률이 규정한 바를 구체화하고 있으므로 합헌적이고 정당하다고 보고 있다. 그러나 이 별개의견은 다양한 해석론을 통해서도 불합리와 부당함이 교정되지 않는 때에는 법의 문언을 넘어서거나 법의 문언에 반하는 정당한 해석도 가능하다고 보고 있다. 이러한 논거를 통해 이 사건 법률 규정 라. 목이 "노동3권의 실질적인 행사를 위한 근본적 토대를 허물어 버리는 것으로서 노동조합법의 존재이유에 배치된다"라고 보고 있는 것이다. 그러나 이러한 해석은 법률에 대한 위헌판단을 전제로 하는 것이다. 그러나 위헌법률에 대한 심판권은 헌법재판소의 관할이다. 매우 어려운 사건을 해결하기 위한 고뇌는 충분히 이해할 수 있지만, 이는 법원의 해석범위를 넘어서는 것이다. 별개의견에 주목하는 것은 문제의 본질을 법률 그 자체에 찾았다는 점이다. 이 사건의 핵심은 바로 '이 사건 법률' 조항 그 자체에 있다.

별개의견은 "법률이 구현하고자 하는 입법목적", 즉 목적론적 해석을 강조하고 있는 것으로 보인다. 이러한 목적론적 해석에 대해서는 입법목적이 명확한 행정법의 해석론으로 적합하지 않다는 비판적인 견해도 있다.[27)] 법학방법론은 고정되어 있지 아니하고 다양하며, 시대의 상황

25) 헌재 2015. 5. 28. 2013헌마671 등.
26) 사안의 내용과 쟁점에 대해서는 조용호, 헌법재판의 길, 박영사, 2020, 539-540면.

에 따라 변천한다. 문법적 해석, 논리적 해석, 역사적 해석 및 체계적 해석으로 구분한 폰 자비니(von Savigny)가 주창한 전통적인 해석론을 필두로 학문분야별로 다양하게 발전되어 온 것이 사실이다.[28] 특히 행정법 분야에서는 한스 볼프(Hans J. Wolff) 교수가 이러한 폰 자비니의 해석론을 더욱 발전시켜 다양한 해석론을 전개한 바 있다. 볼프는 다양한 해석론을 소개하면서 목적론적 해석(teleologische Intepretation)을 강조하였다. 즉 법의 체계나 역사, 입법자의 의지와 역사적으로 변천된 사회적 제도 등을 종합적으로 고려하는 해석이다.[29] 본래 목적론적 해석은 법률의 객관적 의도를 중시한다. 이와 같이 근래에 행정법학 분야에서도 다양한 방법론이 연구되고 있다. 독일에서는 법실증주의의 영향을 받아 실정법 해석 중심의 법학방법론이 발전되어 왔고, 이러한 해석법학을 벗어나기 위한 새로운 조류의 신행정법학이 등장하고 있다.[30] 그러나 법해석도 권력분립원리나 민주주의원리와 같은 헌법원리에 위배되어서는 아니된다. 법을 선언하는 것에 그치지 아니하고 법을 형성하는 해석은 허용되기 어렵다. 사법기관은 법제정기관이 아니며, 해석을 넘어 법을 창출하여서는 아니 된다.

근래의 대법원 판결 중에는 원고(A)가 운동 틱과 음성 틱 증상이 모두 나타나는 '뚜렛증후군(Tourette's Disorder)' 진단을 받고 10년 넘게 치료를 받아왔으나 증상이 호전되지 않아 장애인복지법 제32조에 따른 장애인등록신청을 하였으나 거부된 사안에서 해당 처분이 위법하다고 판단한 바 있다.[31] 나아가 대법원은 관할 군수로서는 위 시행령 조항 중 원고가 가진 장애와 가장 유사한 종류의 장애 유형에 관한 규정을

27) Möllers, in: Hoffman-Riem/Schmidt-Aßmann/Voßkuhle(Hg.), Grundlagen des Verwaltungsrechts, Bd. I, § 3 Rn. 25.
28) Savigny, F.C.v., System des heutigen Römischen Rechts, 1840, S. 206 ff.
29) Wolff/Bachof, Verwaltungsrecht I, 10. Aufl., § 28 Rn. 60.
30) 이에 대해서는 졸고, "독일 행정법방법론의 발전과 변화", 저스티스 제181호(2020. 12), 45면 이하 참조.
31) 대법원 2019. 10. 31. 선고 2016두50907 판결.

유추 적용하여 원고의 장애등급을 판정함으로써 원고에게 장애등급을 부여하는 등의 조치를 취하여야 한다고 판단하였다. 이 판결도 법원의 해석을 넘어서는 것이다. 시행령에는 해당 장애에 관한 규정이 없다. 이는 행정입법부작위에 관한 문제이다. 법원이 시행령에 규정되지 아니한 장애를 인정한 사례이다. 취소판결 후에 해당 공무원이 시행령에 없는 장애에 대해 장애등급을 부여할 수 있는지도 문제이다. 이러한 해석에 의할 경우 향후 이와 유사한 장애에 대해 시행령에 규정되지 않더라도 유추적용의 방식으로 장애등급을 인정할 수 있다는 결론에 이른다. 이러한 접근은 해석의 범위를 넘어선 것이다. 사회보장수급권은 대체로 입법자의 형성적 자유에 맡겨져 있다고 보는 것이 지배적이다. 이러한 문제는 시행령의 개정을 통해 해결되어야 한다. 구체적 타당성을 중시하더라도 당해 사건만 바라볼 것이 아니라 향후 발생할 수 있는 다양한 사례를 충분히 고려해야 한다. 법이론이나 해석방법론이 중요한 이유는 바로 여기에 있다.

Ⅵ. 결 론

대법원은 이 사건 시행령 조항이 법률에서 정하지 아니한 사항을 구체적이고 명시적인 위임도 없이 헌법이 보장하는 노동3권에 대한 본질적인 제한을 규정하여 법률유보원칙에 위배된다고 판단하였다. 그러나 이 사건의 핵심은 법외노조 통보를 규정한 시행령 조항의 위헌성이 아니라 이 사건 법률 조항 그 자체에 있다. 노동조합법 제2조 제4호 라.목의 '근로자가 아닌 자'의 예외 범위는 입법자가 결정한 사항이다. 이와 관련하여 입법자는 해고된 자가 노동위원회에 부당노동행위의 구제신청을 한 경우에 중앙노동위원회의 재심판정이 있을 때까지 근로자가 아닌 자로 보아서는 아니 된다는 예외규정을 두고 있을 뿐이다. 그 밖의 해직 교사나 구직 중인 교사자격 소지자를 이러한 예외에 포함시킬 것인지는 전적으로 입법자의 형성적 자유에 맡겨져 있다. 이 부분은 법원이 직접 판단할 수 있는 사항이 아니라 위헌법률심판제청을 통해 다투어야 할 내용이다. 이 사건 시행령 조항은 법외노조의 판단과 관련된 절차적 규정에 해당한다. 행정청의 시정요구와 법외노조 통보는 그러한 절차의 일환일 뿐이다. 법외노조에 해당하여 받는 불이익은 법률의 규정에 의해 결정되는 것이지, 법외노조 통보에 의한 것이 아니다. 노동조합이 설립신고증을 교부받은 후 이러한 규정의 요건을 충족하는지 여부에 관해서는 행정청이 법외노조 통보 이전에 시정명령이나 시정요구를 내릴 수 있다. 원고는 이러한 시정명령이나 시정요구(명령)에 대해 행정쟁송을 제기하여 충분히 다툴 수 있다.

설립신고를 받은 후 노동조합의 설립요건을 충족하지 못하는 때에는 행정관청이 이러한 신고를 반려하게 된다. 이러한 조항은 법치행정의 원리에 비추어 당연한 것이다. 실체적 강행법규를 위반한 경우에 이를 저지할 수 있는 제도적 장치이다. 법외노조 통보의 처분성을 전제로 접근하는 것은 권리구제의 이유에서 불가피한 점도 있지만, 통보 이전의 단계에서 원고는 시정명령에 대한 행정쟁송을 제기할 수 있었다. 이러한 통보를 고권적 작용으로 보는 것은 지나친 해석이다. 이러한 해석은 노동조합법 제9조 제3항의 '통보'와 비교해 보더라도 타당하지 않다. 향후 취소판결에 의해 해당 법외노조 통보에 관한 내용을 노동조합법에 직접 규정하더라도 근본적인 문제해결은 여전히 남게 된다. 법외노조 통보에 형성적 행정처분을 인정함으로써 오히려 통보라는 방식으로 노동조합의 설립을 제한할 수 있게 될 수 있다. 이 사건 법외노조 통보를 형성적 행정처분으로 보는 것은 타당하지 않다.

대상판결은 노동조합 설립신고를 수리를 요하는 신고를 전제하고 있으나, 이러한 해석이 타당한지는 의문이다. 또한 수리를 요하는 신고의 유형을 행정기본법에 명문으로 인정하는 것은 전술한 바와 같이 여러 가지 문제점을 가져올 수 있다. 신고는 사인의 공법행위이며, 행정청의 수리처분에 의해 신고의 효과가 발생하는 것은 역설적이다. 신고와 허가의 구분을 고려할 경우 이러한 수리처분을 인정하는 것은 이론적으로도 타당하지 않다. 대상판결에서는 노동조합 설립신고의 수리가 강학상 소위 준법률행위적 행정행위로 분류되고, 행정처분으로 판단되고 있다. 그러나 준법률행위적 행정행위로 분류하는 것 그 자체가 매우 낙후된 이론이므로 이를 재구성할 필요가 있다. 노동조합 설립신고는 무리한 해석의 방법이 아니라 헌법 제33조에 보장된 노동기본권의 취지에 적합하게 해석되어야 한다. 노동조합 설립신고는 수리가 필요 없는 본래적 의미의 신고로 해석될 수 있다. 판례가 당연히 인정하고 있는 '수리를 요하는 신고'는 사실상 '허가제'와 큰 차이가 없고, 신고의 수리에 대한 명문의 규정도 없다. 헌법상 보장된 노동3권의 취지 및 법적 성질에 비추어 보면, 노동조합의 설립은 신고제가 아닌 허가제로 운영되어서는 아니된다. 노동조합의 설립요건을 충족하지 못하는 경우에는 행정의 법률적합성 원칙에 비추어 그 설립을 차단 내지 중지시킬 수 있는 규정을 마련할 수 있다. 노동조합법 시행령 제12조 제3항에서는 행정청의 '반려'에 의해 노동조합 설립 개시를 거부하고 있는 것이다. 입법정책적으로는 이러한 반려가 신고의 본질에 부합하게 적극적인 형식으로 규정되고, 이에 대해 권리구제수단을 보장하는 것이 바람직하다. 여기에는 시정명령이나 시정요구 외에 절차적 권리에 관한 규정이 충분히 보장되어야 한다. 신고의 반려는 허가신청에 대한 거부처분과는 구별되어야 한다. 그밖에 법령에 대한 법원의 해석범위도 중요한 문제이다. 법률의 해석과 관련하여 다양한 방법론이 제기될 수 있지만, 헌법의 기본권 규정이나 헌법원리에 위배되는 해석은 허용되기 어렵다.

제4장

국가공무원의 정치단체 참가금지조항에 대한 위헌결정과 그 기속력의 범위

- 대상판례: 헌재 2020. 4. 23. 2018헌마551 -

[사실관계 및 소송경과]

(1) 청구인 신○○, 박○○, 허○○, 이○○, 홍○○, 김○○(이하 청구인 신○○ 등'이라 한다)은 2018. 3. 1. 중고등학교 교사로 임용되어 공립학교에서 근무하고 있다. 또한 청구인 이□□ 1990. 3. 1.에 초등학교 교사로 임용되어 공립학교에서 근무하고 있으며, 강○○은 1990. 3. 1. 중고등학교 교사로 임용되어 공립학교에서 근무하고 있고, 청구인 권○○는 1996. 3. 1. 중고등학교 교사로 임용되어 사립학교에서 근무하고 있다.

(2) 청구인들은 초·중등학교 교사로서 정당법(2013. 12. 30. 법률 제12150호로 개정된 것) 제22조 제1항 단서 제1호 본문 중 '국가공무원법 제2조 제2항 제2호에 규정된 교육공무원'에 관한 부분 및 제22조 제1항 단서 제2호 중 '사립학교의 교원'에 관한 부분, 국가공무원법(2008. 3. 28. 법률 제8996호로 개정된 것) 제65조 제1항 중 '국가공무원법 제2조 제2항 제2호에 규정된 교육공무원'에 관한 부분이 청구인들의 정당설립 및 가입의 자유 등을 침해한다고 주장하면서 2018. 5. 29. 이 사건 헌법소원 심판을 청구하였다.

[결정 요지]

(1) 청구인들 중 일부는 각 교사 임용일에 비추어 볼 때 심판대상조항의 적용을 받게 된 날로부터 1년이 경과한 후 이 사건 헌법소원심판을 청구하였으므로, 이들의 심판청구는 청구기간을 준수하지 못하여 부적법하다.

(2) 헌법재판소는 2004. 3. 25. 2001헌마710 결정 및 2014. 3. 27. 2011헌바42 결정에서, 국가공무원이 정당의 발기인 및 당원이 될 수 없도록 규정한

구 정당법 및 구 국가공무원법 조항들이 헌법에 위반되지 않는다고 판단하였다. 그 요지는 '이 사건 정당가입 금지조항은 국가공무원이 정당에 가입하는 것을 금지함으로써 공무원이 국민 전체에 대한 봉사자로서 그 임무를 충실히 수행할 수 있도록 정치적 중립성을 보장하고, 초·중등학교 교원이 당파적 이해관계의 영향을 받지 않도록 교육의 중립성을 확보하기 위한 것이므로, 목적의 정당성 및 수단의 적합성이 인정된다. 공무원의 정치적 행위가 직무 내의 것인지 직무 외의 것인지 구분하기 어려운 경우가 많고, 공무원의 행위는 근무시간 내외를 불문하고 국민에게 중대한 영향을 미치므로, 직무 내의 정당활동에 대한 규제만으로는 입법목적을 달성하기 어렵다. 또한 정당에 대한 지지를 선거와 무관하게 개인적인 자리에서 밝히거나 선거에서 투표를 하는 등 일정한 범위 내의 정당관련 활동은 공무원에게도 허용되므로 이 사건 정당가입 금지조항은 침해의 최소성 원칙에 반하지 않는다. 정치적 중립성, 초·중등학교 학생들에 대한 교육기본권 보장이라는 공익은 공무원들이 제한받는 사익에 비해 중대하므로 법익의 균형성 또한 인정된다. 따라서 이 사건 정당가입 금지조항은 과잉금지원칙에 위배되지 않는다. 이 사건 정당가입 금지조항이 초·중등학교 교원에 대해서는 정당가입의 자유를 금지하면서 대학의 교원에게 이를 허용한다 하더라도, 이는 기초적인 지식전달, 연구기능 등 양자 간 직무의 본질과 내용, 근무 태양이 다른 점을 고려한 합리적인 차별이므로 평등원칙에 위배되지 않는다.'는 것이다. 위 선례의 판단을 변경할 만한 사정 변경이나 필요성이 인정되지 않고 위 선례의 취지는 이 사건에서도 그대로 타당하므로, 위 선례의 견해를 그대로 유지하기로 한다.

재판관 유남석, 재판관 이영진, 재판관 문형배의 위헌의견

국가공무원법조항 중 '그 밖의 정치단체'에 관한 부분은, '그 밖의 정치단체'라는 불명확한 개념을 사용하고 있어, 표현의 자유를 규제하는 법률조항, 형벌의 구성요건을 규정하는 법률조항에 대하여 헌법이 요구하는 명확성원칙의 엄격한 기준을 충족하지 못하였다. 이에 대하여는, 아래 재판관 3인의 위헌의견 중 '명확성원칙 위배 여부' 부분과 의견을 모두 같이 한다. 덧붙여, 국가공무원법조항 중 '그 밖의 정치단체'에 관한 부분은 어떤 단체에 가입하는가에 관한 집단적 형태의 '표현의 내용'에 근거한 규제이므로, 더욱 규제되는 표현의 개념을 명확하게 규정할 것이 요구된다. 그럼에도 위 조항은 '그 밖의

정치단체'라는 불명확한 개념을 사용하여, 수범자에 대한 위축효과와 법 집행 공무원의 자의적 판단 위험을 야기하고 있다. 위 조항이 명확성원칙에 위배되어 나머지 청구인들의 정치적 표현의 자유, 결사의 자유를 침해하여 헌법에 위반되는 점이 분명한 이상, 과잉금지원칙에 위배되는지 여부에 대하여는 더 나아가 판단하지 않는다.

재판관 이석태, 재판관 김기영, 재판관 이미선의 위헌의견

국가공무원법조항 중 '그 밖의 정치단체'에 관한 부분은 형벌의 구성요건을 규정하는 법률조항이고, 나머지 청구인들의 정치적 표현의 자유 및 결사의 자유를 제한하므로, 엄격한 기준의 명확성원칙에 부합하여야 한다. 민주주의 국가에서 국가 구성원의 모든 사회적 활동은 '정치'와 관련된다. 특히 단체는 국가 정책에 찬성·반대하거나, 특정 정당이나 후보자의 주장과 우연히 일치하기만 하여도 정치적인 성격을 가진다고 볼 여지가 있다. 국가공무원법조항은 가입 등이 금지되는 대상을 '정당이나 그 밖의 정치단체'로 규정하고 있으므로, 문언상 '정당'에 준하는 정치단체만을 의미하는 것이라고 해석하기도 어렵다. 단체의 목적이나 활동에 관한 어떠한 제한도 없는 상태에서는 '정치단체'와 '비정치단체'를 구별할 수 있는 기준을 도출할 수 없다. 공무원의 정치적 중립성 및 교육의 정치적 중립성의 보장이라는 위 조항의 입법목적을 고려하더라도, '정치적 중립성' 자체가 다원적인 해석이 가능한 추상적인 개념이기 때문에, 이에 대하여 우리 사회의 구성원들이 일치된 이해를 가지고 있다고 보기 어렵다. 이는 판단주체가 법전문가라 하여도 마찬가지이다. 그렇다면 위 조항은 명확성원칙에 위배되어 나머지 청구인들의 정치적 표현의 자유 및 결사의 자유를 침해한다.

국가공무원법조항 중 '그 밖의 정치단체'에 관한 부분은 공무원의 정치적 중립성 및 교육의 정치적 중립성을 보장하기 위한 것이므로, 그 입법목적의 정당성이 인정된다. 그러나 위 조항은 위와 같은 입법목적과 아무런 관련이 없는 단체의 결성에 관여하거나 이에 가입하는 행위까지 금지한다는 점에서 수단의 적합성 및 침해의 최소성이 인정되지 않는다. 또한 위 조항은 국가공무원법 제2조 제2항 제2호의 교육공무원 가운데 초·중등교육법 제19조 제1항의 교원(이하 '교원'이라 한다)의 직무와 관련이 없거나 그 지위를 이용한 것으로 볼 수 없는 결성 관여행위 및 가입행위까지 전면적으로 금지한다는 점에서도 수단의 적합성 및 침해의 최소성을 인정할 수 없다. 공무원의 정치적 중립성은 국민 전체에 대한 봉사자의 지위에서 공직을 수행하는 영역에 한하여 요구되는 것이고, 교원으로부터 정치적으로 중립적인 교육을 받을 기회가 보장되는 이상, 교원이 기본권 주체로서 정치적 자유권을 행사한다고 하여 교육을 받을 권리가 침해된다거나 교육의 정치적 중립성이 훼손된다고 볼 수 없다. 교원이 사인의 지위에서 정치적 자유권을 행사하게 되면 직무수행에 있어서도 정치적 중립성을 훼손하게 된다는 논리적 혹은 경험적 근거는 존재하지 않는다. 공무원의 정치적 중립성 및 교육의 정치적 중립성에 대한 국민의 신뢰는 직무와 관련하여 또는 그 지위를 이용하여 정치적 중립성을 훼손하는 행위를 방지하기 위한 감시와 통제 장치를 마련함으로써 충분히 담보될 수 있다. 위 조항이 교원에 대하여 정치단체의 결성에 관여하거나 이에 가입하는 행위를 전면적으로 금지함으로써 달성할 수 있는 공무원의 정치적 중립성 및 교육의 정치적 중립성은 명백하거나 구체적이지 못한 반면, 그로 인하여 교원이 받게 되는 정치적 표현의 자유 및 결사의 자유에 대한 제약과 민주적 의사형성과정의 개방성과 이를 통한 민주주의의 발전이라는 공익에 발생하는 피해는 매우 크므로, 위 조항은 법익의 균형성도 갖추지 못하였다. 위 조항은 과잉금지원칙에 위배되어 나머지 청구인들의 정치적 표현의 자유 및 결사의 자유를 침해한다.

재판관 이석태, 재판관 김기영, 재판관 이미선의 정당법조항 및 국가공무원법조항 중 '정당'에 관한 부분에 대한 반대의견

국가공무원법조항 중 '그 밖의 정치단체'에 관한 부분에서 살펴본 것과 같은 이유에서, 교원의 직무와 관련이 없거나 그 지위를 이용한 것으로 볼 수 없는 결성 관여행위 및 가입행위를 금지하는 것은 과잉금지원칙에 위배되어 나머지 청구인들의 정당설립의 자유 및 정당가입의 자유를 침해한다.

정당법 제22조 제1항 단서 제1호 단서는 고등교육법 제14조 제1항·제2항에 따른 교원(이하 '대학 교원'이라 한다)의 경우 정당의 발기인 및 당원이 될 수 있도록 규정하고 있다. 교원이 사인으로서 정치적 자유권을 행사하게 되면 직무수행에 있어서도 정치적 중립성을 훼손하게 된다고 볼 수 없는 점은 대학 교원과 동일하다. 학생들을 민주시민으로 양성하기 위한 교육과 훈련은 초·중등학교에서부터 이루어지는 것이므로, 직무의 본질이나 내용을 고려하

더라도 정당의 설립·가입과 관련하여 대학 교원과 교원을 달리 취급할 합리적인 이유가 있다고 보기 어렵다. 따라서 정당법조항 및 국가공무원법조항 중 '정당'에 관한 부분은 나머지 청구인들의 평등권을 침해한다.

재판관 이선애, 재판관 이은애, 재판관 이종석의 국가공무원법조항 중 '그 밖의 정치단체'에 관한 부분에 대한 반대의견

입법자가 국가공무원법조항 중 '그 밖의 정치단체'에 관한 부분에 의하여 규율하려는 대상은 '정치단체'이고, 그 전형적·구체적인 사례가 바로 앞서 열거된 '정당'이다. 부단히 변화하는 정치환경에서 자율적인 형성과 운영을 본질로 하는 정치조직의 유동성을 고려할 때, 입법자가 규율이 필요한 '정치단체'를 구체적으로 미리 열거하는 것은 입법기술상 불가능하거나 현저히 곤란하다. 오늘날 정치활동은 정당 또는 당파적 기반 아래 활동하는 사람을 중심으로 이루어지므로, 특정 사회 문제에 대한 의견을 공표하는 것을 넘어, 특정 정당이나 특정 정치인을 지지·반대하는 단체는 정치성을 뚜렷하게 지닌 것으로 볼 수 있다. 교원이 이와 같은 단체의 결성에 관여하거나 가입하는 경우, 교육현장에 혼란을 초래할 수 있고, 공무원의 정치적 중립성 및 교육의 정치적 중립성에 대한 국민의 신뢰가 흔들릴 수 있으므로, 이는 제한되어야 한다. 공무원의 정치적 중립성 및 교육의 정치적 중립성을 선언한 헌법의 취지, 국가공무원법조항의 입법목적 그리고 관련 규범들과의 관계 등을 종합적으로 고려하면, 국가공무원법조항에서 가입 등을 금지하는 '정치단체'는 '특정 정당이나 특정 정치인을 지지·반대하는 단체로서 그 결성에 관여하거나 가입하는 경우 공무원의 정치적 중립성 및 교육의 정치적 중립성을 훼손할 가능성이 높은 단체'로 한정할 수 있다. 따라서 '정치단체'의 범위가 지나치게 광범위하다거나 법관의 해석에 의하여 무한히 확대될 위험이 있다고 보기 어렵다. 더욱이 국가공무원법조항의 수범자는 일반 국민이 아니라 교원이므로, 건전한 상식과 통상적인 법 감정을 가진 교원이라면 국가공무원법조항 중 '정치단체'의 의미내용을 충분히 이해할 수 있다. 그러므로 위 조항은 명확성원칙에 위배되어 나머지 청구인들의 정치적 표현의 자유 및 결사의 자유를 침해한다고 볼 수 없다.

정당은 정치적 결사의 한 종류이므로, 정당법조항 및 국가공무원법조항 중 '정당'에 관한 부분에서 살펴본 논거는 국가공무원법조항 중 '그 밖의 정치단체'에 관한 부분에도 그대로 적용될 수 있다. '정치단체'를 '특정 정당이나 특정 정치인을 지지·반대하는 단체로서 그 결성에 관여하거나 가입하는 경우 공무원 및 교육의 정치적 중립성을 훼손할 가능성이 높은 단체'라고 해석하는 이상, 위 조항의 규율 범위가 지나치게 광범위하여 과잉금지원칙에 위배된다고 보기도 어렵다. 그러므로 위 조항은 과잉금지원칙에 위배되어 나머지 청구인들의 정치적 표현의 자유 및 결사의 자유를 침해한다고 볼 수 없다.

Ⅰ. 서 론

헌법재판소는 정당법 제22조 제1항 단서 제1호 등 위헌확인 사건에서 국가공무원법 제65조 제1항 중 '국가공무원법 제2조 제2항 제2호'의 교육공무원 가운데 '초·중등교육법 제19조 제1항의 교원은 그 밖의 정치단체의 결성에 관여하거나 이에 가입할 수 없다'는 부분이 헌법에 위반된다고 결정하였다. 정치적 표현의 자유를 제한하는 국가공무원법조항 중 '그 밖의 정치단체'에 관한 부분이 명확성원칙에 위배된다고 판단하였다. 그러나 이에 대해 반대의견(재판관 이선애, 재판관 이은애, 재판관 이종석)은 건전한 상식과 통상적인 법 감정을 가진 교원이라면 국가공무원법조항 중 '정치단체'의 의미내용을 충분히 이해할 수 있으므로 위 조항이 명확성원칙에 위배되어 나머지 청구인들의 정치적 표현의 자유 및 결사의 자유를 침해한다고 볼 수 없다고 보고 있다. 또한 국가공무원법조항에서 가입 등을 금지하는 '정치단체'는 '특정 정당이나 특정 정치인을 지지·반대하는 단체로서 그 결성에 관여하거나 가입하는 경우 공무원의 정치적 중립성 및 교육의 정치적 중립성을 훼손할 가능성이 높은 단체'로 한정할 수 있다고 보고 있다.

그러나 헌법재판소는 정당법조항 및 국가공무원법조항 중 '정당'에 관한 부분은 과잉금지의 원칙이나 평등의 원칙에 위배된다고 볼 수 없어 합헌이라고 결정하였다. 즉 정당가입 금지조항의 입법목적이 정당하고, 정당가입 금지조항은 이를 달성하기 위한 효과적이고 적합한 수단일 뿐만 아니라 침해의 최소성 원칙에 반하지 아니한다고 보고 있다. 또한 이를 통해 달성하려는 공익이 제한되는 사익에 비해 결코 경미하다고 볼 수 없으므로 법익의 균형성도 인정된다고 보았다. 그리고 초·중등교원에 대해서는 정당가입의 자유를 금지하면서 대학의 교원에게 이를 허용한다고 하더라도 직무의 본질이나 내용, 그리고 근무 태양 등의 차이를 고려한 합리적인 차별이라고 보고 있다.

헌법재판소는 종전의 선례에서 구 정당법조항이나 국가공무원법 조항에 대하여 수차례 합헌결정을 한 바 있다. 헌법재판소는 2004. 3. 25. 2001헌마710 결정에서 구 정당법(2000. 2. 16. 법률 제6269호로 개정되고, 2005. 8. 4. 법률 제7683호로 개정되기 전의 것) 제6조 단서 제1호에 대하여 합헌결정을 하였다. 또한 2014. 3. 27. 2011헌바42 결정에서 구 정당법(2005. 8. 4. 법률 제7683호로 개정되고, 2011. 7. 21. 법률 제10866호로 개정되기 전의 것) 제53조 중 '제22조 제1항 단서 제1호 본문의 규정을 위반하여 당원이 된 국가공무원법 제2조(공무원의 구분)에 규정된 공무원' 부분 및 구 국가공무원법(2008. 3. 28. 법률 제8996호로 개정되고, 2010. 3. 22. 법률 제10148호로 개정되기 전의 것) 제84조 중 '제65조 제1항의 정당가입에 관한 부분을 위반한 자' 부분에 대하여 합헌결정을 하였다. 특히 2011헌바42 결정에서 이 사건 정당가입 금지조항이 과잉금지원칙이나 평등원칙에 위배된다고 볼 수 없다고 결정하였다. 초·중등교원에 대해서는 정당가입의 자유를 금지하면서 대학의 교원에게 이를 허용하더라도 양자 간에 직무의 본질이나 내용, 근무태양 등에서 차이가 있으므로 합리적인 차별이라고 보고 있다. 이에 대해 반대의견(재판관 이석태, 재판관 김기영, 재판관 이미선)은 정당의 설립·가입과 관련하여 대학 교원과 초·중등교원을 달리 취급할 합리적인 이유가 있다고 보기 어려우므로 정당법조항 및 국가공무원법조항 중 '정당'에 관한 부분이 나머지 청구인들의 평등권을 침해한다고 보고 있다.

이러한 헌법재판소의 위헌결정에 따라 국가공무원법 제65조 제1항을 개정하는 경우에 그 개정대상을 초·중등교육법 제19조 제1항에 따른 '교원'으로 한정하는 것이 바람직한지, 아니면 이를 '모든 국가공무원'으로 확대해야 하는지 여부가 문제된다. 또한 헌법재판소는 대상결정에서 국가공무원법 제65조 제1항에서 '그 밖의 정치단체'에 관한 부분이 명확성원칙에 위배된다고 판단하였다. 국가공무원법 제65조 제1항의 '그 밖의 정치단체'에 관한 부분이 명확성원칙에 위배되는 것이 무엇을 의미하는지가 문제된다. 즉 '정치단체'에 관한 부분을 삭제해야 하는지, 아니면 '그 밖의 정치단체'를 구체적으로 규정해야 하는지가 검토되어야 한다. 후자의 경우에는 어떠한 방식으로 규정할 것인지가 문제된다. 대상판결의 위헌부분은 국가공무원법 제65조 제1항의 '그 밖의 정치단체'에 참여하는 것을 금지한 조항이다. 이 부분에 대해서는 6인의 재판관이 '명확성원칙'에 위배되었다고 판단하였으나, 3인의 재판관은 '과잉금지원칙'에도 위배된다고 보고 있다. 이와 관련하여 위헌결정의 기속력이 주문 외에 결정이유에도 미치는지가 문제된다. 그리고 국가공무원법 제65조 제4항의 위임에 따라 대통령령으로 '국가공무원 복무규정' 제27조에는 '정치적 행위'를 상세히 규정하고 있다. 여기에 '정치단체'에 관한 규정을 두고 있어, 이 부분을 어떻게 정비해야 할 지에 대해서도 함께 검토할 필요가 있다. 이하에서는 헌법재판소 위헌결정의 기속력의 객관적 범위(Ⅱ), 국가공무원법 제65조 제1항의 '정치단체'의 개념 및 해석(Ⅲ), 그리고 '국가공무원 복무규정'의 정비방안에 대해서 상세히 검토하기로 한다(Ⅳ).

Ⅱ. 위헌결정의 기속력이 미치는 범위와 한계

1. 기속력의 객관적 범위

헌법재판소법 제75조 제1항에 따라 헌법소원의 인용결정은 모든 국가기관과 지방자치단체를 기속한다. 또한 기속력의 객관적 범위가 결정의 '주문'에 미친다는 점에 대해서는 대체로 일치하지만, 방론은 제외된다고 보고 있다. 그러나 그 '결정이유'에 대하여도 기속력이 미치는지 여부에 대해서는 견해대립이 있다.[1] 이와 관련하여 독일 연방헌법재판소는 대체로 위헌결정에서 고려된 중요한 이유(tragende Gründe)에 대해서 기속력이 미친다고 보고 있다.[2] 그러나 독일의 학설 중에는 이에 대해 결정이유의 성역화와 헌법의 고착화, 중요한 이유에 대한 조사의 곤란성 등을 근거로 비판적 견해가 유력하다.[3]

이와 달리 국내학설은 긍정설이 다수설이다. 긍정설은 대체로 결정이유 중 주문과 관련하여 핵심적인 부분이나 중요이유에 한하여 미친다고 보고 있다. 즉 "결정주문을 직접적으로 뒷받침하고 있는 핵심적인 결정이유에 기속력이 미친다"라고 보는 견해,[4] "헌법재판소의 추론과정에서 사상(捨象)할 수 없는 부분에 해당하는 중요한 결정이유나 결정의 사고필연적인 전제에 대해서는 기속력이 인정된다"라는 견해,[5] "위헌결정의 기속력의 객관적 범위와 관련하여 결정이유의 핵심적 내용 내지 중요이유를 이루는 헌법해석에도 기속력이 미친다"라고 보는 견해[6] 등이 그러하다. 또한 "결정주문의 의미파악을 위하여 필요한 범위 내에서 구속력을 가진다"라고 보는 견해도 긍정설에 해당한다.[7] 그리고 "개방적이고 추상적인 헌법규정을 구체화하고 해석하는 것이 헌법재판의 본래적 기능이므로 헌법재판의 실효성을 제고하기 위해서는 중요이유에

1) 헌법재판소, 헌법재판실무제요, 제2개정판, 102면 참조.
2) BVerfGE 1, 14/37; 19, 377/392; 40, 88/93 f.; 112, 1/40.
3) Schlaich/Korioth, Das Bundesverfassungsgericht, 9. Aufl., Rn. 487 ff.; Benda/Klein, Verfassungsprozessrecht, 3. Aufl., Rn. 1452.
4) 허영, 헌법소송법론, 제14판, 2019, 177면.
5) 홍성방, 헌법소송법, 박영사, 2015, 150면.
6) 최희수, "헌법재판소 결정의 중요이유의 기속력 연구", 공법연구 제33집 제1호(2004), 445-468면 참조.
7) 황도수, "헌법재판소 결정의 기속력", 정천허영박사기념논문집, 박영사, 2002, 762-796면(777-778면 참조).

기속력을 인정해야 한다"라는 견해도 그러하다.[8] 그 밖에 "헌법재판소 결정 및 결정이유가 사실상 기속력을 가지며, 핵심적 또는 부수적 이유에 해당하는지 여부와 관계없이 입법자와 법원이 이를 존중한다는 점에서 이러한 논의가 큰 실익이 없다"라는 견해도 있다.[9] 이 견해도 넓은 의미에서 긍정설에 포함시킬 수 있다. 이에 반해 "중요한 이유와 중요하지 않은 이유를 구분하는 것이 쉽지 않고 이러한 불분명한 구분으로 기속력의 객관적 범위를 정하는 것은 헌법재판의 규범력과 정당성을 약화시킨다"라고 보는 부정설도 유력하다.[10]

이와 관련하여 헌법재판소는 명확한 입장을 밝히고 있지는 않지만, 결정이유에 대해서도 기속력이 미칠 수 있는 가능성을 열어 놓고 있다. 즉 헌법재판소의 헌법재판권 내지 사법권의 범위와 한계, 국회의 입법권의 범위와 한계 등을 고려하여 신중하게 접근해야 한다는 입장을 취하고 있다. 다만, 의료법 제61조 제1항 중 '장애인복지법'에 따른 시각장애인 중 부분 위헌확인 사건에서 "결정이유에까지 기속력을 인정한다고 하더라도, 결정주문을 뒷받침하는 결정이유에 대하여 적어도 위헌결정의 정족수인 재판관 6인 이상의 찬성이 있어야 할 것이고(헌법 제113조 제1항 및 헌법재판소법 제23조 제2항 참조), 이에 미달할 경우에는 결정이유에 대하여 기속력을 인정할 여지가 없(다)"라고 보고 있다.[11] 한편, 행정소송에 있어서 취소판결의 기속력은 판결주문뿐만 아니라 그 전제가 된 요건사실의 인정과 효력판단에도 미치며, 판결이유 중에 제시된 '개개의 위법사유'를 포함한다고 보고 있다.[12]

생각건대 기속력의 객관적 범위를 위헌결정의 주문에 한정하는 경우

8) 정호경, "헌법재판소 결정의 효력- 기속력의 주관적 · 객관적 범위를 중심으로", 헌법논총 제26집(2015), 345-380면 (361-362면).
9) 한수웅, 헌법학, 제8판, 법문사, 2018, 1403면.
10) 정종섭, 헌법소송법, 제7판(전면개정판), 박영사, 2012, 187-188면.
11) 헌재 2008. 10. 30. 2006헌마1098 등, 판례집 20-2상, 1089.
12) 대법원 2001. 3. 23. 선고 99두5238 판결.

에는 그 주문만으로는 위헌결정의 취지나 내용을 정확히 파악하기 어려운 경우가 있다. 그러나 결정이유에 대해 모두 기속력을 인정하는 것은 헌법의 경직화 내지 고정화를 초래할 우려도 있다. 따라서 주문과 밀접한 관련이 있고, 그 주요한 근거를 제시하는 핵심적인 결정이유에 대해서는 기속력을 인정하는 것이 타당하다. 핵심적인 결정이유의 판단은 결국 헌법재판소의 몫이며, 추후 기속력의 위반 여부를 심사하는 과정에서 구체화될 것이다.

2. 법령소원의 인용결정과 그 주문형식

헌법재판소법 제68조 제1항에 따른 법령에 대한 헌법소원(법령소원)에서 인용결정을 하는 경우에 어떠한 주문형식을 채택해야 하는지에 대해 논란이 있다. 헌법재판소법 제75조 제3항에는 인용결정을 하는 때에 "기본권 침해의 원인이 된 공권력의 행사를 취소하거나 그 불행사가 위헌임을 확인할 수 있다"라고 규정하고 있다. 그러나 법규범에 대해 '취소'를 하는 것은 타당하지 않다. 이와 달리 독일 연방헌법재판소법 제95조 제3항에서는 위헌인 법률에 대해 무효를 선언해야 한다고 규정하고 있다. 여기에는 형식적 의미의 법률뿐만 아니라 법규명령 등이 포함된다.[13] 이와 관련하여 법령에 대한 헌법소원을 규범통제로 이해하여 위헌법률심판의 위헌결정과 같이 이해하거나, 또는 헌법재판소법 제68조 제2항에 의한 인용결정과 같은 주문형태를 취하자는 견해도 있다.[14] 후자의 견해는 결국 헌법재판소법 제68조 제2항에 따라 위헌법률심판에 관한 헌법재판소법 제45조 및 제47조가 준용된다고 보고 있는 것이다. 법령에 대한 헌법소원의 인용결정에서 취소는 허용되기 어렵다. 따라서 헌법재판소법 제75조 제3항의 '취소' 규정은 '무효'로 개정하는 것이 바

---

13) 상세는 Lechner/Zuck, BVerfGG, 7. Aufl., § 95 Rn. 20; BVerfGE 28, 119/133.
14) 김하열, 헌법소송법, 제[illegible]판, 580면.

람직하다.

헌법재판소는 법령에 대한 헌법소원의 경우에서 주문에서 해당 법률 또는 법률 조항의 위헌을 선고할 뿐, 침해되는 기본권을 구체적으로 명시하지 않고 있다.[15] 이 사건 2018헌마551 결정에서도 "…… 부분은 헌법에 위반된다"라고 되어 있을 뿐, 구체적으로 침해되는 기본권을 주문에 명시하고 있지 않다. 다만, 결정의 이유에서 침해되는 기본권을 언급하고 있다. 해석상 헌법재판소법 제75조 제3항 및 제5항을 헌법재판소법 제68조 제2항이나 위헌법률심판제청의 경우와 동일하게 보아야 하는지에 대해서는 의문이다. 특히 이에 대해 준용에 관한 명문의 규정이 없음에도 불구하고 헌법재판소법 제68조 제1항의 헌법소원 인용결정에 대해서도 헌법재판소법 제45조 및 제47조를 적용하는 것은 신중할 필요가 있다. 따라서 대상판결의 기속력은 초·중등교육법상의 '교원'에 한하여 미친다고 보는 것이 타당하다고 판단된다. 따라서 모든 국가공무원으로 확대하여 개정하는 것은 추후 헌법재판소의 결정을 지켜보면서 단계적으로 추진하는 것이 바람직하다.

3. 대상판결의 기속력 범위에 관한 검토

대상판결에서는 3인의 재판관(재판관 유남석, 재판관 이영진, 재판관 문형배)은 "그 밖의 정치단체"에 관한 부분이 명확성원칙에 위배되어 정치적 표현의 자유나 결사의 자유를 침해한다고 판단하였다.[16] 그러나 또

---

15) 헌재 1990. 10. 8. 89헌마89 결정.

16) 한편, 대상판결은 헌법재판소법 제68조 제1항에 의한 권리침해형 헌법소원이므로 이를 규범통제의 방식으로 접근하여서는 아니 된다. 독일 기본법에 기본권 조항이 포함되므로 이러한 기본권 조항이 심사기준이 될 수 있지만, 청구인의 기본권 침해보다 심판대상조항이 헌법상 보장되는 기본권 조항 그 자체를 위반하고 있는지가 중요한 의미를 가진다. 예컨대 특정한 법령 조항이 재산권을 침해한다고 하더라도 개인의 재산권이 아니라, 재산권 조항을 침해하는 경우이다. 예컨대 심판대상조항이 법률이나 법률에 근거하지 아니한 재산권 침해를 허용하거나, 또는 심판대상조항이 공용수용의 요건에 해당하는 경우임에도 불구하고 해당 법률에 보상규정을 두지 아니한 경우가 그러하다.

다른 3인 재판관(재판관 이석태, 재판관 김기영, 재판관 이미선)은 위 부분이 명확성원칙뿐만 아니라 과잉금지원칙에도 위배된다고 판단하고 있다. 여기에서 과잉금지원칙에 위배된다고 판단한 것도 국가기관에 대해 기속력이 미치는지가 문제된다. 이와 관련하여 헌법재판소는 결정주문을 뒷받침하는 결정이유에 대하여 적어도 위헌결정의 정족수인 재판관 6인 이상의 찬성이 있어야 한다고 보고 있으며(헌법 제113조 제1항 및 헌법재판소법 제23조 제2항 참조), 이에 미달할 경우에는 결정이유에 대하여 기속력을 인정할 여지가 없다고 보고 있다.[17] 대상판결에서도 '그 밖의 정치단체' 부분에 대하여 위헌결정 이유 중 명확성원칙 위배에 대해서만 6인의 재판관이 찬성하였으므로 대상판결의 기속력은 명확성원칙 위배 여부에 한정된다. 과잉금지원칙 위배 여부에 대해서는 3인의 재판관이 찬성하였으므로 이 부분에 대해서는 기속력이 인정된다고 보기 어렵다.

대상판결의 주문에서는 "국가공무원법(2008. 3. 28. 법률 제8996호로 개정된 것) 제65조 제1항 중 '국가공무원법 제2조 제2항 제2호의 교육공무원 가운데 초·중등교육법 제19조 제1항의 교원은 그 밖의 정치단체의 결성에 관여하거나 이에 가입할 수 없다'는 부분은 헌법에 위반된다"라고 밝히고 있다. 이 주문만으로 구체적으로 어떠한 내용이 위헌인지 여부를 판단하기는 어렵다. 위헌판단의 핵심적인 결정이유를 살펴보아야만 국가기관이나 지방자치단체를 기속하는 범위를 확정할 수 있다. 헌법재판소가 밝히고 있는 바와 같이 위헌결정의 정족수인 재판관 6인 이상이 찬성한 핵심적인 결정이유에 대해서도 기속력이 인정된다고 보는 것이 타당하다.

이러한 문제는 일반적인 헌법소원의 문제가 아니라 법령(규범) 그 자체의 위헌성이 문제되는 것이다. 명확성원칙 위배는 죄형법정주의와 관련하여 문제되는 쟁점이지만, 심사방식에 있어서 기본권침해 그 자체와의 관련성이 부각되어야 한다. 다만, 대상판결에서는 명확성원칙에 의해 청구인들의 정치적 표현의 자유, 결사의 자유를 침해한다고 밝히고 있다.

17) 헌재 2008. 10. 30. 2006헌마1098 등, 판례집 20-2상, 1089, 1090-1091 참조.

Ⅲ. 국가공무원법 제65조 제1항의 '정치단체'의 의미와 해석

1. 정치단체의 개념 해석

공무원(초·중등학교 교원)의 정치단체 가입금지에 관한 규율을 함에 있어서는 국민으로서의 정치적 표현의 자유 보장과 직무수행과 관련된 정치적 중립성 확보 사이에 조화가 모색되어야 한다.[18] 현행 법령에서 '정치단체'의 개념을 명확히 규정한 사례는 없다. 한편, 이 사건의 반대의견(재판관 이선애, 재판관 이은애, 재판관 이종석)은 국가공무원법상 가입을 금지시키는 대상은 '정치단체'이며, 정당을 그러한 정치단체의 구체적 사례로 파악하고 있다. 즉 정치단체는 "특정 정당이나 특정 정치인을 지지·반대하는 단체로서 그 결성에 관여하거나 가입하는 경우 공무원의 정치적 중립성 및 교육의 정치적 중립성을 훼손할 가능성이 높은 단체"로 한정해야 한다고 보고 있다. 그러나 이에 대해 3인의 재판관들(재판관 유남석, 재판관 이영진, 재판관 문형배)은 이와 같이 한정하여 해석할 근거가 없다고 보고 있다. 학설 중에도 정당을 '정치적 결사'의 일종으로 보는 견해가 있다.[19] 정당은 "국민의 이익을 위하여 책임 있는 정치적 주장이나 정책을 추진하고 공직선거의 후보자를 추천 또는 지지함으로써 국민의 정치적 의사형성에 참여함을 목적으로 하는 국민의 자발적 조직"이라고 정의되고 있다(정당법 제2조). 또한 정당은 중앙당이 중앙선거관리위원회에 등록함으로써 성립하고, 일정한 요건을 충족하여야 한다(정당법 제4조).

한편, 대법원은 국가공무원인 대학교수가 '민주회복국민회의'의 구성

18) 김남진/김연태, 행정법 II, 제24판, 265면.

19) 김철수, 헌법학개론, 제19전정신판, 909면. 한편, 정치적 결사로 보면서도 '법인격 없는 사법상의 사단의 일종'으로 보는 견해(권영성, 헌법학원론, 개정판, 2006, 196면), 국가기관과 사적 결사의 중간형태로 이해하는 견해(계희열, 헌법학(상), 제2보정판, 253면 이하) 등이 있다.

및 가입에 대해 정치단체의 결성에 관여하면서 이에 가입하여 정치적 행위를 한 것으로 보고 국가공무원법 제56조, 제65조 공무원복무규정 제27조에 위반되는 징계사유에 해당된다고 판시한 사례가 있다.[20] 일부 학설은 공무원이 '국민의 공복으로서의 지위'를 가질 뿐만 아니라 '기본권주체로서의 지위'를 가지므로 공무원에 대해 획일적인 정당가입금지와 정치활동금지가 공무원의 정치적 중립성을 확보하기 위해 필요한 수단인지에 대해 의문을 가지는 견해도 있다.[21]

2. 외국의 입법례

독일에서는 독일 기본법 제33조 제4항에 근거하여 소위 충실의무(Treuepflicht)가 인정되고 있다.[22] 이러한 충실의무는 절대군주제를 배경으로 만들어졌으나, 오늘날에는 절대권력에 대한 신하의 충성이 아니라 헌법과 법률을 존중하고 준수하는 것을 의미하는 것이 보통이다.[23] 특히 법질서뿐만 아니라 기본법에 투영된 헌법적 가치질서에 대한 적극적인 태도를 요구한다. 독일의 연방공무원법(Bundesbeamtengesetz) 제60조 제1항 및 주(란트)의 공무원지위법(Beamtenstatusgesetz)[24] 제33조에서

20) "국가공무원(대학교수)인 원고가 원판시 민주회복국민선언대회에 그 판시 정치인 등 70여명과 함께 참석하여 헌법의 개정, 반정부 행동으로 말미암아 복역, 구금, 연금당하고 있는 인사들의 사면 석방, 현정부 체제의 개폐 등을 집단적으로 주장하고 그 주장을 관철하기 위하여 범국민적 운동을 벌린다는 취지 아래 민주회복국민회의(가칭)를 발족하기로 하는 내용의 이른바 국민선언을 채택하고 원고도 이에 서명한 사실과 그 선언에 따른 민주회복국민회의의 창립총회가 개최되어 그 기구가 구성된 사실을 인정한 다음 원고의 위와 같은 행위는 정치단체의 결성에 관여하면서 이에 가입하여 정치적 행위를 한 것으로 보아야 할 것이므로 이는 국가공무원법 제56조, 제65조 공무원복무규정 제27조에 위반되는 징계사유에 해당된다."(대법원 1981. 12. 22. 선고 80누499 판결)

21) 한수웅, 전게서, 1304면.

22) 한편, 헌법에는 충실의무에 관한 근거는 없지만, 국가공무원법이나 지방공무원법에 성실의무와 직무수행의 헌신의무를 망라하는 '직무충실의 기본의무'에 관한 조항을 신설하자는 견해도 있다(졸고, "재난사고에 있어서 공무원의 의무와 책임", 행정판례연구 제23집 제2호(2018. 12), 169면 이하 참조).

23) Pieroth, in: Jarass/Pieroth, GG, Art. 33. Rn. 51; BVerfGE 61, 43 (56); 71, 39 (60).

도 독일 기본법의 '자유민주적 기본질서'를 존중해야 한다는 점을 명시하고 있다. 독일 연방공무원법 제60조 제1항에서 공무원은 정당이 아니라 전체 국민에 대해 봉사하여야 하며, 불편부당(不偏不黨)하게 업무를 수행하도록 규정하여 직업공무원의 중립성을 강조하고 있다. 또한 독일 연방공무원법 제60조 제2항에서는 정치활동에 있어서도 공무원들은 절제와 신중함을 준수하여야 한다고 규정하고 있다. 이와 관련하여 독일에서는 공무원이 정당을 비롯한 정치단체에 가입하는 것이 허용되는지가 다투어지고 있다. 전통적으로 공무원의 정치적 활동을 보장하고 있고, 이러한 정치적 활동은 위헌이 아닌 정당의 당원이 될 수 있는 것을 포함하고 있다.[25] 독일에서는 헌법합치적 정당의 경우에는 공무원도 당원뿐만 아니라 지도부의 일원이 되는 것도 허용하고 있다. 독일 연방헌법재판소는 헌법적대적이거나 금지되지 않는 정당의 당원이 되는 것은 허용하나, 그 정당의 지도부 간부가 되는 것은 허용되지 아니한다고 보고 있다.[26] 그러나 위헌정당의 당원이 되는 것은 전면적으로 금지된다고 보고 있다.[27] 이와 같이 독일에서는 헌법상 충실의무에 근거한 일정한 의무에 관한 규정 두고 있지만, 정당이나 기타 정치단체 등의 가입이나 활동 등 정치활동을 금지하는 규정을 두고 있지 않다.

이에 반해 일본에서는 공무원의 정치적 행위를 엄격히 제한하고 있다. 일본 국가공무원법 제102조 제1항에서는 "직원은, 정당 또는 정치적 목적을 위해서 기부금 기타의 이익을 요구하거나 수령해, 또는 어떠한 방법으로 이를 하는지를 불문하고, 이러한 행위에 관여해, 혹은 선거권의 행사를 제외하고, 인사원규칙(人事院規則)에서 정하는 정치적 행위을 하여서는 아니 된다"라고 규정하고 있다. 또한 직원은 공선(公選)

---

24) 이 법률의 공식명칭은 「주(란트)의 공무원 지위법의 규율을 위한 법률(Gesetz zur Regelung des Statusrechts der Beamtinnen und Beamten in den Ländern)」이다.
25) Grigoleit, in: Battis(Hg.), BBG, Kommentar, § 60 Rn. 15 f.
26) BVerfG, NJW 2002, 2774.
27) 이에 대해서는 Thorsten Ingo Schmidt, Beamtenrecht, § 14 Rn. 324.

에 의한 공직의 후보자가 되거나, 정치 기타 정치적 단체의 임원, 정치적 고문, 기타 이와 같은 역할을 가지는 구성원이 되어서는 아니된다(동조 제2항 및 제3항). 이러한 정치적 행위제한에 관한 규정은 공무원의 기본적 인권과 행정의 중립성 확보라고 하는 충돌되는 이익을 조정하기 위한 타협의 산물이라고 보고 있다.[28] 그러나 일본에서는 정치적 행위의 금지에 관한 규정을 대폭 '인사원규칙'에 위임하고 있다. 위임을 인사원규칙에 하는 것뿐만 아니라 이러한 위임이 백지위임으로서 합헌인지에 대해 의문을 제기하는 견해가 있다.[29] 일본 인사원규칙 14-7(정치적행위)에는 정치적 목적과 정치적 행위를 광범위하게 정의하고 있지만, 정당 외의 '정치단체'에 관한 정의규정은 찾기 어렵다.

3. 소 결

국가공무원법 제65조나 국가공무원 복무규정 제27조의 규정은 일본의 입법례와 매우 유사한 구조와 내용으로 구성되어 있다. 다만, 일본의 입법례에서는 금지되는 정치적 행위를 대폭 '인사원규칙'에 위임하고 있어 법률유보원칙이나 포괄위임금지원칙 등에 비추어 문제가 있다고 판단된다. 이에 반해 우리나라에서는 국가공무원법에 '정치 운동의 금지'에 대해 비교적 상세히 규율하고 있고, 대통령령인 국가공무원 복무규정에 위임하고 있다. 헌법재판소는 2018헌마551 결정에서 초·중등학교의 교원이 정치단체를 가입하지 못하도록 한 것 그 자체를 위헌으로 본 것이 아니라 표현의 자유를 제한하거나 규제하는 경우에 그 정치단체의 개념을 명확히 규정해야 한다고 결정한 것이다. 따라서 '정치단체'라는 개념을 구체적이고 상세히 규정하는 것이 중요한 의미를 가진다. 예컨대 정치단체가 정치적 중립성을 위반할 수 있는 경우에는 이

28) 이에 대해서는 塩野 宏, 行政法 III, 제4판, 287면.
29) 塩野 宏, 行政法 I, 제6판, 106-107면.

러한 정치단체에 가입하는 것은 어렵다고 판단된다. 헌법재판소는 정치단체의 가입 금지에 관한 부분이 표현의 자유를 제한하는 규정이므로 적어도 '정치단체'의 의미를 법률에서 직접 규정하는 것이 바람직하다고 보고 있다.

그러나 정치단체의 다종다양성에 비추어 이를 정의하기는 어렵다. 정치단체는 대체로 "특정한 이념이나 정책, 또는 특정한 정당이나 정치인을 지지하는 등 정치적 활동을 하는 단체나 결사"라고 이해할 수 있다. 다만, 정치단체의 유형을 세분화하여 규율할 수 있다면, 구체성과 명확성의 요건을 갖추어 하위법령에서 구체적 사례를 열거하는 방안도 고려할 수 있다. 그러나 정치단체의 구체적 사례를 파악하기가 어려울 뿐만 아니라 이를 개별적으로 열거하여 규정하는 것은 현실적으로 매우 어렵다. 헌법재판소의 결정 이유에서 제시하고 있는 바와 같이 초·중등학교 교원의 정치적 표현의 자유를 보장하면서도, 이에 대한 한계를 설정하여야 한다. 이와 관련하여 국가공무원법 제65조 제1항의 개정방안을 고려할 수 있다. 첫째, '정치단체'의 개념을 적극적으로 정의하고, 국가공무원법 제65조에서는 관여나 가입이 금지되는 정치단체로 제한하여 규정하는 방안이다. 둘째, 국가공무원법 제65조 제1항에서 '그 밖의 정치단체'의 개념을 삭제하는 방안이다. 이 경우에는 초·중등학교 교원에 대해 정당을 제외한 정치단체에 관여하거나 가입하는 것을 원칙적으로 허용하면서, 공무원의 정치적 중립성과 교육의 정치적 중립성 등을 훼손하거나 훼손할 수 있는 정치적 행위를 적극적으로 규정하는 것이다. 전자의 방식이 위헌결정의 취지에 부합하지만, 금지되는 정치적 행위를 유기적으로 연결하여 규율해야 한다.

Ⅳ. 국가공무원 복무규정의 정비 필요성

국가공무원법 제65조 제4항의 위임에 따라 대통령령으로 제정된 '국가공무원 복무규정'도 함께 개정해야 하는지가 문제된다. 국가공무원법 복무규정 제27조에는 금지되는 정치적 행위를 규정하고 있다. 즉 특정 정당에 관한 규정뿐만 아니라, 정치적 목적으로 "특정 정치단체를 지지하거나 반대하는 것"을 금지하고 있다. 이러한 규정에 의하면 초·중등학교 교원은 특정 정치단체에 대한 지지나 반대를 전혀 할 수 없어 정치적 표현의 자유가 중대하게 제한될 수 있다. 이와 관련하여 국가공무원 복무규정 제27조 제1항 제2호의 '정치단체'의 개념을 삭제하는 방안도 고려할 수 있지만, 대상판결의 취지에 비추어 이를 보다 명확히 규정하는 것이 바람직하다. 전술한 바와 같이 정치단체의 개념을 "특정한 이념이나 정책, 또는 특정한 정당이나 정치인을 지지하는 등 정치적 활동을 하는 단체나 결사"라고 규정할 경우, 가입이 제한되는 정치단체의 범위가 지나치게 확대될 우려도 있다. 이러한 정치단체의 가입을 제한하는 것은 또한 위헌 결정의 기속력에 반할 수도 있다. 대상판결의 반대의견에서 제시한 정치단체의 개념을 활용하여 금지되는 정치단체를 적극적으로 규정할 수도 있다. 즉 "특정 정당이나 특정 정치인을 지지·반대하는 단체로서 그 결성에 관여하거나 가입하는 경우 공무원의 정치적 중립성 및 교육의 정치적 중립성을 훼손할 가능성이 높은 단체"에 관여하거나 가입하는 것은 금지된다는 식으로 개정하는 방안도 고려할 수 있다. 이러한 해석에도 "공무원의 정치적 중립성 및 교육의 정치적 중립성을 훼손할 가능성이 높은 정치단체" 부분이 무엇을 의미하는지에 대해서는 또 다른 해석이 필요하다. 국가공무원법 제65조를 위반한 경우에는 국가공무원법 제84조 제1항에 의해 3년 이하의 징역과 3년 이하의 자격정지에 처할 수 있다. 국가공무원법 제65조의 규정은 형벌의 구성요건을 규정하고 있기 때문에 초·중등학교 교원이 관여하거나 가입할 수 없는 '정치단체'를 명확히 규정할 필요가 있다.

국가공무원 복무규정 제27조 제2항에는 국가공무원법 제65조 제4항의 위임에 따라 정치적 행위의 금지에 관한 한계를 상세히 규정하고 있다. 이 중에서 정치단체와 관련된 내용으로는 '정치단체의 기관지인 신문과 간행물을 발행 · 편집 · 배부하거나 이와 같은 행위를 원조하거나 방해하는 행위'(제2호), '정치단체를 지지 또는 반대하는 의견을 집회나 그 밖에 여럿이 모인 장소에서 발표하거나 문서 · 도서 · 신문 또는 그 밖의 간행물에 싣는 행위'(제3호), '정치단체의 표지로 사용되는 기(旗) · 완장 · 복식 등을 제작 · 배부 · 착용하거나 착용을 권유 또는 방행하는 행위'(제4호), '어떠한 명목으로든 금전이나 물질로 정치단체를 지지하거나 반대하는 행위'(제5호)를 금지하고 있다. 따라서 금지해야 할 '정치단체'의 범위를 명확히 규정하고, 이를 금지되는 '정치적 행위'와 연결해서 체계적으로 정비해야 한다.

V. 맺음말

국가공무원법 제65조 제1항을 개정하는 경우에 헌법재판소의 위헌결정은 초 · 중등학교 '교원'에 미치는 것이 원칙직이지만, 정치단체의 개념이 명확성원칙에 위배되는 부분은 추후 다른 공무원의 경우에도 확대될 수 있다. 또한 위에서 살펴본 바와 같이 헌법재판소는 정치단체에 관여하거나 가입하는 것을 금지한 것이 위헌이라고 본 것이 아니라, '정치단체'의 개념이 명확성원칙에 위배된다고 본 것이다. 따라서 정치단체의 개념을 위에서 예시한 바와 같이 적극적으로 정의하여야 한다. 그러나 '정치단체' 개념의 다의성으로 인해 일반적인 정의조항만으로는 초 · 중등교원의 교원의 정치적 표현의 자유가 지나치게 제약될 수 있다. 따라서 국가공무원법 제65조에서 그 결성의 관여나 가입을 금지해야 할 정치단체를 규정하여야 한다. 공무원이나 교원의 정치적 중립성을 중대하게 훼손하거나 훼손할 수 있는 정치단체에 가입하는 것은 제한되어야 한다. 초 · 중등교원의 가입이 허용되는 정치단체는 적어도 헌법이나 법률을 준수하여야 하고, 국가의 법질서뿐만 아니라 헌법적 가치를 존중하여야 한다. 헌법적 가치질서를 부정하는 위헌적인 주장이나 정치적 행위를 하는 정치단체의 가입이나 활동은 공무원이나 교원의 정치적 중립성에 비추어 허용되기 어렵다. 국가공무원법 제65조 제4항에서는 금지되는 정치적 행위를 위임하고 있으므로 국가공무원 복무규정 제27조에서도 '그 밖의 정치단체'의 개념을 구체화하여야 한다. 국가공무원 복무규정에서도 "특정한 정치단체를 지지하거나 반대하는 활동"이 주로 문제된다. 공무원의 정치적 중립성을 명백히 훼손하고 헌법적 가치를 부정하는 위헌적인 정치단체의 결성에 관여하거나 가입하거나 그 지도부의 구성원이 되는 것은 허용되기 어렵다. 국가공무원법 제65조 제2항을 신설하여, 이러한 정치단체에 대해서만 그 결성의 관여나 가입을 금지하도록 하는 것이 바람직하다. 국가공무원 복무규정에서도 일반적인 정치단체의 지지나 반대를 포괄적으로 금지하는 것은 정치적 표현의 자유를 지나치게 제한할 수 있다. 마찬가지로 위에서 언급한 위헌적인 정치단체를 지지하거나 반대하는 정치적 행위로 금지대상을 제한하는 것이 바람직하다. 바야흐로 초·중등학교 교원의 정치적 표현의 자유와 교원(공무원)의 정치적 중립성을 조화롭게 해석할 수 있는 길을 모색해야 할 시점이다.

찾아보기

저자 약력

高麗大 法大 및 同 大學院 卒業
독일 베를린 훔볼트(Humboldt) 대학교(법학박사)

현재 숙명여자대학교 법과대학 교수

[주요 저역서]

〈저 서〉
한국행정법론, 제2판(2021)
行政法의 特殊問題(2018)
現代行政의 作用形式(2016)
行政救濟의 基本原理, 제1전정판(2015)
〈번역서〉
유타 림바흐, 독일연방헌법재판소(2007)

헌법재판과 행정소송

2022년 4월 5일 초판 인쇄
2022년 4월 15일 초판 발행

저 자 정 남 철
발행인 배 효 선

발행처 도서출판 法 文 社

주 소 10881 경기도 파주시 회동길 37-29
등 록 1957년 12월 12일/제2-76호(윤)
전 화 (031)955-6500~6 FAX (031)955-6525
E-mail (영업) bms@bobmunsa.co.kr
(편집) edit66@bobmunsa.co.kr
홈페이지 http://www.bobmunsa.co.kr
조 판 법 문 사 전 산 실

정가 38,000원 ISBN 978-89-18-91307-0

불법복사는 지적재산을 훔치는 범죄행위입니다.
이 책의 무단전재 또는 복제행위는 저작권법 제136조 제1항에 의거, 5년 이하의 징역 또는 5,000만원 이하의 벌금에 처하게 됩니다.

※ 저자와 협의하여 인지를 생략합니다.